CSSCI 来源集刊

经济法论坛

（第10卷）

主　编　李昌麒
　　　　岳彩申
副主编　江　帆
　　　　李　树

群众出版社
·北　京·

图书在版编目（CIP）数据

经济法论坛．第10卷/李昌麒，岳彩申主编．—北京：群众出版社，2013.1

ISBN 978-7-5014-5095-4

Ⅰ.①经… Ⅱ.①李… ②岳… Ⅲ.①经济法—文集 Ⅳ.①D912.29-53

中国版本图书馆 CIP 数据核字（2012）第307049号

经济法论坛（第10卷）

李昌麒　岳彩申　主编

出版发行：群众出版社
地　　址：北京市西城区木樨地南里
邮政编码：100038
经　　销：新华书店
印　　刷：北京蓝空印刷厂

版　　次：2013年1月第1版
印　　次：2013年1月第1次
印　　张：27.5
开　　本：787毫米×1092毫米　1/16
字　　数：758千字

书　　号：ISBN 978-7-5014-5095-4
定　　价：75.00元

网　　址：www.qzcbs.com
电子邮箱：qzcbs@sohu.com

营销中心电话：010-83903254
读者服务部电话（门市）：010-83903257
警官读者俱乐部电话（网购、邮购）：010-83903253
教材分社电话：010-83903259

目　录

基本理论

制度研究

农村法制

Contents

基本理论

经济法的问题意识、观念基础和本质属性

刘水林*

目　次

10 多年前，基于对当时经济法理论研究相对空泛、缺乏部门经济法深入研究的支撑，将导致经济法理论研究走向枯竭的担忧，以及基于对法学是应用之学的认知，我国大多数知名中青年经济法学者转入部门经济法的研究，虽有少数学者仍坚守理论研究，但由于我国学术研究缺乏批评之传统，致使其研究多趋于向边沿领域的拓展，而相对忽视了对最基本问题的反思与研究，因此，对经济法基本理论的研究仍停留在 20 世纪末至 21 世纪初的水平。其表现在两个方面：第一，10 多年间影响经济法启蒙的本科教材，不论是研究范式、基本理论框架还是基本观点仍未逃出 20 世纪 90 年代初老一辈经济法学家奠定的基调。第二，据近 10 年来 CSSCI 引证率的不完全统计，经济法学界影响较大的著作都出版于 2004 年以前。① 时至今日，在部门经济法理论研究已有多年积淀的条件下，重新探讨经济法的概念、本质、体系与制度结构和特征的时刻，似乎已经到来。为此，笔者拟在本文提出一种探讨经济法基本理论的新路径，希望起抛砖引玉作用，能有更多的经济法学者重新重视经济法基本理论的研究。

本文基于这样一种认知，即任何法律作为一种制度都是一定社会的人们为解决其社会问题而想出的、经社会生活检验行之有效的解决问题的办法的规范化。法的不同主要取决于其所要解决的问题，以及一个社会人们的主流社会观念的不同。可以说，社会问题和观念决定着法的本质属性，从而决定着法的体系结构和制度构成，以及对法律制度的理解。本文的内容架构就是对这一认知的逻辑展开，即以经济法的问题意识为逻辑起点，以经济理念为基础，对经济法的本质属性予以说明。

---

* 上海财经大学教授，博士生导师，法学博士。

① 参见蒋悟真：《经济法总论研究检视——以近年来法学主流刊物论文为视角》，载《第八届中国青年博士论坛论文集》，上海财经大学法学院，2011。

一、经济法的问题意识

（一）历史背景与问题意识

经济法的问题意识，亦即经济法所要解决的社会经济问题。由于社会经济问题产生于社会经济发展的历史之中，因此，经济法的问题意识只能从经济法产生和发展的历史中寻找。

虽然对经济法何时产生，在经济法学界仍然存有分歧，① 但学界多数认为经济法作为一种新型的法律规范或制度出现于19世纪末20世纪初。而作为一种法学思潮，则产生于第一次世界大战后，即20世纪20年代左右，其兴盛于1933年大危机及第二次世界大战后，至今已有一百多年的历史。

19世纪末，由于社会生产力的发展，生产社会化得以长足的发展，特别是第二次世界大战后，由于第三次科技革命的发生，社会化使分工愈益细化，不仅使人们之间的相互依赖、相互联系的程度增强，也使个体之于社会整体，休戚相关，至为密切。社会正经历着从机械的个体社会向有机整体社会的转换过程，或者说是有机整体社会的产生与成长过程。② 经济法的产生和发展与这一过程是同步的。这意味着，经济法发展的过程就是社会从机械的个体社会向有机整体社会加速发展的过程。

在有机整体社会中，个人之间及个人与社会之间的依存关系决定了个人的生存和发展，以及个人取得的成就、利益或福祉，不仅与自身智识及努力有关，更与其所处的社会经济体系发展的状况有关。且随着社会的加速有机整体化，在个人的利益结构中，③ 从社会公共利益中分享的利益的权重不断提高，④ 同时，由于个人的能力中具有重要的社会因素，因此，以个人能力和努力取得的利益中亦具有社会因素。⑤

可见，在一国经济已成为有机整体的现代社会，依法保护国家社会经济体系持续、稳定、有效发展，不仅对个人的生存和发展，且对个人利益和福祉的增进具有重要价值。经济法就是在此社会经济背景下产生的，因而，经济法解决的是一国社会经济作为有机整体如何持续、稳定、有

① 我国学术界对经济法产生的时间主要有两种观点，一种认为经济法产生于古代社会；另一种认为经济法产生于垄断资本主义阶段，即19世纪末20世纪初。持第一种观点的主要有：关乃凡、杨紫烜等教授，持第二种观点的主要有：李昌麒、潘静成、刘文华、刘瑞复等教授。对此可参见杨紫烜主编：《经济法》，5～7页，北京大学出版社，高等教育出版社，1999。国外学者一般认为经济法产生于19世纪末20世纪初，如日本金泽良雄认为经济法“应以资本主义高度发展为其历史背景”。参见［日］金泽良雄著，满达人译：《经济法概论》，2页，甘肃人民出版社，1985，有关德国经济法产生的背景，以及第83页有关日本经济法产生的背景。

② 笔者在把社会中人与人之间关系分为外在的随机关系与内在的有机关系的基础上，按两种社会关系在一定社会阶段中所占的权重，把社会分为机械的个体社会和有机的整体社会。参见刘水林著：《反垄断法的观念基础和解释方法》，3～13页，法律出版社，2011。

③ 现代社会任何个人的利益从归属或分享意义上讲都由两方面构成，其一是私人利益，具有排他性（即归一个人享有或所有就不能归其他人享有或所有）、竞争性（即一个人享有的越多，其他人享有的就越少，因而，就会为多分享而竞争），这种利益的载体是私人物品。其二是公共利益，具有非排他性、非竞争性，其载体是公共物品。

④ 就连个人主义者也承认：“无论是比较富裕的人还是比较贫困的人，在与社会交换体系隔绝的情况下，都只能获得非常微薄的收入。个人的‘自然天赋’与他置身于其中的社会交换体系密切相关。任何人享有的几乎全部收入都源于由社会互动产生的合作盈余。”（［美］詹姆斯·M. 布坎南著，朱泱、毕洪海、李光乾译：《宪法秩序的经济学与伦理学》，268页，商务印书馆，2008。）

⑤ 常识告诉我们，个人的能力主要取决于两个方面的因素：一是个人的智商，这得自遗传，是自然的。二是一个人所处的社会经济、文化发展的程度以及与此有关的政治经济体制及法治状况。正因此，有思想家说：历史教导我们“个人的生产力大部分是从他所处的社会制度和环境中得来的。”［德］弗里德里希·李斯特著，陈万熙译：《政治经济学的国民体系》，98页，商务印书馆，1981。

效发展的问题，而不是个人如何从经济活动中获益的问题，即经济法是一国社会经济整体发展之法，而不是个人如何生活之法。正因此，早在20世纪初，德国有学者指出，凡是以直接影响国民经济为目的的规范的总体就是经济法，因而，间接影响到国民经济的法律，如民法，则应排除于经济法之外。[①] 而20世纪80年代仍有日本学者指出："经济法的规制，一般说来，是从国民经济整体的立场出发而实行的。"[②]

（二）经济机制与问题形式

经济法要解决的问题，实则就是要经济法对社会经济持续、稳定、有效发展提供制度保障，这取决于整体经济发展所需的制度条件。

现代经济发展的历史，以及经济学研究证明，社会经济持续、稳定发展需要两个条件，即动力和协调。这两个条件在现代社会有两种不同的生成机制，即人为的自觉的调控机制与市场的自发调节机制。这两种机制在现代国家的社会经济运行中都发挥作用，但在不同的历史时期，以及不同政治经济体制国家，这两种机制的地位和作用不同。与此对应，在世界上曾产生过两种不同的经济运行体制，即以市场自发调节机制为主导的市场经济和以人为自觉地控制为主导的计划经济，前者通常被西方发达资本主义国家所采用，后者通常被落后的国家在社会主义革命后所采用，并在20世纪70年代的历史中，被赋予了强烈的意识形态色彩，处于对立斗争之中。

随着社会经济的发展，社会经济运行日益复杂，两种不同制度国家社会经济发展中都出现了不同的困难，其成因，在市场经济国家主要是由于"市场失灵"，而在计划经济国家主要是"计划失灵"，[③] 主要表现为计划中的官僚主义、计划脱离实际、平均主义，以及缺乏激励机制等。与此相应，经济法作为解决整体经济发展问题之法，经历了两条发展路径，即资本主义的经济法和社会主义的经济法。

经济法发展的初期，在发达资本主义国家，如美国，由于经济体制接近自由市场经济，因而，整体经济持续、稳定、有效发展的问题，就是如何维护市场经济运行的问题，亦即克服"市场失灵"问题，而当时美国市场的问题主要是垄断对竞争的损害，因而，经济法在大危机前的美国主要体现为反垄断法——反托拉斯法；在后起资本主义国家，如德国，由于市场经济不发达，市场失灵主要是不正当竞争行为对竞争的损害，加之当时政府干预时间尚短，政府失灵表现得不充分，因而，经济法在保护公平竞争的秩序的同时，还利用政府弥补市场发育的不足，其经济法就不仅有克服市场失灵的反不正当竞争法，也有国家对一些影响整体经济发展的经济领域的控制而通过的专门立法，如1919年魏玛共和国建立后通过的《煤炭经济法》和《钾盐经济法》以补充市场不足。而在社会主义国家，因经济发展水平较低，"计划失灵"暴露得不充分，加之，当时社会主义计划经济限制并力图消灭市场机制，因而，经济法主要体现为计划法——有关计划制定、执行的法律和公有制经济管理法，对市场限制法律（表现为对交易的范围及价格限制的法令）和财税法、金融法等都是辅助性的法律。

经济法产生初期的历史说明，经济法虽然是市场经济高度发展、"市场失灵"凸显的产物，但因观念不同，当时人们设想出了两种解决问题的办法，即通过规制市场来克服"市场失灵"和

---

① 参见［日］金泽良雄著，满达人译：《经济法概论》，6页，甘肃人民出版社，1985。

② 参见［日］金泽良雄著，满达人译：《经济法概论》，51页，甘肃人民出版社，1985。

③ 现代经济学中常用"政府失灵"与"市场失灵"对应，政府失灵是指在西方现代市场经济条件下，个人对公共物品的需求在代议制民主政治中得不到很好的满足，公共部门在提供公共物品时趋向于浪费和滥用资源，致使公共支出规模过大或者效率降低，政府的活动或干预措施缺乏效率。而"计划失灵"，则指在计划经济条件下，由于计划的制订者缺乏制订计划所需的信息，以及受知识有限性和未来不确定性的影响，致使计划脱离实际，产生浪费和缺乏激励机制导致的效率低下。其范围涵盖整个经济运行。

以计划经济消灭市场经济来消灭“市场失灵”，并依法付诸了实践。可见，资本主义经济法与社会主义经济法并无实质的不同，都是针对“市场失灵”而想出的办法的规范化，其区别只是具体内容和形式不同。因而，不能因经济法是市场经济高度发展条件下，为克服“市场失灵”而产生的，就得出只有市场经济才有真正意义上的经济法，计划经济条件下的经济法不是真正意义上的经济法这一结论。

两种经济制度发展和竞争的历史经验说明，市场经济虽存在失灵，但却是人类迄今为止所能发现的最好的经济机制，计划经济的优点虽不能完全否定，但弊端丛生。亦正因此，现代各国经济都是“混合经济”——以市场机制为主导的称为市场经济的“混合经济”。这种经济机制决定了经济法的问题，虽主要在于克服“市场失灵”，但也要克服“政府失灵”，对此，我国经济法学界已形成共识。

二、经济法的观念基础

任何法观念都是来源于一个社会的社会观念，经济法也不例外。就一国社会的观念来讲，其产生固然与其所处历史时期的社会经济发展状况有关，但该社会的文化传统既是其观念的构成部分又影响着甚至有时还决定着其他社会观念的演变和生成。因而，要了解经济法的观念基础，不仅要了解经济法所处时代社会观念，还必须了解其得以产生的国家的社会观念。

（一）观念的内容构成及其地位——纵向的社会演化视角

从社会发展的历史来看，人们对有关社会的根本问题历来存有分歧，形成两种截然不同的社会观：唯名的机械个体观与唯实的有机整体观。

唯名的机械个体观，亦称机械主义或原子主义的唯名论社会观，认为社会不是一个客观存在，而是由完全独立的个人（即原子式的个人）组成的集合体或复合体，并无自身的不可还原的存在，因而，社会利益只不过是个人利益之和。从这一社会观看来，人是理性的个体，是具有独立意志的、原子式的、孤立的个体。全部社会关系就是人与人之间的关系，这种关系犹如物理中的原子之间的关系，是机械的。“并且，这样的个人能依自己的利益和愿望与其他人一再地达成社会生活所需的某种一致（秩序）。这样，社会只是满足人的需要的工具。或只有工具性的价值。”① 人与人之间的关系，主要是利益冲突关系。

唯实的有机整体观，亦称整体主义的唯实论社会观，认为社会是一个客观存在，如同生物体一样是一个有机整体。整体大于部分的总和，整体有自己的目的，社会行为或社会利益不可还原为个人行为或个人利益。这一观念认为，人是社会人，即据其在社会中习得的观念或价值共识而从事行动的人。人与人之间及人与社会之间的关系是历史地自然生成的，犹如有机体中细胞之间及细胞与肌体之间的关系，是有机的相互依存关系。因此，人与人之间及人与社会之间存在一种自然生成的依存关系。处于社会中的人，以及构成社会的各部分之间的关系虽然不能完全否定存有冲突，但主要是功能互补的、和谐的关系。

在西方思想史上，这两种社会观都源远流长，唯名的机械个体观的滥觞，可追溯到古希腊的普罗塔哥拉，从启蒙运动始至19世纪初，经霍布斯、洛克、卢梭、亚当·斯密、约翰·S. 穆勒等大名鼎鼎的自由主义人物的论证，使这一观念成为西方社会思想的主流。并在社会契约论中得

① 于海著：《西方社会思想史》，167页，复旦大学出版社，1993。

到明白的体现，至今仍是西方社会的主流。① 唯实的有机整体观，则从古希腊的柏拉图、亚里士多德经中世纪的阿奎那，到18世纪的海德尔、黑格尔一直没有中断。法国大革命后以柏克为代表的保守主义成为一股主要的社会思潮，其以历史主义方法，把社会看作是有机整体，以反对理性主义的原子主义的机械论社会观，对社会产生了相当影响。② 从19世纪孔德创立社会学后，有机整体社会观经斯宾塞以及当代的结构主义、功能主义的发展始终是社会学中重要的观念之一，且对社会科学各领域及社会政治实践产生较大影响。③

经济法产生和发展与社会观念演化的历史说明，经济法发展的过程与有机整体主义观念影响增强的过程是同步的，因而，经济法的社会观念不可能不受有机整体主义观念的影响。

（二）观念生成的土壤与环境——横向的一国文化影响视角

任何法律现象都不是在诸多国家同时出现的，而是从个别国家出现而逐渐蔓延开来的。一种法律现象之所以能在某国产生，关键在于该国社会经济状况及文化观念，它们构成了该法律现象生成的土壤和环境。

从现象学的角度分析，不论从制度的生成还是学术研究开端，学术界一般公认经济法产生于19世纪末20世纪初的德国，第二次世界大战后发达于日本，20世纪最后20年以来繁荣于中国。因而，通过对这三个国家的社会、经济、文化观念的分析，可进一步说明经济法的观念基础。而从对经济法观念影响的角度看，经济学与法学最为直接和重要，因此，本部分主要从经济学和法学角度予以考察。

1. 19世纪末至20世纪初德国的社会经济状况及其观念

在德国一直具有整体主义的文化传统中，这种观念表现为历史—有机的思想路线，并在不同时期表现于各种理论中。

（1）19世纪末至20世纪初德国的社会经济观念。19世纪德国经济学中居于统治地位的是历史学派，其最伟大的经济学家是李斯特。他的观念不仅体现着德国当时的主流社会经济思想，而且在此后很长时间内影响着德国的经济立法与政策。

李斯特时代的德意志还不是一个统一国家，社会经济发展落后，而当时欧洲发达国家信奉的主流经济学理论是亚当·斯密的自由经济思想所倡导的自由贸易理论，针对此，李斯特认为亚当·斯密建立的世界主义政治经济学，把自由贸易当作理想，实际是为英国利益服务。他提出了为德国利益服务的政治经济学理论，即幼稚工业保护理论、生产力理论及其衍生理论——工业进步理论。

李斯特认为，一个落后国家在自由竞争下若无保护，想要成为一个新兴的工业国家已经没有可能，这时比较落后的国家将普遍屈服于工商业与海军强国的优势。面对这样的现实，后起之国

① 例如，在当代西方思想界影响很大的罗尔斯、哈耶克、诺齐克虽然在一些观点上还存有分歧，但从根本上讲都是个体主义者。不过应注意的是哈耶克也反对欧洲大陆的原子主义式的个体主义。参见［英］弗里德利希·冯·哈耶克著，邓正来译：《法律、立法与自由》（第一卷），11页，中国大百科全书出版社，2001。

② 保守主义在法学界的著名代表当属萨维尼。他的政治观中最重要的概念是“民族”——在他看来就是人之所归属的“有机的生命体”，只有它是真实的存在。参见陈爱娥：《萨维尼：历史法学派与近代法学方法论的奠基人》，载许章润编：《萨维尼与历史法学派》，45页，广西师范大学出版社，2004。

③ 特别是19世纪20世纪之交的20多年间，这种观念对整个社会科学产生了巨大影响，有学者研究表明在1890～1914年整个社会科学总体上广泛地借用了生物学隐喻。参见［英］杰弗里·M. 霍奇逊著，任荣华等译：《演化与制度：论演化经济学和经济学的演化》，87～121页，中国人民大学出版社，2007。对法学的显著影响就是社会法学派的诞生。例如，社会法学派在欧洲的创始人之一狄骥，受涂尔干社会理论的影响，把社会关系分为有机连带和机械连带。有研究表明，英国1946年通过的《国民健康保险法案》的产生源于当时普遍存在的“对集体主义的天真信仰”，参见［英］大卫·G. 格林著，邬晓燕译：《再造市民社会——重新发现没有政治介入的福利》，141～143页，陕西出版集团、陕西人民出版社，2011。

想要强大就必须要对本国的“幼稚工业”进行保护。[①] 但仅仅保护不足以使一个国家强大，其根本还在于生产力，因此，他提出了自己的“生产力理论”。认为“财富的生产力比之财富本身，不晓得要重要到多少倍；它不但可以使已有的和已经增加的财富获得保障，而且可以使已经消失的财富获得补偿。个人如此，拿整个国家来说，更加是如此。”[②] 而当时生产力的发展水平主要体现在工业进步的程度上，于是“工业进步”成为李斯特国民经济学的又一核心范畴。在此基础上，其对大工业在其发展过程中的特性——整体性予以探讨，指出一切的工业部门彼此之间有着极密切的交互作用：“一个部门有了改进时，就为其他一切部门的改进做好了准备，起了推进作用；忽视了任何一个部门时，其他一切部门必然要感受到由此产生的影响。”[③] 据此，一个必然结论就是一国社会经济的发展需要国家的干预。

同时李斯特注意到国家干预所可能包含的负面作用。他指出，国家干预并不是把私人经济“统死”。干预的原则是，“关于国民各人知道更清楚、更加擅长的那些事，它并没有越俎代庖；相反地，它所做的是，即使个人有所了解，单靠他自己的力量也是无法进行的那些事。”[④] 如修筑公路、铁路、桥梁、运河等基础设施。李斯特还根据工业革命时代经济社会发展的具体状况进一步提出：“国家在经济上越是发展，立法和行政方面干预的必不可少，就处处显得越加清楚。只要同社会利益无所抵触，一般来说，个人自由是好事；同样的道理，个人事业只有在与国家福利相一致的这个限度上，才能说行动上可以不受限制，但如果个人的企图或活动不能达到这种境地，……私人事业在这个限度上就当然需要国家整个力量的帮助，为了它自己的利益，也应当服从法律的约束。”[⑤]

在上述思想的指导之下，1880 年后，德国政府开始有意识地指导并制定法律扶持重工业的发展，使德国在短短的 30 多年时间内成为世界强国。

（2）19 世纪中期至 20 世纪初德国的法学观念。从一般的法观念来讲，近现代以来德国法的主流观念虽继受于罗马法，但不可能不受其传统的日耳曼法观念的影响。这两种法律传统的不同在于，“罗马法为个人的，而日耳曼法则为集团的”，“日耳曼法上并无所谓‘人’之抽象的概念。凡国民之一员，皆具有取得国法上权义之资格。凡团体之构成员，亦皆有取得其团体中权义之资格。且团体不惟为个人之总合，且系独立享有人格之实在体，而非法律抑制之个人。其各个人与其个人之地位外，更各有其团体构成员之地位。成员之资格，与团体之人格，其关系盖在不即不离之间。团体之目的及利益，非仅为其自身之利益及目的，且亦为构成员全体之目的及利益。无论团体个人，皆于为自己生活而外，更兼为他人而生活。”[⑥]

从最为密切相关的法观念来讲，由于在经济法的发展历史中，国家始终是一个最为重要的主体或因素，因而，法学中有关国家的理论是经济法的重要观念基础。

1870 年前，德国是由众多城邦共同组成的一个松散的德意志邦联，其经济的发展和工业化的进程，远远落后于周边国家，如法国、英国。因而，国家统一和发展成为当时的许多有识之士的共识。基于对法国革命的反思，19 世纪中期前后，在德国思想界兴起了一股反启蒙、反对理性以及反绝对主义的思潮，这一思潮和反拿破仑的民族情绪联系在一起，加之 19 世纪自然科学的胜利，导致生物学进化论影响的增强，形成一种新的思考国家理论的范式，即“历史—有机的”思

---

① 参见［德］弗里德里希·李斯特著，陈万煦译：《政治经济学的国民体系》，155～158 页，商务印书馆，1981。
② ［德］弗里德里希·李斯特著，陈万煦译：《政治经济学的国民体系》，118 页，商务印书馆，1981。
③ ［德］弗里德里希·李斯特著，陈万煦译：《政治经济学的国民体系》，323 页，商务印书馆，1981。
④ ［德］弗里德里希·李斯特著，陈万煦译：《政治经济学的国民体系》，146～147 页，商务印书馆，1981。
⑤ ［德］弗里德里希·李斯特著，陈万煦译：《政治经济学的国民体系》，150～151 页，商务印书馆，1981。
⑥ 李宜琛著：《日耳曼法概说》，12～13 页，中国政法大学出版社，2003。

考范式。

这种思想认为，以历史生成物和“有机”发展思想理解国家，优越于以人为的、没有生命的和革命的理性建造的产物来理解国家。据此，国家被看作是“一个民族内部和外部全部生活的内在联系，是一个有着巨大能量的、永不停息的、生机勃勃的整体。”① 且从19世纪中期以后这种生物学的国家思想潮流变得越来越强大，② 这从那个时代的一些著名法学家的思想中不难窥见。例如，基尔克提出了“社会法（Sozialrecht）”范畴，并以此理解国家这个整体的社团性共同生活，以及提出自己的国家观念，认为国家是“连续的、有鲜活意志和行为的统一体，是由全体人民联合而成的”。③

1870年以后，由于国家统一，经济的发展，德国开始了一个崭新的时代。耶利内克是那个时代“无可争议的、一直是最有声望、最有影响的国家法导师”（勒尔森语）。④ 其在国家观念上持“两面论”，区分了作为“社会现象”的国家和作为“法律概念”的国家，且把国家当作社会有机体，并赋予它可以经验理解的现实性，同时把它理解成由意志决定并具有意志能力的“法律有机体”。

上述主流法律观念，使“国家为社会提供一个‘空间’，保障安全和秩序，并防止危险，但又尽可能节制地进行干预，随着关税保护、社会保险、社会法、竞争法、交通法和科技法的出现，干预国家产生了。”⑤ 与此相关的是公法、社会法和经济法的大量增加，这尤其为行政法、经济法提供了最为强大的动力。

另外，1848年“三月革命”以后建立“法治国”的普遍要求在政治上不受怀疑。⑥

2. 明治维新后的日本社会经济状况及其观念

虽经1868年明治维新，日本在推进其近代化的进程中循序渐进地导入西方的各种文化制度，由此形成了日本文化的新传统。但因长期受中国儒家思想的影响，日本文化中始终存在儒家的色彩，这一色彩主要体现在日本人的“集团意识”中，正是从这一意义，可以说日本是一个以群体为本位的社会。

“集团意识”主要体现于日本人对自身与团体（社会）关系的认识上。日本人普遍认为“团体”是最重要的，他们相信“集团具有超过自己的超人的力量”，在这种意识支配下，日本人不甚强调个体的特殊作用或突出的方面，个人被埋没于集团之中。因此，在日本人看来，自己总是某个整体的一部分，这个整体是利益公共体甚至是命运共同体，自己与这个整体息息相关。⑦

日本集团意识对日本法律文化及制度产生了影响。使得日本在近现代继受西方法律思想及法律制度时，融合了自身的传统文化，形成了日本特有的法观念。这种法观念突出了法过程的特征，主要体现于日本传统思维结构中的社会秩序和规范，集中表现在“义理”观念上。由于义理含有人类必须做的事情之意，这意味着，行为人履行义务、承担责任并不等待对方（履行受益人）的要求，而在于行为人的自发，因此，义理观念的秩序原理的最大特征在于并不预想存在规制人与人之间关系的一般规则。这种现象的背后实质上存在一种双方当事人利害一致、和谐支配

① A. H. Müller，转引自［德］米歇尔·施托莱斯，雷勇译：《德国公法史》，156页，法律出版社，2007。

② 参见A. H. Müller，转引自［德］米歇尔·施托莱斯，雷勇译：《德国公法史》，176页，法律出版社，2007。

③ O. v. Gierke，Das Deutsche Genossenschaftsrecht. Erster Band：Rechtsgeschichte der deutschen Genossenschaft，Berlin，1868年（1954年重印），pp. 175。

④ A. H. Müller，转引自［德］米歇尔·施托莱斯，雷勇译：《德国公法史》，617页，612页注释163，法律出版社，2007。

⑤ A. H. Müller，转引自［德］米歇尔·施托莱斯，雷勇译：《德国公法史》，621页，法律出版社，2007。

⑥ A. H. Müller，转引自［德］米歇尔·施托莱斯，雷勇译：《德国公法史》，359页，法律出版社，2007。

⑦ 参见杨波：《日本人的“集团意识”》，载《作家杂志》2008年第3期。

一切的秩序观，通常不会出现应“为”的争讼。[①]

在上述法文化支配下的法律制度，不仅使日本传统秩序原理未被破坏而幸存下来；且具有以官僚体制为核心的国家的强烈主导性；维持秩序优先于国民的权力保护特性。[②]

另外，明治维新后，在日本，“不论是激进的资产阶级民权主义者，还是谨慎的政治领导者，都清醒地认识到，既然要实现文明，走西方资本主义强国的路，那么搞资产阶级的立宪政治，将是不可避免的历史趋势。”[③] 因此，1889年日本颁布了《大日本帝国宪法》，即明治宪法。这标志着日本向现代法治国家迈进的开始，同时意味着法治国理念的确立。

3. 20世纪80年代以来的中国社会经济状况及其观念

中国经济法产生的历史虽然可追溯至20世纪初，[④] 但真正具有大量法规且被法学界诸多学者关注研究，则是20世纪80年代初开始的。改革开放使这一时期中国的社会观念深受自由主义的影响，但我国国情使两个基本的思想观念不可回避，即中国传统思想和社会主义。

（1）中国传统法观念。中国文化“本身上始终把握着人文主义、民本思想而不曾放松一点。因而在中国法系的本质上虽有‘国法’，而仍同时重视‘天理’，重视‘人情’”。[⑤] 表现在法律中有八个方面：[⑥] 第一，礼教中心。第二，义务本位。中国法系固有之义务之本位，表现为社会各个阶层，相互之间之义务，并非对某一方面，而单独负其片面义务。[⑦] 以义务为本位，可以说是以社会为本位，特别重视人与人的关系。第三，家族观点。家族国家化，国家家族化，在政令上充分表现出来。第四，养化设施。有人称为抑强扶弱的法律。第五，仁恕精神。如有“三纵”、“三宥”。第六，灵活运用。第七，减轻讼累。第八，法官责任。

（2）社会主义法观念。社会主义作为一种思想或意识形态，总是把个人置于共同体中，认为个人不能离开共同体寻找其个性理想。共同体不是一种人与人的直接关系，而是人通过共同的人的使命而实现的一种结合，即一种共同事务的、共同斗争的、共同劳动的、共同成就中的结合。于是就产生了对我们来说的一个社会主义世界观公式：共同体中的个性，劳动成就中的共同体。共同体要求其成员间的关系彼此为同志关系；对于每个成员与共同体之间，共同体要求其具有共同意识。[⑧]

社会主义作为一个政治经济理论，认为资本主义的一切弊端的基础是私有制，以及以此为基础的自由市场制度。由此产生了工人阶级的贫困、社会生产的无政府状态，从而导致周期性危机。因而，主张或提倡公共或是整个社会作为整体，来拥有和控制生产资料，其管理和分配基于公众利益。其特色为提倡由集体或政府拥有与管理生产工具以及分配物资。

在20世纪社会主义实践中，社会主义成为一种社会经济制度，典型社会主义国家的经济形态都以苏联为模板，采用公有制经济、计划经济体制和按劳分配，中国在1979年以前也沿用苏联的计划经济体制。

这种观念体现在法理念上主要有这样一些特点：第一，法益选择。注重对社会整体利益或公共利益保护，相对轻视对私人利益保护。第二，法的本位。强调社会本位，因而，重视个人的社

---

① 参见［日］六本佳平著，刘银良译：《日本法与日本社会》，28页，中国政法大学出版社，2006。

② ［日］六本佳平著，刘银良译：《日本法与日本社会》，36页，中国政法大学出版社，2006。

③ 武寅：《论明治宪法体制的形成背景》，载《日本问题研究》1995年第1期。

④ 中国经济法产生最早可追溯到20世纪20年代末，即经济法在德国和日本形成之初就对中国产生了影响，如1929年国民党立法院制定的《训政时期立法工作按年分配简表》中就有“经济立法规划”项。

⑤ 范忠信等编校：《中国文化与中国法系——陈顾远法律史论集》，25页，中国政法大学出版社，2006。

⑥ 范忠信等编校：《中国文化与中国法系——陈顾远法律史论集》，26~32页，中国政法大学出版社，2006。

⑦ 范忠信等编校：《中国文化与中国法系——陈顾远法律史论集》，41页，中国政法大学出版社，2006。

⑧ 参见［德］古斯塔夫·拉德布鲁赫著，米健译：《社会主义文化论》，5~11页，法律出版社，2006。

会义务或社会责任，而相对轻视个人权利。第三，手段选择。注重控制市场，而不是利用市场，因而对市场行为规制的范围广、控制严。第四，法的实施上，执法的作用大于司法。

4. 分析小结

上述分析说明，经济法产生和发展的土壤及环境就是那些因自然的、历史的原因而具有整体主义观念，同时，在面临发达国家的挑战时，又接受和吸收了自由民主和法治观念的国家。可见，整体主义观念和法治是经济法产生的观念基础。对于法治本文不必赘述，下面仅就经济法的整体主义观念予以补充说明。

（三）经济法的社会观——合理的整体主义

经济法产生发展的历史背景及其产生、成长和繁荣的土壤与环境说明，经济法产生的条件是法治文明与整体主义社会观。但需要说明的是，从社会思想发展及社会观念的融合角度，以及从法学的特性及经济法学界有关经济法的本位、宗旨、法益等的公认观点看，[①] 笔者认为，经济法的整体主义是一种合理的整体主义。

这里的合理的整体主义是笔者提出的与极端的整体主义有所区别的整体主义的一个指称，是指在坚持——把社会经济看作一个有自己目的和意志的成长的有机整体，整体被视为大于其单个部分的总和，所有的人都从属于这个整体——这些整体主义内核的同时，认为作为构成社会基本要素的人仍具有其个体特性和相对的独立性。社会虽然决定着个人的行为选择空间和选择的可能性方向，但不能直接替代个人作出具体选择。因此，个人就不能仅仅被视为社会的一个被动的部件，而是具有其自身不可取代的价值的能动性的器官，且其行为选择和价值取向还影响社会整体的运行。犹如动物的器官，虽不能脱离于动物的肌体，且依存于肌体而发挥其功能，但有各自相对独特的属性，其功能如何关乎人体健康。

对这种合理的有机整体社会观较明确阐述的当属康德的学生海德尔。在海德尔看来："社会不是按机械原则构成的，而是一个不断成长的有机体，他由各个不同的部分构成，每一个部分都有其个体特性，但彼此又相互依赖不可或缺。社会由个体组成，但不可仅仅归结为个体；个人也不能仅仅被视为社会的一个被动的部件，因为个人有其独立的、不可还原的、不可取代的价值。"[②] 黑格尔也有近似主张并据此对法律提出了独到的见解。[③] 其实，哈耶克的真个人主义观与之有所趋同。[④] 只不过整体主义更强调人的社会属性而哈耶克则强调人的自由独立的个性，但他们都不否定人的整体个性中具有社会性与个体特性（二重性）。

人的本质属性的二重性决定了以人为基础形成的社会关系的二重性，作为社会关系调整器的

---

① 在经济法学界一般公认经济法是社会本位法，其法益或基石范畴是社会整体利益或社会公共利益，其宗旨是通过国家必要的干预（何为"必要"没有一个定数，皆视社会经济发展的需要，即从社会经济整体长远发展看需要国家干预什么就干预什么，而不是国家可以任意地想干预什么就干预什么，这也是李昌麒教授需要干预论的"硬核"），实现社会经济的协调、稳定、持续发展。

② 于海著：《西方社会思想史》，150页，复旦大学出版社，1993。

③ 黑格尔崇尚社会整体主义，但他从未将个人与社会关系问题简化为二择一的问题，即在个人与社会、整体与个体的关系问题上，他提出了一种辩证超越的观点。参见［德］黑格尔著，范扬、张企泰译：《法哲学原理》，5页，商务印书馆，1961。

④ 哈耶克的真个人主义既反对源于笛卡尔的唯理主义的、把人看作是孤立的或自足的个人存在的观念，又反对不折不扣的、把社会看成是靠人的理性可直接理解的自成一类的实体，一种可以独立于构成它们的个人而存在的整体主义（或称集体主义）观点。是以一种人的整体个性和特征都取决于他们存在于社会之中这样一个事实作为出发点的观点。参见［英］F. A. 冯·哈耶克著，邓正来译，《个人主义与经济秩序》，11～12页，生活·读书·新知三联书店，2003。不仅如此，哈耶克认为"经济体制是由价格机制来协调的，而社会不是一个组织却是一个有机体"。转引此［美］罗纳德·哈里·科斯著，盛洪、陈郁译校：《企业、市场与法律》，35页，致公出版社、上海三联书店、上海人民出版社，2009。

法亦就有与之对应的本质属性不同的两种。对此，正如祁克所指出“与人的本质一样，在法律上也存在个人法与社会法的差别。这是因为，人作为个人在其是一种独立的存在体的同时，也是构成社会的成员。”因此，“个人法是从主体的自由出发，规律个人相互平等对立的关系的法律；社会法将人视为拥有社会意志的成员，将人视为整体的一分子。……所以，社会法是从对主体的拘束出发，规律有组织的全体成员的法律。”① 由此可见，经济法作为第三法域的部门法，其社会观念是合理的整体主义。

三、经济法的本质属性

经济法的问题意识和观念基础决定了作为规定着经济法根本属性特质的本质属性主要体现在经济法的本位、经济法的主导规范和规范指向上。

（一）经济法是社会本位法

1．法本位含义的反思

“法的本位”就一般意义上说，是指作为法律重心、法律立足点的基本理念。法的本位随社会之进化而变迁，② 正因如此，对法的本位的论述一般多从整个法律基本观念演化的视角讨论。通说认为法的本位经历了三个阶段，即从义务本位到权利本位或个人本位再到社会本位。

从有关法本位的用语的意义看，对法本位的认识其实有两条路径：一是从法价值取向的视角，即法选择以何种利益为其保护的重心，往往与法的目的、价值和作用紧密关联，因此，有学者把其称为“法之基本目的，或基本作用，或基本任务。”③ 二是从法规范形式的视角，即法律是以什么样的规范形式为基点或重心而构造的，认为法的本位是“关于在法这一规范化、制度化权利义务体系中，权利和义务何者为主导地位（起点、轴心、重点）的问题。”④ 前一路径适于理解“个人本位”、“社会本位”的划分，但不适于理解“权利本位”、“义务本位”的划分。后一路径与之相反。

据此，笔者认为，法本位的转化经历了三阶段：从价值重心转移的视角看，法经历了团体本位——个人本位——社会本位的转化；从作为基点的规范形式变化的视角看，法经历了义务本位——权利本位——社会（主体间）责任的转化。⑤ 第一个阶段（17、18 世纪资产阶级革命胜利以前），法的价值以保护团体利益为重心、为基点，义务性规范为法规范的重心和基点。第二个阶段（资产阶级革命胜利到 19 世纪末 20 世纪初自由资本主义的终结），法的价值以保护个人利益为重心、为基点。权利性规范为法规范的重心和基点。第三个阶段（20 世纪以来），法的价值以保护社会整体利益为重心、为基点，法主要表现为社会责任性规范，即法以社会责任性规范

---

① 转引自何勤华：《历史法学派述评》，载许章润编：《萨维尼与历史法学派》，38 页，广西师范大学出版社，2004。要注意的是，祁克这里的社会法是与公法和私法相并列的第三法域意义上的社会法。

② 参见［日］穗积重远著，李鹤明译：《法理学大纲》，126 页，中国政法大学出版社，2005。

③ 张文显著：《法哲学范畴研究》（修订版），345 页，中国政法大学出版社，2001。

④ 梁慧星著：《民法总论》，35 页，法律出版社，1996。

⑤ 目前，法学界学者一般认为，法律系由义务本位到权利本位，最后再到社会本位。对此，可参见郑玉波：《民法总则》，77 页，中国政法大学出版社，2003。笔者认为此说法不妥，其原因在于把基于不同标准——把基于价值标准的个人本位与社会本位和基于工具性规范标准的权利与义务——划分的法本位并列混用。团集本位（义务本位）与社会本位（义务权利本位）的区别在于一个强调的是个人的片面义务，不承认个体的地位，另一个强调义务的相互性，承认个人的地位。

(主体间的责任，是一种权利义务的融合体)① 为重心和基点。

经济法产生和发展的社会历史背景，以及由此决定的问题意识和观念基础决定了社会整体利益成为经济法保护与促进的重心。为此，法就据个体（个人）的能力，以及由此决定的他们在社会中扮演的角色、具有的社会功能，而赋予各不相同的社会责任。

2. 社会本位的“硬核”——社会公共利益

在论及经济法社会本位时，价值视角的社会公共利益是所有论者绕不过的核心概念，成为社会本位的“硬核”，对此，经济法学界几乎形成共识。② 但对什么是社会公共利益经济法学界并未形成共识。因此，有必要对笔者的社会公共利益观予以阐发。

在实定法中，“社会公共利益”是与“公共利益”、“社会利益”在相同意义上使用的，是一个复合概念，对其含义的把握必须对“社会”、“公共”与“利益”三个词的含义予以分析。

“社会”在社会科学中，通常指由众个人互动形成的关系状态。其作为一种实在，不像物或人那样真实清晰，可以看得见、摸得着、感觉得到，因而，我们只能靠理解和解释来把握。以笔者见，对“社会”可从以下几方面理解：（1）从构成要素看，社会是由众多个人构成的。(2) 从存在的形式看，社会是由不同智识、功能互补的个体，在一定价值和制度约束下，互动形成的关系网络或状态，犹如一个有机整体。（3）从形成与发展看，社会是开放地、历史地生成的，而不是封闭地、由当下的人在一夜之间造成的。③

“公共”是指事态的属性，即可以同时供不特定的许多人享用，具有非排他性、非竞争性和开放性。非排他性，是指要排除一个人的享用在技术上是不可能的，或者排除一个人的享用要花费很高的成本，这意味着，无法阻止某个人享用。非竞争性，是指增加一个人的享用并不增加供给的边际成本，同时，也不减少其他人的享用。开放性，是指可以随时无条件、无障碍地供任何人分享，不封闭也不专为某些个人所保留。

“利益”最简单的解释就是“好处”或“功用”，与“弊”、“害”相对立。笔者认为，日本宪法学家美浓部达吉的界定较为恰切，即“所有满足人类价值感情的东西，可以称为‘利益’。于这种意义上的利益，不用说不是含有单纯经济的利益（物质的利益），而又不是含有适于人类的福利的意味”。④ 在笔者看来，利益就是能给人的欲求提供满足的“存在”，犹如价值概念。

综上所述笔者认为，“社会公共利益”就是在社会互动的历史过程中形成的，且可为处于该社会中的每一个个体成员需求和意欲的，同时在一定程度上给予这些需求和意欲予以满足的“存在”。从分享的角度看，其具有不可分割性、非排他性、非竞争性和开放性；从受益主体的角度看，具有非专属性、非特定性；从存在形式或利益载体角度看，是作为公共物品的秩序，如竞争秩序、(产业和区域）结构秩序。

① 笔者这里把社会本位称为“社会责任”本位，而不像王伯琦先生称为“权利义务”，是因为在笔者看来，责任先于权利，权利只是为履行社会责任而授予，正因如此，才可能解释“权利滥用”。而王先生虽认为“权利义务”既不是权利又不是义务，是权利义务的混合物，但他认为：“社会本位的法制究其实不过是权利与义务的混合体制。在西洋是在压抑过于扩张的权利观念或个人观念，来调剂社会的利益，从而获得个体与总体间的平衡。至于吾国，义务观念从来就极浓厚，倘要获得个体与总体间同一之平衡，须要使权利观念或个人观念抬些头。”（王伯琦著：《近代法律思潮与中国固有文化》，76 页，清华大学出版社，2005。）

② 有关经济法是社会本位法的观点，是经济法学界最为一致的看法，这不仅见于学者们对经济法本位的直接论述中，且在几乎所有关于经济法定义的解释中，都认为经济法保护的是社会公共利益。正如有学者所说，经济法在调整对象上达成的共识之一就是：“经济法所调整的经济关系是国家为了社会整体利益而施加影响于经济运行过程中产生的。”（肖江平著：《中国经济法学史研究》，79 页，人民法院出版社，2002。）

③ 较详细论述可参见刘水林：《反垄断法的挑战》，载《法学家》2010 年第 1 期。此处第一点作了改动。

④ ［日］美浓部达吉著，欧宗祐、何作霖译：《宪法学原理》，23 页，中国政法大学出版社，2003。

3. 社会本位的“保护带”——几种诘难的答复

要理解经济法的社会本位，除要理解法本位与社会公共利益的基本含义外，还必须澄清三个主要误解：

第一，经济法的社会本位，从价值视角，意指经济法以保护社会公共利益为重心、为基点，这意味着，社会利益并不是经济法唯一保护的利益。

第二，经济法是社会本位，并不意味着其他法就不能是社会本位法。同时其他法称其为社会本位法亦不能否定经济法属于社会本位法。因为，社会利益体现在多种领域。

第三，经济法社会本位思考范式的错误。任何概念的分类都有一定的标准和理论意图，我国法学界思考利益的范式上，主流观念往往在利益的分类上接受庞德的标准，把利益分为个人利益、国家利益和社会公共利益，并认为这三种利益是冲突的。但很少有人对这三种利益的划分标准、意图以及三者的含义进行过论证。

笔者认为，庞德的分类是以利益主体的范围为标准进行分类的，其意图在于适用全部法律，包括国内法和国际法。而经济法属于国内法，笔者认为，在国内法意义上国家利益与社会利益没有区别，因为，按现代国家理论，国家只是一定领土范围内社会的组织形式，国家是其领土范围内社会的代表，因而，在国内法意义上，与社会利益对立的国家利益是不存在的。对此，民国时期的一些法学家已有论述，如有学者认为：“所谓国家者，盖社会之一形态，戴有一个主权，具有一定之领土，以此为其特征者也”；“国家不过以主权人民领土为要素之一社会耳”，“故本书以前所述社会之观念，即可准用于国家本质之说明。”①

在国内法意义上，从利益归属主体的角度，利益可分为个人（包括自然人和法人）利益、集团（阶层或群体）利益和社会整体利益；从利益分享属性的角度，利益可分为私人利益、社会公共利益（纯社会公共利益和准社会公共利益）。因此，经济法学界许多学者关于社会公共利益是个人利益、国家利益和社会利益的均衡的观点是站不住脚的。

（二）经济法是规制法

从法的主导规则的功能角度可把法分为两类，即规制法和责任法。规制法，即以规制规则为主导以预防有害行为发生为主要目的的法。责任法，即以责任规则为主导，以救济受害者为主要目的的法。规制规则，则是在实际损害发生之前通过颁布标准、禁令以及其他形式的一些要求，较为直接地修正人们的行为。责任规则是以对具体主体权利的侵害的存在为前提的，它的运作不是直接通过社会指令，而是间接地通过损害发生后引起的损害赔偿所产生的威慑作用来矫正人们的损害行为。这两类规则的运行都需要一定的条件要素，因而，通过分析制约这两种规则功能发挥的要素，以及经济法违法行为损害的特点就可说明经济法属于规制法。

从理论上说，在对有害行为的防范上，决定使用责任规则或直接规制规则的影响要素有以下四点：②

1. 行为主体与规制机关在有关行为损害风险的知识上可能会存在的差异

一般来讲，行为主体对行为有害性信息具有优势，则适于用责任规则来规范，规制主体对行为有害性的信息具有优势，则适于用规制规则来规范。

经济法中规范的行为的作用对象是社会经济关系体系，如竞争、交易、产业结构等，其结果是否有害是间接地经过一定时间后反映出来，因而，不像传统的公法与私法，行为损害风险具有

---

① 张映南著：《法学通论》，15～25页，上海大东书局，1933。

② 参见［美］史蒂芬·夏维尔著，罗玥译：《损害赔偿责任抑或安全规制》，载［美］唐纳德·A. 威特曼编，苏力等译：《法律经济学文献精选》，93～98页，法律出版社，2006。

显而易见性。因此，规制机关的专业性、收集信息的强大性在对行为损害性认识上比行为主体拥有优势。

2. 行为主体是否具有支付全部数额的损害赔偿的能力

一般来讲，当可能发生的损害与行为者的资产的数量差距不大时应该使用责任规则来规范。因为，在行为主体不具备赔偿全部损害能力的情形下，责任规则将无法提供足够的激励来控制损害风险，但是在直接规制下，是否具备赔偿能力则变得无关紧要了。

在经济法领域，由于行为作用的对象是动态的社会经济环境，即经济秩序，损害的是不特定多数人的利益，因而损害是巨大的、难以估量的。

3. 行为人承担损害赔偿的概率

一般来讲，承担损害赔偿概率高的损害行为适于以责任规则防范，而承担损害赔偿概率低的损害行为适于以规制规则防范。而致害者承担责任的概率是由受害者是否提起诉讼而定。导致起诉概率低的因素有三：第一，致害行为造成的损害大小分布范围。对每个个体小而分布广的损害，虽然对整个社会来说损害是巨大的，但是，对每一个受害者而言，却不足以使其单独地提起诉讼（因为诉讼是有成本的）。第二，损害要经过很长一段时间，才能够显现出来。因为，这就可能致使在被害人准备提起诉讼的那段期间内，那些取得胜诉所必需的证据可能已经消失，或者行为人已经停止了经营。第三，受害者所受的损害与行为人的行为是否具有直接的因果关系难以说明。这些都减低了被害人胜诉的概率，因而，导致被害人起诉的激励不足。

而在经济法领域，其有的损害行为具有损害小而分布广，如市场规制法中各类损害消费者的损害行为；有的行为的有害性显现需较长时间，如限制竞争行为对市场竞争的影响、纳税行为对产业结构的影响等；有的行为与损害结果的因果关系不明。

4. 在运用责任规则或直接规制时，所引起的行政成本或费用

责任规则在成本方面的优势在于，在责任规则之下，资源天然地被集中用于控制造成损害的那一小部分人的行为；规制则不同，无论是否发生了损害，它都会产生行政成本或费用。由于经济法规范的行为影响与该行为的经济领域、行为者的经济实力等有关，因而，经济法是分类规制的，这样被规制的行为就被限于特定范围，因而与责任规则相比，行政费用也不高。

以上四点说明，在经济法领域更加倾向于支持直接规制而非责任规则。需要说明的是，无论是责任规则还是直接规制，哪一种都不可能成为控制损害风险的唯一规则选择。一个完备的控制损害发生风险的制度显然应当将责任与规制结合起来运用。因而，我们说经济法是规制法，只是说经济法对社会型有害行为的防范是以规制规则为主导的，而并不是说没有责任规则。

（三）经济法是社会秩序法

笔者这里所用的“社会秩序法”是从法律价值的意义上来说的，是与个人权利法对应的一个概念。依此意，秩序法指法律规范的价值在于建构和保护一种良好的社会秩序，而不是保护个人的权利。经济法的秩序是社会经济秩序，其在经济法中体现在四个方面：

1. 体现在法的目的上——风险防范与秩序建构

基于对经济法中违法行为所致损害的主客体的不确定性、损害的不可计量性、违法所得与损害（包括对个体与整体的损害）的极端不平衡和补偿的不可行性的认知，以及受经济法的价值取向和功能预设的指引与约束，经济法作为规制法的运行目的在于防范风险行为发生，以及维护或建构理想的经济秩序，在市场经济下包括竞争秩序、交易秩序和良好的产业结构、区域平衡。

2. 体现在其实体法制度的规定上——经济法是以社会责任为主，体现在对行为的限制。即使有权利，这种权利既是权利，也是责任。其价值是以秩序为根本的，是秩序性价值。所谓秩序价值就是指社会权利所要体现的是建立一种良好的社会秩序，这是因其社会性所致。社会性权利

所面向的不是权利人的私人利益，其所涉及的行为影响范围是一定社会内的宏观范围，该范围决定了其必须建立一种协调、和谐的社会运行机制，而在这一机制之下局部的牺牲、个体价值的不能体现是不可避免的。其与私权利是对应的，“私权利则以生存为根本的价值取向，私权利的主体所追求的是自身的存在，是要造就一种自我。”①

3. 体现在实施机制上——实现方式上的事前责任担当为主，这意味着经济法的实施是以行政执法为主导，以私法（诉讼）为辅助的实施机制

基于经济法中违法行为损害结果与行为结构的关联性，加之违法行为损害的严重性、扩散性，以及违法所得与损害（包括对个体与整体的损害）的极端不平衡和补偿的不可行性的认知。因此，利用所有主体的力量，在该行为没有产生损害前，启动规制机构执法于事前防范，比事后救济更为可行。

4. 体现在司法理念上——法益保护上的积极能动

人的理性有限，加之，分工和科学技术在社会经济活动中的广泛应用，导致社会关系的有机性、复杂性，不仅产生了风险行为，而且产生了人们对风险的认知差异。经验证明，专家对风险的认知更具科学合理性，② 因而，法律作为促成有益社会的行为、防范风险行为的规则，需要建立规制机构并予以授权，以便利用专家的知识，发挥其能动性。当今规制法中大量出现的执法司法化以及在司法中呈现的一定的能动性就是对此的回应。这意味着，经济法上的诉讼不同于传统法的纠纷解决模式，而是以秩序建构为模式。

秩序建构名称本身就昭明了经济法诉讼的价值不在于解决争议，而在于建构经济秩序。面对这种新的秩序重构诉求，传统的司法救济，损害赔偿、罚款或是刑事追诉都无法充分解决问题，因而，需要新式的综合救济。

四、结论

经济法产生、发展的时期，与社会正经历着从机械的个体社会向有机的整体社会的转化，与此相应，以生物学观念分析社会的有机整体主义的影响有所增强是同步的。这种社会经济背景和社会观念，决定了经济法所要解决的问题是整体经济发展的问题，而不是个人权利的保护。对此，需要以整体主义的观念和方法论来思考。

由于整体经济发展不仅关涉当下，也关涉到未来所有人的利益，因而，经济法实质就是社会本位法，即以社会整体利益为中心的法。社会整体利益的载体在现代市场经济中主要体现在竞争、交易，以及良好的产业结构、区域协调形成的秩序中，因而，经济法重在建构与维护秩序，即经济法是秩序法。秩序的形成主要在于对社会性有害行为的防范，而防范社会性有害行为的主要规则是事前规制，因而经济法是规制法。

① 关保英著：《行政法时代精神研究》，152 页，中国政法大学出版社，2008。

② 参见戚建刚：《风险认知模式及其行政法制之意蕴》，载《法学研究》2009 年第 5 期。

经济法的再定义

——以规范对象为视角

薛克鹏*

目　次

一、问题

我国学界曾两次大规模地对经济法进行过定义。第一次定义形成的以“纵横经济法”为代表的“旧诸论”，虽然对经济法是什么进行了有益探索，但囿于计划经济体制和与此相适应的法律理论，不可能揭示经济法的真谛。第二次定义基于20世纪90年代中后期的经济模式、立法水平和法律理论，形成了“新诸论”。①“新诸论”果断地与计划经济决裂，选择以市场经济为其经济基础，实现了质的跨越。当然，由于法哲学领域尚未对影响中国长达三十多年的苏联法学彻底清算，新的法学理论仍在形成过程中，因此，“新诸论”只能建立在过渡理论基础之上。此时，宪法尚未将保障人权和控制国家权力作为其价值追求，特别是苏联的管理行政法理论在法学界仍居主流地位，“新诸论”只能继续沿用旧的行政法理论，这就决定了其无法厘清经济法与行政法的关系，包括对经济行政法论作出有力回应。此外，“新诸论”在未准确定义国家的前提下，都选择从“国家”角度进行定义，如国家协调、国家干预、国家管理、国家调节和国家调制，等等。但是，“国家”一词有时在很广的意义上用来指“社会”本身，有时又仅指政府、民族或其居住

* 中国政法大学副教授，硕士生导师，法学博士。

① 关于经济法“新诸论”观点，可分别参见李昌麒著：《经济法——国家干预经济的基本形式》，198页，四川人民出版社，1995；杨紫烜主编：《经济法》，27页，北京大学出版社、高等教育出版社，2000；史际春、邓峰主编：《经济法总论》，48页，法律出版社，1998；漆多俊主编：《经济法基础理论》，107页，武汉大学出版社，2000；王保树主编：《经济法原理》，26页，社会科学文献出版社，1999。

的领土等。① 因此，如果不严格定义，不仅使经济法与行政法更难以厘清，而且易使人们将经济法与国家本位不恰当地联系在一起。

总之，“新诸论”成功地将经济法与社会主义市场经济融为一体，从理论上赋予经济法新的生命力，但同时也受到时代的掣肘，具有过渡性特征。如今，我国学界对发达国家的法律制度及法学理论有了充分了解和把握，特别是包括经济法在内的中国特色的社会主义法律体系已基本形成。在此背景下，“新诸论”关于经济法的定义问题也日益凸显，特别是与实际立法之间存在脱节和对新制度的解释越来越乏力。此外，不同院校的经济法教材提供的形形色色的经济法定义，使得来自于不同院校的研习者对经济法各有各的理解。因此，作为后来的学者，我们不能仅仅停留在前人的水平上，而应当站在前辈肩上，从现有的经济、法律和法学理论出发，对什么是经济法继续进行探索。②

二、再定义方法的选择

对概念进行定义是社会科学研究的必经程序，因为“当我们想到一个概念（如偏见）时，其内涵外延往往并不清楚。必须首先明确地定义所有的概念，然后才能开始进行研究。”③ 但事物具有多种属性，定义方法不同，结果也不同。正如学者所言，“如果不能选择正确的方法，即使在客观条件已经完全成熟的时候，问题也同样无法得到解决。”④ 为此，在重新定义前，我们需要选择一个科学的定义方法。

1. 调整对象——社会关系

多年来，我国学界一直是从调整对象角度定义经济法，不过结果并不如意。调整对象在学界一直被视为划分部门法和定义的基本方法。甚至有学者认为，“法律的调整对象是法律的‘生死存亡’的重大问题，对于法律本身来说，具有重要意义。……研究法律的调整对象，就是研究该法律所调整的社会关系……”⑤ 但是，我们必须清楚，学界所公认的调整对象理论其实存在以偏赅全问题，确切地讲，它只是民法和行政法而不是所有部门法的定义方法。但是，由于法理学深受民法理论影响，直接将其中一些概念上升为一般法学范畴（如法律关系和法律行为），同时将民法方法包括调整对象理论视为所有法学的方法，从而使其具有法理学意义。因而，当经济法出现后，有学者就认为，“谁要想建立一个经济法部门，就必须指出这些经济法规在调整对象上的同类性，或者指出在我国现阶段已产生了一种新的经济关系，它不同于以往人们所认识的任何一类经济关系，并应找到在这种经济关系中起作用的特殊规律，找出不同于其他部门法的调整原则和方法。”⑥ 笔者认为，社会关系虽然是认识部门法属性的一个重要视角和方法，但如果将其作为认识法律属性的唯一方法，则必然会成为认识法律的障碍，而且实践证明，也不是最佳方法。过去学界将调整对象推崇到极致的做法，耗费了大量的学术资源，影响到对其他重要问题的研究。⑦ 实践证明，仅仅根据调整对象并不能解决经济法是什么的问题。因为一个人既是民事和行政法律关系主体，也是刑事责任主体；其一特定行为，如垄断和销售伪劣产品，可能同时产生民事、刑

① 参见［奥］凯尔森著，沈宗灵译：《法与国家的一般理论》，203页，中国大百科全书出版社，1996。
② 其实自第二次集中定义后，学界并未停止对经济法内涵的研究，第三次定义在进入21世纪后实际就已开始。
③ ［美］艾尔·巴比著，李银河编译：《社会研究方法》，79页，四川人民出版社，1987。
④ 张文显著：《马克思主义法理学——理论与方法》，45页，吉林大学出版社，1993。
⑤ 邱本著：《经济法总论》，86~87页，法律出版社，2007。
⑥ 佟柔：《学科经济法论》，载《中国经济法诸论》，法律出版社，1987。
⑦ 参见王全兴著：《经济法基础理论专题研究》，67页，中国检察出版社，2002。

事和行政等多重法律关系，涉及《侵权责任法》、《反垄断法》、《消费者权益保护法》、《行政处罚法》甚至《刑法》等多个法律问题。如果仅从社会关系角度定义部门法，必然导致概念之间的重叠和交叉，难以达到定义目的。

2. 规范对象——行为

作为行为规范，法律规范的直接对象是行为而非社会关系。因为社会的基本结构虽然是由社会关系构成，但社会关系产生、变更或消灭的直接原因是人的行为，法律只能是通过规范行为，才能实现对社会关系的调整。这是其一。其二，法律的核心内容虽然是权利和义务，但权利和义务本身就是法律设定的行为模式。权利是可以从事或要求他人必须或不得从事某种行为，义务则是必须或不得从事某种行为。其三，法律责任作为保障权利手段，是对违法行为的强制或制裁。其四，如庞德所言，"法律，从法律秩序的意义上说，它的对象包括个人之间的关系，也包括个人的行为，因为个人会影响他人或影响社会和经济秩序。"① 可见，所有法律都是关于行为的规范。正如马克思所言，"对于法律来说，除了我的行为以外，我是根本不存在的，我根本不是法律的对象。我的行为就是我同法律打交道的唯一领域，因为行为就是我为之要求生存权利，要求现实权利的唯一东西，而且因此我才受到现行法的支配。"② 纵观整个法律体系，能够将部门法区分开的与其说是调整对象，不如说是行为。例如，民法规范的是监护、代理、侵权、结婚、离婚、抚养、赡养、继承以及合同的订立和履行等民事行为；商法规范的是公司、票据、保险和海商等商事行为；宪法是通过约束立法、行政和司法机关的行为确认和保护公民基本自由和权利；行政法则是通过规范和控制行政许可、处罚、复议和强制等行政行为，维护相对人权利；至于刑法，更是围绕犯罪行为而形成的法律。与社会关系相比，行为更为直观和具体，更能直接反映法律之间的区别和联系。所以，"法律不以主体作为区分标准，而是以行为作为区分标准。法律是针对行为而设立的，因而它首先对行为起作用，首先调整人的行为。"③ 这也正是行为主义法学主张用法即行为（law as behaviors）观念取代分析法学的法即规则（law as rules）的原因。④ 经济法作为一个新的法律门类，必然有其规范对象，如垄断、不正当竞争、价格欺诈、操纵市场等，通过分析这些行为以及对这些行为的调整方法，我们就能探究出经济法不同于其他法律的特质。因此，行为应当成为定义经济法的基本方法。

3. 调整目的

法律调整是人们的一种自觉行动，是为了实现一定的社会目的。法律既有一般目的（价值），如秩序、自由、正义和效益，又有经济秩序、竞争自由、消费者权益和劳动者权益等具体目的。各部门法基于各自规范对象或调整对象不同，其目的也不相同，因此，调整目的，特别是所追求的利益也反映了法律的基本属性。正如庞德所言，法律的功能在于调节、调和各种错综复杂和冲突的利益，以便使各种利益中大部分或文化中最重要的利益得以满足，而使其他的利益最少地牺牲⑤。利益是社会关系永恒的内容，社会关系归根结底不过是人与人之间的利益关系，法律就是通过权利和义务确认、分配和保护利益的一种方法和调整利益关系的一种机制。社会是由人和有组织的人组成的，其中存在各种各样的利益和利益关系。如果利益和利益关系不同，法律调整和保护的方法也不同，因此，只要能正确揭示经济法和其他部门法背后的利益和利益关系，也就能

① ［美］罗斯科·庞德著，廖德宇译：《法理学》（第三卷），4 页，法律出版社，2007。

② 《马克思恩格斯全集》第 1 卷，16 页，人民出版社，1956。转引自张文显著：《法哲学范畴研究》，61 页，中国政法大学出版社，2001。

③ 张文显主编：《法理学》，47 页，北京大学出版社、高等教育出版社，1999。

④ 参见张文显著：《二十世纪西方法哲学思潮研究》，336 页，法律出版社，1996。

⑤ 参见［美］罗斯科·庞德著，沈宗灵译：《通过法律的社会控制、法律的任务》，41 页，商务印书馆，1984。

正确认识经济法。

4. 调整手段

法律不论是规范行为还是调整关系，都要运用一定的手段，例如，民法以授权方式，允许当事人通过自由协商处分其权利，或者为自己设定义务；行政法通过控制行政权力调整行政机关与个人的关系；刑法通过刑罚手段维护社会秩序。调整手段与调整对象、规范的行为及调整目的之间相互关联，因而，根据调整手段，同样也能揭示出部门法的某些属性。经济法为了实现其调整目的，必然也有自己的调整手段，如对垄断、反不正当竞争和市场欺诈行为的各种规制措施等，通过比较和抽象这些方法，足以发现经济法的另一方面的属性。

5. 语义定义方法

经济法是将经济和法律相结合构成的一个法律名词，因此，如果离开经济而谈经济法，则名不副实，不能称其为经济法。“从语言结构上分析，经济法与‘民法’、‘行政法’等一样是一个偏正结构的合成词，其词义与其构词单位的意义密切关联。如果我们承认其他部门法学者的研究方法有意义，那么研究‘经济’的含义对经济法研究来说，也同样有意义。因此，在经济法学研究中，我们可以而且应该运用逻辑与语义分析方法对经济法概念进行界定。”① 在现代社会，经济已成为最普遍的现象，一个人无论在何时何地，都必须以不同方式参与经济活动。经济不仅与每个人的权利和利益直接相关，而且与一个国家的整体实力和国际地位直接相关，忽视经济，也就是忽视民生，忽视国民的利益。特别是经济已成为劳资纠纷、城乡矛盾、地区冲突和环境危机等社会问题的根源，要解决这些社会问题，必须从约束和改进经济行为入手。因而，从语义上定义经济法，也是语义学的基本要求。

可见，揭示经济法内涵的方法是多方面的，而不限于调整对象。调整对象虽然可以反映经济法的基本属性，但不能成为定义的唯一标准。多年来学界用调整对象方法仍未将经济法与其他部门法相区别这一事实足以需要我们反思。为此，我们将放弃调整对象，着重从规范对象方面定义经济法。

三、经济行为的法律解读

将经济行为作为经济法的规范对象，也就是要将经济行为和民事行为、行政行为同等视为法律行为。要赋予经济行为一种独立的、能够产生法律效果，引起法律关系产生、变更和消灭的法律行为，则应当说明其具有法律行为的一般特征，即社会性、法律性和可控性。②

首先，经济行为不仅具有个体属性，而且具有社会属性。作为个体属性，行为人的直接目的是满足其个人需要，都是个人自行决策和实施，后果由个人承担。但是，经济行为也是一种社会行为，即“无论就其内容或就其存在方式来说，都是社会的，是社会的活动和社会的享受。”③ 因为：（1）经济是运用资源获得财富或其他利益的活动，而所有资源，包括人力、土地、矿产等资源都是社会资源；（2）经济活动既有正外部性，有利于整个社会，也有负外部性，对社会产生不利后果，如环境污染；（3）经济活动的结果，即产品具有社会性，如有毒食品会对不特定消费者生命健康造成威胁，有缺陷的交通工具对任何一个消费者或劳动者的人身安全都是威胁。总之，经济行为的社会属性决定了法律必须从他人或社会角度进行调整。

---

① 参见郑鹏程：《论经济法的概念——一种语义分析思路》，载《湘潭师范学院学报（社科版）》2000 年第 1 期。

② 参见张文显著：《法哲学基本范畴研究》（修订版），69～73 页，中国政法大学出版社，2001。

③ 《马克思恩格斯全集》第 42 卷，121～122 页，人民出版社，1979。

其次，经济行为具有法律性，即能够用法律进行评价，并能引起法律关系的产生、变更和消灭。在经济学和法学隔离的时代，人们将效率作为评价经济活动的唯一标准，秩序和公平完全被忽略。忽略经济活动的法律评价和约束，可能产生一时的高速经济增长，但最终会因不公平而失去秩序。在法治社会，法律不仅对一个人的普通行为进行评价，更需要对极具社会意义的经济行为进行评价，并进行控制。这是经济行为具有法律性的因素之一。此外，经济行为还能引起法律关系的产生、变更和消灭，是一种重要的法律事实。例如，不具备安全条件进行生产、以贿赂方式进行交易、以虚假方式进行宣传和恶意欠薪等，都能产生一定的法律后果和法律关系。

最后，经济行为包括生产、交换、分配和消费都是人们自觉的、有意识和有目的的活动。不仅行为人能够自觉控制自觉的经济活动，而且也能通过法律手段进行控制，使经济行为按照一定模式运行，因而经济行为具有法律上的可控性。

可见，经济行为完全具备法律行为特点，能够通过法律的调整，上升为法律行为。当然，作为一种新的法律行为，它与民商法、行政法分别规范的民事行为、商事行为和行政行为既有一定联系，但却存在质的区别。

1. 经济行为与民事行为

经济行为和民事行为分别构成经济法和民法的规范对象，因此，认识经济法和民法的关系，关键是认识经济行为和民事行为的关系，而不是调整对象。

（1）民事行为是从市民社会角度对个人和法人行为的概括和称谓，它是指民事主体实施的以发生一定民事法律后果为目的，以意思表示为要素的行为；[①] 经济行为则是从社会角度对生产、交换和分配等行为的概括，它强调的是行为的经济性、社会性和连续性。自由竞争时期，生产、交换、分配和消费以及提供相关服务的主体都是自然人，因而，从民法视角看，经济行为也是一种民事行为，是私人和私人之间的活动。这是民法否认经济法存在的一个重要原因。从主体上看，经济行为似乎属于民事行为，但是，我们不能就此认为二者是属种关系。因为，二者是从不同的视角，对不同对象的观察。经济行为是从宏观角度观察社会生产过程中各个环节的行为，包括物的生产、交换、分配和消费以及相关服务活动；而民事行为是从微观视角，对人们日常生活中的行为进行观察，包括监护、物权行为、合同行为、代理、侵权和婚姻家庭行为，等等。生产、交换、分配和消费，都是独立的行为，与民法规范的监护、合同、代理、侵权和婚姻家庭等行为几无关系。即便是同一种行为，如货物买卖，从民法角度观察是一种独立的民事行为，但是从经济角度看，不过是经济过程中的一个小的环节。

（2）从行为目的看，民事行为的目的既包括非经济目的，也包括经济目的；而经济行为的目的则相对单一，即获得物质财富和其他经济利益。

（3）在主体资格上，任何一个自然人自出生时起，就是民事主体；法人从成立时起，也具有民事主体资格，从事民事活动。但经济行为的主体资格却有严格的法律规定，除了具备民事行为资格外，还要具备生产经营资格，如药品、食品和机动车的生产。自由竞争时期，因为每个人都有权从事生产、制造和贸易等活动，自然人只要具有民事行为能力，就有从事经济活动资格，因而民事主体和经济主体完全重合。但是，随着经济法的出现，经济主体开始受到限制，只有符合法律规定的主体才能从事特定的经营活动。在经济法看来，具备民事主体资格只是从事经济活动的一个基本条件，要进入管制领域，则还需要具备其他条件。甚至在一些重要的行业，取得经营资格（经营许可证）是取得民事主体资格的一个先决条件。例如，《商业银行法》第16条规定，“经批准设立的商业银行，由国务院银行业监督管理机构颁发经营许可证，并凭该许可证向工商

① 参见李开国著：《民法基本问题研究》，131页，法律出版社，1997。

行政管理部门办理登记，领取营业执照。”[①]

(4) 民事行为是与民事权利相关的行为，如物权行为、债权行为、侵权行为和婚姻自主权等行为；而经济行为则是以财富或商品为中心而进行的生产、交换、分配、消费以及与此相关的服务等活动。不过，由于经济过程既是财富的移转过程，也是权利的流动过程，因而经济活动往往也伴随着民事活动。

(5) 民事行为和经济行为产生的法律后果不同。民事行为的目的是设立、变更或终止权利或义务，涉及当事人之间的权利或义务，因此它只产生私法上的法律效果。经济行为既可能产生私法上的后果，也可能产生经济法和刑法上的后果。例如，虚假广告行为，既是一种民事侵权行为而涉及民事责任，也可能因扰乱经济秩序受到监管部门的处罚，情节如果严重，还涉及刑事责任。

可见，经济行为与民事行为存在质的区别，民法只能从自己的角度用自己的方法进行规范，但无法代替经济法的作用。

2. 经济行为与商事行为

商事行为或商行为是商法中的一个重要范畴，它与经济行为虽有联系但区别十分明显，因为“商”和“经济”是两个内涵和外延完全不同的概念。“经济”是包括生产、交换、分配、流通和服务性活动的总称，而“商”无论学界还是普通民众，均认为是指商品交换或流通领域的活动。“经济学上所谓商，乃指以营利为目的，直接媒介财货交易之行为，换言之，商介于农业工业等生产者与消费者之间，直接媒介财货交易，调剂供需，而从中获取利益之行为。”[②] 英美法中的商或商业的含义与经济学中的商基本相同，认为商“是指商品交换和与实现商品交换有关的一切活动，包括广告、缔结合同、买卖、运输、保险、担保、银行和金融（包括汇票、信用证）及破产。”[③] 我国内地多数学者与上述解释大致相同，认为商是“以营利为目的的各种商品交换活动。”[④]

可见，“经济行为”是包含“商行为”在内的一个概念。首先，二者的主体存在重叠，即经济主体包括商主体；其次，二者都是以追求一定的经济利益为目的；最后，二者在内容方面存在重叠，即经济行为包含着买卖活动。但是，二者也存在显著区别。

(1) 商事行为是从私法和市民社会角度对民事主体营利性行为的表述，是一种特殊的民事活动，其观察的方法微观而具体；经济行为则是从社会整体或官方角度对营利性活动的一种称谓和表达，是一种宏观性的观察和概括。

(2) 二者涵盖的内容不同。虽然个别商法学者认为商行为包括了所有营利性活动，但是，从各国商法具体内容和特点看，仍未脱离“商品交换”这一特征。在商行为中，买卖是最基本和最原始的商，故称固有商，其他商行为则是辅助商品交易而扩展的商，如包装、运输、仓储、保险和借贷等。经济行为则不然，它是以产品的生产为起点，以产品的交换和分配为核心，以社会消费为目的，涵盖了社会生产的各个环节，其核心是产品的生产和分配，而不是交易。

(3) 商行为的主体包括商自然人和商法人，其中都是私人主体；而经济主体除了个人以及由个人组成的经济组织外，还包括政府。政府不仅从事特定产品的生产，而且还参与流通、分配、消费和提供服务。

① 营业执照是企业民事主体资格的重要依据，未取得营业执照或营业执照被注销，就意味着企业不具有民事主体资格和民事行为能力。

② 台湾学者张国键著：《商事法论》，4页，台湾三民书局，1980。

③ ［英］戴维·M. 沃克主编：《牛津法律大辞典》，180页，光明日报出版社，1988。

④ 梁慧星、王利明著：《经济法的理论问题》，11页，中国政法大学出版社，1986。

（4）商是私人以交易和营利为目的的行为，主要涉及私法关系，一般通过私法进行调整。但是生产、流通、分配和消费等经济活动既涉及私人利益，也涉及社会公共利益，因此需要通过经济法进行规制。私法（商法）的任务是规定和保护合法有效的营利性行为，而经济法的重点是规制危害社会公共利益的经济行为。

可见，经济行为和商事行为有着根本的不同，商法无法进行调整。

3. 经济行为与行政行为

经济法与行政法的关系一直是困扰学界和实务界的理论问题，其中一个原因就是经济法和行政法界定方法的单一。既然法律直接规范的对象是行为，那么通过比较经济行为和行政行为这两个范畴，无疑有助于我们弄清经济法和行政法的关系。

行政行为是行政法学中一个重要范畴，德国学者将它定义为“行政机关在公法领域中处理具体事件而采取的处分、决定、命令或者其他措施”。① 我国学者的定义也大致相同，认为行政行为是“国家行政机关（和法律法规授权的组织）依法实施行政管理，直接或间接产生法律效果的行为”。② 可见，行政行为的特点，一是主体只能是行政机关或法律法规授权的社会组织，二是与行政管理职权有关，三是针对具体事件实施的行为，四是具有强制性。从这些特点看，它和经济行为存在以下区别：

（1）经济行为的主体是以自然人或由自然人组成的企业为主，同时也包括经济行政机关，而行政行为的主体只能是国家行政机关或法律授权行使行政权的其他社会组织；

（2）经济行为的目的是获取财富或经济利益，而行政行为的目的则是实现社会秩序；

（3）经济行为是利用经济资源实现其目的的活动，行政行为则是运用国家强制力的活动，这是二者的根本区别。因为运用经济资源和运用国家强制力是两种性质全然不同的行为，法律采取的规范方法也必然不同；

（4）经济行为是围绕着资源和产品而展开的活动，而行政行为则是以权力为中心的活动，主要表现为行政立法、行政许可、行政处罚、行政征收、行政监督检查和强制执行等具体形式；

（5）经济行为具有私权性质，是个人权利和自由的自然延伸，因此必须遵循市场规律和私法自治原则；而行政行为则是对社会进行管理的活动，必须遵循政治活动规律以及宪法和行政法设定的合法性原则。

经济行为与行政行为在理论上容易区分，特别是自由竞争时期，政府既不从事生产、交换和分配，也不干预市场，其唯一目的就是维持社会秩序，因此，二者之间泾渭分明。但是，自19世纪末开始，法律陆续授权政府对垄断和不正当竞争、食品和药品生产经营以及电讯服务等活动进行规制。20世纪30年代之后，规制的范围又扩大到证券、银行和保险等所有重要经济领域，同时，政府还通过直接投资、向特定企业提供借款或者转移支付等方式参与经济活动。如今，政府已成为“一个为照顾公民生活所需，而提供积极服务、给付行为的主体。”③ 因而，当政府开始干预市场后，一种新型的行政行为，即经济行政也随之产生。经济行政有许多具体种类，我们可以将其分为规制行政和调控行政两类。规制行政也被称为公法行政，是用公法手段对经济进行强制干预，如强制征收、行政许可和行政处罚等。调控行政是“以营利或者非营利的方式参与经济生活，行政机关像市场和服务企业那样活动，主要是：（1）经营活动；（2）公企业行政。”④ 经济

① ［德］汉斯·J. 沃尔夫、奥托·巴霍夫、罗尔夫·施托贝尔著，高家伟译：《行政法》（第二卷），15页，商务印书馆，2002。

② 应松年主编：《行政法新论》，124页，中国方正出版社，2004。

③ 陈新民著：《公法学札记》，55页，中国政法大学出版社，2001。

④ 陈新民著：《公法学札记》，34页，中国政法大学出版社，2001。

行政打破了经济行为和行政行为之间的楚河汉界，也使得经济法和行政法的关系变得复杂起来。其实，从各自的规范对象和规范目的看，经济行政的产生并不意味着经济法和行政法的关系变得模糊不清。

首先，规制行政尽管具有一定的经济目的，包括消除垄断、保护消费者和劳动者权益以及生态环境等，但它是以强制手段限制、取缔、监督和处罚市场主体的行为，并未运用经济资源，因而，不属于一般意义上的经济活动。此外，行政法的目的是维护行政相对人的权利，而规制行政正是针对具体的经营者实施的行为，属于行政法规范的对象。但是，有的学者并未对规制行政进行认真分析，就将其纳入经济法规范范围，这就必然与行政法形成冲突。

其次，调控行政是通过政府投资、采购、借贷、出售和补贴等方式干预，追求经济增长、市场稳定、充分就业和外汇收支平衡等经济目标。它既有行政行为的某些特点，也有经济行为的一般特征，行政法和经济法都希望将其纳入自己调整的范围。笔者认为，行政法虽然可以对政府经济行为进行一定限度的调整，但很难取得理想效果，这是因为：

（1）调控行政的主体虽然是行政机关，但它运用的是资金、劳动力和土地等经济资源，并未使用强制力。而行政法调整的对象则是行政强制力，即调控行政不属于行政法规范的对象。

（2）行政法规范的是侵害行政相对人权利的具体行政行为，如行政许可、行政处罚和强制执行等，而调控行政是向市场提供公共产品或公共服务，直接面对的是社会公众，而不是具体的行政相对人。

（3）行政法限制或规范行政行为将会使行政相对人得到保护，使之受益，但如果采用行政法方法控制调控行政行为，则不但不能使行政相对人获得利益，反而会使其丧失一定的利益。例如，在出让土地使用权过程中，如果禁止政府和相对人私下协商，则相对人在竞买中必然要支付较高的土地出让金；相反，如果不限制政府行为，则相对人可能通过与政府私下协商，以较低价格获得土地。

（4）行政法控制的是涉及行政相对人权利和自由的行政行为，相对人如果认为其权利受到侵害，可以通过行政复议或行政诉讼进行救济。而调控行政行为如果控制不当，则会使社会公共利益受到损失，使个别相对人受益，同时，也难以通过行政诉讼纠正政府的违法行为。例如，政府低价出售国有资产和高价采购行为，因为没有具体和直接的受害人，而无法提起诉讼；即便个别公民出于公益目的起诉政府机关，也因为不符合行政法的宗旨而屡遭法院拒绝。①

可见，调控行政是直接关系社会公共利益的行为，与行政法的规范对象存在质的区别，而不能简单地将其归为普通行政范畴，通过行政法进行调整。

四、经济行为的限定

尽管经济行为不同于民事行为、商事行为和行政行为，但是，其中仍有许多重合之处，如不做进一步限定，定义时势必产生冲突。

经济行为与行为人自身利益、交易相对人的利益乃至所有人包括后代人的利益都有着极为密切的联系。它既是社会进步的动力，也是社会问题产生的原因。虽然各个部门法都从各自角度对

① 2006年4月，湖南省常宁市一位村民蒋石林，以一名普通纳税人的身份将常宁市财政局告上法庭，要求法院认定该市财政局超出年度财政预算购买两台小车的行为违法，并将违法购置的轿车收归国库，以维护纳税人的合法权益。法院以起诉人蒋石林所诉事项不属于人民法院行政诉讼受案范围，不符合起诉条件，故裁定不予受理。后经过法院和财政局局长解释，原告对结果也表示满意。参见：洪克非、徐亮："普通纳税人状告财政'管家'"，http://finance.people.com.cn/GB/1037/4280083.html，访问日期：2012-07-21。

经济行为进行规范，但基于不同的利益考量，即便规范的是同一种行为，如果利益取向不同，规范的方法和效果也不相同。民商法作为私法，其目的是保护和调整私人利益，因而，它规范的是与私人利益相关的行为。行政法作为限制行政权滥用的法律，宗旨是保护行政相对人的利益，如果行政行为侵犯公民的个人利益，行政法则责无旁贷地予以保护。① 形成于近代的私法和公法，都是建基在个人权利本位之上，其共同之处就是以个人利益为中心来规范公民和政府的行为，同时又否认或变相否认公共利益的存在。与私法和行政法不同，经济法不仅承认社会公共利益，而且将维护社会公共利益作为自己的宗旨。② 所以，市场主体的经济行为是否应由经济法调整，判断的基本标准就是是否涉及社会公共利益。如果只涉及特定当事人的利益，则由民商法调整；如果涉及社会公共利益，则经济法应当规范。同样，经济行政行为，是由经济法还是行政法规范，标准也是社会公共利益。如果涉及社会公共利益的，则属于经济法规范，如行政垄断和政府预算；如果仅涉及行政相对人的利益，则应由行政法调整，如规制中的行政处罚。总之，从经济法角度分析，经济行为的每个环节都涉及社会公共利益。

1. 生产是最基本的经济活动

生产是人们利用各种资源制造加工产品的活动和过程，是所有生产资料和生活资料的来源。没有生产，就没有产品或法律上的物，也就没有交换、分配和消费等活动。从法律角度观察，生产是一种极为重要的法律活动，是各种生产要素集中的环节，也是产生许多法律关系的原因。工业革命前，由于生产工具简单，规模也很小，社会产品主要来源于农牧业活动，生产活动既不会对环境造成破坏，也不会引发劳工问题和消费者问题。法律只需要明确物的归属和权利，即可达到定分止争和物尽其用的目的，而无须对生产活动进行规范。因此，民法只是从产品（物）的归属和权利开始调整，直接越过了生产这一环节；商法也只限于调整商人之间的交易活动，同样忽略了生产环节。但是，生产也是一种消费活动，它需要消耗大量的自然资源和劳动力；同时，生产不仅仅是有用物质的生产，还包括各种危险品和污染物的生产。因而，工业革命之后，生产与社会公共利益的关系日益密切，社会意义日益凸显。首先，机器生产代替了手工生产，工厂代替了家庭作坊。机器的使用虽然大幅度提高了生产效率，但在作为生产工具的同时也成为伤害劳动者的工具。其次，工业制造品代替了自然产品，人们消费和使用的产品大多来源于工厂的加工和制造。工业生产在丰富了人们生活的同时，也生产了大量的不合格产品，成为人们生命和健康的杀手。再次，随着科学技术的进步，人类的生产能力日益提高，生产活动的范围也越来越广阔，同时对生态环境的破坏也越来越强烈。生产活动从最初的水污染和大气污染，已发展到当今的核辐射和全球气候变暖。如不进行有效约束，将会导致全人类的灾难。最后，生产需要消耗大量的自然资源，而所有资源是有限的，有些甚至不可再生。如果对生产行为不加限制，地球上有限的资源很快就会消耗殆尽，将会严重威胁到后代人的生存。可见，生产行为涉及劳动者和消费者的生命和健康，关系到环境资源和社会的可持续发展，而不再是一种简单的个人活动，如果不对生产活动进行规范，最终将威胁到每个人包括后代人的利益。不过，社会对生产行为规范的要求，并未得到传统部门法的回应，民法、商法和行政法并未因生产的社会意义而将其纳入自己的调整范围。因而，规范生产活动的任务，只能由新生的经济法来承担。当然，在经济法内部并没有形成一个专门调整生产行为的分支，有关生产行为的规范，主要是以散见形式规定在《安全生产

① 受管理行政法影响，目前学界许多学者认为行政法的宗旨是维护社会公共利益的，这种观点无疑与控权行政法维护行政相对人权益的宗旨相悖。我国已制定的《行政处罚法》、《行政许可法》和《行政强制法》的核心内容都集中反映了行政法维护私权而非社会公共利益。

② 参见王保树：《论经济法的法益目标》，载《清华大学学报（哲社版）》2001 年第 5 期。

法》、《清洁生产促进法》、《环境保护法》、《产品质量法》、《食品安全法》和《劳动法》等法律中，范围涉及生产安全、产品质量、劳动保护、资源和环境保护等具体的公共利益形式。

2. 交换或流通是经济活动的重要环节，是联系生产者和消费者的桥梁

没有交换或流通，同样不会有生产。流通虽然没有创造新的价值，但却是创造和实现价值的必要条件。与生产行为不同，交换行为很早就形成一套固定的习惯，并受到合同法、票据法、保险法和海商法等法律的调整。不过，这些法律是从微观的角度对具体交易行为，如邀约、承诺、交货方式和时间以及违约责任进行规范，考虑的是交易双方或特定的第三人利益，而不是社会公共利益。市场经济就是交换经济，交换行为不仅关系交易双方当事人的利益，而且关系到市场秩序。经济法之所以对交换行为进行规制，是因为经营者为了其利益最大化，在交易中不惜损人利己和违背商业伦理，如操纵市场、低价倾销、商业贿赂、虚假宣传、不当有奖销售和诋毁方式等。这些方法既侵害了其他竞争者和消费者的利益，也威胁到市场交易秩序，如不进行规制，必然导致社会公共利益的巨大损失。同样，经济法中也没有一个专门规范交易活动的法律，但诸如《反垄断法》、《反不正当竞争法》、《广告法》、《消费者权益保护法》和《价格法》等法律，其实都是以交易行为为规范对象的，它们构成了完整的市场交易法。

3. 分配包括初次分配和再分配，是经济法规范的又一类经济活动

初次分配是企业根据劳动力、资本、土地和技术等生产要素在生产中发挥的作用对收入进行分配；再分配（也称社会转移分配），是指在初次分配的基础上，政府通过税收和转移支付等方式，对收入再次分配的活动。初次分配是由资本所有者决定，再次分配是由政府决定。分配首先是一个经济问题，关系到市场效率和经济发展，因此是经济学研究的两大主题之一。① 分配同时也是一个社会问题，“将直接决定着社会资源的合理流动、优化配置和高效利用，直接关系着广大社会主体生存与发展的切身利益，直接影响着一个国家的社会稳定、安全与进步。”② 因为在一定时期，社会产品的总量是有限的，而人对产品的需求却是无限的。如果缺乏必要的干预，必然造成社会分配不公和贫富悬殊等问题，久而久之必然产生社会对抗和冲突。实践证明，“对有些人来说，无管制竞争所带来的收入分配的随意性就像丛林中的动物依靠强暴力来捕获食物的结果一样。”③ 所以，法律必须对分配行为进行规范，包括对企业的初次分配和政府的再分配行为。民商法由于坚持私法自治，与分配行为无涉。经济法则通过最低工资制度、税收制度、预算制度和转移支付制度规制企业和政府的分配行为，以维护社会公共利益。

4. 消费是人类通过消费品满足自身需要的一种经济行为

消费分为生产消费和生活消费，但通常意义的消费，是指个人生活消费。社会生产是一个循环往复的过程，消费是生产过程的终点，同时又是下一个生产过程的起点。消费和生产有着密切关系，生产决定消费，消费反过来引导生产。因为生产意味着对资源的消耗和对环境的污染，消费也就意味着消耗和污染。因此，消费行为尽管是一种私人行为，但同样与社会公共利益有着直接关系。如经济学学者所言，“现代市场营销观念在消费者行为合理性范畴上，突破了经济合理性和个人心理满足的狭窄范围，把个人消费行为视为社会行为，将社会合理性纳入消费行为合理性标准之中，即消费行为应有利于人类健康、生态平衡、控制污染、保护资源”。④

---

① 根据萨缪尔森的定义，“经济学（economics）研究的是一个社会如何利用稀缺的资源以生产有价值的物品和劳务，并将它们在不同的人中间进行分配”。因而，生产和分配是经济学的两大主题。参见［美］保罗·萨缪尔森、威廉·诺德豪斯著，萧琛译：《经济学》，2 页，人民邮电出版社，2004。

② 孟庆渝著：《分配关系的法律调整——基于经济法的研究视野》，前言，1 页，法律出版社，2005。

③ 前引，［美］保罗·萨缪尔森、威廉·诺德豪斯书，231 页。

④ 万成林、邓向荣主编：《市场理论及其应用》，404 页，天津大学出版社，1995。

除了生产、交换、分配和消费等经济活动外，与之相关的金融等服务活动也是现代社会一种非常重要的经济活动，这些活动与社会公共利益之间也有着直接联系。特别是金融和房地产等活动，直接关系到国家的经济发展和经济安全。一旦失去控制，将引发全面经济危机。不论是导致20世纪30年代大萧条的美国股市，还是2008年引发全球经济危机的美国次贷危机，都充分证明，金融服务活动与社会公共利益密切相关，而不是一个简单的私人经济活动。至于房地产、电信、旅游、饮食和广告等服务活动，同样与社会公共利益相关，需要经济法进行规制。

总之，经济行为和社会公共利益是经济法区别于其他部门法的显著特征，二者相互结合、缺一不可。经济活动如果只涉及个人利益，不涉及社会公共利益，则不属于经济法范畴；或者虽然涉及社会公共利益，但不属于经济活动，同样也与经济法无关。只有与社会公共利益有关的经济活动，才是经济法规范的对象，由此形成的行为规范才属于经济法。这是区分经济法与民商法和行政法的根本标志。可以说，经济法从产生到发展，都是基于社会公共利益这一基本点，没有社会公共利益，也就没有经济法。如果说宪法的社会公共利益只是一个“方针条款”，不具有实际的规范效力，那么经济法则是将社会公共利益法律化，赋予其规范的功能。① 在经济法中，社会公共利益不再空洞和抽象，而是将所有与社会公共利益直接相关的经济活动以法律规范方式确定下来，作为判断经济主体是否合法的准则。

五、结论

当我们放弃调整对象这一传统的定义方法，转而从规范角度观察经济法时，不难发现经济法两个方面的基本属性，一是规范经济行为，二是维护社会公共利益。此外，《反垄断法》、《反不正当竞争法》、《价格法》和《预算法》等一系列法律法规告知人们，经济法是以规制方式，即强制性要求或禁止性规定规范或调整经济行为，实现其规范目的的。据此，我们的结论是：经济法是为维护社会公共利益，对经济行为进行规制的法律规范总称。规制的具体对象，既有生产环节的与消费者、劳动者和资源环境有关的活动，也有交易环节中的垄断、不正当竞争、虚假宣传和操纵市场行为；既有分配行为，又有消费行为；既有一般市场主体的行为，还有政府的经济行为等。亦即，只要是与社会公共利益有关的经济活动，均在经济法规制之列。

① 所谓“方针条款”，是指宪法规定的一些条款只是确立国家的价值观，给予国家尤其是立法者一种日后行为的方针指示，但并没有规范拘束力。参见陈新民著：《德国公法学基础理论》（下册），696页，山东人民出版社，2001。

政府投资行为的软法规制研究①

黄茂钦*　葛晓库**

目　次

一、引言：法治语境下政府投资行为规制的缺陷及软法的回应

目前，中国特色的社会主义法律体系已经形成，社会主义法治国家的建设有了进一步的发展，但由于法治观念并未完全确立，以及立法和法律实施的滞后，经济社会的许多领域缺乏有效的法律规范，由此导致市场规制秩序和宏观调控秩序的混乱，甚至造成严重的损失。在政府投资领域，诸如珠海机场、沪杭磁悬浮、怒江水电站以及广东汕头钢铁厂的投资建设，无不体现着政府投资领域法治的欠缺。这种欠缺不仅仅体现在缺乏明确的立法，也体现在缺乏一个公正透明的决策程序和监督机制。为了克服国家层面政府投资法律的缺失，许多地方出台了规范当地政府投资行为的政策，如《北京市发展和改革委员会关于政府投资管理的暂行规定》、《深圳市政府投资项目管理条例》、《重庆市政府投资项目管理办法》、《甘肃省政府投资管理暂行办法》，等等。这些政策虽然不是传统意义上的“国家法”，但在政府投资领域中却起着与国家法同样重要的作用。有学者认为，一个法律问题的真假可以从四个方面来加以判断：第一，它是否属于一个法律问题；第二，它是否属于一个法律上的理论问题；第三，提出的问题是否属于一个法律上需要并值得探讨的理论问题；第四，这个问题是否有助于法学理论的进步和发展。② 笔者认为，若以此四个方面来加以判断，这种用政策来规制政府投资行为的举措（又称软法规制）是一个真正的法律问题，值得对其进行深入的研究。

① 基金项目：西南政法大学2011年度校级重点课题“经济法视域下的软法之治研究”。

* 西南政法大学副教授，硕士生导师，法学博士。

** 西南政法大学硕士研究生。

② 葛洪义著：《法律与理性——法的现代性问题解读》，绪论、15页，法律出版社，2001。

二、政府投资行为软法规制的法理基础

（一）政府投资行为的界定

在研究政府投资行为软法规制时，首先必须清楚何为政府投资。对于政府投资，学界有不同的见解。有学者认为，政府投资是指政府为了实现其职能，满足社会公共需要，实现经济和社会发展战略，投入资金用以转化为实物资产的行为和过程。其通常是一级政府利用财政预算内、预算外资金和上级政府补贴资金、社会捐助等政府财力，所进行的固定资产投资行为，也包括一级政府利用其下属部门或直属公司，最终依托财政担保而进行融资后开展的投资活动。[①] 另有学者认为，政府投资有广义和狭义之分，广义的政府投资是指政府购买的支出，是经济建设投资、政权建设投资和事业发展建设投资的总和，不仅强调经济性，而且还强调社会公益性；狭义的政府投资仅指购买性支出中的投资性支出及经济建设投资，强调经济性。[②] 吴敬琏教授在谈到这个问题时指出，政府投资只包括政府投资主体，不包括以国企为投资主体的投资，而厉以宁教授在谈到政府投资时，将其作为与民间投资相对应的概念。

笔者赞同前述第一种观点，主张政府投资是政府实现自己职能的方式，其目的是满足公共需求、经济和社会发展战略的需要；其主体不仅包括政府，而且包括国企，因为国企不仅以营利为目的，而且具有配合国家实现其经济职能的作用和责任，只有这样对政府投资进行阐释才是比较全面的。下文对政府投资的规制将以这个定义为依据展开。

（二）软法规制的概说

在阐释了何为政府投资之后，我们还需对何为软法以及何为软法规制有一个清晰的界定，其后才可对政府投资的软法规制进行深入的研究。

1. 软法的界定

所谓软法（soft law），指的是“那些效力结构未必完整、无须依靠国家强制保障实施，但能够产生社会实效的法律规范”。[③] 更进一步讲，软法作为一种行为规则（rules of conduct）或治理手段，其运行和产生实际的效果并不依赖于国家强制力，而仅仅通过某种拘束力的作用就能够产生预定的规则目标，同时实现某种间接的法律效果（indirect legal effects）（Senden，2005）。[④] 软法是与硬法相对而言的，硬法是指通过严格的立法程序制定的依靠国家强制力保障实施的行为规范。有学者认为，只有国家制定的正式的规范性行为规范才是法律，但笔者认为，法律从其本质上来看就是一种行为规范，是为了规范人类的行为才产生的，所以，由政府机构、社会中间层组织、市场主体制定或认可的、依靠某种拘束力保证实施的用以进行经济治理的规范也是法律，即逐渐为学界所关注的软法。

2. 软法规制的含义

所谓软法规制，是指特定的主体通过软法对相关主体的行为进行规范，从而达到与硬法相同的规制效果。目前，之所以在政府投资领域运用软法规制政府投资行为，主要是基于以下几个方面的原因：第一，在政府投资领域尚无硬法规制的相关依据，仅有的规范性文件可操作性不强；第二，我国地区之间发展的不平衡性决定了必须制定与当地经济社会发展水平相适应的规范性文

① 刘立峰著：《政府投资理论与政策》，5页，山西经济出版社，2011。

② 刘湃著：《新时期我国政府投资研究》，7页，东北财经大学出版社，2011。

③ 罗豪才、宋功德：《认真对待软法——公域软法的一般理论及其中国实践》，载《中国法学》2006年第2期。

④ Graham Mather, Is soft law taking over, A Paper for the Progress Foundation, Switzerland. 20 October 2010, p. 4.

件，以此弥补国家层面硬法或者规范性文件的不足。在硬法无法对相关行为进行规范时，用软法对其进行规范就成为一种适宜的选择。

（三）政府投资行为规制的制度缺失与软法补缺功能的发挥

政府投资行为规制的制度缺失是与政府投资的硬法规范缺陷相一致的。在社会主义法治国家的语境之下，任何政府行为都应纳入法律的规范，但是在改革开放后，甚至在社会主义法治国家被宪法确立后，政府投资领域一直存在法律空白。虽然国务院在2004年发布的《关于政府投资体制改革的决定》和国家发展和改革委员会发布的《关于2010年深化经济体制改革重点工作的意见》中都对政府投资行为进行了一定的规定，国家发改委的文件中更是对政府投资的规定做出了愈加明确的规定，但相关规范性文件的效力层级太低，且规定过于宏观和抽象，并且没有关注到地区之间发展的不平衡性，没有现实的可操作性。由此，地方政府为了规范自己的投资行为，根据本地区的特点，有针对性地制定了规范政府投资行为的软法。虽然现阶段软法的制定和实施还有许多缺点，但可以在一定程度上弥补硬法的缺失和国家层面规范性文件的缺陷。

三、政府投资行为软法规制的现实逻辑

（一）政府投资领域软法规范的制度渊源

政府投资领域软法规范的制度渊源，简单地说，是指此类法律规范的创制方式和表现形式。实践中，经由不同主体创制或认可而产生不同效力的此类法律规范，形成了丰富的类别。目前，国内外学界关于软法法律渊源的研究成果可以划分为政法性常规成例、公共政策、自律规范、专业标准、弹性法条五种类型。① 而政府投资领域的软法必须满足以下条件，即未经权威机关依照严格的程序制定，不以国家强制力作为后盾，但都对行为主体具有约束力，且都是经相关机关制定的成文行为规范。

在上面五种软法类型中，政法性常规成例、公共政策、自律规范和弹性法条是政府投资领域软法存在的主要形式。② 其中，政府投资领域的政法性常规成例③主要表现为行政性常规成例，其在政府投资及其管理过程中不具有公开的文本形式，且不是经过一定的程序而制定，但对于提高政府投资及其管理的效率具有积极的作用。政府投资领域的公共政策具有应急性、灵活性、易变性的特征，比较而言，政府投资领域的硬法具有稳定性、普适性、原则性的特征，两者在功能上相得益彰。④ 政府投资领域的自律规范以相关政府部门自我创制、自我实施的规范为其典型形式。⑤ 政府投资领域的弹性法条以促进法、示范法、指导法、扶持法等柔性法律文本和具有模糊性、引导性、激励性特征的弹性条款为其表现形式，这一类软法形式有待相关硬法规范的制定和实施才能切实发挥作用。

---

① 参见宋功德：《公域软法规范的主要渊源》，载罗豪才等著：《软法与公共治理》，189~201页，北京大学出版社，2006。

② 专业标准是社会化大生产条件下提高生产效率、降低市场风险、提升消费质量、规范治理行为的重要软法类型。此类规范与规范政府投资行为的软法在运行目的上存在差异，故笔者认为其难以纳入政府投资的软法制度渊源范围。

③ 政法性常规成例作为政治与法律领域一种事实上的惯例，在成文法国家和判例法国家均是存在的，其具体表现形式有宪法性常规成例、立法性常规成例、行政性常规成例、司法性常规成例和政治性常规成例。参见宋功德：《公域软法规范的主要渊源》，载罗豪才等著：《软法与公共治理》，189~201页，北京大学出版社，2006。

④ 参见张守文：《经济法的政策分析初探》，载《法商研究》2003年第5期。

⑤ 例如，《浙江省政府投资项目管理办法》（2005）规定："对政府投资的重大建设项目，政府项目稽察机构应当参照国家重大建设项目稽察办法对其实行稽察，并向同级人民政府报告。"这表明，重大建设项目稽察制度在政府自我规范政府投资行为过程中发挥着重要作用。

（二）政府投资领域软法规范的结构与功能

1. 政府投资领域软法规范的结构

政府投资领域软法的运行以其内在结构为基础，以其功能发挥为媒介，以其效力实现为旨归。其中，在就政府投资领域软法的内在结构进行研究时，我们需要借助于一定的概念工具和分析模型。笔者认为，哈特关于法律的“规则论”解释、庞德关于法律的“成分论”解释，诺内特和塞尔兹尼克关于法律的“类型论”解释，以及托依布纳（Gunther Teubner，也译图依布纳）关于法律的“系统论”解释均对研究政府投资领域软法的内在结构有所裨益。有必要指出的是，此处所呈现的政府投资领域软法的结构是其“理想类型”的模式，现实中每一个具体的政府投资领域软法的结构“分有”了这一理想类型的要素，因此，分析具体对象应结合实际情况而定。我们可以把借助“成分论”、“类型论”、“系统论”分析所发现的结构要素整合起来，并得出以下结论，即政府投资领域软法的结构包括律令、技术、理想、目的性思维以及自创生内核等要素。[①]

2. 政府投资领域软法规范的功能

（1）政府投资领域的软法能够弥补硬法的结构性缺陷。随着公共治理时代的到来，硬法的结构性缺陷在诸多方面逐渐凸显，如硬法的“时滞”问题使得其在面对“脱法”的政府投资问题时会陷于瘫痪，硬法的形式结构中的刚性因素使得其在解决个案时面临困难，硬法以创制主体多元化、增加协商因素、增加裁量空间、强化责任机制等方式寻求自我改革仍然不能突破其作为硬法的限度，等等。这些结构性缺陷造成政府投资领域的硬法在规制政府投资行为时的失效，出现硬法失灵。[②] 对此，软法可通过以下途径弥补硬法的结构性缺陷：在立法方面，软法可填补硬法在规范政府投资领域的空白，作为试验性立法为硬法的创制积累经验；在执法方面，软法可以通过量化和细化等方式来增强硬法的可操作性，提高硬法的实效；在司法方面，司法惯例、判例、法律原则均会对硬法的适用产生影响；此外，软法还从实体和程序两个方面对硬法实践起着导引作用，影响着硬法的品质和绩效。[③] 因此，可以说，政府投资领域的软法对硬法的结构性缺陷能够起到弥补作用。

（2）政府投资领域的软法以不同于硬法的方式实现法律的基本功能。在法律社会学视野下，政府投资领域的软法以其特有的柔性、非正式性、道德性、引导性等特征实现着法律的基本功能，[④] 具体包括行为控制的功能、社会融合的功能、争议解决的功能、实现社会管理合法化的功能、实现实质正义和经济福利的功能以及教育功能。在政府投资领域，软法具有的上述功能可以弥补政府投资领域硬法的规范功能、引导功能以及教育功能的缺陷，使政府投资趋于规范化，做到有法可依。

（三）政府投资行为软法规制的现存问题

前文论述的是政府投资领域软法规制的优点，但这并不意味着软法便无问题可言，事实上，现有的政府投资领域的软法也有着很多不足之处：

1. 效力层级太低

无论是国务院发布的《关于政府投资体制改革的决定》，还是发改委发布的《关于2010年深化经济体制改革重点工作的意见》，都只是一个政策性文件，而并非具有强制力的法律。所以，在执行方面，缺乏有效的约束力和执行力。若相关主体不予执行，则中央政府或者上一级地方政

① 参见黄茂钦：《经济领域的软法治道——基于实证与规范的辨析》，载漆多俊主编：《经济法论丛》2011年下卷（总第二十一卷），14~17页，武汉大学出版社，2011。

② 参见罗豪才、宋功德著：《软法亦法——公共治理呼唤软法之治》，382页，法律出版社，2009。

③ 参见罗豪才、宋功德著：《软法亦法——公共治理呼唤软法之治》，384~385页，法律出版社，2009。

④ 参见［德］托马斯·莱塞尔著，高旭军译：《法社会学导论》，166~169页，上海人民出版社，2011。

府即使对其下一级地方政府做出法律方面的处罚也难以落实。

2. 相关规定表现出宏观性和抽象性

法律的基本特征之一就是确定性，而上述两部规范性文件虽然不是硬法，但从政府角度来说，希望其起到与国家法相同的作用，但其内容太过宏观且过于抽象。例如，国务院《关于政府投资体制改革的决定》（以下简称《决定》）中规定："合理界定政府投资范围。政府投资主要用于关系国家安全和市场不能有效配置资源的经济和社会领域，包括加强公益性和公共基础设施建设，保护和改善生态环境，促进欠发达地区的经济和社会发展，推进科技进步和高新技术产业化。能够由社会投资建设的项目，尽可能利用社会资金建设。合理划分中央政府与地方政府的投资事权。中央政府投资除本级政权等建设外，主要安排跨地区、跨流域以及对经济和社会发展全局有重大影响的项目。"① 从其规定可以看出，公益性和公共基础设施本来就是没有定论的概念，但在该《决定》中却依然使用，并且未对其进行说明；合理划分中央和地方的投资事权不是这部规范性文件所能解决的，若没有合理划分，则接下来的规定将形同虚设。这些不确定性不仅不利于执行，还可能导致个别地方政府或者政府工作人员曲解相关规范性文件的本意，对政府投资产生更加负面的影响。

3. 权责失衡

无论是国务院《关于政府投资体制改革的决定》、发改委《关于2010年深化经济体制改革重点工作的意见》，还是各地政府制定的规范政府投资的政策等规范性文件，都过多地规定了政府的权力，而忽视了义务和责任。在公权力领域，只有规定与权力平衡的责任机制，才会使政府及其工作人员严格按照法律（此处包括软法）的规定行使自己的职权。但是，现有的政府投资领域的软法都在责任方面规定得太少，这与法治的目标相去甚远，更不利于软法的执行。

4. 制定程序不严格

现有的政府投资领域的软法并不像硬法那样有严格的立法程序。例如，在国务院《关于政府投资体制改革的决定》中，很难看出有什么严格的制定程序，至于这些软法如何制定出来，人们就更不得而知了。这样一来，这些软法就有可能是某些政府部门未经过严谨的考量草率推出的，或者是在制定时渗透了部分个人或群体的利益，或者存在很大的漏洞不利于执行，等等。

除此之外，政府投资领域的软法还具有监督机制不完善、社会各界和公众参与度有待提高等问题，囿于篇幅所限，此处不再赘述。

四、政府投资行为软法规制方案的完善

（一）完善政府投资领域软法规范体系的总体思路

1. 以发展政府投资领域软法规范体系丰富经济法治的内涵

徒法不足以自行，在社会主义法治国家语境之下，国家事务的治理并不意味着仅仅只能依靠硬法，在经济领域也是如此。经济法治不仅包括经济硬法的治理，而且包括经济软法的治理。所以，规范政府投资行为必须拓展该领域的软法规范体系，能够对政府投资领域硬法起补充作用的软法可以纳入这个体系之内。在前文中，笔者指出公共政策、自律规范和弹性法条是政府投资领域软法的制度渊源，更进一步说，也应该由此三者组成政府投资领域软法的规范体系。当然，新出现的软法形式只要符合构成政府投资领域软法制度渊源的条件，也可以纳入政府投资领域软法规范体系。从政府投资领域的硬法之治到软法之治，所反映的实际上是法治的形态由硬性法治到

① 《国务院关于政府投资体制改革的决定》（国发〔2004〕20号），2004年7月16日。

软性法治的转变。[①]

2. 政府投资领域软法规制与硬法规制的协调发展

目前，在我国的政府投资领域还没有一部硬法，现有的《关于政府投资体制改革的决定》和《关于2010年深化经济体制改革重点工作的意见》只能算是软法的具体存在形式。在硬法缺失的情况下，软法的出现是对政府投资领域无法可依的一种回应。值得注意的是，在政府投资领域的软法规范不尽成熟的情况下，往往存在部分地方政府及其部分软法制定者利用软法形式谋求一己私利。所以，笔者认为，在政府投资领域并不是只要有软法就可以了，而是软法和硬法应该协调发展。因此，我国应该制定一部全国性的规范政府投资行为的硬法，以此来指导软法的制定和实施。软法的运行不可超出硬法的规定，在软法不断成熟的基础上，可以将其上升为全国性的硬法措施，从而形成一个硬法指导软法、软法促进硬法发展的理想路径。

3. 政府投资领域国家层面与地方层面软法规制的协调发展

目前，我国正处于经济转型时期，各地发展很不平衡，所以各地所面临的情况往往差距很大。若仅从全国性的角度制定软法，极有可能出现与硬法同样的缺乏执行性、不适应性的问题。所以，政府应该尊重具体的国情，制定一部宏观性的软法，仅规定大的方面，如软法的制定程序、范围、决策程序、监督程序和主体以及相关责任等，而不涉及具体问题。将具体问题的规范留给地方政府，使其在全国性政府投资领域软法的框架下，根据本地实际，制定适合规范本地政府投资行为的软法。对于在执行过程中出现的问题，如其具有全国性的意义，则应对全国性的软法进行修改等。

（二）完善政府投资领域软法规制方案的具体建议

1. 明确政府投资领域软法规制的内容

（1）政府投资的范围。我国的政府投资范围在改革开放前后经历了很大的变化。改革开放之前，在计划经济体制下，政府是社会资源的直接支配者，政府投资的范围包含所有的经济领域。改革开放之后，计划经济逐渐向市场经济转变，全能政府逐渐向有限政府转变，而市场本身不是万能的，此时便需要政府的干预。但国家也并非万能，也是存在缺陷的，所以，面对市场的失灵需要国家进行干预，面对政府的失灵需要对政府进行规制，这是确定政府投资范围的重要依据。

针对我国转型时期的特点，结合服务性政府建设的宗旨，政府投资范围应该指向那些对国民经济有重大影响的非经营性和非竞争性领域，包括对公共设施、基础设施等公益性领域的投资，对铁路、航空、自来水等基础产业和城市公用事业的投资，对教育、医疗卫生、保障性住房等基础民生工程的投资，对风险产业或高新技术产业的投资等；政府投资的覆盖范围要由城市扩展到农村，由推动经济发展扩展到推动社会发展，由单一的增长目标扩展到可持续发展目标。[②] 在规定投资方向时，必须对具有争议的概念进行具体规定，最好用列举的方式，虽然这样可能会导致规定缺乏灵活性，但对国民经济有重大影响和人民生活有重大影响的投资范围必须做这样的规定，否则可能会造成严重的后果。在遇到新的或者现有的软法无法确定的投资项目时，可以通过严格的程序予以决定，将其纳入政府投资范围。

（2）政府投资的结构。从我国三十年来政府投资结构的演变过程可以清楚认识到，政府投资结构一方面体现着政府与市场的关系，需要在“政府—市场”的系统中去挖掘内涵；另一方面也

---

① 参见季卫东：《社会变革的法律模式》，载［美］P. 诺内特、P. 塞尔兹尼克著，张志铭译：《转变中的法律与社会：迈向回应型法》，2页（代译序），中国政法大学出版社，2004。

② 刘湃著：《新时期我国政府投资研究》，52页，东北财经大学出版社，2011。

体现着政府投资自身演变的历史继承性，需要瞻前顾后地进行完善。[①] 目前，我国的政府投资还存在以下问题：政府预算内投资结构分散、国有企业投资比重高、重经济投资而轻社会事业投资、对民间投资的带动作用不明显，以及政府投资的区域失衡状况仍然突出等。根据我国现阶段的问题，应该将政府投资的重点从过多地关注经济发展，转变到更多地关注社会事业和人的发展。对此，应从以下几个方面着手：加大推动区域协调发展的财政投入、继续加大支持农业农村发展、增加自主创新和结构调整方面的投入、加大节能减排和生态环境建设的投入力度、增加对人力资本投资以及适当控制交通基础设施投资规模等。

以上政府投资重点的转变充满着弹性，国家硬法的稳定性、确定性决定了其不可能承担起这一重担，其只能在宏观层面上起到规范和引导作用，具体的细节和操作只能由软法完成，当然，软法的实施不能超出硬法规定的范围。

（3）政府投资的绩效。与一般企业投资一样，政府投资也要讲求绩效。但是与企业投资不同的是，政府投资不仅关注经济效益，还应关注社会效益。而部分地方政府及其官员一味地为了追求经济利益而进行政府投资，也有为了私人目的、打着追求社会效益的幌子进行政府投资的情形，这些做法都与当下政府职能转变以及构建服务型政府的时代背景相违背。

所以，在面对政府投资绩效的问题时，应从提高政府投资的民主化、干部考核标准全面化、资金使用的规范化、民间投资领域的扩大化以及投资绩效体系的合理化和体系化等方面，对政府投资绩效进行评估。值得注意的是，由于各地情况不一，而且绩效问题很难用统一的标准去衡量，因此，各地在这几个方面需要改进的程度和难度也不一样，规范的次序也不一样。各地发展水平的不一产生的必然结果就是，同样性质的投资绩效实现的效果存在差异，所以，通过政府投资领域的硬法很难规范，只有依靠在这方面具有优势的软法进行规范，运用软法手段根据具体情况制定出具有针对性的措施。

（4）政府投资的程序。如果没有合理而严谨的程序，将很难保证目的与结果的统一，更难保证对权力的限制以及利益的公平分配。在政府投资领域，软法的制定也不例外，从目前已经制定了政府投资软法规范的地方来看，少有地方有严格而公开的制定程序，在这样的程序下制定的软法其民主性、合理性以及利益表达的实现程度必然受到影响。

因此，若想通过软法规制政府投资行为，必然得先有一个合理而严谨的软法制定程序。笔者认为，软法的制定程序可以参考硬法的制定程序，由各地根据实际情况制定，但其制定程序不能比硬法的制定程序更宽松。因为软法规制的政府投资行为涉及的利益往往比硬法调整的利益范围更大，对经济发展、社会和谐、生态环境等产生的影响更加直接和深远。也许有学者认为这样会矫枉过正，但笔者认为，若要规范影响如此巨大的利益，软法制定程序必须严格。

2. 建立政府投资责任追究的软法机制

现行的政府投资软法与很多硬法的规定一样，对政府投资行为的责任规定太少，即使出现投资明显严重失误也不会追究相关责任人的责任，或者所追究的责任对其影响不大，再加上现在普遍实行的集体决策制，更是难以追究责任。

笔者认为，要想使政府投资决策主体负责地行使权力，必须制定权责相一致的软法，而且软法规定的责任必须是可以简便执行和可追究的；必须将民事、行政和刑事责任三者结合起来实施；对于参与决策过程的所有机关和个人，只要其行为对决策有影响，都应纳入责任体系中来，哪一环节出现问题，就追究哪一环节的责任；改变现在相关行为人只要不在原来的岗位工作便不

① 刘湃著：《新时期我国政府投资研究》，79页，东北财经大学出版社，2011。

再追究责任的现状，确立责任追究终身制的制度。①

3. 完善政府投资行为监督的软法机制

凡是权力都应受到监督，但是，现行的软法要么规定的监督机制不具有可执行性，要么就是没有规定监督机制，这是现行软法一个很主要的缺陷。所以，在通过软法对政府投资进行规制时，必须完善软法的监督机制。笔者认为，关于政府投资的软法监督机制，可通过如下几个途径得到加强：

第一，确立对政府投资行为软法规范的政府和上级人大审查制度。若规范政府投资行为的软法是地方政府制定的，则须经上级人大审查，与法律和上级或者全国性的政府投资硬法和软法相符时才可批准施行；若是地方政府部门制定，则须经本级人大审查批准，并经上级人大备案。

第二，听证制度的设立。在规范政府投资行为的软法审批之前，须经由相关利益群体组织听证程序；参与听证的群体须具有多样性，并且选取能够代表本群体利益的人参与听证；提高听证的透明度以及社会群体的监督力度，将听证结果及时向社会群体公开。

第三，社会群体的监督机制。不仅在政府投资决策的过程中，而且在政府投资的实施过程中接受社会各群体以及媒体的监督，对举报属实的给予奖励，提高群众的监督积极性；并且，对于在政府投资项目实施过程中出现的，但是在项目设立时未考虑到的关系重大的问题，可以直接向人大或者政府相关部门报告，要求在规定的时间内调查并将结果公布。

五、结语

政府投资行为在国民经济和社会发展中有着相当重要的影响，但是却一直缺乏硬法的规制。各地方政府出于各种目的，制定了本地区规制政府投资行为的软法。但是，现在各地方政府制定的软法存在很多问题，所以，笔者认为，可通过规范政府投资领域软法的制定和实施，来规制政府投资行为，促进经济和社会的发展。限于篇幅以及本文研究得不够深入，很多问题没有涉及或者思考不够成熟，在此，谨希望以此议题的初步探讨起到抛砖引玉的作用，吸引更多的学者关注这一问题，以此促进经济法治以及社会管理的进步。

① 实践中，一些地方已经开始探索政府投资责任追究的软法机制，如《宁夏回族自治区政府投资项目管理和责任追究办法》（宁政发〔2011〕43号）明确规定了发展改革、财政、国土、环保等政府部门在政府投资项目管理过程中的职责，具体就责任划分、责任追究种类、责任追究处理等进行了规范。

转变经济发展方式与经济法理念的转变[①]

李玉虎*

目　次

一、转变经济发展方式对经济法治的影响

党的十七大提出了加快转变经济发展方式的战略任务，强调要促进经济增长由主要依靠投资、出口拉动向依靠消费、投资、出口协调拉动转变，由主要依靠第二产业带动向依靠第一、第二、第三产业协同带动转变，由主要依靠增加物质资源消耗向主要依靠科技进步、劳动者素质提高、管理创新转变。在2010年3月召开的省部级主要领导干部深入贯彻落实科学发展观、加快经济发展方式转变专题研讨班开班仪式上，胡锦涛总书记的讲话概括了经济发展方式转变的内涵，即加快经济发展方式转变是深入贯彻落实科学发展观的重要目标和战略举措，要把加快经济发展方式转变作为关系改革开放和社会主义现代化建设全局的战略任务。加快经济发展方式转变是适应全球需求结构重大变化、增强我国经济抵御国际市场风险能力的必然要求，是提高可持续发展能力的必然要求，是在后国际金融危机时期国际竞争中抢占制高点、争创新优势的必然要求，是实现国民收入分配合理化、促进社会和谐稳定的必然要求，是适应实现全面建设小康社会奋斗目标新要求、满足人民群众过上更好生活新期待的必然要求。加快经济发展方式转变是我国经济领域的一场深刻变革，关系改革开放和社会主义现代化建设全局。

2011年由全国人大审议批准的具有法律效力的“十二五”规划，作为新中国成立60年之后和改革开放30年来的第一个“五年规划”和政府履行经济调节、市场监管、社会管理、公共服务职能的重要依据，也是中国经济法理论创新和制度构建的重要依据。“规划”对法制建设的基本要求是：全面落实依法治国基本方略，坚持科学立法、民主立法，完善中国特色社会主义法律

---

① 基金项目：教育部人文社会科学研究2009年度项目“法律制度与中国经济发展的实证研究”（09XJC820010）。

* 西南政法大学副教授，硕士生导师，法学博士。

体系。重点是加强加快转变经济发展方式、改善民生和发展社会事业以及政府自身建设等方面的立法。这一要求预示着经济法、社会法和行政法建设将是今后一段时期内我国法制建设的重点领域。因此，可以将经济法在促进转变经济发展方式中的作用概括为促进经济发展、维护社会公正、实现共同富裕，其中促进经济发展是经济法的直接目的、维护社会公正是经济法的本质要求、实现共同富裕是经济法的最高目标。

转变经济发展方式，就是要求政府、企业、消费者在法治的框架内实现各自目标，通过经济法律制度重新配置企业、居民及其相互之间获取利益的机会，并通过法律手段调整因市场交易所导致的实质不公平分配的局面。随着我国社会主义市场经济体制的完善和中国特色社会主义法律体系的建成，法学研究进入了新的阶段，具有新的使命和任务。就经济法与国家经济政策而言，经济法是国家经济政策在法律层面的表现，是针对市场中出现的难以解决的矛盾而由国家有针对性地出台相应的经济政策，并上升为法律层面的产物。① 经济法的产生发展是市场经济体制与法治国家建设互动的必然结果，通过经济法律手段确立和规范市场经济秩序，市场经济发展为经济法制度建设提供经济基础和运行环境。在此背景下，作为现阶段经济社会发展的指导思想的科学发展观和被视为我国经济社会领域的一场深刻变革的加快经济发展方式转变成为当前中国经济法理念转变的前提。经济法理念是经济法理论研究中极其重要的内容，是经济法理论架构中更加上位的理论命题，其意义在于它能够对整个经济法学和经济法本身的理论起统摄和指导作用，是对经济法的应然规定性和内在精神的理性认知。② 经济法学界对经济法理念的发现与识别进行了长期的努力，可以说伴随着经济法学的形成、调整、深化认识和逐步成熟各个阶段。

然而，在经济法学和经济法实践的不同阶段，学者们对经济法理念及其内涵的认知存在较大分歧，对经济法理念的认知也出现过几次“转型”。这些探索都是针对特定时期的经济法实践和经济法理论演进的产物，具有较强的时代性，同时也具有不稳定性。自从出现经济法立法实践和经济法学产生以来，经济法学界对经济法理念进行了不断的探索，取得了众多研究成果，较早期的具有代表性的观点主要有：自由理念、公平理念、发展理念、安全理念等，③ 近来的观点主要有：人本主义理念、实质正义理念、社会本位理念、可持续发展理念、适度干预理念④，以及包括消费者为本、平衡协调和社会责任本位三项基本要素在内的人文理念。⑤ 经济法的理念具有时代性特征，基于国家战略意图和经济法的本质属性，当前中国经济法的基本理念在于经济发展、社会公平、改革发展成果共享等几个领域。

二、经济法的发展理念

发展的基本含义是事物由小到大、由简单到复杂、由低级到高级、由旧物质到新物质的运动变化过程。在经济法的理念中，发展理念尤为重要，而且主要强调经济发展，这是由我国经济法产生的历史背景决定的。有学者也提出了“经济发展权”的新理念，认为经济发展权在转变经济发展方式的过程中具有重要作用，其调整会直接影响相关主体的经济发展权和发展利益；国家的经济发展权是我国转变经济发展方式的重要依据，而在转变发展方式的过程中，尤其需要加强对各类国民的经济发展权的保障，兼顾“整体发展权”与“个体发展权”的保护，使“促进发展

① 陶广峰：《经济法的经济政策法本质概观》，载《现代经济探讨》2012年第8期。
② 李昌麒主编：《经济法理念研究》，绪论，法律出版社，2009。
③ 参见单飞跃、卢代富著：《经济法的理念与范畴的解析》，4～22页，中国检察出版社，2002。
④ 李昌麒主编：《经济法理念研究》，85～213页，法律出版社，2009。
⑤ 徐孟洲：《经济法的理念和价值范畴探讨》，载《社会科学》2011年第1期。

权”与“自我发展权”能够有机统一起来。①

产生于中国经济改革时期的经济法，是直接服务于经济改革的法律形态，而经济改革的根本目标就是要解放和发展社会生产力，实现国家现代化，让中国人民富裕起来，振兴中华民族。②经济发展是为人的发展提供物质保障的过程，是作为发展的最高目标的人的发展的前提。经济发展不同于经济增长的观念已经成为社会共识，经济增长强调财富的增长，至于财富是如何增长起来的，是否建立在人类道德和理性所能允许的范围内则不是很重要的问题，譬如通过少数人剥削多数人也能够实现经济增长，但这种增长是不道德的、不可持续的。经济发展意味着在产出增长的基础上出现经济、社会等的系统变化过程。从中外经济法产生的历史、经济法的社会整体利益本位、经济法的价值等角度看，促进经济发展是经济法基本理念。这是人类社会发展到国家有意识地通过法律途径实现经济发展的体现。无论是20世纪30年代世界经济危机中的美国经济法立法、“二战”后德国、日本等资本主义国家促进本国经济发展的立法，还是改革开放以来我国进行的大规模经济立法，其目的都是通过国家依法干预经济生活的方式促进经济发展并规范和限制国家权力的运行。

经济法的发展理念主要表现在经济法内部的具体制度和经济法与其他部门法的分工协作关系上。在经济法内部结构方面，通过制定维护微观经济运行和降低交易成本的产品质量法、消费者保护法等市场监管法和产业结构调整法、金融证券法、财税法等宏观调控法，实现法律对经济发展的促进作用。在经济法外部结构方面，经济法同其他法律部门之间具有统一性和互补性，与其他部门法比较，经济法的发展理念是对民商法私法自治和维护个体利益为中心的私权保护、契约自由、责任自负等原则的矫正和补充。

转变经济发展方式的要求坚持把经济结构战略性调整作为加快转变经济发展方式的主攻方向。因此，建立在发展理念上的经济法，要求在经济法实践中通过经济法立法促进经济结构调整。具体而言，当前亟待制定的经济法规则有以下几个方面：一是修改完善现行的消费者保护法律制度和产品质量法，为建立扩大内需长效机制创造良好的消费环境；二是制定政府投资法律制度，规范政府投资行为；三是修改完善对外贸易法律制度，降低和消除发达国家的贸易壁垒和全球化资本主义对我国经济的冲击；四是着手制定旨在缩小城乡差距、区域差距和贫富差距的区域协调发展法律；五是制定有利于加强和改善宏观调控的法律制度，制定经济稳定与发展促进法等重要法律。

三、经济法的公平理念

在人类发展中，经济发展具有重要意义，但是在经济发展的不同阶段，如果不注重经济发展所依赖的资源节约、环境保护，不重视劳动者的权益，建立在多数人受损失少数人取得经济发展成果基础上的经济发展，就不是一种公平发展观。由于经济学假定的“社会公正”具有欺骗性，③而自由市场机制的一个缺陷是无法实现社会公平，这一弊端在资本主义世界得到了无数次的验证，即便是在我国的社会主义市场经济体制下，也出现了贫富两极分化严重的现象，出现了经济增长穷人却更多了更穷了的社会现象，所以通过法律手段矫正社会经济发展过程和结果的不公平

① 张守文：《经济发展权的经济法思考》，载《现代法学》2012年第2期。

② 李玉虎著：《经济发展与法律制度变迁研究——以中国经济改革与法律发展为视角》，86～112页，中国检察出版社，2009。

③ 参见［日］中谷岩著，郑萍译：《资本主义为什么会自我崩溃？——新自由主义者的忏悔》，63页，社会科学文献出版社，2010。

是必要的。我国改革开放以来在经济发展领域的理念，如"以经济建设为中心"、"效率优先、兼顾公平"等发展理念，在促进经济社会快速发展的同时，也导致了一系列社会问题和环境问题。

党的十六届六中全会作出的《中共中央关于构建社会主义和谐社会若干重大问题的决定》指出，社会公平正义是社会和谐的基本条件，要引导公民依法行使权利、履行义务。2010年召开的党的十七届五中全会决议提出"坚持把保障和改善民生作为加快转变经济发展方式的根本出发点和落脚点"。会议决议中具有里程碑意义的两个方面，一是将民生问题提高到前所未有的战略高度，更加注重以人为本，更加注重全面协调可持续发展，更加注重统筹兼顾，更加注重保障和改善民生，促进社会公平正义；二是下决心扭转过去的粗放型增长方式，实现经济社会"科学发展"，强调加快转变经济发展方式是我国经济社会领域的一场深刻变革，必须贯穿经济社会发展全过程和各领域。

从社会主义法治理念看，公平正义是社会主义法治理念的价值追求。一般认为，公平包括起点公平、过程公平、结果公平等几个方面，要分析现行财富创造机制中哪些具体制度是不公平、不公正的。法律在维护社会公平正义中发挥着重要作用，但是由于公平的多元性特征，"不同的人有不同的理解"，这就决定了不同的部门法在对待公平上存在差异，在与经济发展密切相关的民法和经济法上，公平也呈现不同的内涵。简言之，民法上的公平注重的是平等主体之间的形式公平和个体公平，对不公平的矫正主要通过"显失公平"和"情势变更"机制实现。经济法上的公平强调实质公平和整体公平，即经济发展过程的公平，少数人的发展不能依赖于多数人损失。转变经济发展方式就是要纠正基于自由市场和全球化资本主义对多数人的剥夺，体现在经济法上，就是要确立经济法上的公平理念，实现公平发展。

合理的收入分配制度是社会公平正义的重要体现，转变经济发展方式就是更加注重保障和改善民生，促进社会公平正义。经济法的公平理念要求在经济法实践中，通过经济法立法和司法破除已经趋于被固化了的由少数人获得大部分经济发展财富的制度。具体而言，经济法可以在以下几个方面发挥作用：一是注重发展的机会公平，针对人民大众参与社会经济生活的机会不公平的现实，赋予非公有制经济与公有制经济平等的地位，制定人民参与社会财富创造并从中获益的制度；二是注重发展的过程公平，修改完善反不正当竞争法和反垄断法，维护公平竞争；三是注重发展的结果公平，完善价格法律制度，改革不合理的收入分配机制和财税调节体制；四是注重公共服务的公平分享，保障中西部等不发达地区基础设施建设；五是完善住房法律制度，实现"住有所居"的住房保障，促进社会公平。

四、经济法的共享理念

财富共享是中国古代政治哲学的核心内涵之一，《晏子春秋·内篇问上》记载，晏婴在回答齐景公"古之盛君"的行为准则时说："其取财也，权有无，均贫富，不以养嗜欲。"①《论语·季氏》中有"闻有国有家者，不患寡而患不均，不患贫而患不安"的主张。②战国时期秦国的商鞅认为"治国之举，贵令贫者富、富者贫"，③主张国家应通过政策法令平衡财富的占有。"社会财富由全体社会成员共享"，也是社会主义和共产主义者们的伟大社会理想。尽管在今天看来，中国古代先贤们提出这些思想朴素的均贫富观念不可与当今时代的经济社会问题同日而语，但这

① 汤化著：《晏子春秋》，191页，中华出局，2011。
② 钱穆著：《论语新解》，455页，三联书店，2002。
③ 张觉著：《商君书全译》，70页，贵州人民出版社，1990。

些观念已经深深地根植于民间社会。按照马克思、恩格斯的观点，社会发展的基本目标是人人共享、普遍受益，实现社会财富的共享，最终实现人的自由全面发展。正如恩格斯所说的，应当“接受牺牲一些人的利益来满足另一些人的需要的状况”，“使社会全体成员的才能得到发展”。[①]

我国改革开放国策和社会主义市场经济体制的确立时期，正是新自由主义思潮在西方资本主义国家重新兴起的阶段，我国经济发展的启动阶段与新自由主义兴起同步出现。在经济全球化和冷战结束的背景下，20 世纪八九十年代的新自由主义经济学取代凯恩斯的国家干预主义，成为当代资本主义的主流经济意识形态，取得了思想“霸权”的强势地位，其基本主张是非调控化、私有化、全球自由化、福利个人化。[②] 新自由主义思潮是西方资本主义由国家垄断向国际垄断转化的产物，并发展成为美英国际垄断资本推行全球化理论体系的重要组成部分。新自由主义认为，通过建立一个以稳定的个人财产权、自由市场以及自由贸易为特征的制度框架，就能释放个体企业的自由和技能，从而最大程度上促进人的幸福。[③] 然而，新自由主义既无法有效促进发达资本主义国家的经济发展，也未能促进发展中资本主义国家的经济发展，即使经济总量有所增加，但其所造成的贫富分化、社会对立等现象足以证明其具有不可持续性。

从社会公平正义的角度看，财富不应当集中在少数人手中。针对改革开放以来我国经济社会发展成果分配机制和民主法制建设所取得的成就和存在的问题，中央提出了“科学发展观”这一国家发展的指导思想。科学发展观将“统筹协调各方面利益关系”作为深化改革的主要着眼点，将“共享改革发展成果”作为深化改革的归宿。2006 年由全国人大通过的具有法律效力的《国民经济和社会发展第十一个五年规划》中提出了“要更加注重社会公平，使全体人民共享发展成果”的要求。“十二五”规划进一步明确提出要加大收入分配调节力度，坚定不移地走共同富裕道路，使发展成果惠及全体人民。

转变经济发展方式的要求坚持把保障和改善民生作为加快转变经济发展方式的根本出发点和落脚点。因此，建立在共享理念上的经济法，要求在经济法实践中坚持共享财富、共享繁荣的理念，通过经济法立法和司法等途径促进改善民生和实现共同富裕。具体而言，主要有以下几个方面：一是通过立法和修改现行法实现收入在初次分配中的比重；二是壮大公有制经济，建立国有资本经营利润全民共享机制；三是通过财税体制改革和完善财税法制来调节收入分配；四是通过金融证券等资本市场的完善，规范资本市场的融资功能，强化其投资收益功能；五是继续制定完善有利于农村和农业发展的农村经济法律制度。

五、余论

经济法的发展理念、公平理念和共享理念构成“三位一体”的格局，统一于社会整体本位这一经济法的本质属性之中，经济发展是物质基础，社会公平是基本前提，财富共享是最终结果，达到公平发展、公平共享、发展为了共享、共享促进发展的理想状态。经济发展需要建立在对各种生产要素公平对待的基础上，克服资本剥削劳动的现象，将社会公平作为生产力并以此促进经济发展；在经济发展中实现财富共享和繁荣共享，而且要坚持边发展、边共享，不能等到取得巨大发展成果之后才共享；只有共享繁荣，才能更加稳定地实现经济发展。以发展、公平、共享为理念构建经济法理论和创制经济法制度，尤其要加快经济法立法和完善经济法实施机制。

---

① 《马克思恩格斯选集》第 1 卷，243 页，人民出版社，1995。

② 程恩富：《新自由主义的起源、发展及其影响》，载《求是》2005 年第 3 期。

③ David · Harvey：A Brief History of Neoliberalism，Oxford university press，2005：2.

在中国特色社会主义市场经济体制趋于完善和社会主义法律体系已经形成的背景下，民商法构筑了社会主体之间交往和市场经济运行的基本规则，行政法成为规范政府权力运行的基本准则，而经济法成为未来中国法律制度建设的重要领域。在科学发展观指导下，在加快经济发展方式转变这一深刻变革中，还需要进一步完善和细化促进经济发展、维护社会公平、实现共同富裕的法律制度，这些任务与经济法的发展理念、公平理念、共享理念完全契合，因而经济法在未来中国法治进程中大有可为。当然，经济法无法解决经济社会发展的所有问题，这就需要经济法与民商法、社会法、环境法等部门法相互分工配合。通过资源环境法制建设作为建设资源节约型和环境友好型社会的法律保障；通过劳动法和社会保障法促进就业和保护劳动者权益、促进社会事业发展和基本公共服务均等化。

通过经济法立法，破除阻碍经济发展方式转变的因素，保障和推动经济发展方式转变，调动并规范中央政府针对经济发展方式转变的市场秩序监管和宏观调控政策措施。在经济法立法的基础上，规范市场主体的行为和政府介入市场运行的行为，强化法律的执行力度和执法监督，使得业已制定的经济法律法规能够得以实施，是转变经济发展方式背景下经济法治化的基本条件。无论是经济法立法还是经济法执法，都需要与之相适应的经济法理念加以指导，因而，确立经济法的发展理念、公平理念和共享理念，是经济法理论体系构建和推动经济发展方式转变的重大选择和必然趋势。

经济法作为部门法地位确立之后的几点思考

甘 强*

目 次

我国经济法几经挫折和磨炼，最终被国家立法确认为是中国特色社会主义法律体系的重要组成部分，这是中国社会主义法治进程中的一个伟大创举。然而，与其他部门法相比，人们过去听到的更多的是对经济法的反对声，时至今日，不少人对经济法仍然存在许多不理解。在经济法被中国特色社会主义法律体系确立为重要的部门法之后，笔者认为我们可能需要思考两个问题，一是如何从一个更高的层面上探讨经济法存在的理论基础和实践依据，从而提升经济法的“外部形象”，二是找寻经济法发展的新的增长点，从而夯实经济法的独立地位。本文通过对中国经济法的崛起进行回顾与展望，尝试对上述两方面作一点学理探讨，以期引起经济法学界对此的关注。

一、中国经济法何以能够崛起

（一）经济原因：经济法是改革开放的必然产物

一般认为，西方现代经济法是19世纪末20世纪初产生的。产生的原因是，由于发达资本主义国家走向了垄断发展阶段，垄断恶化了竞争环境并导致消费者利益受损，面对上述状态仅靠市场的力量本身是难以纠正的，因此资本主义国家逐步采用“有形之手”干预经济生活，于是出现了以国家干预为本质特征的经济法。在学界通常认为经济法最早开启于美国1890年颁布的《谢尔曼法》、1914年颁布的《克莱顿法》和《联邦贸易委员会法》，它是以垄断的存在为前提的。在中国真正意义上的经济法却是改革开放的产物。在1978年十一届三中全会后，中国就开始在经济、社会等各个领域进行改革，党和国家的工作重心转移到以经济建设为中心的社会主义现代化建设上来。1984年的《中共中央关于经济体制改革的决定》，明确提出把“在公有制基础上的有计划的商品经济”作为改革的方向。1992年党的十四大明确把建立社会主义市场经济体制确立为我国经济体制改革的目标，1993年确立了建立现代企业制度的国有企业改革方向，提出“建立统

* 西南政法大学副教授，硕士生导师，法学博士。

一开放、有序竞争、严格管理的金融市场体系”的金融体制改革目标，并实施分税制的改革。正是这种从计划经济转向市场经济的改革取向，一方面强化了市场在资源配置中的基础性作用，另一方面又确立了国家对经济发展进行适度的干预，由此经济法在我国就应运而生了。这表明中国经济法是从计划经济到市场经济的转型中产生和发展起来的，这就使得中国经济法与西方经济法有着截然不同的独立的“逆向”发展进程。

（二）政治原因：经济法是经济宪政的政治要求

从政府与市场的关系来看，中国确立了社会主义市场经济体制的改革方向，也必然要求政府职能的转变。总体而言，转变的路径是从全能政府转向有限政府，即由神秘政府转向阳光政府、由任性政府转向诚信政府、由权力政府转向责任政府，由主要依靠政策手段治理的政府转向主要依靠法律手段治理的政府。而政府要从依赖政策转向依法行事，要从由单纯的经济管理职能走向经济调节和服务职能，就必须遵循经济宪政的逻辑。所谓经济宪政，是国家为了保障经济自由秩序的实现，而采取经济行动时所必须遵循的根本准则，是国家经济行动的“绝对命令”。经济宪政的应然含义是寻求国家经济权力与私人经济权利的平衡与和谐；经济宪政的实然含义就是既表现为以经济宪法为核心的所有体现经济宪政精神的规范性文件，又表现为上述规范性文件的实际运作状况。只有宪政框架下国家的经济行动方可能具有正当性。① 由此可见，经济宪政的实质在于防止国家权力在经济领域的滥用，它为国家对经济生活的干预划定了边界。进一步讲，它要求国家干预只能是尊重市场机制的干预，这种干预不但不会阻碍市场机制发挥作用，相反要促进市场机制作用更有效地发挥，这就必然要求以规范市场与政府关系为重心的经济法的保障。

（三）文化原因：经济法是传统文化的当代体现

从文化的角度分析，一个国家的法律部门能够成立并能对社会经济进行有效调整，必然要和这个国家的传统文化有内在的契合点，否则就难以被人们所真正接受。如果我们稍加分析，就会发现，有许多中国传统文化思想都为中国经济法的产生、发展提供了丰富的理论支撑。例如，“大一统”思想，也就是“推崇一统”。② 从经济的角度来讲，“大一统”思想追求市场的开放和有序，内在地排斥封闭和保守，并且强调国家的权威，这与中国经济法强调国家干预，构建开放统一的市场体系有高度的一致性。又如，古代的义利观。儒家的观点是“义高于利”，因此注重利益的伦理维度，只有符合“义”这一价值标准的，才能称为“利”。这与中国经济法注重维护社会整体利益，强调对弱势群体利益保护等利益观是高度契合的。又如，古代的和合思想。张立文教授认为和合是中华文化的首要价值，是中华文化人文精神的精髓，它是自然、社会、人际、心灵、文明中诸多元素、要素的相互冲突、融合，与在冲突、融合过程中各元素、要素和合为新结构方式、新生命、新事物的总和。③ 和合思想与经济法强调经济与社会、当代与后代、个体与整体、自然与社会等和谐发展的思想密切相关。总之，我们可以认为经济法是传统文化的当代体现。有学者就认为中国经济法的产生与发展经受着中国历史文化的洗礼，体现出“中国化”的特殊规律。中国儒家文化的“仁、义、群、和、中”五个方面，映射出中华民族文化的基调，并为中国经济法的产生与发展提供了丰富的文化土壤。具体而言，儒家文化为中国经济法的产生与发展提供了所需的人文资源、伦理基础、立身之本、理念支撑及方法路径。同时，中国经济法亦在

① 单飞跃：《经济宪政：一个宪政新命题的提出》，载《湖湘论坛》2005年第3期。

② 蒋庆先生进而指出，“一”是元，“统”为始，“一统”就是元始，元始就是万物之根基，或者说本体。“大一统”就是指，整个社会必须自下而上地依系于一个形而上的本体，从而使社会获得一个形上、神圣、纯正、本体的存在价值，建立一个稳定的、合法的、拒绝暴力的社会。蒋庆著：《政治儒学：当代儒学的转向、特质与发展》，325～341页，三联书店，2003。

③ 张立文：《中华和合人文精神，化解人类冲突之道》，载《长白论丛》1997年第1期。

与儒家文化的互动相融中成长进步，两者在诸多方面存在耦合。①

（四）社会原因：经济法是转型社会的结构需求

在改革开放以前，中国实施的是计划经济体制，所有制也采用相对单一的公有制模式，并推行事实上的平均主义的分配制度，强调人民利益的高度一致，可以说社会利益结构呈现出高度的整体性，是一个结构分化程度很低、社会成员自主性缺失的"总体性社会"。但随着改革开放，我国市场经济体制逐步建立；在所有制结构上，也由原来单一的公有制变为以公有制为主体，多种经济形式并存的所有制结构；在收入分配上，资本收益也获得了法律的保护，使整个收入分配中按资分配的比重有所上升。上述改变唤起了社会成员的利益意识，并主动追求利益最大化，这使得原有的社会利益格局被打破，社会利益结构发生了分化，形成了多元化的利益结构。从利益主体的角度，我国的社会学家孙立平教授做出了这样的判断："在过去20多年里，我国社会结构的分化也不断加深。这首先意味着利益主体的多元化，不同的阶层和社会群体开始拥有不同的利益"。② 所以，当代中国已经进入利益博弈的时代，社会结构出现了分化，需要平衡各方利益。但利益主体是自利的，它一般不会主动追求公共利益，而国家则是各利益主体的代表，它以追求公共利益和长远利益为己任，可以协调各种主体的利益，因此社会利益的分化，促进了以维护社会公共利益为己任的经济法的发展。

（五）体系原因：经济法是和谐法律体系的要求

按照《中国百科全书——法学卷》的解释，"法律体系是指由一国全部现行法律规范分类组合为不同法律部门而形成的有机整体"。而我们认为，和谐法律体系不仅是表面上的各法律部门的体系完整和逻辑清晰，更为重要的是法律体系的构成还应当符合中国社会的实际需要。或者说，一个和谐的法律体系应当是回应中国全部的社会生活领域。而中国的社会发展是一个整体，而这个整体是由改革开放而逐渐分化为不同的领域所组成的。由于社会生活高度分化，这就需要各自独立但和谐发展的部门法规范来进行调整。正如前述，中国经济法产生的经济原因是改革开放，因为改革开放使得我国从计划经济转向市场经济，而市场经济又有自身难以克服的缺陷——市场失灵，这就需要国家从整体经济的角度来进行干预以保障经济的健康、快速发展，这就使得国家干预经济的基本法律形式——经济法的存在显得尤为重要。由此可见，社会经济发展的要求反映在法律体系上，就表现为对应各生活领域的法律规范的建立。因此，一个和谐法律体系将为中国社会生活的各方面提供规范性基础，而经济法的出现则是这个和谐法律体系的内在要求。

二、中国经济法的创新特色在哪里

（一）法域定位：融合公、私法的第三法域

传统法律的法域定位通常分为公法和私法，但是随着市民社会与政治国家的相互渗透与相互联动，对法律制度架构产生了巨大冲击，过去那种传统公法与私法明确界分的二元法律结构日益显得不能回应现代社会发展的需求，中国经济法的发展不拘泥于传统的法域定位，而将其定位于是融合公、私法性质的第三法域。③ 按照这样的法域定位，从调整对象来看，既包括了公的关系，也包括一定私的关系。经济法对公的关系的调整，反映了对国家经济管理部门经济权限的划定以

① 胡光志、王福波：《论中国经济法与儒家文化的耦合——关于经济法民族性的另一条探索路径》，载《学术探索》2010年第4期。

② 孙立平著：《博弈——断裂社会的利益冲突与和谐》，274页，社会科学文献出版社，2006。

③ 朱景文：《中国特色社会主义法律体系：结构、特色和趋势》，载《中国社会科学》2011年第3期。

及权力运作程序的规制；经济法对私的关系的调整，既体现了国家运用权力来矫正市场主体之间实质的不平等关系，又体现了对私人利益的保护。质言之，经济法的调整所体现的是一种公的关系和私的关系的有条件的有机结合。从调整手段来看，经济法所体现的公权对私权的干预，是建立在公权对私权充分尊重的基础上，其所体现的权力关系，不完全等同于公法所体现的权力关系；同样，由于经济法主要关注的是国家对经济的干预，具有较为明显的命令与服从特征，因此与私法自治和权利本位的民法有本质差别。毫无疑问，经济法定位于第三法域有重要的意义，因为经济法介乎于公法和私法之间，能够避免在“干预”与“自治”两端中走向其中任何一个极端，保证了国家对经济生活的适度干预。

（二）体系结构：回应社会的开放法律体系

与传统法律不同，经济法没有基本法典，其体系结构也不像传统法那样具有严密的逻辑性，这是由经济法的回应性、政策性、开放性等特征所决定的，这样的结构体系是一种开放的回应社会的法律体系，它更关注经济社会的动态发展，适时回应社会发展的阶段性需要，并适度地对经济生活进行干预，从而有利于经济法律功能的发挥。根据《中国特色社会主义法律体系》白皮书，中国经济法包括以下几个方面：一是宏观调控法律，包括预算法、价格法、中国人民银行法、企业所得税法、个人所得税法、车船税法、税收征收管理法等法律，以及增值税暂行条例、营业税暂行条例、城市维护建设税暂行条例等行政法规；二是金融监管法律，包括银行业监督管理法、反洗钱法等法律；三是农业发展法律，包括农业法、种子法、农产品质量安全法等法律；四是重要行业监管和产业促进法，包括铁路法、公路法、民用航空法、电力法等法律；五是土地资源法律，包括土地管理法、森林法、水法、矿产资源法、循环经济促进法、清洁生产促进法等法律；六是竞争法律，制定了反不正当竞争法和反垄断法；七是对外贸易法律，包括货物进出口、技术进出口和国际服务贸易管理制度，建立了具有中国特色的对外贸易调查制度和对外贸易促进体制。由此可见，经济法的法律法规非常丰富，它适时地回应着中国经济发展的各方面，对于中国市场经济的发展起着十分重要的作用。

（三）基本价值：彰显人文关怀的法律理念

经济法的价值理念，除了传统法律追求的自由、平等、正义、秩序、效率等基本价值外，还包括人本主义理念、实质正义理念、社会本位理念、可持续发展理念和适度干预理念等。经济法研究对经济法理念的创新丰富和发展了法律的价值理念，契合了社会发展的人文需求。①经济法以人本主义为元理念，意味着把人作为经济法的本源和目的，把人本主义当作最终和最高的理念，并通过一定的价值、原则把人本主义理念贯彻于经济法的各项具体制度及其实施当中，从根本上应对社会强势群体和社会弱势群体的分化，维护和促进社会强弱势群体的发展。实质正义理念强调经济法既要在宏观层面调整全局性和公共性的社会关系，也要在微观层面调整平等主体之间不平衡的经济利益关系，并强调对消费者、劳动者以及被不当限制自由竞争的经营者等弱势群体的具体人格的保护，力图在社会经济领域，通过国家适度干预的方式实现公平、自由、秩序的协调和统一。社会本位理念强调协调个人利益与国家利益、市场与政府之间的关系，进而实现社会利益或公共利益的基本平衡。可持续发展理念包含了公平发展、持续发展、整体发展的三种意蕴，是经济法中的一种理想的、永恒的、精神性的普遍范型。适度干预理念要求公权对市场及其主体的干预要有限度，要考虑公权的能力及市场需求，从而对经济法立法和执法具有重要的指导作用。

① 以下经济法各理念的分析参见李昌麒主编：《经济法理念研究》，法律出版社，2009。

（四）规范表达：创新规范结构的表达方式

经济法规范表达的创新主要体现在两个方面：一是法律规则的表述突破了传统法律要求的假定条件、行为模式、法律后果的三要件规定，即在法律规则的表述中具有一定的裁量性、概括性和模糊性，许多时候表现为一种标准性规则，从而丰富了法律规则的表达。所谓标准性规制，是指规范的逻辑的结构及其所包含的要求通常不是非常具体，因而需要根据具体情况和特殊对象加以解释和适用，如《中华人民共和国中国人民银行法》第2条规定，中国人民银行是中华人民共和国的中央银行。中国人民银行在国务院领导下，制定和执行货币政策，防范和化解金融风险，维护金融稳定。第3条规定，货币政策目标是保持货币币值的稳定，并以此促进经济增长。毫无疑问，这样的规定就是一种标准性的规范，但是人民银行却可以根据中国经济的具体情况采用各种金融政策手段来对经济生活进行调整，从而达到宏观调控的目标。二是传统的法律规制强调权利和义务的对等，而经济法的权利义务结构却呈现出不均衡性的特征，这样的结构不仅是为了满足经济法宗旨和职能的需要，同时也打破了权利—义务配置必须均衡的固定思维。例如，在宏观调控法中，在有的情况下对调控主体的权利规定较多，而对受控主体的权利则规定较少；在市场规制法中，往往是对从事市场经营活动的受制主体的义务规定较多，而对规制主体和不从事市场经营活动的非营利性主体的权利规定较多。① 这样的“权义结构”显然在保护利益方面就具有了侧重性。以《中华人民共和国消费者权益保护法》为例，对于消费者，第二章专门规定了其权利，却没有规定其义务；对于经营者，第三章专门规定了其义务，而没有规定其权利。这种权利义务的结构设置，其目的就重在维护消费者的利益。

（五）运行机制：建立综合系统的调整机制

经济法运行机制的创新主要表现为三个方面：一是传统法律认为法的调整作用，主要是通过事前确定具体的权利和规定具体的权利的救济方法来完成，而经济法还可以采用管理、监督、引导、指导等方式，使违法行为少发生或不发生，其效率比单纯的事后救济要高得多，这样，在调整社会关系时，把“治愈已然”和“防患于未然”有机结合起来，从而有利于建立经济法的公权调整与私权调整相结合、指令性调整与指导性调整相结合、惩罚与奖励相结合、刚性调整与柔性调整相结合的综合调整机制。二是传统的法律责任理论认为，一个部门法只能对应一个法律责任，而在经济法律规范中，有时为了加强对违法行为的制裁力度，有时还会强调民事、行政和刑事责任的综合运用；并且在法律责任的内容上，经济法的责任比传统法更为丰富，包括惩罚性赔偿责任、声誉责任、行为责任、能力责任、宪政责任等，从这个意义上讲，丰富了法律的责任形式。除此之外，惩罚性赔偿作为经济法一种重要的责任形式，在消费者权益保护法、食品安全法中都有明确的规定。三是传统的法律强调司法的执行和救济功能，但经济法却具有独特的执行和救济方式。② 这是由于经济法的现代法特性决定了司法在经济法的运行中不可能占主导地位，因为经济法所涉及的市场主体准入、企业社会责任、宏观调控、不正当竞争和垄断、消费者和劳动者权利、环境保护、社会分配等问题，已经不单纯是传统诉讼法律关系中的当事人之间权利义务的较量，而是影响极其广泛的社会群体之间的利益权衡。因此，经济法比较强调政府部门的经济执法作用，强调第三部门的补充执法作用，强调建立多元性和开放性的诉讼机制，如公益诉讼机制，这都有异于传统的运行机制。

---

① 张守文著：《经济法理论的重构》，410～411页，人民出版社，2004。

② 李昌麒主编：《经济法理念研究》，144～145页，法律出版社，2009。

三、中国经济法对于我国经济发展的独特优势

从理论上讲，中国经济法的主要功能是克服市场失灵，保障经济持续、健康、快速发展。从我国的实践来看，中国经济法对于我国经济发展具有独特的优势，它推动了社会主义市场经济体制的建立与完善。

（一）构筑现代企业制度拓展市场经济的法律主体

中国社会主义市场经济体制的建设，是以计划为主的资源配置方式向市场为基础的资源配置方式转变为标志的，而市场主体又是构成市场的必备要素，没有市场主体，便无商品交换的场所，因此将市场主体法定化，以法律来保障市场主体的权益就显得极为重要。总的来讲，在当今社会条件下，市场主体已不再只是过去那种仅以自身利益为目标进行市场活动的自然人和法人，在这种情况下，经济法就必须走出民法的藩篱，从社会整体利益出发对市场主体进行必要的规制。进一步分析，经济法对于市场主体的建构具有重要的功能，这主要表现为两个方面：一方面，经济法在构筑现代企业制度方面有重要的作用。一般认为，现代企业制度是适应社会化大生产和现代市场经济要求的，以有限责任制为核心内容的产权明晰、权责分明、政企分开、管理科学的企业制度体系，这也是我国国有企业改革的方向。毫无疑问，民法按照市场的一般逻辑和意思自治，对现代企业制度的建立提供了重要的制度保障。但经济法却有民法不具有的独特功能，如现代企业的有限责任主要由民法加以确认，但有限责任及其相应的现代企业形态可能被滥用，亦即被一些投资者用作规避法律或损害企业相对人利益的工具，这就需要经济法的市场主体规制法加以适度干预，对企业和投资者的权利、义务和责任进行重新配置，这才符合法治应有的精神。① 另一方面，经济法的主体设置丰富了市场经济主体。民法对于市场主体的法律设置，是基于传统私法的理念，将所有主体抽象为自然人、法人和其他组织三种，并平等地赋予其权利和义务。这种法律主体的设置忽略了市场主体的区别。然而经济法的主体设置却具有具体性，② 这种具体的法律身份在经济法中表现为“投资者”、“经营者”、“消费者”、“销售者”、“竞争者”、“广告主”、“广告经营者”、“中小企业”、“中外合资企业”、“中外合作企业”、“乡镇企业”和“公用企业”等，而具体身份的设定则体现了法律保护的利益取向不同，从而实现各类市场主体在实质意义上的平等。此外，需要强调的是，经济法还调整不具有法人资格的企业内部机构的关系，从而使市场经济体制的主体制度具有多元性和开放性，保证了各类主体在现代市场经济中合法地存在和发展，促进了市场的发展和繁荣。

（二）推进政府职能转变，促进宏观经济调控法治化

建立社会主义市场经济体制，就是要使市场在国家宏观调控下对资源配置起基础性作用，因此必须建立以间接手段为主的完善的宏观调控体系。市场经济最为基础的功能，是在“看不见的手”的指引下使得资源得以最优化的配置。据此，民法对于市场经济体制的建设无疑具有重要的作用，这种作用是通过赋予市场主体的基本权利和义务保障了市场主体的自由交易而达到资源的优化配置的。然而无论是从理论还是实践上讲，市场总是有缺陷的，如信息失灵、公共产品、外部性问题、存在经济周期等，因此仅仅遵循意思自治的民法是难以克服的，这就需要国家适度干预，而通过“看得见的手”对经济活动进行宏观调控。经济法在推进政府职能转变，促进宏观经

① 李昌麒主编：《经济法学》，129页，中国政法大学出版社，2002。

② 这种具体性符合庞德所言，“立法已经愈来愈在牺牲抽象个人主义的情形下关注具体的人”。［美］罗斯科·庞德著，邓正来译：《法理学》，539页，中国政法大学出版社，2004。

济调控法治化方面具有非常重要的作用。从历史的角度分析，我国曾长期实行的是高度集中的计划经济体制，政府主宰了几乎全部的经济生活，即使经过多年的改革，在人们的一般观念中，宏观调控仍然是政府的专利，由政府说了算，其调控的方式也主要是依据政策。但经济法强调政府的宏观调控意志和行为也应当受到法律的制约，强调法律是宏观调控的依据、准则和保障，从而有利于推动宏观调控的法治化。这里需要破除一种误解，经济法强调的不是全面干预，而是适度干预、谨慎干预和依法干预，并通过产业调整法、计划法、财税法、金融法、价格法、固定资产投资法、国有资产管理法、资源和环保法等具体法律制度来推动宏观经济调控的法治化，保障了经济的持续健康发展。当然，在这里还需明确的是，经济法主张宏观调控法治化，并不是意味着对宏观调控政策的忽视，而是说不能把我们的思维仅仅停留在对宏观调控的政策的争取上，对于行之有效的宏观调控政策要及时上升为法律规定，甚至把国家的宏观意志直接以法律的形式加以推行。

（三）维护公平竞争秩序，保障市场环境的健康有序

市场机制在资源配置中的基础性作用的发挥，必须以良好的市场秩序为前提条件。一般来讲，良好的市场秩序一方面要依赖市场主体的自我调控能力，另一方面则是市场主体外部的控制能力。对于前者而言，主要是由民法来提供法律保障，但由于市场主体作为经济人，在追逐个人利益时往往忽略公共利益，因此难以形成统一市场并可能损害市场秩序，这就需要通过外部力量对市场主体实行控制，而经济法的市场秩序规制法律制度，弥补了民法在建立良好秩序方面的不足，对各种交易关系和竞争关系进行了有别于民法的特殊安排，保障了健康有序的市场环境。具体来讲主要表现在三个方面:① 一是培育和发展市场体系。市场主体的趋利性，以及民法观念的自主性，决定了它们不足以造就完整的市场体系，也不足以消除市场体系内各种要素市场的无序状态。这就需要经济法从宏观上克服各类市场间发育的不平衡，从微观上对各类市场进行调控，最终实现市场体系的健全和高效率。二是维护和促进竞争。市场配置资源的效率主要是通过竞争机制来实现的，但是，由民法保障的自由竞争本身有着向垄断和不正当竞争发展的自然趋向，并最终使市场机制遭到破坏。因此，为了维护和促进竞争，必须由经济法的反垄断和反不正当竞争制度来加以规制。三是保护消费者权益。现代社会中消费者已沦为相对于生产经营者的弱者，而市场的自由竞争和民事立法的意思自治不利于保护作为弱者的消费者，必须通过经济法来强化生产经营者的质量责任，提升消费者的地位。总之，经济法的反垄断法、反不正当竞争法、消费者权益保护法、产品质量法、食品安全法、广告法等制度在维护公平竞争秩序，保障健康有序的市场环境方面有着其他法律部门难以比拟的独特功能。

（四）完善社会分配机制，促进和谐社会的建成

构建社会主义市场经济体制，应当建立以按劳分配为主体的，效率与公平兼顾，平衡发展的收入分配制度。从理论上讲，分配是一种利益或财富在不同主体之间的转移，我们可以把它分为平等主体之间的分配和不平等主体之间的分配。平等主体之间的分配是权利交易的结果，它的产生是出于自愿，不平等主体之间的分配是公权机关凭借其强制力进行的财产和利益的转移行为。在市场体制中，民法和经济法都对国民收入分配关系进行调整，但一般而言，民法主要关注平等主体之间的分配关系，它通过保障市场主体的自愿和平等，进而实现按贡献和价值进行的分配。而经济法作为分配法，对不平等主体之间的分配关系具有独特的功能，它通过对财富的归集和转移来对不平等主体之间的分配关系进行调整，同时因为民法调整平等主体之间的关系也具有局限

① 李昌麒主编:《经济法学》（第二版），66～67页，法律出版社，2008。

性，这种局限性主要表现为私法对微观层面上的分配不公正和宏观层面上分配不合理无能为力，[①]因此经济法对于平等主体的分配关系也要加以调整。具体而言，对于平等主体之间的分配，经济法主要是通过建立最低工资、工会参与和建立集体合同等制度而进行的。对于不平等主体之间的分配，经济法主要是通过税收、转移财政收入和强制社会保险等法律制度保障分配的实质公平，解决收入分配差距过大和贫富悬殊的问题，这对于实现建立和谐社会的目标起到了重要的促进作用。

四、深化经济法学研究，促进经济法的新发展

诚如上述，经济法作为一门独立的现代法，已成为我国社会主义法律体系的重要组成部分，但由于它是一部非常新的部门法，与其他部门法相比还显得非常年轻，所以笔者认为需要以中国特色社会主义法律体系已经形成为依托，进一步深化经济法学的研究，促进经济法的更大发展。

（一）凝练基本范畴，构建范畴体系

一般认为，范畴及其体系的建立是各门学科成熟的标志，它的科学性、系统性和稳定性决定了这门学科存在的基础和发展的未来。可以说，基本范畴的界定和范畴体系的构建关涉到经济法理论研究的方向，并影响着作为部门法的经济法的逻辑体系，因此具有非常重要的意义。对于这一点，已获得了中国经济法学界高度重视，有不少的学者都有专门性的研究并提出了一些具有创新性的观点。但总体来讲，中国经济法学目前尚未凝练出公认的基本范畴并真正建立起成熟的范畴体系。[②]究其原因，主要有两个方面：一是在构建经济法范畴时往往比较简单地借用经济学、社会学、政策学等相关学科的概念，如外部性、社会中间层、政策目标等，使经济法范畴的法律意蕴显得较少；二是在构建经济法范畴体系时，比较多地依赖相关部门法尤其是民法的范畴体系，如对经济法律关系的认识，就是借用私法的法律关系的结构，简单地从主体、客体和内容三个方面来建构，而恰恰忽略了经济法是第三法域的属性，从而使得经济法的范畴体系缺乏解释力。这也是许多人对经济法有误解的重要原因。由此可见，要使得经济法学这门年轻的法学学科更加成熟，并且为经济法这门独立的新兴法律部门发展提供理论支撑，经济法学就必须凝练基本范畴，包括主体、权利、义务、行为、责任等，并合理地构建范畴体系。只有这样，经济法学的研究才会在统一的范畴体系下展开，从而有利于经济法与行政法、民商法、社会法等其他部门法以及经济学、社会学、政策学等其他学科之间的沟通、对话与合作。

（二）拓展研究视野，应对经济全球化挑战

一般认为，经济全球化是指资本、商品、劳动力等生产要素大规模地突破国家、民族界限，

---

① 李昌麒、应飞虎：《论需要干预的分配关系——基于公平最佳保障的考虑》，载《法商研究》2002 年第 3 期。

② 例如，陈信和教授认为经济法的基本范畴是发展权、分配权和安全权；张守文教授从经济法主体、主体的权力和权利、以及其行为之间的内在联系出发，提出了“调制行为”这一重要范畴；单飞跃教授提出了自由理念、公平理念、发展理念和安全理念等价值范畴；邱本认为经济法基本范畴是自由、竞争和秩序；李昌麒：《发展与创新：经济法的方法、路径与视域（上）——简评我国中青年学者对经济法理论的贡献》，载《山西大学学报》（哲学社会科学版）2003 年第 3 期。岳彩申教授认为，经济法范畴体系包括初始范畴、基本范畴、普通范畴和具体范畴，初始范畴是经济权利，基本范畴主要包括经济平等权、经济自由权、国家干预权、经济法律关系主体、经济法律行为、经济法律责任等概念，普通范畴包括宏观调控权、微观调控权、国家参与经济活动权、经济权利主体对国家的请求权等，具体范畴则包括市场准入调控权、市场竞争调控权、市场利益分配调控权等。岳彩申：《论经济法的范畴体系》，载《中国经济法治的反思与前瞻》，法律出版社，2001。此外，刘水林教授从整体主义的视角对经济法基本范畴做了系统研究，刘水林著：《经济法基本范畴的整体主义解释》，厦门大学出版社，2001。鲁篱教授则从权利—权力的新角度来对基本范畴进行专门研究，鲁篱著：《经济法的基本范畴研究》，法律出版社，2008。

在全球范围内自由流动和配置的过程。经济全球化主要表现为金融资本与资本国际化、跨国公司和生产的国际化、贸易自由化、科技和知识国际化等几个方面。随着经济全球化在中国的扩展，尤其是在我国加入世界贸易组织后，已经使我国的社会经济生活发生了很大的改变，这种改变必然对以处理政府—市场关系为己任的经济法提出新的挑战。具体而言，挑战主要表现为以下三个方面，首先，就理念设计而言，经济法的理念必须高度关注协调全球经济关系、防范全球经济危机、增进全球经济可持续发展，其中重点创新的理念有两个：一是经济安全理念，二是经济发展理念。[①] 其次，就制度设计而言，由于全球化要求高度的市场化、交易规则的一体化，这就对经济法的宏观调控制度、市场规制制度等提出了新的要求，即应当与国际通行的经济贸易规则相衔接。最后，就法律实施而言，在经济全球化的背景下，宏观调控法的实施问题更加突出，对市场规制法实施也有很大的影响。此外，还需注意的一个大课题是，在强调应对经济全球化挑战的同时，如何协调经济法对本土资源的运用。这是因为，各国法律制度的发展都是建立在本国国情的基础之上的，在经济全球化进程中，经济法的民族性品格也不可能完全被消解在经济全球化浪潮之中。由此可见，在经济法的国际化与本土化之间如何取得平衡，也是经济法应对经济全球化的一个重要问题。

（三）强调中国问题的解决，使经济法的研究更具针对性

近年来，中国法学界在反思中国法学应当向何处去，有学者批评当代中国法学自觉不自觉地受西方现代化范式支配，不加质疑地把西方社会的制度性安排转化成“法律理想图景”予以引进和信奉，进而遮蔽甚或扭曲中国现实社会结构或中国现实问题。[②] 经济法学界对此也有回应，有学者就认为中国经济法学的研究应当“回到中国”。[③] 还有学者从经济法的时空性角度分析，强调经济法的研究必须立基于中国的现实问题，因此要高度重视经济法研究的本土性和回应性。[④] 这种认识无疑是正确的。因为经济法作为一种有效的法律制度，归根到底是要解决中国自身的问题。而中国经济发展具有不同于西方经济发展的特点，这就需要我们在研究中要更加关注中国自身的经济社会问题。事实上，如果我们对经济法调整的四大对象稍加分析，就会发现每个部分都有值得我们去关注的中国性问题。例如，就市场主体调控法律制度而言，中国的国企改革问题至今仍然是值得深入研究的问题。就市场秩序规制法律制度而言，能源、资源、土地等要素市场化问题都是急需研究的问题，如煤电价格问题、石油价格问题、农村建设土地流转问题等。就宏观调控法律制度而言，其研究的方面也要扩展，包括城乡统筹发展问题、区域协调发展问题、房地产宏观调控问题、经济增长转变方式问题等。就社会分配法律制度而言，最为突出的问题就是如何克服分配不公，保证改革发展成果公平分享。[⑤] 当然，以上问题只是一个初步的整理，需要我们进一步的思考，但正如有学者所言：中国30多年的改革开放历程说明，经济社会发展和经济法治建设确为一个互动的过程，只有扎根于本土，实实在在地应对和解决中国性问题，中国经济法和中国经济法学才能有坚实的发展基础和蓬勃的生命力。[⑥]

（四）以解决问题为出发点和归宿，协调与相关法的发展

按照《中国特色社会主义法律体系》白皮书的分类，中国特色社会主义法律体系包括七个法

① 陶广峰：《全球化与中国经济法的发展进路》，载《南京大学学报（哲学、人文科学、社会科学）》2005年第3期。
② 邓正来著：《中国法学向何处去——建构“中国法律理想图景”时代的论纲》，商务印书馆，2006。
③ 陈云良：《回到中国——转轨经济法的存在及其价值》，载《法制与社会发展》2007年第6期。
④ 卢代富：《经济法研究应注重本土性和回应性》，载《郑州大学学报（哲学社会科学版）》2008年第4期。
⑤ 西南政法大学的国家重大社科基金课题《改革发展成果分享法律机制研究》项目组对此已作了系统和深入的研究，参见李昌麒主编：《中国改革发展成果分享法律机制研究》，人民出版社，2011年。
⑥ 李永成：《经济法的中国性问题分析》，载《现代法学》2009年第2期。

律部门，即宪法相关法、民法商法、行政法、经济法、社会法、刑法、诉讼与非诉讼程序法。应当说，这是一个和谐的有特色的中国社会主义法律体系。经济法必须注重与其他部门法的协调发展。关于经济法与宪法的关系，要注意经济法领域的宪法问题研究，① 这个问题的核心还是在于如何处理国家与市场的关系。进一步讲，宪法关注公民权利的保障和国家权力的分权与限权两方面，而经济法的特性在于寻求国家干预市场的边界，保护经济法利益。因此，经济法中的宪法问题可以从两个向度展开，一是如何控制国家干预的权力，二是如何保护公民的基本权利。② 经济法与刑法的关系，研究的核心问题是经济刑法问题，③ 主要关注有哪些经济法中的违法行为必须上升到刑罚的高度才能有效地对社会经济生活进行调整。这里需要研讨的是，对于经济犯罪的规范是在经济法中规定为好，还是在刑法中规定为好。当前，刑法学界提出了“刑事一体化思想”，即主张以问题为中心来研究刑法问题，而不是拘泥于纯学科的分类。④ 按照这一思想，笔者认为应当从动态和静态两个角度来构建刑罚规范，即大量的可以预见的经济犯罪应当在普通刑法中加以规定，而刑法中未规定的在现实生活中又必须追究的刑事责任，则可以在经济法中加以规范。经济法与程序法的关系也需要深入研究，如经济公益诉讼就值得进一步的研究。当然，经济法尤其需要注意与民法、行政法和社会法关系的协调发展，因为经济法正是在弥补民法和行政法对社会生活调节的不足中产生，而与社会法则同属第三法域的现代法。关于经济法与民法和行政法的关系，有学者曾经做过比较系统的研究，强调建立民法、行政法、经济法的互动机制，对研究三法的关系具有重要的指导意义。⑤ 关于经济法与社会法的关系，笔者也曾有一些研究，总的观点是要协调发展和功能互补，⑥ 但仍然存在许多需进一步研究的问题。

---

① 2012 年 7 月在杭州召开的“第十三届全国经济法前沿理论研讨会”的主题就是“经济法领域的宪法问题”。

② 关于前一个向度，单飞跃教授作了一系列的研究，如《经济宪政：一个宪政新命题的提出》，载《湖湘论坛》2005 年第 3 期；《经济宪政视域中的中央与地方关系——国家结构形式对经济权力配置的影响》，载《上海财经大学学报》2008 年第 2 期。而后一个向度，也有许多经济法学者高度关注，如日本学者金泽良雄就认为：“在经济法与宪法的关系中，特别重要的是基本人权的关系”，金泽良雄著：《经济法概论》，36 页，甘肃人民出版社，1985。我国也有部分学者高度重视经济法对基本人权的保护，如徐孟洲教授就认为，以人为本属于经济法具有的内在价值，它是经济法理念的核心，这就要求经济法尊重人权、实行经济民主和管理手段的人文化。徐孟洲：《论中国经济法制与和谐社会之构建》，载《法学杂志》2005 年第 6 期。也有学者认为：保护基本人权应当是经济法的宗旨，虽然保障人权的目标并非经济法所独有的目标，但由于经济法调整所要解决的问题，对于个体和整体都很重要，因而对于保护人权还具有特别重要的作用。而且保障人权的目标在经济法各个部门法上都有体现，如财政法通过预算支出和转移支付等来保障人权；税法通过税收优惠制度、基本生活资料不课税等来保障人权；消费者权益保护法以及各类竞争法通过对消费者的保护来保障基本人权。张守文著：《经济法理论的重构》，319 页，人民出版社，2004。

③ 一般认为，经济刑法是刑法手段在经济法上的运用，在经济法中主要表现为经济法律规范中的刑事责任，在刑法中主要表现为违反国家经济管理秩序或破坏市场秩序类犯罪。德国学者乌茨·施利斯基就认为：严格说来，经济刑法从功能上也可以归入经济法中。[德] 乌茨·施利斯基著，于文光译：《经济公法》，6 页，法律出版社，2006。

④ 所谓刑事一体化的思想，有一种代表性的观点认为：“实现刑法的最佳社会效益是刑事一体化的目的，刑事一体化的内涵则是刑法和刑法运行内外协调。”储槐植：《再说刑事一体化》，载《法学》2004 年第 3 期。

⑤ 李昌麒、岳彩申、叶明：《论民法、行政法、经济法的互动机制》，载《法学》2002 年第 6 期。

⑥ 李昌麒、甘强：《经济法与社会法关系的再认识——基于法社会学研究的进路》，载《法学家》2005 年第 6 期。

现代公共财产观念的罗马法渊源及其对民生问题的启示[①]

张建文*

目　次

一、现代公共财产观念溯源：对罗马法上“不可有物”的梳理与辨正

罗马法上的公共财产观念，以罗马法上的不可有物为源头，而且包含的范围极其广泛，不但包括与宗教无关的物，也包括与宗教有关的物。不可有物涵盖神法物和人法物。前者包括圣物、安魂物和神护物，而后者包括共用物（res communes）、公有物（res publicae）、市有物（也称公法人物、团体物、府有物）（res universitatis）。

我国法学者在对人法物的类型化和定义方法上，无论是较早的罗马法研究者还是较晚的罗马法研究者，都倾向于以物的自然属性和使用特征为基础，展开分析论证，所不同之处在于是否将所有权的概念和类型比附于人法物。

较早的罗马法研究者多直接从物的本身的使用特征上进行定义，较少提及物的归属问题。此种定义方法，即使从拉丁文的原文上看，也译风一致、翻译准确。例如，黄佑昌认为，共用物是指“非个人所得私有，而为万人共用之物也”，如空气、海岸、海洋等；公有物是指“直接供公共使用之物也”，如公道、公园、河港等；市有物是指“市府之人民，皆得共同使用之物也”，如演剧场、浴场、跑马场等[②]。周枏认为，共用物是指“供人类共同享用之物”；公有物是指“供罗马人共同享用之物，其所有权属于国家”；市有物“最主要的是市政府的财产，供本市人民享

① 基金项目：国家社科基金项目青年项目“我国宗教财产的立法规制研究”（12CFX062）。
* 西南政法大学教授，法学博士。
② 黄佑昌著：《罗马法与现代》，141～142页，北京大学出版社，2008。

用”。而且明确指出：“以上人法物为公众使用之物，如有妨碍使用的，以侵害他人的人格论处”。①

晚近的罗马法研究者也关注了罗马法上人法物的使用特点，但是却不恰当地比附套用所有权的概念，甚至类比现代物权法上的所有权类型，去探讨人法物的归属问题。例如，黄风认为，共用物是指“共同体成员根据自然法共同享用的、不归任何人所有的物品”；公有物是指“归罗马共同体所有的物品，例如：河流、道路、桥梁、广场、戏院等”，而且特别指出，“由于许多公有物是对所有人开放的，因此，在罗马法文献中，公有物和共用物的概念经常相互混同”；团体物是指“团体的而不是个人的物”。团体物与公有物是两个不同层次的“公共财产”，前者的层次低于后者②。徐国栋认为，共用物是“一切人共有的物”，一切人是指“地球上的所有居民，不以罗马人为限”，如空气、流水、海洋、海滨等，它们的利用者集体是最大的；公物（公有物）是“现代人所说的国家财产”，而市有物是属于某个自治市的财产，“用现代属于说，它们是地方公共财产”。徐国栋教授更进一步在比较我国民法上的所有权体系时说：“我国民法上的所有权的体系比较典型地代表了现代民族国家民法典规定的所有权的类型，分为国家所有权，其中又分为中央政府的所有权——它相当于罗马法上的对公有物的所有权——和地方政府所有权——它相当于罗马法上的对团体物的所有权、集体所有权和个人所有权”。③

笔者认为，罗马法上的人法物的概念最本质的特征就是其使用上的特殊性，即共用物、公有物和市有物，都是供人民直接共同使用的物。其中能够适用所有权的观念去理解和解释的空间极小，从罗马法的本意而言，是并不能为私人所有权的观念所涵盖的。三种人法物所不同的是其使用者群体的范围大小不同，共用物的使用者群体范围最广，不以罗马人民为限，而是遍及地球上所有的人，而公有物的使用者群体范围次之，以罗马共和国之人民为限（因此，也被称为“人民物”），市有物的使用者群体最狭，以罗马之地方市镇之人民为限。

此外，从物的分类上看，将人法物和神法物列入不可有物，即不可为私人所有的物，这就意味着在观念上要将人法物和私有物严格地隔离开来，隔离的目的就是要建立人法物不可移转、不可交易、不可流通的理念，以此保障不同范围使用者群体的使用利益。罗马法学家认为，公有物和共用物由于不用于经济目的，不归任何人所有，属于非财产物，国家对它们实行的保护，仅限于行使主权行为④。俄罗斯法学家索斯那（C. A. Сосна）就坚持认为：不可能对公用财产设定所有权，国家也不能成为此类财产的所有权人。国家此类财产的权利的性质是其他的，“是在行使保障社会财产的完整性和不可剥夺性的职能”。⑤

后来，对于公有物的归属，即公有物是无主物还是国家所有之物的问题开始产生争议。在罗马时代，关于这方面的议论尚少，主要是因为公有物以使用为主，国家尚不需以所有权人之面目介入。而在现代，对于公有物是否属于国家所有，议论歧出。主要有两种观点：一种观点认为，公有物为无主物。“虽国家亦不得为其所有主，唯对之有至高权，故国家不过得排除个人，以供国家之用，然若国家不用，则个人皆得用之，而个人之用之也，必从无主物之规定，故最初占有者，得以之为自己之所有物”，另一种观点认为，公有物为国家之所有物。“故国家得贷与私人，尔征收其贷赁，又得自使用之。”⑥ 姑且不论两种观点孰是孰非，此种对公有物的归属的争论，也

① 周枏著：《罗马法提要》，52 页，北京大学出版社，2008。
② 黄风著：《罗马私法导论》，172 ~ 173 页，中国政法大学出版社，2003。
③ 徐国栋著：《罗马私法要论——文本与分析》，123 ~ 124 页，科学出版社，2007。
④ ［意］彼得罗·彭梵德著，黄风译：《罗马法教科书》，185 ~ 187 页，中国政法大学出版社，1992。
⑤ C. A. Сосна. О концепции общественного достояния. Государство и Право，1996，№. 2. с. 55 – 64.
⑥ 黄佑昌著：《罗马法与现代》，142 页，北京大学出版社，2008。

蕴含了当代关于公共财产的归属困惑，即公有物是指国家所有还是人民所有。所以，前述徐国栋教授的直接将公有物和市有物界定为国有财产（中央政府的财产和地方政府的财产）的观点，是一种先入为主、以今画古的做法。不仅不能将其用所有权予以类型化，作为现代大陆法系国家所有权类型的规定，而且也不能与我国民法的所有权类型化体系相比较，因为我国民法上的所有权类型化体系并非源自以罗马法为源头的传统大陆法系，而是师自以苏联法为圭臬的被社会主义化的大陆法系的变种——社会主义法系。社会主义法系在所有权问题上最突出的特点就是，强调国家对重要生产资料和自然资源的法律上的垄断和独占，以国家的垄断所有（国家专有）制度排斥公众在事实上和习惯上的使用利益，对于公众使用利益的维护和保障也关注不够。

还需指出，罗马法上的神法物作为不可有物之另一重要类型对后世关于宗教财产的定位和处理也有深远影响。在神法物上，圣物是经法定程序[①]（最初须经贵族大会或元老院以立法程序设置，帝政以后改为由皇帝批准）奉献给神的物，如祭神的器皿、偶像、神庙等。圣物包括教堂和祭品。后来罗马皇帝的敕令明确规定，禁止转让、抵押圣物，但为赎回俘虏除外。[②] 从对公共使用而言，圣所是公共礼拜的地方，是为罗马人民公共利益服务的，在本质上与作为人法物的公有物比较接近，但是却必须把它们“从价值领域中分离出来”，“被排除在商业之外”[③]。而且建造圣所的地方，即使在圣所毁坏后，仍是神圣的。这种不可转让、抵押的圣物观念奠定了教会法中以不可转让原则为基础的教会财产法的基本架构[④]和现代民法中宗教财产的概念[⑤]，尤其是为现代世俗国家对宗教财产的公产定位奠定了理念上的基础。

由此，可以勾勒出罗马法上以不可有物为原型的公共财产的制度特点：

第一，在罗马法上，所关注的公共财产主要是指直接供公众使用之物，以此奠定了后世所谓的公众用物在公共财产类型化体系与法律制度体系中的首要地位。作为后世公共财产的另一基本类型的公务用物在罗马法上还不存在，其原因在于当时的公法尚不发达，学理尚不精专，故与公众直接相关之公共财产的利用成为罗马法学关注的焦点。

第二，在罗马法上，公共财产法律制度的主要内容就在于规定其不可转让性。不可有物不能构成私有财产的组成部分，不得买卖和让与，后世所谓的公共财产基本制度在不可转让的基础上又将其转让的禁止明确地扩及强制执行和时效取得等。

第三，罗马法上以不可有物为源头的公共财产观念，不以所有权归属作为思考的基础，而是以公众使用利益的保障为目的。

第四，罗马法上的以不可有物为源头的公共财产观念，还包括了宗教财产。宗教财产与前述人法物的共同之处在于均不可转让，不能成为交易的对象。

综上，可以说，罗马法上关于不可有物的规定，才是现代大陆法系国家公共财产类型化与法律规制的基本原型。典型的现代大陆法系国家，如法国和德国以及意大利等国家，在公共财产的规制上基本上延续了罗马法的不可有物观念，但是也进行了更加深入和细致的发展。

---

① 周枏著：《罗马法原论》（上册），278页，商务印书馆，1994。

② 徐国栋著：《优士丁尼〈法学阶梯〉评注》，173页，北京大学出版社，2011。

③ ［德］萨缪尔·普芬道夫著，张淑芳译：《人和公民的义务》，58页，陕西人民出版社，2009。

④ В. А. Томсинов. Учебник церковного права. М.: Издательство “Зерцало”, 2004. С. 381.

⑤ 以我国为例，自2005年3月1日起施行的《宗教事务条例》第32条规定，“宗教活动场所用于宗教活动的房屋、构筑物及其附属的宗教教职人员生活用房不得转让、抵押或者作为实物投资”。此外，类似的规定还可参见国民政府1913年6月20日颁布的《寺院管理暂行规则》第4条、1915年10月29日颁布的《管理寺庙条例》第25条、1929年12月7日颁布的《监督寺庙条例》第7、8条。

二、现代公共财产观念的流变与形态：从“物尽其用”到“权益保障”

在最典型的大陆法系国家法国和德国法中，公共财产法主要是作为行政法的一个组成部分进行研究。相应地，在民法典（如法国民法典）中较少规定，甚至是压根儿就不提公共财产（如德国民法典）。这种由行政法研究公共财产的问题的做法[①]直接影响了亚洲的日本、韩国以及我国台湾地区的行政法。但是在我国，公共财产法虽有行政法学者进行研究，但尚未成为行政法学界的主流。

正如徐国栋教授在研究“一切人共有的物”（共用物）的概念自罗马法以来至现代民法典的流变的整体形态时，所指出的“一切人共有的物的多数客体已转化为现代国家公产客体”，“涉及的问题由市民法转入了行政法”[②]。新的公共财产基本上是一个国家、一个行政区划的成员的共有财产[③]。他认为，从罗马法的视角看，这种公共财产的来源有三类，即过去的一切人共有的物的一部分、过去的公有物和过去的市有物。后两种物占这种意义上的公共财产的多数，后者的性质就决定了前者的性质[④]。

公共财产法之所以能够在主要大陆法系国家的行政法中占据一席之地，是因为自由资本主义的自由竞争政策无法解决其运作条件的非理想性造成的严重社会不公等问题，要求在传统的秩序行政之外，增加国家向人民提供更多服务为内容的给付行政[⑤]，提供人民生活所必需的照顾，国家负有广泛照顾人民生存的义务[⑥]。德国财产权的历史变化可以作为重要的证据，正如有学者在研究德国财产的观念流变时，提出德国财产权可以分为三代：第一代是传统的防御性权利，主要是针对国家对私人产权的侵犯，第二代是劳工福利和集体谈判权，第三代是强调公正分享自然资源和国民产值，并在健康的环境下和平生存。传统防御性权利的重要性已经相对下降，权利的重点从负向防御性权利转向正向的福利和分享权利。[⑦]

从立法分工而言，在公共财产的法律调整上，实行民法典和行政法的二元调整体制。尽管德国民法典压根儿没有提到公共财产的问题，但包括法国民法典[⑧]在内的相当多的民法典还是规定了公共财产的问题，形成了民法典与行政法的二元调整结构。总体上看，民法典主要是规定公共财产制度的基本内容，如往往用列举方式规定公共财产的范围，以及公共财产的制度的积极内容（即公众对公共财产的使用权及其使用的限制）和消极内容（公共财产所有权不可转让、不可以时效取得、不可扣押等）。[⑨] 而行政法主要是研究和规定公共财产的概念、种类和性质，以及公共

---

① 张建文著：《转型时期的国家所有权问题研究》，189 页，法律出版社，2008。

② 徐国栋著：《罗马私法要论——文本与分析》，140 页，科学出版社，2007。

③ 徐国栋：《一切人共有的物概念的沉浮——英特纳雄奈尔一定会实现》，载《法商研究》2006 年第 6 期。

④ [古罗马] 优士丁尼著，徐国栋译：《法学阶梯》（第二版），111、113 页，中国政法大学出版社，2005。

⑤ 陈春生：《给付行政》，载《月旦法学教室》2003 年第 4 期。

⑥ 陈新民著：《公法学札记》，53 页，中国政法大学出版社，2001。

⑦ 张千帆著：《西方宪政体系（下册·欧洲宪法）》，332 页，中国政法大学出版社，2001。

⑧ 罗结珍译：《法国民法典》（上册），451 ~ 452 页，法律出版社，2005；王卫国译：《荷兰民法典》，113 ~ 116 页，中国政法大学出版社，2006；陈柱国译：《意大利民法典》，160 ~ 161 页，中国人民大学出版社，2010；齐云译：《巴西新民法典》，19 ~ 20 页，中国法制出版社，2009。

⑨ 该部分可以参看徐国栋教授对欧洲及拉美主要国家民法典中共用物的研究（参见徐国栋著：《罗马私法要论——文本与分析》，140 ~ 146 页，科学出版社，2007）。

财产的公共用途的设定、变更和废止，公共财产的使用方式（自由使用、许可使用以及特许使用）① 及其使用的性质、公物管理机关的公物管理权等问题。

从制度内容而言，在公共财产的类型化上，除了作为第一位意义上的首要的公众用物（公共用物）之外，还出现了专门供国家机关遂行公共任务的财产，即公务用物（公有物）。区分的意义在于，前者为供不特定多数的公众之利用为其本质。公共财产法的一般理论就是以这种公众用物以公众利用为中心，对其使用关系进行分类整理。而后者是以由限定范围内的人的利用为前提的②。在公共财产的归属上，普遍将以前罗马法上人法规定的不可有物中的大部分共用物和全部公有物纳入国家所有的范围之内，在国有财产的范围内形成了国家公产与国家私产的区分③。在公共财产的利用上，在罗马法所强调的为公众利用——人人可得接近的积极性质上，增加了强调维护和保持公共财产的目的性用途的规定，即不可转让、不可以时效取得、不可扣押的三个消极属性规定，使之成为享有特权的财产，在公共用途存在和维持期间，它通常不受民法一般规定的调整，由此形成了完整的公共财产法体系。

从价值取向而言，现代公共财产法的立法取向，不仅仅保障“物尽其用”，即按照其目的性用途被使用，而且强调对使用者利益的保障，特别是出现了尝试用权利建构的方式予以保障的努力。在传统的公共财产法律调整取向上，坚持视公共财产为家产的国家本位的公物观，认为公众对公众用物的一般使用利益为反射利益，否定公众可以对侵害该利益的公共财产管理机关提起诉讼救济的可能性④。而在现代的公共财产法律调整取向上，已经转向将市民视为公共财产之主人的市民本位的公物观，认为公众对公众用物的一般使用利益具有私人本身享有的自由的权利属性⑤。在立法上，《阿根廷民法典》第 2341 条已经大胆规定：“个人对本国的或其他国家的公共财产有使用和享用权，但同时应遵守本法典和全国或地方条例的规定。”在通常的自由权说⑥、平等权说、诉讼利益扩大说、公共信托理论等权利构成理论⑦之外，还有学者提出了公共财产的公共利用权为“财产性一般人格权”的观点⑧。

在公共财产法的研究中，容易被忽视的是宗教财产也被定位为公共财产。在欧陆国家，通常是将宗教财产纳入公共财产的范围，受公共财产法的调整。在德国，供教会使用的财产原则上属于公共财产，因为教会属于《德国基本法》第 140 条和《魏玛帝国宪法》第 137 条第 5 款规定的公法团体，即将宗教团体归于公法人⑨（但采取私法形式的教会财产，特别是财政财产不是公产）。德国学者认为，教会财产不是一个单独的类别，根据法定目的分别是一般使用的财产、设施财产或者行政财产。⑩ 在法国，礼拜堂总体上也被认为是不可转让和不受时效约束的直接用于公众的公共财产。在判例中，被列为公共财产的有：用于宗教功用的动产标的，包括圣瓶、装饰品、教堂的长凳、教堂的大钟、教堂的绘画、永久置于教堂的地毯等。国家的主教座堂和大城市

---

① ［德］汉斯·J. 沃尔夫、奥托·巴霍夫、罗尔夫·施托贝尔著，高家伟译：《行政法》（第二卷），455 ~ 525 页，商务印书馆，2002。

② ［日］盐野宏著，杨建顺译：《行政法Ⅲ［第三版］行政组织法》，263 页，北京大学出版社，2008。

③ 王名扬著：《法国行政法》，239 页，中国政法大学出版社，2007。

④ 翁岳生著：《行政法（2000）》（上册），487 页，中国法制出版社，2002。

⑤ ［日］大桥洋一著，吕艳滨译：《行政法学的结构性变革》，206 页，中国人民大学出版社，2008。

⑥ 肖泽晟著：《公物法研究》，351 页，法律出版社，2009。

⑦ 林素凤著：《论行政法学上之公物制度》，74 ~ 75 页，国立中兴大学法研所硕士论文，1987。

⑧ 张力：《广义财产观下的人格权及其宪法性回归》，载《法商研究》2009 年第 6 期。

⑨ 嘎玛德吉著：《论宗教团体的主体地位》，2 页，中国政法大学硕士学位论文，2008。

⑩ ［德］汉斯·J. 沃尔夫、奥托·巴霍夫、罗尔夫·施托贝尔著，高家伟译：《行政法》（第二卷），463 页，商务印书馆，2002。

教堂，都是国家公产的附属物，其他的教堂原则上完全是市镇财产，都是无可争议的公产附属物。①

由上可知，在现代公共财产法上，不但延续和发展了罗马法上人法规定的不可有物的观念，还继承了罗马法上神法规定的不可有物的观念，形成了包括宗教财产和世俗财产的现代公共财产体系。在世俗财产部分，大体上形成了由民法典与行政法二元调整，由公众用物和公务用物两大类型构成的公共财产体系，这是相对罗马法上人法规定的公有物概念的一大重要发展。现代公共财产法一方面强调保障和维护人人可得接近和利用公共财产的自由，试图将公共财产的公共使用建构为公法或私法上的权利予以保障；另一方面又将公共财产的目的性用途的维持作为公共财产法的一项重要内容，明确了公共财产的不可转让、不可以时效取得和不可扣押（即不可强制执行）的三项消极属性。相对于罗马法而言，另一重要发展就是将公共财产置于国家所有权的规制之下。尽管如此，还是不能忘记，罗马法渊源的公共财产法制度的首要的和最根本的目的是保障物尽其用和公众的使用自由。

三、罗马法上公共财产观念对我国公共财产法研究的启示

我国的公共财产法制度，直接脱胎于苏联法制，具有典型的社会主义性质和特征。在苏联法影响下的中国社会主义公共财产制度，与罗马法渊源的现代公共财产制度相比，具有以下特点：

第一，极度崇拜公共财产的公共所有制，以此确保公共财产相对于个人财产的第一位的和决定性的作用，建立国家对公共财产的垄断性所有权，② 并禁止个人财产被用于资本营利性用途，确保个人财产仅仅能用于个人和家庭用途，而非任何商业性目的。

第二，公共财产的范围极其广泛，不仅不限于本质上可供公众使用的公众用物和经公共主体指定用于国家公务的公务用物，而且还在更大程度上主要是指各类具有资本性质的国有财产，如国有工商业企业等，且后者在整个公共财产体系中占据了最重要的位置，确保公共财产的公众使用并不是社会主义公共财产制度的主要目的和根本任务。社会主义公共财产的基本任务是通过国家垄断重要生产资料和国营（有）企业独家提供各类生产生活用品，“满足人民群众不断增长的物质和文化需要”，杜绝任何私人向公众提供商品和服务的可能性，而宗教财产也被以社会主义私有化改造的方式隐形地公有化（国有化或集体化）了。③

第三，社会主义公共财产制度的实践，忽视了保障和维护公民的人性尊严和独立人格的自由

① ［法］莫里斯·奥里乌著，龚觅等译：《行政法与公法精要》（下册），842、851、854、979页，辽海出版社、春风文艺出版社，1999。

② И. А, Шершнёва – Цитульская, О способах перехода права собственности на имущество русской православной церкови в 1917 – 1918гг. Государство и Право. 2011, №8, С. 81.

③ 在我国对寺院等宗教财产的国有化，可以分为两个阶段：一是新中国成立伊始土地改革时对寺院所拥有的土地的征收。1950年6月28日中央人民政府委员会第八次会议通过的《中华人民共和国土地改革法》第3条第一句即明确规定：“征收祠堂、庙宇、寺院、教堂、学校和团体在农村中的土地及其他公地。”该项征收是无偿征收。二是在私有出租房屋社会主义改造时期对寺院所拥有的房产的私房改造（参见：1964年1月13日（64）国房字22号《国务院批转国家房产管理局关于私有出租房屋社会主义改造问题的报告》）。私房改造绝大部分是采用国家经租的办法，即“对城市房屋占有者用类似赎买的办法，即在一定时期内给以固定的租金，来逐步地改变他们的所有制”，其本质就是国有化。以此将大量宗教不动产进行了国有化。以四川省17个市地州的不完全统计，在“文化大革命”前，教会、庙观公有房屋五十多万平方米。1965年对约十万多平方米进行了社会主义改造。“文化大革命”期间，18.47万平方米被机关、工厂、部队、企事业单位以及私人占用。另有6.32万平方米由房管部门接收代管，7.29万平方米被拆除、改建（参见：1980年10月15日川府发［1980］228号《四川省人民政府批转省建委等单位关于落实宗教团体房产政策等问题的意见》）。

发展，反而建立并强化了公民个人对庞大的国家组织体系在物质和精神上的紧密依附关系，国家对公民从出生到死亡过程中的日常生活、婚姻、教育、医疗、养老等所有事务均有强大的控制力和影响力，赖以保护公民的个人自由和人格独立的市民社会不复存在，社会结构直接简化为个人对以各类公共组织为代表的国家的终极依赖。

这种模式的公共财产制度与以罗马法为渊源的现代公共财产制度模式大相径庭。罗马法渊源的现代公共财产制度以确保公众对公共财产的直接使用和国家机关执行公共任务的需求为基本目标，以辅助和支持而不是直接参与和垄断私营经济通过市场向公众提供商品和服务的市场经济体制为价值导向，通过专注于对公众用物和公务用物，特别是公众用物的制度建设与机制完善，履行国家对公民的生存照顾义务，保障公民的人性尊严和人格的自由发展。

自20世纪80年代初期改革开放以来，我国的公共财产制度开始经历了向社会主义市场经济的转变。最为重要的就是将本属国家统一所有（授权企业经营）的工商业性国有资产，用现代企业制度的工具，进行改制，实现了由国家所有到企业所有的所有制变革和企业内部经营的公司制变革，这就是所谓的企业改制。可以说，在三十多年的国有资产改革中，最重要的成就就是实现了工商业性国有资产的非国有化（公司所有化），通过《中华人民共和国公司法》、《中华人民共和国企业国有资产法》等立法的推动，剥离了国家直接经营的，也使国家深陷其中的国有企业。从公共财产制度的现代化而言，剥离庞大的工商业性国有财产，仅仅使庞大的社会主义财产得以消肿，减轻其经营负担，但是并没有使得国家将其财产制度的重心放在公共财产制度上。这一点明确地体现在《中华人民共和国物权法》（以下简称《物权法》）中。

在2007年3月通过的《物权法》中，从人与财产的关系角度规定了国家所有权、集体所有权和私人所有权。综观《物权法》关于国家所有权的规定，可以分为三类：一是重申性规范，基本上是重复了此前关于国有财产范围、国家所有的性质和国家所有权行使（《物权法》第45~52条）；二是新增性规范，主要是指国家机关和国家举办的事业单位对其所占有使用的国有财产的权利（《物权法》第53~54条），但是该新增性规范并不完善，既没有明确国家机关和国家举办的事业单位对其所占用国有财产的权利的性质是否为物权，也没有明确该权利的名称为何种物权，不无违背物权法理论之物权法定原则之嫌疑；三是宣示性规范，主要是回应和宣示对企业国有资产出资人制度、国有财产的保护和监管的法律责任的规定（《物权法》第55~57条），属于概括性的、框架性的规范，缺乏可以操作的实质性内容。此外，我国《物权法》从《民法通则》的规定上予以退却，不再明确提到宗教财产的问题，甚而可以说，是根本没有关于宗教财产的规定。导致在司法实践中对宗教财产的法律调整如何适用法律，宗教财产的权利架构如何建构等基本问题的极大混乱。

对比罗马法渊源的现代公共财产制度，我国《物权法》根本上就没有规定作为首要的第一位意义的公众用物等公共财产，导致具有重要民生价值的公共财产处于政策、地方条例、内部规定、习惯规范等较低位阶规范的管辖之中，甚至根本就没有规范予以保障。更重要的是，现代性公共财产制度的缺失，导致各类主体特别是公共主体将本质上的公共财产按照私有财产的制度以移转、设定排他性权利等方式谋取部门私利，即所谓的“公众用国有财产过度商业化经营问题”，使得本应为公众自由使用的公共财产异化为商业资产。在有的地方，还发生了司法机关强制执行本应用作政府公务的公务用物用以清偿债务的情形。

以俄罗斯法作为横比，《俄罗斯联邦民法典》通过公众可采集物的归属（第221条）、公用土地与土地自由通行权（第262条）①，以及《俄罗斯联邦土地法典》（第23条第2、3款）上的公

① 黄道秀译：《俄罗斯联邦民法典》，116、129页，北京大学出版社，2007。

共地役权、《俄罗斯联邦水法典》（第43和44条）上的公共水役权、《俄罗斯联邦森林法典》（第21条）上的公共森林役权和《俄罗斯联邦城市规划法典》（第64条）上的公共城市规划役权等公共役权制度，保障了公众对土地、森林、水体和其他地域的自由使用[①]。它们的共同特点就是“没有具体的权利人，而是授予无限制的（不特定的）人在某方面利用上述客体的可能性”[②]。在宗教财产问题上，俄罗斯联邦总统梅德韦杰夫于2010年11月30日签署了第327号《关于将国有或市有宗教财产移交宗教组织的联邦法律》，通过以无偿移交所有权为主的方式将苏维埃时期被国有化的宗教财产，按照其宗教信条属性返还给相应的宗教团体，并要求“移交祭祀设施和其他财产时尽可能地考虑文化与科学的利益，尤其是保障文化古迹的完整性，游客、观览团、所有公民的接近”[③]。

因此，可以说，在我国，以社会主义市场经济体制为方向的经济改革，在一定程度上推动了社会主义财产制度向市场经济的转型。《物权法》是这个转型进程中的标志性成果，但是这个转型进程并没有完成。公共财产制度仍然面临着从传统社会主义模式向现代市场经济模式转变的重大任务，这种转变不仅意味着社会主义公共财产制度的传统内容与社会主义市场经济体制的磨合与适应，而且还意味着在传统的公共财产制度中建构面向现代公共财产制度的新内容。

在目前，转型时期的公共财产制度到底应当向何处去的问题，仍然没有解决。在理论上，对现代公共财产制度的研究仍然是不够充分的，而且形成一种尴尬局面，即在民法领域中研究国家所有权（公共财产）的学者越来越少，更多的私法学者将精力集中在私有财产法的研究上，觉得在民法领域中公共财产研究没有必要而且难以有所建树，而在行政法学领域中虽然逐渐有学者开始研究公共财产（公产法或公物法），但公共财产法并未成为行政法学中的重要内容，仍处在边缘状态。笔者认为，在理论上，财产法应当是统一的，可以分为私人财产法与公共财产法两个部分。私法学者和公法学者在研究公共财产法上各有其方法论和体系建构方面的优势，两个领域的学者应当更多相互交流，至少在私法领域中不能放弃对公共财产法的研究。

笔者认为，我国的公共财产制度的转型，应当吸纳以罗马法为源头的现代公共财产制度的内容，结合我国传统公共财产制度的社会主义因素，构建体现民生导向的公共财产法制度。

四、结论：面向现代公共财产制度的时代课题

通过对罗马法上不可有物的梳理和分析，可以知道：罗马法渊源的公共财产观念，不但形塑了近现代本初意义上的公共财产——公众用物的制度雏形和观念形态，即人法规定的不可有物——“共用物”、“公有物”和“市有物”，也奠定了近现代将宗教财产归入公共财产的基础，即神法规定的不可有物“神圣物”。随着时代的变迁，罗马法渊源的公共财产观念被注入了新的价值元素，演变成为以物尽其用和保障公众使用利益为首要目标的现代公共财产制度。

当前，在我国，面对构建现代公共财产制度的时代课题，在理论上，还应当从私法和公法的角度，在国有财产的范围内，考虑对以下几个基本问题的研究：

首先，要建构公共财产法的一般理论，包括公共财产的概念、要素、种类，公共财产的成立、变更和终止等问题，如何协调所有权制度与公共财产制度问题。

---

① 张建文：《公共役权的概念和性质》，载《美中法律评论》2008年第2期。

② Суханов Е. А. Понятие и виды ограниченных вещных прав,《Вестник Московского университета》(сер. 11《Право》), 2002, №4, С. 19~20.

③ 参见俄罗斯联邦总统1993年4月23日第281号关于向宗教组织移交祭祀设施和其他财产的总统令。

其次，要研究公众用物制度，包括公众用物的界定标准、法律地位、使用方式、使用性质、救济机制等问题，特别是如何构建公众使用公众用物的权利化制度，切实保护公众对公共财产的使用利益。

最后，要研究公务用物制度，包括公务用物的类别、法律地位、利用方式、管理机制等问题，尤其是公务用物管理权问题，这是《物权法》第 53 ~ 54 条中虽然提到但是并未解决的立法遗留问题。

虽然是以国有财产作为研究对象，但是对作为公共财产的其他类型，如集体财产和宗教财产（特别是我国汉族地区的佛道教财产）的法律调整也具有可适用性。

我国地方政府经济干预行为研究

——基于经济法的视角

葛方林[*]　江　帆[**]

目　次

在我们目前经济转型的特殊时期，地方政府通过积极的经济干预活动，不仅为经济发展提供了良好的基础设施，而且通过制度创新为经济发展提供了制度保障。但是，由于转型期特殊的制度环境以及地方政府独特的利益结构，地方政府通过积极经济干预行为为我国的经济发展和市场化转型做出了巨大贡献的同时，又常常偏离政府职能的公共性本位，出现了经济干预行为的营利化倾向。如何规范地方政府的经济干预行为，无疑是理论研究的一个重要课题。经济法与地方政府经济干预行为具有特殊的渊源和联系，这为我们对地方政府的经济干预行为规范化的研究提供了一种特殊的视角。

一、地方政府经济干预行为与经济法的关系

经济法是在应对市场失灵与政府失灵的双重困境中产生的现代性法律，无论是经济法的创制还是实施都必须依赖于政府对社会经济活动的干预。相对于地方政府而言，中央政府具备了宏观性和全局性的优势，地方政府只是作为中央政府的代理人执行中央政府的经济干预决策。但在我国目前经济转型的时代背景下，地方政府经济干预行为对于经济法的渊源和实施具有至关重要的影响。

（一）地方政府制度创新对经济法渊源的影响

“法的渊源”一般是指法的形成所依据的来源。在西方法理学中，“法的渊源”不等于

* 西南政法大学博士研究生。
** 西南政法大学教授，博士生导师，法学博士。

“法”，法的渊源是形成具有判决意义的法律规范或者法的原料[①]，立法者或者法官通过对这些原料进行加工从而最终形成了体系化的法律规范。中国的改革开放是计划经济向市场经济的制度变迁过程，地方政府在制度变迁过程中扮演着举足轻重的角色，特别是在改革开放初期地方政府甚至替代了中央政府在制度变迁中的作用，地方政府在制度变迁过程中取得的制度创新成果相当一部分构成了经济法的法律渊源。

改革开放以来，中央政府和地方政府的利益格局发生了重大变化，地方政府逐渐在经济上获得相对独立的地位，特别是以1994年分税制改革为标志，国家以行政法规的方式肯定了地方政府在财政上相对独立的主体地位。地方政府为了获得充足的财政收入只有发展本地区经济，并积极进行制度创新。在某项制度的全国性政策法规缺位的情况下，一个地区率先进行制度创新，可以获得暂时性的“制度红利”，在地区间的经济竞争中获得优势。同时，只要能够促进本地区的经济发展，地方政府对于市场主体突破现行制度的行为也是抱以默认甚至鼓励的态度，久而久之市场主体也发展出一套非正式制度取代纸面上的法律，成为约束其行为的行动中的法律，地方政府不仅默认其在本地区的效力，甚至利用其立法权对这些非正式制度加以规范化。从法律实证主义的观点来看，地方政府这些制度创新属于法律规避行为，法律应当给予否定性评价，但是以法律多元主义的观点来看，这种法律规避行为也具有一定的合法性和合理性，并由此形成转轨时期中央法与地方法、国家法与民间法并存的现象。

随着市场化改革的推进，许多正式法律所赖以存在的经济社会背景已经发生变化，但是由于立法修订程序的启动比较缓慢，而地方政府和市场主体更加接近“事实”，拥有信息优势，并受到各种利益的激励，他们所进行的制度创新便具有客观性与正当性。对于地方政府的这种制度创新行为，中央政府也采取务实的态度，根据制度创新的绩效进行评判，当国家制定法与地方性法律制度产生冲突时，并不是简单强调以国家制定法来同化地方法，而是寻求相互的妥协与合作。进而通过制定法的形式将这种“地方性知识”转化为“普遍性知识”。

此外，地方政府还以中央政府代理人的身份进行经济法制度创制的试验。我国的市场化改革是一个渐进的过程，由于中央政府受到意识形态的约束，及其市场化改革相关知识的短缺，出于政治稳定和经济增长双重目标的考虑，中央政府很少利用自己的权威将新的经济制度（包括经济法规和经济政策）以自上而下的方式予以推行，而往往选择某些地方进行试验，将经济制度创新的权力授予这些地方政府，如果经过试验证明新制度安排的净收益大于成本，并且具有可行性和普遍性，就由中央政府使其获得法律地位予以推广。例如，在改革开放初期我国设立的经济特区就是在中央政府的授权下实施的制度创新。

《中华人民共和国宪法》和《中华人民共和国立法法》授予了地方政府的立法权，地方政府在行使干预权过程中根据本地区实际情况可以通过制定地方性法规和地方政府规章对经济行为进行干预，从而实现其对社会经济的调控目标。地方政府在干预经济过程中通过制定地方性法规和地方政府规章构成了经济法的法律渊源，其法理依据是宪政理论的“辅助原则”，根据这项原则，除了专属于中央政府的权力、地方政府无法实现对其辖区内经济社会事务的调控目标或者由于中央政府因其规模效应能够更好地实现其调控目标，其余的经济社会调控权力属于地方政府。地方政府为执行中央政府的经济法规范而制定的地方性法规和地方政府规章也构成了经济法的法律渊源。

（二）经济法的实施依赖于地方政府的经济干预行为

经济法的实施主要通过地方政府行使经济干预权而得以实现。相对于中央政府，地方政府对市场进行干预更具有优势。首先，中央政府的政策目标有赖于地方政府的积极配合。以中央政府

① 刘星著：《法理学导论》，117页，法律出版社，2005。

的货币政策为例，当我国出现经济过热的情况，中央政府可以通过实施紧缩的货币政策，减少货币供应量和信用总量，从而降低流动性。但是上述措施如果缺乏地方政府的配合，其执行效果将大打折扣。而且，由于地方政府拥有数量庞大的固定资产，地方政府通过转让或者抵押的方式将这些固定资产变现，即使中央政府实施紧缩的货币政策，地方政府也可以获得比较充裕的资金，这样中央政府的调控目标不但无法得到实现，而且中央政府与地方政府之间的干预权的行使也会呈现出一种冲突状态。

其次，地方政府拥有相对完备的市场信息。政府的干预行为需要建立在信息充分的基础上，政府干预决策信息的充分与否直接关系到干预效果的好坏，[①] 中央政府无法独立地获取干预决策的信息和知识，必须借助地方政府特别是基层政府的经济干预行为，因为从时间、努力和资源的角度来看，获取信息和分析新知识都是代价高昂的。人们更愿意通过自己与他人的交往，设法利用他人的知识。[②] 人的知识是分散的。每个人在自己所处环境下作出的判断，会大大优于任何政治家或者立法者能够为他作出的判断。[③] 与中央政府相比，地方政府更接近于市场，更能及时获取第一手信息；与市场主体相比，地方政府更容易掌握其辖区内的全局性信息。因此，基于地方政府的信息优势，其经济干预行为的有效性更具有保障。根据"辅助原则"，地方政府在其能力范围内能够实现其良好的干预效果，经济法的实施就不需要中央政府来完成，即使经济法的实施超出地方政府的能力范围，中央政府在信息获取方面也必须借助地方政府。

最后，地方官员权力配置的局部优势。从我国当前的干部人事制度来看，目前拥有经济干预权的中央部委长官没有一位是中央政治局委员，其行政级别和省级地方政府平级，而某些省级地方政府（四大直辖市、广东和新疆）领导人是中央政治局委员，位列党和国家领导人的序列，显然拥有经济干预权的中央部委长官没有这些省市书记的政治地位和级别高，所以中央部委实施经济干预行为必须依赖地方政府的配合，否则其干预效果将受到影响。

二、地方政府经济干预行为的制约因素

（一）市场主体的制约

根据经济法理论，市场与国家间具有双向互动的制衡关系，国家干预市场，市场也干预国家[④]。地方政府的干预决策和干预权行使效果都要受到市场主体的制约。市场主体的目标主要是利益最大化或者说市场机会最大化，在经济法语境下地方政府的目标在理论上应当是提供公共服务和维护市场的公平竞争秩序，但是由于转型期的特殊性，我国地方政府的目标呈现多元化态势，其中核心目标是实现地区经济增长和财政收入的提高，其他目标要服务于核心目标。市场主体是地方经济发展的主导力量，地方政府核心目标的实现依赖市场主体，而市场主体在作投资决策前可以对不同地区的经济制度和基础设施等进行比较，然后作出理性的投资决策，这样不同地区的地方政府间处于一种竞争关系。市场主体如同消费者，而地方政府则是制度产品的供给者，作为制度产品供给者的地方政府必然会围绕着消费者即市场主体展开竞争，正如亚当·斯密所言"土地是不能移动的，而资本则容易移动。土地所有者，必然是其地产所在国的一个公民。资本所有者则不然，他很可能是一个世界公民，他不一定要附着于哪一个特定国家。一国如果为了要

① 陈鹏飞：《政府干预市场的路径及其实践保障》，载卢代富、单飞跃主编：《需要国家干预——经济法视域的解读》，法律出版社，2005。

② ［德］柯武刚、史漫飞著，韩朝华译：《制度经济学——社会秩序与公共政策》，65 页，商务印书馆，2004。

③ ［英］F. A. 哈耶克著，冯克利、胡晋华译：《致命的自负》，11 页，中国社会科学出版社，2000。

④ 李昌麒：《论经济法语境中的国家干预》，载《重庆大学学报（社会科学版）》2008 年第 4 期。

课以重税，而多方调查其财产，他就要舍此他适了。他并且会把资本移往任何其他国家，只要那里比较能随意经营事业，或者比较能安逸地享有财富。他移动资本，这资本此前在该国所经营的一切产业，就会随之停止。耕作土地的是资本，使用劳动的是资本。一国税收如有驱逐国内资本的倾向，那么，资本被驱逐出去多少，君主及社会两方面的收入源泉，就要枯竭多少。”① 由于市场主体拥有市场退出权②，可以“用脚投票”从不满意的地方政府辖区退出，地方政府的经济干预行为不得不满足市场主体的偏好，尤其是对该地区经济有重大影响的市场主体偏好，当地方政府干预权行使的自主性被市场主体即干预对象所左右，地方政府很难公正地行使干预权。比较典型的例子就是转型期我国地方保护主义问题，由于地方政府和本地区的市场主体在利益取向上具有趋同性，地方政府为了维护本地区市场主体的利益，往往容忍其不公平的市场竞争行为，甚至以各种借口阻止外来竞争者。

（二）地区间的竞争

地方政府的经济干预行为除了受到市场主体的制约外，还要面临其他地区地方政府的制约。不同于改革开放前的地方政府，在经济社会转型期，同为干预主体的地方政府各自具有相对独立的利益，它们相互竞争。转型期我国地方政府的职能具有特殊性，除了承担保障社会安全和维护社会公平正义的基本统治职能外，还要承担发展经济的职能。由于推动地方经济发展的资源存在稀缺性，地方政府为了发展本地区经济必然要围绕着这些资源展开竞争。地方政府除了从中央政府争取发展本地区经济的资源③外，更多的从其辖区外获取发展本地区经济的资源，即通过招商引资的方式从辖区外吸收市场要素。在招商引资的过程中，各地为了能够吸引更多的外来投资，常常利用其立法权和执法权，突破上位法的限度制定并执行符合市场主体偏好的经济法规范，这一方面体现了地方政府纵向自主性的扩张，是地方政府与中央政府间博弈的结果，另一方面又体现了地方政府横向自主性的缺失，这是因为地方政府作出干预决策不仅要考虑其干预对象——市场主体偏好，而且还要考虑其竞争对手——其他地区地方政府的反应，无法做到干预权行使的公正性和科学性。例如，在经济法的执行过程中，突破法律的限度争相减免市场主体的税收、降低劳工权益和环境保护的标准；争相以低价甚至零地价吸引外来投资者。由于法律没有清晰地界定地方政府干预权力界限，地方政府纵向自主性的扩张，导致中央政府无法对地方政府行使干预权实施有效监督，这样地方政府之间的竞争逐渐成为“冲破底线的竞争”。

可见，转型期我国地方政府自主性处于一种缺失状态，地方政府主体地位的这种变化直接反映到它的经济干预行为上，地方政府在作出干预决策实施经济干预行为时不仅要考虑市场主体的反应，而且还得考虑其他地区地方政府的反应，干预权行使的公正性和科学性大大降低，即地方政府的经济干预行为逐渐偏离公共性本位并呈现出营利性倾向，进而导致其作为国家干预权主体的合法性危机。

三、地方政府经济干预行为的营利性倾向与合法性危机

转型期我国地方政府的自主性发生了不均衡变化，这种变化不仅改变了地方政府的利益结构，而且也改变了制约地方政府行使干预权的各种因素，进而影响地方政府的经济干预行为。具

① ［英］亚当·斯密著，郭大力、王亚南译：《国民财富的性质和原因的研究（下卷）》，408页，商务印书馆，2007。

② 关于市场退出权概念可参考葛方林硕士论文《市场退出权一般理论研究》，西南政法大学硕士学位论文，2010。

③ 例如，资金资源、政策法规资源，改革开放初期地方政府主要向中央政府争取资金，以后逐渐争取政策法规的先行试验权，而近些年来地方政府向中央政府争取一系列政策法规先行试验权，表现为申请成立各种经济试验区，中央政府通过将一系列政策法律法规先行试验权打包概括授予这些经济试验区，如成渝城乡统筹综合改革试验区、中原经济区等。

体而言，纵向维度的地方政府自主性扩张致使中央政府逐渐失去了对地方政府的有效控制，无法对地方政府的干预权行使进行有效监督，从而导致了地方政府经济干预行为的失范。横向维度地方政府自主性缺失导致地方政府干预权行使的独立性丧失，地方政府经济干预行为受到市场主体的制约，社会强弱势群体力量对比失衡，地方政府逐步被资本力量所俘获，地方政府的经济干预行为逐渐脱离公共性本位。由于经济民主的缺失，社会公众难以影响地方政府的经济干预决策，社会公共利益无法通过其干预行为而得到实现，地方政府逐渐偏离公共性本位，成为一个以营利为目的的公司，进而引发了地方政府作为干预主体地位的合法性危机。

（一）营利性倾向

地方政府的营利性倾向主要体现在以下方面，第一，对于地方的经济事务直接统筹和参与，由经济干预行为演变为追逐经济效益最大化。例如，投入大量的财政资金完善基础设施建设、建立各种开发区或者工业区、在招商引资过程中提供各种优惠政策以求在短期内实现政绩最大化。地方政府与市场主体之间的关系从“管理”演变为“合作”，在任官员“寻租”与企业效益休戚相关。由于政策的灵活变通，继任官员并不当然继承前任官员的“优惠”和“承诺”，从而增加企业发展中的政策风险甚至导致企业崩溃，这种“人走政息”的现象不仅打击了投资者的信心，而且将引发人们对地方政府的信任危机。第二，通过土地出让实现“土地财政”的创收。地方政府通过低价征收农民土地然后招商引资或者高价出让的资源优势，获得了巨额的“土地财政”收入，这充分暴露了地方政府的营利性倾向。第三，对缺乏直接经济利益目标的公共产品的投入缺乏积极性。例如，教育医疗的财政投入属于人力资本投资，由于劳动力具有流动性特征，教育医疗投资具有很强的溢出效应，实施这种财政投入的地方政府并不能独占其投资收益，并且这种投资在短期内很难带来经济的快速增长，因此地方政府普遍都缺乏对教育医疗进行财政投入的积极性。地方政府对环境保护和劳工权益保护也同样缺乏热情，因为这不仅不能直接带来经济增长，而且还会影响企业的投资活动。[①] 地方政府经济干预行为的营利化导致了社会公平的缺失和人权的恶化，黑砖窑、童工以及频繁的矿难与其干预行为营利化有着千丝万缕的联系。

从应然的角度讲，公共性是政府的唯一属性和合法性基础，政府存在的目的就是提供公共服务和维护社会公平正义，但是转型期的我国地方政府行为逐渐偏离了公共性本位，成为一个以营利为目的的公司，其合法性遭遇了空前的危机。在经济法语境下，地方政府是国家干预权主体之一，经济法是社会本位之法，地方政府通过行使国家干预权而达到维护和促进社会公共利益的目的，但是现实中我国地方政府的经济干预行为逐渐脱离了公共性本位并呈现营利化倾向，导致了社会公平正义的缺失，并引发了空前的社会矛盾，地方政府干预权主体地位的合法性基础受到严重侵蚀。

（二）合法性危机

制度的合法性取决于它能否获得被统治者的普遍认同。马克斯·韦伯认为，任何一种真正的统治关系都包含着一种特定的最低限度的服从愿望[②]。改革开放以来，随着以经验为基础、以功效最大化为评判原则的世俗理性逐渐取代革命救世主义的意识形态，经济绩效成为转型期我国政府的合法性主要来源，诚如亨廷顿所言：“六十年代和七十年代的威权政权几乎毫无例外地被迫

① 有这样一份富士康员工的工资单：“时间：2009 年 11 月。底薪 900 元；正常工作 21.75 天，平均加班 60.50 小时，报酬 469 元；周六日加班 75 小时，报酬 776 元。工资总额 2149.50 元”。这名员工当月收入的 60% 靠超时加班挣得，总计 136 小时的加班，比劳动法规定的最长加班时间多出 100 个小时”。（陈芸、谢登科、陈芳等：《让劳动者体面劳动有尊严地生活》，载《新华每日电讯》2010 年 6 月 7 日。）

② ［德］马克斯·韦伯著，林荣远译：《经济与社会》（上卷），238 页，商务印书馆，2006。

去把政绩当作合法性的主要来源之一，如果不是唯一来源的话”。[①] 由于转型期我国实行自上而下的干部任命制度，经济绩效对于我国地方政府的合法性尤为重要，几乎成为其合法性的唯一来源。在经济法语境下，作为干预主体的地方政府通过积极行使国家干预权为我国的经济发展和市场化转型做出了巨大贡献，这为地方政府干预主体地位的合法性奠定了重要基础，但是由于转型期我国地方政府的特殊利益结构和主体地位，其干预权行使常常偏离公共性本位，导致干预行为的营利化，并引发了空前的社会危机，如严重的环境污染，消费者、劳动者、农民等弱势群体的人权状况严重恶化，进而导致了地方政府干预主体地位的合法性危机。

合法性危机首先表现为地方政府权威和公信力下降，社会公众对它的认同度下降。在利益驱动和发展经济的压力下，地方政府和市场主体成为事实上的同盟，而消费者、劳动者以及农民等弱势群体的权益常常被忽视。以食品安全监管为例，食品安全监管的日常性执法主要由地方政府及其所属食品安全监管机构负责，从“大头婴儿”到“结石宝宝”以及各地频频出现的奶粉安全事故严重打击了消费者对食品安全监管机构的信心，甚至消费者对国内销售的进口奶粉都不放心，过境“运奶粉大军”[②] 现象表明了消费者通过“用脚投票”选择自己信任的外国食品安全监管机构，以及在这种食品安全监管机构监管下生产和销售的婴儿奶粉，我国地方政府及其所属的食品安全监管机构的权威和公信力严重衰退，进而导致了地方政府干预主体地位的合法性危机。其次，地方政府公共职能的萎缩导致了地方政府的合法性危机。地方政府的主要职责理论上应当是提供公共服务和维护市场的公平竞争秩序，但是地方政府为了能够促进经济增长提高财政收入并在地方政府之间的竞争中取得优势，将其主要精力放到招商引资工作上。由于地方政府提供公共服务实施市场监管的公共职能弱化，它既不能有效维护市场秩序提供良好市场竞争环境，又不能为社会公众提供良好的公共服务，由此降低了社会公众对地方政府干预权主体地位的认同，从而产生了合法性危机。最后，干预程序的失序也直接影响了地方政府经济干预行为的合法性。[③] 完善的法律程序不仅可以保证政府干预的科学性，而且还可以防止政府的过度干预保证公民的经济自由；此外法律程序的过程性和交涉性，既可以消除因经济法的形式化而导致的功能僵化问题，也可以防止因经济法的实质化而导致的开放过度的弊端，进而阻止其变成压制性法的危险。与相关完善的经济法实体规范相比，地方政府经济干预的程序保障非常薄弱。以听证程序为例，地方政府对公益性服务价格、自然垄断经营的商品价格所进行的价格听证会，并未真正将社会公众的意见落实到干预决策中，价格听证会被老百姓戏称为“涨价会”。

四、地方政府经济干预行为的经济法规制

（一）经济法的优势

经济法作为应对市场失灵与政府失灵双重困境而产生的现代性法律，在规范转型期我国地方政府的经济干预行为方面具有独特的优势。具体表现在以下方面：

首先，经济法是应对“市场失灵”和“政府失灵”的产物。“市场失灵”和“政府失灵”是经济法的理论前提和逻辑基点，通过对“市场失灵”和“政府失灵”的克服和矫正，从而达致市

① [美] 塞缪尔·亨廷顿著，刘军宁译：《第三波——20世纪后期民主化浪潮》，581页，上海三联书店，1998。

② 过境“运奶粉大军”现象主要是指境外的我国公民在回国之时携带大量的外国奶粉入境，或者从香港、澳门等地购买大量的外国奶粉进入大陆。

③ 法律程序在制度实践中的意义主要体现为以下几个方面，其一是对于恣意的限制；其二是理性选择的保证；其三是其作为国家与公民个体间联系纽带的功能具有“作茧自缚”的效应；其四是其反思性整合的作用。参见季卫东著：《法律程序的意义——对中国法制建设的另一种思考》，22～34页，中国法制出版社，2004。

场与政府的和谐共生。具体而言，经济法适度干预原则可以从干预范围和干预手段两个方面来约束转型期我国地方政府不断扩张的干预权力，避免其干预的随意性，实现市场自治与政府干预的动态平衡；经济法的经济民主原则可以确保社会公意的表达和参与，进而实现地方政府干预决策的公共性和科学性；经济法对干预责任的设置将约束地方政府及其工作人员，促使其谨慎地行使干预权。

其次，经济法与一国的经济社会体制和特定发展阶段的实际状况有着密切的联系，因而经济法有着相对突出的本土性特征，这对于解决地方政府经济干预行为营利化这类特殊的中国问题具有较强的针对性。与西方经济法产生于“自生自发”型市场经济体制中不同，中国经济法的产生、发展经历了从计划经济体制向市场经济体制转变的过程，基本以“逆生”的、政府主导推动型的市场经济体制为基础，[①] 因此，如何对政府的经济干预权力进行规范不仅是经济法的重要内容，而且也是经济法本土性的落实。我国地方政府经济干预行为营利化问题根源于中央政府的“放权让利”。在改革开放初期，由于意识形态的约束，市场化改革相关知识的短缺，出于政治稳定和经济增长双重目标的考虑，中央政府以“放权让利”的方式激励地方政府，让地方政府出面作为干预主体推动市场化转型，同样地方政府出于自身利益考虑也积极行使干预权，这样地方政府行使干预权之初其经济干预行为就带有自利性因素，客观地讲自利性是地方政府实施干预的重要动力，是推动经济增长实现市场化转型的重要因素，但是这种自利性一旦超过一定限度必将损害干预行为的公正性，进而引发地方政府的干预主体地位的合法性危机。我国经济法规范地方政府的经济干预权力不仅要使其能够有效行使，从而推动我国经济的市场化转型，而且基于权力自身的扩张性和侵略性特征还必须对地方政府的干预权力进行约束，从而实现其干预权力行使的规范性和公共性。

最后，经济法的灵活性和能动性克服了传统法滞后僵化的缺点，能够对转型期频繁变动的社会关系进行回应和调整。不同于西方“自生自发”市场经济体制，我国市场经济体制属于建构型市场经济，在计划经济体制向市场经济体制转轨的过程中政府一直处于主导地位，这种强制性制度变迁导致了我国经济社会关系的频繁变动，这意味着我国要把西方发达国家几百年的经济社会问题压缩到几十年中来解决，法律必须具有相应的回应性和开放性，才能对变动的经济社会关系实施有效的调整，否则将削弱法律的权威并引发其合法性危机。不同的法律部门其回应性和开放性存在巨大区别，其中经济法具有比较强的回应性和开放性。当然，这种回应性和开放性也是一把双刃剑，特别是在转型期，由于宪政与经济民主的缺失，如果法律过于开放，而又失去社会权利的制约，就极有可能倒退到压制，因此，经济法的回应性必须在开放性和忠于法律之间保持一种微妙的平衡，这样地方政府通过行使干预权既可以对变动的经济社会关系进行有效的回应，又不至于侵犯经济自由和经济民主。

（二）经济法规制的进路

1. 地方政府经济干预行为规范化的宪政基础

宪政是一种使政治运作法律化的机制，它为不同的利益群体提供了对话协商和利益博弈的平台，并将政府权力的行使纳入宪法的轨道并受到宪法的制约。改革开放以来，我国地方政府纵向维度的自主性不断扩张，逐步走向营利化道路，中央政府难以对其实施有效的监督，市场竞争规则得不到有效实施，统一市场被人为分割，地方保护主义横行，宏观调控政策失效，中央政府与地方政府以及地方政府之间的干预权行使呈现一种紧张的态势。宪政为平衡中央政府与地方政府以及地方政府之间干预权的冲突提供了一个制度平台，通过一套切实可行的制度安排以实现地方

① 李永成：《经济法的中国性问题分析》，载《现代法学》2009 年第 2 期。

政府经济干预行为的规范化。

首先，宪法应当清晰地划分中央政府和地方政府经济干预权力。我国政府经济干预权的纵向配置呈现明显的“职责同构”特点，除了专属于中央政府的经济干预权力外，许多适合中央政府行使的经济干预权理论上地方政府也能行使，相反适合地方政府行使的经济干预权力理论上中央政府也可以行使，地方政府会利用其信息优势从事利益最大化的经济干预行为。经济干预权力纵向配置的规范化和清晰化可以防止地方政府干预行为的机会主义倾向。对专属于中央政府的经济干预权力以及适合其行使的经济干预权力，宪法应予以明确规定，地方政府不得染指；对属于地方政府的经济干预权力，中央政府必须予以尊重，只要在法定职责范围内，中央政府无权干预其经济干预行为。当然，在确保经济干预权纵向配置规范化、清晰化的同时，也应当保持一定弹性，给予地方政府一定的制度创新空间，允许地方政府在尊重个人权利的基础上进行制度创新，从而实现地区之间的制度竞争。其次，通过建立健全协调政府间关系的机制和机构，化解政府间经济干预权力的冲突。由于地方政府具有一定自主性并有自身的利益取向，其经济干预权行使不仅会与中央政府发生冲突，破坏统一的市场规则和宏观调控政策的实施，而且还会与其他地方政府发生冲突，损害其他地区的正当利益，这时作为裁判者需要对冲突双方的经济干预行为进行审查，基于转型期的特殊情况，不能完全按照金字塔式法律体系的要求，应当依据法律多元主义的思想，当地方政府的经济干预行为没有与社会公共利益发生冲突，同时有助于效率的提高，即使与上位法冲突，也可以予以衡平的裁决。诚如布坎南所言：“政治是一个解决利益冲突的过程。……当政治被错误地解释为类似于作为一个真理发现过程的科学时，那些声称自己担负着启蒙任务的人也许会给实行强制找到其道德上的合理性。相反，当政治被正确地解释为一个解决个人利益冲突的过程时，那些企图把自己的偏好强加于人的人就没有道德上的优越感了”①，裁决政府间干预权的冲突并不是一个需求真理的过程，而是如何平衡政府间的利益。协调机构也为中央政府与地方政府的沟通提供了平台，一方面地方政府可以从中央政府获取资源，消除“跑部钱进”、“驻京办”等乱象，克服因为中央政府而导致的地区间不公平和不正当竞争，实现地区间均衡发展；另一方面，中央政府通过此平台可以获取干预决策的信息。

2. 经济民主是促使地方政府经济干预行为回归其公共性本位的有效手段

正如上文分析，地方政府横向自主性的缺失导致其经济干预行为偏离公共性本位，干预权不受社会权力制约，逐步走向营利化。经济民主是促使地方政府经济干预行为回归其公共性本位的有效手段，经济民主是在尊重个体经济自由的基础上，通过多元平等参与，以多数决为基础，将社会中众多的利益群体加以整合，以社会制衡政府公权力，以社会力量制衡资本力量，从而在整个社会内实现权利制约和财富均衡。不仅如此，以经济民主为中心的社会利益整合机制可以调整地方政府的横向自主性，并重塑地方政府的合法性基础。具体而言，首先，地方政府经济干预决策应当充分征求社会各方意见，吸收社会各方传递的信息，从而作出符合社会公共利益的干预决策，干预过程必须接受社会监督，干预权实施是否合法、是否符合社会公共利益需在宪政秩序下通过程序民主机制加以评判。其次，保障劳动者的集体劳动权，将其权利充分整合，以制衡强大的资本力量，实现劳动者权益的自我维护，这样即使在地方政府经济干预行为偏离公共性、忽视劳工权益的情况下，劳动者也能实现对强势资本集团的制衡，从而实现自身的正当利益。

经济民主作为社会制衡政府经济干预权力的有效手段需在宪政秩序下借助一定机制实现。践行经济民主实现地方政府经济干预权行使的规范化和公共性，可以通过以下路径：首先，充分发挥人民代表大会制度的作用。人民代表大会是我国民主制度实现的主要载体，我们可以通过人民

① [美] 詹姆斯·M. 布坎南著，平新乔、莫扶民译：《自由、市场与国家》，60页，上海三联书店，1989年。

代表行使监督权和审批权，监督地方政府经济干预行为是否具备合法性、是否符合公共利益，审批重要的干预决策；其次，建立社会弱势群体利益代表机制，使社会弱势群体的利益融入地方政府经济干预的决策中；再次，建立社会不同利益群体的对话协商机制。各种利益群体通过对话、协商、辩论和妥协以达成价值共识，进而影响地方政府的干预决策；最后，建立公益诉讼机制。公益诉讼可以实现社会权力制衡地方政府经济干预权的程序化和司法化，在地方政府干预权运行偏离公共性轨道时能够及时矫正。

3. 通过公共财政确保地方政府经济干预行为的公共性本位

每个社会问题，包括每个经济问题，说到底都是财政问题。① 诚如德国经济学家熊彼特所言，政府的所有行为最终都会反映到财政上，地方政府经济干预行为营利化的背后可以看到财政的作用。财政是连接个人与政府的纽带，通过财政手段规范地方政府经济干预行为是一个切实可行的方法。实现我国地方政府财政的转型，建立现代公共财政制度，是落实地方政府经济干预行为公共性最切实可行的方法。具体而言，建立现代公共财政制度需要从以下两个方面着手：

其一，公共财政是非营利性财政。政府财政收入应当主要通过税收获得，熊彼特从财政学视角将以税收为政府主要收入来源的国家概括为“税收国家”。作为一种国家形态，相对于“所有权者国家”和“企业者国家”，“税收国家”的政府财政收入主要通过税收获得，限制其从自然资源和国有企业中获得收入。诚如《大学》所言“国不以利为利，以义为利”，“税收国家”禁止政府从事营利行为，履行其向公民提供公共产品的职能，维护社会公平正义。另外，“税收国家”避免政府与民争利，保障公民的经济自由和职业自由。当前我国地方政府的财政收入主要包括税收、国有企业利润收入、土地出让金收入、中央政府的转移支付收入和行政事业收费等，其中土地出让金收入所占份额过高，甚至成为许多地区的“第二财政”，地方政府成为一个商人从城市土地中获取巨额的收入，并美其名曰“经营城市”。限制地方政府经济干预行为营利化必须降低土地出让金收入在地方财政中的作用，而财政缺口可以通过中央政府的转移支付解决，中央政府也可以通过转移支付实现其政策意图。以税收为主、以中央政府转移支付为辅的地方政府财政收入结构，将改变地方政府的利益结构，促使地方政府经济干预行为脱离营利化，回归公共性。

其二，实现政府预算法治化。预算制度在政府财政制度中处于枢纽地位，它连接着政府财政收入和财政支出。在现代民主国家，议会通过控制征税权和预算审批权来制约政府，民众偏好通过议会审批政府预算而得到实现。政府所有行为最终都在其预算中得到反映，完善预算制度实现预算法治化是促使我国地方政府经济干预行为规范化并回归公共性最有效的手段。实现预算法治化：首先，要坚持预算法定原则，预算法定是预算民主的一种实现形式，预算的编制、审批、执行以及决算都必须由法定主体按照法定程序完成；其次，合理划分政府预算项目，将财力主要用于社会保障和社会公共需求等民生项目，减少向经营性领域的投资，实现预算的公共性；再次，规范预算外资金，由于预算外资金缺乏地方人大的监督，地方政府可以按照自己的偏好运用这笔资金，应将预算外资金纳入《中华人民共和国预算法》的调整范围，防止地方政府将其投入非公共性领域；最后，强化对地方政府预算的监督，不仅要强化人大的监督职能，而且需要建立社会对地方政府预算的监督机制。

五、结语

“成也萧何，败也萧何”，虽然我国地方政府在经济社会转型期推动经济增长的过程中发挥了

① ［美］贝尔著，赵一凡等译：《资本主义文化矛盾》，287 页，上海三联书店，1989。

巨大作用，但由于地方政府经济干预行为的营利化也导致了空前社会危机。目前，我们需要充分理解和把握地方政府经济干预行为所存在的制约因素，控制和消除地方政府经济干预行为的营利性倾向。经济法是应对“市场失灵”和“政府失灵”的产物，对社会转型期复杂的社会关系的调整具有独特的优势。经济法对地方政府经济干预行为的规范化与合法性提供了方向和路径，即以经济宪政为基础，通过经济民主原则实现公众参与与利益整合，并以公共财政手段确保地方政府经济干预行为的公共性本位。

唐代货币立法及其对“西域地区”的影响[①]

李叶宏*

目　次

货币是人类社会经济发展到商品生产阶段的产物，是商品交换的主要媒介和价值尺度，是商业贸易活动的基础。中国古代货币是世界上起源最早的货币之一。它源远流长，三四千年的发展演化绵延不绝，具有东方特色与独特魅力。唐朝是中国历史发展的重要时期，这一时期经济繁荣、贸易兴盛。通过中外闻名的丝绸之路，各种商品贸易活动频繁发生。除以物易物的简单贸易方式之外，作为一般等价物的货币，在贸易中有着举足轻重的地位和作用。唐代法律规定了货币的种类及其使用，规范了货币流通。

一、唐代货币概况

秦统一中国后，将货币分为二等，黄金为上币，铜币为下币，其他“珠玉、龟贝、银、锡之属，为器饰保藏，不为币。”[②] 货币的统一，有利于商品交换的发展。法国学者布尔努瓦认为，在中国汉朝，“丝绸也和黄金一样当作积累而储存起来。人们用丝匹作为度量单位，正如过去用黄金两数作衡量单位一样。时隔不久——我们尚未谈到那个时代，丝绸又变成了同外国进行交易的一种货币”[③]。汉朝内地货币也流行于西域，今日新疆诸多遗址发现汉代五铢钱。南北朝时期，各地方政权流通着不同货币，如前凉张轨铸“凉造新泉”，大成李雄铸“汉兴”，东晋铸小钱等。北魏时期，既有金属货币，也有非金属货币；既有中央政府铸造的货币，也有地方政府、私人铸造的货币。公元495年后，虽出现了铸币，但在边境贸易中民间仍以土钱为主，出现了“‘太和五

---

① 基金项目：教育部2011年人文社会科学青年项目“唐朝丝绸之路贸易管理法律制度研究”（11YJC820061）；陕西省教育厅2012年科学研究项目“唐宋西北民族贸易法律制度研究”（12JK0011）。

* 西安邮电大学副教授，法学博士。

② 《史记》卷三十。

③ ［法］布尔努瓦著，耿昇译：《丝绸之路》，5页，山东画报出版社，2001。

铢'虽利于京邑之肆，而不入徐杨之市。土货既殊，贸鬻亦异。"① 魏晋南北朝时期，社会动荡，国家对货币的管理力度下降。北魏早期几无货币制度，南朝初期和北朝中期，金属货币渐被推广，隋朝时钱帛并用，从隋至唐前期，实物货币一直占统治地位，成为市场贸易的主要货币形式。

唐朝货币既有金属，又有实物。金属货币主要是铜币。《旧唐书》载，武德四年（621年），为了统一混乱的货币，正式废止五铢钱，代之以开元通宝。"径八分，重二铢四絫，积十文重一两，一千文重六斤四两。"② 开元通宝仍用秦方孔圆钱。至此，中国货币制度舍弃了以重量为名的铢两体系，代之以通宝币制，成为此后各朝的铸币标准，沿袭一千余年。除铜质开元通宝外，唐初还铸金、银质开元通宝（还有玳瑁、铁、铅等材质的通宝）。但这些贵金属币仅用于皇室显贵玩赏，并未实际投入流通，所以并非真正意义上的货币。在商品交换发展历史中，最初的货币形式即是实物货币，由其作为商品交换的一般价值形态，方便实用。唐朝的实物货币主要是绢帛（作为丝织物的总称，绢帛具体包括锦、绣、绫、罗、绢、絁、绮、缣、紬等）。唐朝法律确立了绢帛的货币地位，绢帛除了用于交换之外，同时还被当做财富大量储藏。由于社会经济的变化，自唐中叶以后，开元通宝地位日升，绢帛货币地位日降。

金银在唐朝也作为货币使用。唐前期白银货币只流通于岭南，元稹认为，"自岭以南，以金银为货币。自巴以外，以盐帛为交易"。③ 张籍《送邵州林使君》诗曰："词客南行宠命新，潇湘郡入曲江津……郭外相连排殿阁，市中多半用金银。"④ 在内地，银作为一种贵重物品，主要用于赏赐、馈赠、行贿等，并非严格意义上的货币，唐朝法律从未规定金银为货币。William Watson认为，在中国境内发现的少量萨珊银币，并不证明银币的流通，而应当是被铸成银锭。⑤《唐律疏议》规定，"若私铸金银等钱不通时用者，不坐"。⑥ 政府对银严格控制，宪宗时仍严禁民间用银和采银，后在元和四年（809）才撤销禁令，白银始成货币。受波斯、阿拉伯、印度等国银币输入影响，白银货币发展迅速。但唐时多使用银锭，很少使用银币。晚唐时，白银已成为事实上的货币，在货物买卖中地位日重。

总而言之，唐朝实物货币与金属货币并存，实物货币以绢帛为主，金属货币以铜币和白银为主。在实际生活中，这种多元的货币结构给市场带来了不少混乱。为了加强对货币使用的调整，唐最高统治者不遗余力，先后出台了大量立法。

二、唐代货币相关立法

随着唐代市场中货币质量、私铸货币等系列问题的日益严重，唐统治者高度重视并决心解决。法律是解决问题的基本和重要手段。唐政府首先通过立法提高绢帛质量。唐代绢帛数量繁多，使用频繁，其尺寸、质量时有差异。不法商人不时使用劣质或不足数绢帛，干扰市场正常秩序。政府立法对绢帛的规模、质量提出严格要求。《册府元龟》卷五百四《邦计部·丝帛》记载，宪宗元和九年（814年），太府寺奏建州、泉州、寿州所缴纳绢帛品质粗糙、尺寸不足。绢帛皆有固定宽度，此为法律所定。"近日劝课不精，窳滥方甚，遂使女工都弃，国用乏虚。若无所惩，

① 《魏书》志第十五。

② 《旧唐书·食货志》卷五十二。

③ 《元稹集·钱货议状》卷三十四。

④ 《张籍诗集》卷四。

⑤ William Watson. Iran and china, The Cambridge History of Iran, Vol. 3(1), page 550, Cambridge University Press, 1983.

⑥ 《唐律疏议》卷二十六。

何以知惧？刺史宜各罚一月课料，录事参军、本县令各罚一季课料，本曹官罚一季课料。”统治者不满建州、泉州及寿州上缴的绢帛质量，为改变现状，制定惩罚措施，使刺史、录事参军、县令和曹官皆承担责任。武宗会昌六年（846 年）刑部尚书判度支崔元式奏：“诸道所出次弱绫绢纱等，宜令禁断。”① 已经织出的，不得使用。仍令当地收纳。如再有织造或买卖，加以处罪。当绢帛的质量严重影响市场秩序时，唐政府反应迅速，尽快通过立法加以影响。

唐政府立法禁止私铸钱。官府于武德四年（621 年）铸开元通宝，四十余年后，乾封元年（666 年）政府铸造新钱，后复行开元通宝。民间盗铸蜂拥而起，屡禁不止。又由于铜价昂贵，铜钱多被铸为铜器，导致铜币稀缺。面对这种情况，唐政府禁止私铸铜钱，甚至禁止铜的交易。P. 3078 号敦煌文书《散颁刑部格》残卷第 40 ~ 47 行记载：“私铸钱人，勘当得实，先决杖一百，头首处尽，家资没官，从者配流。不得官当，荫赎，有官者乃除名。勾合头首及居停主人，虽不自铸，亦处尽家资没官。若家人共犯罪，其家长资财并没；家长不知，坐其所由者一房资财。其铸钱处邻、保，处徒一年；里正、坊正各一百。若有人轧告，应没家资，并赏轧人。同犯自首告者，免罪，依例酬赏。”严厉打击私铸钱人，区分首从，首者罚没家产，从者发配边地，不得适用官当。将普通居民和里正、坊正加以连坐，还规定首告奖赏，调动首告者的积极性。

唐政府立法回收恶钱。恶钱指当时市场出现的劣质铜钱。恶钱猖獗，已严重影响良币流通，正所谓“劣币驱逐良币”。唐高宗时令以良钱一文回购恶钱两文，以减少市面劣币。仪凤四年（679 年），又下令用陈米于市场换取劣币。《资治通鉴》载，玄宗时，敕令府县卖出粟米十万担，换回劣币“送少府销毁”。② 唐玄宗天宝十一年（752 年），又下敕换取恶钱。时物重钱轻，屡有化币为物行为，铜币日益稀缺，已影响到市场流通。为此，统治者先后于代宗大历七年（772 年）十二月、贞元九年（793 年）正月、贞元十年（794 年）六月、宪宗元和元年（806 年）二月、元和七年（812 年）五月，坚持不懈数次诏敕禁止用钱铸器，从前到后，处罚规定日趋严厉。

唐政府立法管制铜钱流通。唐代民间盛行储钱，导致市场钱币短缺，影响正常交易。宪宗先后于元和三年（808）六月、元和十二年（817 年）四月，文宗于太和四年（830 年）十一月发布敕令，严格限制民间储钱，处罚严厉。《旧唐书》卷五十二规定，“如限满后有违犯者，白身人等，宜付所司，决痛杖一顿处死”，为防止总量短缺及被境外铸成兵器，唐朝严禁铜钱出境。《新唐书》载，“贞元初，骆谷、散关禁行人以一钱出者。”③ 为搜罗铸钱原材料，元和四年（809 年）六月，政府鼓励百姓开采铜矿，钱币不许经过岭南。④ 此外唐政府还下令毁掉佛像用于铸币。

唐政府立法要求在交易中使用绢帛。绢帛既为实物，亦为货币。唐政府不遗余力发掘其货币职能。全唐文卷二十五《元宗六》记载，开元二十年（732 年）九月，玄宗颁《令钱货兼用制》规定：“绫罗绢布杂货等，交易皆合通用。”认为市场交易仅用铜钱毫无道理，此后绢钱同用，违者按律处罪。《新唐书》亦载，应当对贸易中铜钱的使用进行限制，超过一定限额必须支付绢帛。宪宗“元和六年，贸易钱十缗以上者，参用布帛。”⑤《册府元龟》卷五百一《邦计部·钱币第三》载，开元二十二年（734 年），唐玄宗又下敕，令其后所有住宅马匹等买卖，需先用绢帛，其余市价一千以上的，绢帛和铜币兼用，违者依律处罪。通过数次立法干预，强化绢帛的货币地位。类似做法持续到晚唐。

唐政府立法要求以绢帛缴税。《全唐文》卷六百五十一记载，中书、门下奏状称，征两税起

① 《唐会要》卷五十九。
② 《资治通鉴》卷二百一十二。
③ 《新唐书·食货志》卷五十四。
④ 《旧唐书》卷十四。
⑤ 《新唐书·食货志》卷五十四。

于元和十六年后，以端匹、斤两为要求作为税额，不计钱，使折纳，冲减元和十五年征布帛等税。两税不纳现钱，百姓方便，有人担心情况不同，或需另议。"请令天下州县，有山野、溪洞无布帛、丝绵之处，得以九谷、百货，一物已上，但堪本处交易用度者，并许折纳，便充留州、留使钱数。仍令依当处堪纳两税匹段及杂货估价，计折输纳。给用之时，并不得令有加抬。"① 令在两税、酒、盐等征税时以布帛充税，作为变通，允许在无绢帛的地方，以其他货物充税。此举目的是降低铜钱地位，提高实物货币地位。此外，唐朝后期还出台了"虚实估"政策，抬高绢帛货币价值。

不难看出，唐代社会实物货币和金属货币兼行的实际状况存在较为明显的缺陷，给市场造成不容忽视的混乱，总体上并不适应当时商品经济的发展。这种多元货币格局应当从根本上被改变或者终止，但唐政府并未意识到这一点，自始至终对这一格局极力维护，其繁冗的立法努力，虽然收效甚微，然而用心良苦，其情可勉。

三、唐代货币法律特点

作为唐朝经济法律的一个重要组成部分，在当时的政治、经济条件下，唐朝货币法律内容丰富，明确规定了多元货币形式，多次对货币使用进行干预，虽总体不符合商品经济发展的客观需要，但在一定程度上规范了货币使用，维护了社会稳定。总体考察，唐代货币的法律制度具有以下几个特点：

第一，作为统治者制定和颁布的法律，唐朝货币法律体现和维护了统治者的意志和利益，为统治者服务。统治者通过制定大量法律管理货币，以规范货币使用，进而稳定唐代经济贸易秩序及社会秩序。立法提高绢帛质量，回收恶钱，以提升货币品质；禁断私铸，限制储钱，以控制货币流通；绢币兼用，以绢纳税，以增强绢帛地位。唐代货币法律具有明显的阶级性，是为唐朝统治阶级服务的，对于被统治阶级而言，其不全是压制或者压迫的。实际上大量货币法律所维护的经济贸易秩序，同样对参与互市贸易的商人及平民提供了安全与方便。从这一角度而言，唐代互市法律的阶级性与马克思主义界定的法的阶级性（只维护统治阶级的意志和利益）有一定区别。

第二，在形式上，唐代货币法律的构成以成文法为主。目前发现其来源主要在《唐律》、《唐律疏议》、《唐六典》、《旧唐书》、《新唐书》等典籍之中，个别甚至来源于敦煌、吐鲁番出土文书中。总体而言，以官方典籍为主，民间资料为辅。货币法律的表现形式有律、令、格、敕等。律是判罪量刑的依据，如《唐律》、《永徽律》等。令是有关制度、规章的条文，如《关市令》、《赋役令》等。格是防止奸邪的禁令，如《贞观格》、《永徽格》等。敕属于特别法，针对具体情况发布，但因出于皇帝，效力高于律、令、格。除成文法外，唐代货币惯例也是货币法律的组成部分。唐后期在内地贸易中使用银作为货币，即为一种惯例。因年代久远，资料所限，收集唐代货币惯例比较困难。

第三，国家干预是货币法律的明显特点。法律对货币的形式、品质、使用、流通的规定。无不打上国家权力的烙印。明确绢帛的规格与质量，禁止私铸铜币，回收恶钱，限制储钱，鼓励钱帛兼用等措施，处处体现着国家干预。所以可以认为，唐代货币法律实际主要是货币管理法律，属于中国古代经济法（或经济法性质法律）的重要组成部分。为保证干预效果，规定了严格的法律责任，当事人违反货币法律要承担行政责任甚至刑事责任。如为保证钱帛兼行，"与钱货兼用，违者准法罪之。""以令钱物兼用，违者科罪。"对民间储钱，"如限满后有违犯者，白身人等，宜

① 《全唐文·中书省议赋税及铸钱等状》卷六百五十一。

付所司，决痛杖一顿处死”。反映出国家干预货币的强硬态度。这同时反映了传统中国社会中“诸法合体，以刑为主”的法律现实。①

四、唐代货币立法效果及其对西域地区的影响

从建国至亡国，在唐朝各个时期，为影响货币使用，政府进行了大量立法，但实践效果不佳。它们或者被新的立法取代，或者不被适用，在很大程度上形同虚设。故唐代法律对货币干预是有限的。《通典》卷二《田制》指出，“开元之季，天宝以来，法令驰坏，兼并之弊，有愈于汉成、哀之间”。法纪不彰几乎贯穿唐代始终。《新唐书》卷六十《食货四》载，“然私钱犯法日蕃，有以舟筏铸江中者。诏所在纳恶钱，而奸亦不息。”则天武后时，“盗铸蜂起，江淮游民依大山陂海以铸，吏莫能捕”。肃宗乾元间，“京师人人私铸，并小钱，坏钟、像，犯禁者愈众”。德宗建中年间，“江淮百姓近日市肆交易钱，交下粗恶，拣择纳官者三分才有二分。余并铅锡铜荡，不敷斤两”。文宗太和年间，湖南营内诸州，“百姓依模监司钱样，竟铸造到脆恶奸钱，转将贱价博易，与好钱相和行用”。《文献通考》卷八《钱币考一》载，“初，有虚钱，京师人人私铸，并小钱，坏钟、像，犯禁者愈众。郑叔清为京兆尹，数月榜死者八百馀人。”代宗继位后，“自第五琦更铸，犯法者日数百，州县不能禁止，至是人甚便之”。虽立法繁多，唐代物重钱轻、铜钱缺乏的现实并无根本改变。《旧唐书》卷四十八《食货上》载，“则天长安中，又令悬样于市，令百姓依样用钱。俄又简择艰难，交易留滞”。一代女皇对私铸恶钱深感无奈，唯取样币悬于市。究其原因，首先，当时货币立法过于反映统治者意志，忽视下层群众利益。对此，底层民众必然设法予以规避。其次，唐代社会以农耕为主，商品经济并不发达。普通民众生活物品，除部分自己生产外，主要通过物物交换来获取，所以货币使用甚为有限。如此，政府多次货币立法，除从事商业贸易的商贾外，其对普通民众影响不大。最后，唐代施行依礼治国，并非依法治国，有法不依、执法不严大量存在，货币立法由于种种现实阻碍难以实施。安史之乱后，藩镇割据，王朝内外交困，朋党、宦官迭出，在这种社会环境下，货币法律实施更是困难重重。

从长安往西，沿著名的丝绸之路，唐代货币制度像商品一般，进入并影响到辽阔的西域地区。西域地处丝绸之路要冲，经常有大量贸易活动。由于受到唐朝内地和西方波斯、阿拉伯等国影响，当时这一地区既有金属货币，也有实物货币。前者如金币、银币、沙金、白银、铜币等，后者如绢帛、麦等。吐鲁番曾出土拜占庭金币的仿制品，可推知西域曾使用罗马金币、萨珊银币。从5世纪到8世纪中期，敦煌和吐鲁番地区使用波斯银币及本地银钱。西域地区流通金银币，与当时同中亚波斯等国进行贸易有很大关系。但是自7世纪70年代之后，吐鲁番银币使用逐渐减少、消失。此外，据敦煌文献记载，敦煌对外贸易活动中使用金银器皿，如银碗、银盘、银盏等。当时西域还大量使用白银作为货币，白银主要以银块或银锭的形式出现。另外在贸易中还使用沙金，主要在大中型贸易活动中使用。绢帛亦为理想的货币。王健等认为，《敦煌资料》记载西域地区有关买卖、典租、雇用、借贷近百件契约中，均使用绢帛作为交易货币。② 这些绢帛部分产于西域，质量稍逊于内地绢帛。还有部分内地绢帛。当时绢帛的交换价值为：生绢一匹值18石麦，熟绢一匹值27石麦，楼绫一匹值81石麦，红锦一匹值121石麦。

在唐朝的不同阶段，西域地区货币的具体情况不同。有时以金属币为主，有时又以实物货币为主。西域地区的货币使用绝非孤立现象。由于西域地处中外贸易的重要地区，所以波斯、粟特

① 李叶宏、惠建利：《唐代“互市”法律制度探析》，载《海南大学学报（人文社会科学版）》2010年第1期。

② 王健著：《中国通宝币制史稿》，32页，人民出版社，1999。

等地的货币使用对西域有重要影响。同时，唐朝货币立法对西域地区具有重要影响。唐朝立法提高绢帛质量，在西域流通的内地绢帛质量较高。丝绸之路上的流动商胡，在唐内地用商品交换丝绸，入西域地区后用丝绸换取金银，这种丝绸转手贸易在当时一度盛行。唐政府多次立法提高铜币地位，影响了西域地区对内地铜币的态度，提高了内地铜币在西域的地位。唐朝内地铜币属于大国货币，无论储藏或者使用皆较可靠。通过与内地贸易，西域获取大量的内地铜币。姜伯勤认为，公元7世纪的西域地区，唐朝铜钱具有唐朝“蕃域”地区流通手段的职能乃至国际货币的职能。以唐钱为代表的货币文化影响了西域地区。① 当时内地铜钱是东亚地区主要货币之一。由于内地长期推行回收恶钱，携币西出的商胡甚为谨慎，流入西域的恶钱并不多见。

唐朝货币立法对西域地区的影响因时而异，在唐政府严格控制西域时期，内地货币立法影响明显。如唐高宗时期，对西域经年用兵，大破西突厥，分置昆陵、蒙池都护府，直接控制了西域地区，内地货币立法直接推行于西域。但在唐朝控制式微，西域政权相对独立时期，内地货币立法影响较小。如元和十五年（820年）后，吐蕃势大，唐朝疆域缩小，西域尽失，内地货币立法对西域影响大打折扣。由于西域地区处于丝绸之路要冲，所以通过这一地区，内地货币立法对波斯、天竺等国亦有一定影响。

① 姜伯勤著：《敦煌吐鲁番出土文书与丝绸之路》，205页，文物出版社，1994。

制度研究

股东大会或薪酬委员会控制公司董事薪酬的法律问题研究①

李 荣*

目 次

学界通说认为，现有薪酬制度建立的基础——薪酬公平交易模型有两个重要的假设：股东与董事之间公平进行讨价还价、董事会与高管之间公平进行讨价还价。两个假设成为董事、高管薪酬正当性的证明，现有规制董事、高管薪酬的法律规则和公共政策均以此为前提进行安排。然而近年来不断涌现的高薪争议说明薪酬公平交易模型存有缺陷，“高管薪酬制度问题的主要根源在于缺乏有效的公平交易机制”②。为解决当前董事、高管薪酬危机，学界将目光投向公平交易机制的完善上，试图通过增强薪酬议价过程中所有者或代理人的控制作用解决所有者缺位问题，即董事薪酬决定权要求控制在股东大会或薪酬委员会手中，不少国家的公司法也采用了这一理念。董事薪酬决定权配置给股东大会或薪酬委员会，则其薪酬决定权可否委托给董事会？需要其决定的薪酬范围何在？薪酬决议的内外部效力如何？这些法律问题均需要予以解答。

一、公司董事薪酬决定权的配置

（一）公司董事薪酬决定权配置模式

公司董事薪酬决定权作为所有者监督、评价经营者体系的组成部分，其核心是在股东大会与董事会之间进行权限分配。各国因法律传统不同，呈现不同的薪酬决定权配置模式。

① 基金项目：四川省教育厅2010年度资助科研重点项目“域外上市公司高管薪酬法律规制立法动向及经验借鉴”(10SA006)。

* 四川师范大学副教授，硕士生导师，法学博士。

② ［美］卢西恩·伯切克、杰西·弗里德著，赵立新等译：《无功受禄：审视美国高管薪酬制度》，前言2页，法律出版社，2009。

1. 薪酬委员会控制模式

英美法系的典型代表英国、美国采用单轨制公司治理模式。公司机关由股东会和董事会构成。股东会选任董事，由董事组成的董事会负责公司的业务经营和事务管理并选任和监督公司高管。虽然美国标准公司法第8.11节建议董事会决定董事薪酬，但“对董事可能被诱使不负责任地确定高级管理人员报酬的担心使许多人认为公司董事会应把其权力委派给全部或主要由非业务执行董事组成的报酬委员会”,① 纽约证交所或纳斯达克证交所上市的企业因而被要求由非业务执行独立董事组成的薪酬委员会决定业务执行董事的薪酬。

2. 股东大会控制模式

大陆法系的典型代表德国则采用双层制模式。公司机关由股东会、监事会、董事会组成。股东会选任监事，由监事组成的监事会选任董事并监督董事会的业务执行，董事组成董事会负责公司业务执行。德国公司中的董事在法律地位上相当于美国公司中的高级管理人员。根据德国股份公司法的规定，监事会决定董事报酬。

日本的传统公司治理结构也是采用双轨制，但这一双轨制与德国有所不同。股东大会选任董事、监事分别组成董事会、监事会，董事会负责业务决策和执行，监事会负责监督，董事会选任并监督公司高管。根据日本原商法第269条（公司法第361条）的规定，公司董事、监事薪酬由公司章程规定或股东大会决议确定，高管薪酬由董事会决定。但因董事兼任高管的情形在日本非常普遍，因此很多高管的薪酬也由股东大会决定。不过，日本公司法同时引入了美国的单轨制治理模式供公司自主选择。在单轨制结构下采用与美国相同的做法，即董事的薪酬由薪酬委员会决定，薪酬委员会必须决定每个董事的报酬。

（二）公司董事薪酬决定权配置理念

1. 利益隔离

虽然各国的薪酬决定程序各不相同，但都体现了“三权分立、三权制衡的思想”,② 实行所有权与经营权分离、业务执行权与业务监督权分离，目的在于排除薪酬决定中的利益冲突。前述美国和德国的公司治理机构设置、名称虽不同，但美国的非业务执行独立董事在机能上对应于业务执行董事、德国的监事在机能上对应于董事，这样的对应安排实现了公司的业务监督检查机能、薪酬决定机能与业务执行机能的功能性分离，即非业务执行的股东或董事掌握薪酬决定权，并利用这一权力激励和监督业务执行的董事或高管。而在普遍设置监事会的日本公司中，董事会在通常情况下承担公司的业务执行监督职能，由于其组成成员的董事又经常通过代表董事、业务执行董事、高管兼任董事等渠道承担公司自身的业务执行，虽然近年来采用外部董事的日本企业数不断增加，但未必能说业务执行监督职能与业务执行职能得到了功能性的分离,③ 出于利益隔离的需要，日本公司法赋予股东大会实施监督者和业务执行者双方的选任与薪酬决定职能。总之，无论薪酬决定权如何配置，只要实现了薪酬决定权人与薪酬领受人之间的利益隔离，薪酬的领受就获得了正当性基础。

2. 股东有限控制

大陆法系国家和英美法系国家的公司法制度设计基础略有不同，前者以股东中心主义为前提安排制度，后者以董事会中心主义为前提安排制度，从而带来薪酬决定机制运行中参与各方的权

① ［加］布莱恩·R. 柴芬斯著，林华伟等译：《公司法：理论、结构和运作》，714页，法律出版社，2001。

② 施天涛著：《公司法论》，339页，法律出版社，2005。

③ 野村有司「あるべき役員報酬制度の構築に向けてコーポレート？ガバナンス体系の見直しを」http://www.mercer.co.jp/referencecontent.htm? idContent=1336645，访问日期：2010-08-20。

利义务配置、制衡力量的彰显与抑制各有不同。体现在薪酬约束上，大陆法系国家公司法特别强调股东的制衡力量，而英美法系国家公司法则几乎排除股东在薪酬约束方面的作用，倚重于独立董事组成的薪酬委员会。不过近年来两者有相互靠拢的趋势，呈现出全球公司治理趋同现象。前者虽考虑以股东为中心，但大量压缩了股东的薪酬决策权利；后者在总结多年薪酬调控得失基础上尝试增强经营者控制的外在力量，并试图在一定程度增加股东所有者的影响力，即采用股东大会决议的方式影响董事的薪酬决策。

二、公司董事薪酬决定权的行使

从董事薪酬决定权配置模式中可以看出，董事薪酬决定主体主要是股东大会或薪酬委员会。既然法律明确规定了股东大会或薪酬委员会的薪酬决定权限，那么，我们可否进一步追问：股东大会可否委托他人行使这一法定薪酬决定权？薪酬委员会是否是高管薪酬决定权的唯一享有者？

（一）股东大会可否委托他人行使法定薪酬决定权

对这一问题的回答，涉及薪酬决定的立法意图。日本学界和判例普遍认为，原商法第269条主要体现如下政策：由于公司与董事之间一般需要签订委任合同，而代表公司签订合同的是公司董事长或法定代表人，董事报酬的决定成为董事与公司之间的交易行为，就具有了业务执行行为的性质，必须得到董事会的承认，但是允许董事会决定董事的薪酬会存在很大的“自肥”风险，从而有损公司财产。因此，原商法第269条的规定仅仅是为了防止“自肥”的政策规定罢了。[①]我国台湾地区“公司法”第196条也规定，董事之报酬，章程未订明者，应由股东会决议定之。学者也认为这一规定的目的是避免董事利用其经营者地位与权力肆意索取高额报酬。[②] 也有学者反对政策说，认为既然商法规定股东大会享有董事选任权，那么股东大会可以决定董事的报酬也就是再正常不过的事情了，原商法第269条只不过重申这一当然的事情罢了，[③] 并不是一项政策安排。日本学者宫本明幸对此评价认为，由于董事薪酬具有公司给付董事职务执行对价的性质，而各个董事职务的内容由业务执行机构的董事会决定，由董事会把握职务执行状况更合适，现实中很少有股东关心公司的经营，股东大会自主判断每个董事薪酬的合理性非常困难，因此董事会应该享有决定每个董事职务内容相对应薪酬的权利，政策说是妥当的，股东大会可以将薪酬决定权委托给董事会或特定董事。[④] 不过笔者更倾向于非政策说，因为所有者决定其雇佣者薪酬在两权合一公司中是所有者当然的权利，在两权分离后这一权利并未发生根本变化，法律只不过是在两权分离假设下再次强调了所有者需要决定薪酬的雇员范围，在所有者认为不损害其利益情况下自主决定薪酬决定权的分配也是合理的。

因此，作为公司所有者的股东可以将其薪酬决定权委托给他人行使，但是考虑到股东合法利益的维护，日本学术界的通说禁止股东大会将董事报酬决定权无条件全权委托给董事会行使。这是因为，股东大会决议如果将涉及董事报酬的所有内容，诸如金额、期间、方法等的决定无条件全权委托给董事或董事会行使，就会直接规避防止董事“自肥”的法律规则，是无效的。不过，学术界允许将基于一定支付基准的薪酬决定全权委托给董事会，或者在没有必要决定每个董事各自薪酬而股东大会已经决定了全体董事报酬总额或最高额的情况下可以委托给董事会。司法判例

---

① 酒卷俊雄、上村達男『会社法（現代法学叢書）』125頁以下（青林書院，2003年）。

② 参见梁宇贤：《公司股东会委由董事会决定各个董事分配之报酬额是否有效——评最高法院九十三年度台上字第一二二四号判决》，载《月旦法学杂志》2005年6月（第121期）。

③ 山口幸五郎『会社取締役制度の法的構造』78頁以下（成文堂，1973年）。

④ 宮本明幸「取締役報酬の減額？不支給をめぐる問題点」立命館法政論集1号324頁以下（2003年）。

也认可了支付基准范围内的股东大会明示或默示的全权委托，甚至在股东能够知晓支付基准的情况下还允许董事会再次将薪酬决定全权委托给董事长等特定董事。理由在于，日本公司法第361条没有规定股东大会决定每个董事的薪酬额，而且在股东大会决定了薪酬总额或最高限额的情况下，可以有效防止“自肥”危险，无害于公司或股东的利益，委托给董事会决定每个董事的具体薪酬额也就具有了合理性；同时股东缺乏评判每个董事贡献的信息，也没有这样的判断能力，将每个董事贡献的评判委托给董事会也是恰当的。① 我国台湾地区司法实践也持类似观点，认为“尽管股东会不得以决议将报酬额的决定委托给董事会确定，但如果仅仅将各个董事分配的报酬额委托给董事会确定，并经公司股东会事后追认，也并非是法律不许可的。”② 换言之，股东大会的薪酬决定权在不损害股东利益的情况下可以委托给董事会行使，甚至还可以委托给特定身份的董事行使。不过学界普遍认为，为了不剥夺董事在董事会的讨论机会，允许委托给特定董事决定薪酬分配应当限定在全体董事同意的前提下。

（二）薪酬委员会是否是董事薪酬决定权的唯一享有者

前述分析是以日本公司治理结构模型为基础，总体上反映的是大陆法系公司法坚持股东中心主义对董事薪酬决定权的规定，然而英美法系国家主要注重市场机制对董事薪酬的约束以及坚持薪酬决定是董事会业务执行的理念，普遍认为在公司注册证书或章程没有特别规定的情况下，董事会有权决定董事薪酬。考虑到自定薪酬欠缺正当性以及薪酬决定的专业性、复杂性，英美公司法在董事会下设立由专业独立董事组成的薪酬委员会，由薪酬委员会建议或决定业务执行董事的薪酬。由于独立董事不在公司领取固定报酬，仅有部分象征性的车马费，其对公司有无私奉献的精神，独立董事决定薪酬可以避免业务执行董事滥用职权为自己谋取高薪的嫌疑，因而这一机制被理论界和实务界认为是合适的。③ 但是，这一机制依然存在如下疑问：薪酬委员会可否将薪酬决定权委托给其他董事行使？其是否是薪酬决定权唯一享有者？股东大会能否介入薪酬决定？对于第一个问题，笔者认为，考虑到薪酬委员会组成人员本身具有的专业技能和经验，也为了确保监督机能和业务执行机能的分离，真正落实利益隔离，薪酬委员会的薪酬决定权没有委托给其他董事行使的空间。而后两个问题在英美法系国家引发了广泛争议，即近年来英美两国出现的“股东决定薪酬”（Say – on – Pay）的强烈争议。“Say – on – Pay” 最早出现在英国2002年发布的《董事报酬报告书规则》中，规则要求英国设立的上市企业的高管薪酬需要交由股东进行劝告性投票。美国部分立法也出现了增强股东决定权的趋势，2010年7月21日生效的《多德—弗兰克华尔街改革与消费者保护法》明确规定金融机构每三年进行一次专门的无拘束力的股东投票，对高管薪酬和金色降落伞机制进行表决。纽约州等几个州的公司法规定股票期权需要股东大会承认，美国《税收法典》第162条规定超过100万美元的经股东大会决议承认的业绩联动薪酬也可以税前扣除，美国证券交易所也因股票报酬具有潜在稀释股份价值的性质、为确保股东充分的发言权而要求股票报酬需要经过股东的同意，这样的安排导致部分薪酬决定主体事实上由董事会转移到股东大会。

英国、美国出现的“Say – on – Pay”主张是在股东主义扩张时代出现的要求股东在决定薪酬上扮演更多角色的主张，社会大众对高管薪酬的认知和情绪、社会的批评也助长了“Say – on – Pay”的迅速推动。不过，这一议题在商业经营团体和股东行动主义者之间产生了很大的争议。

---

① 弥永真生『会社法』212頁以下（有斐阁，第11版，2007年）。

② 梁宇贤：《公司股东会委由董事会决定各个董事分配之报酬额是否有效——评最高法院九十三年度台上字第一二二四号判决》，载《月旦法学杂志》2005年6月（第121期）。

③ 胡果威：《美国公司法》，169页，法律出版社，1999。

商业经营团体普遍反对这一议题，认为不同薪酬工具具有不同的激励效应，薪酬决策的作用在于利用薪酬工具不同组合之间的细微差别，形成不同的综合激励效应，股东无法适应薪酬决定的复杂性和专业性；薪酬决定历来就是董事会的职权，允许股东核准董事薪酬无异于剥夺董事会管理公司的权限；股东享有董事选任投票权，完全可以借由这一权利解任董事实现对董事薪酬的控制，股东核准薪酬是多余的机制；股东核准薪酬对降低薪酬并没有显著的效果，对股东的价值创造也无益，也容易受到利益团体的操纵等等。然而股东行动主义者并不赞同这些理由，认为股东核准薪酬是积极的方法，不仅与其他限制高管薪酬的措施具有同样确保董事行动与股东利益保持一致的正当性，也为投资者提供了一个对董事薪酬这一影响其投资决策的重要因素表达意见的渠道，也可避免股东因高管薪酬不合理而利用解任权解任董事而产生的激烈对抗，改善股东与董事会之间的关系，还可缓和政府持续规制高管薪酬的动力。在这两种力量的对比中，由于近年来英美两国股东积极行动主义的逐渐盛行，薪酬方案不具约束力的股东投票得到社会舆论和政府的广泛支持，出现了前文所述的各种立法动向。尽管股东核定薪酬尚未完全义务化，但也突破了原有股东不干涉薪酬决定的常规，虽然普通股东恰当评判董事薪酬合理性非常困难，但是股东的介入也为阻止过高薪酬提供了一种可能，其对改善公司治理究竟有何影响尚未有明确定论，需要留待日后观察。① 不过由于股东投票不具有强制约束力，因此这一规定并未实质改变英美两国薪酬委员会的薪酬决定主体地位。

三、公司董事薪酬决定权的边界

由于章程中确定了董事的报酬，若情况发生变化需要修改时就必须通过章程的修改来实现，而很多国家公司法往往要求章程修改采用特别决议方式，这样就会导致薪酬的变动非常困难，因此实务界一般不在章程中规定董事的报酬，而是采用股东大会决议的方式确定。在确定董事报酬时，股东大会决议应在什么范围内规定董事薪酬就成为必须明确的问题。

（一）决议是否必须详细确定每个董事的报酬金额还是可以仅仅确定所有董事的报酬总额

日本学界通说认为，原商法第 269 条要求股东大会决定董事薪酬的立法目的是防止“自肥”，股东大会的决议如果确定了全体董事的报酬总额或者最高限度报酬金额，董事的报酬金额只要在这个范围内就不会给董事“自肥”的机会，也不会有损公司和股东的合法利益，就可以实现原商法第 269 条的立法目的。因此，股东大会的决议不需要详细规定每个董事的具体报酬金额，仅仅确定全体董事报酬总额或最高限度额即可。并且还认为，一旦确定了报酬总额或最高限度额，只要金额不发生改变，今后就无须再对董事薪酬支付进行决议，只有在金额发生改变时才需要重新进行决议。同时考虑到高管薪酬的高度技术性和复杂性，股东缺乏相应的评判能力，股东大会薪酬决定权不应针对董事的每一具体薪酬，而是应该限定在“经营者薪酬政策和长期激励方案”② 范围内，具体事宜则授权董事会决定。虽然我国公司实践中，股东大会通常在决议中明确了每一位董事的薪酬总额，不过如果出现决议仅仅确定全体董事薪酬总额的情况，笔者认为，也可以根据日本学界的观点确认其效力。

① 就“Say－on－Pay”的效用，理论界存有诸多争议。相关争议具体参见：みずほ総合研究所『米国における役員報酬規制強化——政府による金融支援対象企業から全上場企業に適用拡大へ——』みずほ米州インサイト（2009 年 8 月 11 日）。

② 朱羿锟：《经营者自定薪酬的控制机制探索》，载《河北法学》2006 年第 1 期。

（二）是否必须详细确定每个董事的薪酬具体构成还是仅仅确定该董事的薪酬总额即可

对于这一问题，理论界思考的问题并不专门针对某一具体董事，而是公司整体薪酬体系构成。一般认为，金钱或货币薪酬形态因为内容非常具体确定，无须专门进行决议，法律主要针对非确定性的报酬形态和非货币性的报酬形态，往往要求明确这两种薪酬形态的具体内容，使其与金钱薪酬一样具体确定，从而实现股东大会决议内容的明确化。

非确定性的报酬一般认为就是业绩联动型报酬，法律要求股东大会必须确定其金额的具体计算方法，并要求说明其合理性理由，但没有明确这一“具体”的标准。日本学界认为，可参考以下标准进行评定：是否达到无法产生董事肆意妄为“自肥”危险的程度；是否达到董事无法肆意评价、操纵相关计算参数的客观性与所用数值的程度；计算结果是否唯一，等等。如果股东大会确定的计算方法能够确保不产生“自肥”风险、董事无法操纵相关参数、计算结果唯一，则一般认为计算方法达到了法律所规定的具体程度。然而考虑到我国公司治理的实际情况，当前国内质疑董事高薪正当性的理由之一是董事薪酬与业绩不相关或不完全相关，市场因素和行业因素没有排除在薪酬确定基础之外，上述评价计算方法具体性的标准可以保障高管薪酬与业绩具有相关性，但无法排除董事自身努力之外的因素。因此笔者建议，在我国的具体评价标准上还应增加一条，即是否排除董事自身以外因素的影响。

非货币性报酬由于其价值评价标准不是唯一的，因此要求在股东大会决议中明确其具体内容，并要求说明合理性理由。

（三）董事兼任高管时高管身份对应部分薪酬是否也需要股东大会决议

一般认为，董事兼任高管时，因为董事本身承担监督高管的职责，因此法律要求担任董事和担任高管的薪酬应该加以区分，从而有利于股东判断该董事作为董事身份的薪酬的合理性。对两种身份下的报酬区分，日本学界通说和判例认为，如果公司建立了高管薪酬体系，并且明确区分了董事身份和高管身份的薪酬，股东大会可以很好地比较每个董事薪酬的合理性，这样既不会误导股东的意思决定，又因事前薪酬体系的建立使发生“自肥”风险的可能性很低，因此作为高管身份对应部分的薪酬在事前加以区分的情况下不构成原商法第269条的规制对象。但是，一旦这样处理的话，在董事兼任高管的报酬总额中高管身份对应部分的薪酬所占比例很大的情况下，由于高管薪酬的决定权赋予给董事会，董事就可以决定自己大部分薪酬而产生很大的“自肥”危险，虽然这一风险可以通过利害关系人表决权回避制度加以克服，但因公平议价机制的失灵，“自肥”风险无法避免。因此有学者建议，既然从业人员的作用无法从董事地位当中分离出来，作为高管对应部分的薪酬就应该与董事身份对应的薪酬作为一个整体服从董事薪酬的法律规制，即需要接受股东大会的审议。[①] 同理，在设置委员会公司中高管兼任执行董事的情况下，高管身份对应的薪酬也应该由薪酬委员会加以决定。不过也有学者担心股东大会或薪酬委员会对高管薪酬进行干预会导致高管薪酬体系应有状态不明确，从而带来事务上混乱的可能性。[②] 笔者认为，考虑到当前高管薪酬失控的局面，也为了有效规避薪酬决定中的利益冲突，高管对应部分的薪酬也应当接受股东大会的审议。

---

① 酒卷俊雄、上村達男『会社法（現代法学叢書）』126頁以下（青林書院，2003年）。

② 法務省民事局参事官室『会社法制の現代化に関する要綱試案の補足説明』商事法務1678（臨増）号60頁以下（2003年11月10日）；王保树主编，于敏译：《日本公司法现代化的发展动向》，216～217页，社会科学文献出版社，2004。

四、公司董事薪酬决议效力[①]

(一) 董事薪酬决议内部效力

内部效力指向的是决议对公司本身的约束力。既然董事薪酬必须由股东大会决议确定，便自然引出下列问题：支付董事薪酬是否必须要有正式的股东大会决议？未经股东大会决议支付董事薪酬的违法性可否通过事后股东大会追加决议而治愈？股东大会决议作出后可否减少甚至不支付董事薪酬？

1. 支付董事薪酬是否必须要有正式的股东大会决议

学界和实务界普遍认为，正式的股东大会决议不是必须的。诚然，股东大会就董事薪酬作出正式的决议，在形式与实质上均满足法律规则的要求，董事薪酬的合法性自不待言。然而法律要求董事薪酬由股东大会决议确定是为解决董事“自肥”危险，关注的是有无股东大会的控制，只要董事薪酬决定事实上经由股东控制就完全实现了立法规制意图，而对股东大会有无正式召开、有无作出正式决议则在所不问。因此，没有正式的股东大会决议，日本理论界和实务界并不必然否定董事薪酬决议的效力，反而拟制认同了以下几种视同存在决议的情形：一人股东的情形、全体股东书面同意的情形、公司惯常的意思决定方法等。

2. 未经股东大会决议支付董事薪酬的违法性可否通过事后股东大会追加决议而治愈

学界和实务界通常支持治愈说。这是因为，公司法要求董事薪酬的支付以股东大会决议存在为基础的目的是克服董事自定薪酬的弊端，虽然董事报酬的支付未经事前股东大会决议，但事后通过了股东大会决议，该决议的存在同样应该可以达至法律规制薪酬的立法目的，不存在规避法律规制的风险；并且，如果不认可事后股东大会承认决议的效力，就永远无法谋求未经股东大会决议而支付董事薪酬的合法性，董事薪酬支付成为非法，接受薪酬支付的董事对公司负有薪酬金额返还义务或损害赔偿义务，股东大会想要免除董事的责任只需作出一个包含已支付薪酬金额在内的新的合法的薪酬决议即可实现。一旦这样，董事的返还义务或赔偿义务与新的薪酬抵消，否认事后股东大会决议效力就几乎没有任何实质意义。[②] 与其这样，还不如承认事后股东大会决议的效力，从而治愈未经股东大会决议支付薪酬的违法性。

有学者对治愈说提出了不同的看法，认为治愈说存在同董事责任免责制度之间的衡平。本来，董事违法支付薪酬，需要对公司承担损害赔偿责任，获得全体股东同意则可免除。如果允许治愈之前的违法薪酬支付，董事的违法薪酬支付行为将因股东大会事后追认而获得正当性，董事无须对公司承担赔偿责任，这样带来的直接后果是未经股东大会免责决议而事实上免除了董事对公司的责任。[③] 然而股东大会薪酬决议通常采用的是普通决议，而董事责任免除采用的是特别决议，二者存在一定的制度衔接，也为董事规避责任提供了机会。我国公司法目前尚未引入董事责任免除制度，不存在这一衔接问题。不过在是否支持治愈说的问题上，笔者认为，在我国目前公司股东尤其是中小股东合法权益保护效果不佳的现状下，支持非治愈说相比治愈说能更好地约束董事的行为，有利于维护股东的合法利益。

3. 股东大会决议作出后可否减少甚至不支付董事薪酬

这是决议对公司的约束力问题。学界普遍认为，董事报酬一旦经过上述程序得以具体确定，

---

① 此部分的讨论主要集中在大陆法系股东大会决定董事薪酬而作出的决议效力。

② 伊藤靖史「事後に株主総会の決議を経た場合の役員報酬の支払いの効力」商事法務1857号66頁以下（2009年）。

③ 鳥山恭一「役員報酬の支払いを事後に認める株主総会決議の効力」法學セミナー609号130頁（2005年）。

其金额就构成了董事与公司之间合同的内容，对契约双方当事人的公司和董事均有约束力，是董事获得的基于公司与该董事之间缔结的合同既得权。因此没有该董事的同意，原则上不能用股东大会或董事会决议减少额度或不给付。[①] 换言之，公司要想变更董事薪酬，必须得到董事的同意。

不过，也有学者对此提出疑义，认为在董事职务内容发生变动、或企业经营业绩恶化、或处分董事而减少薪酬时仍然必须得到该董事的同意，可能有损公司的经营机动性，应该认可一定限度的单方面董事薪酬变更。[②] 换言之，考虑到薪酬是公司与董事之间的契约内容，根据契约的情事变更原则，薪酬变更应该予以例外认可。日本判例上也部分支持了薪酬的情事变更原则。大阪地方法院认为，常务董事变更为非常务董事的薪酬减额，由于与以前相比职务内容发生了重大变更，即使未经其同意也可以变更。[③] 另一判例[④]认为，虽然薪酬制度的支付期限已经预见了未来可能发生的各种情势变化，但如果不允许公司对薪酬制度作任何变更将会对公司产生过于严苛的不利后果；如果仅允许对未来接受薪酬的高管进行变更而对过去已领薪酬的高管不变更，则会在未来受领人与已受领人之间产生不公平，从制度合理性来看应允许确认一定情形下薪酬的变更，是否确认变更可根据变更的必要性、内容的妥当性、程序的恰当性等进行判断。基于这些认识，法院支持了公司变更高管薪酬的做法。然而本案的上诉审法院——最高法院却认为，情事变更原则必须产生合同订立时不能预见的重大变更，若当初的合同内容强制在当事人身上明显违背信义原则时，根据信义原则方允许修订合同内容，然而本案争议的退休金具有后付薪酬性质，债务人财力严重恶化这一状况难以评价为符合此类情事变更，因而公司单方面的薪酬变更不符合情事变更。[⑤] 两级法院基于对情事变更的不同理解作出不同判决，但均采纳了公司可以根据情事变更原则单方面变更董事薪酬的观点。也有学者认为，未经董事同意不得单方面变更薪酬，从保护董事独立性的考虑来看是有价值的，但是董事任职期间也并非不可能出现公司业绩恶化等原因导致报酬或退休金支付发生困难的情况，或者发生因高管职务懈怠而产生不支付薪酬或减额的必要性，在此种情况下，高管乃至股东都可以推知公司有必要重新明确薪酬支付标准，[⑥] 因而支持特殊情况下的薪酬单方面变更。

值得注意的是，上述观点是以日本实务界和理论界的观点为基础，日本法院对董事薪酬的变更持非常严厉的态度，除了前述原因外，还有一个很重要的因素——董事的任期。日本商法规定董事任期最长两年，因此即使董事薪酬因情况变化而变得不合理，最多经过两年，董事任期期满重新选任董事、确定薪酬时，可以通过新的股东大会薪酬决议修正原有不合理的薪酬。在这一背景下，董事薪酬一旦做出，要求在其有效期间内保持其约束力的观点也就很正常了。[⑦] 但是，2005年日本公司法调整了董事任期，董事的理论任期最长可达10年之久。原来通过董事重新选任调整不合理薪酬的基础丧失，加之各种特殊情况对董事薪酬的影响，理论界和实务界逐渐放弃了原有的严格禁止态度，开始了上述薪酬情事变更的例外认可。我国公司法对此问题没有作出规定，实务界比日本更进一步，全面认可了薪酬的情事变更原则。

---

① 最判平成4・12・18 <69事件>［182］。

② 宮本明幸「取締役報酬の減額？不支給をめぐる問題点」立命館法政論集1号324頁以下（2003年）。

③ 大阪地判昭和58・11・29判例タイムゼ515号162頁。

④ 東京高判平成21・3・19。判例理由转引自：弥永真生「退職慰労年金の一方的減額の可否」ジュリスト1400号126頁（2010年）。

⑤ 弥永真生「退職慰労年金の一方的減額の可否」ジュリスト1400号127頁（2010年）。

⑥ 根田正樹「会社役員の報酬規制と最近の動向」月刊民事法情報213号61頁以下（2004年）。

⑦ 鳥山恭一「取締役の報酬の会社による一方的な減額」法學セミナー617号133頁（2006年）。

（二）董事薪酬决议外部效力

外部效力讨论的是薪酬决议是否影响董事薪酬请求权，这是股东大会决议对董事利益影响的效力问题。由于公司法中施加的董事报酬由股东大会决议作出的规制是事前的程序性规制，仅仅表明了报酬决定权的归属，但作为董事权利的薪酬请求权在什么时候怎样产生，法律并没有明确，只能通过解释论加以解决。

1. 董事薪酬请求权本质

所谓董事薪酬请求权，是指董事享有的通过诉讼方式要求公司支付薪酬的权利。日本最高法院2003年的判例①理由中首次使用这个概念。该判例认为，章程或股东大会决议没有确定报酬的具体金额就不产生具体的报酬请求权，董事不能向公司提出报酬请求。判例中明确使用的术语是具体薪酬请求权，这就引出了一个疑问：是否存在一个与此相对应的术语——抽象薪酬请求权？有学者认为，虽然判例当中没有明确使用抽象薪酬请求权这一术语，但判例应该充分认识到抽象薪酬请求权的存在，否则判例就没有必要单独使用具体薪酬请求权这一术语，而仅仅使用薪酬请求权就足够了，因此可以认为薪酬请求权包含抽象薪酬请求权和具体薪酬请求权两个内容。②

何谓抽象薪酬请求权、何谓具体薪酬请求权，判例并没有明确说明，法律更没有规定。有学者根据公司法利益分配请求权的理论对此进行分析。公司法将利益分配请求权分为抽象分配请求权与具体分配请求权，抽象分配请求权作为自益权的组成内容，基于股权而获得，是一种法定的观念性期待权，不能从股权中分离出来进行转让、抵押等；具体分配请求权是基于股东大会决议取得的金钱债权，可以从股权中分离进行转让、抵押。不过，如果章程规定了可以自动计算出利益分配金额的规则，在没有股东大会决议的情形下，每个股东依然可以要求公司支付根据章程规则计算确定的利益分配金额。因此利益分配请求权的构成可能存在两种情况：一种是存在一个期待权和一个金钱债权，期待权转化为金钱债权；另一种是一开始就仅存在一个金钱债权。若依照这样的理念，董事薪酬请求权也可以划分为抽象薪酬请求权与具体薪酬请求权，股东大会作出董事选任决议时，董事因职务履行对价取得抽象薪酬请求权，股东大会作出董事薪酬决议时，董事取得具体薪酬请求权，前者为期待权，后者为金钱债权，并且薪酬请求权也存在与利益分配请求权相类似的两种情形——选任决议与报酬决议不同时作出时，存在期待权和金钱债权，即存在抽象薪酬请求权和具体薪酬请求权；章程规定了报酬金额时，尚未达到需要设置抽象薪酬请求权的程度，可以理解为仅仅存在具体薪酬请求权。③

2. 董事薪酬请求权与薪酬决议的关系

前述有关薪酬请求权的构成及其产生时点的观点虽然没有解决抽象薪酬请求权是否是真正权利的疑问，但却明确确定了董事的具体薪酬请求权以及具体薪酬请求权与股东大会决议的关系，即具体的薪酬请求权在章程或股东大会没有规定薪酬额时不产生。相应地，薪酬委托董事会分配时的具体薪酬请求权根据董事会决议具体确定。不过在日本最高法院2003年的判例之后，实务界陆续出现了一些没有股东大会决议但依然认可董事薪酬请求权的特例判决，这些判决例外认可的主要是类似前述可以视同存在股东大会决议的情形。有学者为了达致更广范围承认董事的薪酬请

① 最判平成15・2・21金融法务1681－31＜商判Ⅰ－84＞。

② 品谷篤哉「取締役の報酬請求権に関する覚書——最高裁平成15年2月21日判决を契機に——」立命館法学291号1頁以下（2003年5号）。

③ 有关抽象报酬请求权与具体报酬请求权的关系、分类的合理性以及抽象报酬请求权存在的价值讨论，详见品谷篤哉「取締役の報酬請求権に関する覚書——最高裁平成15年2月21日判決を契機に——」立命館法学291号1頁以下（2003年5号）。

求权，根据这些例外认可判例建议满足以下构成要件就可认可董事薪酬请求权：① 一是以董事任用合同有偿性为前提，董事会负有向股东大会提交薪酬议案的义务。如果薪酬议案未向股东大会提交而被搁置，董事可以主张、举证自己已实施职务执行的对应对价，向公司请求支付报酬。二是任用合同订立后确定的薪酬根据公司的经济状态、董事的职务内容被认定为是不当低薪甚至无薪的情形下，董事可以根据民法不当得利的规定向公司请求支付适当报酬额与实际获得报酬额之间的差额。三是所有者董事②事前与退休董事达成支付退休金的协议，视同为缔结了所有者董事促成股东大会同意该决议的表决权约束合同，如果所有者董事怠于履行这一义务，则负有损害赔偿责任。如果该支付决议的实质内容是合理的，其对公司也具有约束力。

不过这些观点并未得到学界、判例的多数支持。但是学界和实务界对前述视同存在股东大会决议情形下的董事薪酬请求权没有太大异议而使之成为通说。③

3. 董事薪酬请求权与职务履行预期效果的关系

而在董事薪酬请求权是否需要以职务履行获得预期效果为要件的问题上，有学者认为，既然董事与公司之间的关系是委任关系，委任契约重在事务的处理，董事报酬请求权自然不以职务履行完成情况为要件，只要董事依照约定履行其职务，公司就不能以事务处理未具效果而拒绝支付报酬，也不能以公司运营成果是否有盈余为要件。④ 笔者也赞同这一观点。不过这一分析是以董事提供劳务服务而支付的薪酬为对象的，实践中公司如果以红利分派的形式提供奖金等酬劳，自然要以公司盈余为前提要件。

五、简要小结

综上所述，无论是日本、德国规定的股东对董事薪酬的直接控制，还是英美两国出现的“Say - on - Pay”对董事薪酬的间接控制，都是以“股东至上原则”作为制度构建理论基础。但这一理论无法解释现实中的一个现象：经济高速发展时高管薪酬过高不是问题，经济发展一旦出现问题，高管高薪就受到广泛质疑。近三十年全球有关高管薪酬的质疑无一不是发生在经济危机之后。对此，团队生产理论认为，由于经济变化，股东群体相对公司其他团体成员发生了内部政治力量的变化，这些变化给了股东更大的经济和政治上的谈判权，股东拥有的这些权利并非是作为公司所有者的道德和法律权利。尽管股东至上的观念在学术上越来越受到欢迎，但公司法本身已经摒弃了股东至上原则并且拒绝赋予股东对董事的法律控制权。⑤ 按照团队生产理论，现实中出现的有关董事薪酬争议、加强董事薪酬规制、增加股东控制等举措本身仅仅是在经济状况发生变化情况下股东谈判权增强的体现，法律并未增加股东的控制权，英美公司法也未根本改变现有董事会中心主义下的制度安排。

近来对于股东和薪酬委员会享有的薪酬决定权的实效性，学界也提出了很多质疑。诸如股东可能怠于行使表决权；股东没有判断薪酬合理性所必需的丰富经验；投机市场中，投资者对投票

① 伊藤靖史「取締役報酬規制の問題点——東京地判平成19年6月14日判決を素材として——」商事法務1829号4頁以下（2008年）。

② 即具有股东身份的董事。

③ 弥永真生「株主総会の決議等を経ることなく支給された退職慰労金と不当利得返還請求」ジュリスト1393号36頁以下（2010年）。

④ 邵庆平：《股东会与董事会的权限分配——对董事报酬决定权的观察与分析》，载《兴大法学》2007年第1期。

⑤ ［美］玛格丽特·M. 布莱尔、林恩·A. 斯托特著，黄辉译：《公司法的团队生产理论》，载王保树主编：《商事法论集》第9卷，法律出版社，2005。

表决等公共产品漠不关心；股东会在利益冲突方面存在控制不足或过度的可能性；现行的公司表决程序带有内在偏向管理层动议的倾向①，等等。这些质疑都直接指向了股东监督代理人的有效性问题，股东享有薪酬表决权监督董事的制度安排也需要反思其实效性。同时考虑到部分国家公司法中出现的加重非股东薪酬决定权人责任的动向②，非股东薪酬决定权人为减轻或规避薪酬合理性注意责任，有动力将薪酬决议提交给股东大会决议而回避自己应有的业务执行。一个比较明显的观点是，基于股东自身的理性，需要股东决定薪酬的董事范围和薪酬范围应该严格加以限缩，股东仅仅只能在很小的范围内享有决定权，不能过于夸大股东决定这一约束机制的效用。不过近年来依托专业机构投资者的规模性和专业性、发挥股东作用的积极行动主义再一次使人们看到了股东监督的希望，如何发挥机构投资者的监督作用则是今后需要重点关注和研究的问题。而对于薪酬委员会薪酬决定权的实效性质疑，主要认为董事会独立性不足、对公司事务关注不足、激励不足、不愿与管理层对抗避免冲突的心理等因素影响了董事会的监督实效。伯切克与弗里德认为当前规则环境下，各种诱因和力量都在限制着董事，妨碍董事就薪酬与首席执行官公平议价。③ 换言之，所有试图改进公司治理的手段仅仅只能削弱但不会彻底消除这些诱因，只能促进董事朝考虑股东利益方向上更靠近一些，或者说离维护股东利益更近一些。甚至有学者认为，股东或薪酬委员会批准在解决高管薪酬合法化问题上是一种很好的解决办法，但“作为一种控制手段却毫无意义，因为它是依据市场来衡量所提议的薪酬高低的”。④

---

① ［美］卢西恩·伯切克、杰西·弗里德著，赵立新等译：《无功受禄：审视美国高管薪酬制度》，43页，法律出版社，2009。

② 例如，德国2009年通过的《董事薪酬合理性法案》明确赋予薪酬决定主体——监事会负有薪酬合理性注意义务、调整义务和损害赔偿责任。

③ 参见［美］卢西恩·伯切克、杰西·弗里德著，赵立新等译：《无功受禄：审视美国高管薪酬制度》，20~37页，法律出版社，2009。

④ 李建伟：《高管薪酬规范与法律的有限干预》，载《政法论坛》2008年第3期。

政府主导下的企业社会责任的时代进路[①]

——基于我国转型期的探索

刘乃梁*

目　次

在人类步入21世纪的第一个十年中，“金融危机”是一个不折不扣的时代标签——它标示着金融动荡中民众的辗转不安与社会的起伏不定。资本主义经济的周期性规律提醒着我们，每次金融危机之后的数余年间对各国都是一个发展契机。于乱世而思辨，后金融危机时代人们在动荡中思考着该以怎样的方式去迎接新的社会周期，其中泼墨甚广的一项议题就是对于经济增长与社会发展关系的反思。学者们常常在增长的极限与社会的底线之间进行博弈——企业社会责任恰是这些辩证关系的有力代表。“我们国家二十多年来进入一个新的转型期，有些领域进展迅猛，有些领域相对滞后，当然走在最前面的是物质层面的经济发展。”[②] 在我国大部分地区秉承“GDP主义”[③] 的今天，经济增速的背后是难以启齿的制度缺失与矛盾重重。在问题面前，有识之士针砭时弊唤醒社会转型的新知，企业社会责任的议题多次见诸纸端。[④] 这些讨论背后所体现的要旨在于将一种社会责任的思想推向实处，推向亟待应对的社会现实。无论选择何种路径，企业社会责任都面临着一个由臆想到现实的落地过程。企业社会责任如何将自身发展融入社会的时代进程？作为社会转型发起者、推动者的政府在企业社会责任的发展中扮演什么角色？通过何种途径将企业社会责任推向实处？这些都是企业社会责任的时代化、实用化、法律化所面临的重要问题。问题的解决需要我们以历史的眼光审视企业社会责任发展的资源禀赋，进而寻找出更具时代特色的

① 基金项目：2011年西南政法大学研究生科研创新计划资助项目（2011XZYJS070）。

* 西南政法大学硕士研究生。

② 资中筠：《关于企业社会责任》，载《感时伤世（资中筠自选集）》，广西师范大学出版社，2011。

③ “GDP主义”，是指一国的经济发展的增长主要以GDP指标加以衡量，并以其作为该国主要的政策素材。我国长期以来将GDP作为衡量国民经济发展的重要指标，同时亦以其作为衡量官员业绩的考量标准。

④ 例如，富士康“连跳门”事件发生后，舆论对于企业在员工利益维护方面的话题关注较多；“地沟油”事件后，食品安全归责提上议程；“吴英案”后对于商业银行放贷标准、商业银行社会责任的讨论一直持续至今等。

转型期探索之路。

一、企业社会责任的历史与发展

（一）企业社会责任在中国：一个回顾

1. 企业社会责任的理论争鸣

“社会责任思想的起源可以追溯到2000多年前的古希腊时代”，[①] 而作为现代意义的企业社会责任思想产生于“资本主义社会危机四伏的年代，根源于理论界和实务界对资本主义核心制度的思考”。[②] 企业社会责任是一个内容涵盖丰富的概念体系。有学者将企业社会责任的研究领域分为企业伦理、企业管理领域的研究、作为一种思想的理论研究、企业社会责任实施的技术性研究、企业社会责任报告、综合性研究以及专题性研究[③]等七个部分。从本文的立论基础——法学研究的角度看，国外学者多基于公司治理结构的改革讨论其适用与革新。我国学者在公司治理范畴对于企业社会责任的关注始于20世纪90年代。台湾学者刘连煜教授在《公司治理与公司社会责任》一书中将“一个美国公司法学界已经讨论了70多年的话题”[④] 结合具体的法例，在关注本土性法规的基础上，用极其精悍的语言完成对公司治理与公司社会责任关系的架构式论述。大陆地区最早将企业社会责任的观念引入公司治理研究的是刘俊海教授于1999年出版《公司的社会责任》一书，其认为“公司不能仅仅以最大限度地为股东们营利或赚钱作为自己唯一的存在目的，而应当最大限度地增进股东利益之外的其他所有社会利益”。[⑤] 该书着重对欧洲国家的立法例进行考察，对企业社会责任的法律化进程作出了初步的展望。进入21世纪以后，卢代富教授在其所著《企业社会责任的经济学与法学分析》中，基于对国外企业社会责任运动较为翔实的论述，运用法学与经济学的研究方法对企业社会责任进行合理性证成，最后指出“企业社会责任乃指企业在谋求股东利润最大化之外所负有的维护和增进社会公益的义务”[⑥]。2009年中国法学会商法学研究会年会以“商法视野中的社会责任”为题，将企业社会责任的研究推向高潮。“公司的社会责任的确是一个值得研究的问题，也是一个复杂的问题。其学术热度和复杂性，在本次会议中体现得尤为明显。”[⑦] 与会学者从企业社会责任的基本理论出发，结合金融危机与汶川地震的社会现实，从不同角度阐述了对于企业社会责任的理解。近些年，随着社会转型期引起的社会问题重生，学者们主要基于不同的主体和行为的语境研究企业社会责任的发展道路，如政府与企业社会责任的关系、企业社会责任的信息披露制度等。可以说，学者们的不懈努力使得当下我们逐渐揭开企业社会责任的“面纱”，越来越接近企业社会责任的“真实面目”。

2. 企业社会责任的实践发展

对于企业社会责任的实践探索，我国走了一条不同于他国的道路。起初，企业社会责任的实践探索更多是属于一种非公司治理意义上的“良好市民”行为，是一种缺乏方向感的实践探索。基于公司治理意义的企业社会责任探索是近些年在克服公司外部性问题的讨论中逐渐生成的。在

---

① 沈洪涛、沈艺峰著：《公司社会责任思想起源与演变》，4页，上海人民出版社，2007。

② 郑石明著：《企业社会责任构建——公共责任研究的新视野》，4页，经济管理出版社，2009。

③ 参见高岚君、吴凤君等著：《全球化视野下的企业社会责任法律研究》，6~14页，法律出版社，2011。

④ 刘连煜著：《公司治理与公司社会责任》，7页，中国政法大学出版社，2001。

⑤ 刘俊海著：《公司的社会责任》，6页，法律出版社，1999。

⑥ 卢代富著：《企业社会责任的经济学与法学分析》，96页，法律出版社，2002。

⑦ 郑在义：《企业社会责任的商法考量——中国法学会商法学研究会2009年年会综述》，载《国家检察官学院学报》2010年第1期。

老百姓心中，企业践行社会责任的行为或许仅仅为一些慈善捐赠、慈善工程，殊不知企业社会责任的真正内涵乃是公司治理结构升级与社会公益关切的密切结合。中国社会传统观念禁锢了民众的社会化思维，民众往往对企业的一些社会公益决策另眼相待，企业“做好事”、力所能及地解决社会问题的同时面临着不小的舆论压力。而后，随着社会经济发展与国民生活水平的提高，社会对于企业社会责任的认同感逐渐增强。市场经济体制的不断健全为大批跨国企业入华发展创造了良好的条件。它们带来的不仅仅是先进的技术，更重要的是一种先进的经营理念，作为市场营销重要手段的企业社会责任就是其中要旨。“以利益相关者为导向，以创造包容性价值为目标的新兴企业社会责任模式将为企业提供全新的创新视角，从而带来大量的创新机会”①，国内有识之士竞相追逐效仿。“企业社会责任方面的活动日益增多、发布企业社会责任报告的企业日益增多”②，一大批国有企业开始注重自身的企业社会责任体系建设。虽然这种效仿少有理论的系统指导，但在当时的条件下此种探索实为难得。最后，较为欣慰的一方面是，我国政府日益重视对企业社会责任的引导工作，政府的支持是企业社会责任进一步推进的必需之举。这集中体现在有关企业社会责任的法规和规范性文件日益增多。例如，2006 年 1 月，新修订的《中华人民共和国公司法》第 5 条明确规定了公司必须承担社会责任，这是企业社会责任首次出现在官方立法之中。2007 年 12 月，为了深入落实科学发展观，推动中央企业在建设中国特色社会主义事业中认真履行好社会责任，实现企业与社会、环境的全面协调可持续发展，国务院国有资产监督管理委员会印发《关于中央企业履行社会责任的指导意见》，明确了央企企业社会责任的运作方向，这也是我国政府首次出台关于推进社会责任建设的具体操作细则，对推进企业社会责任体系的建设助力颇多。

3. 进一步思考

通过以上理论与实践两方面的论述，我们可以对我国的企业社会责任的发展特点进行归纳。笔者认为，这种特点在于两方面的不均衡：一方面是理论认识上的不均衡。企业社会责任确实是一个可以进行多维度审视的概念体系，但是就企业社会责任在西方国家的发展源流来看，其本质上是一个法律问题。从法律角度考察企业社会责任有着其他视角不可比拟的优越性。法律的特点在于确定和稳定，它增强了人们行为的可预测性。法律的优势在于它可以更好地、更为系统地引导公司治理结构的变革，从根本上启发企业社会责任的运行思维。企业社会责任的法律化是企业社会责任建设的重要阶段性任务，我们提倡建立法治国家，对于企业社会责任立法的关注是这个时代赋予我们的任务；另一方面是实践中行业发展的不均衡。毋庸置疑，央企社会责任体系的良性运作为其他类型的企业发展提供了良好的范本。但是，由于企业的规模类型以及地方背景的差异，使得企业社会责任体系的运作不可能进行简单的照搬移植。企业社会责任终究立足于“社会”，激励广大中小企业推进企业社会责任建设才是最为根本、最为彻底的变革。况且上至央企下至微型企业，很多企业社会责任的践行往往单方面地依靠“企业家精神”。没有系统的理论指引，缺乏正确的政策引导始终是我国企业社会责任实践面临的重大挑战。在这个穷则思变的年代，企业社会责任同样也会迎来自身的调适与升级。

（二）企业社会责任的时代任务

“企业和市场是组织相同交易活动的可替代模式”，以价格替代机制为显著特征的现代企业“在一个较大组织中扮演着一个单个细胞的角色，几乎意识不到自己在发挥着更大的作用”③。“公

① ［美］菲利普·科普勒、南希·李著，姜文波等译：《企业的社会责任》，7 页，机械工业出版社，2011。

② 王再文、赵杨编：《2010 中央企业履行社会责任报告》，14 页，中国经济出版社，2010。

③ ［美］罗纳德·哈里·科斯著：《企业的性质》（1937），载《企业的性质：起源、演变和发展》，商务印书馆，2007。

司不断成了财产保有的方式，而且成了组织经济生活的手段，……它结合了若干属性和权力，已经有资格被视为一种主要的社会制度。”① 企业源于社会并反作用于社会，企业制度的发展壮大使之不断汇聚能量，客观上对市场、对社会产生了难以预期的影响。早在19世纪初，经济学家们就预料到企业制度的广阔前景并表示了它们的担心：“公司制度将处于这样一种地位，它即使不会吞没全部储蓄，至少也会吸收其相当大的部分，而投资者别无选择。”② 作为一个内部经济共同体，企业汇聚了不同的利益主体，“它可能利用自己的经济行为，作为旨在取得其他方面的成就的手段；……或者有一些经济上的成就与经济以外的成就相结合在一起。”③ 或是相关不相关的，或是有意无意的，但是它们的的确确对社会产生了影响。我们常用外部性理论来理解这些“经济上的成就”与“经济以外的成就”，并且企业社会责任的视阈更多是关注那些“经济以外的成就”。当“经济以外的成就”对社会造成了不良的影响亦即产生了负外部性时，法律就会成为保卫社会的一道屏障。而更多的人们出于“利他主义”思维模式对企业能在问题产生之前作出反向决策、企业能主动地回报社会服务社会有强烈的期许。以往我国学界对于企业社会责任思想的关注着墨颇多的是对于企业社会责任合理性的证成，基于当下的种种社会现实，笔者认为处于社会转型期的企业社会责任应跨越合理性的责难，大步伐地推进基础实践的落实。在此，我们不讨论“企业该不该对社会负责”这一持续了近百年的命题，因为事实上社会确实需要企业的付出与贡献，这样的思维尤其符合社会主义中国的社会价值观。

我们将企业社会责任作为一个法律问题考察。“从古至今，每个人类社会都有一套推广、变革、管理以及执行人们生活所需的规则的机制”④，这种机制立基于不同社会的不同情境——历史法学派代表人物萨维尼称之为“民族精神”。我国企业社会责任的建设同样需要与我们的“民族精神”相结合。费孝通认为，“从基层上看，中国社会是乡土性的”⑤，这种“熟悉的社会”不同于“权利的社会”。社会在发展进步，我们的“民族精神”同样需要去伪存真。面对现代化，中国同样有理由走上一条先进的法治道路。“我们不应当把中国的现代化过程或法治过程视为一个对西方正统理论的适应与改造，把中国的现实问题都视为没有实践或理论价值的问题”。⑥ 企业社会责任需要应对中国的现实问题作出紧迫的调整。“社会转型”是当前我国重要的现实问题。“社会转型”的一个重要内涵在于降低经济发展带来的社会负外部性影响，而企业是首当其冲的调整对象。如果说完善法治建设是实现社会平稳转型的重要途径，那么企业社会责任不得不说是社会转型期对于企业进行调整控制的一把利器。企业社会责任与社会一般，同样处于一个转型的十字路口，如何与社会的发展同步运作是其应当考虑的重要议题。发展企业社会责任既是出于自身的“历史包袱”进而寻求突破的迫切，亦是时代背景下对于中国现实问题考量后的不二决策。前期大量的研究成果逐渐使人们对于企业社会责任的认识趋于同步、趋于理性。在社会转型的大背景下，将显学式的社会责任落到实处、推向法治建设才是真正的时代任务。

---

① ［美］阿道夫·A. 伯利、加德纳·C. 米恩斯著，甘华鸣等译：《现代公司与私有财产》，3页，商务印书馆，2007。

② 前引，阿道夫·A. 伯利、加德纳·C. 米恩斯书，第76页。

③ ［德］马克斯·韦伯著，林荣远译：《经济与社会》（上卷），376页，商务印书馆，2006。

④ ［美］史蒂夫·瓦戈著，梁坤、邢朝国译：《法律与社会》（第9版），1页，中国人民大学出版社，2011。

⑤ 费孝通著：《乡土中国》，5页，人民出版社，2008。

⑥ 苏力著：《送法下乡：中国基层司法制度研究》，13页，中国政法大学出版社，2000。

二、政府主导企业社会责任推进的证成

（一）政府与企业社会责任

政府与企业的关系一直是经济学家较为关注的论题。政府与企业从形态上看是有本质差异的两个独立个体：企业在私而政府为公，企业最大限度地追逐利润而政府维持社会稳定。市场经济的发展使二者历史性地走到了一起。在经济社会中，政府对企业的影响是不言而喻的。有学者认为，“从某种意义上讲，政府是一个超级企业（但不是一种非常特殊的企业），因为它能通过行政决定影响生产要素的使用”[①]。实际上“政府在影响私人生产的同时，其自身也直接参与了生产。政府通过法律体系和法律机制、直接和间接补贴、信贷活动、提供公共服务等方式影响了私人生产”[②]。政府与企业的关系亦公亦私，从法律上考量政府与企业的关系是对传统公私法两分思维模式的巨大挑战。因此我们有必要将研究的视角投向具有第三法域特征的经济法。经济法学者致力于探寻维护市场经济稳定运行的法律协调机制，而作为经济法重要主体之一、宏观调控施与者的政府如何适度参与市场经济的运行是其重点关注的方向之一。有学者认为“经济行政主体是在行政机关与行政相对人之间的市场规制和宏观调控关系中的主体资格”[③]。亦有学者指出“由于行政机关涉及的国家经济调节领域最广、最直接，因此，成为经济法主体中极为重要的一种，它的应变性和专业性较强，对其职能范围的规范也是概括性、手段性的”[④]。我们不难看出经济法学者的观点中不谋而合地蕴藏着一种政府干预经济的思想。它既可以是宏观的政策把握，又可以是微观上有针对性的监管监控，而企业是微观层面不可忽视的一环。

企业社会责任是政府与企业关系核心命题下的一个重要的子命题。社会责任思想立足于引导企业的社会化运作，旨在培养企业的“社会公民”意识，维护社会公共利益。它在寻找衡平社会与私人利益的理论武器之时受到了世界多国政府的青睐。在国外，政府对于企业社会责任的参与一直是永恒的主题，而以法律形式推进企业社会责任建设是19世纪80年代以来的固有举措。各国立法规制依各国国情而有所不同。19世纪末，“英国在立法中逐步确立了倾向于就业、工资、工作条件、环保等问题的企业社会责任”[⑤]。美国是世界上较早的系统化实施企业社会责任的国家，经过数年的发展其已经形成了系统、完善的企业社会责任规则体系。在欧洲大陆，立法者普遍关注的重心倾向于劳工权益的保护，以此来保护劳动者的利益，谋求公共福利。在俄罗斯，幅员辽阔的疆土让政府平添几分渺小。企业社会责任的引导，“通过公司写作框架推动企业积极增进社会福利”，“20世纪90年代末以来，俄罗斯大型企业和地区当局之间签订社会经济合作协议的模式就已经被广泛使用”[⑥]。在加拿大，移民国家的背景、高纬度的地理位置以及廉洁国家的建国方针使其重点指向对于环境保护以及相关行政腐败问题的关注。在发展中国家，这种单一的探索显得更为明显。“受英国和法国的影响，南非商业界达成了遵守和奉行人权的共识，而沙利文主义的产生打破了以往政府执行种族隔离造成的信息封闭”[⑦]，更多公司开始在社会报告中公布有

① [美] 罗纳德·哈里·科斯著，盛洪、陈郁译：《企业、市场与法律》，115页，上海人民出版社，2009。

② [美] 斯蒂格利茨著，赫特杰编，郑秉文译：《政府为什么干预经济：政府在市场经济中的角色》，34页，中国物资出版社，1998。

③ 王全兴著：《经济法基础理论专题研究》，473页，中国检察出版社，2002。

④ 单飞跃著：《经济法理念与范畴的解析》，241~242页，中国检察出版社，2002。

⑤ 王丹著：《政府推进企业社会责任法律问题研究》，81页，法律出版社，2010。

⑥ 崔丽：《俄罗斯企业社会责任履行现状及对我国的启示》，载《河北法学》2012年第4期。

⑦ Angela Itzikowitz：《企业社会责任在南非》，载《企业社会责任专论》，北京大学出版社，2009。

关其运作的情况。

通过以上论述我们不难看出政府推进企业社会责任的实施已经成为一种世界的潮流。无论是发达国家还是发展中国家，经济的好坏并不影响政府对于企业社会责任的关注。其次，以立法手段推动企业社会责任建设同样是政府的不二选择。面对潮流，我们必须做出改变与选择，依靠政府的力量完成企业社会责任的法治构建是当下我们的重要任务。

（二）政府主导企业社会责任推进的合理性

企业社会责任需要多元化的主体推动，但这种主体上的多元化并不意味着是一种杂乱无章的“分业经营”。我们需要在诸多主体之中选择出能够领导各个主体协调运作、系统推进的组织。一般认为，企业社会责任的推进主体包括：（1）政府，作为国家干预的主体，政府基于决策制定者的定位，政府有着比其他主体更为客观的主观能动性，之于企业社会责任推进尤其是企业社会责任的法律化推进有着无可比拟的作用。（2）企业，企业概念的发展经历由“生产函数”到“交易成本替代”[①] 的发展，企业社会责任探讨的核心终究是社会中的个体企业，唤起企业的自知自觉才是企业社会责任推进的重要目标。在我国，越来越多的企业开始意识到企业社会责任在企业长远发展方面的重要性。（3）利益相关者，“企业社会责任的重要意旨在于，除了对于控股股东的利益、雇员的利益保护外，必须对其他企业和社会团体的利益予以重视”[②]。一般认为，企业社会责任的利益相关者包括股东、债权人、雇员、消费者、社区等广大主体，这些主体基于自身的利益牵连往往对企业有着不同的利益要求，排除这些利益要求的含混性，但就其客观效果着实推进着企业社会责任的实施。

企业社会责任是一个系统的运作过程，为了实现目标，政府无可厚非地成为这一过程的主导者。政府主导企业社会责任的优势在于相辅相成的两个方面：一方面，政府自身有能力主导这个进程；另一方面，政府的主导为企业社会责任所需要。前者可以理解为政府的先天优势，而后者是政府的比较优势。

1. 先天优势

（1）政府与企业社会责任有着共同的价值取向。价值取向与事物的本质相关决定着事物的运行方向。仅仅从字面上我们就能读出企业社会责任对于一个社会、一个区域整体利益的关切。企业社会责任致力于解决企业发展带来的负外部性问题，从利益上看这种指向是模糊的；横向上看企业社会责任并不针对个人，而是针对一定区域的社会大众；纵向上看它并不是“短视”于一定时间的“妥协”，而是长远的社会发展。企业社会责任在纵横两个方向的着眼点与政府有着天衣无缝的耦合。“人们联合起来成为国家和置身于政府之下的重大的和主要的目的，是保护他们的财产。”[③] 无论是资本主义的社会契约还是社会主义的人民主权，它都承载着社会民众的期许，代表着这个社会的整体利益。而在社会主义的中国这种利益代表又显得尤为重要。在横向上人民政府维护民众的基本权利，协调各方面的利益冲突，维持社会的稳定与发展。从纵向上看，人民政府寻求社会的长治久安，以最大的努力促进社会走上可持续发展的道路。这种耦合既是历史的也是现实的。此外相比于其他推进主体，政府的社会公共利益观显得更为稳定与持久，有效的监督机制可以确保政府运行的公开透明。

（2）中国社会的政府历史地具有了强大的能动性。一般认为，政府的职能表现在政治、经

① ［美］罗纳德·哈里·科斯著，盛洪、陈郁译：《企业、市场与法律》，15页，上海人民出版社，2009。

② Amir Licht, “The Maximands of Corporate Governance Theory of Values and Cognitive Style” Delaware Journal of Corporate Law, vol. 2, no. 3, 2004, p. 649.

③ ［英］洛克著，叶启芳、瞿菊农译：《政府论》（下篇），77页，商务印书馆，1964。

济、文化与社会公共服务四个方面。各国因历史发展呈现出不同的职能状态。对于我国来说，历史的发展早就为当下我国政府对于各个社会领域极强的干预能力奠定了基础。一方面，我国的社会本位不同于西方国家。西方国家秉承“权利本位”，强调天赋人权。而我国历史发展承继了“权力本位”，民间也常常称之为“官本位”的社会。在“官本位”的社会，政府往往是至高无上的机构，拥有难以想象的权力，民众虽有忌惮但也对政府的行为抱有强烈的期许。另一方面，我国历代均承继了“集权制”的政治体制。集权意味着政府成为社会资源的整合体、社会权力的分配者。这种资源上的垄断，使得政府可以超越法律，实现对于社会的非常规控制。一个较为明显的例子即是在我国政策与法律的特殊关系。二者本来有着先天的秉性差异，而在中国，“所谓‘政策’与‘法律’的区别仅仅是‘少一点规则约束，多一点自由裁量’或‘多一点自由裁量，少一点规则约束’”。① 最后，新中国成立以来在政府领导下我国社会主义事业取得成就使我们有信心相信政府可以胜任在企业社会责任领域的开拓工作。

2. 比较优势

（1）对于效率的追求。现代社会是一个讲究效率的社会，企业社会责任也不例外。效率是衡量企业社会责任发展程度的一个重要指标，企业社会责任在按部就班的前提下应最大程度地追逐效率，在相对短时间内取得质的突破。然而，效率的对立面就是成本的耗费。追逐效率不是没有成本的，在探索期反而需要耗费大量的人力物力。这样看来，对于资源的有效利用是企业社会责任发展的必要手段。而政府较好地解决了这一问题。政府作为社会的枢纽，掌握了丰富的资源，这是其他推进主体望尘莫及的。将企业社会责任整合到政府的发展规划之中，使之真正成为社会发展大阵营的一员，真正地成为社会的“责任”，最大限度地利用社会资源共同建设。此外，政府的这种资源优势与其他主体相比显得更为全面。其他推进主体往往在某些方面、某些领域有着自身优厚的资源禀赋，而作为全局性的统筹整合，政府的地位别无他选，它不仅有着得天独厚的自身资源，而且还可以通过行政手段对其他主体的资源进行统筹调度。

（2）迎合转型社会的需要。如前所述，企业社会责任的发展既是自身历史发展中寻求突破的需要，又是迎合社会历史大背景的要求。而后一方面的历史又显得尤为紧迫。谈到企业社会责任的内涵，卡罗尔认为，“完整的企业社会责任，乃企业经济责任、法律责任、伦理责任和得自主决定其履行与否的责任（慈善责任）之和”②。经济责任是企业基于营利最大化理念无可厚非的本质属性；法律责任是某种意义上的法律约束机制；伦理责任是高于法律责任的一些道德旨趣；慈善责任则是卡罗尔笔下企业的一种愿景责任。这个四个责任代表着企业社会责任内容的四个方面，同时也是四个阶段、四个层次，理智的“经济人”应识时务，明确社会需要哪种意义、哪种层面上的企业社会责任。可以说，每个阶段、每个层次上的发展都需要社会舆论的支持。就现实而言，我国的发展徘徊于经济责任与法律责任，正在为达到企业社会责任法律化而努力奋斗。社会转型是企业社会责任发展的一个契机，因为它需要一个稳定的制度体制来支撑社会的发展变化，进而引导人们的行为方式。与时代结合的要义是深刻将自身融入社会转型的过程之中。作为社会转型推动者的政府可以在推进企业社会责任实施的过程中，与社会转型同步，达到社会联动，握紧时代脉搏。

---

① 包振宇：《相机性规制的合法性研究——以房产限令为例》，载《东方法学》2011 年第 4 期。

② Archie Carroll, Stakeholder Thinking in Three Models of Management Morality : A Perspective with Strategic Implications , in The Corporation and Its Stakeholders : Classic and Contemporary Readings. Edited by Max B. E. Clarkson ,University of Toronto Press, 1998, 139 – 170. 转引自卢代富：《国外企业社会责任界说述评》，载《现代法学》2001 年第 3 期。

三、政府主导下企业社会责任进路

企业社会责任的转型期探索意在将企业社会责任的思想融合社会转型的诸多特点落实到社会实处，指导企业、政府等相关主体的行为，是一个由理论到实践、由主观到客观的过程。企业社会责任的转型期探索从研究范畴上看，属于企业社会责任推进机制的一种表现，建立健全企业社会责任的推进机制必须明确企业社会责任推进机制的目标，或者是目标层级。企业社会责任思想从根本上讲是人们、是社会对于企业发展之于社会影响的一种美好寄托，是一种具有共同期待性质的“愿景”，这种“愿景”可谓“是存乎一心的事，无需法律明定而将其量化”[①]。“不管实现企业社会责任的途径有多少，企业社会责任是法律要求之外的企业自愿行为”[②]，我们更多的是一种道德上的叮嘱、舆论上的压力，所以说企业社会责任从本源上讲是一种“商业伦理”，属于道德义务的层次。基于此种认识，企业社会责任目标的一个核心议题就是道德义务的推广，具体看至少可以有以下三个目标层级：(1)“道德义务制度化”：社会责任观念的由虚到实；(2)“道德义务法律化”：将制度化的社会责任以法律的形式加以确定，并贯穿于立法、执法和司法的理念之中；(3)“道德义务通识化”：追求一种公民守法层次上的企业社会责任理念的建立，一种内生性的社会责任守法要求。

经过企业社会责任在中国发展的数十年，我们在某些领域已经形成了认可度较高的制度体系，企业对于社会责任的认可度同样高于他时。但这仍是一种初步的“道德义务制度化”。社会转型期需要社会管理方法的创新，革新社会管理方式，把这些细微的制度变化确定在社会责任项下有利于推动转型。而“道德义务制度化”正契合了这一点。进一步考虑，社会转型的大背景告诫我们要对企业社会责任的具体问题的具体内容作出阶段性的选择，考虑到我国企业社会责任理论研究与实践探索的现状，我们认为当下企业社会责任推进机制的目标在于“道德义务的法律化”，亦即通过法治的善治手段推进企业社会责任并将推进过程的经验教训升华为法治的内涵或精神指导日后的实践。我们需要通过“道德义务制度化”的道路走向“道德义务法律化”。建立法治社会是我国的长期任务，不会因为处于社会转型而改变，只会因其而加快节奏。与此同时，企业社会责任的法律化是一种趋势，国外已有大量的立法先例。“20世纪以来伴随着企业社会责任的理论之争而在一些发达国家呈现出以企业社会责任为导向的法律变革活动。”[③] 美国是发达国家中最早推行企业社会责任理念，也是最早进行法律化实践探索的国家之一，经历了长达数十年的企业社会责任立法运动，可以说美国政府与民间在推动企业社会责任这一点上形成了极好的互动。同样这也是我们需要努力的方向。

我国政府主导企业社会责任的建设有着前后两方面的优势，而如何利用优势，在其中具体扮演何种角色，使用何种手段成为一个关键的问题。政府应该充分利用各种手段，最大限度地发动社会的力量，以致全社会共同推进企业社会责任的建设。这其中需要注意的是，主导需要与企业社会责任自身的特点相符。具体来看，企业社会责任涉及三方面的内容指向，亦即本体层面、客体层面以及规则层面。本体是指企业本身，客体是普通的社会大众，而规则就是法律及相关配套制度。所以企业、社会和法律是企业社会责任的三个方面。而社会转型的三个重要方面是经济、制度与理念，由此我们可以将此结合为下面三个推进要点：

① 前引，刘连煜书，147页。

② Alan Neal,“CSR Government Gain or Freedom of Market”Comparative Labor Law& Policy Journal, vol9, no. 1, 2006, p. 469.

③ 前引，卢代富书，243页。

（一）法律层面的责任明晰

从社会转型的特点看，当下我国经济转型过程中伴随着很多社会性问题，如前所述的种种事件，首先，人们对于企业的信心与公信力大打折扣，这在某种程度上孕育了社会中的不稳定因素；其次，我国改革开放以来已经进入一个中国改革的制度化瓶颈，社会制度的构建明显与经济制度的构建不配套，“中国人钱多的同时，可能反而对未来更感到不安，这不仅使中国的内需无法增长，使中国的经济增长依赖出口，也让中国人的幸福感下降”①；最后，在经济政策的制定与执行之间存在巨大的鸿沟，经济政策执行存在很多问题使得经济政策的显示效果大打折扣，如前述各地的单纯GDP增长观。社会转型目的论提醒我们社会转型的目标是为了更协调发展、更均衡发展、更稳定发展的社会结构的建立，消除不安因素、增进社会和谐是社会转型的重要旨趣。

通过以上两点的论述我们不难看出，基于协调、均衡、稳定的思想，反思社会责任的几大层次内容我们可以得出的结论是社会责任应是一种返璞归真的朴素需要，而非一种更高层次的普适追求，企业应秉承商业伦理，深入理解经济责任的真实意涵，本本分分经商，明辨利弊。政府作为督导者应重视法律责任体系的构建。目前我国的法律关于企业社会责任的直接规定仅限于公司法，而对于企业经济责任的规定散见于相关部门法规，将这些法规在企业社会责任的范畴内进行整合显得尤为重要。此外，从立法层级上看，出台行政法规或许是一个较为可行的权宜之策。一方面行政法规相比于法律有较大的灵活性，另一方面行政法规的出台会加重政府在推进中的责任，更好地促进其实施。综上，从内容上看经济责任和法律责任是转型期企业社会责任建设的重点。企业应本本分分地经营执业并接受监管，而监管的强调务必要强化政府的“守夜人”角色，适时出击，健全法律规则体系，维护良好的市场竞争秩序。

（二）企业层面的激励机制

并不是每个人生下来就是道德上的圣人、哲学上的内圣外王，后天的教化是必须的，企业亦是如此，而企业的这种教化反映在一种激励机制。从方法论的角度思考，政府可以综合运用道德引导、政策扶持、法律激励等多种措施：（1）道德。道德既是企业社会责任的起点又是企业社会责任的终点，基于道德教化、道德诱导的方法从潜移默化中影响着企业与社会大众对于社会责任观点的认定。在具体的推进机制过程中这种道德推进体现为企业社会责任基础知识的传授，如各地企业家论坛对于该命题的关注。2011年4月13日，全国工商联农业产业商会、纺织服装业商会等24家商会在京联合发出《保供应、稳物价、促和谐》倡议书。倡议书强调，全国工商联行业商会的会员企业和企业主，绝不串通涨价、人为抬价。又如，2011年11月8日，社科院发布2011年《企业社会责任蓝皮书》，教育机构发布蓝皮书促进社会关注是道德诱导、政策制定的基础依据。（2）政策。政策体现出政府对于社会事务的态度，政府的能动性决定了政府政策的推广度、深入度以及实践效果。政策是三种推进方法中效果显现最快、最直接的方法，政策推进的表现之一就是企业社会责任的激励制度，包括物质上的财税政策激励和精神上企业荣誉授予，等等。例如，2011年7月15日，第六届民政部中华慈善奖表彰大会在京举行，肯定表彰为社会建设贡献自身的企业与个人。2011年4月20日，环保部在网站上公布了《2011年全国污染防治工作要点》，要求推进上市公司环境信息披露，建立重点行业上市公司环境报告书发布制度。（3）法律。法律是社会的底线，通过法律的社会控制往往比其他手段更为行之有效。“法治与市场经济的关系决定了经济和行政手段，最终都应纳入法治化的轨道。”② 美国联邦法院在报告中曾指出，“由国会和国家颁布了法规的立法强调企业社会责任的必要性的认识，有利于鼓励企业慈

① 陈志武著：《金融的逻辑》，38页，五洲传播出版社，2011。

② 李昌麒、胡光志：《宏观调控法若干基本范畴的法律分析》，载《中国法学》2002年第2期。

善捐款，贡献社会”。[①] 企业社会责任并不是一种强制性推行，而是在尊重公司营利的基础上，对公司提出的一种兼于商业伦理和社会义务的要求。法律化的企业社会责任应当是一种宣示性、倡导性规范与强制性规范的有机结合。而“法律的生命在于其实施。因而迫切需要对怎样使大量立法和司法解释有效而进行认真的科学研究”，[②] 这就需要我们从部门法和法律演进的两重意义上进行推进，前者包括了劳动法、消费者权益保护法等外部法规，后者则可以具体到立法、私法、执法、守法各个层面的运作。

（三）社会层面的理念宣传

社会转型的重要旨趣在于一套立基于现实背景的制度体系的建立，“而说到底，社会的规范制度体系实质上是一个文化和文化结构的优化问题”。[③] 理念转型是整个社会转型过程中最为关键、同样是难度最大的一类转型，有些时候它是潜移默化地发生的，而其转变的来源正是一种社会正向引导的民众意识觉醒。

社会大众中蕴藏着丰富的司法资源，唤醒民众对于企业社会责任的关注与重视有益于这项事业的长远发展。一般意义上我们更多强调的是民众对于企业践行社会责任的监督，其项下较为突出的是媒体与行业协会。作为“社会能见度”的媒体在任何领域都是一把监督利器，而行业协会作为“单一行业的竞争者所构成的非营利性组织，其目的在于促进该行业中的产品销售和雇佣方面提供多边形援助服务”，[④] 其存在的客观价值决定了其在社会责任事业推动机制中不可推卸的责任与义务。例如，2011 年，广东省房协发布的《广东省房地产企业社会责任指引》正式实施；中国电力企业联合会在北京发布《全国电力行业核心价值公约》，这是全国第一个行业性的核心价值体系，将作为拥有 250 万员工的电力行业的精神纽带、行动指南和对社会的共同承诺；2011 年“中国工业经济行业企业社会责任报告发布会”在京召开，会上发布了《中国工业企业及工业协会社会责任指南实施手册》。以上均是行业协会在各自领域进行的有效探索。由此，最大限度地调度民间参与社会责任推进的热情是当下我国政府主导企业社会责任推进的重要阶段性任务。

四、余论

2006 年 1 月 1 日，新《中华人民共和国公司法》开始施行。该法第 5 条规定，公司从事经营活动，必须遵守法律、行政法规，遵守社会公德、商业道德，诚实守信，接受政府和社会公众的监督，承担社会责任。这是我国第一次以法律条文的形式确认了企业社会责任的法律地位，是企业社会责任法律化进程中的一座里程碑。以企业社会责任法律化为要旨的转型期企业社会责任推进机制是一项宏大、系统的工程。本文基于社会转型的语境与企业社会责任的基础内容，做出企业社会责任推进内容上的初步选择，这仅仅是论述的开端。企业社会责任的推进仍需我们在此基础上于部门法与法律演进两个主要维度进行展开，欣慰的是当下我国已有多数学者泼墨于此，并建树颇丰。相信企业社会责任的愿景之日远在将来，近在眼前。

① Jeremy Telman, “Is the Quest for Corporate Responsibility a Wild Goose Chase? ”, Akron Law Review, vol12, no. 3, 2012, p. 291.
② ［美］罗斯科·庞德著，沈宗灵译：《通过法律的社会控制》，55 页，商务印书馆，2008。
③ 晏辉：《论社会转型的实质、困境与出路》，载《内蒙古大学学报（人文·社会科学版）》1998 年第 1 期。
④ 鲁篱著：《行业协会自治权研究》，5 页，法律出版社，2003。

公司章程“另有规定”与司法裁定的适用①

赵忠奎*

目　次

一、问题意识与论证目的

2006年1月1日起开始实施的《中华人民共和国公司法》（以下简称《公司法》）有许多亮点，而最引人关注的当属其赋予了公司较高的自治权限。“公司自治”被确立为2005年《公司法》修订的主题，这表明修订后的《公司法》遵从了这样一种立法指导思想：在遵循强制性规范、指导性规范和任意性规范相结合的前提下，突出强调任意性规范的作用。现行《公司法》的上述变化，可从公司法法律条文对公司章程的规定中窥见一斑。与旧《公司法》相比，现行《公司法》凸显了公司章程在公司法体系及公司运营活动中的重要地位，它不仅增加了关于公司章程的法律条文、减少了体现强制色彩的“应当”、“必须”、“不得”、“严禁”等字眼，而且在法律条文设计中首次出现“公司章程另有规定的除外”等类似表述，② 如现行《公司法》第43条：“股东会会议由股东按照出资比例行使表决权；但是，公司章程另有规定的除外。”这一规定突破了传统的“资本多少决原则”，据此公司可根据自身性质、发展需要创新其他多种表决方式，大大提高了公司在表决方面的自治权限。除此之外，现行《公司法》也以公司章程“另有规定”这种“但书”形式，在股权转让、股权继承、利润分配等方面做了类似规定。显然，现行《公司法》的这种转变，“导致了公司法规范结构的改变，公司章程成为一个具有内在价值的体系存在

---

① 基金项目：2010年国家社科基金项目“商事法制实践对商事习惯的回应机制研究”（10BFX085）。

* 西南政法大学硕士研究生。

② 2005年《公司法》除了“公司章程另有规定的除外”的表述外，还有“公司章程另有规定的，从其规定”、“公司章程对……另有规定的，从其规定”、“但公司章程规定……的除外”等相关规定，为了表达方便，笔者在下文用公司章程“另有规定”统一表述。

于公司法的规范中”。[①] 随着自治权限的提高，现代公司拥有了较之前更高的自主决策能力，现行《公司法》的这种变化适应了社会经济发展之要求，为进一步深化经济体制改革，促进市场经济的发展提供了强有力的保障。从司法实践角度来看，公司章程“另有规定”的表述排除了《公司法》条款的适用，进一步强化了公司章程作为裁判法源的地位。然而在实践中，公司依法制定公司章程后，公司董事会、监事会、管理人员及其股东在按照公司章程展开组织经营活动时，将不可避免地产生纠纷，而我国现行《公司法》以公司章程“另有规定”形式赋予公司较高自治权限后，对如何解决因公司章程“另有规定”引起的权益纠纷却规定不够细致。纠纷产生后，在通过公司内部机制仍不能解决纠纷时，实践中常见的做法是将其纠纷诉诸法院。然而，司法介入公司章程“另有规定”类纠纷，其依据何在？法院在裁判公司章程“另有规定”类案件时，如何将其与一般民事案件区别对待？这在理论和实践上都具有重要意义。

二、司法裁判视角下的公司章程“另有规定”

在现代市场经济日渐发达的社会，作为市场经济主体之一的公司所起到的作用日益受到人们的重视。政府为了推动本国或本地经济之发展，以各种优惠政策招商引资以在本地建立公司，吸纳就业人员，增加财政收入，活跃并推动本地经济发展，而对于那些渴望投资而又害怕投资风险的公民或组织而言，公司制度当中的有限责任制度则为他们消解了这一矛盾心理，因此各中小型公司在各地纷纷出现。正如有学者所言，“公司不仅创造了当今世界绝大部分的财富，而且也成为人们最经常用以经营商务的工具”。[②] 然而“无规矩，不成方圆”，公司作为法律拟制上的企业法人是成立于某一具体的地域的，它是某一国家或区域的一员，其成立、运营、发展或解散理应受到一定的规制。综观各国，公司法及公司章程成为规范公司行为的主要规则。公司法主要从宏观上规范公司这一群体，而公司章程因存在于具体的公司当中，它从微观上指导本公司参与者的行为。诚如前所述，自 2005 年修订《公司法》后，我国《公司法》取得了长足的发展，现行《公司法》在理论界和实务界受到人们的广泛赞扬，众多学者也从公司法角度对公司制度展开研究。尽管现行《公司法》在法条上强化了公司章程的作用，但与《公司法》相比，同样作为规范公司行为的公司章程却受到了冷落。也正是因为如此，当公司内部出现利益冲突或者公司与其他主体出现纠纷而诉诸法院时，《公司法》或其他部门法往往习惯性地成为法官裁判的法源，以致公司章程的重要性没能凸显出来。有些情况下，即使法官在审理与公司有关的纠纷案件时将公司章程考虑在内，由于思维的惯性以及对于《公司法》与公司章程的关系没有一个深入的认识，也在大多数情况下仅将公司章程作为一个在遵循《公司法》的前提下的具有法律效力的文件，公司章程的实际效用同样没有发挥出来。这样一来，一方面，案件纠纷的一方可能会因为法官裁判的片面性而遭受损失；另一方面，许多由股东在法律许可的范围内协商并被写入公司章程的新制度、新理念遭到了扼杀，这都不利于我国公司的长足发展与其生命力的绽放。基于此，笔者在下文首先对公司章程的性质及其在公司发展中的作用展开论述。由于《公司法》与公司章程在公司的成立至解散的过程中都发挥了举足轻重的作用，而两者有联系亦有区别，当公司章程以公司章程“另有规定”的形式排除《公司法》条款的适用，进而引发公司类纠纷诉诸法院时，法院法官如何裁判？这是笔者将要进一步研究的问题。

---

① 钱玉林：《作为裁判法源的公司章程：立法表达与司法实践》，载《法商研究》2011 年第 1 期。

② Janet Dine, Company Law, 4th Edition, Palgrave Macmillan Publishers Ltd, 2001, p. 1.

（一）公司章程——“契约”抑或“自治法规”

公司章程是公司成立的必要条件之一，其制定程序因公司性质不同而有所区别。就有限责任公司而言，应由公司发起人在相互协商的基础上，依据法律规定共同制定或由公司发起人委托他人制定，但无论采取哪种方式，都要有发起人在章程上签名、盖章。目前我国还不承认委托他人制定的方式，因此，在我国有限责任公司的公司章程由发起人共同制定并且需要全体发起人签名、盖章。公司成立后，公司章程成为公司参与者的行为指南，这是由公司章程的法律性质决定的。到目前为止，学界就公司章程的法律性质尚未达成统一意见，但形成了两种主流观点，一种是“契约说”，另一种是“自治法规说”。按照公司章程“契约说”，公司章程是公司股东就其在设立中和设立后的公司中应承担的权利与义务达成的协议，体现了股东的自由意志，这一学说很好地解释了公司章程在公司与股东及股东与股东之间具有法律约束力的原因。然而公司参与者除了股东之外还有董事、监事、管理人员及后续加入的投资者，尽管公司章程“契约说”以“后来加入的投资者已默认公司章程的条款”来解释后续投资者也应受公司章程约束，但对于那些不具有股东身份的董事、监事及管理人员，他们也要在公司章程的约束下进行日常经营活动，这又作何解释？显然，公司章程“契约说”很难解释这一问题。按照公司章程“自治法规说”，公司章程是公司的“自主立法”①，它是公司及其参与人员的纲领，对股东、董事、监事及其管理人员的行为具有根本性的指引作用，在公司内部具有最高效力。与公司章程“契约说”不同，公司章程“自治法规说”认为公司章程的制定者是公司本身，只不过由公司股东来实施制定行为而已。公司章程“自治法规说”弥补了“契约说”某些不足，然而这并不代表它是完美无缺的，公司章程“自治法规说”亦有不足之处，既然是“自主立法”，公司理应结合公司自身发展之实际，在不违反公序良俗之条件下制定完全适用于自己的“法规”而不受其他干扰，而实际情况并非如此。以我国为例，我国现行《公司法》根据公司性质的不同，对公司的人数及最低出资额等作出了强制性规定，这种规定体现在各公司制定的公司章程之中。除了我国，大陆法系的许多国家或地区，无论在法理上还是立法实践中都将公司章程内容分为绝对必要记载事项、相对必要记载事项和任意记载事项。从国家公共管理角度来看，此类规定当然是有必要的，但这却使公司章程“自治法规说”的权威性受到挑战。其实，“无论是‘法定契约说’还是‘自治法规说’，都无法全面解释公司章程的内在特质。当我们站在某一学说的立场来审视、评判另一种学说的不足与弊端时，会惊奇地发现，两种学说在思维上所犯的其实是同一个错误，那就是公司章程似乎是一个不可分割的文件”。② 在笔者看来，公司章程虽然具有“契约”及“自治法规”的性质，但公司章程毕竟是一个独立于“契约”与“自治法规”的概念，我们可以“契约”或“自治法规”的视角来认识公司章程，但不应该将公司章程等同于“契约”或“自治法规”。

（二）公司章程作为裁判法源的理论机理

前已述及，公司章程“另有规定”的表述排除了《公司法》条款的适用，进一步强化了公司章程作为裁判法源的地位，虽然我国现行《公司法》中并无公司章程作为裁判法源的规范，但公司章程之裁判法源的地位仍有坚实的法理与实践基础。按照法理学，法律渊源被划分为正式法律渊源和非正式法律渊源，其中正式法律渊源是指不同国家机关根据其职权依据一定程序制定的规范性法律文件，按此划分法，《公司法》属于正式法律渊源毫无疑问；非正式法律渊源是指那些尚未在正式法律中得到权威性明文体现的具有法律意义的准则和观念，表面上看，公司章程的制定或修改主体是公司发起人或者公司股东而并非国家机关，公司章程好像属于非正式的法律渊

① ［美］E. 博登海默著，邓正来译：《法理学：法律哲学与法律方法》，421～415 页，中国政法大学出版社，1998。

② 前揭，钱玉林书，98 页。

源，但公司章程并非是“一个不可分割的文件”，公司章程的某些条款具有强制性色彩。正如有学者所言，公司章程是在尊重股东契约自由的基础上，注入国家的合理强制性干预，一方面，股东可以在章程规定的范围内行使其权利，部分地体现股东意志自由，尊重公司自治；另一方面，在一定范围之内介入国家意志防止公司控制人利用其优势地位侵害股东的权利，实现对股东形式意义和实质意义上的保护。①《公司法》所规定的公司章程应记载的绝对必要记载事项即是国家强制性干预的一种体现，如内幕交易、信息披露、章程的修改及公司清算解散等，此类事项并非以公司发起人或者股东协商为基础，公司章程不具备此类条款或者违背此类条款的结果是公司不成立。此外，笔者认为，公司发起人或股东因《公司法》之公司章程“另有规定”的授权，其在协商一致基础上达成的公司章程所记载事项已不再是单纯意义上的非正式法律渊源，这一点从1985年后美国特拉华州颁布的公司章程“选出”信义义务的法令中可见一斑。② 在这之后，有些“合同主义者”还主张公司章程“选出”股东投票权甚至无限度“选出”公司法，继而由公司章程作为唯一的法官裁判时的渊源，按照他们的观点，此时公司章程实质上已取代公司法的位置，公司法仅成为一份“标准合同”供公司选择。显然，“合同主义者”的观点有些极端，也不符合我国实际，但他们对作为裁判法源的公司章程的重视却不无道理。申言之，公司章程作为裁判法律应用于具体的司法实践活动具有其法理基础，法院法官在审理公司类诉讼案件时应充分尊重公司章程“另有规定”之情形。

（三）《公司法》与公司章程“另有规定”之司法衔接

卢梭说：“一旦法律丧失了力量，一切就都告绝望了；只要法律不再有力量，一切合法的东西都不会再有力量。”③ 公司作为社会成员之一，其活动自然要受法律的规范，综观世界各国，目前主要以公司法调整公司及其参与者经营活动，我国则以2005年修订并于2006年1月1日开始实施的《公司法》来规范公司内部结构与经营管理过程。然而“公司法从来不是公司发展的原动力”④，公司业务涉及各个行业，每一行业又有自身的特点，在长期的行业发展过程中，各行业也逐渐沉淀了自己的行业习惯或者规范，这种习惯或者规范随着社会经济的发展也在不断改变，因此，公司法事无巨细地囊括所有行业规范是不现实的，也是不理智的，毕竟“公司制度的完善是来自民间社会自生自发的演进过程，而非来自成文法的设计，公司的设计比公司法的设计要久远得多，公司法只是历史的一个总结”。⑤ 因此，除公司法之外，公司从微观上还需具备一定的规范来约束或指导其参与者的行为，这种规范的集合就是公司章程。公司章程伴随着公司制度而产生，以美国为例，18世纪末就已经从英国法学继承了公司制度的美国，在1811年之前，几乎每个具有契约性质的公司章程都被作为一个法案编入各州的法律，大部分公司章程被特别立法，这种状况一直持续到19世纪。⑥ 从这一点上看，公司章程历史要久于公司法，但这并不意味着公司章程被公司法所取代而成为一份“傀儡文件”。事实上，即使在现在，公司章程仍发挥着公司法

① 王海平：《公司章程性质与股东权益保护的法理分析》，载《当代法学》2002年第3期。

② 1985年，在Smith v. Van Gorom一案之后，一些学者及公司董事、管理人员等认为特拉华州最高法院对信义义务的解释太过严苛，特拉华州立法机关为缓解来自公司董事层的批评颁布了一项旨在减轻董事义务的法令。根据该法令，特拉华州的公司已通过修改章程的方式，对董事违反注意义务而导致的金钱损害赔偿责任予以限制或取消。为了在公司注册竞争中取得优势地位，其他州也纷纷效仿特拉华州颁布相关法令。参见罗培新著：《公司法的合同解释》，146页，北京大学出版社，2005。

③ ［法］卢梭著，何兆武译：《社会契约论》，168页，商务印书馆，1980。

④ ［美］伯纳德·施瓦茨著，王军等译：《美国法律史》，314页，中国政法大学出版社，2011。

⑤ 常健著：《公司章程论》，2页，中国社会科学出版社，2011。

⑥ ［美］阿道夫·A. 伯利、加德纳·C. 米恩斯著，甘华鸣等译：《现代公司与私有财产》，140~142页，商务印书馆，2005。

无可比拟的作用，它创新了众多公司新制度，为公司发展输入新鲜的血液，当这种新制度具有普遍性时，国家立法机关往往会以立法或者修订法律的形式将其吸纳进来。但在新制度法律化之前却存在一个问题，因公司新制度的实施而在公司董事、监事、管理人员、股东及其债权人等之间产生利益纠纷时，应该如何处理？这是一个实际而且普遍的问题，此时，应该充分发挥司法功能，依靠国家司法机关解决纠纷，保护利益受损者利益的同时，抑制不良制度滋生，筛选优良制度。

三、司法介入公司章程“另有规定”之原则构架

司法介入公司活动之正当性虽然已得到证成，但是另外一个问题随之出现，司法活动是否可以不顾公司章程之条文意思，随意介入公司章程“另有规定”，任意干涉公司活动？按照现在公司法基本原理，答案当然是否定的，尤其是在我国目前经济转轨初见成效的阶段，司法对公司的无限度介入显得更为敏感。在20世纪90年代初经济转轨初期，中国处于计划经济向市场经济转化时期，为了促进国有企业顺利转变经营体制，旧《公司法》虽然也对司法介入公司活动作出相关规定，但这种司法介入在一定程度上受政府政策的影响，法院在裁判时要考虑国有企业改革的这一因素，在当时的背景下，法院的做法有一定的合理性，因为“在许多法律制度和程序都尚未定型的转轨时期，如果过多采用法律的方法，可能会增加改革的成本，特别是时间方面的成本”。① 随着我国在国有企业改革方面取得一定进展和市场经济的发展完善，旧《公司法》已经不能适应时代发展要求，于是2005年国家修订了《公司法》并于2006年1月1日颁布实施。现行《公司法》虽然已经颁布实施多年，但计划经济对经济活动的影响并未完全消弭，加之法官在公司法方面相关知识和实践经验的积累尚需一段时日，所以法院在介入公司活动时愈加需要遵循一定的原则，法官应在一定的原则指导下展开司法裁判。

（一）尊重公司自治

在现代市场经济活动中，具有独立人格的公司是在被法律上认可的组织体，它和自然人一样拥有经济主体资格、享有意思自治，而根据亚当·斯密在自由市场经济理论中的观点，个人是自身利益的最好判断者（既然作为法人的公司同自然人一样拥有经济主体资格、享有意思自治，此处的个人当然包括公司）。作为个人为了追求个人最大利益，都会突破约束不遗余力创造最大财富，在个体利益达到最大化的同时，社会财富也将达到最大化。② 在市场经济尤其是我国市场经济初级阶段的特定环境下，保证公司充分自由进而活跃市场氛围、创造更大财富、推动社会经济发展显得尤为重要，要保证公司充分自由，就必须尊重公司自治。公司自治是私法自治原则在公司法领域的具体体现，它是现代公司制度中最核心、最基本的价值。作为公司自治的理论来源，私法自治是指在私法范围内，法律给予个体极为广泛的机会，为其划定一个宽泛的任意范围，允许个体依照自己的自由意愿，去塑造与他人之间的法律关系。③ 公司自治包括两方面的含义：第一，公司作为私法自治的主体，以自己的名义享有自治权利，包括公司本身作为平等独立的交易主体在司法领域享有与自然人大体相同的广泛自由；第二，公司是股东个人基于意思自治而组成的契约和进行营利的工具，是自律的团体，法律对公司内部关系基本不予干涉，交由股东自治，

---

① 参见吴志攀教授为北京大学出版社法学论丛“国际金融法系列”（北京大学出版社）所写的《总序》。

② 虽然亚当·斯密关于“个体利益达到最大化的同时，社会财富也将达到最大化”犯了“合成谬误”的错误，遭到质疑，但我们绝不能因此对他的自由市场经济理论全盘否定，正确的态度应该是进行辩证分析，作为“市场经济之父”的亚当·斯密，其观点仍代表着市场经济的正确发展方向。

③ 龙卫球著：《民法总论》，480页，中国法制出版社，2001。

公司内部借助股东由股东自行决定公司事务，自我监督，自我管理，他人一般无权干涉。[①] 根据公司自治原则，公司作为董事、监事、管理人员以及股东、债权人等多种利益交织在一起的统一体，其利益之间的衡平应该首先要由公司内部机制加以维持，因为“现代公司是现代国家的缩影”，[②] 公司内部治理结构在运转过程中出现问题后，只要没有严重违反强制性规范，作为外部调节机制的司法力量不应无限度或者随意地干涉公司活动，否则难免有干涉“内政”之嫌，违背了市场自由竞争原则，打破了权利主体正常的权利义务预期，因为在市场经济条件下，经济活动的高效、快捷是最基本的要求，市场主体拥有了相对的自由，才能实现经济要素的最佳配置。

（二）外部规则司法介入之相对能动性与内部规则司法介入之谨慎性

公司章程主要通过内部规则与外部规则两方面对公司组织经营应该遵循的准则进行了规定，所以因公司章程“另有规定”而引起的纠纷也表现在这两个方面：其一，因外部规则而引起的纠纷。公司作为具有独立经济主体资格的法人，在经济活动中必然与债权人、交易对象、其他组织或法人等外部其他主体发生关系，此时，作为只对公司内部股东、董事、经理等具有约束作用的公司章程自治发挥的空间就很小。事实上，现实中大量的公司法纠纷在类型上表现为因外部规则而引起的纠纷。与公司内部各主体相比，公司与外部主体缺乏信任，通过本公司内部机制解决本公司与外部主体之间纠纷并不现实，并且很多情况下本公司与外部主体即使通过协商也很难在利益平衡点上达成一致。由于公司外部事务涉及公司与第三人之间的关系，与社会秩序、公共利益密切相关，[③] 因此公司与外部主体关系陷入僵局后协商不成而诉诸法院是对争议双方以及社会有百利而无一害的选择，通过发挥司法的相对能动性合理解决纠纷以避免更大损失。其二，因内部规则而引起的纠纷。公司章程内部规则规定了公司内部的盈利分配、机关权力配置、责任的限制、决策权的行使等，它是公司股东与董事及管理人员达成的一种协议。在没有违背公司法强制性规定也没有违反法定或约定义务的前提下，对于公司内部与商业有关决策，司法应该谨慎介入，毕竟“法官不是商人”、“商人是自身利益的法官”，鉴于此，为确保公司自治法院应遵循“穷尽内部救济”原则，在穷尽公司内部救济仍不能解决纠纷时司法介入才有必要。因此，在大多数情形下，对于因公司内部规则引起的纠纷，司法介入的底线是纠纷当事人已穷尽了内部救济。如果没有穷尽公司内部救济，法院的任务是告知或帮助当事人启动该项内部救济，而非直接帮助当事人安排权利义务。[④]

（三）宽缓与灵活相结合——效率优先、兼顾公平

对于因公司章程“另有规定”引起的纠纷，法官在审理案件过程中，还要树立宽缓与灵活相结合的审理理念。公司纠纷产生后，如果不及时解决，会导致公司陷入僵局，这将严重损害公司的利益：公司决策机构瘫痪、管理机构指令无法实施、投资时机延误、资源浪费、债权人利益受到威胁等。所以，及时解决纠纷显得尤为重要，受“和气生财”观念影响，出现纠纷时商人大都不会锱铢必较，更不愿激化矛盾，他们追求交易效率的同时也追求纠纷化解的效率。法院应该迎合这种需求，在审理公司纠纷相关案件时同一般的民事案件区别开来：一方面，采取宽缓方式审理公司纠纷案件，这一原则其实也在现行《公司法》及解释中的多个地方有所体现，如最高人民法院《关于适用〈中华人民共和国公司法〉若干问题的规定（二）》第5条规定：“人民法院审理解散公司诉讼案件，应当注重调解。当事人协商同意由公司或者股东收购股份，或者以减资等

① 王红一著：《公司法功能与结构法社会学分析——公司立法问题研究》，91页，北京大学出版社，2002。

② 梅慎实著：《现代公司治理结构规范运作论》，1页，中国法制出版社，2002。

③ 朱慈蕴：《公司章程两分法论——公司章程自治与他治理念的融合》，载《当代法学》2006年第5期。

④ 蒋大兴著：《公司法的观念与解释Ⅱ：裁判思维&解释伦理》，104页，法律出版社，2009。

方式使公司存续，且不违反法律、行政法规强制性规定的，人民法院应予支持。当事人不能协商一致使公司存续的，人民法院应及时判决。”本着宽缓审理的原则，法官在审理股东诉请法院解散公司的案件时，应当认识到解散公司成本之高，所以将调解作为案件的必经程序十分必要，法院可以“充分运用释明权引导当事人采取其他替代性救济方法退出公司”。① 另一方面，采取灵活的方式审理公司诉讼案件，如法院在审理案件的过程中，可以有意识地压缩公司诉讼类案件审理周期，尤其对那些有程序意义上的案件，如股东知情权类案件、股东请求分配股利案件、确认股东资格案件等，法院可以在审理周期上灵活把握；再如，在法院最终裁定解散公司时，由于被强制解散的公司股东之间的矛盾往往比较严重，再加之公司管理机构已无法运转，法院在考虑到这种实际情况后，可以灵活地“一并处理公司解散后的清算问题”。② 法院采用宽缓和灵活相结合的审理方式审理相关公司诉讼案件可以将损失降低到最低程度，既节约了司法资源，在某种程度上也提高了司法效率和司法公正，真正地满足了公司诉讼案件当事人的需求。

四、公司章程“另有规定”司法介入之制度架构

在遵循上述原则的条件下，针对我国具体国情和现实需要以及参考外国法院在处理公司章程类诉讼案件时的有效措施，笔者从以下几方面展开制度构建，以期对我国法院审理因公司章程“另有规定”类案件有所裨益。

（一）引入经营判断规则

“经营判断规则”一词是1829年美国路易斯安那州的最高法院在审理 Percy v. Millacdow 案时最先提出的，审理该案件的法院认为：“任何人都会犯错误，因此有必要提出商业判断规则这一概念，这一原则的目的在于使诚实履行义务的董事及其职员免除民事责任，否则将导致没有人愿意担任董事或公司的职员。”③除了“人非圣贤，孰能无过”的定论外，经营判断规则的提出也迎合了商业社会的需求，在商业社会，商业机遇稍纵即逝，面对多变、复杂的商业环境，我们不可能要求公司董事及其管理人员一丝不苟、精益求精、反复思考，这样做的后果只能是与商业机遇失之交臂，虽然避免了可能存在的风险，但是公司却不可能有长足的发展，最终会因为跟不上时代的步伐而在激烈的市场竞争中被淘汰。经营判断规则作为法官个人观点被提出来以后，因其科学性、实用性，在美国又被作为一项判例规则推而广之，“由19世纪仅局限于对银行业金融机构的董事义务的追究到后来涉及普通公司”。④ 到20世纪前半期，在股东诉董事决策失误而引起损失的案件中，原告负举证责任的规则得到确定，经营判断规则得到进一步发展。而后随着企业所有权与资本所有权的“两权分离”、公司资本的分散化、公司的公共性增强，股东对同一问题持不同意见的情形普遍存在，而公司控制权又日益集中，由此产生二元矛盾，不顾整体利益而只着眼于自身利益的小股东派生诉讼在不断增加，有时甚至扰乱了公司的正常经营秩序，此时经营判断规则的重要性愈加突出，“业务判断规则既维护了社团的独立性，控制权和自由裁量权的独立价值以及社团民主和集中决策，也体现出法院对公司内部决策干预上的谨慎小心”。⑤ 在我国，经

---

① 前揭，蒋大兴书，113页。

② 李曙光：《新〈公司法〉中破解“公司僵局”制度安排的探讨》，载《武汉理工大学学报》2006年第3期。

③ Dnnis J. Block, etc. The Business Judement Rule: Fiduciary Duties of Corporate Directors, Third Edition, Prentice Hall Law&Business, 1989: 44.

④ Stuart R. Cohn, Demise of the Director's Care: Judicial Avoidance of Standards and Sanctions through the Business Judgment Rule [J]. Texas Law Review, Vol. 62, 1983: 603.

⑤ Stephen M. Bainbridge, The Business Judgment Rule as Abstention Doctrine [J]. Vanderbilt Law Review, Vol. 57, 2004: 83 – 130

营判断规则虽然一直没有在公司法中得到体现，但现行《公司法》在第148条第1款中第一次提出了“勤勉义务”这一概念，第113条第3款规定：“董事应当对董事会的决议承担责任。董事会的决议违反法律、行政法规或者公司章程、股东大会决议，致使公司遭受严重损失的，参与决议的董事对公司负赔偿责任。但经证明在表决时曾表明异议并记载于会议记录的，该董事可以免除责任。”第49条第2款规定：“董事会应当对所议事项的决定作成会议记录，出席会议的董事应当在会议记录上签名。”“勤勉义务”及“签名标准”虽然与美国的经营判断规则还有很大差距，但由于当前我国法官素质还有待提高，还不具备完全将经营判断规则所适用的条款交由法官来自由裁量决定的条件，完全照搬美国的做法只会适得其反。在这种背景下我国现行《公司法》作出如上规定，已经是一种进步，某种程度上说它是经营判断规则的“雏形”，相信随着我国立法和司法体制的完善以及法官综合素质的普遍提高，“在制定法中规定商业判断规则应是立法的一个趋势”。[①]

（二）建立并完善公司诉讼判例指导制度

因公司章程“另有规定”而引起的公司诉讼，涉及股东与股东，股东与公司，股东与债权人，公司与董事、监事、高级管理人员之间的一系列纠纷，这类案件纷繁复杂，覆盖面广，涉及各行各业，并且新类型案件仍在不断涌现，案件数量也与日俱增，法院要花费大量时间进行处理，并且有些疑难案件比较棘手，一方面法官很难作出裁判，另一方面法官滥用自由裁量权，严重损害相关当事人的利益。显然，这与前文提到的商人所追求的交易效率及纠纷化解效率是相违背的，法院有必要寻求一种高效的司法解决机制以迎合商人的需求。笔者认为，在我国建立并完善公司诉讼判例审判指导制度有益于解决上述存在的问题。判例审判指导制度不同于判例法，它是指选择典型案件的判决作为案例，从而为法官在以后审理同类或类似案件的过程中提供借鉴和指导，而判例法是一种法律渊源，它是由判例所形成的法律规范的总称，将判例法作为法律渊源的国家要求本级及下级人民法院在审理案件时必须遵循先前同类案件的判决，是一种强制性规定。我国不是判例法系国家，所以判例法不是我国法律渊源，但这并不意味着一切与判例有关的东西都要予以抵制，曾经很长一段时间“判例”一词在我国显得比较敏感，甚至在最高人民法院公布的一些文件中都非常谨慎地用“案例”，这其实大可不必，仔细体会最高人民法院的法律解释以及公布的相关文件，我们发现最高人民法院越来越重视经典案例对法院以后审理同类案件的指导作用，即判例指导。1995年6月30日最高人民法院公报编辑部在《中华人民共和国最高人民法院公报全集》里对公报公布的案例作出的解释为：“《公报》发布的案例，也是经最高人民法院审判委员会反复推敲、字斟句酌，从众多案件中精选出来的。每个案例都有详细的事实、判决理由和结果，蕴含了深刻的法律意义。它既不同于用作法制宣传的一般案例，也不同于学者们为说明某种观点而编撰出来的教学案例。它具有典型性、真实性、公正性和权威性特点，是最高人民法院指导地方各级人民法院审判工作的重要工具……”[②] 由此可见，在我国司法实践过程中尤其是公司诉讼案件审判领域建立判例审判指导制度有理有据，也是现实状况所需，它可以部分解决法官在审理公司诉讼案件过程中存在的上述问题，将纷繁复杂的公司诉讼案件分类由法官分工负责处理，对当事人和法院双方而言都提高了效率，此外，判例的公开化，将使法官滥用自由裁量权侵害当事人利益的现象大大减少。

（三）强化公司诉讼审判思维——建立商事审判法庭

因公司章程“另有规定”引起的公司诉讼所涉及的往往是经济领域比较专业的问题，而且与

① 刘迎霜：《股东对董事诉讼中的商业判断规则》，载《法学》2009年第5期。

② 参见最高人民法院公报编辑部1995年6月30日在《中华人民共和国最高人民法院公报全集》的出版说明。

民事诉讼相比，公司诉讼所依据的实体法在立法技术和立法理念上虽然有一致的地方，但仍有显著不同：第一，民法强调个体利益的保护，作为公司诉讼依据的商法则强调包括公司在内的商事主体盈利利益的保护；第二，民法具有伦理的提点，所以民事立法注重公平，但商事立法却强调“效率优先，兼顾公平”，这是由商事活动在各国经济发展上的重要性所决定的。而到目前为止，作为商事诉讼案件一部分的公司诉讼案件大部分都是由民事审判庭来处理，“这种大民事审判方式对于弘扬公民的权利意识和自由意志、塑造社会的平等观念都曾发挥了重要作用。但由于这种审判方式没有区分不同审判对象的差异性，没有考虑到不同审判对象特别是在许多国家被特殊对待的商事主体在行为要求方面的特性，其结果不但抹杀了不同诉讼主体的不同诉讼需求，而且没有充分发挥审判活动对实体法的服务功能和对社会行为的价值导引功能”。① 随着经济领域社会化分工越来越具体、深入，民商合一的大民事审判方式已经显得力不从心，法院应该适应这种变化，“在审判工作中应注意发现商法的特殊性，尊重商法的特殊性，把蕴含在商法中的理念、思维，通过商事审判弘扬出来，形成商事审判的理念和思维”。② 而建立专门商事法庭，上述存在的问题就可迎刃而解，事实上，目前我国有些地区已经在探索类似的商事审判的新路径，开始有意识地将民事案件和商事案件区分开来，北京、山东和上海等地民事审判第二庭改成了商事审判庭，专门审判商事主体之间的纠纷案件。建立专门商事法庭，绝不是仅仅在形式上将民事审判庭和商事审判庭分开，它更强调法官审判思维与审判理念的转变，在审理案件过程中遵循相关原则。具体到因公司章程“另有规定”而引起的公司诉讼案件而言，如前文所述，公司诉讼纠纷包括作为法人的公司与第三方的经济利益纠纷和公司内部参与者之间的纠纷，后者相对于前者来说显得更加复杂，它既涉及公司内部主体之间的商事纠纷，又涉及公司“内政”问题，审判此类案件的法官不仅要具备专业的法律知识，还要具备经济学及相关学科的知识，将因公司章程“另有规定”引起的公司诉讼类纠纷诉诸专门商事法庭显得更有必要，专门商事法庭的法官在处理此类案件时就不能仅仅用民事审判的思维处理此案，更多的要运用商事审判的思维，遵循司法介入公司章程“另有规定”应坚持的相关原则。总之，建立专门商事法庭，充分把握公司章程“另有规定”类诉讼案件的特殊性要求，才能迎合公司等商事主体的需求，适应经济社会发展要求，有效解决纠纷，促进经济社会发展并增加社会财富，随着山东等地商事审判庭的积极探索及由此取得的良好效果，笔者相信，商事法庭在各地建立将成为一种趋势。

五、结语

公司依法制定的公司章程是公司组织经营活动应遵循的最基本的行为准则之一，现行《公司法》又以公司章程“另有规定”的条款赋予了公司较高的自治权限，公司章程作为裁判法源的地位进一步得到确认。司法介入与公司章程相关诉讼案件的正当性证成是司法裁判解决纠纷的逻辑起点。与一般民事案件相比，法官具备较高的综合素质是提高裁判效率的前提条件。随着社会分工日益复杂以及新公司的不断涌现，大量的涉及公司章程的案件必将随之出现，法官把握住裁判此类案件的原则，才能既保证效率又兼顾公平。另外，我国目前司法体制已不能满足快速处理公司诉讼案件的要求，需要融入新鲜血液、创新制度，笔者虽已在文中结合我国具体国情及实践需求，对新制度展开探析，而真正将这种新制度运用到我国司法实践中尚需时日，但笔者坚信随着我国司法体制改革及最高人民法院公司法解释的推行，这些新制度一定会在我国展现出强大的生命力。

---

① 赵万一：《商事审判独立化是大势所趋》，载《法制日报》2010年9月15日。

② 王保树：《商事审判的理念和思维》，载《山东审判》2010年第2期。

欧美国家转基因食品监管立法的差异性及其对我国未来立法的启示①

曾文革* 田 路**

目 次

一、欧美转基因食品监管立法的差异性表现

所谓转基因食品（Genetically Modified Foods，GMF），是指利用现代分子生物技术，将某些生物的基因转移到其他物种中去，改造生物遗传特性，使其在形状、营养品质等方面向人们所需目标转变的食品。简言之，以转基因生物为直接食品，或直接加工，或为原料加工生产的食品和食品添加剂就是"转基因食品"。② 关于转基因食品的安全性问题，自然科学家并没有给出确定的答案，以致各国立法者在基于国内政治、经济、科技、文化等因素考量之下对其规制呈现分化的局面。

欧盟转基因食品立法主要由指令和条例构成，2001 年欧盟制定了《关于有意向环境释放转基因生物的指令》（2001/18/EC），强调转基因食品上市前要进行安全评价，要求基于个案处理的方式对其上市进行严格审批。2003 年，欧盟通过了《转基因食品和饲料条例》（EC NO. 1829/2003）、《转基因生物可追溯性和标签以及转基因食品和饲料可追溯性条例》（EC NO. 1830/2003），对转基因食品的标签以及可追溯性作了详细规定。在欧盟最高层面，由欧洲食品安全局（European Food Safety Authority，EFSA）和欧盟委员会（European Commission，EC）共同执掌，

① 基金项目：中国法学会 2012 年度部级法学研究课题一般课题"食品安全监管国际软法的国内实施研究"（CLS（2012）C82）；国家社科基金一般课题"我国农业贸易生态化转型的法律保障研究"（12BFX143）；中央高校基本科研业务费资助重庆大学重大项目"中国—东盟自由贸易区农业贸易法律问题研究"（0226005201021）。

* 重庆大学教授，博士生导师，法学博士。

** 重庆大学博士研究生。

② 参见王明远：《"转基因生物安全"法律概念辨析》，载《法学杂志》2008 年第 1 期。

各成员国由其国内的农业部、卫生部或相关食品安全机构与之衔接。欧洲食品安全局独立承担对转基因食品的风险评估，以及转基因产品的国内授权审批工作，竭力为决策者提供健全的科学依据，保护欧洲消费者利益，规避食品风险。[①] 美国的转基因技术发展领先于欧洲，早在1976年，美国国立卫生研究院就制定了《重组DNA分子研究指南》，首次对转基因技术研究及生产应用提出了监管要求。随后，美国政府于1986年颁布了《生物技术监管协调框架》统领转基因食品安全工作，设立咨询机构——生物技术科学协调委员会（Biotechnology Science Coordinating Committee，BSCC），并为食品与药品管理局（Food and Drug Administration，FDA）、农业部（United States Department of Agriculture，USDA）、环保署（Environmental Protection Agency，EPA）规定了主要职责，还为这些部门之间的协调合作制定了原则。从上述对法规与主管机关的梳理，我们可以看到，欧盟的转基因法律规制似乎更专业，而且用专门立法来规定了转基因食品标签和追溯制度；在美国，转基因食品的产品导向定位政策映射到立法上，[②] 也否定了专门为农业生物技术建立新的法律、法规和监管机构的必要。欧美转基因食品监管立法的差异性表现在以下方面：

（一）基本原则的不同：风险预防与实质等同

欧洲公众对转基因技术并没有好感，他们认为食用转基因食品可能给其自身与后代的健康带来相当大的风险。欧盟本着“更多安全胜过后悔”（better safe than sorry）的管制思路，采用了“风险预防原则”（precautionary principle）作为规制转基因食品的理论基础，当面临可能对人类、动物、植物健康造成危险，但科学证据不足以对风险进行完整的评估时，可以运用合理的预防措施。欧盟《食品安全白皮书》和《关于有意向环境释放转基因生物的指令》都采纳了这个原则。[③] 欧盟认为，转基因食品的评估数据仅是当时科学检测技术的体现，并不能代表其完全不存在风险，随着科学技术的发展，该评估数据的确定性就会下降，其不确定性就会暴露无遗。即使在科学技术无法确定转基因食品能否导致人类健康受损等不确定性情况下，仍然有采取行动预防损害发生的义务。政府不能等到危害结果实际发生，才采取管制措施，那时已经处于“后悔”的状态，可能无法弥补这种危害。因此，为了能切实保障欧盟消费者的健康，欧盟以风险预防原则为指导，制定了严格的转基因食品法律制度以确保万无一失。《卡塔纳赫生物安全议定书》也同样采纳风险预防原则。美国的《生物技术监管协调框架》明确了当时的一个假设，即转基因技术不应该被看作是对人类健康和环境的特殊风险，通过这种技术所获得的产品与非转基因食品相比通常是相同的。美国采用的是“实质等同原则”（substantial equivalence principle），即指某转基因食品与该类传统食品相比，在主要成分上大体相同，不存在什么特别的或显著的营养及理化指标的区别，也不会给食用人群的生理指标带来危害时，应将转基因食品视为与传统食品实质等价，同等安全。美国这种规制转基因技术的路径，属于行政化行为并基于技术支持者的所谓“健全科学”（sound science）论。美国《行政程序法》规定，行政性管制规则必须建立在明确的政策依据、科学风险依据及法律的有效权威之上。这些因素，都促使立法者和产业界倾向于这种与科学

① European Food Safety Authority: EFSA and GMO Risk Assessment for Human and Animal Health and the Environment (EFSA meeting summary report 14 - 15 September 2009, Brussels, Belgium) http://www.efsa.europa.eu/en/home/publication/gmo090914p1.pdf, access date: 2012 - 01 - 07.

② 美国食品与药品管理局主张以转基因产品为导向的政策，而美国环保署还是更倾向于转基因产品全过程的监管，但是从美国相关法律规定以及实际操作来看，食品与药品管理局的意志占主导。

③ Commission of the European Communities: White Paper of Food Safety, 2000: pp. 8 - 9. http://ec.europa.eu/dgs/health_consumer/library/pub/pub06_en.pdf, access date: 2012 - 02 - 26.

证据紧密捆绑在一起的政策路径。[①] 食品由成千上万种不同的物质构成，要科学证明其安全性几乎是不可能的，通过对转基因食品分析，就算在没有明确科学证据证明其安全的情况下，只要特性与传统食品相同，就可以认定其安全。欧美争议的关键在对转基因风险的科学证据归责原则上，欧盟认为除非证明为安全，否则产品有风险；美国认为除非证明有风险，否则产品就安全。

（二）上市审批制度的差异：授权审批与自愿咨询

欧盟对转基因食品上市总体要求严格，《转基因食品和饲料条例》第4条规定，未经授权许可，任何人不得将转基因食品投放欧盟市场，且须满足转基因食品不会对人类健康、动植物健康及环境产生不良影响，不能误导消费者，不得在正常情况下对消费者的营养方面造成不良影响等要求。在申请上市过程中，采取两层审批制，即先在拟投放成员国申请，若获批，则由欧洲食品安全局向欧盟委员会提交申请。《转基因食品和饲料条例》第5条至第7条作了详细规定，申请人须向首次拟投放成员国主管机关提出申请，该主管机关应在14日内书面告知申请人收到该申请，并及时通知欧洲食品安全局，欧洲食品安全局应及时通知其他成员国和欧盟委员会，并向公众公布申请材料概要。欧洲食品安全局应在6个月内作出审批意见，期间，要审核申报材料，要求成员国主管机关进行食品安全风险评估。在收到欧洲食品安全局的意见后，欧盟委员会应在3个月内向食物链与动物健康常设委员会（Standing Committee on the Food Chain and Animal Health）提交相关申请作出决议草案。如果决议草案与欧洲食品安全局所提意见不一致，欧盟委员会应作出解释。一旦作出最终决议，欧盟委员会应及时通知申请人，并在《欧盟公报》（Official Journal of the European Union）上公布。在整个20世纪90年代，美国对转基因食品上市实行自愿咨询程序，在《生物技术协调框架》所确定的基本审批标准上，农业部和食品与药品管理局逐步突破，倾向更加宽容的简化审批方法。1993年农业部下属的动植物检疫局（Animal and Plant Health Inspection Service，APHIS），为玉米、大豆、棉花、西红柿、马铃薯、烟草这6种转基因作物推出了一种公告书程序。因为这些转基因作物已经过最广泛的田间试验，且在美国没有野生亲缘物种。这种公告书非审批许可，该局在1997年还将该制度适用范围扩宽到绝大多数转基因作物，并且对转基因生物的进口、环境释放和运输等方面的公告书程序进行了简化。1994年食品与药品管理局也针对卡尔金公司（Calgene）的莎弗西红柿（FLAVR SAVRTM tomato）引入了一种简化程序。除非在生产过程中有类似过敏问题等重大理由，转基因食品不需要接受食品与药品管理局的全面科学审查，也不需要进行上市前的风险评估。即使在现行的转基因食品或饲料投放市场前通报程序中，我们也可以看到，虽然转基因食品或饲料开发商须在投放前120日通报食品与药品管理局，提交相关证明材料，证明与传统食品或饲料具有同样的安全性，但是这项措施并没有从本质上改变食品与药品管理局的自由审批政策。

（三）转基因标签制度的分歧：强制与自愿

转基因食品在欧盟域内采取强制标签制度。《转基因生物可追溯性和标签以及转基因食品和饲料可追溯性条例》开宗明义地指出，为了避免各国法律、法规对转基因生物及其转基因食品、饲料规定之差异，建立统一的转基因生物及其转基因食品、饲料的可追溯性和标签制度，有助于内部市场有效运作。根据风险预防原则，可追溯性措施要对人类健康、动物健康和环境（包括生

① Diahanna Lynch, and David Vogel: The Regulation of GMOs in Europe and the United States: A Case - Study of Contemporary European Regulatory Politics. Council on Foreign Relations Press, 2001. http://www.cfr.org/genetically - modified - organisms/regulation - gmos - europe - united - states - case - study - contemporary - european - regulatory - politics/p8688, access date: 2012 - 01 - 10.

态系统）无法预见的不利影响进行监控，特别是对环境所产生的不利影响要重点监控，并建立产品召回机制。根据可追溯性的要求，对转基因食品、饲料要进行精确标识，以确保将准确的信息传递给消费者，使他们有自由选择的权利，受到侵害时可据此索赔。① 在“实质等同”原则的指导下，美国开始并没有对转基因食品的标签制度进行特别规定，转基因食品与传统食品享受同等待遇，是否对转基因食品进行特别标注，完全取决于生产者以及销售商自己的意愿。只有当某转基因食品与传统食品在成分、营养或安全上不再相同，或者有重大改变时才被要求进行强制标识。动植物检疫局认为在科学经验的基础上，转基因产品被他们认定为是低风险的，申请人可以采取更为简单的通知程序。② 1992 年，美国食品与药品管理局裁定：“如果最常见的致敏源通过生物技术被添加到食品中，生产者必须或者提供科学的证据，表明致敏源在新食品中是不存在的，或者在这些食品上贴标签。只有这样的产品才接受更多的风险评估。标识无须表明该食品是用生物技术生产的，只需要指出该食品含有潜在过敏源即可。如果食品通过生物技术转化后，致使其营养含量不符合正常的预期，则标识也是必须的。据此大多数转基因食品在美国市场上并不须标记。如果食品被认为是不安全的或标记不正确的，即便是已获得了许可，食品与药品管理局也拥有充足的法律和管制规则方面的权限将其从市场上撤回。”③ 虽然，现在食品与药品管理局出台了针对转基因或者非转基因食品自由标签的指导方针，但是支持者也仅仅是那些希望使用非转基因产品或者自愿标签转基因产品的粮食加工企业。转基因食品生产者和销售商并不会主动贴上转基因标签，因为，那样会增加他们的成本，与非转基因食品相比，会丧失相对优势。

二、转基因食品监管立法差异性的动因

随着转基因技术的不断发展，转基因食品以其相对低廉的价格迅速占领市场，但由于转基因食品对人类健康和环境安全的潜在影响还难以确定，以及各种政治、经济、科技、文化等因素才使得欧盟与美国这两大阵营对其规制大相径庭。转基因食品监管立法差异性的动因包括以下方面：

（一）欧美农业转基因产业的不同发展

国际农业生物技术应用服务组织（International Service for the Acquisition of Agri - biotech Applications，ISAAA）提供数据估计，美国是转基因作物的主要种植国，其种植面积为 6900 万公顷，占全球转基因作物种植面积的 43%。2011 年，美国种植的转基因作物有玉米、大豆、小麦、棉花、油菜、甜菜、苜蓿、番木瓜、南瓜九大品种。欧盟的转基因作物种植面积应该小于 45 万公顷，仅占美国转基因作物种植面积的 0.6%。④ 根据权威数据报告显示，截至 2009 年，专门从事生物技术产品开发与应用服务的企业，美国有 2744 家，居世界之首，紧随其后的是加拿大，有 532 家，德国 496 家，法国 461 家，欧盟总共有 2075 家。在 2004—2006 年间，西班牙保持 48%

---

① Regulation（EC）No 1830/2003 of the European Parliament and of the Council of 22 September 2003 concerning the traceability and labelling of genetically modified organisms and the traceability of food and feed products produced from genetically modified organisms and amending Directive 2001/18/EC. ? http://eur - lex. europa. eu/LexUriServ/LexUriServ. do? uri = CELEX: 32003R1830:EN:HTML, access date:2012 - 02 - 26.

② U. S. Department of Agriculture: Audit Report: Animal and Plant Health Inspection Service Controls Over Issuance of Genetically Engineered Organism Release Permits, 2005: page i. http://www. usda. gov/oig/webdocs/50601 - 08 - TE. pdf, access date: 2012 - 02 - 28.

③ ［瑞士］伯纳尔著，王大明、刘彬译：《基因、贸易和管制：食品生物技术冲突的根源》，67 ~ 68 页，科学出版社，2011。

④ Clive James：《2011 年全球生物技术/转基因作物商业化发展态势》，载《中国工程生物工程杂志》2012 年第 1 期。

最快的增长率，增加了183家，美国每年的复合增长率是22%，增加了897家。[①] 从转基因作物种植面积来看，美国从数量和品种上远超欧盟，从专门从事生物技术产品开发与应用服务的企业数量来看，欧美大体相当。

（二）政府对转基因食品存在风险的不同认知

2002年10月15日，世界卫生组织（World Health Organization，WHO）发布了《关于转基因食品的20个问题》，该文件中世界卫生组织表示："目前在国际市场上可获得的转基因食品已通过风险评估并且可能不会对人类健康产生危险。不断利用以食品法典委员会（Codex Alimentarius Commission，CAC）原则为基础的风险评估并酌情包括上市销售后监测，应构成评价转基因食品安全性的基础。在转基因食品与人类健康有关影响方面，存在三个主要问题：引起过敏反应的趋势（过敏性）、基因转移和异型杂交。另外，对于转基因食品上市销售后监测、转基因食品安全性持续监测的可行性和方法正在进行讨论。"[②] 世界卫生组织对于转基因食品安全性议题，虽然没有确切答案，但它作为一个开放性平台，为支持者和批评者提供了对垒的舞台。

美国走在转基因产业发展的最前列，以孟山都（Monsanto）公司为首的农业生物科技公司，为美国政府提供了多项数据报告，证明转基因食品是安全的，并没有任何风险。转基因技术可以保证粮食供应，可以提高农民经济效益，减少农药使用并保护环境，保护生物多样性，减少温室气体排放等问题。美国政府也采信这些证据，只要是没有与传统食品存在重大差异，都认定为安全，这也为其食品与药品管理局制定以产品为导向的各类政策、规定铺平了道路。欧盟却认为，转基因技术不仅可能存在污染环境、危害人类健康的隐患，而且还有潜在的社会经济影响。他们担心，种子专利技术（特别是美国生物科技公司的专利技术）的垄断，会阻碍农民的种子权。基于上述担心，欧盟在立法上表现得非常强势。另外在国际贸易中，美国、加拿大诉欧盟影响生物科技产品审批和销售措施案，也体现出双方政府在转基因产品上截然不同的态度。

（三）消费者对转基因食品的不同态度

欧盟的消费者对转基因食品总体持排斥态度，再加上食品安全重大事件的影响，欧盟消费者对欧盟政府治理食品安全问题持不信任态度，而美国消费者持相反态度。虽然欧洲的食品安全事件不是由转基因食品引发的，但欧盟消费者对欧盟政府处理食品安全事件的能力感到非常失望，他们对食品安全问题十分敏感，不愿意相信政府，而更愿意相信环保团体和医学机构。据调查，39%的美国消费者认为转基因食品的风险是可以接受的，而欧盟消费者只有21%的支持率；65%的美国消费者认为转基因食品将给大部分人带来好处，而欧盟消费者只有28%的支持率；49%的美国消费者认为转基因食品即使有益，从根本上看也是非自然的，而欧盟消费者的支持率却高达69%；40%的美国消费者认为如果转基因食品出现差错将是全球性的灾难，而欧盟消费者的支持率却高达57%。[③] 2011年，时值瑞典北部种植马铃薯的季节，抗议者们占领了德国巴斯夫（BASF）公司的马铃薯仓库，堵住出口，阻碍这个德国公司种植有风险的转基因Amflora马铃薯。[④] 据欧盟委托民调机构最新调查显示，欧洲公众总体上对转基因食品持怀疑态度。70%的消

① OECD：OECD Biotechnology Statistics 2009（By Brigitte van Beuzekom and Anthony Arundel），2009：p. 16. http://www1.oecd.org/dataoecd/4/23/42833898.pdf，access date：2012－01－10.

② 世界卫生组织：《世界卫生组织食品安全规划：关于转基因食品的20个问题》，2～4页，2002年，http://www.who.int/foodsafety/publications/biotech/en/20questions_ch.pdf，访问日期：2012－03－01。

③ George Gaskell and Martin W. Bauer：Biotechnology 1996－2000：The Years of Controversy，London：Science Museum，2001：pp. 108－109.

④ Greenpeace International：Risky potato plan mashed by activists，2011－05－19 http://www.greenpeace.org/international/en/news/features/Risky-potato-plan-mashed-by-activists/?utm_source=facebook&utm_medium=social_network&utm_campaign=SAGE&utm_term=19_05_11_1920，access date：2012－02－16.

费者认为转基因食品本质上非天然，61%的消费者认为转基因食品会给他们带来不安，61%的消费者不同意鼓励发展转基因食品，59%的消费者不同意转基因食品对于他们及家人的健康来说是安全的，58%的消费者认为转基因食品的未来发展是不安全的。[①] 美国消费者对转基因技术的支持度一直保持比较高的水平，他们更愿意相信科学界和美国政府提供的食品安全信息，并认为高度集中化的管理能给他们带来安全保障。

（四）转基因利益集团立法博弈力量的差距

从“自下而上”的角度看，欧盟的消费者和环保团体在政治和市场斗争上，击败了生产者集团。[②] 欧盟的生产者集团在技术上、规模上都处于相对劣势，在种植转基因作物和生产转基因食品时，并不能给他们带来更多的利益，他们也丧失了争取政治利益的动力。环保团体则利用消费者对政府的不信任，频频对欧盟政府施压，加上欧盟政治体制属相对松散体制，在转基因问题上易形成严格监管模式。美国恰好相反，生产者集团利用转基因技术的优势，使其在转基因食品问题上享有话语权，他们获得美国政府高层的政策支持和扶助，生产者集团利用消费者对政府的相对信任，在转基因问题上足以充分向政府表达自己的利益诉求，而使得美国在转基因食品监管上处于相对宽松的模式。从“自上而下”的角度看，虽然欧盟和美国都是一种“联邦制”政治系统，但欧盟更松散，美国更集中。欧盟掌管转基因技术的权威当局分为三家机构：理事会（Council of the European Union，CEU）、欧盟委员会、欧盟议会（European Parliament，EP），理事会专门负责提出新规则议案，要使所提议案生效，就必须获得欧盟委员会和议会对多数票表决的通过。欧盟的规则是分散和多层面的制定程序，每层级的讨论会逐级上传，形成层层加码的效应，正因如此，欧盟在作最后决策时，可能为了平衡各国利益，采取更严厉的管制措施来确保转基因产品在欧盟内部自由流通。在美国，转基因规则的颁布和实施是由食品与药品管理局、农业部、环保署完成，其中食品与药品管理局占主导地位，该决策的过程比欧盟更集中，更利于统一。美国白宫的科学技术政策办公室、农业部、食品与药品管理局力挺转基因技术，并且积极倡导以产品为核心的政策导向，促进转基因食品产业。

三、我国转基因食品监管立法的未来借鉴

由于科学研究的局限性，转基因食品存在不可知的风险，在考察欧美两大阵营具体规则及动因后，我国应立足本国国情，在转基因食品法律规制道路上寻找到正确方向。

（一）我国转基因食品监管立法的考量因素

1. 转基因农业发展的良性化

由于粮食安全等诸多原因，我国一直对转基因技术产品开发与应用服务非常重视，转基因作物育种的整体发展水平在发展中国家处于领先地位，某些项目已进入国际先进行列。据国际农业生物技术应用服务组织的报告显示，2011年，我国种植转基因作物的面积为390万公顷，位居世界第六，主要涉及作物是棉花、番木瓜、杨树、马铃薯、甜椒等。[③] 经过20多年的努力，我国在重要基因发掘、转基因新品种培育及产业化应用等方面都取得了重大成就。初步形成了从基础研

---

① TNS Opinion and Social: Special Eurobarometer: Biotechnology Report (January 2010 - February 2010), 2010: p. 18. http://ec.europa.eu/public_opinion/archives/ebs/ebs_341_en.pdf, access date: 2012-02-16.

② 生产者集团包括转基因技术企业、农场主、食品加工者、零售商和仓储企业。

③ 前引，Clive James 文。

究、应用研究到产品开发等较为完整的技术体系，并取得了一系列重大突破和创新成果。[①] 虽然，我们在转基因产业发展方面取得了一些成就，但是，还存在一些问题。第一，进口转基因作物品质存在问题，可能影响我国生态安全和农业安全。第二，我国转基因作物的长期安全性，令人担忧。转基因作物的安全性，需要漫长的时间进行追踪调查和评估，短期的相对安全不能代表它的绝对安全值。第三，我国转基因作物中，自主知识产权产品相对较少，国外生物技术公司全面入侵，可能影响农民收入。据经合组织（Organization for Economic Co - operation and Development, OECD）统计报告显示，我国在生物技术专利申请方面远远落后于美国等生物技术发达国家。[②] 专利技术的垄断，在后期转基因作物发展方面，农民会付出更高的价格去购买种子，潜在收入受到影响。第四，转基因作物及食品安全评价过程，透明度不高，缺乏公众参与。例如，关系到国家安危、民族安危的抗虫转基因水稻生产应用安全证书发放，并没有进行提前通报、听证等程序，以致公布后遭受各方责难。第五，转基因作物及食品标识不规范，严重影响消费者知情权。据媒体报道、非政府组织调查以及笔者随访大型超市发现，如食用油，只有部分产品标注有转基因字样，转基因作物的衍生产品以及一些蔬菜、瓜果，则是更难见到标识。上述问题，需要立法者重新审视。

2. 农业产业的生态化

转基因技术的安全性有待长期考察，转基因种子公司频频遭到起诉，[③] 转基因并不是解决未来粮食问题的唯一出路，而应重点考虑生态农业以解决发展问题。国际农业科技发展评估（IAASTD）报告指出："现有的农业生产方式急需改变，应大力发展生态农业来解决未来粮食问题。通过进一步将农业知识与科技转到以农业生态科学为主，将有利于解决环境问题，同时维持和提高生产率。自然资源承受的压力日益增加，例如水供应量减少、水质恶化、土壤和景观的退化、生物多样性及生态系统功能的丧失、森林植被的退化和丧失以及远洋及近海渔业的退化，正规、传统和基于社区的农业知识与科技需要对此作出响应。此外，农业战略中也需要包含限制温室气体排放和适应人为导致的气候变化和气候多变性增加。"[④] 我国幅员辽阔，物种资源、地理资源、气候资源也很丰富，加上多年来的农业传统，我国大部地区仍然在很长一段时间内都处于小农精耕细作阶段，不可能像欧美发达国家一样，实行规模化、机械化种植模式。如果这些地区推行转基因作物种植，不可能比欧美的转基因作物更具成本优势，应该大力推进生态农业的发展，如多作物套种、立体生态化养殖等方式。我们应看到，有机作物与有机食品在国际、国内市场上具有相当大的竞争力。另外，与转基因技术相比，分子标记辅助育种是一种更好的育种技术。[⑤] 现有的转基因作物和非转基因作物应该做好隔离鉴存工作，防止转基因漂移污染非转基因作物。

3. 主粮生产的安全化

21 世纪初，基因污染事件已经在世界许多国家和地区发生，并且有进一步蔓延的趋势。从美

① 农业部农业转基因生物安全管理办公室、中国农业科学院生物技术研究所、中国农业生物技术学会：《转基因 30 年实践》，http://www.moa.gov.cn/ztzl/zjyqwgz/kpxc/201203/P020120309398197140192.pdf，访问日期：2012 - 04 - 05。

② 1994 年至 1996 年，我国生物技术专利申请 22 件，美国申请 7757 件，2004 年至 2006 年，我国申请 423 件，美国申请 11474 件。See：OECD：OECD Biotechnology Statistics 2009 (By Brigitte van Beuzekom and Anthony Arundel)，2009：p. 75. http://www1.oecd.org/dataoecd/4/23/42833898.pdf, access date: 2012 - 01 - 10.

③ 邹强：《美转基因食品：风光无限却官司不断》，载《法制日报》2012 年 3 月 13 日。

④ Nienke Beintema and others：《国际农业知识与科技促进发展评估（IAASTD）供全球决策者使用的摘要》，7 页，2008，http://www.agassessment.org/docs/SR_Exec_Sum_280508_Chinese_.pdf，访问日期：2012 - 04 - 04。

⑤ 绿色和平组织（中国）：《转基因作物的经济代价》，27 页，2010 年，http://www.greenpeace.org/china/Global/china/_planet - 2/report/2010/3/ge - cost - rpt.pdf，访问日期：2012 - 01 - 13。

国的“星联玉米事件”、[1] 美国孟山都公司的转基因大豆污染事件、美国的拜耳公司转基因水稻LLRICE601污染事件，到加拿大的“转基因油菜超级杂草”事件，越来越多的事实表明基因污染引发的生态风险不容忽视。[2] 袁隆平也坦言：“公众对转基因作物之所以存在安全顾虑，主要是有些转基因作物特别是抗病虫的转基因品种，其基因是来自一种细菌中的毒蛋白。由于虫子吃了毒蛋白可以被毒死，因此长期摄入该物质对人是否有害很难说。对一些抗病抗虫的转基因食品要慎之又慎，要做好系统的安全评价。转基因食品对于人体是否有伤害，需要非常长的时间来考察，至少需要两代人才能得出结论。”[3] 在官方提供的我国已批准的转基因水稻信息中，只有“小白鼠灌胃”实验，以及90日的强行喂养实验。这些试验都是短期的，需要长期考察多代，其中必须包括生殖实验以及“破坏性试验”。生物技术的应用远不止于农业，还涉及医药和武器装备等诸多领域。转基因农业技术、转基因制药和生物武器的逻辑都是精确打击、精准生存。如果主粮转基因化过程中，被污染、掺杂进有害基因，那可能不仅涉及粮食安全，更涉及国家安全、民族安危。虽然，农业部重申抗虫转基因水稻获得生产应用安全证书，不代表其能商业化，但是，我们认为，主粮转基因应用须非常慎重，目前应明确规定其只能局限于科研试验，不能证明其足够安全时，禁止进行商业化规模种植。

4. 风险评估的社会化

政府各部门应全面分析转基因作物及食品的影响，重点评估转基因作物生态环境的长期影响以及可能由转基因专利技术垄断引发的潜在社会经济风险；进一步加大转基因食品安全的评估，切实保障人类、动植物的健康。卫生部、农业部、环境保护部等相关负责部门应在科学风险分析的基础上，将转基因作物及其食品的相关研究数据和详细信息，特别是有可能对人类、动植物健康、生态环境造成不可逆转的不利影响告知公众，且方便公众获取。在风险分析的全过程中，应扩大公众参与范围，公布评审委员会专家名单，并接受公众监督。对转基因食品的质量安全与标签进行不定期抽查，及时通过各大媒体向公众公布监督抽查结果。转基因食品安全性受到严重质疑的，或因其他原因需要重新评估的，应当及时再评价，若风险超过我国现有技术掌控范围的，应当立即收回已经为其颁发的安全生产应用证书，并及时发布公告禁止该转基因作物及食品的生产和经营。

（二）我国转基因食品监管立法总体思路的借鉴

它山之石，可以攻玉。法律的借鉴须考虑政治、经济、文化等诸多因素，关键在于本土化，转基因食品监管立法也不例外。转基因食品监管立法应该结合本国的实际情况进行考量，需要分析对比我国的转基因产业发展状况，政府与消费者的态度等因素，不能笼统且草率地得出诸如为了保障食品安全和抑制进口，我们的监管方式应采用欧盟模式，或是为了转基因技术的发展，我们在转基因食品上市审批和标签上应采用美国模式等结论。根据国际相关组织和世界多数国家的普遍做法，针对转基因生物安全管理的特点，按照农业转基因生物研究、试验、生产、加工、经营和进口、出口等工作的需要，在遵守《生物多样性公约》和《卡塔纳赫生物安全议定书》等国

---

① 美国只批准作为饲料使用的一种玉米品种的少量玉米出现在供人类食用的玉米产品中所显示的，是一种实际风险。若干国家已采取战略以减少混合，包括明确分开种植转基因作物和传统作物的田地。

② 汪赛男、刘旭霞：《转基因作物与非转基因作物共存法律制度研究述评》，载《华中农业大学学报（社会科学版）》2011年第2期。

③ 刘洋：《袁隆平说对转基因食品不能一概而论》，载《人民政协报》2010年3月5日。

际公约、条约的基础上，我国出台了一系列法律、法规。[①] 尽管我国近二十年来一直在转基因食品安全方面的立法上不断尝试，但转基因技术毕竟是一个新的科技领域，国际、国内立法也是在摸索中前行。总体来看，我国对转基因食品安全研究和监管工作远落后于农业生物技术和转基因食品产业的发展，为了克服转基因技术在食品领域发展所产生的负面效应，我们应采取立足本国利益、平衡食品安全与产业发展、适度分类监管、保护消费者权益的从严监管立法模式。其总体思路包括以下要点：

1. 转基因食品监管立法须立足保护本国利益，适度分类监管

我国转基因作物种植面积居于世界第六位，远落后于美国，但远高于欧盟。美国的农业生物技术在世界上领先，更希望保护和推动该产业的发展，另外美国是大规模农场化推进模式，在生物技术应用方面更具有优势，规模化推进更能体现产品的成本优势，这样有利于出口，采取相对宽松的监管模式，有利于保持其优势。反观欧盟，在农业生物技术上只有德国等少数国家走在世界前列，欧盟的农业规模是小农场居多，产品成本优势比不上美国，加之，欧盟依赖于食品进口，设置相对烦琐的审批程序也有利于扭转欧美食品贸易长期的逆差局面，也更能保护欧盟各成员国及其农民的利益。我国转基因作物种植面积、转基因技术发展、转基因食品生产等处于世界较领先的水平，严格的监管模式无疑有利于保障国内消费者安全、保护生态环境。在保护本国利益时，我们还须考虑粮食安全，着重自主知识产权生物技术开发，切实保护农民利益等具体因素。分类监管有两个层级：第一层级是转基因食品和非转基因食品的分类监管；第二层级是主粮转基因食品和非主粮转基因食品的分类监管。适度监管体现在：与非转基因食品相比，转基因食品从严监管；与非主粮转基因食品相比，主粮转基因食品从严监管。

2. 转基因食品监管立法须增加透明度，强化公众参与

我们的转基因食品监管立法不会被任何公司、组织、个人所裹挟，而是在扩大公众参与的基础上，充分发扬民主集中制。欧盟的消费者本来就比较排斥转基因食品，非政府组织也利用这种消费者的“义愤”频频施压政府，再加上欧盟是超国家组织，层层加码的螺旋上升传递态势，欧盟政府考虑的因素肯定要比美国政府考虑的因素复杂，选择平衡各方利益，而趋严监管也属正常。美国生物技术企业和美国政府之间的“旋转门”（revolving door）大开，企业高管与政府高官频繁互换角色，无疑使得美国政府成为生产者利益集团的代言人，相对宽松的监管模式也就不足为奇。我国的立法体制表明，立法者不会屈从于任何利益集团。在政府转型方面，我们也看到，对转基因食品议题，形成了更加开放的讨论环境。从农业部批准抗虫转基因水稻安全生产应用证书后，该问题迅速成了两会激烈讨论的话题之一，正反两方充分发表观点，以至于我国《粮食法（草案）》中，形成了禁止任何单位或个人擅自在主粮上使用转基因的基调。我们在转基因食品安全评价过程中，应该增加透明度，赋予公众更多的参与决策权。

3. 转基因食品监管立法须重视消费者意愿，充分保障其知情权

我国消费者对待新鲜事物的接受度相对较低，对于转基因食品安全方面，长期依赖国家政府为主导的监管模式。20 世纪“疯牛病”和“二噁英事件”在欧洲暴发，欧洲人对待转基因食品总体上持排斥的态度，害怕和恐惧的心态体现明显。美国的文化传统主张创新开拓，更容易接受新鲜事物，对转基因食品的接受度高于欧洲。随着我国近年来的重大食品安全事件频频爆发，消费者的维权意识也开始增强，也比较关注转基因食品安全问题。据清华大学媒介调查实验室调查

---

① 现行主要法律、法规：《农业转基因生物安全管理条例》（2001）、《农业转基因生物安全评价管理办法》（2002）、《农业转基因生物进口安全管理办法》（2002）、《农业转基因生物标识管理办法》（2002）、《农业转基因生物加工审批办法》（2006）、《新资源食品管理办法》（2007）、《食品安全法》（2009）。

报告显示：目前，消费者对转基因作物及食品的健康隐患比较担心，对非转基因食品的购买倾向明显；对企业的转基因作物及食品的生产、加工、消费等行为支持率不高；对企业不进行“转基因成分标识”的违法行为反映强烈。建议有关企业严格按照国家有关规定进行转基因作物及食品的生产、加工、销售。[①] 在转基因食品上市审批以及标签制度上，若以保护转基因产业发展为借口，采用美国相对宽松的监管模式就显得没有立足根基。在监管立法方面，应该尊重消费者的购买倾向，严格执行强制标签制度，保护消费者知情权。

（三）我国对欧美转基因食品监管立法具体制度的借鉴

欧美转基因食品监管立法模式，于我国来说，不能生搬硬套，必须考量本国的转基因食品的具体状况；对于欧美的相关具体制度也不是全盘吸纳，要针对具体存在的问题，重点击破。作为人口众多的发展中国家，我国在完善转基因食品监管立法方面，要借鉴国际和国外经验，同时要结合我国转基因食品发展状况，找到既保证人类、动植物健康，生态环境安全，又保障转基因技术在食品领域健康发展的平衡点。

1. 基本原则：风险预防原则

《中华人民共和国食品安全法》第101条明确规定了转基因食品的监管总体适用该法，法律、法规另有规定的除外，暂时没有必要制定单行法进行监管。我们应立足现有的法律体系，把转基因技术在食品领域应用所可能产生的风险降到最低，在保障人类、动植物健康和生态环境安全的同时促进转基因技术及转基因食品产业发展顺利进行。《新资源食品安全性评价规程》第3条明确了转基因食品监管立法采用的是“实质等同原则”。从前述所提及的诸多因素来看，我们应当明确坚持的是风险预防原则，以其作为转基因食品监管立法的基本原则，设计和实施较为严格的转基因食品监管制度。随着转基因技术发展，对其安全性有确切量化指标及丰富实践经验支撑时，且有充分证据表明可以确信转基因技术发展和转基因食品不会对人类、动植物健康和生态环境造成重大或不可逆转的危害之后，才能逐步放松监管。目前最合理的布局，应该修订《新资源食品管理办法》，将风险预防原则纳入其中，作为基本原则，当时机成熟时，再修订为“实质等同原则”。

2. 上市审批制度：双重强制审批

《中华人民共和国食品安全法》已经明确规定成立食品安全委员会。我国应进一步明确该委员会在转基因食品安全方面的职能以及国务院相关各职能部门在转基因食品安全方面的权责划分。国务院卫生行政部门承担食品安全综合协调职责，负责食品安全风险评估、食品安全标准制定、食品安全信息公布、食品检验机构的资质认定条件和检验规范的制定，组织查处食品安全重大事故。国务院质量监督、工商行政管理和国家食品药品监督管理部门依照本法和国务院规定的职责，分别对食品生产、食品流通、餐饮服务活动实施监督管理。虽然可供食用的初级农产品的安全管理工作由农业部门负责，但是涉及其制定安全标准和公布安全信息应该由卫生部主管。从这个监管理念来看，作为转基因食品的审批，应采取双重审批制度，更能充分保障消费者的利益。农业部在实施转基因生物的评估上市审批工作时，须会同环境保护部做好初审工作，农业部下属的农业转基因生物安全管理办公室应将转基因生物生产应用安全评估的结果，转交国家食品安全风险评估中心，进行复审。该中心为中央机构编制委员会办公室批准成立的公共事业单位，经费来源由财政全额保障，评估中心作为国家级专业技术机构承担国家食品安全风险评估、监

① 清华大学媒介调查实验室：《武汉、长沙转基因作物及食品消费者调查报告（2010）》，21～22页，2010年，http://www.greenpeace.org/china/Global/china/publications/campaigns/food-agriculture/2011/ge-research-wch-2011.pdf，访问日期：2012-02-20。

测、预警交流和食品安全标准等技术支持工作，[①] 由相对独立且任务集中的机构对其复审，可以克服部门利益干扰，最大限度地保证转基因食品安全。国家食品安全风险评估中心将复审结果递交卫生部进行核准公布。在申报审批材料中，除去现有须提交材料，还应增加：国内外同行审查研究证明材料；与传统食品呈现不同特点的数据和信息；食品不会引发道德或宗教问题的合理解释；投放市场的食品使用和处置的具体条件；该食品上市后人类食用情况之监测建议。在转基因上市审批过程中，须考虑在全国范围内选取公众代表，参与评审旁听，举行听证会，使更多公众能参与到审批、监督以及突发事件应对等具体工作中去。

3. 标签制度：规范化可追溯性强制标签

在食品安全领域，国际食品法典委员会倡导风险分析制度。风险分析，有三个组成部分：风险评估（Risk Assessment）、风险管理（Risk Management）和风险信息交流（Risk Communication）。我国《食品安全法》对食品风险评估和风险管理两大方面作了较详细的规定，但对风险信息交流没有作详细的规定。在转基因食品风险分析全过程中，应就其风险、风险相关因素和风险观念在风险评估者、风险管理者、消费者、产业界、学术界和其他感兴趣各方中对信息和看法进行互动式交流。内容包括对转基因食品风险评估结果的解释及风险管理决定的依据。[②] 转基因食品安全信息的及时、透明、准确、完整公布，可以节约政府对转基因食品监管的成本，也能够有效指导公众在选择转基因食品过程中趋利避害，切实保障消费者知情权。如果在上市审批环节，公众没有充分参与，剩下的最后保障就是规范化可追溯性强制标签制度。我国应从以下几个方面完善：首先，主粮转基因食品应添加重度阳性标签，非主粮转基因食品添加一般阳性标签，非转基因食品不须添加阴性标签，前两种可由标签颜色区分程度。其次，规定标签的面积不得少于其包装面积的四分之一，非定型包装转基因食品可采用附加标识的办法进行标注，但附加标识应当牢固、持久。再次，标识内容应包含上市审批时所提交的重点信息，如转基因成分、比例、可能发生的危害、食用历史、食用人群调查信息。每个标签须建立手机二维码等类似易于消费者查询的电子标识，强化可追溯性，为转基因食品召回和消费者维权提供便利。最后，明确转基因食品生产者、加工包装商、仓储商、进口商、销售商各阶段不同的标识义务。

四、结语

转基因技术的应用，从来没有像今天一样，备受关注。转基因食品安全之不确定性，引发了欧美两大阵营在该监管立法上的差异。在基本原则上，欧盟支持风险预防原则，美国采用实质等同原则；在上市制度方面，欧盟采用严格审批制度，美国则是自愿咨询制度；在标签制度上，欧盟采用强制标签制度，而美国坚持自愿标识制度。上述差异形成的原因主要是欧美转基因产业发展不同，政府与消费者对转基因食品风险的认识和接受度不同，各阵营利益集团立法博弈力量不同。欧美转基因食品监管立法模式在其本土有适合的土壤，而我国监管立法的借鉴需要重点考察我国的转基因产业、生态农业发展、主粮安全、风险评估等诸多因素。我国转基因食品监管立法上应遵循立足保护本国利益、适度分类监管，增加透明度、强化公众参与，尊重消费者意愿、充

---

① 国家食品安全风险评估中心介绍，http://www.chinafoodsafety.net/newslist/newslist.jsp? anniu = Introduction，访问日期：2012-03-02。

② 世界卫生组织、联合国粮食及农业组织：《食品法典委员会程序手册第二十版》，94页，粮农组织/世卫组织联合食品标准计划秘书处，2011。

分保障其知情权的总体思路；在基本原则上采用风险预防原则，上市制度方面采取双重审批制度，标签制度方面采用规范化可追溯性的强制标签制度。在上述总体思路的指导下，重点制度完善的基础上，根据国情，进一步细化转基因食品应急处理、召回、损害赔偿和风险预警等制度，我国才能稳妥推进转基因食品问题之解决。

论我国政府主导型的食品安全管理模式的完善①

邓 纲* 王 琦**

目 次

一、问题的提出

面对频发的食品安全恶性事件和社会公众对食品安全的担忧，政府采取了一系列措施，引入科学的风险分析理念、加大对违规行为的执法力度、采用更加合理的食品安全标准、不断提高检验检疫设备与技术水平，并且通过《中华人民共和国食品安全法》（以下简称《食品安全法》）将一些制度与方法以法律的形式加以确定，大大提高了食品安全监管的科学性和规范性。然而事实证明，我国食品安全形势依然严峻，政府上述努力的效果难以令公众满意。政府千方百计地提高技术检测水平，依靠权威专家强调食品安全管理科学性的"苦心"，非但未能收到良好的效果，反而因缺少公众的参与而曲高和寡。

学界已经开始意识到处于食品供应链终端的消费者的力量，承认专家的科学知识与民众的主观意识之间存在差异，进而倡导提高食品安全决策的透明度，加强对社会公众的宣传教育，以此缩小专家理性与消费者理性之间的差距，为政府决策寻求更广泛的公众支持。这些观点和建议虽然在消费者保护角度有一定的意义，但仍然将公众视为被同情与被保护的弱势群体，属技术层面的探讨，管理者与被管理者之间的隔阂依然如故，无法从根本上解决问题。

事实上，如果跳出单纯强调政府责任的传统思维模式，把更多的关注投向社会，就会发现政

① 基金项目：2010 年教育部人文社会科学规划项目"风险不确定下的食品安全法律规制研究"（10YJA820008）；西南政法大学 2011 年度研究生科研创新计划项目"食品安全风险处置中科学与民意的权衡"（2011XZYJS179）。

* 西南政法大学教授，博士生导师，法学博士。

** 西南政法大学硕士研究生。

府管理与社会观念之间本可达成一致，并非无法调和，专家与普通民众之间也不存在无法逾越的鸿沟。引入食品安全社会管理策略能够很好地帮助政府行使干预食品市场的职能，弥补政府监管食品安全能力之不足，解决困扰食品安全管理的一些难题，如生产者与消费者之间的利益矛盾、食品安全风险的社会可接受水平等。

二、政府干预食品安全的合理性

市场经济在世界各国的不断完善和发展带来前所未有的巨大经济利益的同时，也暴露出许多弊端，不正当竞争行为层出不穷。无论是在发达国家还是在发展中国家，人们普遍认识到市场中“经济人”理性的不足，放弃古典经济学派的那种仅靠市场自身的竞争淘汰机制便可达到平衡的“乌托邦”式的幻想，开始越来越多地要求政府承担经济职责，以“有形之手”来克服市场失灵的缺陷。

食品安全问题关系国计民生，其重要性无须赘言，而国家设立众多政府职能部门约束食品行业，出台各项法律措施规制食品安全，很大程度上是由食品安全问题自身的经济特征决定的。食品领域像市场经济中的其他领域一样存在风险和市场失灵，政府需要承担相应经济职能。

（一）食品安全存在外部性

外部性，又称外部效应，是指当一个行动可能在市场交易之外有利于或有损于其他人的利益，即存在着不发生经济支付的经济交易时，便产生了外部性。[①] 食品安全领域既可能产生正外部性，也可能产生负外部性。

当一个食品企业诚信经营，提供符合安全标准的产品时，不仅满足了消费者对安全性的需求，赢得了良好的声誉，其他企业也能因消费者对行业的普遍信任感而获益。同样，一个企业生产伪劣产品不仅会在消费者心中留下恶劣印象，也会因食品安全问题的高度敏感性而使消费者对其他合法经营的企业产生怀疑。例如，2011 年年底国家质检总局检测发现蒙牛纯牛奶中黄曲霉素超标 140% 的事件，进一步加大了消费者对整个国产乳制品安全性的担忧，导致一部分消费者完全放弃选择国内乳制品的意愿，转而购买进口乳制品。[②]

此外，从宏观层面上考虑，食源性疾病也会产生重大的外部性。因为食源性疾病引起的成本不光是由受害消费者本人和加害企业承担，有很大一部分会转嫁给其家人、公共医疗机构和保险公司，这便是隐性的社会成本。[③]

可见，单纯依靠市场定价机制无法恰当地评价存在外部性的市场行为。长此以往，还会在事实上鼓励那些投机行为和“搭便车”行为，这便是市场调节的失灵之处。政府干预食品安全能够产生“外部效应内部化”的作用，即构筑这样一种制度，让产生正外部性的行为人获得比在市场自由作用下更多的收益，让产生负外部性的行为人承担比在市场自由作用下更多的成本。

（二）食品安全存在信息不对称

食品是一种特殊的商品，具有信用品属性，生产经营者和消费者掌握的食品真实信息的情况是不同的，消费者即使通过观察、购买和消费也难以掌握食品的全部实质属性。比如，如果没有食品标签制度，消费者很难通过直接观察或食用来判断食品的真实成分、是否为转基因食品以及

① 保罗·萨缪尔森、威廉·诺德豪斯著：《经济学》（第十八版），31 页，人民邮电出版社，2008。

②《国产奶整体销量下降一成》，载《广州日报》2012 年 1 月 7 日，http://finance.jrj.com.cn/consumer/2012/01/17064212068906.shtml，访问日期：2012－05－21。

③ 张涛：《食品安全法律规制研究》，西南政法大学博士学位论文，2005。

对健康可能产生的影响。有些有害食品的危害性后果在被食用后的许多年之后才会显现出来，有的即使出现了危害健康的后果，消费者也很难判断二者之间的联系。

食品生产和消费需要经过从农田到餐桌的诸多环节，包括种植养殖、生产加工、包装运输、批发零售、餐饮服务等众多市场主体的配合，期间可能会遭受微生物污染、化学污染、环境污染等诸多不稳定因素的影响。再加上食品种类繁多，其品质差异性极大，这就更加重了食品安全领域信息的不对称，消费者在食品领域的信息劣势显而易见。

由于食品市场存在严重的信息不对称，便给了少数不法经营者以可乘之机，企业借此规避责任，不合格产品也有了生存的空间，而消费者习惯上又会不断压低价格来弥补其在信息上的损失。长此以往，市场上次货泛滥，最终结果是劣胜优汰，低质量产品驱逐高质量产品，堕入“劣币驱逐良币”的市场陷阱。

（三）食品安全具有公共物品属性

食品安全是典型的公共物品。公共物品不具有竞争性和排他性，将其效用扩展于他人的成本为零，也无法排除他人参与共享，[①] 这些特性决定了公共物品无法在市场上进行买卖。公共物品为市场运行与社会发展所必需，因此，需要政府将提供公共物品作为一项基本经济职能。

在宏观层面上，食品安全和生产与消费、国家农业安全、粮食安全、国民整体经济素质和健康等事关国家发展和稳定的重大事项密切相关。但其投入运行的成本高，收益又十分分散，单个企业和消费者缺少经济动力去提供这一服务，单靠市场机制必然会导致供给不足，因此需要政府的介入，用“有形之手”进行调节。

三、食品安全管理的基本原理

不可否认，保障食品安全确实是政府工作的应有之义，是政府不容推卸的责任。当市场失灵之时，人们便会想当然地将目光转向政府，希望政府能够采取有效措施，弥补市场缺陷。早在古罗马帝国时代，罗马民法便对防止食品的假冒、污染等安全性问题作了广泛的规定。[②] 进入20世纪，各类添加剂在食品工业领域广泛应用，环境污染对食品安全的威胁日益上升，另外，高科技的广泛应用和规模化的生产方式使得食品产量和种类都空前丰富，国际食品贸易规模越来越大，这一切都使得政府管理食品安全的重心，逐渐从控制不卫生食品、食源性流行病传播，转向食品的化学污染、微生物污染和生物技术的应用对消费者健康的潜在威胁上来。

在当代中国，一方面食品行业自律机制尚未形成，无法构成有效的行业内部监管；另一方面消费者力量分散，缺乏专业系统的食品安全知识，社会监管力量有限。面对社会各界日益高涨的保障食品安全的呼声，掌握大量行政资源的政府在有关食品安全的管理中自然而然地掌握了绝对的话语权。但是，要在自由市场和政府管制之间寻求恰当的平衡，却并非一件易事。食品安全问题涉及众多环节，参与者众多，政府需要依靠理性判断把握食品安全风险并采取合理措施加以控制，平衡食品生产经营企业和消费者、经济效益和社会效益之间的关系，将食品安全风险控制在合理的可接受的范围内。这里存在一种理论预设，即食品安全风险在本质上是既存的、客观的，又是可以预测和控制的，原则上可以借助理性和科学方法对应考虑的一些因素进行测量和计算。[③]

① 保罗·萨缪尔森、威廉·诺德豪斯著：《经济学》（第十八版），55页，人民邮电出版社，2008。
② 韩丹：《食品安全与市民社会——以日本生协组织为例》，吉林大学博士学位论文，2011。
③ 张涛：《食品安全法律规制研究》，西南政法大学博士学位论文，2005。

（一）影响管理的因素

1. 消费者福利

《联合国保护消费者准则》中明确指出“各国在拟定关于食品的国家政策时，应考虑到所有消费者的食品安全需求”。① 从消费者角度来看，食品安全风险的政府干预归根结底还是一个消费者权益保护的问题。根据趋利避害的人类本性，消费者天然具有追求绝对安全食品的心理倾向，但食品安全的风险是客观存在的，受到当前科学技术水平等多种客观条件的制约，绝对的“零风险”在现实中是不可能的。政府管理应在多大程度上满足消费者的心理期望便是需要考虑的首要问题。

食品安全规制与消费者行为的关系可以归纳为以下几个方面：（1）规制会提高价格，但同时保障了食品的某些特性；（2）消费者愿意为食品安全支付一定的额外费用；（3）消费者受教育程度、年龄、性别、种族、家庭规模、城市化等因素决定消费者对食品安全的认知水平；（4）消费者食品安全知识对确保食品安全非常重要；（5）消费者对食品安全的忧虑改变着饮食的结构，进而影响生产和消费的模式。② 这些因素反映出食品安全决策需要考虑对消费者福利的不同影响，以充分反映消费者追求安全的意愿和收入预算约束之间的现实矛盾。

2. 企业成本与效益

政府在对食品安全风险进行处置的时候，不仅要考虑消费者福利，还应当考虑对食品企业造成的影响。食品安全的提供是有成本的，政府采用严格的食品安全标准必然会相应增加企业的成本，比如要求企业采用更加先进的检验设备，更加苛刻的运输和贮藏条件，严格的标签管理制度，以及食品的淘汰和召回，这些都需要一定的资金和技术投入。一旦这些成本投入未能产出合理的经济效益，或超出了企业的可接受程度，那么企业便不会积极履行严格的食品安全标准，甚至对政府强制推行的标准加以抵制。

另外，由于食品市场上信息不对称的普遍存在，企业为降低食品安全风险所作出的努力难以被消费者察觉，市场激励机制对企业为此增加的成本并不灵敏，也在一定程度上削弱了企业执行食品安全标准的积极性。

3. 其他因素

由于食品安全问题的重要性和复杂性，食品安全的决策已经远远超出了单纯的科学分析和经济分析的范畴，政府在一些具体事务的管理中往往还需要考虑其他合法因素，包括人权、环境保护、动物福利、社会传统、道德以及国际关系和政治压力等。

（二）基本管理路径

当今世界各国普遍把风险分析原则作为食品安全管理的基础，风险分析已经成为制定食品安全监管措施和食品安全标准的重要依据。《食品安全法》明确规定由国务院设立的食品安全委员会负责食品安全风险评估，并以专章的形式要求建立食品安全风险监测制度和食品安全风险评估制度。

风险分析指的是对食品中可能存在的风险进行评估，进而根据风险程度采取相应的风险管理措施以控制或降低风险，并且在风险评估和风险管理的全过程中保证风险相关主体保持良好的风险交流状态。③ 根据世界卫生组织（WHO）和世界粮农组织（FAO）的分类，食品安全风险分析通常包括风险评估、风险管理和风险交流三个部分。

---

① 任静：《从消费者的角度看中国食品安全问题》，http://www.511511.com，访问日期：2012－02－17。

② 韩丹：《食品安全与市民社会——以日本生协组织为例》，吉林大学博士学位论文，2011。

③ 国家标准化管理委员会农轻和地方部编：《食品标准化》，126页，中国标准出版社，2006。

风险评估是整个风险分析体系的核心和基础，强调评估结果的科学性，由危害因素识别、危害特征描述、暴露评估和风险特征描述四个部分组成。风险管理是根据风险评估的结果，同时考虑社会、经济等方面的相关因素，对各种管理措施方案进行权衡，并且在需要时加以选择和实施，其目的是确定是否需要以及需要何种监管措施方可将风险降低至社会可接受的水平。① 可见，风险管理具有很强的政治性，政府拥有相当大的自由裁量权。而风险交流则强调在风险分析全过程中的信息互动与良好沟通。

（三）多元管理目标

从市场理性的角度看，政府干预食品市场，控制食品安全风险，从根本上说是为了弥补食品市场存在的“市场失灵”，使食品市场能够有效运转，以实现有效的社会均衡。具体而言，根据风险水平、食品供求的数量和种类以及消费者所付出的价格是否可接受，当需求和供给函数相等时，社会净福利为最大，即达到社会均衡状态。②

食品安全风险政府管理除了追求“社会均衡”目标外，还受到其他一些目标的约束。食品安全需求涉及消费者、生产者、零售者和农民，以及国内外政府等多重利益主体，政府的最终管理决策实际上是多个利益主体复杂的多样化需求之间相互博弈的结果。在某些情形下，社会公共压力会成为政府管理的原始驱动力。正是由于消费者对于转基因食品的接受程度和容忍度不同，才产生了欧盟与美国政府对待转基因食品的不同态度；正是由于近年来我国食品安全领域频频暴露严重问题，引起社会各界广泛关注，才催生了《食品安全法》的出台以及相关法律措施的完善。

四、政府主导模式的弊端分析

食品安全需要政府主导对食品市场进行监管，但仅仅依靠政府管理是不够的。大量事实表明，高效完美的政府如同完全竞争的市场，都是理论家“乌托邦”式的幻想，那种如“自动售货机”一样，在任何时候都能够及时发现问题、作出完美决策并高效率地加以执行的政府几乎是不存在的。

近年来，我国政府不断加大对食品行业的监管力度，颁布了一系列法律、法规，食品安全风险评估、紧急事件处理、食品安全标准等相关制度也都相继建立，食品检验技术和手段不断提高，但是，其效果却未能令公众满意，食品安全恶性事件仍然频频发生。导致这一结果的原因是多方面的，但必须指出的是，食品安全是一个涵盖科学、政治、经济、民生甚至道德伦理的复杂命题，将这样一个参与主体众多的庞大命题交由政府的少数智囊团或专家进行决策，基于政府失灵、专家有限理性和消费者沉默等原因，不可避免地会产生一些弊端。

（一）政府失灵

政府失灵归根结底是不完全信息所致。政府管理是一种外部管理，很难深入企业内部了解其真实信息，政府通过审计、抽查等手段获得的信息存在被歪曲的可能性；受成本和现有技术手段的限制，政府食品检验采取抽查的方式，难以获得充分的食品安全信息，传统的成本效益分析也难以达到社会均衡的目标。因此，政府对于食品安全风险的管理是一种不完全的、事后的管理，常常是某地发生恶性食品安全事件之后，由政府派出特别工作小组负责对事件的调查和处理，具有很强的滞后性、被动性。③

① 谭德凡：《论食品安全法基本原则之风险分析原则》，载《河北法学》2010年第6期（第28卷）。

② 张涛：《食品安全法律规制研究》，西南政法大学博士学位论文，2005。

③ 在染色馒头事件中，质监部门对生产者的抽检，由于检查人员的失职，完全没有发挥出制度设计的功能，即为一例。

政府管理行为的公正性和执行效果还可能因部门利益或地方利益而受到影响。现阶段我国食品安全采用多部门、分环节监管体制，多部门之间权限划分不明，协调机制不畅，部门之间职权的交叉重叠现象时有发生。农业部、卫生部、质检总局等多家机构为了加强监管力度，都先后制定了多项法规和标准，这样做造成了法律、法规繁多甚至相互冲突，令生产者、经营者和消费者无所适从，执法面临尴尬。一些法律政策在执行过程中还可能面临“GDP 政绩观”的地方保护主义的抵制，大量的行政资源就在各个部门之间、各级政府之间的争执与推诿过程中被消耗掉了。

（二）专家有限理性

考虑到科技发展对食品行业的影响，食品安全风险管理具有很强的科学性。法治的科学主义理念要求政府在作出决策时必须有充分的科学依据，这也是在食品风险评估过程中格外强调专家评估意见的原因。我国的《食品安全法》同样适用这一理念，承认风险客观论和科学证据的有效性前提。[①] 作为科学依据的主要表现形式，专家评估意见不仅是制定、修改食品安全标准和对食品安全实施监督管理的科学依据，也是政府发布食品安全风险警示的重要基础。

然而，专家理性并非绝对“善品”。食品安全在某种程度上只是一种人为建构，其程度和范围可能随着科学技术的发展变化和所选择的评估专家的不同而不同。[②] 不同的专家意见可能彼此矛盾，而社会公众面对相互矛盾的专家结论经常会感到茫然不知所措，如红酒是否有利于身体健康、转基因食品是否安全等。有时候，专家在评估过程中也无法摆脱价值选择问题，存在一定的主观倾向，特别是某些专家由于自身利益原因丧失中立性，沦为利益集团的代表，滥用专家评估权，使得公众对专家结论产生怀疑。

（三）消费者沉默

食品安全管理单纯采用政府主导决策模式剥夺了消费者的话语权。民众在与自己日常生活息息相关，甚至是与生命健康息息相关的食品安全问题上，拥有天然的表达自由。然而在实践中，他们往往不仅缺乏基本的知情权，还缺乏有效的利益表达机制，在有关食品安全法律、法规的制定实施过程中鲜有消费者的声音。

政府监管有弊端，专家理性并非绝对可靠，加之消费者缺乏足够的力量与食品市场上的不规范行为进行斗争，也无法对政府行为进行有效监督，只能将自己的命运交付于他人手中。这种无奈的结局产生于政府在主导食品安全管理中与社会公众之间缺乏理解和沟通，其后果往往是公众对政府和专家产生不信任危机，进而导致政府处理食品安全事件变得越来越困难。

五、完善政府管理模式的思考

（一）另一种可能性的提出

许多理论和实务界人士一谈到食品安全管理问题，便会自然而然地想到食品安全管理的成功就是要依赖于法律、法规的完善、政府监管机构设置的科学合理、检验检疫手段的先进。在学习和借鉴外国先进经验的时候，也多是注重技术层面的考察。这些观点没有错，但并不全面。仅仅依赖完善法律和技术的管理效果并不理想，这种固化的思维方式很大程度上限制了管理效果的优化。因此，我们不妨跳出传统政府和专家的框架，探讨解决问题的新思路。

食品安全问题是随着社会经济条件的发展而发展的，因此，灵活的食品安全管理能够为未来的技术进步、过程创新和需求变化留有足够的空间。无论立法技术如何先进、检测手段如何超

① 彭飞荣：《食品安全风险评估中专家治理模式的重构》，载《甘肃政法学院学报》2009 年第 11 期。
② 彭飞荣：《食品安全风险评估中专家治理模式的重构》，载《甘肃政法学院学报》2009 年第 11 期。

前，都终有被淘汰的一天，因此，与其寄希望于创造出平衡多重目标可令各方主体都欣然接受的完美制度，倒不如思考制度运作与变革的内在推动力。

完善的决策、各种“技术”的发展，都不是局限在各自领域内的自主发展或进步，而是多重因素相互作用造成的历史效果，甚至恰恰是因为这些多重因素本身的抗衡与冲突才构成了正确管理的内部动因。完善食品安全问题的治理，关键不在于市场秩序如何自发调节，政府制度设计如何合理，更不在于专家理性的精湛，而是在于这些技术与其所根植的社会结构之间形成的良性制衡关系。

发达国家的食品安全管理除了依靠完善的法律制度、先进的技术手段和分工明确又相互配合的政府职能外，一个明显的特征就是社会组织、舆论媒体、研究机构等社会力量的参与，社会力量绝非政府的附庸，而是主动发挥独立性作用，制衡市场与政府的第三方力量。例如，日本生协组织在一定区域内承担社区居民自我管理、自我保护的职能，甚至可以代表消费者直接与食品生产经营者进行谈判，达成关于食品价格、产量、安全标准等方面的协议。西方国家独立新闻媒体的舆论监督堪称社会舆论参与社会管理的楷模，舆论监督已经成为行政、立法、司法之外的“第四种权力”，各方利益代表利用媒体力量表达意见，影响政府管理决策，电视辩论便是其中的典型代表。

反思我国食品安全管理模式就会发现，我们与其他国家最大的区别就在于严格的“市场—政府”二元结构模式，许多事情相对缺少社会力量，尤其是中介组织的参与。长期以来对“全能政府”的信仰进一步压制了社会力量的发展空间，使得消费者一直处于被保护、被照顾的位置。近年来，虽然政府也开始在法律政策的制定上注重倾听民意，但是，除了个别专家意见之外，广大普通消费者的意愿缺乏有效的表达渠道，无法反映到法律政策的制定中来。

需要厘清的是，对食品安全政府主导的管理模式提出质疑，并不是要否定政府的地位和在食品安全决策中的作用，而是既承认政府管理的地位及其必要性，又要认清其作用的合理边界。我们不仅需要一个监管型政府和自律的市场，同样也需要监督和制衡市场、补充国家能力的社会力量。

（二）社会力量参与管理的必要性与可能性

由于我国长期以来缺少市民社会土壤的特殊历史和国情，使得社会中间层力量薄弱，难以同市场和国家进行抗衡。但是，食品安全问题具有特殊性，随着经济体制改革的不断深入、民众素质和参与热情的提高，社会力量参与食品安全管理不仅必要，而且成为可能。

1. 食品安全问题的双重特征

食品安全问题具有极强的专业性和大众性。一方面，食品安全的专业性使得仅凭政府部门的决策难以保障结果的科学性和合理性，需要听取医学、农业、生物、营养等方面的专家意见。不过，将这些专家视为独立的社会力量，而非政府智囊团的组成部分更合乎实际，也更能令人信服。另一方面，食品安全是与民众个人日常生活紧密相关的问题，十分琐碎，也偏离国家行政事务的重心，要求国家将主要精力放在这些琐碎又繁冗的问题上，既不现实又无效率。然而食品安全贴近日常生活的这一特性，恰恰能够调动起广大社会公众的积极性，使得社会组织有机会集中主要精力，有所作为。国家则着力于集中有限资源，提供法律和制度框架，指导和约束市场和社会的行为，以此形成三者的良性互动机制。

食品安全问题还具有国际性的特点。转基因食品、疯牛病甚至三聚氰胺等食品安全事件都超出民族国家的范围，产生了不可忽视的国际影响。社会组织因其自治性和灵活性，可以通过与国际组织或其他国家和地区的社会组织的交流，开展联合行动，弥补政府在这方面的不足，同时为自己赢得更加广阔的发展空间。

2. 主体意识的觉醒

我国与西方社会的最大不同在于长期缺乏市民社会生成的土壤，社会公众在公共领域尤其缺乏自己管理自己、自己照料自己的主体意识。长期的计划经济使许多人习惯了“有事找组织，有事找政府”，城市被划分为一个个单位，农村分属于各个不同的村镇，市民长期处于被管理、被照料的地位，缺少主体意识和参与意识。但是，这并非不能改变，关键的前提是公众管理意识的觉醒，正如康德所说：“公众给自己启蒙，这更为可能；甚至，只要让公众有自由，这几乎不可避免。”①

当前，市场经济体制改革已经打破了原来的固有格局，个人在一定程度上已经脱离了单位的全面保护，许多生活事务被推向社会和市场，经过近二十年市场经济的洗礼，消费者已逐渐接受独立市场主体的现实。食品安全关系到每个个体的切身利益，理论上个体应该比政府更具有参与热情。因此，在食品安全领域的社会参与是完全可能的。

3. 社会中间层的缓冲效应

出于社会和政治稳定的考虑，我国政府一直对民众自发成立的社会组织心存芥蒂。事实上，在涉及食品安全这样关乎日常生活的问题上，民众通过组织的力量表达其意愿恰恰可以缓和社会矛盾。当个人缺乏表达利益诉求的渠道时，往往会转而采取激进的手段引起社会或政府相关部门的注意，使得社会稳定性受到极大的震荡。社会组织的存在可以将个人的意愿传递给政府部门，释放个人不满，有利于社会稳定。同时，社会公众可以通过社会组织了解政府管理的方式和内容，通过学习和交流，缩小专家理性与消费者理性之间的差距。

（三）完善食品安全政府管理模式的路径选择

食品安全管理中社会一方的缺席，一方面使得社会与国家之间缺乏有效的沟通机制，政府的决策难以为普通民众所理解；另一方面政府的各种制度安排和技术设置都成为自说自话的无本之木，难以有效发挥其应有的影响力。较之于发达国家食品安全治理上国家、市场和社会三者之间的动态制衡机制，中国则处于一种失衡状态。以社会组织的方式，或者说促进一个社会参与管理模式的成熟，对于中国的食品安全管理非常必要。

社会中间层的行政化也会对完善食品安全管理模式造成影响。我国的一些“社会团体”，如中国消费者协会，是在政府主导下建立的，多依附于政府，独立发挥作用的空间狭窄，虽然冠以“社会组织”的名号，却名不副实，只能是国家行政体制的某种变形，行政化现象严重。消协对食品安全关注的重点仅在销售与售后环节，发现问题之后也只能采取一些事后的补救措施，难以达到制约生产经营者的目的，也无法对政府决策进行有效监督，更无法令广大民众满意。鉴于以上因素，重构我国食品安全管理的政府主导模式并非易事，需要在依靠传统风险分析的基础上，探索新的实施路径。

1. 风险评估阶段

要对风险进行规制，首先要明确风险是否真实存在、规模大小以及可能带来的危害结果，因此在这一阶段要尽可能做到科学客观。理想的状态下，风险评估将在很大程度上依靠主流科学知识，防止短视和过于急躁以及没有依据的反应。② 社会对风险的感知虽然可以引起政府的重视，但还不足以成为政府采取实际措施的依据。就像约翰·格雷汉姆描述的那样，“人民在判断影响自己健康、安全和环境的潜在危险的问题时，遭受着一种被称为‘偏执和忽略综合症’的困扰，

① 《康德著作全集》第8卷，41页，中国人民大学出版社，2010。

② ［美］凯斯·R. 孙斯坦著：《风险与理性》，146页，中国政法大学出版社，2005。

人们会对微不足道的风险担惊受怕而对真正的危险掉以轻心”。① 一个理性的政府不应当简单地顺应公众的恐惧，而是要对风险进行科学的量化分析，专家意见要尽可能做到“最高标准的独立性、先进性与透明性”，② 媒体应客观报道、公正评价和充分交流。

2. 风险管理阶段

食品安全领域风险处置决策目标的多元性决定了风险管理阶段的考量尤其复杂：既要进行成本—收益分析，在多种措施可供选择的情况下，追求成本的最小化而不是最大化、收益的最大化而不是最小化；又要进行可行性分析，考虑国情和相关各方的承受能力，使规制措施在实践中获得最理想的效果；同时还要注意经济指标并非唯一的标准，在涉及特殊人群的保护、公众的基本权利和避免不可逆转的风险等特殊情形时，作出合理的价值目标选择。

从总体上讲，单纯依靠政府理性和专家模式难以完成如此艰巨的任务，而简单地“顺应民意”又会陷入短视或盲动。因此，为了避免管理决策的任意武断和反复无常，最好的办法就是使各利益相关方都有充分的渠道表达自己的观点，并能在管理决策中占有相当的分量，任何一方的利益都应给予充分的考虑，同时拒绝任何一方拥有决定他人命运的特权，在各方利益的衡平中深谋远虑地履行政治责任、社会责任和个人责任。

3. 风险交流阶段

风险的交流贯穿于风险分析的全过程，可以说是保障决策成功的利器。公开管理决策的过程与结果可以最大程度地保证理性，防止利益集团的游说。这里需要强调，风险交流并不是政府简单地进行信息的单向输出，而是双向输入和输出的过程，除了要搭建食品安全信息的发布平台外，还应建立公众意见的数据库，随时对公众意见进行监测，并由专门机构和人员及时处理公众意见。社会组织在这一阶段一方面可以利用自己的组织优势收集公众意见，及时向政府反映；另一方面还可以帮助政府发布和传播信息，承担部分对公众的教育职能。

当然，任何一种模式都不可能完美无缺，也绝非放之四海而皆准。尽管如此，跳出传统思维的局限，丰富和完善现行食品安全管理的政府主导模式，能够为解决食品安全领域的诸多问题提供新的管理路径。在这条道路上，食品安全的管理不再完全依靠政府，拒绝彻底的专家模式和民粹主义，而是要建立一种政府、企业、学界和消费者共同保障的管理模式，在国家、市场与社会的良性互动中寻求解决食品安全的最佳方案。

① John Graham. Making Sense of Risk: An Agenda for Congress, in Risks, Benefits, and Lives Saved 183, New University Press, 1996.

② Commission of the European Communities: White Paper on Food Safety. Brussels, 12 January 2000.

竞争政策与宪政的关系解析[①]

应品广*

目　次

一、引言

竞争政策属于经济政策的范畴，宪政属于宪法政治的范畴，乍看两者并无交集。然而仔细观察可以发现，竞争政策与宪政之间存在着长期交互影响的关系。这表现在：一方面，竞争政策的实施无一不是在特定的法治环境下展开，而一国的宪政机制和宪政文化是法治环境的关键性因素；另一方面，竞争政策所追求的自由和公平竞争隐含着经济自由和经济民主之价值，从而自然而然地具有了“宪法”属性。而且，竞争政策实施过程中的很多问题与宪法及其确立的宪政机制直接相关——竞争政策的实施不仅涉及实施机关之间的分权问题，包括中央与地方之间的分权、竞争执法机关与行业主管机关之间的分权、行政机关与司法机关之间的分权等；也涉及宪法中的“经济制度条款”、“国有经济条款”和“所有制条款”的宪法解释问题，因为竞争政策所追求的公平自由的竞争环境不可避免地会与上述条款发生摩擦；还涉及保障宪法基本权利与维护竞争秩序之间的平衡问题，因为以限制竞争为目的影响政府的“请愿行为”恰恰可能是宪法所保护的“自由权”的典型形式之一。此外，一个国家的民主宪政机制及其宪政文化，更是关乎一个国家规范政府反竞争行为的可能性之大小以及竞争政策的制定和实施的科学性和有效性。由此观之，不从宪政的角度看待竞争政策问题，就很难把握作为经济政策重要组成部分的竞争政策，是否符合民主宪政的需要，以及是否已经很好地实现了符合宪政需求的目标。

---

① 基金项目：上海地方本科院校“十二五”内涵建设085工程项目。

* 上海对外贸易学院讲师。

基于以上考虑，本文尝试对竞争政策与宪政之间的关系进行梳理和分析。需要说明的是，本文所指的竞争政策是“广义”上的竞争政策，涵盖一切有利于促进市场竞争的经济政策，包括反垄断政策、私有化政策、放松规制政策、取消政府补贴政策、对外开放政策以及贸易自由化政策等，但是讨论主要围绕反垄断政策展开。本文所指的宪政是指“依照宪法治理国家”，它包含两个方面的内容：一是成文的或不成文的宪法；二是有效地施行宪法。毫无疑问，宪政本身的存在价值使得其必然独立于民主、法治、人权等基本概念。它是亲民主的，但是反对多数人的暴政；它建立在法治基础之上，但是是更高级别的“法之法”之治；它以保障人权为目的，但是反对少数人的专制。然而，在中国特有的背景之下，宪政之所以值得欲求，恰恰是由于其包含了民主、法治、人权等基本的普世性价值。因此，在讨论竞争政策与宪政之间的关系时，必然要将竞争政策的制定、实施和运行与权力制约、权利保障、民主法治等宪政基本理念结合起来。

二、竞争政策与宪政的基本关系

（一）宪政机制与宪政文化影响竞争政策的实施效果

一国的宪政机制和宪政文化会直接影响竞争政策的制定和实施。如果一个国家奉行的是计划经济体制，那么这个国家就不可能产生竞争政策；即便产生了所谓的竞争政策，也不可能得到有效实施。竞争政策只能是市场经济的产物，同时也只有通过竞争政策维护和巩固市场机制，市场经济才能够得到持续的发展。与此相对，如果一个国家的宪法中直接规定了“维护竞争”的条款，并且存在有效的宪法实施机制（比如可以直接依据宪法条款起诉政府反竞争行为），那么竞争政策的实施就多了一重保障。如果一国宪法中存在“所有制条款”或专门的“国有经济条款”，导致不同所有制的企业在竞争问题上存在宪法上的区别对待，那么竞争政策的适用就不得不考虑这一宪法制约因素，并影响秉承“不因所有制而取得竞争优势”这一基本理念的竞争中立政策的建立和发展。从表面上看，竞争政策或竞争法与宪法条款相冲突，自然是宪法优先。问题是，如果这种冲突只是“表面化”的冲突，或者存在进一步解释的空间，此时如何解释和运用宪法条款，就成为竞争政策是否能够得以发挥作用的关键因素，而这显然又与一国的宪法解释及宪法实施机制密切相关。

宪政机制影响竞争政策的一个典型例子是澳大利亚《宪法》与其竞争政策之间长期的“拉锯战”。澳大利亚是由六个州和两个领地组成的联邦制国家。澳大利亚议会享有依据《宪法》制定法律的权力，除此之外的立法权归各州享有。根据澳大利亚《宪法》，议会仅对与“公司”和“贸易或商业”有关的事项享有立法权，[①] 这意味着许多非公司实体（如政府机构、合伙企业和合作社等）以及非属于“贸易或商业”的行为都不属于议会立法的范围。但是，议会制定的竞争法（包括1906年的《澳大利亚产业保护法》和1965年的《贸易行为法》）要求这些实体或行为符合竞争法的规定，这就超越了宪法赋予议会的立法权限，直接导致了澳大利亚历史上多部竞争法被宣告违宪。直到1971年的《贸易行为法》限缩了自己的适用范围，才没有进一步引发宪法争议。即便如此，由于宪法条款的制约，即使是1974年的《贸易行为法》出台之后，“仍然有诸多商业领域未被纳入到立法的调整范围”。[②] 但是，澳大利亚竞争政策的发展历程并未就此止步。到了20

① 《宪法》第51条：议会为了维护联邦的安宁、秩序和治理起见，根据本宪法，对下列事项有制定法律之权：（1）对外贸易和州际贸易；……（20）外国公司、在联邦境内设立的贸易公司和金融公司。

② Deborah Healey, Competition Law in Australia: Implementing Competitive Neutrality to Government Business, available at: http://www.unctad.org/Templates/Download.asp? docid = 15938&lang = 1&intItemID = 6128.

世纪90年代，澳大利亚发起了对本国竞争政策的全面审查，并由此拉开了启动“全国竞争政策”的改革项目，推出了包括竞争中立政策在内的一系列世界瞩目的竞争政策，在本国宪政框架内发展出了一条推进竞争政策的可行道路。可见，一国宪政机制有可能会对一国竞争政策的发展造成实质性阻碍，但是在“宪法条款”和“宪法精神”之中，仍然存在巨大的“解释”和“开拓”空间。

除了宪政机制，宪政文化也会对一国竞争政策的实施产生直接影响。中国几千年的文明是建立在国家主义和社群主义的基础之上，而非建立在个人主义和自由主义的基石之上；与之相对应的则是人治和长官之治，而非民主和法律之治。正如盛洪在《宪政经济学》一书的序言中指出的，在中国，人民普遍混淆布坎南所划分的“规则下选择”与“规则间选择”——政府部门尤其是行政机关经常会因为一个技术性问题而改变规则；学者们在讨论问题时，也经常以具体的经济合理性来否定法律上的正当程序。① 国人普遍不愿在“规则下”行事，宁愿为了实现特定的目的（包括改革的目的）改变乃至抛弃规则（包括宪法规则）。中国频繁地修宪或许可以成为这一解释的一个注脚。② 在此惯性思维下，竞争政策恰似一个左右摇摆任意揉捏的玩具，可以在任意的“应然性”理由之下追求其各自的利益诉求，而全然不顾正当程序的要求。在这种情况下，竞争政策的过度实施反而可能成为一个危险的工具。已经有学者指出：“一部新的中国反垄断法可能会给予政府相对于私营部门企业的新的和广泛的、目前并不拥有的权力。此类新权力的创设也许会在实施上导致政府在促进公平竞争的外表掩盖下重新对私营部门施加某种国家计划。”③ 在此意义上，探讨竞争政策实施过程中的宪政制约就不仅仅具有学理上的意义，还可能影响到千千万万经营者和消费者的切身利益。

（二）竞争政策的有效实施有助于推动经济自由和经济民主

尽管当今世界各国的反垄断法律或司法判例中已经很少出现经济自由或经济民主的字眼，但是在反垄断法诞生早期，经济自由和经济民主无疑是反垄断法追求的主要目标之一。美国的《谢尔曼法》之所以能够在19世纪末诞生，正是因为当时美国迈入了垄断资本主义时代，人们普遍担心经济领域的“皇帝”会取代政治领域的“皇帝”，使得整个国家把持在少数垄断资本家的手中。日本《禁止垄断法》的出台更是源于美国占领当局打击垄断财阀，以恢复日本经济民主秩序的需求。德国的《反限制竞争法》，也是在德国的弗赖堡学派所倡导的“秩序自由主义”理念下诞生的。对于经济自由和经济民主的追求，可以说是早期反垄断法的天然目标之一。

现代反垄断法之所以很少提及经济自由或经济民主，而是将效率或消费者福利作为首要的追求目标，除了反垄断法自身的发展越来越精细化和专业化，并由此催生远离“政治”的需求之外，另外一个重要的原因在于以反垄断法为代表的控制经济权力过度集中的相关法律的适用和发展，已经在很大程度上杜绝了导致绝对经济垄断继而威胁政治自由和民主的可能性。尽管如此，对于垄断行为的打击和对经济效益的追求，仍然是间接地实现经济自由和经济民主的有效途径。恰如有学者所言，反垄断法通过创造竞争机会平等和竞争条件平等，蕴含了经济民主的价值。④

① ［美］杰弗瑞·布伦南、詹姆斯·M. 布坎南著，冯克利等译：《宪政经济学》，5页，中国社会科学出版社，2004。

② 有学者统计，从1908年到1982年，中国平均约五年就会出台一部宪法，乃为世界立宪之最。1982年之后，也已历经四次修改，增加了31条宪法修正案，这在世界宪法史中也是很高的。参见包万超：《宪政转型与中国司法审查制度》，载《中外法学》2008年第6期。

③ 马克·威廉：《采纳欧共体竞争法模式——对中国而言会不会是一匹特洛伊木马?》，载程卫东主编：《中国竞争法立法探要：欧盟对我们的启示》，114页，社会科学文献出版社，2006。

④ 李国海：《经济民主：反垄断法的宪政价值》，载漆多俊主编：《经济法论丛》（2011年上卷），26页，武汉大学出版社，2011。

当然，反垄断法是否能够实现上述功能，很大程度上取决于竞争执法和竞争司法的能力和动力。

此外，经济自由和经济民主也是达致政治自由和政治民主的催化剂。正如弗里德曼所说，“经济安排被看作是达到政治自由这一目标的手段，因为经济安排能够影响权力的集中和分散。那些能直接提供经济自由的经济组织，即竞争的资本主义，也能促进政治自由，因为它将经济权利从政治权力中分离出来，从而使得两者可以相互制衡”。① 从这个意义上看，“宪政的经济基础是市场经济”，② 而市场经济的本质特征是竞争经济。只有在自由、公平的竞争环境中交换，才可能造就有序的市场经济秩序，而自由竞争所创造的经济民主环境，也会逐步向政治民主渗透，从而影响一国民主法治的进程。

（三）竞争政策与宪政关系的几个重要维度

竞争政策与宪政之间存在着交互影响的基本关系，但是要深刻理解它们之间如何相互影响，还需要对以下几个方面作出解释。

第一，竞争政策与宪法之间的关系，包括如何解释各国宪法中的经济政策条款、经济制度条款以及国有经济条款；如何理解和适用宪法中与“竞争政策”相关的基本权利条款；一个国家的宪法确立的权力架构和分权机制，对竞争政策的出台和实施会产生什么样的影响等。

第二，竞争政策与经济宪法之间的关系，包括“经济宪法”的多重含义及其对于竞争政策的意义；何以“经济宪法”的殊荣仅属于反垄断法而与反不正当竞争法无缘；如何理解“经济宪法”与“宪法”之间的关系等。

第三，竞争政策与经济自由之间的关系，包括经济自由及其蕴含的竞争自由对于竞争政策的意义；宪法保障的经济自由与竞争政策保障的经济自由之间的差异；竞争政策目标中隐含的经济自由的追求与学界通行的效率或消费者福利目标之间是什么关系等。

第四，竞争政策与经济民主之间的关系，包括从竞争政策的角度看，作为目标的民主（经济民主）和作为程序的民主（民主程序）之间的关系；竞争政策制定和实施过程中经济自由和经济民主之间的冲突和协调；如何规范政府反竞争行为和国有企业的限制竞争行为以使其符合经济民主的要求等。

竞争政策与宪法、“经济宪法”、经济自由和经济民主之间的关系，构成了竞争政策与宪政之间关系的四个重要维度，下文对此展开重点分析。

三、竞争政策与宪法

竞争政策与宪法中的下列三类条款具有重要联系：第一，宪法中与竞争自由或竞争权利有关的基本权利条款；第二，宪法中与竞争制度或竞争政策有关的基本经济制度条款；第三，宪法中对国家参与经济运行或经济管理进行规范的相关制度或程序条款。

宪法存在的首要意义在于限制国家权力并保障公民基本权利，因此宪法中的基本权利条款是宪法的灵魂所在。尽管不同国家的控权力度和对权利的保障力度有所不同，但是对于宪法保障公民基本权利这一功能的认识却是统一的。从这个角度看，宪法本身也包含竞争政策的理念。比如，很多国家的宪法中都包含有保护公民和企业“自由权”的条款，这些条款可以作为支持竞争法律制度的理由。“从法律角度看，市场竞争实际上是私人市场主体行使基本权利的竞争行为，

① ［美］米尔顿·弗里德曼著：《资本主义与自由》，张瑞玉译，商务印书馆，2009。
② 何士青著：《宪政基础研究》，7页，华中科技大学出版社，2009。

也是行使其竞争自由的行为。"[①] 此外，在依据普通法律（如反垄断法）能够实现竞争自由的时候，自然无须借助于宪法的规定；但是如果没有竞争法或者竞争法无法对反竞争行为构成有效制约，那么宪法中的基本权利条款就可以成为规范反竞争行为的基本保障。例如，德国《基本法》第12条第1款关于保护职业自由的规定，在宪法实施过程中就常常被解释为具有保护竞争自由的内容。当然，这种自由是有限度的，其边界就在于行使宪法中的竞争自由不得以违背公共利益为代价。在更高级别的公益目标的指引下，根据宪法的规定和基本原则，国家可以通过法律的方式对竞争自由施加一定的限制。

宪法中的"经济制度条款"也与竞争政策的制定与实施存在直接关联。在各国宪法层面出现的经济制度，实际上就是在最极端的计划经济制度和自由放任市场经济制度的中间进行路线的选择。但是是否有必要在宪法中规定经济制度，至今在学术上没有定论。德国《基本法》中并未确立任何经济制度，而且根据德国联邦宪法法院的观点，德国《基本法》在经济制度问题上采取了"中立原则"，即宪法并未明确表明支持哪种经济制度，任何一种制度在符合宪法规定的前提下，都可以被立法者采用。[②] 同样的，美国宪法中也没有对经济制度作出任何规定，只是在遇到与经济政策相关的司法案件时，通过司法判例的形式对相关的经济政策作出宪法解释。但是，世界上绝大多数发展中国家都规定了明确的经济制度，有的国家甚至在宪法中明确规定了"竞争制度"。在少数国家，如菲律宾，尽管还没有竞争法，却在宪法中直接规定了反垄断条款。[③] 俄罗斯宪法中也确立了符合竞争政策理念的条款：第8条第1款包含了"促进竞争"的内容，第2款则确立了对不同所有制形式予以同等保护的中立条款。[④] 实际上，"二战"以后，世界各国普遍经历了一个"经济立宪"的时代。[⑤] 据有的学者考察，发展中国家尤其是亚洲、非洲、南美洲、大洋洲等各国的宪法除政治内容外，大都涉及经济问题。[⑥] 与此相应，我国不仅在当前宪法中集中规定了经济制度的内容（第6~18条）；而且历次修宪都与经济制度直接相关。现行宪法实施30年来，一共经历了四次修改。不仅每次修改均涉及经济制度，而且在总共形成的31条宪法修正案中就有14条直接涉及经济制度的内容。

有没有必要在宪法中确立"经济制度条款"，争议的症结是这种条款是否会对本国调整经济政策乃至经济制度构成宪法阻碍。如果在宪法中确立、固定了经济制度，那么除非经过复杂的修宪程序，一个国家很难根据经济形势灵活地调整经济制度。换言之，一旦将特定的经济制度写入宪法，就意味着"制度转变"的空间可能被冻结。我们不能仅仅将经济制度条款的有无看成是一种"宣示"，因为这会抹杀经济制度条款本身的宪政意义。宪法中的经济制度不仅具有宣示效应，更重要的是确立了"国家干预经济"的一般界限。如果从这个角度看待《中华人民共和国宪法》（以下简称《宪法》）中的经济制度条款，会发现几乎找不到国家干预经济的界限。在我国《宪法》中，至少有两个条款可以被视为经济制度条款：一是《宪法》第15条第1款关于"国家实行社会主义市场经济"的规定；二是《宪法》第6条关于"国家在社会主义初级阶段，坚持公有

① ［德］乌茨·施利斯基著，喻文光译：《经济公法》，167页，法律出版社，2006。

② 参见黄卉：《宪法经济制度条款的法律适用——从德国经济宪法之争谈起》，载《中外法学》2009年第4期。

③ 《菲律宾共和国宪法》（1987年）第12章第19条规定："国家为公共利益的需要应管制或禁止垄断。任何限制贸易的联合行为或不公平竞争行为都是不允许的。"

④ 俄罗斯1993年《宪法》第8条：1. 在俄罗斯联邦，保障统一的经济空间，保障商品、劳务和财政资金的自由流动，保障鼓励竞争和经济活动自由。2. 在俄罗斯联邦，对私有制、国家所有制、地方所有制以及其他所有制形式予以同样的承认和保护。

⑤ 参见李龙著：《宪法基础理论》，77页，武汉大学出版社，1999。

⑥ 参见滕宏庆、李建波：《经济立宪与中国非公有制经济发展——兼论宪法参与经济的界限》，载《河北法学》2005年第9期。

制为主体、多种所有制经济共同发展的基本经济制度”的规定。由此产生一个问题：竞争政策作为一项基本的经济政策，在适用之时应该以“社会主义市场经济条款”（第15条）为依据，还是应该以“公有制条款”（第6条）为依据。“市场经济条款”所追求的自由和公平竞争有可能会与“公有制条款”所保障的公有制经济相抵牾。这就涉及如何解释“社会主义市场经济”和“社会主义公有制”的问题，也涉及竞争政策的实施到底朝哪一个方向运行的问题。这并非是一个空想的问题，在2005年由《物权法（草案）》引起的关于国有财产和私有财产是否应该平等保护的宪法大辩论中，对于上述两个条款应该优先考虑哪一个的问题，已经遭遇了实实在在的考验。平等保护论者认为应该优先考虑“市场经济条款”，[①] 而区别保护论者则认为应该优先考虑“公有制条款”。[②] 很难保证上述争论不会在竞争法领域再次遭遇尴尬。正是因为我国宪法中的相关政策性规定有可能束缚制度变革的空间，因此有学者建议取消我国宪法总纲中的经济政策性条款。[③] 但是，在没有取消上述条款的情况下，当前的真正问题是：在既定的宪法框架之下，如何对一国的竞争政策作出合乎宪法的解释。在我国已经确立了经济制度条款之后，更加需要明确的不是这种形式有没有必要，而是在已经存在宪法规定的情况下，如何解释经济制度条款的目的及其对经济政策（包括竞争政策）可能产生的影响。

竞争政策与宪法之间的关系还表现在宪法对于国家参与经济运行的约束，即国家在什么情况下可以介入经济的运行并对经济施加管制或调控，以及这种介入的程度应该有多大。在宪政国家，国家介入经济的自由（包括实施竞争政策的自由）必然要受到宪法和法律的约束。如果说竞争政策本身包含了防止国家公权力限制竞争以及对于竞争机制过度干预的内容，那么要实现竞争政策的上述目标，至少需要依靠三个层级的法律的协助：首先，宪法对基本权利的保障和对权力的制约，使得公民和企业可以依据基本权利条款保障自己的职业自由和竞争自由，同时对政府反竞争行为施加宪法约束；其次，行政法和行政诉讼法对于国家行使公权力的行为实施控权，包括对政府的反竞争行为施加法律约束；最后，竞争法对于私人反竞争行为以及政府反竞争行为的规范。在宪法的权力制约和行政法的控权机制已经能够对政府反竞争行为及滥权行为施加有效约束的情况下，基本上不需要竞争法介入规范政府反竞争行为。正是由于宪法的原则性和在有些国家存在“不可诉性”，以及行政法的控权机制在应对政府反竞争行为问题上存在缺陷（比如单纯看行为是否符合程序规定，而不看是否造成了限制竞争的后果），才使得竞争法也成为约束政府反竞争行为的有力武器。

四、竞争政策与“经济宪法”

“经济宪法”一词在国内为人所熟知，很大程度上归功于《中华人民共和国反垄断法》（以下简称《反垄断法》）的宣传和实施。在学者的著作、媒体的报道以及世人的眼中，反垄断法俨然就是经济宪法的代名词。然而，对于反垄断法缘何被誉为经济宪法，以及“经济宪法”一词是否还具备更广泛意义，却大多语焉不详。实际上，经济宪法的含义非常广泛，并非反垄断法本身所能包容。经济宪法除了代表反垄断法的“精神”以外，它还是一种学术理念，表现为宪法的分支，并在学科意义上被使用。

---

① 参见梁慧星：《谁在曲解宪法、违反宪法？——正确理解宪法第十一条、揭穿个别法理学教授的谎言》，载刘贻清、张勤德主编：《“巩献田旋风”实录——关于〈物权法（草案）〉的大讨论》，334页，中国财政经济出版社，2007。

② 参见童之伟：《〈物权法（草案）〉该如何通过宪法之门》，载《法学》2006年第3期；童之伟：《再论物权法草案中的宪法问题及其解决路径》，载《法学》2006年第7期。

③ 童之伟：《修改宪法总纲中经济条款的设想》，载《政治与法律》2003年第3期。

经济宪法的最初含义是“一个国家的整体经济秩序”，蕴含在“秩序自由主义”的理论当中。20世纪30年代，面对德国社会从魏玛时期到纳粹时期的整体性失败，德国思想家欧肯和法学家伯姆等人开创了“弗赖堡学派”，最先提出了“经济宪法”的概念，强调国家通过实施经济宪法来实现和保障经济秩序。该学派的基本思想是：不能让市场过程参与者随意决定经济活动的形式，国家应该奉行一种秩序政策，[①] 即国家需要通过确立一个基本的竞争框架，为市场参与者提供一个自由公平的竞争平台。弗赖堡学派的秩序自由主义思想和经济宪法理念，经由联邦德国总理路德维希·艾哈德及其追随者的推广和应用，得以在世界范围内广泛传播，并为德国的战后重建做出了巨大贡献。

在上述经济宪法理念的基础之上，德国理论界逐步发展出了宪法意义上的经济宪法概念。此时的经济宪法不再是一种模糊的理论表达，而是实实在在的法律条款。狭义上，它仅指宪法中的“经济条款”；广义上，它则包含了一切具有宪法意义或在宪法之下调整经济生活的条款。如德国法学家罗尔夫·施托贝尔所言，经济宪法可以从狭义和广义两个方面来理解：狭义经济宪法是指宪法（即基本法）、一级欧共体法和有效的国际经济法中关于经济生活（例如经济基本权利、与经济有关的原则等）特别是关于经济制度的条款；广义的经济宪法是所有与法律位阶无关，从根本上长期调整经济生活的规范的总和。[②] 如此一来，经济宪法与政治宪法相对，成为德国宪法学的重要研究对象。在此基础上，德国经济法学者又将“经济宪法”纳入到经济法的研究范畴。在德国学者眼中，经济法涵盖了经济私法、经济公法和经济刑法三大内容。[③] 其中，经济公法又包括了经济宪法、经济行政法和竞争公法三大体系。

除了作为学术理念和宪法分支，经济宪法还具有“学科”意义：在经济学角度，它代表着“宪政经济学”（公共选择学派的别名）；在法学角度，则代表着“经济宪法学”。“宪政经济学”是利用经济学理论解释政治和宪政问题的一种尝试，始于以美国经济学家布坎南为代表的公共选择学派。它主要存在两大理论依据：一是把理性经济人的假定扩展到政治领域，认为“如果要设计出能够制约掌权者权力和行使权力行为的宪法和法律条款，就一定要把掌权者也视为自身利益最大化的追求者”。[④] 二是奥尔森的集体行动理论，认为只有小集团才能有效地组织公共物品的供应，对于大规模集团则需要通过强制性的奖惩规则实行“选择性激励”，以分摊集体行动成本。[⑤]“经济宪法学”则是法学学者对传统宪法学以及经济法学研究的补充，意图在传统的“政治宪法学”和“权利宪法学”之上构筑“经济宪法学”的逻辑和框架，以弥补传统法学研究之不足。在法学学者看来，“宪政经济学”尽管也研究宪政问题，但是究其实质仍然是关于“经济”的学问，而非“宪法”的学问。只有在“经济宪法学”之下，才能从法学的视角研究“经济宪法”的问题。这方面的典型代表如吴越教授，就在其关于“经济宪法学”的专著中将经济宪法学的研究对象划分为经济权利宪法学、经济制度宪法学、经济可持续发展宪法学以及经济秩序宪法学四个方面，[⑥] 从而将经济宪法学的研究视角重新回归至传统法学术语如权利、制度和秩序等中来。

由上述分析可知，作为反垄断法别称的经济宪法尽管在社会层面最为人们所熟知，却离经济宪法的本来意义最远。而且，并不是所有国家都习惯将反垄断法称为经济宪法：它在美国被称为

① 冯兴元：《论奥尔多秩序与秩序政策——从秩序年鉴谈起》，载《德国研究》2001年第4期。

② ［德］罗尔夫·施托贝尔著，谢立斌译：《经济宪法与经济行政法》，33页，商务印书馆，2008。

③ 经济刑法本质上也应该归类到经济公法之中，但是由于在德国的法律传统中，刑法一直都是第三大部门法，因此将其单列。

④ ［美］布坎南著：《自由、市场和国家》，29页，北京经济学院出版社，1988。

⑤ 赵世义：《经济宪法学——宪法学与经济学理论交融的历史启迪》，载《法律科学》1997年第3期。

⑥ 参见吴越著：《经济宪法学导论——转型中国经济权利与权力之博弈》，法律出版社，2007。

“自由企业的大宪章”，在德国被称为“经济宪法”，在日本被称为“经济法的核心”。① 从这个角度看，反垄断法被誉为经济宪法，只能算是一种“约定俗成”的说法。但是，一个有趣的现象是，“经济宪法”的殊荣并不归属于宽泛的竞争政策或竞争法，如反不正当竞争法，而是专属于反垄断法。这是为什么呢？对这一问题进行探究，或许可以间接地找到何以反垄断法被誉为经济宪法的原因。实际上，关键在于两者的存在价值和追求目标不同：反不正当竞争法规范的是“公平竞争”，是在具有竞争的基础上防范不公平或不正当的竞争行为；反垄断法关注的是“自由竞争”，是在缺乏竞争的基础上为企业创造自由竞争的环境。在这个意义上，反垄断法是基础性的，而反不正当竞争法是补充性的；反垄断法关注的是要不要竞争的问题，反不正当竞争法关注的是要什么样的竞争的问题。要不要竞争正如同要不要市场经济一样，已经是关乎一国的基本经济制度的问题，因此才配得上“经济宪法”的称号；而要什么样的竞争只是技术性的问题，自然与“经济宪法”无缘。与此同时，许多国家的反垄断法中还包含了“竞争评估”和“竞争审查”的制度，即其他经济或社会政策的制定和实施，需要经过竞争主管机关的审查和评估，以观其是否符合竞争政策的基本理念和目标。在这个意义上，竞争政策具有了“基础性经济政策”的地位和功能，成为其他经济和社会政策的规范要素，因此在维护市场竞争机制方面具有了“宪法意义”。但是，反垄断法若要实现经济宪法的功能以维护自由竞争机制，也必然需要宪法意义上的经济宪法的保障，否则反垄断法很容易沦为新的管制工具。

五、竞争政策与经济自由

孟德斯鸠曾经指出：“经济自由是指市场主体做法律许可的一切事情的权利。”② 从这个意义上看，经济自由意味着一切合法的市场经济活动都应该受到法律的保护。但是在宪法的视野下，经济自由首先是一种“宪法基本权利”，隶属于自由权的范畴。它与人身自由和精神自由一道，被并称为近代资本主义宪法所确认的“三大自由”。③ 尽管经济自由具体包含哪些现实中的权利，不同的学者具有不同的定义，但是经济自由作为宪法基本权利的重要组成部分，已经是个人对抗国家权力的基本武器之一。我国《宪法》虽然尚没有关于经济权利（特别是自由权）的明确规定，但是从相关条款来看，存在承认经济自由权空间。比如《宪法》第 42 条确立了“劳动权”，而劳动权普遍被认为是职业自由权的重要组成部分。《宪法》第 51 条还对公民行使自由和权利作了兜底性规定：“中华人民共和国公民在行使自由和权利的时候，不得损害国家的、社会的、集体的利益和其他公民的合法的自由和权利。”从该条规定来看，只要不损害国家的、社会的、集体的利益和其他公民的合法的自由和权利，公民行使自由和权利的行为都应该是受到宪法保护的。这些条款为将来的宪法进一步创设明确的经济自由权创造了空间。

不管是学理意义上还是宪法意义上的经济自由，都与竞争政策存在着密切关联。现代意义上的竞争政策（特别是反垄断法）虽然很少将经济自由作为其明确追求的目标，但是对于经济效率的崇尚和对消费者利益的保护，仍然能够间接地打击阻碍自由市场竞争的市场结构和行为，从而实现对经济自由的保护。但是，宪法保障的经济自由与竞争政策保障的经济自由（竞争自由）之间存在一些不同。宪法主要是保护竞争自由不受国家公权力的侵犯，而竞争政策主要是保护竞争

---

① 王晓晔：《经济体制改革与我国反垄断法》，载《东方法学》2009 年第 3 期。

② ［法］孟德斯鸠著，张雁深译：《论法的精神》（上册），154 页，商务印书馆，1963。

③ 陈蓉：《论经济自由的含义及其价值——以公用事业的市场准入为视角》，载《长沙理工大学学报（社会科学版）》2010 年第 4 期。

自由不受私人的侵犯。国家出于管制（包括经济性管制和社会性管制）、宏观调控等目的也会对竞争施加影响，这类行为是得到允许甚至鼓励的。正是在这个意义上，竞争政策本身可能难以对政府反竞争行为施加有力的制约，而需要在一个国家的宪政机制下构建控制政府反竞争行为的控权机制。正因为如此，在德国才出现“竞争公法”的概念，并用之来设定国家的行为界限，“该界限应当使国家‘维护公共福祉’和‘保护私经济主体的竞争自由’的两大任务处于平衡状态，而不是过度偏向于任一方”。①

竞争政策与经济自由的关系还表现在，竞争政策若要实现经济自由的目标，就必须在宪政范围内运作，通过“经济自由条款”防止“多人数的暴政”。这是因为，不受制约的民主制度可能会借助于“多数决原则”要求国家损害竞争机制，继而对竞争自由构成限制。正是由于民主制度存在缺陷，因此需要宪政机制对其加以制约，包括确立宪法上的基本权利条款不受民主制度的侵蚀以及构建分权制衡的机制防止利益集团不当地引导民意朝不利的方向发展等。

六、竞争政策与经济民主

尽管在有些学者看来，“经济民主”一词“充其量只能说是表意不清”。② 但从历史的角度看，经济民主主要在以下几个意义上被使用：一是作为“工业民主”的代名词；二是作为“政治民主”的附庸；三是作为“分配正义”的手段；四是在特定情况下被理解为替代性的“制度选择”。早期的经济民主只是“工业民主”的代名词，意指“在企业内部实现民主自治，以作为企业治理的一种手段”。③ 但在绝大多数学者眼中，经济民主只不过是政治民主的延伸。正是因为在经济决策领域存在不民主的现象，因此要将政治民主的领域扩展至经济领域。通过“全社会对未来的经济发展进行民主决策”，实现权力“转移给人民的最广泛阶层”。④ 还有学者认为，既然政治民主主要局限于政治和法律上的平等，社会民主强调的是地位平等，那么经济民主所关心或反映的便是财富的平等。在这个意义上经济民主指向了财富的重新分配，使经济机会和状况平等化。⑤ 除此之外，经济民主也被视为中央集权与资本主义之间的第三条道路（一种制度选择）。在美国著名民主理论学者戴维·施韦卡特看来，它也可以用“市场社会主义”这一名称来替换。⑥ 它在制度模式上体现为工人自治、社会所有制、混合市场经济、按劳分配与按需分配相结合等。

本文所讨论的经济民主主要涉及宏观层面与政治民主的关系问题以及中观层面与市场自由的关系问题，不涉及微观层面的企业管理问题。从竞争政策实施的角度来看，上述两个层面的民主又有两个层次：作为目标的民主（经济民主）和作为程序的民主（民主程序）。作为目标的经济民主要求竞争政策的制度设计能够最合理（而非最大程度）地实现经济民主的目标。比如，竞争政策并非是为了保证市场上存在足够多的企业，从而实现“原子式”的民主，而是在确保市场效率的前提下，防止经济话语权为垄断企业所把控。经济民主也关乎国有企业与非国有企业之间是否存在“国民待遇”的问题，以及保障“不因所有制因素而取得竞争优势”的竞争中立政策是否能够得以建立的问题。国有企业的竞争优势及其反竞争的动力和能力与所有制因素密切相关。正是由于国有企业是国家出资设立的，导致其与“公权力”有千丝万缕的联系，从而使其能够动用

---

① 前引，乌茨·施利斯基书，169页。

② ［美］科恩著，聂崇信、朱秀贤译：《论民主》，116页，商务印书馆，1988。

③ See Robert A. Dahl, A Preface to Economic Democracy, Cambridge, UK: Polity Press, 1985.

④ ［捷］奥塔·锡克著，高钴等译：《争取人道的经济民主》，65～69页，华夏出版社，1989。

⑤ ［美］乔万尼·萨托利著，冯克利、阎克文译：《民主新论》，23页，上海人民出版社，2009。

⑥ ［美］戴维·施韦卡特：《关于马克思主义与向社会主义过渡的十大论题》，载《马克思主义与现实》2003年第1期。

各种公共资源为自己谋取竞争优势。如果一个国家存在保障经济自由和经济民主的“经济宪法”，对不同所有制企业一视同仁，国有企业的竞争优势就能够得到有效消解。相反，如果一个国家奉公有制为圭臬，却将私有制视为洪水猛兽，那么国有企业在市场竞争中就必然所向披靡。作为程序的民主则至少需要处理好以下三个问题：第一，经济决策（包括竞争政策的设计）需要纳入民主程序的范畴；第二，在竞争政策实施过程中，需要处理经济民主与经济自由的关系；第三，竞争政策的实施需要在民主法治的框架内运行。

竞争政策制定和实施过程中还需要处理好经济民主和经济自由的关系问题。在大多数情况下，竞争政策层面的经济自由和经济民主是一脉相承的。市场中的“自由竞争”本质上就是消费者通过购买决策对某种商品及其所代表的企业进行“民主表决”。而且，自由竞争有损于垄断和寡头的利益，是经济民主的基础。但是，经济自由与经济民主也可能产生冲突。经济自由意味着私权至上，经济民主意味着多数人决定；经济自由存在的范围是“私领域”，经济民主存在的范围是“公领域”。如果“少数人”的私权受到了“多数人”的侵犯，或者原本属于公领域的事项染指了私领域的内容，那么经济民主就有可能侵犯经济自由。在“宪政”的视角下，处理经济自由和经济民主的一项基本原则是：经济自由应该优先于经济民主受到保护。因为民主本身有可能产生“多数人的暴政”。“在另一些我们无知的领域，我们不敢说三道四，而在政治领域，我们却受到鼓励去说三道四。”① 正是由于民主存在“无知、非理性乃至谬误”，因此需要构建宪政机制，通过保证经济自由来防止经济民主的不当侵扰。这种防范机制的典型方式，是在宪法中规定“基本权利”优先于“民主裁判”，不能被多数决原则所剥夺；除此之外的公共领域则奉行多数原则，借助于民主程序来裁决。竞争政策无疑是属于公共政策的范畴，应该接受民主决策和监督，但是其制定和实施仍然不得以违背经济自由和宪法中的基本权利为代价，否则由此作出的经济决策应被宣布为违宪。

七、基本结论

竞争政策制定和实施中的很多问题都与宪法及其确立的宪政机制有关。宪法中的经济制度条款和国有经济条款与竞争政策的适用直接相关，宪法中是否明确规定了经济自由这类基本权利决定了市场主体是否能够在没有竞争法或竞争法不适用的情况下援引宪法原则保护竞争，竞争政策的实施更是须臾离不开一个国家的宪政机制（如分权机制、控权机制和司法体制）。竞争政策本身及其运转是在特定的宪政环境下展开的。国家的政治意愿、政府的运行机制、司法的地位和功能、利益集团的诉求等都会对竞争政策的制定及其实施产生直接或间接的影响。不考虑一个国家特定的法治背景，就无法对一个国家特定法律或政策的实施效果作出一个中肯的评价。从表面上看，我国《反垄断法》当前的实施效果可能并不让人十分满意；执法和司法机关致力于化解“技术性障碍”而非“体制性障碍”也是无的放矢因小失大。但是，若放在特定“法治环境”特别是宪政环境下理解这个问题，就会发现法律的实施效果以及法律实施机关的行为具有显著的“必然性”和“合理性”。这并不是说这种效果或这种做法是值得赞赏的，而是说这种后果的产生具有理论上的必然性和逻辑上的合理性。这也证明了，不在宪政的视角下看待竞争政策的产生、实施和推进，就不可能对竞争政策本身有深刻洞识，也很难正确地指导竞争政策的良性发展。

① 前引，乔万尼·萨托利书，122 页。

海峡两岸及港澳地区个人信息保护立法比较研究

齐爱民[*] 陈 星[**]

目 次

一、前言

20 世纪 90 年代以来互联网的普及与应用，使得信息的传输和流通更加便利，天涯海角的电脑通过网络而让偌大一个世界成为“地球村”。网络的发达促使个人信息更多地被收集、处理与运用，因公报备的个人信息、因商业交易填交的个人信息、自愿展示的个人信息以及被他人未经允许搜集的个人信息等，“在网络空间，人类终于摆脱了‘肉身’实现了‘数字化生存’，拥有了‘数字化人格’”①，然而这些信息又有可能让人一夜之间在网络空间中成为“透明人”，于是，“数字化”的人们好似没穿衣服一般，畅游在浩瀚的网络世界之中，任人“观赏”。如果承认为了要享受科技对生活所带来的舒适及便利，就必须要牺牲个人隐私权的话，则无异于认为一个身处在现代社会中的个人，必须要到深山里离群索居，才有可能保持完整的隐私。此种看法忽视了个人的私领域在现代社会被无形地、非自愿地挤压限缩。② 所以，如何协调好新兴科技与人类基本权利的关系，构建安全的网络环境，促进网络社会的健康有序发展，成为当前社会至关重要的问题。

欧美个人信息保护立法肇始于 1970 年。美国 1970 年公布的《公平信用报告法》是美国个人资料保护立法的开端，德国黑森邦 1970 年的《资料保护法》则拉开了欧洲个人资料保护立法的

---

* 重庆大学教授，博士生导师，法学博士。
** 重庆大学博士研究生。

① 齐爱民著：《拯救信息社会中的人格——个人信息保护法总论》，31 页，北京大学出版社，2009。

② 王郁琦：《网路上的隐私权问题》，载《资讯法务透析》1996 年 10 月号。

序幕。[1] 1980 年，经济合作与发展组织（Organization for Economic Cooperation and Development, OECD）[2] 在《关于保护隐私和个人数据跨国流通指导原则》（Guidelines Governing the Protection of Privacy and Transborder Flows of Personal Data）中揭示了个人信息保护八大原则（即限制收集原则、资料品质原则、目的特定化原则、限制利用原则、安全保护原则、公开原则、个人参与原则和责任原则），这些指导原则对全球各国的立法产生了巨大的影响，甚至“已经成为制定个人信息保护文件的国际标准”[3]。就我国而言，我国台湾地区于 1995 年制定了“电脑处理个人资料保护法”作为个人信息保护的专门“法律”，2010 年 4 月该法修正案通过，成为“个人资料保护法”；我国香港特别行政区于 1996 年 12 月 20 日起开始实施《个人资料（私隐）条例》；我国澳门特别行政区于 2005 年制定了《个人资料保护法》，该法于 2006 年 2 月正式生效；而在我国大陆地区，个人信息保护立法虽早已纳入立法规划，专家、学者也已经提出了个人信息保护法的草案，但是正式的立法仍尚未出台，目前的个人信息仍依靠散见于各部门法中的相关条款进行保护。

从世界各国和地区的立法现况来看，就法律名称使用的概念而言，主要有“个人数据”、“个人资料”、“个人信息”与“隐私”。“个人数据”与“个人资料”为英文 personal data 的不同中文译法，可视为同一类，目前使用此类概念的国家和地区最多，而美国、澳大利亚、新西兰、加拿大等，以及受美国影响较大的 APEC，则大多使用隐私概念，在日本、韩国、俄罗斯等国，则使用“个人信息”概念。[4] 我国台湾地区、澳门地区均使用“个人资料”的概念，而香港地区同时使用“个人资料”与“私隐”[5] 两个概念，我国大陆地区学者和立法倾向于使用“个人信息”的概念。就“资料”和“信息”两词而言，“资料就如同构成数位讯号之数字、符号，或表示事物存在之材料、质量，本身常可能不具有任何意义；但资讯（我国台湾地区称‘信息’为‘资讯’——引者注）则为人对存在之事物经其认知后所解读、传达之讯息；因此事物存在之资料如被人搜集经过理解转化为讯息予以利用或传达时，即成为资讯”[6]。所以，“从个人信息和个人资料的关系上看，个人信息是个人资料所反映的内容，个人资料是个人信息的表现形式”[7]。笔者认为，个人资料和个人信息是可以等同使用的概念，故在本文的海峡两岸及港澳地区个人信息保护立法比较的研究中，不再对二者进行区分比较。

二、海峡两岸及港澳地区个人信息保护立法现状

（一）我国香港特区个人信息保护法沿革与现状

1. 立法沿革

我国香港特别行政区为因应社会普遍认同有需要以立法方式保障个人资料私隐，在 1995 年 8 月制定了《个人资料（私隐）条例》，并于 1996 年 12 月 20 日起正式实施，同时成立香港个人资料私隐专员公署负责该条例的监察执行。《个人资料（私隐）条例》的条文主要以 1994 年 8 月香

① 齐爱民：《个人信息保护法的宏观解读》，载《中共长春市委党校学报》2007 年第 4 期。

② 经济合作与发展组织：1961 年成立，系由十九个欧洲国家与加拿大、美国、日本、澳洲与新西兰等国家组织，总部设于巴黎，以促进各国经济发展为宗旨。

③ 前引，齐爱民书，55 页。

④ 周汉华：《域外个人信息保护立法概况及主要立法模式》，载《中国经济时报》2005 年 1 月 12 日。

⑤ 我国香港地区将“隐私”privacy 的英文翻译为“私隐”。

⑥ 范姜真媺：《他律与自律共构之个人资料保护法制——以日本有关民间法制为主》，载《东吴法律学报》2009 年第 1 期。

⑦ 前引，齐爱民书，79 页。

港法律改革委员会发表《保障个人资料的法律改革报告书》的建议为根据，旨在确保个人资料（私隐）权获得适当的保障，以及避免其他司法管辖区限制个人资料自由流通到香港的风险。[①] 经过十年的实践，2006 年 6 月香港个人资料私隐专员公署成立了内部的条例检讨工作小组，向政府提出全面的法例修订建议。工作小组经过一年半的工作，完成检讨，于 2007 年 12 月向政府提交超过 50 项修订建议及私隐关注议题。香港政制及内地事务局考虑有关建议与公署商议之后，于 2009 年 8 月 28 日发出了检讨《个人资料（私隐）条例》咨询文件[②]，通过咨询会、研讨会等多种渠道，广泛面向社会各界收集意见，而后经过整理于 2010 年 10 月 18 日公布了《检讨〈个人资料（私隐）条例〉的公众咨询报告》。在检讨的期间还发生了“八达通”事件[③]这一插曲，促使香港民众对个人资料私隐保护的关注和意识得到史无前例的提升，对《个人资料（私隐）条例》的修法检讨也产生了重要影响。

2. 立法体例

香港《个人资料（私隐）条例》共分为十部七十三条，还包括六个附表。第一部为“导言”，包括释义、适用范围、保障资料原则和生效日期等；第二部为“执行”，包括个人资料私隐专员职位的设立、专员的任职和职能、个人资料（私隐）咨询委员会的设立等方面内容；第三部为“实务守则”；第四部为“资料使用者申报表及资料使用者登记”；第五部为“个人资料的查阅及更正”；第六部为“个人资料等的核对程序及转移”；第七部为“视察、投诉及调查”；第八部为“豁免”；第九部为“罪行及补偿”；第十部为“杂项条文”。六个附表分别为保障资料原则、专员的财务事宜等、订明资讯、规定须进行或准许进行的核对程序所根据的各条例的条文、订明事宜、授权个人资料私隐专员在不告知有关资料使用者的情况下进入指明处所的手令。

（二）我国澳门地区个人信息保护立法沿革与现状

1. 立法沿革

基于在《中葡联合声明》中作出的承诺，澳门立法机构在 1998 年对在澳门地区施行的 1966 年葡萄牙《民法典》进行修改、调整与编排，制定成新的法典，是为《澳门民法典》。[④]《澳门民法典》以 1966 年《葡萄牙民法典》为蓝本制成，但是在某些制度的设计上又有与后者迥然不同的特点[⑤]，明确规定个人资料之保护便是其中之一。1998 年《澳门民法典》第 79 条用三款规定了“个人资料保护”，初步确立了资料当事人对其个人资料的知情权、更新或更正请求权与限制收集原则，同时规定任何个人在查询或使用第三人的个人资料时须取得负责监察个人资料的收集、储存及使用的公共当局（即后来成立的个人资料保护办公室）的许可。[⑥] 第 81 条规定了“个人资料真实权”，即“任何人均有权受保护，以免被他人指称某一虚假事实与其本人或其生活有关，即使该事实不侵犯其名誉及别人对其之观感，又或不涉及其私人生活亦然”。为了因应信息社会个人资料面临的越来越多的威胁，加强隐私权的保护，澳门特别行政区 2005 年制定了个人资料保护专法，即《个人资料保护法》，该法于 2006 年 2 月正式生效。2007 年 3 月，澳门特区行政

① 香港政制及内地事务局编：《检讨〈个人资料（私隐）条例〉的公众咨询报告》，144 页，香港政制及内地事务局，2010。

② 香港个人资料私隐专员公署编：《个人资料私隐专员公署就检讨〈个人资料（私隐）条例〉的资料文件》，1 ~ 2 页，香港个人资料私隐专员公署，2009。

③ “八达通”是从公交缴费卡发展而成的电子储值消费卡，可在众多超市、零售店使用。2010 年 7 月“八达通”公司涉嫌将参与“八达通日日赏”优惠计划的 240 万客户的个人资料提供给合作公司做直销用途，该事件影响甚广。

④ 澳门第 39/99/M 号法令：《核准〈民法典〉》，http：//bo. io. gov. mo/bo/i/99/31/codcivcn/declei39. asp，访问日期：2011 - 02 - 11。

⑤ 汪琴：《论〈澳门民法典〉中的隐私权及其对内地相关立法的启示》，载《“一国两制”研究》2011 年第 7 期。

⑥ 我国澳门特别行政区《民法典》第 79 条。

长官何厚铧批示设立个人资料保护办公室，行使《个人资料保护法》所赋予的职权，负责监察、协调对该法律的遵守和执行，以及订定保密的相关制度和监察其执行。澳门个人资料保护办公室成立后，为了落实个人资料保护法，自2007年至今陆续出台了一系列的“指引”，主要有《关于工作场所个人资料保护原则——雇主对雇员活动监察的指引》、《关于职业介绍所处理顾客个人资料的实务注意事项》、《使用指纹/掌形考勤设备的问题》、《有关采用指纹/掌形以外识别生物特征技术之考勤设备的问题》、《关于应用面型特征资料考勤系统的查询》、《关于涉及个人资料的公共档案的保存期的意见》、《间接收集个人资料中的资讯权问题》，以及最新公布的《在互联网上发布个人资料的注意事项》，个人资料保护办公室通过这些规范性指引为个人资料保护法实施中遇到的具体问题出具意见和建议，并将这些指引结合相关实例与《个人资料保护法》进行说明，使公众对于法律的运用与遵守更加明确。

2. 立法体例

澳门《个人资料保护法》共包括九章四十六条。第一章为“一般规定”，包括标的、一般原则、适用范围以及相关定义；第二章为“个人资料的处理和性质以及对其处理的正当性”，该章特别对敏感个人资料的处理作了明确规定；第三章为“资料当事人的权利”，即资讯权、查阅权、反对权、不受自动化决定约束的权利、损害赔偿权；第四章为“处理的安全性和保密性”；第五章为“将个人资料转移到特区以外的地方”，包括转移的原则与排除适用的情形；第六章为“通知和许可”，包括通知的义务、预先监控、意见书或许可的申请及通知的内容、强制性指示、资料处理的公开性；第七章为“行为守则”，即为处理个人资料团体或组织制定自我规范的行为守则的相关程序；第八章为“行政和司法保护”，对违法滥用、泄露个人资料的行为分别规定了行政责任和刑事责任；第九章为“最后及过渡规定”。

（三）我国台湾地区个人信息保护立法沿革与现状

1. 立法沿革

1990年9月我国台湾地区“行政院”明确函示“法务部”研拟“资料保护法”，并在制定“资料保护法”完成立法前，先参考OECD八大原则，制定《“行政院”暨所属各级行政机关电脑处理个人资料保护要点》作为过渡。1991年9月“法务部”成立审议小组起草委员会，于1992年5月完成“个人资料保护法草案”初稿后，即函送各有关机关及社会各界征询意见，并在召开学者专家座谈会后，于1992年6月函送“行政院”审查，经该院召开多次审查会，将草案名称修正为“电脑处理个人资料保护法”，于1993年送“立法院”审议。“立法院”于1995年7月12日表决通过，自1995年8月11日起施行。随后，“法务部”于1996年5月1日制定“电脑处理个人资料保护法实施细则”，一并成为台湾个人资料保护的基本规范。[①] 该法实施后，“法务部”每三个月定期邀集各“中央目的事业主管机关”召开“执行电脑处理个人资料保护事项协调联席会议”，研商解决该法实施过程中所遇到的困难与疑义。[②] 可是，自该法实施以来，对于个人资料保护的成效颇具争议，似乎未达到理想的效果，随着互联网的普及、信息政府的建立、电子商务的发展，各种个人资料搜集范围扩大，各类个人资料电子数据库上网的概率增大，个人资料泄露及其衍生的犯罪问题也变得越来越严重。在这种情况下，“电脑处理个人资料保护法”的各种弊端也逐渐凸显出来，专家学者针对如何修正完善该法展开了广泛的讨论。学者们的探讨主要在于欠缺主管机关、宣导教育与民众自决不足、个人资料的范围不足、八大非公务机关范围狭小、罚则不足等方面，这些研究为该法的修订奠定了坚实的理论基础。

① 李震山：《“电脑处理个人资料保护法”之回顾与前瞻》，载《中正大学法学集刊》2004年第14期。

② 熊爱卿：《网际网路个人资料保护之研究》，214页，台湾大学法律学研究所博士学位论文，2000。

为了因应信息社会的快速发展，我国台湾地区“法务部”自2001年拟定修法计划，积极推动相关修法工作。2001年10月“法务部”举办四场公听会，广泛邀请专家学者及各政府机关与民间业者界代表出席，提供改进现行实务缺失与修法意见。随后“法务部”召集研修本法会议，拟定修法原则与方向，并搜集外国立法例及草拟本法修正草案初稿。2002年10月“法务部”邀请专家学者成立修法专案小组，定期开会研讨修法事宜，经过12次会议深入讨论后，于2003年5月完成“电脑处理个人资料保护法修正草案初稿条文”，并再次广泛征求各界意见后，于2003年12月正式完成“电脑处理个人资料保护法修正草案”，并报“行政院”审查。2004年9月“行政院”院会完成审查，以优先法案函请“立法院”审议。① 该法案先后经历二次的“届期不续审”，“行政院”三读送至“立法院”；2010年4月20日“立法院”二读通过，针对二读条文中极具争议的民意代表和大众传播媒体在处理和利用个人资料的“免告知条款”先行复议后，最终于2010年4月27日三读通过，称为“个人资料保护法”。

2. 立法体例

我国台湾地区2010年新修正的“个人资料保护法”共六章五十六条。第一章为“总则”，包括立法宗旨、名词定义、资料当事人权利、基本原则等方面；第二章为“公务机关对个人资料之搜集、处理及利用”，对公务机关关于个人资料搜集、处理以及利用的条件作了规定；第三章为“非公务机关对个人资料之搜集、处理及利用”，对非公务机关关于个人资料搜集、处理与利用的条件作了规定，同时规定了非公务机关维护个人资料安全的义务与违法之处分；第四章为“损害赔偿及团体诉讼”，规定了资料当事人的损害赔偿请求权、损害赔偿金额的标准以及团体诉讼的相关程序；第五章为“罚则”，主要为对违反个人资料保护法，构成犯罪的行为进行刑事处罚的规定；第六章为“附则”，主要对不适用该“法”情形、委托办理、特定目的与个人资料类别、制定实施细则等相关问题作了规定。

（四）我国大陆地区个人信息保护法制概况

目前，大陆尚无一项个人信息保护的专门法律，对于个人信息的保护是由散见于各种法律、法规中的直接和间接的规定来实现的，并且主要是通过有关人格和隐私的法律规范来实现的，至于直接关于个人资料保护的法律、法规则更为零散而含糊。大陆关于个人资料保护的法律、法规主要有以下几个方面：

第一，关于人格、隐私保护的法律、法规：《宪法》第38条关于人格尊严的规定，《民法通则》第101条关于名誉权的规定，以及《妇女权益保障法》第42条，《未成年人保护法》第5条、第21条、第56条，《律师法》第38条，《传染病防治法》第12条，《拍卖法》第21条，《保险法》第32条，《行政许可法》第5条，《行政复议法》第23条，《行政处罚法》第42条，《刑事诉讼法》第152条，《民事诉讼法》第120条，《行政诉讼法》第45条等关于人格尊严、名誉、隐私保护的规定。

第二，关于个人信息保护的法律、法规：《刑法》第253条之一、《居民身份证法》第6条、《统计法》第9条、《商业银行法》第29条、《全国人大常委会关于维护互联网安全的决定》第4条、《互联网电子公告服务管理规定》第12条关于个人信息保护的规定。

但是，大陆地区早在2003年便将个人信息保护纳入了立法计划，重庆大学齐爱民教授于2005年发表《中华人民共和国个人信息保护法示范法草案学者建议稿》，中国社会科学研究院法学研究所周汉华教授于2006年完成了《中华人民共和国个人信息保护法（专家建议稿）及立法研究报告》，这两份建议稿对中国个人信息立法将产生重要影响。

① 我国台湾地区“法务部”：“电脑处理个人资料保护法研究修正实录”，4页，2004。

三、港澳台地区个人信息保护立法之比较

（一）个人信息的定义

立法实践，个人信息的定义一般有概括型和列举识别型两种。我国香港地区和澳门地区采概括型定义，香港《个人资料（私隐）条例》第2条中将“个人资料”（personal data）定义为符合以下说明的任何资料：（a）直接或间接与一名在世的个人有关的；（b）从该等资料直接或间接地确定有关的个人的身份是切实可行的；及（c）该等资料的存在形式令予以查阅及处理均是切实可行的。澳门《个人资料保护法》第4条第1款第1项规定，个人资料是指与某个身份已确定或身份可确定的自然人（“资料当事人”）有关的任何资讯，包括声音和影像，不管其性质如何以及是否拥有载体。所谓身份可确定的人，是指直接或间接地，尤其透过参考一个识别编号或者身体、生理、心理、经济、文化或社会方面的一个或多个特征，可以被确定身份的人。我国台湾地区采列举识别型定义：其“个人资料保护法”第2条将“个人资料”定义为“指自然人之姓名、出生年月日、国民身份证统一编号、护照号码、特征、指纹、婚姻、家庭、教育、职业、病历、医疗、基因、性生活、健康检查、犯罪前科、联络方式、财务情况、社会活动及其他得以直接或间接方式识别该个人之资料”。

（二）个人信息保护法适用范围

我国香港地区《个人资料（私隐）条例》适用的主体包括任何控制个人资料的收集、持有、处理或使用的人士（资料使用者）[①]，当然包括私营机构、公营机构及政府部门。该条例适用的对象是任何直接或间接与一名在世人士（资料当事人）有关的资料、可切实用以确定有关人士身份的资料，以及其存在形式令查阅及处理均是切实可行的资料。但是该条例第八部专门规定了“豁免”情形，是为适用的例外，这些情形主要包括：（1）因为家居用途或消闲目的而持有的个人资料可获豁免，无须受该条例的条文所管限[②]；（2）某些与雇佣有关的个人资料，可免受当事人查阅规定所管限[③]；（3）在引用该条例中关于当事人查阅要求及限制资料用途的规定时，如私隐权益可能对若干公众或社会利益构成损害，则无须受有关规定所管限。这些利益包括保安、防卫及国际关系、罪案的防止或侦查、评税或收税、统计与研究，以及新闻活动及健康方面的利益[④]。

我国澳门地区《个人资料保护法》第3条“适用范围”规定，该法适用主体包括一切全部或部分以自动化方法对个人资料处理，以及以非自动化方法对存于或将存于人手操作的资料库内的个人资料处理的主体，如政府部门、公用事业机构、银行、电信公司和个人等。该法适用的对象即为一切自动化处理（电脑处理）的个人资料和非自动化处理（人工处理）的个人资料，除了文字资料外，还包括对可以识别身份的人的声音和影像进行的录像监视等，但是该法禁止处理与世界观或政治信仰、政治社团或工会关系、宗教信仰、私人生活、种族和民族本源以及与健康和性生活有关的个人资料、遗传资料等敏感个人资料，除非法律有特别规定。[⑤]《个人资料保护法》适用的例外主要有第3条规定的情形，即该法不适用于对于自然人在从事专属个人或家庭活动时对个人资料的处理。

我国台湾地区“个人资料保护法”修法之前，为“电脑处理个人资料保护法”，该法适用主

① 香港立法会：《检讨〈个人资料（私隐）条例〉》，立法会 CB（2）2445/08-09（01）号文件。

② 我国香港特别行政区《个人资料（私隐）条例》第52条。

③ 我国香港特别行政区《个人资料（私隐）条例》第53~54条。

④ 我国香港特别行政区《个人资料（私隐）条例》第57~63条。

⑤ 我国澳门特别行政区《个人资料保护法》第7条。

体为公务机关和非公务机关，但是非公务机关仅限于征信业、医院、学校、电信业、金融业、证券业、保险业及大众传播业八大行业及其他经“法务部”会同“中央目的事业主管机关”指定之事业、团体或个人。[①] 适用对象仅限于电脑处理的个人资料，排除人工处理个人资料的适用。2010 年修正公布的“个人资料保护法”扩展了适用范围，从非公务机关的范围扩展至公务机关以外的自然人、法人或其他团体。新修正的“个人资料保护法”适用的对象将人工处理的个人资料纳入，同时扩大了个人资料的范围，将护照号码、医疗、性生活、健康检查、犯罪前科、联络方式及其他得以直接或间接方式识别的个人资料均纳入个人资料的范围。但是除合法法律规定外，任何人不得收集、处理或利用有关医疗、基因、性生活、健康检查及犯罪前科等个人资料。另外，新修正“个人资料保护法”在附则第 51 条规定了两种不适用该法的情形，即自然人为单纯个人或家庭活动之目的，而收集、处理或利用个人资料；于公开场所或公开活动中收集、处理或利用之未与其他个人资料结合之影音资料。

（三）个人信息保护法基本原则

1. 香港个人信息保护基本原则

在香港，任何人士或机构在收集、持有、处理或使用个人资料时，必须遵守《个人资料（私隐）保护条例》第 4 条及附表 1 规定的六项保障资料原则，即收集个人资料的目的及方式原则、个人资料的准确性及保留期间原则、个人资料使用原则、个人资料保安原则、资讯提供原则、查阅个人资料原则。

收集个人资料的目的及方式原则具体包括目的原则和方式原则。目的原则，是指个人资料是为了直接与将会使用该等资料的资料使用者的职能或活动有关的合法目的而收集，资料的收集对该目的是必需的或直接与该目的有关的，就该目的而言，资料属足够但不超乎适度，否则不得收集资料。方式原则，主要是指个人资料须以合法及在有关个案的所有情况下属公平的方法收集。为了确保方式原则的实现，该条例还对资料收集的步骤作了详细规定。第一，在收集该等资料之时或之前，须以明确或暗喻方式而告知资料当事人：资料当事人是有责任或是可自愿提供该等资料，如果属于有责任提供而不提供时会承受的后果；第二，在该等资料被收集之时或之前，明确告知资料当事人：该等资料将会用于什么目的（须一般地或具体地说明该等目的）和该等资料可能转予什么类别的人；第三，在该等资料首次用于被收集的目的之时或之前，应明确告知资料当事人：资料当事人要求查阅该等资料及要求改正该等资料的权利和该等要求可向其提出的个人的姓名及地址。但在以下情况属例外：该等资料是为了在本条例第八部中指明为个人资料，就其而豁免而不受第 6 保障资料原则的条文所管限的目的而收集，而遵守本款条文相当可能会损害该目的。

个人资料的准确性及保留期间原则包括准确性原则和保留期间原则。准确性原则是指：(1) 资料管理者须确保在顾及有关的个人资料被使用于或会被使用于的目的（包括任何直接有关的目的）下，该等个人资料是准确的；(2) 如果有合理理由相信在顾及有关的个人资料被使用于或会被使用于的目的（包括任何直接有关的目的）下，该等个人资料是不准确时，该等资料不得使用于该目的或被删除；(3) 依法向第三者披露的个人资料，在顾及该等资料被使用于或会被使用于的目的（包括任何直接有关的目的）下，在要项上是不准确的或该等资料在如此披露时是不准确的，应当告知第三者，并向其提供所需详情，以使其能在顾及该目的下更正该等资料。保留期间原则，是指个人资料的保存时间，不得超过将其保存以贯彻该等资料被使用于或会被使用于的目的（包括任何直接有关的目的）所需的时间。

---

① 我国台湾地区“电脑处理个人资料保护法”第 3 条。

个人资料使用原则，是指如无有关的资料当事人的明确同意，个人资料不得用于收集该等资料时会将其用于的目的或直接与该目的有关的目的。

个人资料保安原则，是指须采取所有切实可行的步骤，以确保资料使用者持有的个人资料（包括采用不能切实可行地予以查阅或处理的形式的资料）受保障而不受未获准许的或意外的查阅、处理、删除或其他使用所影响，尤其须考虑下列情形：（1）该等资料的种类及如该等事情发生便能造成的损害；（2）储存该等资料的地点；（3）储存该等资料的设备所包含（不论是借自动化或其他方法）的保安措施；（4）为确保能查阅该等资料的人的良好操守、审慎态度及办事能力而采取的措施；（5）为确保在保安良好的情况下传送该等资料而采取的措施。

资讯提供原则，是指须采取所有切实可行的步骤，以确保任何人能确定资料使用者在个人资料方面的政策及实务、能获告知资料使用者所持有的个人资料的种类、能获告知资料使用者持有的个人资料是为或将会为什么主要目的而使用。

查阅个人资料原则，是指资料当事人有查阅资料使用者所持其个人资料的权利。这些权利包括确定资料使用者是否持有他属其资料当事人的个人资料；要求在合理时间内查阅；要求在支付并非超过适度费用下查阅；以合理方式查阅；资料使用者提供的查阅方式应该是清楚明确的形式；若拒绝资料当事人查阅须提供理由；资料当事人有反对拒绝查阅理由的权利；资料当事人有要求改正个人资料的权利。

2. 澳门个人信息保护基本原则

我国澳门地区个人信息保护立法原则包括一般原则和具体原则，集中体现在《个人资料保护法》第2条和第5条。该法第2条为一般原则，即个人资料的处理应以透明的方式进行，并应尊重私人生活的隐私和《澳门特别行政区基本法》、国际法文书和现行法律订定的基本权利、自由和保障。该法第5条的规定体现出个人信息保护的原则有：限制收集原则、目的特定原则、限制利用原则、资料品质原则和保存时限原则五大具体原则。

限制收集原则，是指个人资料应“以合法的方式并在遵守善意原则和第2条所指的一般原则下处理”①。

目的特定原则，是指个人资料应“为了特定、明确、正当和与负责处理实体的活动直接有关的目的而收集，之后对资料的处理亦不得偏离有关目的”②。

限制利用原则，是指个人资料的利用应“适合、适当及不超越收集和之后处理资料的目的”③。

资料品质原则，是指个人资料应当“准确，当有需要时做出更新，并应基于收集和之后处理的目的，采取适当措施确保不准确或不完整的资料进行删除或更正”④。

保存时限原则，是指个人资料“仅在为实现收集或之后处理资料的目的所需期间内，以可认别资料当事人身份的方式被保存”⑤，但是“经负责处理个人资料的实体要求以及当存有正当利益时，公共当局得许可为历史、统计或科学之目的”⑥ 延长保存期限。

3. 我国台湾地区个人信息保护基本原则

我国台湾地区“个人资料保护法”的立法原则也深受1980年OECD《关于保护隐私和个人数

① 我国澳门特别行政区《个人资料保护法》第5条第1款第1项。
② 我国澳门特别行政区《个人资料保护法》第5条第1款第2项。
③ 我国澳门特别行政区《个人资料保护法》第5条第1款第3项。
④ 我国澳门特别行政区《个人资料保护法》第5条第1款第4项。
⑤ 我国澳门特别行政区《个人资料保护法》第5条第1款第5项。
⑥ 我国澳门特别行政区《个人资料保护法》第5条第2款。

据跨国流通指导原则》（Guidelines Governing the Protection of Privacy and Transborder Flows of Personal Data）所揭示的个人信息保护八大原则影响，虽然并未明确集中规定基本原则，但是通过具体条文体现了这八大原则，即限制收集原则、资料内容完整正确原则、目的特定原则、限制利用原则、个人参与原则、公开原则、安全保护原则和责任原则。

限制收集原则分散体现在"个人资料保护法"第6条、第15条第2款和第19条第5款。根据这些规定，个人资料的收集应当尊重当事人的权益，依诚实及信用方法为之，公务机关和非公务机关收集或处理个人资料，非有特定目的，需满足的要件之一为"经当事人书面同意"。

资料内容完整正确原则体现在"个人资料保护法"第3条和第11条。第3条规定，当事人就个人资料有"请求补充或更正"的权利。第11条第1款规定"公务机关或非公务机关应维护个人资料之正确，并应主动或依当事人之请求更正或补充之"。

目的特定原则体现在"个人资料保护法"第5条、第15条、第16条、第19条、第20条和第53条。根据这些规定，公务机关和非公务机关对于个人资料的收集、处理或利用应有特定目的，不得逾越特定目的的必要范围，并应与收集目的具有正当合理的关联。另外，1996年我国台湾地区"法务部"与"财政部"、"经济部"、"教育部"、"交通部"、"行政院新闻局"、"行政院卫生署"等部署出台了"电脑处理个人资料保护法之特定目的"，其中明确列出了诸如"人身保险业务"、"人事行政管理"、"土地行政"等共101项特定目的。

限制利用原则与目的特定原则紧密相关，共同构成对个人资料搜集与利用进行规范的基石。"个人资料保护法"第16条、第19条分别规定了对于个人资料的利用，公务机关应于执行法定职务必要范围内，并与收集的特定目的相符，非公务机关应于收集的特定目的必要范围内。限制于特定目的之内而利用个人资料也有例外情况，第16条和第19条分别规定了公务机关与非公务机关得于特定目的之外利用个人资料的情形，如依法律规定、为了公共利益、为了当事人或他人权益、学术研究、经当事人书面同意等。

个人参与原则表现为"个人资料保护法"第3条规定的资料当事人的参与权益，如查询或请求阅览、请求复制给复制本、请求补正或更正、请求停止收集、处理或利用、请求删除等。

公开原则体现在"个人资料保护法"第17条，即公务机关应将个人资料档案名称、保佑机关名称及联络方式、个人资料档案保有之依据及特定目的和个人资料的类别等事项公开与电脑网站，或以其他适当方式供公众查阅。

安全保护原则体现在"个人资料保护法"第18条和第27条，公务机关或非公务机关保有个人资料档案的分别应指定专人办理安全维护事项或采行适当的安全措施，以防止个人资料被窃取、篡改、毁损、灭失或泄露。

责任原则主要体现在"个人资料保护法"第四章"损害赔偿及团体诉讼"和第五章"罚则"中，规定了公务机关和非公务机关违反该"法"规定，不当收集、处理和利用他人个人资料，损害他人权益时应当承担的民事责任、行政责任和刑事责任。

（四）个人信息保护法中当事人权利

当事人权利，又称个人信息权，是指当事人对于其个人信息所享有的支配、控制并排除他人侵害的权利。[①] 澳门《个人资料保护法》第三章以"资料当事人的权利"为名称，香港特区和我国台湾地区的立法皆是直接通过条文规定当事人的具体权利。已经专门立法的我国香港、澳门和台湾地区所确定的当事人的权利大体上是相似的，但各地又有不同之处，如三地均规定了当事人

① 前引，齐爱民书，137页。

的查阅权、获得告知权[①]和损害赔偿权，香港和台湾地区均规定了请求提供复制本、请求更正资料和请求删除的权利，澳门和台湾地区均规定了请求停止收集、处理或利用个人信息的权利[②]，唯“不受自动化决定约束权”是澳门《个人资料保护法》特有的当事人权利。

我国香港、澳门和台湾地区个人信息当事人权利比较

地区	香港	澳门	台湾
个人信息保护法中当事人权利	请求告知	资讯权	获得告知权
	请求提供复制本		请求制给复制本
	请求查阅	查阅权	查询或请求阅览
		反对权	请求停止收集、处理或利用
		不受自动化决定约束权	
	请求改正		请求补充或更正权
	删除权		请求删除
	损害赔偿权	损害赔偿权	损害赔偿请求权

资料来源：本研究整理。

1. 请求告知权

请求告知权，是指无论是直接还是间接收集，除符合免除告知情形者外，均须明确告知当事人的收集目的、资料类别、资料来源等相关事项。[③] 香港地区的请求告知权主要由第18条和附表基本原则“收集个人资料的目的及方式原则”的规定体现，资料当事人可以请求资料使用者告知其是否持有其个人资料，在收集资料时，资料的收集目的、转予人类别、当事人的查阅和更正等权利均应当告知当事人。澳门的资讯权要求除符合法律规定的情形外，资料收集人应告知当事人收集人身份、处理目的、资料接收者类别、当事人回复的强制性或任意性，以及不回复可能产生的后果等信息。台湾地区“个人资料保护法”第8条规定，除法律特别规定外，公务机关或非公务机关在收集个人资料时应当告知资料当事人收集机关名称，收集目的，个人资料类别，个人资料利用期间、地区、对象及方式，当事人权利及行使方式，以及当事人得自由选择提供个人资料时，不提供将对其权益的影响等事项。

2. 请求提供复制本的权利

请求提供复制本的权利规定在香港《个人资料（私隐）条例》第18（1）（b）条和台湾地区“个人资料保护法”第3条第2款，澳门地区《个人资料保护法》并未规定此权利。

3. 请求查阅权

请求查阅权是确保资料当事人实现知情权的一项重要机制。香港《个人资料（私隐）条例》规定了资料当事人的请求查阅权和请求查阅的程序。资料当事人以书面方式提出查阅请求，如果该请求是合理合法的，那么资料使用人必须依照该条例第19条规定的程序、方式给予当事人适当、及时的回复[④]，且除了该条例第28条所列的例外情况以外，使用人不得向当事人收取查阅费用。澳门《个人资料保护法》第11条规定了负责处理个人资料的机构应当准许资料当事人可以

① 我国澳门特别行政区《个人资料保护法》中称为“资讯权”。

② 我国澳门特别行政区《个人资料保护法》中称为“反对权”。

③ 周慧莲：《资讯隐私保护争议之国际化》，载《月旦法学杂志》2004年第104期。

④ 张金城、廖永威：《香港个人资料隐私保护之经验——兼论我国个人资料保护法之制定》，载《河北法学》2008年第11期。

自由及不受限制地行使获取信息的权利，包括确认与当事人有关的资料是否有被处理、处理目的、被处理资料的类别、资料接收者或接收者的类别；被清楚地告知需要处理的资料及有关资料的来源；了解对与其有关的资料的自动化处理原因，以及有权对资料进行的更正、删除或封存。同时，对某些个人资料的查阅给予了特定的限制，如当处理与安全、预防犯罪或刑事侦查有关的个人资料时，查阅权须要有权限的当局行使。台湾地区“个人资料保护法”规定，当事人有请求查询或请求阅览的权利①，除法律规定的情形外，公务机关或非公务机关应依当事人的请求，就其收集的个人资料，答复查询、提供阅览②，并得酌收必要成本费用③。

4. 请求停止收集、处理或利用的权利

请求停止收集、处理或利用的权利与德国法上的“资料封锁权”性质类似。澳门《个人资料保护法》将其称为“反对权”，指除法律特别规定外，资料当事人有权在任何时候，以与其私人情况有关的正当和重大的理由反对处理与其有关的个人资料。当反对理由合理时，该负责的机构便不得再对该等资料进行处理。此外，资料当事人亦有权在无须费用的情况下，反对负责处理资料的机构以直接促销或其他方式的商业为目的而对与其有关的个人资料进行处理。同时，亦有权免费要求负责处理资料的机构，在基于直接促销目的或为了第三人利益使用有关资料而第一次向第三人通告前，向其做出告知，且在无须费用的情况下，明确反对负责处理资料的实体通告或使用有关资料。台湾地区“个人资料保护法”规定，对于违法收集、处理或利用个人资料的，当事人有权请求删除、停止收集、处理或利用该资料。④ 因资料正确性发生争议⑤、因特定目的的消失或期限届满⑥，当事人有权请求删除、停止处理或利用该个人资料。

5. 不受自动化决定约束权

不受自动化决定约束权是澳门《个人资料保护法》特有的当事人权利，是指任何人有权不受对其权利义务范围产生效力或对其有明显影响并仅基于对资料的自动化处理而作出的决定的约束，且有关资料仅用作对该人人格某些方面，尤其是专业能力、信誉、应有的信任或其行为方面的评定。例如，某银行拟以一电脑的心理测验，来决定是否批核借款或贷款额等⑦，当事人便有权拒绝该测验对于其作出的评定。

6. 请求更正权和删除权

当事人的这两个权利仅香港和台湾地区的“法律”作了规定。香港地区《个人资料（私隐）条例》附表第6项基本原则——查阅个人资料原则规定当事人有要求改正个人资料，当该要求被拒绝时可获提供理由以及反对该拒绝的权利。该条例第22条至第25条还详细规定了资料当事人请求改正资料的程序，资料使用者对于该项请求的处理程序以及对于该项请求做出拒绝的情形和方式。该条例第26条规定除特定情况外，用于特定目的的个人资料已不再为该等目的而属有需要的，资料使用者须删除该等资料。我国台湾地区“个人资料保护法”第3条和第11条规定了请求补充或更正、请求删除的权利及其具体适用情况。根据规定，公务机关或非公务机关应维护个人资料的正确，并应主动或依当事人的请求更正或补充⑧，而请求删除的情形为个人资料收集的

① 我国台湾地区“个人资料保护法”第3条。
② 我国台湾地区“个人资料保护法”第13条第1款。
③ 我国台湾地区“个人资料保护法”第16条。
④ 我国台湾地区“个人资料保护法”第11条第4款。
⑤ 我国台湾地区“个人资料保护法”第11条第2款。
⑥ 我国台湾地区“个人资料保护法”第11条第3款。
⑦《认识澳门法律——个人资料保护法（四）》，http://www.dsaj.gov.mo/iis/EventForm/ContentFileGen.aspx? Rec_Id = 2510，访问日期：2011-08-25。
⑧ 我国台湾地区“个人资料保护法”第11条第1款。

特定目的消失或期限届满，以及对于违反该法收集、处理或利用的个人资料。

7. 损害赔偿权

香港《个人资料（私隐）条例》第66条规定，除特别规定外，资料使用者违反该条例而使资料当事人蒙受损害的，资料当事人有权就该损害向有关资料使用者申索补偿。澳门《个人资料保护法》第14条第1款规定，“任何因资料的不法处理或其他任何违反个人资料保护范畴的法律规定或规则性规定的行为而受损害的人均有权向负责处理资料的实体要求获得所受损失的赔偿”。台湾地区“个人资料保护法”第28条至第31条为损害赔偿的规定，除特别规定外，公务机关或非公务机关违反该法规定，致个人资料遭不法收集、处理、利用或其他侵害当事人权利的，负损害赔偿责任。

（五）个人信息保护的主管机关

香港和澳门地区成立了独立、专门的个人信息保护主管机关。香港个人资料私隐专员公署成立于1996年8月1日，是亚洲唯一的私隐保护监管机构[①]，其地位独立，不受香港任何政府机构的管治，负责《个人资料（私隐）条例》的施行，通过教育、宣传和推广，培养香港民众尊重个人资料私隐的文化，监察和督导促使各界人士遵守《个人资料（私隐）条例》，以确保个人资料私隐得到保障。根据《个人资料（私隐）条例》第二部的规定，设置由行政长官委任的个人资料私隐专员一职，专员的职能主要有行政、教育、监察和执法等。澳门地区于2007年3月12日由行政长官何厚铧批示成立个人资料保护办公室[②]，属于澳门特别行政区的政府部门，在行政长官监督下独立运作。该办公室的主要职能包括：监察协调、订定制度、处理投诉、宣传教育和分析研究[③]。我国台湾地区学者虽然多呼吁设置专门的个人资料保护主管机关，但是2010年修正案仍未有触及。

（六）侵犯个人信息的法律责任

对于侵犯个人信息的违法行为，我国台湾地区和澳门地区的法律都规定了违法人应当承担相应的民事责任、行政责任和刑事责任。香港地区由于实行行政处罚的刑罚化，行政机关对行政违法行为原则上没有处罚权，所有的权力都集中在法院。香港没有类似行政处罚法的条例，绝大多数行政违法行为被视为犯罪行为，按照简单治罪程序由裁判法院处以刑罚。[④] 故违反香港《个人资料（私隐）条例》承担的法律责任为民事责任和刑事责任。

香港规定资料使用者违法收集、处理和利用个人资料使资料当事人蒙受损害（包括感情的伤害）的，应当承担补偿责任。[⑤] 香港《个人资料（私隐）条例》第64条规定了九种罪行，主要涉及提供虚假或有误导性资讯、阻挠或抗拒专员行使权力等方面，第64条第10款为兜底条款，规定“任何资料使用者无合理辩解而违反本条例下的任何规定（保障资料原则除外），而本条例无为其指明罚则，该资料使用者即属犯罪，一经定罪，可处第3级罚款”。

澳门在民事责任方面规定侵权人的损害赔偿责任[⑥]；在行政责任方面规定了履行义务的不作

---

① 李海元：《香港私隐专员公署：亚洲唯一的私隐保护机构》，http://hm. people. com. cn/GB/42273/11703855. html，访问日期：2011年8月25日。

② 李海涛：《“没有隐私的地方就没有尊严”——澳门特区〈个人资料保护法〉解读》，载《法制日报》2009年4月17日。

③《澳门个人资料保护办公室简介》，http://www. gpdp. gov. mo/cht/，访问时间：2011-08-25。

④ 李英：《借鉴香港行政法治经验崇尚良法善治》，http://www. zhsw. gov. cn/sww_ky/swggb/tszs/201101/t20110125_183853. html，2011-08-26。

⑤ 我国香港特别行政区《个人资料（私隐）条例》第66条。

⑥ 我国澳门特别行政区《个人资料保护法》第14条。

为或有瑕疵的履行①、不履行相关规定义务②等行政违法行为的行政责任；在刑事责任方面规定了未履行资料保护的义务③、不当查阅④、个人资料的更改或毁坏⑤、加重违令罪⑥、违反保密义务⑦等方面的刑事违法行为和相应的责任。

我国台湾地区“个人资料保护法”第28条至第31条规定了公务机关和非公务机关违反该“法”规定，致个人资料遭不法收集、处理、利用或其他侵害当事人权利的，承担损害赔偿责任。该法第47条至第50条规定了非公务机关违法搜集、处理和利用个人资料时，“中央目的事业主管机关”或直辖市、县（市）政府可以处以罚款或责令改正。该法第41条至第46条规定了违反该法相关规定犯罪、意图营利违反相关规定犯罪、意图为不法利益犯罪以及公职人员利用职权犯罪等应当承担的相应刑事法律责任。

四、港澳台地区个人信息保护立法对大陆地区的启示

科学技术的迅猛发展，在给人类社会带来幸福的同时，也给人们的个人资料保护带来前所未有的挑战。通过比较研究发现，我国大陆地区对个人信息的保护尚无专门法律，只是通过分布在各部门法中的零散规定来实现法律保护，严重脱离信息社会发展的需要，越来越不能满足人们对个人信息保护的需求。个人资料保护法律制度是平衡个人利益和公众利益的“工具”⑧，要维系信息社会个人信息资源的开发利用和人格权保护之衡平，⑨ 因此，借鉴我国香港、澳门和台湾地区的立法与实践经验，构建大陆个人信息保护法律制度显得尤为迫切。

（一）香港经验借鉴

我国台湾地区未设置专门机关统筹负责监督执行个人资料保护事项，而是公务机关由自身负责实施，非公务机关由“中央目的事业主管机关”负责，这样的管理模式导致各机关法律落实不一致，事权分散，行政效率低下，法律执行效果不佳。而香港个人资料（私隐）保护公署无疑是香港个人信息保护法律制度中最为耀眼的光芒。虽然我国香港地区和澳门地区均设置了专门的个人信息保护机构，但是香港个人资料（私隐）保护公署由于其独立的地位，在个人信息保护工作中能够发挥更大的作用。香港个人资料（私隐）保护公署的独立地位体现在：首先，该公署是一个完全独立的机构，不受香港任何机构的管治，不受任何机构、任何人的管辖与指示，香港著名的廉政公署虽不受任何政府机关管理，但是仍需要向特区行政长官报告，听取指示，由此可见个人资料（私隐）保护公署的地位最为独立；其次，该公署有独立的个人资料私隐专员；最后，该公署负责监管香港所有管理个人资料的机构，包括所有政府部门。⑩ 相比之下，澳门个人资料保护办公室属于澳门特别行政区的政府部门，其独立性逊于香港个人资料（私隐）保护公署，且在

① 我国澳门特别行政区《个人资料保护法》第32条。
② 我国澳门特别行政区《个人资料保护法》第33条。
③ 我国澳门特别行政区《个人资料保护法》第37条。
④ 我国澳门特别行政区《个人资料保护法》第38条。
⑤ 我国澳门特别行政区《个人资料保护法》第39条。
⑥ 我国澳门特别行政区《个人资料保护法》第40条。
⑦ 我国澳门特别行政区《个人资料保护法》第41条。
⑧ 张金城、廖永威：《香港个人资料隐私保护之经验——兼论我国个人资料保护法之制定》，载《河北法学》2008年第11期。
⑨ 前引，齐爱民书，218页。
⑩ 李海元：《香港私隐专员公署：亚洲唯一的私隐保护机构》，http://hm.people.com.cn/GB/42273/11703855.html，2011-08-25。

机构职能上，澳门个人资料保护办公室也弱于香港个人资料（私隐）保护公署。

因此，未来大陆地区在构建个人信息保护法律制度的过程中可以借鉴香港的个人资料（私隐）保护公署、澳门个人资料保护办公室等机构的经验，设置专职的负责机关，统筹管理、监督执行，确保法律的落实。尤其应当参考香港个人资料（私隐）保护公署的运作模式赋予个人信息保护专门机构独立的地位，全面监管国家机构与非国家机构的个人信息收集、处理和利用的行为，捍卫虚拟社会中个人的人格独立与人格自由。

（二）澳门经验借鉴

我国澳门地区关于个人信息保护立法“两步走”的策略为大陆地区个人信息保护立法提供了最佳的参考路径。澳门地区个人信息保护立法的“第一步”为：在1998年《澳门民法典》中将“个人资料之保护”、“个人资料真实权”的条款明确规定在“人格权”的章节之下，成为与“生命权”、“身心完整权”、“自由权”、“名誉权”、“保留私人生活隐私权”、“个人经历保密权”、“肖像权及言论权”、“姓名权及拥有其他识别个人身份方式之权利”① 等相并列的人格权利。此立法例不仅初步确认了个人信息权，而且彰显了个人信息权为人格权的法律属性，奠定了个人信息保护专门立法的基础。2005年澳门地区迈出了个人信息保护立法的“第二步”：制定了专门的《个人资料保护法》，其后结合各领域的实际情况，陆续出台《在互联网上发布个人资料的注意事项》等一系列“指引”，逐步建立完整的个人信息保护法律制度。

鉴于我国大陆地区信息产业发展程度和立法资源有限的状况，短时间内要出台一部能平衡各方利益、体系完整、结构合理的个人信息保护法较为困难，因此，借鉴澳门地区个人信息保护立法“两步走”的策略将极大地推进大陆地区个人信息保护的立法进程。未来大陆地区个人信息保护立法分两步走：首先，借助中国正在制定人格权法的契机，将个人信息权正式纳入人格权法，实现个人信息权的民事确权，并构建基本的保护制度；其次，在时机成熟时，制定专门的个人信息保护法，构建完善的个人信息保护法律制度，统一规制国家机关和非国家机关的个人信息收集、处理和利用行为，捍卫信息时代个人人格，保障个人权利。

（三）台湾经验借鉴

我国台湾地区个人信息保护“法律”制度经历了一个漫长而曲折的蝶变过程，其经验和教训对于文化背景和发展历程相似的大陆地区具有重要的借鉴意义。我国台湾地区个人信息保护“立法”与“修法”经验集中体现在“个人信息保护法”的保护客体的范围和适用主体的范围两个焦点问题。

1. 个人信息的范围及构成要件

我国大陆地区制定个人信息保护法，在保护客体范围方面，应借鉴我国台湾地区“修法”的经验，摒弃“电脑处理”的限制，而将手工处理的个人信息，纳入保护范围，走技术中立的道路，不以处理个人信息的技术而为取舍标准。

在个人信息范围的限制问题上，应明确规定个人信息的构成要件。个人信息的构成要件分为实质要件和形式要件。个人信息的实质要件，是指构成个人信息在内容上不可或缺的法律要件，又称个人信息的一般要件。构成个人信息的实质要件是“识别”。个人信息是可以直接或间接识别本人的信息。能直接识别本人的个人信息为直接个人信息，如肖像、姓名、身份证号码、社会保险号码等；不能单独识别本人，需与其他个人信息相结合才能识别信息主体的个人信息，称为间接个人信息，如性别、爱好、兴趣、习惯、职业、收入、学历等。个人信息的形式要件，是指构成个人信息必须满足的特定形式要件，又称为构成个人信息的特别要件。构成个人信息的形式

① 我国澳门特别行政区《民法典》第70~82条。

要件有两个：（1）载体要件：个人信息必须以一定的方式得以固定，也就是个人信息得有载体。（2）处理要件：个人信息必须以一定的方式得以查阅、检索和进行其他的处理。我国香港地区《个人资料（私隐）保护条例》第2条关于个人信息的定义中明确要求：“个人资料”（personal data）必须以可以进行查阅和处理的方式存在。这和1998年7月16日修正、2000年3月1日起生效的《英国资料保护法》的规定基本一致。① 手工处理和电脑处理的个人信息都可以满足处理要件。因此，未来我国大陆地区个人信息保护法的保护客体应当包含一切符合个人信息构成要件的信息，而不以“电脑处理”或“手工处理”为界分。

2. 适用主体

我国台湾地区“个人资料保护法”修法之前的适用主体为公务机关和非公务机关，但是非公务机关仅限于征信业、医院、学校、电信业、金融业、证券业、保险业及大众传播业八大行业及其他经“法务部”会同“中央目的事业主管机关”指定之事业、团体或个人。新修正的“个人资料保护法”将非公务机关的范围扩展至公务机关以外的自然人、法人或其他团体，即一切行业。

借鉴我国台湾地区经验，大陆地区个人信息保护法在规范对象上，应该适用于国家机关和非国家机关的一切行业，而不应该以处理个人信息的多寡为根据加以限制。涵盖一切非国家机关适用之类别，使任何自然人、法人或其他团体，除非该法明确列为适用例外和规则例外，其他的收集、处理和利用个人信息的行为应受到统一规范。这样既可以避免立法漏洞以及可能的违宪性问题，又可以使我国大陆地区个人信息保护法立法与欧盟《个人资料保护指令》的保护水平接轨。欧盟1995年《个人资料保护指令》第25条规定其会员国，只能将个人信息传输给个人信息保护具有相当于欧盟指令规定的水平的国家。鉴于我国大陆地区和欧盟的贸易往来，将个人信息保护法的适用主体扩展至所有行业，和欧盟保护水平接轨具有重要经济意义。

① 《英国资料保护法》第1条。

走出地方政府融资平台的法律迷局及其规范的思路

冯　果* 　李安安**

目　次

进入21世纪之后，我们别无选择地走进了一个问题丛生和风险重重的开放社会。2008年金融海啸的硝烟还未完全淡去，2009年延续至今的欧洲债务危机又纷至沓来，世界经济面临前所未有之变局；在中国，一场破坏性更强的金融危机已经暗潮涌动，地方债务这个被称为中国版的"次贷危机"正在潜滋暗长，至少已构成发生财政危机的潜在可能性。根据审计署2011年6月发布的审计结果显示，截至2010年年底，全国地方政府负债已经超过10万亿，其中78个市级政府债务率高于100%。① 在助推地方债务虚高不下的背后，地方政府融资平台是一个关键性肇因。自从2010年6月《国务院关于加强地方政府融资平台公司管理有关问题的通知》等政策性文件出台后，如何治理地方政府融资平台成为法学研究的紧迫任务，如何化解地方债务可能引发的财政危机更是成为社会公众关注的焦点问题。本文旨在厘清地方政府融资平台的法律迷局，并提出因应之策。

一、走不出的困惑：地方政府融资平台的合法性危机

地方政府融资平台不是一个严格的法律用语，而是一种接近于功能性描述或事实性描述的概念范畴。它一般是指由地方政府及其部门和机构等通过财政拨款或注入土地、股权等资产设立，承担政府投资项目融资功能，并拥有独立法人资格的经济实体。实践中出现的城市建设投资公司、城建资产经营公司、城建开发公司等都属于地方政府融资平台。众所周知，我国实行的是高度集权的财政管理体制，财权高度集中在中央政府，地方政府缺乏独立的财政主体地位，这就为

* 武汉大学法学院教授，博士生导师，法学博士。
** 武汉大学博士研究生。
① 王涛：《全国地方政府负债已超10万亿仅54个县未举债》，载《经济参考报》2011年6月28日。

地方政府融资平台的发展壮大提供了制度诱因。据中国人民银行对2008年以来全国各地区政府融资平台贷款情况的专项调查显示，截至2010年年末，全国共有地方政府融资平台1万余家，较2008年年末增长25%以上，其中县级平台约占70%。应当说，地方政府融资平台的产生具有必然性，亦不乏正当性。一方面，提供公共物品是政府的基本职能，中央政府与地方政府分别提供不同层次的公共物品最符合经济效率，这已为经济学理论和相关国家的制度实践所证明。① 另一方面，1994年的分税制改革造成了地方政府事权与财权的严重失衡，“小财政、大建设”的生产型政府职能定位以及GDP崇拜的政绩考核约束均驱动地方政府不断寻求财政收入的替代机制。然而，地方政府融资平台某种意义上的正当性并不能遮蔽其合法性危机，事实上，地方政府融资平台已被锁定在多重法律迷局中而难以自拔。

首先，地方政府融资平台在商事组织形式上面临严重的合法性危机。商事组织形式作为商事主体的“外衣”，直接决定着商事主体法律关系的制度构造。虽然地方政府融资平台均是以国有独资公司的商事组织形式出现的，对外宣称是一个独立的法人实体，但无论是从“规范主义”（Doctrinalism）的分析进路，还是从“功能主义”（Functionalism）的分析进路，均会发现地方政府融资平台的上述商事组织形式定性与现实相差甚远。② 在我国公司法的规范意义上，公司仅限于商事公司和狭义公司，须遵循营利性、社团性、法人性与法定性等基本特征。营利性作为公司存在及其行动的最高价值理念，要求公司追求利润最大化以最大程度地满足股东的投资诉求。但地方政府融资平台极少从事营利性的商事活动，其主要职能是作为政府的投融资工具从事带有公益性的建设与开发项目，带有一定的“社会企业”色彩。③ 公司的法人性要求公司拥有独立的财产、设立独立的组织机构、独立承担法律责任，这三个独立性要求显然是地方政府融资平台所不具备的。从财产上看，地方政府多是以土地、股权、规费、国债等作价出资形成平台公司的资本金，这些出资无须履行严格的登记公示程序，平台公司需要在地方政府的直接主导或间接控制下进行投融资，对公司财产没有独立的支配权。从组织上看，绝大多数地方政府融资平台没有建立规范的治理结构，不实行市场化运作，其重要高管职位由地方政府公职人员兼任，体现出强烈的行政管制色彩。从责任上看，平台公司依靠地方政府的信用进行运作，由地方财政直接或间接承担偿债责任，法律责任独立性的缺失使其难以享有独立的法律人格。此外，从“功能主义”的视角看，地方政府融资平台是在地方政府主导下强制性制度变迁的产物，其发轫与勃兴也是特定历史时期社会转型的产物，这一体制背景决定了地方政府融资平台对法律的依赖性较弱而对政策的依赖性较强，其商事组织形式游离于合法性的边缘也就不足为奇了。

其次，地方政府融资平台面临预算法的法律困局。为防堵地方政府肆意举债，现行《中华人民共和国预算法》（以下简称《预算法》）第28条规定：“地方各级预算按照量入为出、收支平衡的原则编制，不列赤字。除法律和国务院另有规定外，地方政府不得发行地方政府债券。”地方政府为了规避该法律规定，竞相成立融资平台举借债务。由于地方政府融资平台名义上具有独立企业法人资格，所以其债务不会列入地方政府显性债务范围，而只是构成地方政府的隐性负债与或然负债。但《预算法》并未就隐性负债与或然负债作出限制性规定，导致其在地方政府融资平台举债行为规制问题上束手无策，这对地方政府财政的稳健运行和经济的可持续发展构成了潜

① 平新乔著：《财政原理与比较财政制度》，338～356页，上海三联书店，1995。

② 在法学方法论上，以分析法律条文与概念体系为主、以法律渊源为归依的研究方法称为“规范主义进路”，而强调立足于社会现实，从经济、社会和历史等动因来阐释法律规范的功能与变迁的研究方法称为“功能主义进路”。参见李清池著：《商事组织的法律结构》，5～6页，法律出版社，2008。

③ 薛夷风：《社会企业对我国传统公司观念的挑战——再论公司的营利性》，载《当代法学》2011年第3期。

在威胁，成为引发财政风险的重要因素。① 此外，由于预算外资金的大量存在，预算审批机关的权威不足，法律责任追究机制的尚付阙如，预算编制、审批和执行的不透明，导致《预算法》在规制地方债务方面形同虚设。其实，《预算法》第28条的禁止性规定在实践中已经出现松动迹象，如国务院已经授权上海市、浙江省、广东省、深圳市进行自行发债试点，预算法修正案草案一审稿也有关于地方政府举债的规定。在此背景下，《预算法》的修订有必要充分考量地方债务生成的特殊制度背景，进行相应的观念更新与制度变革，以堵塞地方政府债务危机的法律漏洞，防止地方政府的“财政机会主义”行为。② 诚如有学者所言，预算法修改最需要解决的问题是塑造与公共财政、民主宪政相适应的现代预算理念和预算制度，其中，最需要确立的一个观念是：预算法是“管理政府的工具”而不是“政府管理的工具”，要让预算法真正成为约束、规范和监督政府的法律。③

最后，地方政府融资平台面临担保法的法律困局。地方政府融资平台的融资渠道主要包括向银行贷款和发行城投债，前者主要涉及权利质押问题，后者则主要涉及政府信用担保问题。地方政府融资平台向银行贷款时，经常采用“市政公用行业不动产收益”、“道路建设车辆通行费收费权”、“特许经营权”、“土地出让收益经营权”等作为权利标的进行质押贷款，但这几种权利能否作为质押的标的，学术界与实务界颇有争议。按照《物权法》的规定，债务人或者第三人有权处分的下列权利可以出质：（1）汇票、支票、本票；（2）债券、存款单；（3）仓单、提单；（4）可以转让的基金份额、股权；（5）可以转让的注册商标专用权、专利权、著作权等知识产权中的财产权；（6）应收账款；（7）法律、行政法规规定可以出质的其他财产权利。虽然《物权法》对可以出质的权利进行了兜底性规定，但由于尚未有法律、法规对“市政公用行业不动产收益”等权利的出质资格作出规定，所以地方政府融资平台习以为常的权利质押贷款行为面临着无法摆脱的合法性困境和前所未有的制度风险。④ 对此，商业银行心知肚明，但受制于地方政府压力，不得已而为之，至多只能要求地方政府出具“承诺函”、“安慰函”等不具有法律约束力的担保凭证，以寻求心理慰藉。此外，地方政府融资平台发行城投债的行为，其合法性也值得追问。城投债虽然以地方政府信用为担保，将地方政府作为最后还款人，但由于地方政府对城投债的信用担保缺乏相应的稳定性和强制的执行力，⑤ 再加上地方政府的债务远远超过了其财政支付能力，所以如果城投债不能按期偿还，承担风险的将是城投债的投资者，银行作为城投债的最大持有人将为此付出惨痛的代价。

二、地方政府融资平台的另类思考：财政宪法学的维度

地方政府融资平台的泛滥成灾与积重难返表面上看只是财政法制度设计缺位、错位与越位的结果，但其在实质上却反映了我国政治经济体制的现实困境，是财政分权宪政危机的典型映射。因此，仅从公司法、预算法和担保法的视角检视地方政府融资平台的合法性危机尚显不足，有必

① 刘尚希、于国安著：《地方政府或有负债：隐匿的财政风险》，2页，中国财政经济出版社，2002。

② 世界银行高级经济学家汉诺1998年在其《或有政府债务：基于财政稳定性背后的风险》一文中提出了“财政机会主义”的概念。他认为，政策制定者在短的政治任期内面临财政赤字等约束条件时，往往有通过预算外政策过度累积或有财政风险的偏好，以便隐藏政策成本。See Hana, Contingent government liabilities: a hidden risk for fiscal stability, Policy Research Working Paper, Word Bank, Washington D. C, 1998.

③ 熊伟：《预算法应成为管理政府的工具》，载《社会观察》2012年第9期。

④ 杨利华、朱键：《地方政府融资平台权利质押的法律风险防范》，载《甘肃金融》2010年第1期。

⑤ 涂盈盈：《城投债的发展与风险控制》，载《中国金融》2010年第7期。

要站在更宽广的法学维度上来审视地方政府融资平台的合宪性问题。财政制度乃国民财富分割之利器，财政压力往往构成一国宪法体制变迁的实质原因，财政安排的合理性已成为考量国家存在合理性和有效性的重要评判尺度。基于财政与宪政的高度关联，地方政府融资平台法律困境的最终化解尚需借助于财政宪法学的深刻变革。

财政宪法学是运用财政分析的理论方法来研究宪法与宪政问题的一种宪法学理论派别，主要包括“合宪性推定”与“合宪性解释”两种理论分析工具。[①] 目前，财政宪法学在国外的研究已经蔚然成风，诚如葛克昌先生所言：“近年各国无不面对财政危机到宪政危机之困境，财政宪法蔚为当代宪法研究之潮流。”[②] 在此背景下，我国学术界也开始重视对财政宪法学的研究。例如，张守文教授指出，宪法的缺失是造成中国现阶段财政危机的一个重要的法律原因，财税法制唯有体现宪法精神、形成宪政秩序，才能形成良好的公共经济秩序。[③] 王怡教授指出，当前的财政危机导致对源自民间的赋税的依赖性增强，从而凸显出赋税合法性的危机，认为解决这一危机的方向是继续沿着财产权入宪的思路，确立税收法定的宪政主义的赋税模式。[④] 由于地方政府融资平台的出现肇因于地方政府财权与事权的失衡，所以我们可以从财政分权这一财政宪法学的核心概念范畴切入，来认识地方政府融资平台的合宪性问题。

在财政宪法学意义上，财政分权的内涵主要体现在权力制约、权利保障和地方自治三个方面。首先，财政权作为一项极为重要的国家权力，其过于集中和垄断势必造成权力的失控与失衡，因此应该在不同层次的政府间分散财政权力，以此作为控制利维坦的全部财政嗜好的手段。[⑤] 分税制改革至今，“财权上移、事权下移”的态势未有根本改观，地方政府因受制于财力而难以为当地居民提供基本的公共服务，公共物品层次划分的有效性遭到了削弱。[⑥] 考察地方政府融资平台的制度变迁，不难发现中央政府更多的是采取默许而不是打压的态度，尤其是在1997年东南亚金融危机和2008年次贷危机期间，中央政府对地方政府融资平台抱以明确支持的态度。[⑦] 而在2010年中国经济出现过热和地方债务风险加剧的背景下，国务院又匆忙出台了《关于加强地方政府融资平台公司管理有关问题的通知》。可以看出，中央政府与地方政府围绕着地方政府融资平台展开的利益博弈并非一种宪政体制下的合法博弈，而属于一种缺乏制度安排条件下的讨价还价。在利益博弈的过程中，中央政府对地方政府大规模举借债务的做法往往无可奈何，而地方政府对中央政府单方面频繁改变规则的做法也只能望洋兴叹，双方的权力均缺少必要的制约。

其次，财政分权的目的是更好地保障公民权利，而这一目的要通过财政均等化来实现。作为处理政府间财政分配关系的基本制度，财政均等化是中央政府减轻各级政府通过自身收入工具取得收入的不均等程度为目标，对低级次政府提供资金的过程。[⑧] 在一个政治经济发展严重不平衡的国家强调财政均等化，对于实现公民基本权利的平等性有着更为现实的意义。地方政府通过其融资平台所募集的资金大多用在了本地区的基础设施建设上面，对于提高当地经济的发展和确保当地居民的社会经济权利功不可没，不乏“实质合理性”和“社会妥当性”。但也应看到，地方

---

① 周刚志：《财政宪法释义学之理论构建——部门宪法释义学的研究路径初探》，载《税务研究》2008年第10期。
② 葛克昌著：《税法基本问题——财政宪法篇》，181页，台北月旦出版社，1996。
③ 张守文：《财政危机中的宪政问题》，载《法学》2003年第9期。
④ 王怡：《立宪政体中的赋税问题》，载《法学研究》2004年第5期。
⑤ [澳] 杰佛瑞·布伦南、[美] 詹姆士·布坎南著，冯克利等译：《宪政经济学》，213页，中国社会科学出版社，2004。
⑥ 财政分权理论存在的基础在于公共物品的层次划分，著名经济学家马斯格雷夫、蒂布特等对此已经进行了充分论证。Richard A. Musgrave, The theory of public finance: a study of public economy, New York: McGraw - Hill, 1959; C. M. Tiebout, The theory of public expenditure, The Journal of Political Economiy, 1956, 64, pp. 416 - 424.
⑦ 唐洋军：《财政分权与地方政府融资平台的发展：国外模式与中国之道》，载《上海金融》2011年第3期。
⑧ 谷成：《财政均等化：理论分析与政策引申》，载《经济理论与经济管理》2007年第10期。

政府通过融资平台所筹集到的资金，在使用过程中存在严重的支出膨胀、结构失衡、监督不力和腐败现象突出等问题，教育科技与社会保障等民生支出过少，① 导致公民的社会保障权、教育权、发展权等基本权利受到了损害。

最后，财政分权意味着尊重地区发展差异和不同社会群体的财政需求，将地方政府视为独立的财政主体，这彰显出地方自治的价值。地方自治是宪政民主制度的基础性结构，是保障个人自由的重要政治机制，是人民参与公共事务的基本途径。② 作为宪政的一大支柱，地方自治具有普适性的制度价值，实行联邦制的国家自不待言，遵行单一制的国家同样有必要寻求地方自治与财政分权的互动。事实上，在财政分权的制度实践中，不同的国家一直存在着经济联邦主义、协作联邦主义和民主联邦主义的分野，③ 在单一制国家主张引入财政联邦主义的声音亦不绝于耳。④ 在市场经济条件下，出于“理性经济人”的利益考量，地方政府存在寻求地方自治的天然冲动，当其希望通过改变现行税权分配规则增加地方税收利益而发现困难重重时，创建融资平台公司就成为不得已的选择。而从提高国家能力的角度看，汲取财政的能力是最重要的国家能力，它是宏观调控能力、合法化能力和强制执行能力等国家能力的基础。⑤ 尤其是像我国这样一个有着悠久集权传统的国家，中央政府还将长期强调税权的集中而不会轻易下放权力，这意味着地方政府融资平台将会持久存在，通过地方自治实现财政分权的难度可想而知。

综上所述，地方政府融资平台从本质上揭示了我国财政分权的宪政困境或者说是宪政转型的财政困境。规制地方政府融资平台和化解地方政府债务必须打破“头痛医头，脚痛医脚”的传统僵化思维，根本之道在于引入“财政宪法学”的价值理念与制度规则，从宪政转型与法制变革的高度加以解决。⑥ 由于我国宪法缺乏有关财政制度方面的规定，为保证财政领域法律的统一实施和适应现代财政法治的基本要求，我国宜尽快制定财政基本法，这无疑具有超越财政分权之上的意义。

三、寻求“善治”：地方政府融资平台的治道变革

我国目前对地方政府融资平台的治理主要采取的是行政手段，体现出鲜明的应急性特点，属于一种典型的政策性治理。行政治理短期内会收到较好的效果，但难以从根本上化解地方债务难题，且会加剧中央与地方在不均衡财政利益博弈中的囚徒困境。治理地方政府融资平台，必须从运动走向制度，从政策主治走向法律主治，树立依法治国和财政法治的理念，在中央政府与地方政府的良性互动中实现“善治”（good governance）。“善治”本是一个政治概念，其本质特征就在于它是政府与公民对公共生活的合作管理，是政治国家和公民社会的一种新颖关系，是两者的最佳状态。⑦ 将“善治”引入到地方政府融资平台的治理中，意味着将合法性（legitimacy）、透明性（transparency）与可问责性（accountability）等制度要素融入地方政府融资平台的治理过程。合法性指的是地方政府融资平台的治理应当有明确的法律依据，不能仅依政策而行；透明性指的是地方政府融资平台的治理信息应当保持公开，确保利益相关者享有知情权；可问责性则指的是

① 刘剑文著：《民主视野下的财政法治》，153～168页，北京大学出版社，2006。

② 秋风著：《立宪的技艺》，270～271页，北京大学出版社，2005。

③ 时红秀著：《财政分权、政府竞争与中国地方政府的债务》，221页，中国财政经济出版社，2007。

④ 张守文著：《财税法疏议》，75～80页，北京大学出版社，2005。

⑤ 王绍光、胡鞍钢著：《中国国家能力报告》，6～9页，辽宁人民出版社，1993。

⑥ 苗连营、程雪阳：《分税制、地方公债与央地财政关系的深化改革——基于立宪主义的视角》，载《河南省政法管理干部学院学报》2009年第4期。

⑦ 俞可平著：《治理与善治》，8～9页，社会科学文献出版社，2004。

地方政府融资平台的监管机构及其人员负有“善良管理人的注意责任”，当出现监管懈怠或监管滥权时，其应当承担相应责任。具体而言，地方政府融资平台的治理可以从以下几个方面寻求其“善治”之道。

（一）公共财政理念的确立与地方政府融资平台的类型化治理

地方政府融资平台虽然是导致巨额地方债务的关键肇因，但对其既不能简单否定，也不宜采取一刀切式的治理措施，而应区分具体情况实行类型化治理。在财政法治视野下，我们主张采用公共财政的理念作为地方政府融资平台类型化治理的价值衡量标准。公共财政是在市场经济条件下由国家提供公共产品或服务的分配活动，以此来满足社会公共需要的政府收支模式或财政运行机制，它是与市场经济相适应的一种财政模式，是国家借以全面履行其职能的财政体制和财政制度。① 作为财政法治的理想目标模式，公共财政框架的构建可以说是继 1994 年分税制改革之后中国财政法领域影响最大的一项制度变革，公共财政的理念完全可以作为评判地方政府融资平台适法性的价值尺度。倘若地方政府通过其融资平台所募集的资金均用在了公益项目上面，则与公共财政的理念相契合，即使地方政府负债累累亦不会丧失正当性。但假如这些资金用途偏离了社会公共利益，则地方政府融资平台就沦为了助纣为虐的帮凶，必须接受严格的法律规制。我们必须清醒地认识到，在市场经济条件下，地方政府也有其本身的利益诉求，它通过融资平台所募集的资金并非都会用在社会公益项目上，而是会与公共财政的目标发生经常性的偏离。众所周知，我国地方政府的公款吃喝、公车私用、公费旅游等财政违规现象异常严重，繁重的财政开支让纳税人不堪重负，“吃饭财政”成为不少地方的真实写照。② 处于社会转型期的中国，财政民主与财政法治的意识较为淡化，公共财政的法律机制尚未建立起来，地方政府的权力寻租普遍存在，“瓦格纳定律”③ 并不能为地方政府的债台高筑提供合理性辩护。因此，必须用公共财政的理念审视地方政府的财政支出，对那些打着公共利益的旗号而事实上不具有公益性的地方政府融资平台要坚决予取缔。如果从财政宪法学的立场来判断地方政府融资平台是否符合公共利益，必须以宪法整体精神以观之，决定公共利益理念的基础，可以分为国家任务和国家基本原则两点。④ 公共财政的职能范围是以满足社会公共需要为口径界定的，因而可依据地方政府融资平台与社会公共需要的关联程度来采取相应的治理措施。在本轮对地方政府融资平台的清理运动中，国务院将各地融资平台公司的债务分为三大类分别进行处理，即（1）融资平台公司因承担公益性项目建设举借、主要依靠财政性资金偿还的债务；（2）融资平台公司因承担公益性项目建设举借、项目本身有稳定经营性收入并主要依靠自身收益偿还的债务；（3）融资平台公司因承担非公益性项目建设举借的债务。这体现了对地方政府融资平台类型化治理的思维，值得肯定。

（二）财政分权理念的提倡与地方政府融资平台的市场化运作

财政分权是任何国家的宪政与法治建设都无法回避的重大问题，更应当成为中国财政法制前进的方向。财政分权涉及的是中央与地方财政关系问题，地方享有财政权是财政分权的核心所在。⑤ 目前，我国地方政府几乎不享有税收立法权，地方税制结构不合理，主体税种不突出，事权与财权存在严重失衡，其享有的财政自主权可谓乏善可陈。在我国推行财政分权，是一项浩大的系统工程，仅在权限配置方面，财政分权就意味着财政立法权、财政收益权、财政征收权、财

---

① 徐孟洲著：《财税法律制度改革与完善》，17 页，法律出版社，2009。

② 刘剑文著：《民主视野下的财政法治》，155 页，北京大学出版社，2006。

③ 19 世纪德国著名的经济学家瓦格纳最早发现并提出“国家财政支出呈现不断上升趋势”的命题，这一论断被称为“瓦格纳定律”。参见［美］马斯格雷夫著，董勤发译：《比较财政分析》，71～72 页，上海人民出版社，1996。

④ 陈新民著：《德国公法学基础理论》（增订新版·上卷），235 页，法律出版社，2010。

⑤ 刘剑文著：《中央与地方财政分权的法律问题研究》，60～61 页，人民出版社，2009。

政支出权、财政预算权等权力样态在中央与地方间的重新洗牌。可以预见的是，实行财政分权后，我国地方政府的财政状况会有所好转，其负债将明显降低，但基于路径依赖的历史逻辑，地方政府融资平台仍将长期存续。由于财政分权要贯彻权力制约、权利保障与地方自治的宪政理念，所以地方政府融资平台不能再像过去那样生活在行政权的襁褓之下，而应走市场化运作之路。基于未雨绸缪之考量，地方政府融资平台应当在以下几个方面进行制度改进：一是建立规范的公司治理结构，尽量淡化其行政管制色彩。当然，地方政府并没有足够的动力去推动其融资平台公司的规范化运作，这就需要引入相应的激励与约束机制。例如，我国现行法律虽然禁止国家公职人员在公司企业任职，但地方政府融资平台的高管由政府工作人员出任的情形仍屡禁不止，这主要是源于问责制的缺失。“责任政府”语境下的问责制要求在角色定位清晰、权义明确、激励机制充分且适当的前提下对责任承担者进行问责并要求其不时地解释和回应，以最大限度地防止角色懈怠、错位或越位，否则行为人就应承担法律及社会的不利后果。① 为了有效预防地方政府对融资平台公司的不当干预，可以通过领导责任的法律化②来纯化二者之间的利益输送关系，最大限度地控制地方政府的道德风险。二是实行严格的信息披露规则，强化其公司治理的透明度。地方政府融资平台的高风险主要源于其信息披露的不透明，监管部门囿于信息不对称难以制定行之有效的治理措施。“阳光是最好的防腐剂”，严格的信息披露规则有助于地方政府隐性负债的显性化，减少地方政府的财政腐败行为，并将为日后把“预算外资金”、“制度外资金”最终纳入预算的法治轨道积累制度实践经验。三是降低对银行贷款的过度依赖，探索多元化的融资渠道。目前，地方政府融资平台主要依靠商业银行进行信贷融资，数万亿的地方负债风险集中在银行，一旦出现偿还不能，后果不堪设想。为了尽量降低财政风险，地方政府融资平台可以通过资产证券化、信托方式、股权融资方式、产权交易方式等多渠道募集资金。这些融资方式不仅能大大降低地方政府融资平台风险，而且由于具有较高的透明度以及较严格的自我约束机制，能够在很大程度上促进项目投融资行为的规范化。③ 当前，最好通过出台司法解释的办法，完善权利质押的合同订立制度、登记制度以及公证制度，严格约束出质人资格，建立健全地方政府融资责任制度，适时探索实施地方政府财政破产制度。

（三）市政债券、均等化转移支付与地方政府融资平台之替代

公共财政为地方政府融资平台的法律治理确立了价值尺度，财政分权则为地方政府融资平台的法律治理提供了认知进路，但这些对化解地方债务的财政风险仍显示出制度供给的不足。在财政法视阈内，寻求地方政府融资平台的替代机制极为必要，市政债券与均等化转移支付无疑是最有价值的两种思路。

欧美国家的地方政府主要通过市政债券进行融资，所筹资金主要用于地方基础设施建设，如美国的地方政府市政债券除了包括一般责任债券与收益债券两种基本类型外，还包括产业收入债券、住宅供给债券、道义责任债券等多种形式。基于《预算法》第28条的限制，我国的地方政府没有发行债券的资格，从而使地方政府融资少了一条至关重要的通道。随着2009年中央代发2000亿元地方债券这一事件的出现，包括笔者在内的不少学者都曾呼吁赋予地方政府发行债券的权力。④ 但为了控制地方政府的融资冲动和降低地方债务的财政风险，需要建立专门的市政债券监管机构，引入市场化的信用评级制度和设立地方政府偿债基金等配套措施。例如，美国建立了

① 史际春、邓峰著：《经济法总论》（第二版），200页，法律出版社，2008。
② 邓峰：《领导责任的法律分析——基于董事注意义务的视角》，载《中国社会科学》2006年第3期。
③ 杨燕英、刘栓虎：《规范地方政府融资平台有序发展的路径探析》，载《中央财经大学学报》2011年第1期。
④ 冯果、李安安：《中央代发地方债券的经济法分析——兼论政府间财政关系的法治化进路》，载《广东社会科学》2011年第4期。

对地方债券从筹集、使用到偿还等环节严密的监管制度，地方债券的违约率占所有发行债券的比例低于1%。日本地方公债的监管制度特色主要体现为地方公债计划与协议审批制度相配合，采取了较为严格的审核制。我们可以借鉴外国地方政府债券监管的成功经验，以中央代发地方债券为契机，探索和完善地方债券的法律监管机制。

均等化转移支付也是很值得借鉴的一种化解地方债务的制度构想。西方国家的宪法普遍确立了财政均等化原则，强调在一国范围内应使不同地区的居民都能享受大致相同的基本公共服务。与此相适应，大多数西方国家都将均等化作为政府间转移支付的主要目标。例如，《加拿大联邦宪法》第36条第2款规定："议会和加拿大政府应采取均衡支付原则，确保各省政府有足够的收入，能够在相对合理且彼此相当的税收水平上，提供相对合理且彼此相当的公共服务水平。"[①] 澳大利亚更是形成了一套在当今世界上被称为最完善、最全面、公平程度很高的财政均等化制度，以其富有特色的均等化转移支付估算方法、均等化转移支付中的决策机制以及联邦拨款委员会的设置等制度特色而闻名于世。[②] 目前，我国的财政转移支付立法存在着政府间事权与财权划分不清、财政转移支付资金的分配缺乏合理的标准、财政转移支付方式不规范等诸多问题，与财政法治的理想图景相距甚远。[③] 我国应以财政转移支付法的出台为契机，重点解决中央与地方事权与财权严重失衡的问题，将财政均等化的理念贯彻到具体的财政转移支付的具体制度设计当中，提高转移支付的科学性、规范性、稳定性和透明度。

四、余论

我国地方政府债台高筑已经被置于舆论的风口浪尖，用"千钧一发"来形容财政危机发生的可能性并非危言耸听，因此清理地方政府融资平台和化解地方债务已经到了刻不容缓的地步。但治理地方政府融资平台一定要跳出部门法的局限，从权力制约、权利保障和地方自治的财政宪法学视角进行审视，将公共财政、财政分权的理念镌入到法律治理的内核，进而寻求地方政府融资平台"善治"的理想图景。

---

① 徐阳光著：《财政转移支付制度的法学解析》，48页，北京大学出版社，2009。
② 吕晨飞著：《澳大利亚均等化转移支付制度研究》，北京大学出版社，2010。
③ 刘剑文著：《财税法专题研究》（第二版），130～132页，北京大学出版社，2007。

论中央银行独立性：一个宪政的研究范式[①]

杨 松[*] 闫 海[**]

目 次

一个货币制度的发展史，也是一个国家权力介入不断深入的过程。“货币虽然是商品交换的产物，但它却是各国政府都知道要接管的第一种商品经济的产物”，[②] 商品货币时代，借助无远弗届的国家权力所扩展交换范围，国家铸币一直是金属货币的主要形式，进入信用货币时代，货币本身就是一种由国家提供担保的信用，进而货币发行成为国家的垄断特权，并构成一国经济主权的主要内容。对于这个日益重要的货币权，理论上及大多数国家的实践中，是由一个授予专业的机构独立行使，即中央银行。中央银行独立性，是指中央银行在行使货币权时的自主性，自主性的衡量主要是不受政府其他部门的影响、指挥或控制的程度，因此中央银行独立性构成中央银行法律地位的核心问题。弗里德曼认为，中央银行独立性的一个更为基本的含义是，“中央银行应该是与立法、行政、司法部门同等的一个独立的政府部门，而且它的行动受制于司法部门对规章的解释”。[③] 但是作为一个重要的国家机构，中央银行独立性的制度设计必须符合宪政建构的原则，尤其是接受分权及其民主性、行政一体化、政策协调、司法审查等规则的检验。

一、中央银行独立性与宪政分权的发展

“分权成为宪政与法治国家的一项共同原则”，[④] 理论溯源乃是古希腊的亚里士多德的《政治

---

① 教育部人文社会科学规划基金项目“银行监管权配置的法律问题研究”（11YJA820099）；司法部国家法治与法学理论研究中青项目“货币权论纲——兼议国际金融危机的经验与教训”（09SFB3032）。

* 辽宁大学教授，博士生导师，法学博士。

** 辽宁大学副教授。

② 孙杰著：《货币与金融：金融制度的国际比较》，5页，社会科学文献出版社，2002。

③ ［美］米尔顿·弗里德曼著，胡雪峰、武玉宁译：《应该有一个独立的货币当局吗?》，载《弗里德曼文萃（下册）》，首都经济贸易大学出版社，2001。

④ 张千帆著：《宪法学导论——原理与应用》，51页，法律出版社，2004。

学》，他认为政体的构成要素包括深思性要素、管理性要素和司法性要素三者，所谓深思性要素类似于现代的立法职能，占据支配地位，但是，亚里士多德的机构建构并没有与职能区分的思想相联系，仍然遵循雅典政制的指导原则，即一切国民直接参与政府的一切职能。① 17 世纪末，欧洲启蒙运动的先驱洛克开创近代分权理论，光荣革命之后发表的《政府论》将国家权力分为立法权、执法权和对外权，并且主张立法权是至高无上的，但是不能由同一批人共同行使立法权和执法权，否则，“就会给人们的热点以极大的诱惑，使他们动辄要攫取权力”。② 孟德斯鸠是分权理论的集大成者，他指出一条万古不易的经验，“每个有权力的人都趋于权力，而且还趋于把权力用至极限”，解决之道便是“权力制约权力”，因此，他认为，最可靠的政府就是立法、行政、司法三权彼此独立，并委托给不同的人或群体的形式，“如果同一机关行使这三种权力，即制定法律权、执行公共决议权和裁判私人犯罪或诉讼权，则一切都完了”，“在一切权力合而为一”的地方，“虽然没有专制君主的外观，但人们却时时感到君主制的存在”。③ 虽然孟德斯鸠宣称分权理论来自英国不成文宪法的实践，但是正如汉伯里教授所指出的，“用一句诙谐的话说，孟德斯鸠就像梅特林克剧本中的小孩一样，在寻找蓝色幸福之鸟的过程中，想象着这只鸟已存在邻近的树林里，而他的思想也真的在那个‘未来之国’中早就实现了。如果我们不用隐喻的说法，那就是说，被孟德斯鸠错误安置在现代英国的那种制度，注定会在美国首次形成”。④ 孟德斯鸠的分权理论成为 18 世纪美国制宪者的政治信条，但是实践不是理论的简单翻版，“将政府划分为立法、行政和司法三部门，每个部门都有相应的、可确定的政府职能，职能的行使限于自己范畴，不得侵蚀其他部门的职能，进而组成这三个部门的人员保持分离，不允许任何个人同时是一个以上部门的成员”，⑤ 仅是一种纯粹分权学说，只是防止任何一群人控制国家的全部机器，而不能达成“野心对抗野心”。因为，不同的权力具有不同的攻击性，如“（立法部门）其法定权力比较广泛，同时又不易受到明确的限制，因此立法部门更容易用复杂而间接的掩盖它对同等部门的侵犯”；“行政部门不仅具有荣誉、地位的分配权，而且掌握执掌社会的武力”；“司法部门既无军权、又无财权，不能支配社会的力量与财富，不能采取任何主动的行动……为分立的三权中最弱的一个”。⑥ 美国各州和联邦的宪法不仅致力于对职能、机构和人员进行划分，还在于设计出精妙的机制以实现权力的相互制衡。例如，立法、行政、司法三部门分别由不同方式产生，立法部门还分为参议院和众议院，各部门的任期不统一；三部门在独立行使各自权力的基础上，又彼此制约，总统拥有法案的否决权，但国会得以 2/3 多数推翻总统的否决，总统提名的联邦高级官员、驻外使节、联邦法官均须经参议院同意得以任命，总统可编制年度预算，但最终决定权操之于国会，国会仅能以有限理由弹劾总统，除联邦最高法院及其初审权由宪法明确规定之外，下级法院由国会确定等，但是直至 1803 年马伯里诉麦迪逊案，司法机关握住司法审查权这个权柄，成为宪法的最高阐释者和守护人，三权分立、相互制衡的格局才大功告成。至 20 世纪 70 年代，世界上 142 部宪法中，虽然明确宣称权力分立一般条款的不多（18.3%），但是有行政机关（100%）、立法机关（100%）、司法机关（95.8%）三大权力机关设计条款的却占绝大多数。⑦

---

① 参见［英］M. J. C. 维尔著，苏力译：《宪政与分权》，21 ~ 22 页，生活·读书·新知三联书店，1997。

② ［英］洛克著，叶启芳、瞿菊农译：《政府论（上篇）》，89 页，商务印书馆，1964。

③ ［法］孟德斯鸠著，张雁深译：《论法的精神》（上册），153 页，商务印书馆，1961。

④ ［美］E. 博登海默著，邓正来译：《法理学——法律哲学与法律方法》，55 页，中国政法大学出版社，1999。

⑤ ［英］M. J. C. 维尔著，苏力译：《宪政与分权》，12 ~ 13 页，生活·读书·新知三联书店，1997。

⑥ ［美］汉密尔顿、杰伊、麦迪逊著，程逢如译：《联邦党人文集》，253、391 页，商务印书馆，1980。

⑦ 参见［荷］亨克·范·马尔塞文、格尔·范·德·唐著，陈云生译：《成文宪法——通过计算机进行的比较研究》，65 页，北京大学出版社，2007。

分权的价值在于建立均衡政制，而权力均衡得以维持，除初始的设计理念外，还取决于外在政治、经济、社会环境，换言之，以动态视角分析，时代变迁可能意味着旧的均衡被打破，需要进行权力间结构的重新构建。大政府的兴起是现代社会的典型特征，但是立法机关、司法机关、行政机关面对这一挑战却有着不同的回应：就立法机关而言，立法者受自身价值观念和所代表利益的驱使会行使“议事妨碍”①，导致“议而难决”，遑论前瞻性立法，加之周期性选举获得席位，缺乏足够时间积累专业知识与经验，仰赖行政机关提供的立法动议与信息，立法语言逐渐原则、概括乃至模棱两可，政治与行政的界限日趋模糊，行政自由裁量空间扩大，甚至以委托立法的方式，授权行政立法；就司法机关而言，纠纷范围扩展、频率加快，即使处于被动位置仍然疲于奔命，对于技术化的问题，法官缺乏专业技能，难以胜任“全能司法”的传统角色，司法程序的呆板、低效与风云变幻的周围情形格格不入，也令当事人不能忍受②；与二者相反，行政是权力因素和技术因素有机结合的动态过程，专业智识的行政管理人员行使自由裁量权，乃至行政立法权和行政司法权，以应有的创造性和灵活性有效地执行法律和政策，行政机关成为政府权力扩张的最大受益者，亟待建立一个新的权力均衡结构。

我们认为中央银行独立性是宪政分权原则的新发展，是重建权力均衡的关键，主要理由如下：第一，三权划分不是永恒与普世的金科玉律，如洛克将权力分为立法权、执行权和对外权，而对外权类似现在由议会和外交部行使的部分权力，实质为两权分立；③ 又如国父孙中山先生借鉴我国科举制度创设考试权、借鉴我国弹劾制度创设监察权，形成五权宪法框架④。因此突破三权分立的固有思维模式，由中央银行独立行使货币权，并不违反宪政分权原则。第二，传统行政权中划分出货币权有助于制约行政权，防范行政权的滥用为当下权力均衡构建的着力点，方法除以权利制约权力、以社会制约权力、以法律制约权力、以程序制约权力等之外，孟德斯鸠的“以权力制约权力”仍然是不容忽视的重要武器，中央银行独立行使货币权是对行政权行使范围的限缩，一定程度上削弱行政权的攻击性。第三，中央银行独立性符合货币权发展趋势，即使自由主义大师哈耶克也承认，在今天，依靠市场自发力量（Spontaneous Forces）来提供人们所需要的一种能够令其满意的类似于货币的交换媒介，不仅是政治上不可行，而且即使可行，也很可能是不可欲的。⑤ 只要商品本位内含信用因素，国家干预就无可回避，并且随着金本位的崩溃，各国政府被赋予货币管理权限极大膨胀，这是货币权独立的重要基础。第四，中央银行独立性是货币权与财政权乃至一般行政权不相容的产物，最直接的冲突就是，政府经受不住用货币贬值的方式来为自己的项目骗取钱财的诱惑，因为这是一种不用投票就课税的方式。⑥ 除财政赤字货币化外，政治周期性理论还指出，随着货币政策对于经济调控的作用日益重要，在任政府为保证能够再次当选，会滥用货币权，在选举之前倾向采用过度扩张的货币政策，以便正好在选举前夕形成较低的利率与较低的失业率，而由此产生通货膨胀和名义利率上升出现在选举后。那时，政府将采取

① 所谓议事妨碍就是或者不断演讲或者继续提议（通过对于一种议案提出修改），使得国会对于当前的主要问题不能解决以妨碍议事的进行，参见［英］詹姆斯·布赖斯著，张慰慈等译：《现代民治政体（下册）》，849 页，吉林人民出版社，2001。

② 宋功德著：《论经济行政法的制度结构——交易费用的视角》，89～91 页，北京大学出版社，2003。

③ 周永坤著：《规范权力——权力的法理研究》，353 页，法律出版社，2006。

④ 孙中山著：《五权宪法（一九二四）》，载《孙中山选集》，中华书局香港分局，1954。

⑤ 参见［英］弗里德利希·冯·哈耶克著，邓正来译：《自由秩序原理》（下册），95 页，生活·读书·新知三联书店，1997。

⑥ 参见［美］米尔顿·弗里德曼著，安佳译：《货币的祸害——货币史片段》，250 页，商务印书馆，2006。

限制性政策，并指望公众在下届选举时会忘掉这一政策。[①] 因此将货币权独立出来，由中央银行专门行使，是宪政分权在新时代的重要特征，同时，妥善处理中央银行独立性与立法、司法和行政等传统三权关系，也是宪政建设面临的新课题。

二、中央银行独立性与立法权

建立一个拥有“最充分意义上”独立的中央银行，“在政治上是不可忍受的”，“让如此之大的权力集中在一个独立于任何种类的、直接的、有效的政治控制之外的团体手中，在民主政体中，这真的是可以容忍的吗?”“中央银行得以建立的那些法律一般说来赋予一少部分人的那种意义深远的权力”，是人治而不是法治，“是明确的、彻头彻尾的独裁主义与极权主义”，[②] 弗里德曼从民主法治角度对于中央银行独立性的批评，是最具影响力的反对意见。历史上，18 世纪末到 19 世纪初，美国中央银行雏形的第一、第二银行相继失败，主要的反对者杰斐逊就指出，“我认为金融机构对我们的自由来说比常备的军队还要危险……应当将发行货币的权力从银行剥夺，归还给本应属于的人民”。[③] 民主法治是宪政国家的基本特征之一，国家权力归人民所有是现代政治合法性基础，民主正是落实人民主权的一种制度手段，虽然民主在更广意义上还包括公众参与等多种机制，政治意义上的民主也含有少量直接民主的内容，但是以立法机关为代表的间接民主毋庸置疑是民主的最基本方式。因此，中央银行独立性的民主架构的关键是正确处理中央银行与立法机关相互关系。

“正是立法机关才最关怀严格执行它所发布的一般规范。立法职能机关对行政和司法职能机关的控制符合这些职能之间所存在的自然关系。因而民主要求立法机关应被赋予对行政和司法机关的控制。”[④] 中央银行的独立性与立法机关的控制并不矛盾，是新权力均衡结构中的独立与制约。一方面，中央银行的独立性可分为法律独立性与实际独立性，而法律独立性直接来自立法机关对中央银行法律地位的法律规定，此外诸如人事任免、预算审查以及法律监督等都是立法机关约束中央银行的手段。另一方面，周期性选举是立法机关的力量之源，为防止的短期化政治过程对通货膨胀的影响，立法机关对中央银行的控制又不是绝对的，中央银行具有相对独立性。有学者以美联储为例指出，“一般来说，联邦储备系统不能认为独立性的持续是天经地义的。它在某种程度上是‘自身独立性的囚徒’。它在一些问题上不得不让步屈服，以免国会取消它在某些方面的独立性”。[⑤] 为彻底解放中央银行的囚徒地位，少数国家将中央银行的独立性写入宪法，如 1980 年智利宪法第 97 条规定，智利中央银行是一个自主机构，拥有其自己承继的财产，它的构成、组织、职能和权力由组织法规定。1987 年菲律宾宪法第 20 节规定，国会将组建一个独立的中央货币当局。

中央银行的独立性或立法机关的控制的强弱取决于法律对中央银行所授予的自由裁量权。弗里德曼认为，通过立法而建立的规章制度是一种可替代中央银行独立性的制度安排：“它将使政

---

① 参见［美］托马斯·梅耶、詹姆斯·S·杜森贝里、罗伯特·Z. 阿利伯著，洪文金、林志军等译：《货币、银行与经济》，203、201 页，上海三联书店、上海人民出版社，1994。

② 参见［美］米尔顿·弗里德曼著，胡雪峰、武玉宁译：《应该有一个独立的货币当局吗?》，载《弗里德曼文萃（下册）》，首都经济贸易大学出版社，2001。

③ ［美］博伊尔著，李阳译：《金钱的运作》，39 页，新星出版社，2005。

④ ［奥］凯尔森著，沈宗灵译：《法与国家的一般理论》，313 页，中国大百科全书出版社，1996。

⑤ ［美］托马斯·梅耶、詹姆斯·S. 杜森贝里、罗伯特·Z. 阿利伯著，洪文金、林志军等译：《货币、银行与经济》，201 页，上海三联书店、上海人民出版社，1994。

府能够履行它对货币的责任。而同时又限制了因此而赋予政府的权力，防止了这种权力被用来削弱（而不是巩固）自由社会"，"这样一种规章制度是目前唯一可行的办法，只有它才能将货币政策转变为自由社会的支柱，而不是对自由社会基础的威胁"。① 货币政策规则限制中央银行的自由裁量权，有助于形成公众理性预期，从而弱化货币政策时间非一致性，但是货币政策规则在货币政策的覆盖面及对变化的应对性上存在明显缺陷，实践上更多的是货币政策规则与中央银行独立性有机结合予以运用的。例如，20 世纪 90 年代以来，许多国家采取的通货膨胀目标规则，最早是 1990 年新西兰，包括 1991 年加拿大、1992 年英国、1993 年瑞典、1993 年澳大利亚及以色列、瑞士、挪威、冰岛、智利、韩国、泰国，甚至转轨经济国家捷克等都相继采用②，本质上是立法或行政机关与中央银行就货币权的划分，即立法或行政机关设定通货膨胀目标，而中央银行享有工具独立性，采取各种法律授权的方法或手段实现目标。

三、中央银行独立性与行政权

综观世界各国中央银行与行政机关包括财政部的关系，大致有四种类型：中央银行隶属财政部，受其监督与控制；中央银行名义上隶属财政部，但是实际上具有较大的独立性；中央银行直接隶属政府，与财政部并列；中央银行直接对立法机关负责，行政机关不能直接管理。后三种类型都不同程度上体现了货币权与传统行政权的分立，尤其是最后一种类型，货币权几乎独立成为"第四种权力"。这代表中央银行独立性的未来趋势，并直接冲击传统行政柱组织的行政一体性原则。一般而言，行政一体性包括两层含义：首先，其指称在一个行政辖区内，尽可能所有之权限应集中于一个机关或集中于一群由统一的一位首长所指挥的机关群中，其次，则指所有的国家机关应该以相同的思考对外作成决定。行政一体性在美国被称为单一执行原则，汉密尔顿指出，"行政首脑最必要的条件是应强而有力"，"集权力于一人最有利于明智审慎，最足以取信于人民，最足以保障人民的权益"，③ 即联邦官僚体系就是一座金字塔，总统是处于塔尖的领导人。④ 我们认为行政一体性也许适用于亚当·斯密的小政府，但是现代行政国家的典型特点，更确切地说是强化国家直接行政中某些行政任务的转移，而不再是增强"官僚层级制组织起来的国家行政"权能的集中。⑤ 日趋重要的中央银行逐渐地独立于这种严格等级制官僚组织的原因在于：第一，"政治家们喜欢向有力的选民显示，他们可以夺走行政系统的专长而越俎代庖，但是宪法秩序应当将他们推往另一个方向"，⑥ 货币政策关乎整个宏观经济的稳健运行，是一项复杂且技术性很强的专业工作，同时需要有长远的规划，中央银行独立性正是避免货币政策被一群"门外汉"——政治家或某些政治集团——影响或操纵，而是交给熟悉运行同时在政治上保持中立并能代表公共利益的专业人士进行决策。第二，行政一体性与责任政治是相联系的，所暗含的思维模式是，"国家

---

① 弗里德曼列举到现在为止已经发展的或者说已经提出的三种解决办法。常一种是自动的商品本位，这种货币本位原则上不需要任何政府控制。常二种是一个"独立的"中央银行对货币政策的控制。常三种是规则对货币政策的控制，这些规则是由立法机关事先立法通过的，它们约束着货币当局的行动，并极大地限制了货币当局的主动性。他本人主张最后一种。参见［美］米尔顿·弗里德曼著，胡雪峰、武玉宁译：《应该有一个独立的货币当局吗?》，载《弗里德曼文萃（下册）》，首都经济贸易大学出版社，2001。

② 参见贾德奎、胡海欧、黄燕：《西方经济学界货币政策规则理论述评》，载《财经理论与实践》2004 年第 1 期。

③ ［美］汉密尔顿、杰伊、麦迪逊著，程逢如译：《联邦党人文集》，256 ~ 257 页，商务印书馆，1980。

④ Breger, Gary J. Edles, Established by Practice: the Theory and Operation of Independent Federal Agencie, 52 A. DMIN. L. R. EV. (2000).

⑤ ［德］埃贝哈德·施密特 - 阿斯曼等著，于安等译：《德国行政法读本》，138 页，高等教育出版社，2006。

⑥ ［美］布鲁斯·阿克尔曼著，杜钢建、彭亚楠译：《新分权》，载《宪政论丛（第三卷）》，法律出版社，2003。

行政整个成为一体，由最高之行政首脑指挥、监督，并以此总体向选民和议会负责”，① 以防止各行政机关“群龙无首”、“各自为政”。但是，随着行政权疆域的不断扩张，行政部门不再是铁板一块，即使设立统一的行政首脑，他也无暇和无能力兼顾各个专业领域，只是导致组织机构的叠床架屋和文件规范的繁文缛节，特别是当单一全能组织设计导致等级制顶端的权力丧失和控制力的丢失，所谓民主责任负责便难以落实更缺乏正当性。因此实现权力中心多元化，各个权力中心，诸如中央银行，建立与独立相配合的问责机制，能够更有效地解决公共行政承担者与相应社会合法的民主中心相背离的问题。第三，也是最重要的是，中央银行独立性通过行政权力的内部分立，以货币权制约日益膨胀的行政权。任何一种市场经济的运行，客观上都需要一种内在稳定装置发挥制动作用，保证经济的平稳运行和健康发展。中央银行是政策决策结构中重要的一级，即用独立的货币政策约束或限制行政机关的行为。独立性是中央银行成为市场经济运行的稳定器和制衡力量的重要保障之一。

质疑中央银行独立于行政机关的一个重要理由是，中央银行被赋予独立性之后，不可避免地造成货币政策与其他宏观经济政策特别是财政政策的协调困难，从而产生政策摩擦损失（Friction Losses），因此，总体经济政策指导原则的制定应该交由一个单一政策决策机构负责，中央银行作为行政机关的附属机构更具合理性。我们认为，这种观点只重视政策之间相互协调性，而忽视政策之间相互冲突的一面，将两种彼此冲突的权力交给同一个机构行使是违背法律基本规则的。例如，政府为刺激经济发展和维持庞大的政府开支，会采取赤字财政政策。当赤字是以中央银行借款的方式弥补时，导致货币供应量增加，相当于向社会征收“通货膨胀税”，从而财政赤字货币化。同时，这种观点也只重视行政等级制下的协调而忽视平等机构之间协商合作机制的重要性。“大社会已不再通过‘僵化’，只需通过内化和自发、通过权力下放、自我调节好持续进行的协商过程聚合在一起。”② 除货币政策与财政政策相分立外，近年来一些发达国家将金融监管职能从中央银行分离出来，并为越来越多的国家所效仿。传统理论上，中央银行的货币政策和金融监管是相互联系的两种职能，如有力的金融监管有助于减少商业银行支付危机的发生，一旦银行陷入困境，需要中央银行行使“最后贷款人”职能提供流动性支持，而中央银行只有掌握一些必要监管信息，才能制订及时、正确和果断的处置方案。但是，中央银行货币政策和监管职能之间存在利益冲突，如中央银行可能担心过紧的货币政策导致银行破产，从而放松监管。金融监管职能从中央银行分离既化解利益冲突，同时有利于削弱中央银行的“威权”，建立行政权对货币权制约的新机制。③

中央银行与行政机关的关系，主要是中央银行与中央行政机关之间的关系，因为货币政策是属于中央政府职能范围内的宏观调控，中央银行提供的金融服务也属于全国性的公共产品，因此中央银行在法律上一般高度地独立于地方政府。但是，实践中，地方政府可能因为经济行为的计划性、经济决策的区域狭隘性、投资偏好及自身角色定位偏差，制造对中央银行的干扰，从而宏观调控结果的负面效应。有学者研究表明，联邦制和地方分权指数与中央银行独立性指数之间的相关系数高达0.57，如独立性最强的5个中央银行都属于联邦制国家。④ 我们认为，原因在于联邦制国家的中央与地方关系有比较明确的划定，货币政策作为少数维系统一的政策受到高度重视。

---

① 黄锦堂：《行政组织法之基本问题》，载《行政法2000》，中国法制出版社，2002。

② ［德］埃贝哈德·施密特－阿斯曼等著，于安等译：《德国行政法读本》，139页，高等教育出版社，2006。

③ 参见张忠军著：《金融业务融合与金融监管制度创新》，241页，北京大学出版社，2007。

④ ［美］阿伦·利普哈特著，陈崎译：《民主的模式——36个国家的政府形式和政府绩效》，177页，北京大学出版社，2006。

四、中央银行独立性与司法权

司法权崛起并抑制立法权和行政权，由一个“最不危险的部门”跃居政治权力体系中最高的乃至是“虚君”的位置，已经成为现代宪政制度的典型特征之一。司法机关的地位提升尤其是相对于行政机关的优位，主要得益于司法审查职能，即通过司法机关受理相对人的起诉，促进行政机关依法行政，来保障和补救相对人的合法权益。中央银行脱胎于行政机关，中央银行的有关行为不应外化于司法机关的审查之外，但是中央银行行使权力的内容、方式及效果等都与行政机关存在差别，对于中央银行行为的司法审查，应当区分不同情况予以处理。

除货币政策这个核心职能外，中央银行还承担诸如公共服务与金融监管的职责。所谓公共服务，是指中央银行以特殊金融机构的身份为政府和社会提供金融服务，其中诸如日常结算的检查监督等具有明显的行政权特征行为，应当以行政诉讼的方式接受司法审查，而诸如提供清算服务等行为，虽然具有法定的垄断性，但是服务过程中，相对方与中央银行的地位平等，相关争议适用民事纠纷解决机制更为妥当。虽然世界各国中央银行的金融监管职能趋向弱化，但是基于其他职能保障的需要，都或多或少地有所保留，而金融监管属于市场规制行为，具有典型的行政权特征，应适用行政诉讼追究有关的法律责任。

中央银行行使货币政策职能是否应受到司法机关的制约，是处理中央银行独立性与司法审查关系的最大难点，这牵涉经济法上的聚讼之处，即宏观调控主体的法律责任及可诉性问题。有的学者主张宏观调控行为具有可诉性，理由主要是，只有将宏观调控权的纳入司法审查范围之内，“才能使调控主体的自由裁量权不被滥用，使其符合宏观调控法的根本目的和基本精神”。① 我们认为，这种观点将权力的责任追究简单地理解为法律责任追究，过于看重司法诉讼追究的价值，而忽视司法审查存在有限性以及政治责任等机制的影响力。有的学者则主张宏观调控行为不具有可诉性，法理上的依据是宏观调控权是一种抽象的决策权，相关权力行使属于国家行为（Acts of State），不属于司法审查范围。② 我们认为，将宏观调控权分为决策权与执行权具有一定研究意义，但是将宏观调控权仅限于前者，则有些极端。“国家行为”是英国法上的用语，大体相当于美国的“政治问题”（Political Question）、法国的“政府行为”、德国的“高权行为”、日本的“统治行为”，虽然含义上略微有些差异，但是本体核心基本相同，即涉及国家根本制度的维护和国家主权的运用，由国家承担法律后果的政治行为，一般认为有：外交行为，包括宣战、媾和、宣布中立、国家的承认、国界的确定、外交豁免权的授予、缔结国际条约等；国会行为，包括国会的召开及解散、任命总理、不信任投票；元首行为，包括国王的否决权、赦免权的行使、统帅权、法律案的签署等。显然地，宏观调控尤其是货币政策是不属于所谓的国家行为的。我们认为，货币政策应分为决策行为与执行行为：货币政策的决策行为应属于不可诉范围，主要是因为决策行为的决策行为的过错难以确定，货币政策决策不仅是一种技术，更是须根据主观经验抉择的艺术，导致失败的原因可能为多种因素复合，甚至可能是执行环节的问题，而所有可能性都无法检验，此外，相对方并不明确，直接导致相对方损害与决策之间的因果关系缺乏证明及利益损害难以量化，而损害范围如此之广，包括全体公民在内，没有一个人比其他人受到更多的损害，大家在损害面前平等，这种不能分化的抽象损害不对任何人产生起诉的资格，如美国在越南进行

---

① 颜运秋、李大伟：《宏观调控行为可诉性分析》，载《中国社会科学院研究生院》2005 年第 1 期。

② 参见邢会强：《宏观调控行为的不可诉性探析》，载《法商研究》2002 年第 5 期。

战争，政府不采取措施制止通货膨胀，全体美国人民受到损害，任何人不能因此取得起诉资格。①货币政策的执行行为应属于可诉范围，但是司法机关应进行合法性审查，而不是合理性审查，即对于“高度专业技术性及政策性之决定”，② 司法机关应给予中央银行以充分的判断余地，因为司法机关审查货币政策存在知识壁垒，对于需要高超的专业性治理技术的货币政策，法官是否具有判断能力是值得怀疑。并且司法机关在审查货币政策时还应警惕职业习惯的负面影响，即关注案件当事人的权益，而无视货币政策背后的巨大社会利益。例如，2001 年阿根廷陷入金融危机，为稳定国内金融系统，阿根廷政府规定，任何储户每月提取存款不能超过 250 比索或等值的美元，一个成年人每月出境不得带出超过 1000 美元的现钞。最高法院认为，政府限制公民提取款的法令违反宪法关于保护私有财产权的规定，属于违宪。这个判决造成司法权与行政权的正面冲突，并进一步冲击阿根廷摇摇欲坠的金融体系。③ 总之，鉴于货币权的特殊性，司法机关对于货币政策的审查应当谨守消极司法主义，尊重中央银行的独立性。④

五、结语

各个宪政国家的制度设计因生成路径、历史传统、经济社会、文化背景等因素的影响呈现各自特点，但是基本内核都是相同的，即人民主权原则、基本人权原则、权力制约原则和法治原则构成宪法内在精神的统一体，是现代民主宪政体制的基本支柱，具体而言，人民主权是逻辑起点，基本人权是终极目的，权力制约是基本手段，法治是根本保障。同样的，虽然中央银行独立性已经成为现代国家中权力安排的基本原则，但是中央银行独立性的具体法律形式必然受各自宪政架构的约束，况且除正式制度外，惯例等非正式安排也有较大影响，⑤ 因此实践中可能不会存在与以上理论推导完全相同的制度设计。但是，以上由宪政、货币权本质特征及国家权力的内在关系所得出的结论应该具有理论上的普适性，并对具体中央银行独立性的制度建设具有指导作用。

中国人民银行是我国的中央银行，其独立性发展，由 1969 年一度为财政部领导下的独立业务单位，至 1977 年作为国务院部委一级单位与财政部分设，再至 1995 年以法律形式的明文规定，最后 2003 年修正的《中华人民共和国中国人民银行法》（以下简称《中国人民银行法》）将人民银行的金融监管职能剥离，呈现逐步增强的历史趋势。2003 年修正《中国人民银行法》第 2 条第 2 款规定，“中国人民银行在国务院领导下，制定和执行货币政策，防范和化解金融风险，维护金融稳定”，是人民银行在我国权力结构中的地位及其职责的基本规定。该条文的宪法依据可以追溯至 1999 年修正的《中华人民共和国宪法》（以下简称《宪法》）第 85 条，“中华人民共和国国务院，即中央人民政府，是最高国家权力机关的执行机关，是最高国家行政机关”，以及第 89 条，国务院行使“领导和管理经济工作和城乡建设”的职权。但是，《中国人民银行法》第 6 条规定，“中国人民银行应当向全国人民代表大会常务委员会提出有关货币政策情况和金融业运行

① 参见王名扬著：《美国行政法（下册）》，631 页，中国法制出版社，1995。

② 陈清秀：《依法行政与法律适用》，载《行政法 2000》，中国法制出版社，2002。

③ 参见杨斌：《阿根廷的金融开放与金融危机》，载《财经问题研究》2003 年第 12 期。

④ 有学者总结美国司法审查历史指出，司法机关在民权保护领域必须积极主动地承担起保护公民宪法权利的责任，但是在经济领域中，司法机关应当保持克制，使政府能够有效地规制经济运行，促进“公共福利”的发展。参见任东来、胡晓进著：《在宪政舞台上——美国最高法院的历史轨迹》，312 页，中国法制出版社，2007。

⑤ 例如，依据 1946 年《英格兰银行法》，英格兰银行仅是以财政部为代表的英国政府制定货币政策的咨询机构和货币政策的具体执行机构，但是实践中，财政部受历史传统的影响一贯尊重英格兰银行的关于货币政策的意见，英格兰银行的实际独立性远高于法律独立性。

情况的工作报告”,① 又充分说明人民银行具有与国务院领导的其他部门不同的独立性。② 我们认为，议行合一是我国宪法的基本组织原则，《宪法》第2条规定，“中华人民共和国的一切权力属于人民。人民行使国家权力的机关是全国人民代表大会和地方各级人民代表大会。人民依照法律规定，通过各种途径和形式，管理国家事务，管理经济和文化事业，管理社会事务”，建立一个直接对全国人大负责的货币权力机构，可视为人民管理经济事务的一种新途径与方式，因此我国宪法为人民银行法律地位的进一步提升留有足够的操作空间。但是不论是既有制度设计，还是今后制度发展，人民银行独立性的设计必须考虑分权制衡、民主问责、行政一体化、政策协调、司法审查等宪政规则，并与我国宪政转型的整体趋势保持一致。

① 据了解，1995年《中国人民银行法》的法律草案最初没有关于向全国人大常委会报告工作的规定，八届全国人大审议时，有些代表提出，“中国人民银行的工作很重要，应当向全国人大或者全国人大常委会报告工作，并接受其监督”。根据代表们的这一意见，法律委员会建议增加关于人民银行向人大常委会报告工作的规定。

② 例如，审计机关，依据2004年修正《宪法》第91条，审计机关由国务院设立，2006年修正《审计法》第4条，审计机关对预算执行和其他财政收支的审计工作报告是由国务院和县级以上地方人民政府向本级人民代表大会常务委员会提出，而不是审计机关直接提交。

金融排除及其制度克服[①]

——以吴英案为分析对象

管　斌[*]　张东昌[**]

目　次

一、问题的提出：吴英案

被媒体冠之以“东阳富姐”、“亿万富姐”的吴英，1981年出生于浙江东阳的农村家庭，其发家之路充满了一夜暴富的传奇色彩。2003年8月，吴英在东阳用2万元开办美容美体沙龙起家，之后迅速拓展其商业版图，至2006年10月组成本色控股集团，子公司涉足广告、酒店、洗浴业、电脑网络、婚庆、装饰材料、物流等行业。自此，吴英创造了让她一夜成名的“本色神话”，但所谓“神话”背后隐藏的则是一张巨大的灰色民间融资网络。2005年3月开始，吴英就以合伙或投资等为名，向徐某某、俞某某等人高息借贷。至2006年4月本色集团成立前，吴英已负债1400余万元。2005年5月至2007年2月间，吴英以高额利息为诱饵，以投资、借款、资金周转等名义，先后从林某某等11人处融资7.7亿多元，至案发仍有3.8亿多元尚未归还。此外，吴英还用所得资金购买的房产于2006年11月至2007年1月向王某某等人抵押借款共计6619万元，案发前尚欠5619万元。2006年10月，吴英以做珠宝生意为名从方某某处购进标价12037万元的珠宝，支付货款2381万元，其中大部分珠宝被吴英直接送人或抵押借款。这形成了吴英案中“金字塔”式的融资体系，处于塔腰的是林某某等十多名借贷“掮客”，也是吴英的直接债权人；处于塔基的则是林某某等人的融资“下线”，其中林某某、杨某陵、杨某昂、杨某江四人的集资

① 基金项目：教育部人文社会科学研究项目（12YJA820019）；中央高校基本科研业务费研究项目（2011WC048）。

* 华中科技大学副教授，法学博士。
** 华中科技大学硕士研究生。

对象就有120多人，涉及浙江省东阳、义乌、丽水等地，包括亲友、同事、机关事业单位干部以及地方私营企业等。①

2007年2月10日下午，在事先没有任何征兆的情况下，本色集团在东阳的所有门店在短短几分钟内被东阳警方控制。当晚，东阳市政府公告吴英因涉嫌非法吸收公众存款已被公安机关刑事拘留，本色集团也同时被立案调查，与本色有关的债权债务开始登记。2009年12月18日，浙江省金华中院一审以集资诈骗罪判处吴英死刑，剥夺政治权利终身，并处没收其个人全部财产。吴英不服，提出上诉。2012年1月18日，浙江省高院裁定驳回吴英的上诉，维持对吴英的死刑判决，依法报请最高人民法院复核。2012年4月20日，最高人民法院裁定不核准吴英死刑，发回浙江省高级人民法院重审。2012年5月21日，浙江省高院作出终审判决，以集资诈骗罪判处吴英死刑，缓期二年执行，剥夺政治权利终身，并处没收其个人全部财产。

吴英案是继2003年孙大午案后又一起民间融资却得到舆论普遍同情的影响性诉讼。它不仅关乎刑法中对非法集资犯罪的定性以及经济犯罪的死刑存废，更关乎我国金融垄断、金融压抑背景下的民间金融何去何从的问题，以及由此牵扯出的有关我国二元经济结构中存在的国有企业与民营企业、城市与农村以及不同地区间的金融排除现象。这些因素赋予了吴英案标本意义。因此，透过吴英案的分析，我们将试图发现其背后隐藏的金融排除问题，重点关注金融排除的概念及其成因，金融排除在我国的具体体现，以及克服我国金融排除的制度措施。

二、金融排除的概念界定

金融排除（Financial Exclusion），又称金融排斥，是20世纪90年代随着金融地理学的研究而衍生出的概念，早期对于金融排除的讨论和分析主要涉及金融产品和服务的地理排除，即20世纪80年代开始英美等国的金融机构面临着经济衰退以及残酷的市场竞争压力，促使金融机构采取“以质量为导向”的经营策略，并通过关闭分支机构的方式削减成本，金融机构越来越关注富裕的或中产阶级的客户群体。② 这种出于风险规避和成本效益的考虑，大量关闭分支机构的行为也被称为“金融沙漠化”。③ 基于地理排除的视角，金融排除被定义为“阻止穷人或其他弱势群体进入（access to）金融体系的过程”。④ 但是，金融排除不仅仅体现在金融机构空间资源分布不均导致的可接触性困难，还包括不适当的金融产品或服务所导致的利用上的困难。换言之，即便可以接触到金融机构，但由于金融机构所提供的产品或服务在价格、条件等方面不适应特定群体的需要，或者由于其自身的金融知识或能力所限，也可能难以有效利用金融产品或服务。因此，晚近的研究中金融排除的定义也得到拓展，如Panigyrakis等将金融排除定义为“由于部分群体没有或者难以获得适当的获取金融资源的渠道，导致该群体很难利用金融机构所提供的服务的状态”⑤；Sherman Chan则将金融排除定义为“在金融体系中人们缺少分享金融服务的一种状态，主要指弱

① 陈小莹、费常泰：《拆解吴英“金字塔”集资链》，载《21世纪经济报道》2007年8月15日。

② Andrew Leyshon, Nigel Thrift, Access to Financial Services and Financial Infrastructure Withdrawal: Problems and Policies. Area, Vol. 26, No. 3, 1994, p.268.

③ 周仲飞著：《银行法研究》，125页，上海财经大学出版社，2010。

④ Andrew Leyshon, Nigel Thrift, Geographies of Financial Exclusion: Financial Abandonment in Britain and the United States. Transactions of the Institute of British Geographers, Vol. 20, No. 3, 1995, p.312.

⑤ Panigyrakis, G., Theodoridis, P., and Veloutsou, C. All Customers Are Not Treated Equally: Financial Exclusion in Isolated Greek Islands. Journal of Financial Services Marketing, Vol. 7, No. 1, 2002, pp.54–66.

势群体缺少足够的途径和方式接近金融机构，或者在利用金融产品或服务方面存在诸多困难和障碍”①；欧盟委员会在2008年的《金融服务条款和防止金融排除》的报告中也从获取（access）和利用（use）两个角度对金融排除进行了界定，即“金融排除指的是人们在获取或利用主流金融市场所提供的适合其正常社会生活需要的金融产品或服务方面面临困难的一个过程”。② 此外，金融排除的对象范围也在不断扩展，早期的研究主要集中于个人或家庭，但之后的研究表明，“金融排除虽然在个人和家庭层面体现得十分明显，但也集中体现在郊区或地区间，也可以适用于小企业和其他社区企业组织”。③

金融排除与社会排除（Social Exclusion）紧密关联，二者互为因果、相互强化。金融排除具有相对性，以银行服务为例，可以划分为无银行服务（unbanked）、少量银行服务（marginally banked）和充分银行服务（fully banked）等不同层次。④ 作为一个多维度的动态复合概念，金融排除除了前述地理排除之外，还包括准入排除、条件排除、价格排除、营销排除和自我排除。⑤ 另外，根据金融产品或服务的不同类型，还可将金融排除划分为银行账户排除、储蓄排除、信贷排除和保险排除等。⑥

表1　金融排除的六个维度

维度	含义
地理排除（physical access exclusion）	金融机构空间资源分布不均导致的部分群体、企业或地区难以接触金融机构或享受金融服务
准入排除（access exclusion）	金融机构通过风险评估手段对部分群体、企业或地区进入金融体系施加限制
条件排除（condition exclusion）	金融机构对获取金融产品或服务设置不合理的附加条件，以将部分群体、企业或地区排除在外
价格排除（price exclusion）	金融机构对金融产品或服务设置超出其支付能力的价格，从而将部分群体、企业或地区排除在外
营销排除（marketing exclusion）	金融机构通过制定有针对性的营销策略，将目标之外的群体、企业或地区排除在外
自我排除（self－exclusion）	某些主体基于其自身或他人的经验和认识，认为自己必然会遭到金融机构的拒绝，或者认为自己不适合接受金融产品或服务，而主动将自己排除在金融产品或服务之外

① Sherman Chan, Financial Exclusion in Australia. The Third Australian Society of Heterodox Economists Conference, University of New South Wales, 2004, pp. 20－25.

② European Commission, Financial Services Provision and Prevention of Financial Exclusion, March, 2008, p. 9.

③ Chant Link & Associates, A Report on Financial Exclusion in Australia, November, 2004, p. 4.

④ Charlie McCreevy，霍鹏宇译：《解决爱尔兰的金融排斥》，载《金融服务法评论》（第三卷），163页，法律出版社，2012。

⑤ Elaine Kempson, Claire Whyley, Kept Out or Opted Out? Understanding and Combating Financial Exclusion. Bristol: Policy Press, 1999, pp. 20－21.

⑥ European Commission, Financial Services Provision and Prevention of Financial Exclusion, March, 2008, pp. 11－13.

三、金融排除在我国二元经济结构中的体现

我国正处在转型时期，在经济上表现为国有经济和民营经济、城市和农村、发达地区和落后地区的二元经济结构并存与转换。实体经济的二元结构也导致了金融结构的二元性，表现为正规金融和非正规金融、城市金融和农村金融以及区域金融的二元结构。在经济二元结构和金融二元结构的互动过程中，不可避免地产生了国有企业和民营企业、城市和农村以及不同地区间的金融排除现象。

（一）国有企业和民营企业间的金融排除

国有经济和民营经济并存的局面导致了我国金融发展中两个相互关联的特征：一是政府主导和管制下的金融改革和发展，导致国有金融机构居于垄断地位。《中国银行业监督管理委员会2011年年报》显示，截至2011年年底，银行业金融机构的资产总额为113.3万亿元，其中资产规模较大的依次为大型国有商业银行、股份制商业银行、农村中小金融机构和邮政储蓄银行，占银行业金融机构的资产份额分别为47.3%、16.2%和15.2%。二是国有商业银行对民营企业的金融排除，民营企业在融资过程中面临着严重的信贷歧视和相对于国有企业的“非国民待遇”。从2001—2008年金融机构短期贷款情况来看，个体、私营企业和乡镇企业贷款比重基本上在10%以内。2009年6月底，银行短期贷款中个体、私营企业占短期贷款比重分别只有3.47%和5.23%。而私营企业的贷款绝大多数为短期贷款，如果考虑中长期贷款，则其所占贷款比重更小。[①] 但事实上，民营企业的经济效益和经济贡献率并不比国有企业逊色，甚至可以为我国经济发展提供国有企业不具备的活力。民营企业受到信贷歧视的原因主要来自三个方面：一是政治原因。在中国银行业中，国有企业不偿还贷款被认为可以接受，国有银行和国有企业在观念上一直认为彼此都是国家的，国有银行贷款给国有企业无异于将国家的钱从“左口袋”到“右口袋”，属于体制内的循环，而体制外的民营企业则被一道隐形的围墙隔离在外。二是风险原因。民营企业中大多是中小企业，由于公司治理结构不健全和资产规模上的弱势，加之信息不对称问题，先天就存在着比国有企业更大的风险。三是监管原因或政策原因。金融监管部门出台的紧缩货币政策、贷款政策以及对资本充足率、资产负债比例的要求加重了商业银行的“惜贷”现象，从而进一步加剧了对民营企业的信贷排除。

除了银行的信贷排除之外，民营企业融资还受困于民间金融合法化困境。为加强对民间金融的管制，国务院《非法金融机构和非法金融业务活动取缔办法》（1998年）规定，“未经中国人民银行批准，任何单位和个人不得擅自设立金融机构或擅自从事金融业务活动”；《中华人民共和国商业银行法》（2003年修正）第11条规定，“未经国务院银行业监督管理机构批准，任何单位和个人不得从事吸收公众存款等商业银行业务”；《中华人民共和国银行业监督管理法》（2006年修正）第19条规定：“未经国务院银行业监督管理机构批准，任何单位或者个人不得设立银行业金融机构或者从事银行业金融机构的业务活动。”因此，高利贷、地下钱庄、民间合会等民间金融活动和组织都受到了法律的限制，只能游离于事实和规范之间的灰色地带。吴英的罪与非罪之辩，实质上就是民间金融合法与否问题。饶有意味的是，有学者指出，金融资源通过商业信用和资金转移等方式从享有特权的国有经济部门流入私人经济部门的“漏损效应”有助于提高经济效率，而在金融压抑的经济体中，加强法治甚至可能阻碍金融发展和经济增长。[②]

① 黄孟复主编：《中国中小企业融资状况调查》，18页，中国财政经济出版社，2010。

② 卢峰、姚洋：《金融压抑下的法治、金融发展和经济增长》，载《中国社会科学》2004年第1期。

（二）城市和农村间的金融排除

在我国城乡二元金融结构中，金融呈现非均衡的发展态势，金融资源的配置表现出了明显的城市化倾向，很多偏远的农村地区甚至出现了“金融盲区”。根据银监会发布的《中国银行业农村金融服务分布图集》的数据显示，截至2010年，全国县及县以下地区银行业金融机构网点数量所占比重为55%，每万人所拥有的机构覆盖度仅为1.29个，每万人所拥有的银行业服务人员数为19.62人。《中国银行业监督管理委员会2011年年报》显示，截至2011年年底，全国金融机构空白乡镇的数量仍有1696个。除了金融机构的地理排除之外，农村地区还面临着信贷排除以及金融资源利用效率低的问题。从表2中可以看出，我国农村地区的人均贷款水平和贷款比重都还比较低，获得贷款的农户都也只有30%~40%左右并且呈现逐年下降趋势，存贷款“剪刀差”使得农村资金大量外流，GDP中的贷款贡献率也在50%左右徘徊，农村地区的存款资源也没有能够得到充分利用，反倒是不良贷款的比重一直处于较高水平。农村地区遭受信贷排除，除了因缺少机构网点之外，更主要的原因在于烦琐的信贷审批程序、高昂的银行服务费用以及缺乏可抵押资产等，这使其处于不利地位并进一步造成了自我排除，特别是农村地区传统文化中对于邻里、亲友间借贷等“隐性金融”的依赖也在其中起到了重要作用。

表2　县及县以下农村地区信贷情况

项目＼年份	2006年	2007年	2008年	2009年	2010年
人均贷款水平	0.55万元	0.79万元	0.88万元	1.02万元	1.3万元
贷款占比	21%	22%	21%	23%	23%
贷款与存款比例	57%	57%	54%	59%	59.7%
获得贷款农户占比	40%	41%	33%	31.5%	30.5%
百元GDP贷款贡献率	47.06%	44.06%	41.01%	49.27%	52.79%
存款资源运用水平	56.5%	56.32%	53.57%	57.34%	59.33%
不良贷款占比	50%	45%	45%	49%	52%

资料来源：银监会网站，《中国银行业农村金融服务分布图集》，http://bankmap.cbrc.gov.cn/bank/index_pro.jsp。

（三）发达地区和落后地区间的金融排除

我国地区间经济发展严重不平衡，东部、中部和西部地区间的经济发展差距不亚于世界范围内“三个世界”的划分。体现在金融领域，就是不同地区间金融资源配置不平衡，东部、中部和西部地区依次面临不同程度的金融排除，即便在同一区域内部也存在着很大差异。从表3中可以看出，我国三大地区的金融资源明显分布不均，虽然中西部地区拥有更多的金融机构，但是营业网点和从业人员却远远低于东部地区，而这恰恰是衡量是否存在地理排除的重要标准，显示了金融资源的覆盖度及其是否能够惠及更广泛的群体；而从存、贷款余额和获得贷款企业数来看，东部地区更是拥有无可比拟的优势，占到60%以上，这固然有地区间经济发展差异的因素，但不可否认的是金融资源的倾斜分布在其中起到了重要作用，中部地区的企业绝对数占全国近33%，获得贷款的企业数却只占9.7%；值得注意的是，中西部地区获得贷款的农户数比重要高于东部，这既是由于中西部地区农村人口和农业经济所占比重较高，也是因为中西部地区农村对于正规金融的依存度高，而东部（尤其是江浙地区）农村的非正规金融则更为发达。我国地区间的金融排除，一方面因应了金融机构“嫌贫爱富”的本性，造成了金融资源向东部经济发达地区的倾斜和积聚，并在这一过程中引发了强者愈强、弱者愈弱的“马太效应”；另一方面，也是我国政府主导下的金融改革与发展的结果，中央政府纵向分割式的金融改革和地方政府横向分割式的金融控制导致了我国各地区金融资源的条块分割，制约了金融资源在地区和行业间的有效配置。“由于政府对金融业的过度介入，已经导致金融资源被异化为中央和地方政府的财政资金，金融业被异化为‘第二财政’。”①

表3　2010年东、中、西部地区金融资源相对分布

项目＼地区	东部地区	中部地区	西部地区
法人机构数	31%	33%	36%
营业网点数	43%	29.4%	27.6%
金融机构从业人员数	47.7%	28%	24.3%
各项贷款余额	61%	17.7%	21.3%
各项存款余额	62.2%	19.1%	18.7%
获得贷款企业数	76.3%	9.7%	14%
获得贷款农户数	23.5%	35.9%	40.6%

资料来源：银监会网站，《中国银行业农村金融服务分布图集》，http：//bankmap.cbrc.gov.cn/bank/index_ pro.jsp。

四、克服我国金融排除的制度建议

据统计，在世界上142个国家的成文宪法中，有117部规定了“法律面前人人平等或人的平等权利”，占82.4%。② 例如，美国《宪法》第14条修正案第1款规定：“不经正当法律程序，不得剥夺任何人的生命、自由或财产；对于在其管辖下的任何人，亦不得拒绝给予平等法律保护。”③ 又如，韩国《宪法》序言中规定，“在政治、经济、社会、文化等所有领域中每个人机会平等，每个人均能发挥自己的能力”；第119条第2项还规定，国家“为了维持国民经济的均衡增长和稳定及维持适当的收入分配，防止市场支配和经济力的滥用，促进经济主体间和谐发展，实现经济民主化”而规制和调整经济。④ 有鉴于《中华人民共和国宪法》第33条第2款规定“中华人民共和国公民在法律面前一律平等”，我国克服金融排除的制度设计应践行宪法平等理念。

（一）构建包容性的普惠金融体系

金融发展不仅是一个金融深化（Financial Deepening）的过程，也是一个金融包容（Financial Inclusion）的过程。⑤ 金融包容旨在确保每个人都有机会获得其参与社会经济生活所需要的、适当

① 周立、胡鞍钢：《中国金融发展的地区差距状况分析（1978—1999）》，载《清华大学学报（哲学社会科学版）》2002年第2期。

② ［荷］亨利·范·马尔赛文、格尔·范·德·唐著，陈云生译：《成文宪法的比较研究》，146页，华夏出版社，1987。

③ 关于美国《宪法》第14条修正案第1款研究，详见邱小平著：《法律的平等保护——美国宪法第十四修正案第一款研究》，北京大学出版社，2005。

④ ［韩］权五乘著，崔吉子译：《韩国经济法》，10、30～39页，北京大学出版社，2009。

⑤ ［美］博尔顿、罗斯塔尔著，徐晓萍等审译：《穷人的信贷市场》，译者序，上海财经大学出版社，2011。

的金融产品和服务。[①] 金融包容与“包容性增长”（Inclusive Growth）一脉相承，或者说金融包容是包容性增长在金融领域的具体化。包容性增长最早由亚洲开发银行在《迈向新亚洲的新亚洲开发银行》（2007 年）中提出，即“亚洲开发银行应当帮助成员国将关注点由消除贫困转移到包容性增长，由单纯增长转移到环境可持续增长，由单个国家转移到地区和全球”，“包容性增长理念的提出是为了避免仅针对特定收入群体给予特殊待遇，而是关注于扩大低收入群体的市场参与机会”。[②] 与世界银行之前所提出的“广泛基础的增长”（Broad - based Growth）和“对穷人友善的增长”（Pro - poor Growth）理念不同，包容性增长理念旨在通过扩大公平参与、保障机会平等以最终实现共享式繁荣。换言之，包容性增长的要义在于消除贫困者的权利贫困和所面临的社会排除，实现机会平等和公平参与，使包括贫困者在内的所有群体都能参与经济增长、为增长做出贡献并由此合理地分享增长成果。因此，作为包容性增长在金融领域具体化的金融包容，其要义是在破除由于金融市场失灵和政府干预等因素造成的困难和障碍，着眼于多元化的金融需求者在参与金融市场和获取金融服务上的机会平等和公平参与，但这并不意味着每个人事实上都能够均等地享受金融服务，更不意味着金融机构在提供金融服务时可以不考虑风险和成本收益。

金融包容离不开普惠金融体系的构建。“普惠金融体系”（Inclusive Financial System）是联合国在推广 2005 国际小额信贷年时所提出的，其基本含义是：一个能有效地、全方位地为社会所有阶层和群体——尤其是贫困、低收入人口——提供服务的金融体系。[③] 构建普惠金融体系的框架应当包含宏观层面（立法和政府监管）、中观层面（金融基础设施和服务）、微观层面（金融服务提供商），以及处于中心地位的客户（图 1）。[④]

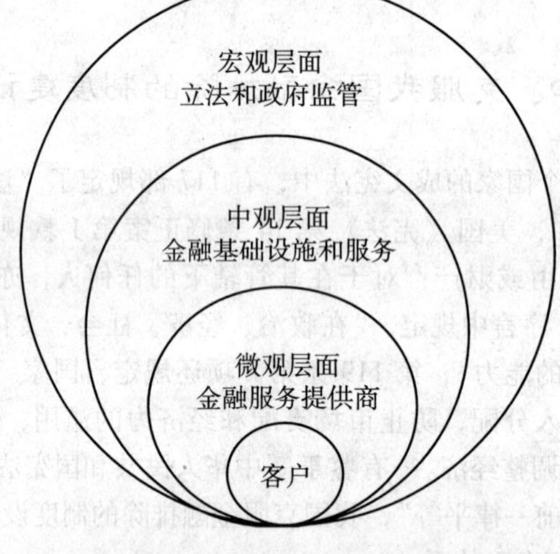

图 1　普惠金融体系的框架

首先可以肯定的是，宏观层面的金融立法和政府监管应当更具有包容性，金融包容应成为金融法的重要理念和价值取向，将获得金融服务作为基本权利加以规定，并强化商业银行等金融机构的社会责任。而在监管层面，金融资源配置公平应成为金融监管的新目标，金融安全、金融效

① HM Treasury, Financial Inclusion: an Action Plan for 2008 - 11. December, 2007.

② Asian Development Bank, Toward a New Asian Development Bank in a New Asia. Report of the Eminent Persons Group to the President of the Asian Development Bank, March, 2007.

③ 焦瑾璞、陈瑾著：《建设中国普惠金融体系——提供全民享受现代金融服务的机会和途径》，4 页，中国金融出版社，2009。

④ Brigit Helms, Access for All: Building Inclusive Financial Systems. World Bank Publications, 2006, pp. 5 - 14.

率和金融公平三个价值目标的配合与互动可以构成金融法的“三足定理”①。其次，中观层面的金融基础设施和服务的完善要求建设包括信用评级机构、专业网络、数据库、行业协会、转账和支付系统、信息技术及其提供商、金融培训机构在内的一整套基础设施和服务体系，以降低交易成本，扩大服务范围，提高金融机构的透明度。再次，微观层面的金融服务提供商包括大型金融机构、中小金融机构以及微型金融机构。其中，对于大型金融机构要特别强化其社会责任，提升对穷人、中小企业、落后地区的金融“普遍服务”②；对于中小金融机构和微型金融机构则要加以扶持，降低监管标准并给予税收等方面的政策优惠。我国当前阶段的主要任务是鼓励和引导民间非正规金融的规范发展，完善农村新型金融机构和基础设施建设。最后，客户层面主要是保障其获得金融服务的基本权利，在中国的现实语境下重点要关注民营企业、农村地区和中西部落后地区面临的金融排除现象。

（二）强化金融机构的社会责任

公司社会责任指的是公司不能仅仅以股东利益最大化作为自己存在的目的，而应当最大限度地增进股东之外的其他所有社会利益。③ 换言之，公司不仅要关注股东（shareholders）利益，还应增进股东之外的利益相关者（stakeholders）利益和社会公共利益，包括公司雇员、债权人、消费者、竞争者、当地社区和其他社会弱势群体的利益。公司社会责任的核心要义是在承认公司营利性的基础上，重视公司的社会性。《中华人民共和国公司法》（2005 年修订）第 5 条第 1 款规定：“公司从事经营活动，必须遵守法律、行政法规，遵守社会公德、商业道德，诚实守信，接受政府和社会公众的监督，承担社会责任。”此外，《中华人民共和国产品质量法》、《中华人民共和国消费者权益保护法》等法律也在不同层面体现了公司社会责任的立法理念，标志着我国公司社会责任的法律化。④ 金融机构虽不同于一般的公司，但金融机构作为特殊的公共性和社会性很强的企业，是现代经济的核心和资源配置的枢纽，其行业特性要求其对环境和社会承担相应的责任。更进一步，现代金融体系中的金融机构面向广泛的公众，与社会关系日益密切，而且在社会经济中的地位和作用也突出了其社会责任，这要求金融机构成为促进经济与道德和谐发展的“社会公民”；金融机构公司治理的目标不仅仅是股东利益最大化，还应平衡金融机构雇员、金融机构自身和社会公众之间的利益。⑤ 金融机构不仅应当承担社会责任，而且其准公共性和特许性决定了它要承担比一般公司更多的社会责任。“金融机构应当把促进金融包容性和发展基本的银行服务作为他们的企业社会责任的一部分；政府应当像支持一般经济利益服务一样支持基本银行服务。”⑥ 以商业银行为例，商业银行具有“准公共机构”特性，其提供的储蓄、信贷和支付等基本银行服务客观上具有“准公共物品”特性；商业银行享有诸多法律特权，特别是系统重要性银行垄断了绝大多数的金融资源，甚至会获得政府明示或默示的“大而不倒”（Too Big To Fail）的担保⑦；商业银行还受到中央银行最后贷款人制度的保护，在陷入困境时也会得到政府的公共资金援助、担保、接管等。

赤道原则（Equator Principles，EPs）是金融机构践行社会责任的国际标准，已经发展成为国

① 邢会强：《金融危机治乱循环与金融法的改进路径——金融法中“三足定理”的提出》，载《法学评论》2010 年第 5 期。

② 管斌著：《混沌与秩序：市场化政府经济行为的中国式建构》，225 ~ 229 页，北京大学出版社，2010。

③ 刘俊海著：《公司的社会责任》，7 页，法律出版社，1999。

④ 蒋建湘：《企业社会责任的法律化》，载《中国法学》2010 年第 5 期。

⑤ 丁瑞莲著：《现代金融的伦理维度》，62 页，人民出版社，2009。

⑥ Charlie McCreevy，霍鹏宇译：《解决爱尔兰的金融排斥》，载《金融服务法评论》（第三卷），167 页，法律出版社，2012。

⑦ 管斌：《系统重要性金融机构监管问题研究》，载《武汉金融》2012 年第 6 期。

际项目融资领域的行业惯例和金融机构可持续发展的最佳实践。它要求金融机构在向一个项目投资时，对该项目可能对环境和社会的影响进行综合评估，并且利用金融杠杆促进该项目在环境保护以及周围社会和谐发展方面发挥积极作用。赤道原则是典型的金融软法，对于金融机构并没有法律上的强制约束力，但在社会责任运动的背景下，赤道原则的背后有着金融伦理力量的支撑，对金融机构形成了内在约束力。事实上，金融机构的社会责任本身就具有伦理和法律的双重维度，既是一项道德准则，在法律化之后也成为一项法律义务。金融机构社会责任的践行有赖于金融伦理和法律的共同作用。1977 年美国《社区再投资法》（Community Reinvestment Act）体现了金融机构社会责任的法律化。《社区再投资法》的目的在于解决针对中低收入社区和特定人群的信贷歧视，规定联邦存款公司下被监管的金融机构有义务向社区提供满足需要的、便利的储蓄服务和信贷服务；并且有“持续和责无旁贷的义务”满足当地社区的信贷需求，包括中低收入社区和借款人的信贷需求；美联储、联邦存款保险公司、货币监理署等监管机构负责对有关金融机构履行《社区再投资法》的情况进行考核和评级，其结果将在审查上述金融机构申请设立分支机构、兼并和收购等业务时作为重要的考量因素（12 U. S. C. § 2901—§ 2903.）。1992 年戈尔·布朗松·班克普公司（一家银行控股公司）在向审查委员会申请收购水塔银行 96.3% 的有投票权股份时，即被委员会以其旗下控制的欧文银行和布朗松—戈尔银行受到 FDIC 对履行《社区再投资法》情况“不够满意”的评级为由，予以否决。①

我国金融立法中尚未明确规定金融机构社会责任，但《上海银行业金融机构企业社会责任指引》（2007 年）、《中国银行业金融机构企业社会责任指引》（2009 年）、中国银监会《绿色信贷指引》（2012 年）已在不同层面对金融机构社会责任作出了相应规定。笔者认为，金融机构的社会责任应当在《商业银行法》等金融法中加以明确规定，可借鉴《社区再投资法》对金融机构履行社会责任的情况加以评级和定期公告，作为其业务审批的考虑因素，并构成金融机构的声誉风险因素；同时对大型金融机构和中小金融机构社会责任的承担实施区别对待。

（三）保障公民获得金融服务的基本权利

在现代社会，获得金融服务应当被视为公民的基本权利，特别是储蓄、信贷、支付和保险等与个人生活休戚相关的基本金融服务。在欧洲的一些国家，开设银行账户这一被视为人们生存底线的基本银行服务（lifeline banking），已经被作为公民权利在法律中确立下来。法国《银行法》（1984 年）第 58 条第 1 款规定，在法国有住所的任何自然人或者法人，如果没有活期存款账户的话，有权利选择信贷机构开设账户，或者接受邮政储蓄银行或财政部提供的金融服务。如果一个没有银行账户的居民已经被三家银行拒绝提供服务，则有权要求法兰西银行指定一家商业银行或邮政储蓄银行为其提供免费的银行账户。比利时在 2003 年 3 月的一项立法中将提供基本银行服务作为银行的义务，而获得基本银行服务则被表述为所有居住在比利时的消费者的一项权利，只要他们没有银行账户或者未从信贷机构中获得其他相关产品。② 此外，2003 年初芬兰修订的《信用机构法》也加入了公民获取基本银行服务权利的条款。③ 这标志着将金融服务作为一项公民权利已经得到了越来越广泛的共识，把获得金融服务纳入“（公民）权利—（金融机构）义务”的法律调整框架对于在法律层面解决金融排除至关重要。

进一步讲，获得金融服务的权利属于人权的范畴。诺贝尔和平奖得主、“穷人的银行家”穆

---

① ［美］哈威尔·E. 杰克逊、小爱德华·L. 西蒙斯著，吴志攀等译：《金融监管》，197 页，中国政法大学出版社，2003。

② Bernard Bayot, Lise Disneur, Elaine Kempson，袁仕甜译：《政府为促进金融包容而采取的立法措施》，载《金融服务法评论》（第三卷），145 页，法律出版社，2012。

③ 汪鑫：《论基本银行服务排斥及其治理》，载《法学评论》2009 年第 4 期。

罕默德·尤努斯就提出，“贷款的权利应被视为一种人权，贷款能够在全球摆脱饥饿方面起到一种极具战略性的作用”。① 笔者认为，获得金融服务的权利既是公民生存权的重要内容，也是发展权的应有之义。首先，获得金融服务不仅应当成为公民生存权的重要内容，也是实现公民生存权的重要手段。联合国《经济、社会及文化权利公约》（1966 年）第 11 条规定了“人人有权为他自己和家庭获得相当的生活水准，包括足够的食物、衣着和住房，并能不断改进生活条件”，“人人享有免于饥饿的基本权利”，而获得金融服务对于改善人们的生活条件、消除贫困和饥饿显然具有十分重要的作用。其次，获得金融服务的权利实质上也内化在了金融发展权之中。发展权是第三代人权，联合国《发展权利宣言》（1986 年）第 1 条即明确了“发展权是一项不可剥夺的人权，由于这种权利，每个人和所有各国人民均有权参与、促进并享受经济、社会、文化和政治发展，在这种发展中，所有人权和基本自由都能获得充分实现”。作为发展权在金融领域的延伸和具体化，金融发展权指的是全体公民对社会经济生活中金融发展的情况及其成果所享有的权利，包括参与金融发展的权利、促进金融发展的权利和享受金融发展的权利。从克服金融排除的角度来看，保障金融发展权的实现，就是要保障所有群体——不论贫富、身份、地位、性别等——都能有机会公平地参与到金融改革和发展的进程中并能享受其成果，这也是金融包容理念的要求。

遗憾的是，获得金融服务的权利并未在我国的金融法中得以规定。不仅如此，获得金融服务甚至呈现出特权化的倾向，即金融服务逐渐异化为国有企业、城市、发达地区所享有的特权，而民营企业、农村、落后地区则被排除在外。“吴英案意味着中国公民没有融资的自由，在中国，获得融资仍然是一种特权，而不是一种基本权利。”② 吴英案的产生实际上源于中国金融生态中的一对矛盾体：一方面，公民获得金融服务的基本权利缺乏法律保障，使得吴英等中小企业主难以从商业银行等正规金融渠道获得贷款；另一方面，金融管制和金融垄断的背景下，融资仍然是一种特权，民间的非正规金融遭遇法律困局。而要打破这对矛盾体，除了要将获得金融服务作为一项基本权利在法律中加以规定并建立相应的保障机制，还要逐步地放开民间金融管制，鼓励和引导民间金融的规范发展。

（四）鼓励和引导民间金融的规范发展

民间金融的产生主要源于两个因素：一是在金融压抑和金融垄断的背景下，金融资源分布不均，低收入者、中小企业和落后地区常常被排除在金融服务之外，导致正规金融难以满足市场需求，这为民间金融的兴起提供了外部动因；二是民间金融相对于正规金融在为低收入者、中小企业融资时具有信息优势。信息不对称是金融交易的一个基本特征，而相对于大企业，中小企业信息更为不透明，缺乏企业财务报表等易于传递的“硬信息”（hard information），这种矛盾使得中小企业的融资比大企业更为困难。中小企业融资中依赖的是“软信息”（soft information），只有便于获取并处理“软信息”的金融交易主体才能克服中小企业融资中的信息不对称难题。而扎根并成长于低收入群体、中小企业生存环境中的民间金融在搜集借款人信誉等“软信息”方面具有先天优势，这是民间金融产生和发展的内生因素。也正是因为民间金融在弥补正规金融不足、满足民间融资需求方面具有积极作用，吴英案发生后，学界发出了“民间金融合法化”的呼吁。也有学者指出，“‘民间金融合法化’命题莫如更换为‘民间金融法制化’，这样在内容上既包括合法肯定又包括对非法的遏制，在态度上既显得进取又不失冷静。同时，‘民间金融法制化’的命题为正确的预设民间金融在法制中的前提和目的建立了有效的约束条件，从而有助于我们回答哪些

① ［孟］穆罕默德·尤努斯著，吴士宏译：《穷人的银行家》，125 页，生活·读书·新知三联书店，2006。
② 张维迎：《从吴英案审视市场的基础》，载《中国企业家》2012 年第 4 期。

民间金融需要法律规则和需要什么法律规制的问题”。[①] 确实，民间金融绝非合法化便可一劳永逸。民间金融固然有值得肯定之处，但其中掺杂了高利贷、黑社会、诈骗等非法成分不容否定，更不用说民间金融粗放式发展过程中积聚的巨大风险。吴英的民间集资行为绝非没有盲目扩张甚至“庞氏融资”的印迹。基于此，鼓励和引导民间金融的规范化发展，既要选择恰当的法制化路径，“取其精华，弃其糟粕”，又要将过去游离于金融监管之外的民间金融纳入到监管框架中。

具体而言，应当尽快出台《放贷人条例》，明确高利贷、集资诈骗等非法行为与正常民间融资行为间的法律界限。另外，根据《国务院关于鼓励和引导民间投资健康发展的若干意见》（2010 年）和《浙江省温州市金融综合改革试验区总体方案》（2012 年）的原则和目标，鼓励和引导民间资本进入金融服务领域，发起或参与设立村镇银行、社区银行、贷款公司、农村资金互助社等新型金融组织，参与商业银行的增资扩股，参与农村信用社和城市信用社的改制，参与证券、保险等金融机构的改组改制。对此，要依据《中国银行业监督管理委员会关于鼓励和引导民间资本进入银行业的实施意见》（2012 年）逐步放宽目前对村镇银行、社区银行、小额贷款公司等新型金融组织的限制。例如，村镇银行主发起行的最低持股比例由 20% 降为 15%；进入可持续发展阶段后，村镇银行主发起行可与其他股东按有关原则调整各自的持股比例。再以小额贷款公司为例，目前行政主导下的小额贷款公司受到地方政府的诸多干预，市场化程度仍然很低，并且设置了较高的准入门槛。《浙江省小额贷款公司试点暂行管理办法》（2008 年）对有限责任公司和股份有限公司组织形式的小额贷款公司分别设置了 5000 万和 8000 万的最低注册资本（欠发达县域 2000 万），这远远超出了银监会的规定（500 万和 1000 万），并且将主发起人的范围由自然人、法人和其他组织缩小为“民营骨干企业”，这严重限制了小额贷款公司的发展，也背离了政策的初衷。简言之，民间金融的发展路径应当是鼓励和引导民间金融的规范发展，同时促成正规金融与非正规金融的联结，以拓展金融服务的范围，促进金融包容。

与此同时，民间金融发展也应与民间金融监管相结合。民间金融往往缺乏规范运作，信息披露机制不健全，透明度低，抵押担保机制不规范，并且过度依赖于非正式契约执行机制，长期以来与正规金融相脱节，游离在监管之外，导致其内部潜藏着巨大的风险。风险管理正在成为金融法的核心功能，金融法应当面向风险而成为风险管理法。[②] 为防止民间金融对金融体系造成自下而上的系统性冲击，我们有必要将其纳入金融监管框架中。但是，民间金融的特殊性也决定了对其实施监管应与正规金融相区别，即“金融市场的二元结构需要金融监管做出相应的调整，在金融监管上呈现出相应的二元结构”。[③] 具体来说，民间金融的监管主体应本着“谁批准设立，谁负责监管”原则，如小额贷款公司往往是由省级政府金融办负责监管，另外民间金融应特别重视行业协会监管和自律监督机制；民间金融的监管方式应重点关注民间金融的整体风险监测，单个民间金融机构往往规模较小，难以引发金融体系的系统性危机，但民间金融作为一个整体的风险却不可忽视；但民间金融的起步阶段不宜过度限制和干预，如在注册资本金、资本充足率、准备金率、贷款利率、资产负债比例等方面都可适当放宽限制。

五、结语

“市场回应、部门自我规制以及政府为了促进金融包容性的干预通常更加具有包容性而不是

① 高晋康：《民间金融法制化的界限与路径选择》，载《中国法学》2008 年第 4 期。

② 管斌：《论金融法的风险维度》，载《华中科技大学学报（社会科学版）》2012 年第 4 期。

③ 邢会强：《金融法的二元结构》，载《法商研究》2011 年第 3 期。

排斥性，一个国家的回应必须总是通过它各自的市场和制度背景来考虑是否恰当。”① 我国金融法学研究必须回到中国的具体语境。在某种程度上，吴英案是一出诞生于我国金融排除和金融压抑背景下现有金融体系结构不合理的制度性悲剧，揭示出我国二元经济结构中国有企业与民营企业、城市与农村、发达地区与落后地区之间的金融排除现象。为此，我们应践行宪法平等理念，构建包容性的普惠金融体系、强化金融机构社会责任、保障公民获得金融服务的基本权利、鼓励和引导民间金融的规范发展，以实现金融包容。此外，金融基础设施建设、金融产品和服务创新、金融知识教育等也是解决金融排除的有效手段，特别是后者对于克服自我排除具有积极意义。但正如金融排除本身是一个复杂的过程一样，克服金融排除也是一个复杂的过程，有赖于政府、金融机构、金融消费者和社会中间层主体等多元主体的共同参与，建立一个市场和非市场、软法和硬法相互支持的结构，更需要从政治、经济、社会、文化和法律等多个维度探寻治理之道。

① Bernard Bayot，Lise Disneur，Elaine Kempson，袁仕甜译：《政府为促进金融包容而采取的立法措施》，载《金融服务法评论》（第三卷），156页，法律出版社，2012。

宏观调控监督权行使的经济法学分析

张　辉*

目　次

当前，我国经济法学界对于宏观调控监督权的研究不多，特别是对于这一国家经济权力的法律设定、行使的程序控制以及违法行使的责任追究等问题关注不够。鉴于此，本文拟对这三个宏观调控监督权研究中甚为重要的理论问题进行一些初步的探析，以期在一定程度上丰富经济法学界对于宏观调控监督权基本原理的理论积累。

一、宏观调控监督权的法律设定

一般来说，如果从宏观调控的过程的视角来看，宏观调控系统由决策系统、执行系统、监督系统三个子系统构成；而如果从宏观调控权规范运作的角度来看，宏观调控权力系统也是由决策权、执行权、监督权三种相互依存、相互制约的具体权力所构成的。其中，决策权是宏观调控权的核心，执行权是宏观调控权的集中体现，监督权则是宏观调控权依法运行的基本保证。在我国，宏观调控决策权，是指我国最高政权机构中的宏观调控决策机关，对社会经济结构和运行进行调控的一种战略决策权；① 宏观调控执行权，是指我国最高政权机构中的宏观调控执行机关，

* 南京大学博士后，教授，法学博士。

① 通常来说，如果从决策行为调整的对象、涉及的时限，以及作用的角度来看，一个组织的决策行为可分为战略决策行为、管理决策行为、业务决策行为三个基本层次。由于宏观调控决策是对我国社会经济结构和运行进行调控的一种决策，涉及一国的组织目标——社会经济的协调、稳定和发展，以及战略规划——社会经济结构和运行的重大事项，具有长期性和全局性的特点，因此，这种决策应当属于战略决策的范畴，而这种决策的权力，即宏观调控决策权，也应当属于一种战略决策权。

通过“经济行政行为”[①] 执行宏观调控战略决策的一种战略执行权[②]；而所谓宏观调控监督权，则是我国最高政权机构中的宏观调控监督机关，对宏观调控执行行为进行监督的一种战略执行监督权。该权力之所以是一种战略执行监督权，其原因在于：一个组织的监督，通常可以分为战略监督、管理监督、业务监督三个层次。既然宏观调控执行属于一种战略执行，那么对于这一战略执行进行监督，当然是一种战略监督层次的监督，并且这种监督的权力——宏观调控监督权，当然也应该属于一种战略监督权。诚然，宏观调控执行权中包含了管理监督权，并且与管理监督权处于同一层次的管理执行权中还包含了业务监督权；但是，这两种“进一步划分出来的监督权”——管理监督权和业务监督权，与宏观调控监督权这一战略监督权并非处于同一个层次的“监督权”，同样也不能将它们混为一谈。至于宏观调控监督权与“宏观调控权之外的监督权”，两者是两种不同性质的权力。前者属于宏观调控权的范畴，是构成宏观调控权的三种具体权力之一；后者却属于国家权力之外的社会权力的范畴。详言之，现代市场经济阶段，虽然存在着国家权力对社会权力的控制和利用，但是，在这一阶段，社会权力作为一种与国家权力相对应的权力，是能够极大地制衡国家权力，包括宏观调控权的。社会权力对宏观调控权的制衡作用，一般包括“分权”、“参权”、“监权”三个方面。其中，“监权”是指社会权力对国家机关行使宏观调控权的监督——运用为社会所掌握或影响的舆论媒体，以及通过社会组织（压力集团）的游说对国家机关施加压力，通过公民集体行使选举权、集体诉讼等方式，集中社会力量，从宏观调控权的外部对国家机关宏观经济调控权的行使进行监督。虽然，这种从国家权力的外部对国家权力的行使进行监督的社会权力，是控制宏观调控权的一种十分重要的权力，然而，它毕竟不是一种刚性的权力，它对宏观经济调控权的控制力度是十分有限的，并且，它自身也存在着“控制失灵”和“消极控制”的可能性。

这里有必要阐明的是，《中华人民共和国宪法》（以下简称《宪法》）第62条、第67条规定，全国人大行使审查和批准国民经济和社会发展计划、国家预算的职权；全国人大常委会行使在全国人大闭会期间，审查和批准国民经济和社会发展计划、国家预算在执行过程中所必须作的部分调整方案的职权。“国民经济和社会发展计划”，是关于全国经济社会发展的目标、任务、政策措施和工作部署的总安排，其中包括财政调控决策和金融调控决策，以及产业调控决策等方面的内容；“国家预算”，是关于中央经济财政收入和支出活动的基本计划，其内容也与财政调控决策密切相关。因此，《宪法》规定全国人大及其常委会行使审查和批准[③]“国民经济和社会发展计划”和“国家预算”，以及决定二者在执行过程中所必须作的部分调整方案的职权，实际上也就是赋予了全国人大及其常委会宏观调控决策这一“重大事项决定权”[④]。当然，根据《宪法》第89条的规定，国务院有编制和执行国民经济和社会发展计划、国家预算的职权，但是，国务院编制国

① 这种“经济行政行为”一般不是针对特定相对人作出的，通常是针对特定事项所作出的；因此，在行政法上很难将这种“经济行政行为”完全归入抽象行政行为或具体行政行为的范畴。

② 一个组织决策的执行通常也可以分为战略执行、管理执行、业务执行三个层次。宏观调控决策属于一种战略决策，而对这一决策的执行——宏观调控执行，显然属于战略执行层次的执行，并且这种执行的权力——宏观调控执行权，当然也就应属于战略执行权的范畴。而如果再进一步划分，宏观调控执行权这一战略执行权本身也由管理决策权、管理执行权、管理监督权三种相互依存、相互制约的具体权力所构成；并且，其中的管理执行权，又是由业务决策权、业务执行权、业务监督权三种相互依存、相互制约的具体权力所构成的。但是，管理执行权和业务执行权，这两种“进一步划分出来的执行权”，与宏观调控执行权这一战略执行权，并非是处于同一个层次的“执行权”，不能将它们混为一谈。而管理决策权和业务决策权，实际上也就是一种行政计划权；因为，行政计划是行政主体为了实现行政管理目的，完成行政事业目标，依法确定管理目标和制定实现目标措施或手段的行为。

③ 全国人大及其常委会“审查和批准”的职权，本质上并非是一种监督权，而是一种决定权。

④ “各级人大对计划和预算的审查和批准职权，虽然具有监督的性质，但主要还是属于人大对重大事项决定权的性质。”（杨景宇著：《监督法辅导讲座》，86页，中国民主法制出版社，2006。）

民经济和社会发展计划、国家预算，仅仅是为全国人大及其常委会的宏观调控决策提供一种备选方案；因此，国务院的这种编制权，在权力的性质上并不属于一种宏观调控决策权。此外，在国民经济和社会发展计划、国家预算在执行过程中所必须作的部分调整方案，国务院虽然有提请全国人大常委会审查和批准的权力，但是，国务院的这种提请审查和批准的权力，在权力的性质上同样也不属于宏观调控决策权。盖言之，由于《宪法》第62条、第67条实际上包含了宏观调控决策权之设定的要素——“名称及属性”、“权属”、“权限”、“权能”、“对象”等，因此，《宪法》实际上设定了宏观调控决策权这一“重大事项决定权”。而我国《宪法》所设定的宏观调控决策权这一“重大事项决定权”的主体，是最高国家权力机关——全国人大及其常委会。①

进一步而言，根据《宪法》第85条规定：“中华人民共和国国务院，即中央人民政府，是最高国家权力机关的执行机关，是最高国家行政机关”。根据《宪法》第89条的规定，国务院具有执行国民经济和社会发展计划、国家预算的职权。因此，联系我国《宪法》第62条、第67条的规定以及《宪法》第85条、第89条之规定，实际上可以推导出它包含了宏观调控执行权之设定的要素——“名称及属性”、“权属”、“权限”、“权能”、“对象”等。当然，也正因为如此，《宪法》第85条、第89条之规定，实际上可以理解为，设定了宏观调控执行权这一“重大事项执行权”，这一“重大事项执行权”的主体是最高国家权力机关的执行机关——国务院。国务院行使宏观调控执行权这一“重大事项执行权”的形式，是执行全国人大及其常委会所批准的“国民经济和社会发展计划和国家预算”。有学者指出：“国民经济和社会发展计划，是对未来一定时期经济和社会发展所作的安排；预算，是对未来一年财政收入和支出所作的安排。计划和预算，是关系国计民生和群众切身利益的重大事项，依照宪法和有关法律规定，审查和批准计划、预算及其执行情况的报告，是人民代表大会的职权。计划和预算经人民代表大会批准后，具有法律效力，必须得到切实执行。”② 从法理上来说，最高国家权力机关——全国人大及其常委会，能够代表人民对宏观调控执行权的主体——国务院行使宏观调控执行权，执行全国人大及其常委会所批准的“国民经济和社会发展计划和国家预算”进行有效的监督，以确保宏观调控执行权得到正确行使，确保社会主体合法的经济权利得到尊重和维护。③ 当然，也正是基于上述原因，1982年《宪法》（曾于1988年、1993年、1999年、2004年四次修正）第62条中规定，全国人大行使监督宪法实施的职权；④ 行使审查和批准国民经济和社会发展计划执行情况的报告，国家预算执行情况的报告的职权。⑤ 第67条中规定，全国人大常委会行使监督宪法实施的职权；监督国务院工

① 当然，也正因为如此，《宪法》所设定的宏观调控决策权，并不属于经济行政权的范畴。

② 前引，杨景宇书，41页。

③ 有学者曾指出：“我们是将人大监督权界定为国家权力机制内部的权力，其产生基于权力分工，其行使是国家机关之间权力互动方式与过程的一方面。涉及国家普通公民守法与否的评价与监督，主要是执法、司法机关适用法律的行为，是行政权、司法权的外在表现，而不在监督权的语境之内。因此，人大监督的对象，应当限定于国家机关内部。进而言之，人大监督权的指向也不针对国家机关中的个体，而是将产生于人大，并且对之负责的国家机关作为整体，对其职权行使的行为，依法进行监督”（周叶中、韩大元主编：《宪法》，447页，法律出版社，2006）。另外，还有学者指出：“一般政府官员除非受行政首长的委托，否则不能以国家名义执行法律，独立地对法律负责，而只是对行政首长负责。其在执行职务中的违法行为，也不能由人民代表大会对其实施监督，而只能由行政首长或专门的行政监督机关来实施监督。即使一般政府官员违法行为造成严重后果，人民代表大会及其常务委员会也只能对向它负责的行政首长采取监督措施”（蔡定剑著：《中国人民代表大会制度》，380页，法律出版社，1998）。

④ 监督宪法实施的核心是违宪审查，《宪法》第62条规定，全国人大行使监督宪法实施的职权，实际上设定了全国人大违宪审查之权。当然，《宪法》第62条规定，同时也意味着全国人大具有对国务院宏观调控执行行为进行事前、事中、事后的违宪审查之权。

⑤ 全国人大行使审查和批准国民经济和社会发展计划执行情况的报告、国家预算执行情况的报告的职权，是对国务院行使宏观调控执行权，执行全国人大及其常委会所批准的“国民经济和社会发展计划和国家预算”的一种事后监督；因此，全国人大的这一权力属于一种宏观调控监督权。

作的职权。[①] 1994 年全国人大通过的《中华人民共和国预算法》第 12 条中规定，全国人大常委会监督中央预算的执行；审查和批准中央决算；撤销国务院制定的同宪法、法律相抵触的关于预算、决算的行政法规、决定和命令。1994 年全国人大常委会通过的《中华人民共和国审计法》（2006 年修订）（以下简称《审计法》）第 4 条中规定，国务院应当每年向全国人大常委会提出审计机关对预算执行和其他财政收支的审计工作报告。审计工作报告应当重点报告对预算执行的审计情况。必要时，全国人大常委会可以对审计工作报告作出决议。国务院应当将审计工作报告中指出的问题的纠正情况和处理结果向全国人大常委会报告。而 1999 年全国人大常委会通过的《关于加强中央预算审查监督的决定》中指出："为履行宪法赋予全国人大及其常委会的职责，贯彻依法治国的基本方略，规范预算行为，厉行节约，更好地发挥中央预算在发展国民经济、促进社会进步、改善人民生活和深化改革、扩大开放中的作用，必须加强对中央预算的审查和监督。" 2000 年全国人大会常委会"为了履行宪法赋予全国人大及其常委会的职责，加强经济工作监督，促进国民经济持续、快速、健康发展，依据宪法和有关法律"所制定的《关于加强经济工作监督的决定》中的第 1 条则更为明确地规定："全国人大常委会依法对国务院经济工作行使监督职权。" 此外，2006 年全国人大常委会通过的《中华人民共和国监督法》（以下简称《监督法》）第 2 条、第 5 条之中规定，全国人大常委会依据宪法和有关法律的规定，行使监督职权；[②] 对国务院的工作实施监督，促进依法行政。[③] 而该法第三章还对全国人大常委会"审查和批准决算，听取和审议国民经济和社会发展计划、预算的执行情况报告，听取和审议审计工作报告"等职权，作了具体的规定。

总而言之，由于上述宪法和法律（决定）之中的有关规定，包含了宏观调控监督权之设定的要素——"名称及属性"、"权属"、"权限"、"权能"、"对象"等。因此，上述宪法和法律（决定）实际上设定了全国人大及其常委会对宏观调控执行权主体——国务院的宏观调控执行行为（经济行政行为）进行监督的一种宏观调控监督权，亦即全国人大及其常委会对宏观调控执行权主体——国务院执行宏观调控决策——国民经济和社会发展计划以及预算的情况进行监督的职权。

这里应当指出的是，笔者认为，我国如制定宏观调控基本法，除了进一步明确规定我国宏观调控决策权的主体为全国人大及其常委会、宏观调控执行权的主体为国务院、宏观调控监督权的主体为全国人大及其常委会之外，还有必要建立一种特别宏观调控行政诉讼制度，并将最高人民检察院规定为宏观调控监督权的主体，以解决全国人大及其常委会作为"会议制"机关难以对国务院宏观调控执行权的行使进行日常性监督的问题。

二、宏观调控监督权行使的程序控制

如上所述，所谓宏观调控监督权与"宏观调控权之外的监督权"，两者是两种不同性质的权力，前者是指一国最高政权机构中的宏观调控监督机关，对宏观调控执行行为（经济行政行为）

---

① 有学者认为："人大常委会计划和预算监督，主要属于工作监督性质，督促政府及有关部门做好工作；同时它也涉及法律法规的执行情况，具有法律监督的一些特征"。（前揭，杨景宇书，86 页。）

② 由于宪法和有关法律已经赋予全国人大常委会对国务院工作的监督权，所以《监督法》并未赋予全国人大会常委会新的监督权，其主要是完善了全国人大常委会对国务院工作实施监督的形式和程序。

③ 这一规定表明，全国人大常委会对国务院的监督是工作监督，亦即对国务院的工作是否符合宪法和法律，是否符合人民的根本利益，是否正确贯彻全国人大及其常委会的决议、决定，是否正确行使职权等进行监督。但是，全国人大常委会是不能代替国务院行使行政权的。

进行监督的一种宏观调控监督权。我国现行宪法和法律已设定全国人大及其常委会的宏观调控监督权，对于全国人大及其常委会宏观调控监督权行使的控制，主要是指对于全国人大及其常委会宏观调控监督权行使的程序控制。现阶段，我国已经颁布的涉及“控制宏观调控监督权行使”的“规范性文件”，主要包括：

第一，1993年以来全国人大常委会制定的控制财税宏观调控监督权、金融宏观调控监督权、产业宏观调控监督权、价格宏观调控监督权行使的各种单行法律，亦即《中华人民共和国预算法》、《中华人民共和国政府采购法》、《中华人民共和国个人所得税法》、《中华人民共和国企业所得税法》、《中华人民共和国税收征收管理法》等对财税宏观调控监督权行使进行控制的法律；《中华人民共和国中国人民银行法》等对金融宏观调控监督权行使进行控制的法律；《中华人民共和国促进科技成果转化法》、《中华人民共和国乡镇企业法》、《中华人民共和国中小企业促进法》、《中华人民共和国农业法》、《中华人民共和国农业机械化促进法》、《中华人民共和国科技进步法》等对产业宏观调控监督权行使进行控制的法律；《中华人民共和国价格法》等对价格宏观调控监督权行使进行控制的法律。这里必须说明的是，以上这些涉及宏观调控监督权行使的法律，有的是全国人大制定的“基本法律”，有的是全国人大常委会制定的“基本法律以外的法律”。根据《宪法》规定，全国人大常委会是在全国人大闭会期间持续开展工作和活动的机关，不是一个独立的机关，而是全国人大的一部分，在全国人大闭会期间代行全国人大的职责[①]；所以从《宪法》的规定来看，全国人大与全国人大常委会二者之间是“整体”与“部分”的关系，并非两个独立主体之间才会存在的“授权委托关系”；而全国人大对全国人大常委会“不适当的决定”可以“改变或者撤销”，全国人大常委会也可以在全国人大闭会期间，对全国人大制定的法律进行“部分补充和修改”。换言之，在全国人大闭会期间，全国人大常委会行使最高权力机关的职权，二者应视为同一机关，其通过的法律应具有同等的效力。[②]《宪法》还规定，一切国家机关（包括全国人大）都必须遵守宪法和法律（包括全国人大常委会制定的法律）。因此，全国人大除非事先通过法定程序“改变或者撤销”全国人大常委会所制定的“有关宏观调控监督权行使的规则”，否则全国人大行使宏观调控监督权时同样应当受到全国人大常委会所制定的“有关宏观调控监督权行使的规则”之规范。

第二，1982年全国人大通过的《宪法》（曾于1988年、1993年、1999年、2004年四次修正）、1989年《全国人民代表大会议事规则》、1987年《全国人民代表大会常务委员会议事规则》、2006年《监督法》，以及2000年《关于加强经济工作监督的决定》，1999年《关于加强中央预算审查监督的决定》，1994年《审计法》（2006年修订），等等。在这些“规范性文件”之中，有很多涉及“控制宏观调控监督权行使”的规定。例如，《宪法》第71条中规定，全国人大及其常委会认为必要的时候，可以组织关于特定问题的调查委员会，并且根据调查委员会的报告，作出相应的决议。第73条中规定，全国人大代表在全国人大会开会期间，全国人大常委会组成人员在常委会开会期间，有权依照法律规定的程序提出对国务院或者国务院各部、各委员会的

① 参见蔡定剑著：《宪法精解》，301页，法律出版社，2006。

② 2008年全国人大常委会法制工作委员会，关于“基本法律以外的法律”——《中华人民共和国律师法》与“基本法律”——《中华人民共和国刑事诉讼法》效力的答复，已经明确“基本法律”与“基本法律以外的法律”效力相同，因此所谓“基本法律”与“基本法律以外的法律”效力之争，已经解决。

质询[1]案，等等。《全国人民代表大会议事规则》第五章“询问[2]和质询”中规定，各代表团全体会议审议政府工作报告和审查关于国民经济和社会发展计划执行情况的报告、关于国家预算执行情况的报告的时候，国务院和国务院各部门负责人应当分别参加会议，听取意见，回答询问。全国人大会议期间，一个代表团或者三十名以上的代表联名，可以书面提出对国务院和国务院各部门的质询案。质询案必须写明质询对象、质询的问题和内容。质询案按照主席团的决定由受质询机关的负责人在主席团会议、有关的专门委员会会议或者有关的代表团会议上口头答复，或者由受质询机关书面答复。在主席团会议或者专门委员会会议上答复的，提质询案的代表团团长或者代表有权列席会议，发表意见。提质询案的代表或者代表团对答复质询不满意的，可以提出要求，经主席团决定，由受质询机关再作答复。在专门委员会会议或者代表团会议上答复的，有关的专门委员会或者代表团应当将答复质询案的情况向主席团报告。主席团认为必要的时候，可以将答复质询案的情况报告印发会议。质询案以书面形式答复的，受质询机关的负责人应当签署，由主席团决定印发会议，等等。《全国人民代表大会常务委员会议事规则》第五章“询问[3]和质询”中规定，常委会分组会议对有关的工作报告进行审议的时候，应当通知有关部门派人到会，听取意见，回答询问。常委会联组会议对有关的工作报告进行审议的时候，应当通知有关负责人到会，听取意见，回答询问。在常委会会议期间，常委会组成人员十人以上联名，可以向常委会书面提出对国务院及国务院各部门的质询案。质询案必须写明质询对象、质询的问题和内容。质询案由委员长会议决定交由有关的专门委员会审议或者提请常委会会议审议。质询案由委员长会议决定，由受质询机关的负责人在常委会会议上或者有关的专门委员会会议上口头答复，或者由受质询机关书面答复。在专门委员会会议上答复的，专门委员会应当向常委会或者委员长会议提出报告。质询案以书面形式答复的，应当由被质询机关负责人签署，并印发常委会组成人员和有关的专门委员会。专门委员会审议质询案的时候，提质询案的常委会组成人员可以出席会议，发表意见。[4]《全国人民代表大会议事规则》第三章“审议工作报告、审查国家计划和国家预算”中规定，全国人大会议举行的一个月前，国务院有关主管部门应当就国民经济和社会发展计划执行情况、国家预算执行情况的主要内容，向全国人大财经委员会和有关的专门委员会汇报，由财经委员会进行初步审查。全国人大每年举行会议的时候，国务院应当向会议提出关于国民经济和社会发展计划执行情况的报告、关于国家预算执行情况的报告，并将国家预算执行情况表（草案）一并印发会议，由各代表团进行审查，并由财经委员会和有关的专门委员会审查。财经委员会根据各代表团和有关的专门委员会的审查意见，对关于国民经济和社会发展计划执行情况的报告、关于国家预算执行情况的报告进行审查，向主席团提出审查结果报告，主席团审议通过后，印发会议，并将有关决议草案提请大会全体会议表决。有关的专门委员会的审查意见也应当及时印发会议，等等。《全国人民代表大会常务委员会议事规则》第四章“听取和审议工作报告”中规定，常务委员会全体会议听取国民经济和社会发展计划、预算执行情况报告，听取决算报告和审计工作报告。常务委员会全体会议听取工作报告后，可以由分组会议和联组会议进行审议。委

① 一般来说，“质询”虽然是全国人大代表和全国人大常委会组成人员的个人行为，但是从性质上来说，它也是全国人大及其常委会行使监督权的一种独特方式。

② 通常来说，“询问”与“质询”的区别在于，前者的功能主要在于获取情况，后者的功能侧重于批评和质疑。全国人大代表的“询问”，虽然是全国人大代表的个人行为，但是从性质上来说，它也是全国人大行使监督权的一种独特方式。

③ 全国人大常委会组成人员的“询问”，虽然是全国人大常委会组成人员的个人行为，但是从性质上来说，它也是全国人大常委会行使监督权的一种独特方式。

④ 2006 年全国人大常委会通过的《监督法》，对 1987 年《全国人民代表大会常务委员会议事规则》中有关“询问和质询”的规定进行了完善。

员长会议可以决定将工作报告交有关的专门委员会审议，提出意见。常务委员会认为必要的时候，可以对工作报告作出决议，等等。《监督法》第三章“审查和批准决算，听取和审议国民经济和社会发展计划、预算的执行情况报告，听取和审议审计工作报告”中规定，国务院应当在每年六月，将上一年度的中央决算草案提请全国人大常委会审查和批准。决算草案应当按照全国人大批准的预算所列科目编制，按预算数、调整数或者变更数以及实际执行数分别列出，并作出说明。国务院应当在每年六月至九月期间，向全国人大常委会报告本年度上一阶段国民经济和社会发展计划、预算的执行情况。全国人大常委会对决算草案和预算执行情况报告，重点审查预算收支平衡情况、重点支出的安排和资金到位情况、预算超收收入的安排和使用情况、部门预算制度建立和执行情况、向下级财政转移支付情况、全国人大关于批准预算的决议的执行情况。除此之外，全国人大常委会还应当重点审查国债余额情况。全国人大常委会每年审查和批准决算的同时，听取和审议国务院提出的审计机关关于上一年度预算执行和其他财政收支的审计工作报告。全国人大常委会组成人员对国民经济和社会发展计划执行情况报告、预算执行情况报告和审计工作报告的审议意见交由国务院研究处理。国务院应当将研究处理情况向全国人大常委会提出书面报告。全国人大常委会认为必要时，可以对审计工作报告作出决议；国务院应当在决议规定的期限内，将执行决议的情况向全国人大常委会报告。全国人大常委会听取的国民经济和社会发展计划执行情况报告、预算执行情况报告和审计工作报告及审议意见，国务院对审议意见研究处理情况或者执行决议情况的报告，向全国人大代表通报并向社会公布。国民经济和社会发展五年规划经全国人大批准后，在实施的中期阶段，国务院应当将规划实施情况的中期评估报告提请全国人大常委会审议，等等。全国人大常委会《关于加强经济工作监督的决定》中规定，经济运行发生重大变化时，国务院应当向全国人大常委会报告，作出说明。全国人大常委会应当对国民经济和社会发展计划安排的国家重点建设项目，可以根据需要听取国务院的工作汇报，进行监督。财政经济委员会应当在4月、7月和10月的15日前分别召开全体会议，听取国务院有关部门关于一季度、上半年、前三季度国民经济运行情况的汇报，并进行分析研究。专门委员会全体会议审议讨论本决定所列事项时，国务院有关部门应当根据要求，及时提供相关的信息资料及说明，并派有关负责人到会，听取意见，回答询问。专门委员会在召开全体会议听取国务院有关部门汇报后提出的意见和建议，应当报告委员长会议，由委员长会议审议决定是否批转国务院及其有关部门研究处理，并将结果报告全国人民代表大会常务委员会，等等。全国人大常委会《关于加强中央预算审查监督的决定》中规定，中央预算超收收入可以用于弥补中央财政赤字和其他必要的支出。中央预算执行过程中，需要动用超收收入追加支出时，应当编制超收收入使用方案，由国务院财政部门及时向财经委员会和预算工作委员会通报情况，国务院应向全国人大常委会作预计超收收入安排使用情况的报告。中央决算草案应在全国人大常委会举行会议审查和批准的一个月前，提交财经委员会，由财经委员会结合审计工作报告进行初步审查。经委员长会议专项批准，预算工作委员会可以对各部门、各预算单位、重大建设项目的预算资金使用和专项资金使用进行调查，政府有关部门和单位应积极协助、配合，等等。《审计法》第一章“总则”中规定，国务院应当每年向全国人大常委会提出审计机关对预算执行和其他财政收支的审计工作报告。审计工作报告应当重点报告对预算执行的审计情况。必要时，全国人大常委会可以对审计工作报告作出决议。国务院应当将审计工作报告中指出的问题的纠正情况和处理结果向全国人大常委会报告，[①]等等。

这里应指出的是，笔者认为，全国人大如果制定“控制宏观调控权的基本法”——宏观调控基本法，除了应明确规定最高国家权力机关——全国人大及其常委会是宏观调控监督权的主体，并且将最高人民检察院增加规定为宏观调控监督权的主体之外[②]，还有必要根据宏观调控监督权行使的正当性要求，[③] 以上述涉及“控制宏观调控监督权行使”的“规范性文件”为基础，充分吸收有关行政公诉研究的理论成果，规定更加详细的“宏观调控监督权行使的程序规范”，进而通过构建一种“宏观调控监督权行使的制度”，实现对于宏观调控监督权行使的法律控制。

三、宏观调控监督权违法行使的责任追究

一般来说，法理学意义上的法律责任，是一种由于违反了相关法律义务（法定义务和约定义务）或基于特定的法律联系，有责主体应受谴责而必须承受的法律上的不利负担。因此，从法理学意义上而言，所谓“宏观调控监督权违法行使之责任”，作为一种法律责任，是指由于违反了有关法定义务（职责），行使宏观调控监督权的权力主体——全国人大及其常委会，应受到谴责，并且必须承受的法律上的不利负担；而所谓“宏观调控监督权违法行使之责任追究”，实际上也就是将“宏观调控监督权违法行使之责任”这一法律责任，从必为状态转变为应为状态，同时也使其作为一种特殊法律关系而得以消灭。

当前，对于“全国人大及其常委会违反法律（包括违反宪法，下同），行使宏观调控监督权是否承担相应的法律责任（包括宪法责任，下同）”这一问题，学界大致存在两种观点：第一种观点认为，全国人大及其常委会违反法律行使宏观调控监督权不应当承担相应的法律责任；第二种观点认为，全国人大及其常委会违反法律行使宏观调控监督权应当承担相应的法律责任，但是应当免责。有学者曾经指出：“法律责任的免责，是指责任主体的侵害行为符合法律责任的构成要件，应当承担法律责任，但是由于符合法律的特别规定，而可以免除或者部分地免除其责任。免责以应当承担法律责任为前提，它不同于无责任。”[④] 因此，这种“全国人大及其常委会免责”的观点，与第一种观点，亦即“全国人大及其常委会不应当承担相应的法律责任”的观点是不同的。笔者认为，这两种观点是值得商榷的，全国人大及其常委会违反法律行使宏观调控监督权，应当承担相应的法律责任，并且不能免责。

详言之，如果从理论上进行分析，全国人大及其常委会违法行使宏观调控监督权，之所以应当承担相应的法律责任，其原因主要可以归纳为以下三个方面：第一，法理学意义上的法律责任，是一种由于违反了相关法律义务（法定义务和约定义务）或基于特定的法律联系，有责主体

① 有学者指出：“人大常委会听取和审议审计工作报告，在法律上具有多方面的积极意义。第一，审计机关设置于行政序列、审计工作在政府首长领导下的行政型审计监督制度，与向人大常委会定期报告审计工作并接受监督相结合，形成了新的工作格局。第二，对审计工作报告的审议，虽有监督审计工作的含义，但更主要的是通过这一形式监督本级政府预算执行和其他财政收支情况，增强审计监督的权威性，增强预算执行的严肃性。第三，人大常委会听取和审议审计工作报告，与每年审查和批准决算的工作相结合，突出了审计工作的针对性，同时也使人大常委会对决算的监督更有力度。”（前揭，杨景宇书，107页。）

② 我国有必要建立一种特别宏观调控行政诉讼制度，将最高人民检察院规定为宏观调控监督权的主体，以解决全国人大及其常委会作为“会议制”机关难以对国务院宏观调控执行权的行使进行日常性监督的问题。

③ 要实现宏观调控监督权行使的正当性，亦即使得宏观调控监督权行使的过程本身，达致正确性的标准；必须使得宏观调控监督权的行使程序，至少符合“参与性”、“中立性”、“公开性”这三项最低限度的要求。

④ 朱景文主编：《法理学》，489页，中国人民大学出版社，2009。

应受谴责而必须承受的法律上的不利负担。有的学者曾指出：按照一般的法理来分析，只要违反法定义务，就应当承担否定性的法律后果，就应当有所谓第二性的义务存在。[①] 因此，根据法理学意义上法律责任的含义，所有国家机关只要违反了法定义务，都应当承担法律责任。我国的全国人大及其常委会作为我国的最高国家权力机关，并不在“国家机关”之外——当然也属于一种“国家机关”。所以，我国的全国人大及其常委会，如果违法行使宏观调控监督权——“违反了法定义务”，理所当然必须承担相应的法律责任。第二，有学者曾经指出：让国家权力受到某种超越性规范的约束，避免法律实证主义的弊端，使社会正义以及基本人权的理念，在现实的制度安排中得以具体化，是宪政的主题。[②] 因此，从宪政理念上来说，“任何国家机关违法行使国家权力，都必须承担相应的法律责任”；即使是立法机关“对于人民的生命和财产不是，并且也不是绝对专断的”；[③] 而我国的最高国家权力机关——全国人大及其常委会，如果违法行使宏观调控监督权，当然也不能例外。第三，毋庸讳言，宏观调控监督权较传统国家权力——行政权、司法权而言，具有在更大范围、更大程度上合法地侵害社会主体经济权利的能力。全国人大及其常委会作为我国的最高国家权力机关，如果违法行使宏观调控监督权，必然会使得相当范围内社会主体合法的经济权利受到相当程度的非法损害；而倘若在此情况下，全国人大及其常委会又不承担相应的法律责任，那么相当范围内的社会主体在其合法的经济权利受到非法损害之时就不能得到相应的法律救济。诚如罗马法谚语所言“有救济才有权利”，反过来“无救济即无权利”，[④] 法律救济的存在是人权保障的基本要求——从人权保障的意义上来说，为了使得我国的社会主体在其合法经济权利受到非法损害之时能够得到相应的法律救济，我国最高国家权力机关——全国人大及其常委会在违法行使宏观调控监督权之后，也是应当承担相应的法律责任的。

这里应当说明的是，如果对《宪法》进行分析，同样也能够得出“全国人大及其常委会违反法律行使宏观调控监督权，应当承担相应的法律责任”的结论。例如，《宪法》第5条第4、5款规定：“一切国家机关和武装力量、各政党和各社会团体、各企业事业组织都必须遵守宪法和法律。一切违反宪法和法律的行为，必须予以追究。任何组织或者个人都不得有超越宪法和法律的特权。”而根据《宪法》第57条的规定，全国人大是最高国家权力机关，全国人大常委会是其常设机关[⑤]——全国人大及其常委会“当然也不在一切国家机关之外”。因此，全国人大及其常委会并没有超越宪法和法律的特权，必须遵守宪法和法律，其“一切违反宪法和法律的行为，必须予以追究”。当然，也正因为如此，根据《宪法》的这一规定，全国人大及其常委会违反法律行使宏观调控监督权，应当承担相应的法律责任。与此同理，《宪法》第41条第3款规定：“由于国家机关和国家工作人员侵犯公民权利而受到损失的人，有依照法律规定取得赔偿的权利”；因此，“由于全国人大及其常委会侵犯公民权利而受到损失的人，有依照法律取得赔偿的权利”。根据《宪法》第41条中的这一规定，同样能够推导出“全国人大及其常委会违反法律行使宏观调控监督权，应当承担相应的法律责任”的结论。再者，《宪法》第3条第2款规定：“全国人民代表大会……由民主选举产生，对人民负责，受人民监督。”如果对这一《宪法》规定进行学理解释，那么这里《宪法》所规定的“全国人民代表大会”应当“对人民负责”，显然包括了“对人民负法律之责——法律责任”的含义。据此，根据《宪法》第3条的这一规定，全国人大及其常委会

① 张文显著：《法学基本范畴研究》，187页，中国政法大学出版社，1993。

② 季卫东：《合宪性审查与司法权的强化》，载《中国社会科学》2002年第2期。

③ ［英］洛克著，叶启芳、瞿菊农译：《政府论（下篇）》，83页，商务印书馆，1984。

④ 杨三正著：《宏观调控权论》，196～197页，厦门大学出版社，2007。

⑤ 所谓“常设机关”，就是在全国人大闭会期间持续开展工作和活动的机关。它不是一个独立的机关，而是全国人大的一部分，在全国人大闭会期间代行全国人大的职责。

违反法律行使宏观调控监督权，显然也是应当承担相应的法律责任的。这里有必要强调的是，《宪法》和法律之中没有“全国人大及其常委会违反法律行使权力可以免责”的规定，因此，全国人大及其常委会违反法律行使宏观调控监督权，应当承担相应的法律责任，不能免责。

总而言之，根据《宪法》的规定，全国人大及其常委会作为最高国家权力机关、最高国家权力机关的常设机关，也要遵守法律，它们的权力也不是没有边界的。我国如果制定宏观调控基本法，有必要进一步明确规定全国人大及其常委会违法行使宏观调控监督权，应当承担相应的法律责任。同时，我国所制定的宏观调控基本法，还应当明确规定全国人大及其常委会违法行使宏观调控监督权，所应承担的法律责任的“构成要件”：第一，责任主体即担责主体是全国人大及其常委会。[①] 第二，责任主体即全国人大及其常委会存在违反宪法和法律义务的宏观调控监督行为。第三，责任主体即全国人大及其常委会违反法律义务的宏观调控监督行为，造成了相当范围内社会主体合法的经济权利遭受了非法损害。第四，责任主体即全国人大及其常委会违反法律义务的宏观调控监督行为与相当范围内社会主体合法的经济权利所遭受的损害之间，存在着法律上的因果关系，等等。

此外，我国所制定的宏观调控基本法，除了应当明确宏观调控监督权违法行使之责任的认定和归结，应当符合“法定性”、“因果性”、“相称性”三个方面的基本要求之外，还应当规定法律责任的形式。但是，正如有的学者所言：“有时，责任主体以主动的行为承担了法律责任，就不会再受到法律制裁。例如，合同的违约方根据对方的要求，主动采取了补救措施，赔偿了对方的损失或支付了违约金，就无需加以法律制裁。所以不能把法律制裁与法律责任相混淆。”[②] 我国所制定的宏观调控基本法应当规定“全国人大及其常委会自行承担法律责任”；因为，在我国最高国家政权机构之中，不存在一个其他的具有追究最高国家权力机关——全国人大及其常委会，违法行使宏观调控监督权法律责任之权力的“特定的国家机关”。

① 由于我国《宪法》第75条规定，全国人大代表在全国人大各种会议（包括全国人大常委会的各种会议）上的发言和表决，不受法律追究；因此，“全国人大代表以及全国人大常委会委员”不是宏观调控决策的法律责任主体。

② 徐永康主编：《法理学》，419页，上海人民出版社，2004。

经济发展方式转变背景下区域金融协调发展法律制度研究

马洪雨*

目　次

一、经济发展方式转变与区域金融协调发展的关系

（一）国家战略层面的分析

我国《国民经济和社会发展第十二个五年规划纲要》中明确指出“加快转变经济发展方式”是我国未来五年国民经济和社会发展的主线，为了实现这一目标，将“促进区域协调互动发展”等十个方面作为党中央的重大政策导向，提出要充分发挥不同地区的比较优势，促进生产要素合理流动，深化区域合作，推进区域良性互动发展，逐步缩小区域发展差距。① 金融在现代经济增长中，特别是资源配置、风险管理、信息提供等方面发挥着重要的核心作用，现代市场经济发展的最主要方面体现在金融发展上。金融在支持区域经济发展中发挥了重要作用，不仅将经济的区域性特点直接反映出来，同时金融的区域化运行很大程度上决定着经济发展的区域性的实现。近年来，中国区域金融发展呈现非均衡状态。我国东、中、西部金融结构存在的明显差异导致各地发展差距加大。过大的区域金融发展差异必然会加剧区域经济增长的不平衡，对区域协调互动发展战略的实施必将形成巨大障碍，将直接影响到经济发展方式的转变。为此，促进区域金融协调发展，充分利用各个不同区域的资源以及资金优势，以此推进金融与区域经济共赢发展，对于促进区域协调互动发展、加快转变经济发展方式具有重要的理论价值与现实意义。

（二）经济学层面的探讨

关于金融发展与经济增长的关系，中外经济学理论界已经证明金融体系的发展可以提高经济

* 上海财经大学博士后。

① 《中华人民共和国十二五规划纲要》，13～14页，人民出版社，2011。

体系中的信息透明度和降低交易成本，通过进一步提高金融市场的配置功能以实现储蓄等资源在高运行效率与高回报产业部门间的配置，促进技术进步、产业结构升级以及生产率的提高，保证实体经济的可持续增长。① 中国区域经济发展不平衡，且区域金融发展水平也参差不齐。因此在区域层面上二者的关系也成为研究的焦点。现有研究主要集中在两个方面：一是大多数文献以全国为研究对象，研究各区域金融发展对区域经济增长影响的差异。结果表明：我国东、中、西部金融发展对经济增长均有促进作用，但作用大小有区别。二是部分文献以某省或市为研究对象，结果表明：金融促进区域经济增长的效应在省或市的区域存在差异，或正向影响，或负向影响，或影响较小。② 虽然学者们的研究结论不尽一致，但不可否认的是：区域金融发展对区域经济增长确实存在差异性影响，区域金融的非均衡发展，必然会加剧区域经济的失衡格局，两者相互影响。具体而言，一方面，金融对区域经济的主动性作用越来越明显，金融通过以下传递机制对区域经济增长起到重要作用：金融活动影响储蓄和投资，储蓄和投资影响资金流量结构，再影响生产要素的区域分配结构，最终影响到区域经济增长。另一方面，区域经济的差异直接形成了区域金融活动的差异。在经济货币化金融化的进程中，金融的增长常常具有一定的超前性，在货币化、金融化发展较早的地区，该区域的经济增长就能够获得更大的金融支持，从而发展就更快。因此，“在许多情况下，金融相对地处于支配性的地位。区域经济的差异，常常与区域金融发展有着直接的关系。”③

二、我国区域金融失衡的表现形式

改革开放以来，在市场机制的作用下，基于市场基础、原始积累和区位优势等因素的不同，我国地区经济发展差距迅速扩大，形成了东部、中部、西部、东北等经济带，④ 不同经济带之间的金融发展也存在很大差距。根据中国人民银行发布的《2010 年中国区域金融运行报告》显示：我国区域金融失衡仍然存在，主要表现在以下方面：

（一）金融发展水平不平衡

根据区域经济学的理论，区域金融发展水平的差异可以通过区域金融机构本外币存贷款余额、外币存款余额占本外币存款余额的比重、贷款存款比等指标反映。2010 年年末，东部、中部、西部和东北地区本外币各项存款余额分别为 42.3 万亿元、10.9 万亿元、12.6 万亿元和 5.1 万亿元。本外币各项贷款余额分别为 29.4 万亿元、7.1 万亿元、8.8 万亿元和 3.4 万亿元。东部、中部、西部和东北地区金融机构本外币各项贷款余额占全国贷款余额的比重分别为 60.2%、14.6%、18.1%和 7.0%。金融机构贷款主要集中在东部地区。东部地区外币存款在本外币各项存款中的比重明显高于其他地区，反映出东部地区经济外向度较高。东部、中部、西部和东北地区金融机构本外币贷款存款比分别为 69.5%、65.1%、69.8%和 66.7%，反映出东部和西部金融机构将储蓄转换为贷款的效率较高（见表 1）。

---

① 罗文波、张祖国：《金融体系发展、金融结构深化与经济增长——基于 63 个国家样本的面板协整分析》，载《经济与管理研究》2010 年第 6 期。

② 黄桂良：《国内外区域金融差异研究综述与简评》，载《区域金融研究》2010 年第 7 期。

③ 陈志福：《浅析我国区域金融发展差异及对策》，载《商业时代》2006 年第 6 期。

④ 东部地区 10 个省（直辖市），包括北京、天津、河北、上海、江苏、浙江、福建、山东、广东和海南；中部地区 6 个省，包括山西、安徽、江西、河南、湖南和湖北；西部地区 12 个省（自治区、直辖市），包括广西、重庆、四川、贵州、云南、西藏、陕西、甘肃、青海、宁夏、新疆和内蒙古；东北地区 3 个省：黑龙江、吉林、辽宁。本部分数据来源：《2010 年中国区域金融运行报告》，http://www.pbc.gov.cn/image_public/UserFiles/zhengcehuobisi/upload/File/2010 年中国区域金融运行报告主报告.pdf，访问日期：2011－07－05。

表 1　2010 年年末金融机构本外币存贷款余额地区分布　　（单位:%）

	东部	中部	西部	东北	全国
本外币各项存款	59.7	15.3	17.8	7.2	100
其中：外币存款	82.5	4.8	6.0	6.7	100
本外币各项贷款	60.2	14.6	18.1	7.0	100
其中：外币贷款	85.3	4.9	5.4	4.4	100

（二）金融机构区域分布不平衡

2010 年年末，全国各地区银行业金融机构①网点共计 19.5 万个，从业人员 308 万人，资产总额 88.8 万亿元。分地区看，东部地区银行业金融机构网点个数、从业人员和资产总额在全国占比最高（见表 2），其中，广东、北京、江苏、上海、浙江和山东银行业资产总额合计在全国占比超过半数。同期，全国共有 27 个省份有外资银行入驻，外资银行资产的 94.4% 集中在东部。西部地区对外资银行的吸引力增强，西部地区外资银行资产总额和机构网点数占比均较上年有所提高。全国农村信用社、农村合作银行及农村商业银行等农村合作金融机构资产中的 50.3% 集中在东部。

各地证券机构和保险公司等非银行金融机构的区域分布同样呈现不均衡状态。其中，2010 年年末全国共有证券公司 106 家、基金管理公司 63 家、证券投资基金 704 只。分地区看，基金公司仍集中分布在东部和西部地区，其中，东部地区 60 家，西部地区 3 家（见表 3）。2010 年年末，我国共有保险法人公司 146 家，比上年增加 8 家；保险专业中介机构 2550 家，兼业代理机构 19 万家，营销员 330 余万人。东部地区保险法人总部数量占全国的 85.4%，集中度继续提高（见表 4）。

表 2　2010 年年末银行业金融机构地区分布　　（单位:%）

	营业网点			法人机构
	机构个体占比	从业人数占比	资产总额占比	个数占比
东部	39.5	44.0	60.5	29.4
中部	23.6	21.0	14.8	20.9
西部	27.0	23.9	17.5	41.4
东北	9.9	11.1	7.3	8.4
合计	100	100	100	100

表 3　2010 年年末证券业金融机构地区分布　　（单位:%）

	东部	中部	西部	东北	全国
总部设在辖区内的证券公司数	66.7	11.1	16.7	5.6	100
总部设在辖区内的基金公司数	96.9	0.0	3.1	0.0	100
总部设在辖区内的期货公司数	68.7	11.7	11.0	8.6	100

① 全国各地区银行业金融机构包括国家开发银行和政策性银行、国有商业银行、股份制商业银行、城市商业银行、农村商业银行、农村合作银行、城市信用社、农村信用社、邮政储蓄银行、外资银行和非银行金融机构。各地区金融机构汇总数据不包括国家开发银行和政策性银行、国有商业银行、股份制商业银行等金融机构总部的相关数据。

表4 2010年年末保险业金融机构地区分布 （单位:%）

	东部	中部	西部	东北	全国
总部设在辖区内的保险公司数	85.4	3.1	6.3	5.2	100
其中：财产险经营主体数	78.6	4.8	9.5	7.1	100
寿险经营主体数	86.8	2.6	5.3	5.3	100
保险公司分支机构	49.4	18.2	24.0	8.4	100
其中：财产险公司分支机构数	46.3	19.0	27.0	7.7	100
寿险公司分支机构数	50.0	18.3	22.3	9.5	100

（三）区域金融市场发育程度不均衡

根据期限特征，金融市场一般包括货币市场和资本市场。就货币市场而言，东部地区发展很快，中西部地区在市场规模、交易工具、市场主体等方面都较落后。从资金流向看，2010年年末货币市场的资金流向仍然呈现东部地区向其他地区流动的态势。东部地区净融出资金15.0万亿元，其中北京和上海为全国主要资金净融出地，中部地区资金需求增长，净融入9.9万亿元。西部和东北地区资金净融入规模分别为2.5万亿元和2.6万亿元。

资本市场的区域差异更为突出，可以通过区域上市公司数量和股票筹资规模反映。截至2010年年末，我国境内上市公司总数（A、B股）2063家，东部、中部、西部和东北地区境内上市公司数量占全国的比重分别为62.4%、15.2%、16.4%和6.1%（见表5），东部地区上市公司数量仍占全国的一半以上。股票市场筹资规模大幅增加，全年沪、深A股市场累计筹资8955亿元，其中北京、广东、上海筹资额居前三名，合计占当年国内A股筹资总额的一半。2006年至2010年，北京一直位于中国资本市场A股市值排名第一。在保险市场中，2010全年实现保费收入1.5万亿元，东部、中部、西部和东北地区保费收入占全国比重分别为54.6%、19.2%、18.0%和8.2%。广东、江苏、山东三个省保费收入超过千亿元。保险密度东部地区高于中西部地区，保险密度最高的5个省份均在东部地区。

表5 2010年年末各地区证券业分布 （单位:%）

	东部	中部	西部	东北	全国
年末境内上市公司数	62.4	15.2	16.4	6.1	100
年末境外上市公司数	71.6	10.8	7.8	9.8	100
当年国内股票（A股）筹资额	74.0	11.5	10.1	4.4	100
当年发行H股筹资额	52.7	15.5	27.8	4.0	100
当年国内债券筹资额	74.1	11.0	11.4	3.5	100

三、我国区域金融失衡的原因分析

（一）引发区域金融失衡的外生性制度和政策原因

从理论上讲，决定区域金融差异形成和变化的根本因素应该是地区经济市场化水平差异等内生因素，而制度和政策等外生性因素则是辅助性因素。但基于转轨经济的特殊性，我国区域金融差异无疑更多的决定于政府的外部制度和政策安排。由此可见，我国区域金融差异的形成具有很强的外生性，政府行为和国家政策自然也就成为我国区域金融差异形成制度诱因分析的重点。

第一，中央政府行为与地方政府行为引发的区域金融失衡。改革开放以来中央政府非平衡发展战略引发了区域金融制度的差异。20 世纪 80 年代，中央政府打破地区经济发展均衡，实施以梯度发展为指导思想的非均衡发展的战略，鼓励和支持东部沿海地区率先发展，通过对东部地区实施倾斜的财税政策、新兴金融机构的审批与设置的优待、信贷资金的大量投放、实行有差别的股票筹资政策和有差别的利率政策等有区别的金融支持政策，使得金融资源不断向东部地区流动，该地区的金融机构与金融市场迅速发展，金融发展水平显著提高，中西部地区则逐渐落后，中国各地区的金融发展差距逐渐加大。改革以来，地方政府对区域金融的影响主要表现为：首先，制定区域发展综合规划、优化地区金融生态环境规划等从宏观上影响本地金融业的发展；其次，通过成立地方金融管理机构，一般称之为“金融工作办公室”加强对各地区的金融监管，加强地方政府和中央金融机构之间的沟通，制定本地金融发展规划，组织协调规范、整顿和维护本地金融秩序，防范化解地方金融风险，筹划、出台区域金融政策，制定区域金融制度，“实际上，地方政府金融办的作用将越来越重要，将成为规划地方经济发展的金融大管家、地方金融生态建设的组织者、金融产业布局的掌控人、地方金融监控的防火墙”。① 再次，是地方政府投融资平台的建立使得地方对资金需求加大，本地金融机构与地方政府的关系更为密切；最后，地方性金融机构中的人权、财权基本都受到地方政府的控制，地方财政一般都在城市商业银行中占有绝大部分，地方政府可以对其进行直接的管理。而且，目前一般不允许各地区的城市商业银行跨区设置分支机构，这就为地方政府管理与监督城市商业银行创造了更多的政策条件。② 总之，地方政府通过以上方式实施不同的干预政策，导致区域金融呈现非均衡状态。

第二，央行实施统一货币政策带来的区域金融失衡。从表面看，我国宏观调控决策主要侧重于全国平均水平，各地区间的金融制度基本上是一致的。央行行长周小川在接受中国金融网采访时也曾经坦言：典型的中央银行政策工具，比如利率、存款准备金率、公开市场业务、汇率，主要是为总量调节服务的，很难区别地区、行业结构。但是实际上，鉴于“经济较发达地区在中国经济中的举足轻重地位，我国宏观调控政策的制定更多的是以经济较发达地区的经济运行为参照系”③。由于金融结构在各地区间存在较大差异，统一金融宏观调控措施往往对区域金融发展产生迥异的影响，进而在不同区域经济环境中会产生强烈的不平等，并可能诱发地区经济、金融利益的冲突与摩擦，最终成为区域金融发展不平衡的重要原因之一。以信贷紧缩政策为例，由于融资渠道多、金融市场发育程度高，东部地区在银行收缩信贷时往往可以通过其他渠道获得资金，因而信贷紧缩政策对其经济发展的冲击相对较小。相反，由于融资结构单一，中西部地区资金来源主渠道依旧是银行信贷，因而信贷紧缩政策往往会对其经济发展产生巨大的冲击。由此可见，统一的宏观金融调控政策也会在一定程度上加剧我国区域金融发展的不平衡。④

（二）引发区域金融失衡的内生性因素

第一，地区经济市场化水平差异。率先改革的东部地区从市场化之初就努力构造金融活动与运行的市场经济基础，无论是经济运行体系还是金融运行体系的市场化程度都较中西部地区高，而且拥有相当程度的创新金融工具，金融机构创新意识相当高，积极开发新的金融产品。⑤ 从企业角度来看，其对拓宽融资渠道的要求非常强，不仅从银行等方面进行间接融资，并且在实践中

① 杨圣奎：《中国区域金融支持问题研究》，110～112 页，吉林大学博士学位论文，2010。

② 武志：《中国地方金融体系的改革与重构》，41～42 页，东北财经大学出版社，2006。

③ 巴曙松：《宏观金融调控工具效率问题研究》，载《金融与市场》1999 年第 6 期。

④ 崔光庆、王景武：《中国区域金融差异与政府行为：理论与经验解释》，载《金融研究》2006 年第 6 期。

⑤ 周立：《中国各地区金融发展与经济增长》，35～36 页，清华大学出版社，2004。

开拓融资途径，积极从资本市场等进行融资，加上其自身利用金融资源的成本消化能力不断增强，对金融资源的利用效率不断提高，从而使该地区形成了较强的资本积聚能力。中西部地区的经济发展水平、经济市场化程度和投资主体对融资成本的承受能力都比较弱，对金融资源潜在的需求未能转化为现实的需求，金融资源只能产生较低的利用效率。

第二，区域金融生态环境的差异。根据《中国城市金融生态环境评价报告》，金融生态环境是维护金融机构等主体正常经济金融活动的全部外部环境和条件的总和，包括经济环境、法规环境、政策环境、信用环境、市场环境、银行企业关系、社会中介机构、金融风险防范体系、金融创新和金融服务状况等，金融生态环境水平的高低直接影响到整个金融体系的建设和发展。构成金融生态环境的要素，按照重要性排序，具体排名为：法制、经济发展水平、金融部门的独立性、企业的诚信、地方政府的公共服务效率、社会诚信、中介服务、社会保障。① 区域金融生态环境的发展水平呈现较大的差异性，由此导致区域金融的失衡。

第三，金融微观主体的效率原则。一方面，商业银行和其他商业性非银行机构遵循效益原则，追求规模经济效应，在配置分支机构时大量积聚在东部地区；另一方面，金融机构在中西部地区的效益比较低下，导致大量的商业银行不愿意进入中西部地区，甚至退出中西部地区。另外，从金融资源中的货币、资本资源等的流动性、逐利性角度进行研究，货币资本等总是追求最大回报率，其总是由回报率低的地区流向回报率高的地区。由于东部与中西部区域间存在风险和收益的梯度差距，金融资源为获取较高的收益回报通过各种渠道从中西部市场转移到东部地区，这进一步加剧了东西部地区之间金融资源分布的差距。

四、区域金融协调发展的法律对策

鉴于引发区域金融失衡的原因包括外生性和内生性两种因素，以及所提建议的可操作性，首先，考虑到政府外部制度和政策安排对区域金融发展影响的重要性，应该从长期发展的角度从国家层面上制定一部关于区域金融协调发展的基本法，以此为中央、地方政府以及中央银行等主体的调控行为提供法律依据并规范其行使；其次，为了缩小区域金融生态环境等内生因素的差异，现阶段应该根据区域金融协调发展的要求，制定、修改和完善若干相关单行法律法规。

（一）长期法律对策

有学者曾经提议从区域整体协调发展的角度构建我国区域协调发展的基本法为国土开发整治法，认为区域协调发展的问题，其落脚点就是国家如何在其范围内综合开发利用及保护各种资源的问题，也就是国土开发整治问题。并提出该法的内容包括总则、各级国土开发整治的审议机关及其对有关国土开发整治问题的调查审议、开发整治计划的制定、计划的实施和附则等。② 对此，我们认为鉴于金融危机后区域金融协调发展对区域经济发展的实质性影响，有必要单独构建一部区域金融协调发展的基本法，名称为中华人民共和国区域金融协调法。根据《中华人民共和国宪法》和《中华人民共和国立法法》的规定，从立法权限划分的角度看，我国现行的立法体制是中央统一领导和一定程度的分权立法权限划分体制。基于法律保留原则的分析，制定统一的中华人民共和国区域金融协调法属于中央立法的权限范围，虽然能够全面系统地解决区域金融协调发展的法治基础问题，但在短期之内难以实现。

① 中国社会科学院金融研究所中国城市金融生态环境评价课题组：《中国城市金融生态环境评价报告》，《上海证券报》2005－10－15。

② 刘水林、雷兴虎：《协调发展立法的观念转换与制度创新》，载《法商研究》2005 年第 4 期。

中华人民共和国区域金融协调法包括如下内容：第一章总则，包括立法目的和法律原则，立法目的包括：为了缩小区域金融发展差距，明确各级政府和中央银行等机构在区域金融协调发展中的职责，促进区域协调互动发展，加快我国经济发展方式的转变，制定本法。法律原则包括：公平原则、区别对待原则和平衡协调原则；第二章是区域金融协调组织的法律地位和职责，该组织成员包括与区域金融协调有关的各级政府及相关部门负责人，主要职责是协调不同政府主体之间的利益冲突和区域金融政策整合；第三章是中央政府和地方政府在区域金融协调中的职权，包括中央政府制定区域协调发展的规划与政策、地方政府制定地区金融生态环境发展的综合规划和采取相关措施；第四章是央行分区域金融调控的职权，实行金融政策区域化，在不同区域实行适度差别的区域金融政策，赋予区域中央银行一定的区域金融政策调控权，为央行分区域的金融调控行为提供法律依据；第五章是法律责任；第六章是附则。通过基本法明确中央、地方各级政府以及央行等主体在促进区域金融发展方面的责任、权利和义务，并把目标和原则以法律的形式确定下来，既有利于中央政府据以对地区之间和部门之间的利益关系进行协调，也有利于各级政府明确在市场经济条件下政府在地区金融发展上应该做什么和不应该做什么。

（二）短期法律对策

第一，地方政府促进区域金融协调发展行为合法化的法律对策。从我国的区域实践来看，中央政策的最终实施者还是各级地方政府，各级地方政府影响区域金融发展的行为主要是通过制定区域发展综合规划、优化地区金融生态环境规划等途径，这些规划在现行法律框架下，缺乏坚实的法律依据。当前我国只有城乡规划和土地利用规划这两类规划类型具备法律上的明确授权。《中华人民共和国城乡规划法》、《城市规划编制办法》、《城市规划编制管理办法实施细则》等法律规范体系明确了各级各类城乡规划的法定主体、规划权限、规划编制程序、实施机制、法律责任等。这种规划被称之为“法定规划”。区域规划编制与实施的主体、途径、方法、程序、效力、法律责任等方面都欠缺法律的明确授权，区域政府主体具有较大的自由裁量权，跨行政区的各种规划类型也并不具有法律上的强制性和约束力。为此，可以考虑通过如下方式促使其合法化。首先，通过地方专门立法，推动区域规划的实施。对于规划地域属于省域范围内的区域规划，在区域规划编制制定之后，省一级人大可以单独制定区域规划的实施条例，赋予区域规划以法律地位，推进区域规划的实施。其次，通过地方分别立法，转化实施区域规划。对于跨省域的区域规划，在中央立法缺位的情况下地方政府并不能单方运用地方立法权为跨省的区域规划提供统一的法律依据。在此背景下，地方政府主体可分别制定地方性法规，将区域规划的内容转化为地方性法规，并各自在所辖行政区域内颁布施行。最后，地方政府完全可以通过政府规章或规范性文件的形式来转化区域规划的内容，为区域规划的实施提供相应的规范基础。这种实施途径是将区域规划的内容进行分解，转化到各地方政府或政府部门的行政管辖区域内加以实施。①

第二，加强中央银行区域金融调控的法律完善。在短期内难以制定中华人民共和国区域金融协调法的背景下，目前仍然可以通过如下途径完善中央银行区域金融调控。首先，不断提高中央银行的独立性。中央银行独立性的提高有利于提高货币政策的有效性和加强中央银行的区域金融调控。通过修改完善《中华人民共和国中国人民银行法》（以下简称《中国人民银行法》），确立中央银行独立性的法律地位。一是应重新定位中国人民银行与国务院的关系。具体来说，法律应确立人民银行货币政策制定的权利与独立地位，国务院通常情况下不得干预其货币政策与业务操作。明确人民银行独立制定和实施货币政策的职责与权利，同时赋予国务院在特定条件下干预货币政策的权利与程序。二是在人事安排方面，为降低中央政府通过人事安排对人民银行进行的控

① 李煜兴：《我国区域规划法治化的途径与机制研究》，载《河北法学》2009 年第 10 期。

制，可以考虑调整《中国人民银行法》的相关条款，延长行长及副行长的任期，至少应超过一届中央政府任期，以提高人民银行人事方面的独立性，改变中央政府与人民银行高管选任同步的现状。三是应加强全国人大及其常委会对货币政策的监督。可以考虑增设人民银行定期向全国人大及其常委会报告工作并接受其监督的义务与程序性规定，以便于全国人大及其常委会及时了解货币政策的制定和执行情况，及时行使监督权。① 其次，增强区域中央银行的自主性。《中国人民银行法》第十三条规定，中国人民银行对分支机构实行统一领导和管理。中国人民银行的分支机构根据中国人民银行的授权，维护本辖区的金融稳定，承办有关业务。因此，可以通过中国人民银行制定的部门规章的形式，在兼顾总体统一性与区域特殊性的原则下，赋予区域中央银行一定的地方金融政策制定权和调控权。其总体原则是中央银行总行对利率、贴现率和存款准备金率等货币政策工具规定基准水平和浮动幅度和区间，而对利率、贴现率和存款准备金率等货币政策工具在各区域不同时期的具体水平，则由各区域中央银行根据区域经济金融发展程度来确定。各区域中央银行能够根据区域经济发展要求，在资金额度、利率最高上限以及区域所需金融服务等方面行使一定的调控权和处理权。

第三，促进区域金融生态环境优化的相关法律建议。有关金融生态环境的法律非常广泛，但与金融发展密切相关的法律主要包括三个方面，即维系金融市场正常运作的金融监管法律规范、各种民商事法律规范和打击金融犯罪的刑事法律规范。后两者是金融部门赖以生存和发展的外部环境，一定程度上决定了金融法治的持续性和有效性。相关立法的缺陷，必将直接影响到我国区域金融生态环境的优化。尽管我国金融法治的外部法律环境在逐步改善，但仍然存在如下不足：一是破产法不适应社会主义市场经济发展的要求，无法对债权人进行有力保护。二是社会失信惩戒机制与征信立法缺失。当前，社会上以非法占有为目的、通过提供虚假信息而进行金融诈骗和不以非法占有为目的，但通过有意提供虚假财务资料为企业利益骗贷的现象比较严重。加之我国征信体系建设滞后，严重制约了对失信行为的惩戒。培育全社会的信用文化和加强征信立法已成为打击金融欺诈的当务之急。三是《金融机构撤销条例》亟待修改。四是刑事法律制度对金融犯罪的打击力度不够。五是银行处置不良资产缺乏良好的法律环境。针对上述问题，应该从五方面入手加以解决：健全基本民商事法律制度、建立健全金融机构市场化退出法律机制、培育全社会良好的信用文化、加大对银行业犯罪的打击力度、加强金融创新方面的立法。

① 张细松：《中央银行区域金融调控研究》，载《金融教学与研究》2010年第6期。

我国宏观调控法研究的回顾与展望

范水兰*

目　次

作为规范宏观经济调控关系的法律制度，宏观调控法是经济法体系中最基本和最具特色的子部门法之一。宏观调控法侧重于对宏观调控手段的规范，主要由计划调控法、产业调控法、金融调控法、财政调控法、税收调控法和价格调控法等构成。宏观调控法学从产生、发展到日臻成熟，三十多年的发展历程与我国经济体制改革和宏观调控实践息息相关。一方面，经济体制改革和宏观调控实践的发展为宏观调控法学的产生和发展奠定了坚实的基础；另一方面，宏观调控法学的发展促进了经济体制改革和宏观调控的完善。

一、中国宏观调控法研究的历程回顾

回顾中国宏观调控法研究从1978年到2012年的发展历程，以1993年"完善宏观调控"写入宪法和2001年"国家宏观调控的法律"在全国人大常委会的工作报告中被列入"经济法"部门为界，我国宏观调控法学的发展大致可以划分为以下三个时期。

（一）1978—1992：宏观调控法研究初创时期

我国真正意义上的宏观调控法研究始于20世纪80年代初，在计划经济体制向有计划的商品经济转变的时代背景下，我国开始了宏观调控实践的探索。这一时期的宏观调控立法不仅很少，而且既有立法的层次不高、内容粗糙，主要有《中华人民共和国个人所得税法》（1980，全国人大）（以下简称《个人所得税法》）、《关于中国人民银行专门行使中央银行职能的决定》（1983，国务院）、《银行管理暂行条例》（1986，国务院）、《国务院关于当前产业政策要点的决定》（1989，国务院）等。这一时期宏观调控法研究的总体特点是宏观调控法基本理论研究较少，宏观调控具体立法的研究相对比较活跃。

在宏观调控法基本理论研究方面，主要围绕宏观调控法律机制的建立、宏观调控法律体系的

* 西南政法大学讲师，法学博士。

完善、宏观调控立法原则等问题展开研究。其中关于建立宏观调控法律机制的必要性，学界主要从商品经济的客观要求、宏观经济自身的特性、反思宏观调控存在的问题以及破除宏观调控人治现象严重等角度来论证。①

在宏观调控法律制度研究方面，计划法、中央银行法和预算法是这一时期研究的三大热点，学者们侧重于论证这三大领域立法的必要性和紧迫性、立法的指导思想和原则、立法的基本内容等方面。例如，有学者在反思新中国成立三十年来我国经济建设中正反两方面的经验教训基础上，提出尽快制定国民经济计划法是当务之急。② 又如，有学者针对当时银行立法缺乏内在有机联系以及明显落后于经济发展形势的状况，提出要进一步完善中央银行立法，颁布单行的《中央银行法》。③ 又如，有学者认为近年来的经济动荡和恶性通货膨胀与预算立法不完善有关，目前我国预算存在着预算法律约束淡化、无视预算观念的问题，应尽快制定一部完备的预算法。④ 此外，税收调控法⑤、产业调控法⑥和价格调控法⑦等也纳入了学者的研究视野。

（二）1993—2000：宏观调控法研究的发展时期

1992 年我国确立了建立社会主义市场经济体制的目标，在新经济体制下，宏观调控立法的进程明显加快，1993 年宪法修改增加了一条规定“国家加强经济立法，完善宏观调控”，这是我国法律上第一次使用“宏观调控”这一术语。此后我国相继出台了《中华人民共和国预算法》（1994，全国人大）（以下简称《预算法》）、《中华人民共和国中国人民银行法》（1995，全国人大）（以下简称《中国人民银行法》）、《中华人民共和国价格法》（1997，全国人大）（以下简称《价格法》）等重要的宏观调控法律。宪法的修改、宏观调控立法的加强和宏观调控实践经验的丰富，为这一时期宏观调控法学的发展提供了坚实的现实基础，中国宏观调控法学由此获得了快速的发展。这一时期，不仅研究宏观调控法的论文较多，出版了不少宏观调控法方面的专著⑧，而且大多数经济法教材都把宏观调控法作为基本组成之一，此外还出版了专门的宏观调控法教材⑨；学界对宏观调控法的基本理论问题的研究从本体论逐步扩展到了价值论和规范论等领域，对宏观调控具体法律制度的研究赋予了极大的热情，呈现出反思性、注释性和批判性三大特征。

在宏观调控法基本理论研究方面：首先，从本体论研究来看，学界主要围绕宏观调控法治化，宏观调控法的定义、特征、体系和功能等方面展开研究。以宏观调控法治化的研究为例。鉴于政府在宏观调控方面失职、失误、失效以及缺乏责任追究和监督的状况，经济法学界普遍认为应当把宏观调控纳入法治轨道，使宏观调控法律化、制度化，因而关于宏观调控法治化的研究成果较多且研究较为充分，主要围绕法律在宏观调控中的作用和功能以及宏观调控法治化的含义、

---

① 参见李昌麒：《论社会主义经济宏观调控的法律问题》，载《现代法学》1990 年第 3 期；刘剑、郭锐：《论加强国民经济宏观调控的法律问题》，载《中国法学》1990 年第 2 期，等等。

② 参见严振生等：《计划立法势在必行》，载《政法论坛》1981 年第 1 期。相关文献：刘兴义：《改革和发展呼唤〈计划法〉出台》，载《法学杂志》1990 年第 6 期，等等。

③ 参见汪鑫：《完善中央银行立法的若干思考》，载《法学评论》1991 年第 2 期。相关文献：陈晓、吴春燕：《中央银行立法的几个问题探讨》，载《现代法学》1992 年第 8 期，等等。

④ 参见祁群：《国家预算法：经济增长的法律保障》，载《法学》1989 年第 6 期。相关文献：曹凤岐、顾志杰：《关于制定预算法的几个问题》，载《北京大学学报（哲学社会科学版）》1990 年第 1 期，等等。

⑤ 参见刘文彬、孙树明：《论运用税法调控经济运行》，载《法学杂志》1987 年第 6 期。

⑥ 参见肖乾刚等：《经济调整中的一项重要课题——建立产业政策法》，载《决策探索》1991 年第 1 期。

⑦ 参见冯心明、冯邦彦：《对制定价格法的探讨》，载《政治与法律》1986 年第 3 期。

⑧ 专著主要包括：王守渝、弓孟谦著：《宏观经济调控法律制度》，中国经济出版社，1995；陈晓著：《中央银行法律制度研究》，法律出版社，1997；李力著：《宏观调控法律制度研究》，南京师范大学出版社，1998；董进宇主编：《宏观调控法学》，吉林大学出版社，1999，等等。

⑨ 参见卢炯星主编：《宏观经济法》，厦门大学出版社，2000，等等。

原则和措施等方面展开研究。① 其次，从价值论研究来看，宏观调控法基本原则成为研究热点，学者们从不同角度提出了自己的看法，主要有有限干预原则、间接调控为主原则、合法原则、适度性原则等。② 最后，从规范论研究来看，有学者研究了宏观调控行为的特征、宏观调控法律关系、宏观调控权行使的范围和政府宏观调控相对方的权利等宏观调控法的规范论问题。③

在宏观调控法律制度研究方面：首先，学界对计划法的研究突出了反思性，经济法学界开始在市场经济条件下反思传统的计划法，围绕市场经济条件下计划法立法的必要性和紧迫性、计划与市场的关系、计划法的基本原则、计划立法的内容等问题展开争鸣和研究。④ 其次，学界对金融调控法的研究突出了注释性、批判性和比较性。经济法学界开始在市场经济体制下探讨金融调控法律制度的完善，其中中央银行的法律地位和独立性问题备受关注。学者们呼吁增强和保证中央银行的独立性，设立货币政策委员会，按经济区域设立中国人民银行的分支机构等。⑤ 这些建议大部分都被吸收进 1995 年新颁布的《中国人民银行法》中。该法颁布后，为了更好地宣传和贯彻该法，学界出现了对中央银行制度进行注释性研究的热潮⑥；与此同时，也有不少学者针对该法的不足展开了批判性研究和比较研究。⑦ 例如，有学者指出中央银行不应当承担金融监管职能，但中央银行与金融监管机构应保持紧密联系并相互协调。⑧ 此外，学界还对宏观调控基本法的制定⑨、产业调控法律制度⑩、财政调控法律制度⑪、税收调控法律制度⑫、价格调控法律制度⑬以及西部大开发法律问题⑭等展开了较多研究。

（三）2001—2012：宏观调控法研究的繁荣时期

2001 年全国人大常委会的工作报告将“国家宏观调控的法律”列入“经济法”的范畴，⑮ 明确了宏观调控法作为经济法子部门法的法律地位。这一时期，在中国加入 WTO、倡导科学发展观、构建和谐社会和转变经济发展方式的新时代背景下，在宏观调控立法方面，国家颁布了《中华人民共和国企业所得税法》（2007，全国人大）（以下简称《企业所得税法》）、《中华人民共和国车船税法》（2011，全国人大）等，修改了《中国人民银行法》（2003，全国人大常委会）等；

---

① 参见史浩林：《略论法律手段在国家宏观调控中的作用》，载《长白学刊》1994 年第 2 期；周永坤：《宏观调控法治化论纲》，载《法学》1995 年第 10 期，等等。

② 参见徐孟洲：《略论宏观经济调控法》，载《法学家》1994 年第 4 期。杨紫烜著：《经济法》，267～268 页，北京大学出版社，1999，等等。

③ 参见刘剑文、杨君佐：《关于宏观调控的经济法问题》，载《法制与社会发展》2000 年第 4 期。

④ 参见乔新生：《论市场经济条件下的计划法》，载《法律科学》1993 年第 4 期。孟庆瑜：《论现代市场经济条件下的计划与我国计划立法》，载《黑龙江政法管理干部学院学报》1999 年第 3 期，等等。

⑤ 参见冯中圣：《建立适应社会主义市场经济体制的中央银行制度》，载《宏观经济管理》1993 年第 10 期。鲁篱：《论中央银行的法律地位》，载《金融与经济》1994 年第 1 期，等等。

⑥ 参见刘定华：《〈中国人民银行法〉是建立强有力的中央银行宏观调控体系的重要保证》，载《中央政法管理干部学院学报》1995 年第 5 期，等等。

⑦ 参见江合宁：《中央银行法若干问题比较研究》，载《甘肃政法学院学报》1999 年第 1 期，等等。

⑧ 参见陆泽峰：《中央银行法律问题研究》，载《现代法学》1999 年第 4 期。

⑨ 参见张文显：《宏观调控及其政策与法律的思考》，载《中外法学》1994 年第 1 期。杨心明：《论宏观调控基本法》，载《政治与法律》1995 年第 2 期，等等。

⑩ 参见吕忠梅：《产业结构调节法初探》，载《法商研究》1994 年第 6 期，等等。

⑪ 参见郭凯峰：《论我国预算法中的预算制约机制》，载《河北财经学院学报》1994 年第 4 期。

⑫ 参见安体富：《实现税收宏观调控的制度保证》，载《涉外税务》1995 年第 5 期，等等。

⑬ 参见李书田：《试谈现行价格法规的缺陷及对策》，载《政法论丛》1994 年第 1 期，等等。

⑭ 参见李昌麒：《西部大开发与重庆法治建设》，载《现代法学》2000 年第 3 期。周友苏：《为西部大开发创建良好的法制环境》，载《经济体制改革》2000 年第 5 期，等等。

⑮ 参见李鹏：《全国人民代表大会常务委员会工作报告》，2001 年 3 月 9 日。

与此同时，宏观调控的深度和广度前所未有。这一时期，研究宏观调控法的论文和专著[①]不仅在量上超过了以往，而且各类以宏观调控法研究为主题的学术会议频繁召开，宏观调控法基本理论研究日益全面和深入，研究的范围包括了本体论、价值论、规范论、运行论、方法论和比较研究等各个层面，而宏观调控法律制度的研究则呈现出日趋理性化和细化的特征，开始注重对宏观调控领域重大现实问题展开回应性研究。

在宏观调控法基本理论研究方面：

从本体论研究来看，学界主要围绕宏观调控法治化、宏观调控的合法性以及宏观调控法的本质、特征、地位、调整方法、功能、理论基础和发展趋势等问题展开研究。其中，宏观调控法治化和宏观调控合法性两大问题备受关注。对于宏观调控法治化，赞同者居多[②]，质疑者亦有之。对于宏观调控合法性，有学者认为宏观调控权因其在根本上是人民的权力，因而仅具有法律上的合法性是不够的。宏观调控只有符合经济规律、符合国情民意，以保障社会公共利益和基本人权为目标，才是真正合法、有效的，才是具有各个方面的合法性的。[③]

从价值论研究来看，经济法学界在反思以往研究不足的基础上对宏观调控法基本原则进行了重新提炼，主要包括决策集权原则、权力制约原则、维护受控者权利原则、调控手段法治化原则、经济民主原则、社会整体利益平衡原则等。[④]

从规范论研究来看，主要围绕宏观调控权、宏观调控主体、宏观调控行为、宏观调控法律责任以及宏观调控法律关系等问题展开研究。其一，宏观调控权作为宏观调控法的基本范畴受到学者们高度关注，这方面的研究可谓“法味”十足且全面细致，主要探讨了宏观调控权的概念、来源、性质、配置、行使原则、独立性以及法定化运行等问题。[⑤] 其二，围绕宏观调控行为是否具有可诉性，学界展开了争鸣，主张不可诉性说的学者认为宏观调控行为属于决策行为和国家行为，具有不可诉性；[⑥] 主张可诉性说的学者则认为宏观调控行为具有不可诉性的观点在理论上因有悖于法治的基本理念而不合时宜，在实践中则可能因应人治的需要而十分有害，虽然要实现宏观调控的可诉性在目前还存在许多障碍，但宏观调控的可诉性是可以实现的。[⑦] 其三，学界围绕宏观调控法律责任的责任形式、承责主体、归责原则和法律构成要件等问题展开了研究。[⑧]

从运行论研究来看，宏观调控程序法问题开始受到学界的关注。有学者对宏观调控程序法治

---

① 专著主要包括：邱本著：《宏观调控法论》，中国工商出版社，2002；刘定华等著：《宏观经济法律制度研究》，人民法院出版社，2002；漆多俊著：《宏观调控法研究》，中国方正出版社，2002；刑会强著：《宏观调控权运行的法律问题》，北京大学出版社，2004；叶秋华等著：《西方宏观调控法与市场规制法研究》，中国人民大学出版社，2005；王建敏等著：《市场经济与宏观调控法研究》，经济科学出版社，2005，等等。

② 参见岳彩申：《经济发展方式转变中的宏观调控制度转型》，载《法商研究》2012年第2期；王新红：《转型时期宏观调控法治化的障碍及其实现路径》，载《中南大学学报（社会科学版）》2012年第1期；胡光志、靳文辉：《金融危机背景下对宏观调控法治化的再思考》，载《西南民族大学学报（人文社会科学版）》2011年第3期。

③ 参见张守文：《宏观调控权的法律解析》，载《北京大学学报（哲学社会科学版）》2001年第3期。

④ 参见李昌麒、胡光志：《宏观调控法若干基本范畴的法理分析》，载《中国法学》2002年第2期；谢增毅：《宏观调控法基本原则新论》，载《厦门大学学报（哲学社会科学版）》2003年第5期，等等。

⑤ 参见杨三正：《宏观调控权配置原则论》，载《现代法学》2006年第6期；张德峰：《宏观调控权的根源》，载《浙江学刊》2007年第1期；张辉：《宏观调控权法律控制之主要方式探讨》，载《法学》2010年第2期；侯怀霞：《论法律的边界——以央行的宏观调控权为例》，载《社会科学》2010年第12期；陈承堂：《宏观调控权是怎样生成的——基于罗斯福新政的考察》，载《中外法学》2011年第5期，等等。

⑥ 参见刑会强：《宏观调控行为的不可诉性探析》，载《法商研究》2002年第5期。

⑦ 参见胡光志：《论宏观调控行为的可诉性》，载《现代法学》2008年第2期。

⑧ 参见杨三正：《宏观调控决策法律责任探析》，载《政法论坛》2008年第3期；邢会强：《宏观调控权运行的法律问题》，北京大学出版社2004年版，第34页，等等。

化展开了思考[①]；有学者分析了最高法院在宏观调控中的角色定位问题[②]；有学者阐述了建立宏观调控法律监督与救济机制的现实意义与理论基础[③]；有学者研究了宏观调控行为的司法权保障问题[④]。

此外，有学者研究了经济发展方式转变中的宏观调控制度转型[⑤]；有学者专门就宏观调控法学的方法论问题展开研究[⑥]。

在宏观调控法基本制度研究方面：

第一，宏观调控法的制定是这一时期宏观调控立法研究的焦点。自20世纪90年代初学界有人提出制定一部宏观调控基本法以来，这一建议获得了大多数经济法学者的赞同。围绕宏观调控基本法制定的必要性和立法内容等，学者们纷纷提出自己的见解。2000年在重庆召开第八届全国经济法理论研讨会之后，经济法学界对宏观调控基本法的研究日渐升温。从2000年11月至2002年10月，有关宏观调控立法和理论方面的全国性研讨和学术交流会有近20次；在九届全国人大四次会议和五次会议上，部分经济法学者以人大代表的身份连续两次提出了关于制定宏观调控法的议案，产生了较大反响；[⑦] 经济法学者发表了许多关于制定宏观调控法的论文。在制定宏观调控法的研讨中，主要围绕制定宏观调控法的必要性和可行性、立法理念、基本框架和主要制度设计、宏观调控权的配置和行使、调控主体、调控手段、调控范围、法律责任等问题展开。

第二，金融调控法研究日益广泛和深入，研究的热点是增强中国人民银行独立性的法律保障问题和以完善央行职责为中心的《中国人民银行法》的修改问题。[⑧] 2003年我国修改了《中国人民银行法》，将原先由其承担的大部分金融监管职能剥离至银监会，仅保留必要的金融监管职能，从而强化了中国人民银行制定和执行货币政策的职能，但增强中国人民银行独立性的法律保障问题依然未能很好解决，因此经济法学界依然继续关注这一问题。[⑨] 此外，有学者认为中央银行制度发展的新主题是完善问责制。[⑩] 此外，学界还对金融调控法的调整对象、特征、体系、理论基础以及金融调控法律关系、金融宏观调控行为、金融宏观调控的权力分配与制约、金融调控法与金融监管法的关系等问题展开了研究。[⑪] 例如，有学者认为金融调控法应归宏观调控法体系，金融监管法应归市场规制法体系。[⑫]

第三，在财政调控法研究方面，随着《预算法》修改被全国人大常委会列入“十五”立法规

---

① 参见颜运秋、王力：《对宏观调控程序法治化的思考》，载《贵州警官职业学院学报》2004年第6期。

② 参见鲁篱：《论最高法院在宏观调控中的角色定位》，载《现代法学》2006年第6期。

③ 参见刘志云、郑鲁英：《建立宏观调控法律监督与救济机制的现实意义与理论基础》，载《广东行政学院学报》2003年第2期。

④ 参见靳文辉：《论政府宏观经济调控行为的司法权保障》，载《经济问题探索》2011年第9期。

⑤ 参见岳彩申：《经济发展方式转变中的宏观调控制度转型》，载《法商研究》2012年第2期。

⑥ 参见郑少华：《论宏观调控法的理论前提及方法》，载《东方法学》2008年第2期。

⑦ 2001年3月，在九届全国人大四次会议上，杨紫烜等4位领衔、100多位代表附署提出了4份《关于制定〈中华人民共和国宏观调控法〉的议案》，该议案参见杨紫烜主编：《经济法研究》（第2卷），北京大学出版社，2001；2001年7月，徐孟洲、卢炯星、郑少华等作为3个子课题的负责人，分别提出了一份《中华人民共和国宏观调控法》（试拟稿），后来在这3份试拟稿的基础上形成了一份质量较高的专家稿，作为立法议案提交2002年召开的九届全国人大五次会议讨论。

⑧ 参见朱大旗、邱潮斌：《关于中国人民银行与银监会职责分工的探讨——兼评〈中国人民银行法〉的修订与〈银行业监督管理法〉的制定》，载《甘肃政法学院学报》2004年第2期，等等。

⑨ 参见周仲飞：《论中央银行独立性的法律保障机制》，载《政治与法律》2005年第1期，等等。

⑩ 参见汪鑫：《中央银行制度发展的新主题：完善问责制》，载《武汉金融》2005年第6期。

⑪ 参见杨松：《金融调控的法律问题分析》，载《社会科学战线》2004年第6期；冯果、武俊桥：《超越局部与个体的经济法行为——以中央银行宏观调控行为为视角而展开》，载《法学杂志》2008年第3期，等等。

⑫ 参见刘志云、卢炯星：《金融调控法与金融监管法关系论》，载《西南政法大学学报》2005年第4期。

划，预算法修改成为了研究热点，围绕增设预算公开条款、完善预算编制程序、预算法对地方政府发行债券的禁止条款等预算法的修改课题，学界展开了较为充分的研究①。

第四，在税收调控法研究方面，学界围绕税收中性与税收调控的关系、税收调控合法性问题、税收调控法的基本原则、税法宏观调控功能、消费税宏观调控功能等问题展开了较为深入细致的研究②。例如，有学者认为税法分为财政税法、税收调控法和社会税法三大类，指出学界将税收调控法作为税法整体的一般性认识有误，税收调控法并非税法整体，而仅是税法的一部分③。

此外，学界围绕《价格法》的修改展开价格调控法研究④；土地宏观调控法律制度开始受到关注⑤；产业调控法的研究也日益深入⑥；计划调控法则因《中华人民共和国国民经济和社会发展第十一个五年规划纲要》（以下简称《“十一五”规划》）的出台而再掀波澜，围绕着《“十一五”规划》是否是法律以及它与计划法、经济法的关系，学界出现了争鸣。⑦

值得一提的是，这一时期学界针对中国加入 WTO、《“十一五”规划》、房地产热和全球金融危机等现象从宏观调控法角度展开了回应性研究。以房地产宏观调控为例，随着近年来房地产业价格的过快上涨和政府针对房地产市场的颇有争议的宏观调控措施的频频出台，经济法学界的许多学者围绕着房地产宏观调控的合法性问题、市场自治与宏观调控的关系问题、宏观调控法治化运行等问题从法学角度展开了回应性研究。早在 20 世纪 90 年代初我国出现“房地产热”以来，我国就有学者指出房地产市场的过热在很大程度上是由于忽视了房地产市场的宏观调控，对房地产业实行宏观调控将是国家的一个长期任务⑧。近年来，有学者认为房地产市场的宏观调控屡屡呈“非法化”的运行态势，是由于我们将宏观调控行为定性为国家行为以逃避司法审查以及由此所带来的宏观调控权限配置失当所致，而我国以经济增长为导向的一元化的住房发展模式则更使宏观调控失去了正确的方向，因此应重新厘定宏观调控行为的性质、设置宏观调控合法化运行的协调机构、建构以经济增长和民生为导向的二元化的住房发展模式是房地产市场宏观调控合法性的保障⑨。

二、中国宏观调控法研究的主要贡献

中国宏观调控法学三十多年的发展和理论创新对推进中国改革开放，促进社会经济转型，推

① 参见刘剑文、熊伟：《中国预算法的发展与完善刍议》，载《行政法学研究》2001 年第 4 期；李燕：《适时修改〈预算法〉的几点建议》，载《中央财经大学学报》2002 年第 1 期；邓淑莲：《地方政府该不该发债？——对〈预算法〉修订的一点思考》，载《上海财经大学学报》2008 年第 3 期；朱大旗：《从国家预算的特质论我国〈预算法〉的修订目的和原则》，载《中国法学》2005 年第 1 期，等等。

② 参见刘大洪、张剑辉：《税收中性与税收调控的经济法思考》，载《中南财经政法大学学报》2002 年第 4 期；阳东辉：《论优化税法宏观调控功能的路径》，载李昌麒主编：《经济法论坛》（第 6 卷），群众出版社，2008，等等。

③ 参见李刚：《论税收调控法与税法基本原则的关系》，载《厦门大学学报（哲学社会科学版）》2008 年第 3 期。

④ 参见韦大乐：《〈价格法〉的成效与完善建议》，载《法学杂志》2003 年第 4 期，等等。

⑤ 参见郭洁：《土地整理过程中宏观调控法律问题研究》，载《中国法学》2003 年第 6 期，等等。

⑥ 参见刘文华、张雪楳：《论产业法的地位》，载《法学论坛》2001 年第 6 期；叶卫平：《产业政策对反垄断法实施的影响》，载《法商研究》2007 年第 4 期，等等。

⑦ 参见李曙光：《用法治精神规划“十一五”》，载《南方周末》2006 年 2 月 16 日；薛克鹏：《论计划法的终结》，载《社会科学研究》2007 年第 3 期。

⑧ 参见李昌麒：《试论房地产市场宏观调控目标及其实现的法律保障》，载《中国法学》1994 年第 6 期。

⑨ 参见陈承堂：《宏观调控的合法性研究——以房地产市场宏观调控为视角》，载《法商研究》2006 年第 5 期。相关文献：符启林、罗晋京：《对房地产宏观调控的法律思考》，载《河南省政法管理干部学院学报》2007 年第 5 期；蒋大兴：《宏观调控行为的正当性分析——房地产市场的宏观调控与私人选择》，载李昌麒主编：《经济法论坛》（第 6 卷），群众出版社，2008；姚海放：《宏观调控抑或税收法治——论房产税改革的目标》，载《法学家》2011 年第 3 期，等等。

动国家经济立法，繁荣中国法学理论，构建具有中国特色的社会主义法律体系，指导法制实践，发挥了重要作用。

（一）丰富了法学和经济法学基本理论

1. 创新了法律与政策关系理论

在传统法学理论看来，法律与政策是界限分明的，政策仅仅是在法律没有规定的情况下起到补充作用，而且法律应不受或少受政策影响。但是在瞬息万变的经济领域，宏观经济政策的重要性和广泛的影响力日益凸显，因此需要重新审视法律与政策的关系。宏观调控法学率先打破了法律与政策不可逾越的界限，提出了将宏观调控政策的制定和实施纳入法治轨道的时代命题，论证了将宏观调控政策上升为法律的必要性和可行性，强调了法律对宏观调控政策制定与实施的规范和保障作用。这些认识扬弃了传统法学强调法律与政策的区别的观点，在注重法律与政策的互补与结合上做出了可贵探索，这无疑是对传统法律与政策关系的创新。

2. 丰富了传统法律责任形式理论

传统法学提出的法律责任形式一般包括民事责任、行政责任和刑事责任。宏观调控法学根据宏观调控行为的特点，提出了新的责任形式，如引咎辞职、罢免、弹劾等宏观调控决策失误责任形式，丰富了法律责任形式理论。

3. 丰富了法律调整方法理论

在传统法学视野中，一个法律部门一般只能采取同一种性质的手段调整社会关系。但是在宏观调控领域，单一的调整方法往往难以满足维护宏观经济秩序的需要，因此，宏观调控法学提出了包括利益诱导方法、计划指导方法和强行控制方法在内的多元调整方法，强调直接调整与间接调整相结合，强调经济的、刑事的、行政的和民事的调整方法的综合运用。这些理论一定程度上丰富了法律调整方法理论。

4. 推动了经济法可诉性理论研究

经济法学关于经济法是否具有可诉性的理论研究主要集中于宏观调控行为是否具有可诉性，宏观调控法学就宏观调控行为是否具有可诉性展开了较为充分的探讨，提出了宏观调控行为具有不可诉性的观点和宏观调控行为具有可诉性的观点，这两种针锋相对的观点碰撞必将推动经济法可诉性理论研究。

（二）促进了宏观调控法治化

1. 推动宏观调控法治观念的形成

宏观调控法治的实现首先要转变长期以来所形成的轻视乃至否定宏观调控法治化的观念。在中国宏观调控法学三十多年的发展过程中，经济法学界始终孜孜不倦地倡导宏观调控的法治化观念。最早的宏观调控法基本理论和制度研究，就是从论证建立宏观调控法律机制的必要性和可行性开始的，通过经济法学者们对宏观调控的人治弊端、法律在宏观调控中的重要作用、商品经济的客观要求以及宏观调控存在问题的深入剖析，使得宏观调控法治化的客观必然性获得了坚实的理论基础，推动了宏观调控法治观念在我国政府和普通民众心中落地生根。现今，人们在看待国家宏观调控措施时往往会追问宏观调控是否合法，这种追问正是人们普遍树立宏观调控法治观念的典型体现。在我国逐步形成宏观调控法治观念的过程中，宏观调控法学研究所起到的推动作用是值得肯定的。

2. 积极参与并推动宏观调控立法和决策

在中国宏观调控学三十多年的发展过程中，经济法学界以各种方式积极参与法治实践，推动国家的宏观调控立法。经济法学界许多学者分别参与了《企业所得税法》、《中国人民银行法》、《个人所得税法》等法律的制定或修改；在九届全国人大四次会议和五次会议上，有经济法学者以人大代表的身份连续两次提出了关于制定宏观调控法的议案，产生了较大反响；还有经济法学者提出了具有较高水平和价值的三份宏观调控法（专家试拟稿）。目前，经济法学界一些学者正在参与《预算法》的修改和税收基本法的制定。许多经济法学者虽然未能亲自参与宏观调控立法，但是大都以论文或研讨会等方式发表了对宏观调控立法的看法，对宏观调控立法活动产生了积极的影响。例如，在我国的《预算法》、《中国人民银行法》、《价格法》等宏观调控法律出台之前，学者们重点论证了立法的必要性和紧迫性，提出了立法框架、具体制度设计等方面的建议，积极推动相关立法的出台。

在宏观调控决策方面，改革开放之初，针对我国学界部分学者认为宏观调控是在走计划经济的回头路因而反对宏观调控的观点，经济法学者通过新华社《内参清样》等多种渠道指出前述观点的偏误，提出国家应当加强宏观调控的意见和建议。这些活动在一定程度上影响了国家的经济决策，为我国经济社会的发展做出了重要贡献。

（三）推动了政府经济职能转变

宏观经济调控是我国改革开放以来由政府承担的一项新经济职能，这一崭新职能行使的过程是我国政府经济职能转变的过程，即由微观直接全面干预转变为宏观间接干预与微观直接规制相结合。政府经济职能转变的核心议题之一是如何履行好政府的宏观调控职能。宏观调控法学研究对此发挥了重要的推动作用。这主要体现在对宏观调控法治化的倡导、对宏观调控权合法性内涵的剖析、对宏观调控权合理配置的研究、对宏观调控权行使原则和力度的探讨、对宏观调控权独立性的坚持、对宏观调控间接性的倡导、对宏观调控程序的强调以及对违法宏观调控行为责任的研究等方面。这些理论研究不仅推动了宏观调控立法进程，而且对政府履行好宏观调控职能起到了科学的指导作用。

（四）促进了社会主义市场经济体制的建立和完善

社会主义市场经济体制是市场在国家宏观调控下对资源配置起基础性作用的一种经济体制。宏观调控法学研究通过推动国家宏观调控的建立和完善，推动以法律形式巩固市场化改革成果，有力地促进了社会主义市场经济体制的建立和完善。

三、中国宏观调控法研究存在的问题

宏观调控法三十多年的研究取得了显著的成绩，为中国的社会经济发展做出了贡献。这是宏观调控法学三十多年发展的主旋律。但同时我们也应当看到，宏观调控法学三十多年的发展也存在着一些问题，主要表现在以下几个方面。

（一）宏观调控法的基本理论研究有待加强

宏观调控法基本理论既是经济法基本理论的具体化，也是宏观调控法治实践的重要指导。目前宏观调控法基本理论问题的研究虽然已经取得了不少成果，也达成了一定共识，但是从总体来看，一方面，不少理论问题的研究依然分歧多，共识少，如关于宏观调控法基本原则的提法不下十几种，关于宏观调控权的性质就有四种观点，关于宏观调控行为是否具有可诉性也是争议颇大；另一方面，有些理论问题的研究有待深入，如宏观调控合法性问题，宏观调控法律体系的划分标准及其理论依据问题，宏观调控法的功能问题，宏观调控法的研究方法问题，宏观调控法与政府职能转变的关系以及宏观调控法与经济政策的关系等都有待深入探讨。宏观调控法基本理论研究的薄弱，一定程度上影响了宏观调控法理论对宏观调控立法的指导作用和对社会经济现实问题的解释力。

（二）没有很好地实现经济学知识与法学知识的融合

宏观调控问题本身是经济学的一个重要研究主题而且“宏观调控”最初就是一个经济学术语，因此将其引入法学领域，首先要面临的一个问题就是研究视角的转换，即从经济学的研究视角转换为法学的研究视角；其次是要处理好经济学知识与法学知识的结合问题。关于研究视角的转换和实现经济学知识与法学知识的融合，从已有的研究成果看，主要存在三方面的不足：一是对于宏观调控法的调整方法、目标和基本原则等问题的概括，有的直接将宏观调控自身的方法、目标和原则作为宏观调控法的调整方法、目标和基本原则，这样的概括是否妥当，值得商榷；二是对宏观调控法的经济学理论支撑研究有余，而对宏观调控法的法理支撑的研究则相对不足，过于依赖经济学的相关理论；三是未能遵循宏观调控的经济学界定，将一些明显不属于调整宏观调控经济关系的法律纳入宏观调控法体系，导致宏观调控法体系内部逻辑不统一，影响了宏观调控法体系的严谨性。以金融法为例，金融法事实上包括了金融经营法、金融监管法和金融调控法三部分，金融经营法和金融监管法明显不具有宏观调控属性，而现今仍有不少经济法教材把金融法整体纳入宏观调控法体系。

（三）宏观调控法中的权利研究较为薄弱

宏观调控法中的权利不仅是宏观调控法学的基本范畴之一，而且也是我们解读宏观调控现象的一个重要视角。在宏观调控法研究三十多年的发展历程中，对宏观调控权等权力范畴的研究较为充分，相比之下，对于宏观调控法的权利范畴的研究则显得较为薄弱，主要表现在：一是现有研究虽有涉及宏观调控相对方的权利，但仅仅是附带提及，限于罗列一些具体权利，缺乏提炼，也不够全面；二是尚未对宏观调控法中的权利范畴所涉及的深层理论问题展开充分探讨，如宏观调控法中的权利与宏观调控权的关系、宏观调控法的权利的基本特征、宏观调控法中权利的生成、宏观调控法中权利的类型、宏观调控法中权利的实现方式和救济方式等问题；三是对宏观调控中的权利侵害与权利保护问题的实证研究很少。

（四）宏观调控法的制度研究有待细化

既有关于宏观调控法制度的研究，侧重于从宏观层面提出立法建议，以期推动相关立法，而针对某一项具体的宏观调控制度的深入研究较少。这与我国目前宏观调控法律体系尚存在较多立法空白的状况有一定关系。此外，由于经济法的综合性特征，往往一部经济法律同时具有多重属性，如《价格法》中既有属于市场监管法的价格监管规范又有属于宏观调控法的价格宏观调控规范，税法既有社会分配法的属性又有宏观调控法的属性，而既有研究对于深入、细致地阐发这些法律所具有的宏观调控功能方面还有待加强。

（五）宏观调控法研究方法有待创新

宏观调控法是一个有别于传统法律的新兴部门法，有许多传统部门法所没有的特殊性，如大多数宏观调控行为在现实中缺乏可诉性，甚至缺乏责任追究机制；宏观调控法法律规范性程度较低、变动性较强；宏观调控权的自由裁量权范围较大，等等。面对这些新的法律现象和宏观调控法有待研究的基本理论问题，现有研究主要是遵循传统的法理学研究范式加以解释，往往解释力不强。即便有学者运用经济学等其他学科理论阐发了宏观调控法的理论基础，但在宏观调控法的具体制度研究中，运用多学科研究方法的并不多见。此外，以往研究中，提出观点的多，但就其所提出观点进行深入论证的少，缺乏论证的一个重要原因是论证方法的匮乏。

四、中国宏观调控法研究展望

（一）加强宏观调控法基本理论的研究

加强宏观调控法基本理论的研究，既是宏观调控法学发展的需要，也是指导宏观调控立法和解释宏观调控实践中存在的问题的需要。从宏观调控法学发展的需要看，只有不断地深化基本理论问题的研究，才能逐渐达成更多的共识。如果总是停留在彰显观点、怠于论证的阶段，宏观调控法就会像一盘散沙，缺乏生命力。从指导宏观调控立法的需要来看，由于宏观调控立法的历史并不长，立法经验并不是十分丰富，历史理论积淀也比较薄弱，在这种情况下，宏观调控立法如果缺乏一定的有效理论指导，其立法质量很难保证，因此加强宏观调控立法相关理论的研究很有必要。从解释宏观调控实践中存在问题的需要来看，近年来我国出现的宏观调控违法与“脱法”现象、宏观调控对社会公众信赖利益缺乏保护现象、地方政府以宏观调控的名义采取的措施和社会公众对某些宏观调控措施合法性的质疑等，实际上关系到宏观调控法与政策的关系、宏观调控权的性质、主体、与权利的关系以及如何看待宏观调控合法性等最基本的宏观调控法理论问题，而这些问题目前均有待深入研究。

（二）注重宏观调控法的本土性和回应性研究

由于各个国家和地区的历史传统、经济体制、经济条件、经济发展所处的阶段、法治化程度以及社会状况等方面存在较大差异，这就决定了宏观调控问题具有较强的本土性。注重宏观调控法的本土性研究，需要注意以下几个问题：一是紧紧围绕中国问题展开宏观调控法具体制度的研究，不仅要研究我国所存在问题的特定原因，而且要基于我国国情提出切实可行的制度建议，而不是盲目信奉他国行之有效的相关制度，用是否与先进国家的先进制度相一致来评价我国的有关制度建设；二是在研究和借鉴他国先进制度建设时，不能只看制度本身，而是要同时看到他国制度之所以有效运行所依赖的制度环境，只有全面考量了制度运行所需要的环境和条件后，在这个基础上加以借鉴或改造才是有意义的；三是在研究宏观调控法的本土性问题时，注重回应性研究，即关注当前宏观调控领域中存在的重大现实问题，从宏观调控法的角度提出解决对策。

（三）从国际视野探讨中国宏观调控问题

鉴于我国已经加入 WTO，并且经济全球化对我国的影响越来越大，如何使我国经济更好地融入世界经济并从中获益，是我国当前和今后较长一段时期内面临的重大问题。在目前外资大量渗透到我国国民经济诸多领域的情况下，如何完善以维护国家安全为目的的宏观调控，将是我们所面临的一个新课题。此外，WTO 规则对我国宏观调控法的影响问题、全球金融危机所引发的宏观调控的国际协调问题都将是崭新的研究课题，需要我们用国际视野去探讨。

（四）加强宏观调控法的实证性研究

宏观调控法既需要抽象层面的应然研究，又需要具体层面的实然研究。宏观调控法的实证性研究包括两个层面：一是法律实证，即研究宏观调控法的法律文本，从中发现规律，归纳出宏观调控法的基本范畴；二是经验实证，即研究宏观调控法的实际运行及其效果，从中发现问题，提出相应的解决对策。目前这两个方面的实证性研究都很欠缺，今后有待加强。

论中美银信合作机制的殊异规制路径及其对我国监管革新的启示[①]

王　彬*

目　次

信托本身所特有英美法双重所有权的制度设计，使之在金融泛化的当下，能够型构不同的合作模式以契合当下经济的发展，其灵活性简直“可以与人类的想象力相媲美”[②]。信托所拥有的风险隔离、权益重置以及灵活的财产管理等诸多优势，在活化经济、提高融资效率、借以推动经济发展等方面，释放出了巨大的制度能量。[③] 尤其是银信合作方面更是凸显了金融混业的制度优势，为资本活化提供了巨大的运作空间。美国从1913年《联邦储备银行法》引入银信合作制度开始，直至当下《多德—弗兰克法案》中对功能性监管的完善，无一不为银信合作的开展型构了良好的制度空间；但是反观我国相关政策规制，无论是2005年对银信合作的初始倡导，还是当下《关于进一步规范银行业金融机构信贷资产转让业务的通知》等一系列规范性文件的颁布，一直未能将银信合作引导至正常发展的轨道，使我们不得不重新审视我国银信合作法律规制的路径是否可行。而向来关注法律制度在型塑金融市场发展路径中作用的法金融学，不仅能够以横向的视角分析多元路径发展的异同，而且还能借助纵向的历史分析考量相关制度的发展脉络和变迁轨迹，无疑成为研究银信合作制度绩效的不二选择；与此同时，借助法金融学的研究视阈解读中美两国相关制度绩效，还便于我们借鉴美国成熟的规制机制，为我国银信合作的监管提供可资借鉴的经验，促使我国相关立法进一步完善。

---

① 基金项目：司法部2002年法治建设与法学理论研究项目“中国金融监管法律基础理论与新兴问题研究”（02SFB2024）。
* 厦门大学博士研究生。
② 法学家格兰特语，转引自何宝玉著：《英国信托法原理与判例》，3页，法律出版社，2001。
③ Theresa Karen Lynne McCurdy. Primary indicators of financial distress in Canadian Trust companies. Thesis of Master of business administration, university of Calgary, 1999. p.4.

一、法金融学研究进路的源起

在传统的法学视阈中，法律一直是拥有自足性的学术体系，其人文性的关怀和对终极正义的追求，使之以其独特的逻辑构架和概念体系完成封闭性的内生制度框架。但是，也正因如此，使得传统的法学理论将法律带入至玄的理论空间，而远离社会现实，公平和正义的追求成为一种晦涩的语言，在现实的土壤中难以为继。为了突破法学研究的瓶颈，法律开始以包容的态度在其他部门科学尤其是社会科学中汲取营养，由此便助推了经济学和法学的结合。而法金融学作为法经济学的分支，利用经济学、金融学中最优化、均衡、风险—收益、制度运作的成本—效益，执法效率等工具分析金融法律制度，借以评析政府规制、风险规避的社会成本与收益，实现对法律帕累托改进的制度选择和执行落实，以此来为金融市场的发展提供更有建构意义的制度体系，在维护金融安全的同时提升金融效率，而这也为法律研究带来了巨大的发展空间。

在20世纪90年代，美国哈佛大学、芝加哥大学的学者La Porta、Lopez - de - Silanes、Shleifer和Vishny合作完成了一系列论文使得“法金融学”作为法经济学中一个重要的研究取向而声名鹊起，四位学者在一系列实证研究的基础上，指出法源的不同导致各国对投资者保护力度各不相同，最终形成了发达程度不一的金融市场体系。这一理论促使了许多经济转轨国家开启了向普通法系学习的浪潮。此后，Beck等人沿着LLSV的路径，对大陆法系和英美法系的不同金融市场型构能力进行评估，对大陆法系的权力优先和英美法系的私权保护进行对比分析，探寻促进金融市场发展的原生动力，以支持LLSV的金融发展的“法源决定论”（legal origins theory）。① 这一拓荒式的研究路径，确实为金融法的研究提供了巨大的发展空间，但也不能否认的是，通过法源解释金融市场结构在一定程度上也存在着解释力不足的地方。正因如此，学界对LLSV法源决定的观点进行不断的批判和修正，使得法金融学的发展路径日趋多元化：其中，Coffin认为“金融发展是法律变革的先导性因素”；② Pistor等则主张法律制度在移植之后会产生本土化语境的变革，使之发展路径完全殊异于法律移植的本源国家。③ 此后，Pistor还和许成钢一道将此论题进一步深化，指出在法律不完备的现实语境中执法的效率对于一个国家金融市场发展水平具有更大的影响力。诸派观点虽然研究领域各有侧重，研究方法也多有不同，但大都是“通过各式各样的实证检验和理论诠释，对不同国家的金融市场、股东保护及其相关法律制度的历史、现状与未来作了更为深入的观察和思考，从而推进了学界对这些问题的理论积累”。④

通过对法金融学研究的粗略回顾，我们便会发现，这一研究范式对于银信合作业务的监管具有强大的理论解释力。因为：银信合作作为混业经营中比较典型的金融整合机制，其制度诉求便是在遵循金融运作安全的同时，充分发挥混业经营的范围经济和规模经济效应，实现对效率的追求，法金融学的逻辑起点便是通过金融学和经济学的研究路径将金融效率和产权保护等客观性的标准，引入到法律规范的分析路径之中。一方面，二者对效率的推崇，使得法金融学的研究路径

① Beck, T、Demirgü - Kunt, A、Levine, R. Law politics, and finance. World Bank Working paper. http://www.cepr.org/meets/wkcn/5/567/papers/levines.pdf，访问日期：2012 - 03 - 10。

② 余保福：《法律、金融发展与经济增长——法律金融理论研究评述》，http://article.chinalawinfo.com/Article_Detail.asp?ArticleId = 35430，访问日期：2012 - 03 - 10。

③ Katharina Pistor; Yoram Keinan; Jan Kleinheisterkamp; Mark D West, Evolution of corporate law and the transplant effect: Lessons from six countrie. The World Bank Research Observer. http://www.columbia.edu/ ~ kp2022/Articles/9)%20WBRO%202003.pdf，访问日期：2012 - 03 - 11。

④ 缪因知：《法律与证券市场关系研究——LLSV理论及其批判》，载《北方法学》2010年第1期。

成为“银信合作”这一论题的不二选择；另一方面，法金融学对于不同法系的比较分析，也为美国与我国就银信合作不同规制路径提供了具体的对比量度，为我们的论述提供了较为明确的切入点，以便在分析制度绩效时获取可靠的结论提供保障。

二、银信合作的中美殊异规制路径

（一）美国银信合作的发展及监管政策的解读

信托制度虽然发始于英国，但是却在美国得以不断深化，并使之从传统的民事领域突破，依托金融机构实现了理财能力最大化的扩张。美国依托其强大的金融创新能力，“使得传统信托制度发生了一些变化，法人受托人的出现更是强化了信托行为的财产‘管理’功能，信托制度从最初的以规避法律为目标的‘为转移而管理’已过渡到以收益为目标的‘为管理而转移’，并延伸出理财功能，帮助财富成功地转化成资本”。① 回顾银信合作的发展历史，最早将银信合作的具体模式引入到法律认可范围内的是1913年颁布的《联邦储备银行法》。② 该法第11条K项赋予了国民银行设立信托部以经营遗嘱执行、管理遗产、代理债券过户、破产管理人等业务的权利。该规定促进了银行机构信托业务突飞猛进的发展，自“二战”以降，美国的信托业务基本为商业银行（尤其是大型商业银行）所垄断，据统计，全美约有420余家银行兼营信托业务。③

银行机构对信托业务的广泛涉猎，使得立法上也多有趋同，“从19世界末开始到整个20世纪，在多数州中，对银行的规制和对信托公司的规制出现了接近的倾向”。④ 但是其中所蕴含放松管制的理念，最终给美国金融业带来灭顶之灾。⑤ 为了保证金融业的安全运行，《1933年银行法》出台，在本法案中规定了当事人责任，确立分业经营体制，与此同时还赋予了国家干预经济以抑制银行业过度竞争的权力。此后虽几经修改，但确立分业经营的“格拉斯—斯蒂格尔条款”却被一直保留了下来，并最终借此在法律上确定了美国金融分业经营体制。但在证券高收益的诱惑下，银行却一直试图打破法律的限制，并采取银行控股公司的形式，借道信托平台，参与证券投资。所以，在1939年美国出台《信托契约法》中，通过对信托受托人责任性和专业性的硬性约束，要求信托受托人必须具有一定的财务实力和盈余，以此来保证投资人的索取权，同时法律还规定受托人应向投资者履行提供周期性的报告等相关告知义务。⑥ 20世纪50年代，银行通过金融控股公司的方式实现了大量金融资源的集中，为了能够隔离不同金融行业之间风险的传递，剥离银行控股公司中的非银行业务活动，美国国会于1956年通过《银行控股公司法》，并在1966年、1970年进行多次修订，期以控制控股公司的扩张，迫使银行放弃非银行业务，维护分业经营的现行体制。⑦ 但在此后《1980年存款机构放松管制法》则更多地体现了金融自由化的趋势，以实现提高存款机构竞争能力、扩充资本运作空间的目的。⑧ 1982年，美国又颁布《高恩—圣杰曼存款机构法》，即《1982年银行法》用以扩大存款机构的资金来源和业务范围，授权储蓄机构进行资

① 康锐著：《我国信托法律制度移植研究》，69页，上海财经大学出版社，2008。

② 马亚明著：《发达国家信托业发展及其对我国的借鉴和启示》，载霍津义主编：《中国信托业务理论与实务研究》，154页，天津人民出版社，2003。

③ 康锐著：《我国信托法律制度移植研究》，96页，上海财经大学出版社，2008。

④ 森田果：《美国信托公司规制》，载《日本金融厅金融研修中心研究工作报告》，http://www.fsa.go.jp/frtc/seika/seika.html，转引自李勇著：《信托业监管法律问题研究》，30页，中国财政经济出版社，2008。

⑤ 丁溪主编：《美国经济》，210页，中国商务出版社，2006。

⑥ 渔业安著：《掘金美国股市》，37页，企业管理出版社，2007。

⑦ 王文宇著：《控股公司与金融控股公司法》，190页，中国政法大学出版社，2003。

⑧ 《金融大辞典》，959页，四川人民出版社，1992。

本运作、实现资产的多元化，为银信合作的开展进一步打开了操作空间。[①] 此后布什政府组台伊始，便着手金融机构改革，并出台《1989年金融机构改革、恢复和强制实施法》，对监管机构实行重大改革、加强储蓄业监管机构执法权力和力度。[②] 1999年《金融服务现代化法案》最终使美国金融业打破了分业经营体制，并在原来基础上建构起“双重多头”的监管模式，虽然极大地促进了金融业的发展，但是监管体制上却因竞争而形成“监管竞次”和“监管套利”等诸多困境。[③] 为了克服这一监管不力的局面，2006年10月美国出台《金融服务管制放松法》，期以在放松对金融活动尤其是银行业监管的同时，对银信合作从事证券活动的行为进行规范，[④] 但从次贷危机中可以发现，这种规范行为并未取得理想的效果，美国不得不重新审视监管体制的不足，奥巴马政府出台的《金融监管改革——新基础：重塑金融监管》便是反省之后的解决方案，新法案充分体现了“无盲点、无遗漏”的全面监管理念，强化对“系统重要性”金融机构的监管。[⑤] 尤其是“沃尔克法则”的引入，更是强化了对衍生品市场透明度的要求，无疑在客观上使银信合作的运作更加精细化和规范化。2010年7月《多德—弗兰克华尔街改革和消费者保护法案》颁布，标志着新的监管时代的到来。该法案以防范系统性金融风险、保护金融消费者权益和限制投机、加强对衍生品监管为核心，行将重塑美国监管体系：在机构设置上，成立金融稳定监管委员会，用以监控大型金融集团的业务，预防系统性金融风险，其监管对象涵盖银行和非银行金融机构，并将银行与信托的合作业务正式纳入其监管视阈之中，在引入“沃尔克法则”这一环节上，本法案做了适当的保留，允许银行从事部分自营交易活动，但要求银行投资对冲基金和私募股权的资金规模不得高于自身一级资本的3%。[⑥] 针对衍生品的交易，法案规定由证券交易委员会（SEC）和商品期货交易委员会（CFTC）共同监管，对于银信合作的资产证券化的业务，法案对其进行了重新界定，强化了证券化资产的自我清算功能，至于银行通过信托机构所进行的抵押贷款证券化，需在资产负债表内自担5%的信贷风险，并对进行打包的资产状况进行详尽披露，借此实现对资产质量的监管，保证金融安全。[⑦]

（二）我国银信合作的开展及法律规制

我国的信托业定位不清，从建构伊始直至当下一直在治乱循环中寻求发展的空间，至于银信合作的开展更是晚近，直至2005年商业银行和信托公司方才首次尝试理财业务合作，但合作的方式也仅局限于以信托计划的形式对客户资金进行理财式服务的处理。在随后的发展过程中，这种模式逐渐演变出银行将募集的理财资金委托信托公司发放新贷款。[⑧] 2007年2月银监会《信托公司管理办法》、《信托公司集合资金信托计划管理办法》等监管规章出台，希望能够促进银信合作的进一步发展。新规定提高了合格投资者的条件，将大多数信托公司的客户拒之门外，为了更好地拓展业务，信托公司便借助银行理财产品进行运营；就银行而言，2007年9月央行贷款政策陡

① 马红霞、严红波、陈革著：《美国的金融创新与金融监管》，153页，武汉大学出版社，1998。

② ［美］米什金著，李扬译：《货币金融学》，186页，中国人民大学出版社，1998。

③ 李扬、胡滨主编：《金融危机背景下的全球金融监管改革》，28~30页，社会科学文献出版社，2010。

④ Financial Services Regulatory Relief Act of 2006, http://www. csbs. org/legislative/leg - updates/Documents/FinServices - RegRel - PublicLaw109 - 351InterestonReserves. pdf，访问日期：2011-09-27。

⑤ Financial Regulatory Reform——A New Foundation：Rebuilding Financial Supervision and Regulation, http://www. treasury. gov/initiatives/Documents/FinalReport_web. pdf，访问日期：2011-09-27。

⑥ Dodd - Frank Act Title I - Financial Stability. http://www. aba. com/aba/documents/RegReform/TitleISummary. pdf，访问日期：2011-09-30。

⑦ Dodd - Frank Act Title III Summary. http://www. aba. com/aba/documents/RegReform/TitleIIISummary. pdf，访问日期：2011-09-30。

⑧ 叶兰绨：《表外放贷划算吗？银信理财瘾难戒》，http://www. yanglee. com/SCDT/27372. html，访问日期：2011-04-24。

然收紧，在贷款总量控制红线下，许多正在进行中的贷款项目遇到了继续贷款的困难，为了持续满足贷款，维系和优质客户的关系，银行也希望能够借道信托公司，通过理财产品挂钩信托来募集资金，以曲线实现贷款目标。如此一来，作为规避政府调控政策的手段，在共同利益的驱动下银信合作最终得以形成。

为了规范银行与信托公司合作的业务行为，将银信合作的金融创新引入正轨，银监会于2008年年底颁布《银行与信托公司业务合作指引》，以加强对银信合作业务的监管力度。为了避免风险在不同金融产品、不同市场、不同客户之间传递，保护金融消费者和银信合作各方的合法权益，该指引依据信托制度原理，明确规定信托公司和银行在客户选择、信息披露、理财资金管理等方面的职责，确保银行和信托公司进行“清洁交易”。政策的出台推动银信合作业务逐渐走强，但是不得不承认，银信合作在近几年的发展趋势，并未如监管当局所愿，自2009年以降，多数商业银行为了规避对信贷额度的控制，在与信托公司合作的名义下发行信托贷款，把本应归于表内放贷的项目，通过融资类银信合作业务的模式转移到表外。借助“转表游戏”推动贷款类银信合作业务猛增，而另一方面却成功地规避了信贷调控。银行业与信托机构合作对国家货币政策和宏观经济调控产生巨大负面影响，监管部门决定着手进行规制，此后银监会于2009年12月至2010年年底这段期间内，先后出台《关于进一步规范银信合作有关事项的通知》、《关于规范信贷资产转让及信贷资产类理财业务有关事项的通知》、《关于规范银信理财合作业务有关事项的通知》、《关于进一步规范银行业金融机构信贷资产转让业务的通知》等一系列文件进行整治。为了规范银信合作，银监会2010年7月叫停合作业务，并在8月出台《关于规范银信理财合作业务有关事项的通知》，其主要表达的理念便是“禁止信托通道，鼓励自主管理”和“轻融资业务，重投资业务”的思想。作为政策性的规制，该通知要求融资类业务余额占银信理财合作业务余额的比例不得高于30%。此种严厉的措施，无异于封杀了此类业务的开展，市场原先盛行的信贷类产品发行也日趋式微。为了进一步稳固规范绩效，银监会又下发《关于进一步规范银行业金融机构信贷资产转让业务的通知》，此通知针对银信合作中的信贷资产转让这一业务，明确提出了金融机构信贷资产转让的真实性、整体性和洁净转让三项基本原则，作为此类业务开展的指导性方针，保证银信合作业务的正常运作。

整体而言，在我国，信托制度是在全面学习英美先进制度和技术的进程中加以完善的，还不能有机地融合于金融市场体系之内，成为其固有的内生变量，实现促进资本活化，防范风险传递的制度功用。虽然出于健全市场体系、及时与国际金融市场接轨的现实需要，我国通过制度供给，硬性激发银信合作的开展，但是缺乏市场发展的自身诉求，急功近利的建构反而导致“制度移植路径依赖性增强，并在最终效果上抵消了法律移植的绩效”。① 从而使我国银信合作的开展和相应的法律规制都完全殊异于美国银信合作的模式，陷入“南橘北枳”的困境。

三、中美银信合作业务规制差异的法金融学解读

（一）不同法系的制度移植困境

在法金融学的视阈中，英美法律更多徜徉在一种个人自由主义的文化氛围之中，其对私权的关切远甚于法律逻辑的推演证成，而后者恰恰是大陆法系所极力推崇的法律精髓。至于私权的关注虽然也是所有学者研究的重点，却远没有英美法系那样深切。正如LLSV四位学者所言：“虽然在大多数国家，法律倾向于授予投资者相当有限的一些权利，但世界各国的法律差异极大。尤其

① Pistor K, Rasier M, Gelfer S. Law and finance in Transition Economies. Economics of Transition, 2000(8), pp. 325 - 368.

是，源于普通法国家的法律规则比源于民法法系国家的法律规则——特别是法国法系——更倾向于保护投资者。”①

在银信合作这一问题上也是如此，首先，对于传统的银行业和信托业的发展，不同国家的制度激励会型构不同的发展态势：在银行业体系中，贷款人的权利保护及其权益实现，是决定银行业发展的关键性因素，根据 Levine 的相关研究表明：法律对权益保护的良善与否和经济的发展呈正相关的分布态势，在贷款人的权益得到较好维护且执法效率较高的英美法系国家中，往往拥有更为发达的银行业；但是在银行债权人未得到有力保护的大陆法系国家中，银行部门的发展则不尽如人意。② 至于信托业的发展更是如此，因为信托制度设计本身便是建构在英美法系的基础之上，并因此能够在财产的双重所有权中，建构起信托关系中当事人独特的权义安排。③ 这一源自判例法律文化和社会背景渊源的制度设计，其背后蕴涵的便是发展个人自由以实现个人意志的价值追求。④ 其次，对于银信合作的开展，英美法系国家更多地以自由放任的态度，鼓励金融创新。以美国为例，1999 年《金融服务现代化法案》便在法律上正式确立了美国金融混业经营体制，2006 年《金融服务管制放松法》更是进一步强化了银行业金融创新的动力，新近奥巴马政府出台的《多德—弗兰克法案》在强化对“系统重要性”金融机构的监管的同时，依然保持着对于金融创新和混业经营的大力支持。及时的制度供给保证了银信合作的顺利开展和业务的持续创新，为金融业的发展提供了不竭的动力。

回顾我国的法制发展历程，从清末预备仿行立宪开始，以至后来国民政府的六法全书体系，直到当下社会主义法律体系，基本承继了大陆法系的立法体制，侧重关注法律的体系完备和自我证成，这种成文法典的立法体制虽然保证了法律的稳定性和权威性，但是也在客观上强化了制度与现实之间的张力，使我国尚不完善的金融法治建设难以满足金融市场发展的现实诉求。在具体制度上，对于银行业的监管，更多地注重了资本安全的现实考虑，法律上的设计成为一种潜在的金融抑制，加之国有垄断保证的巨额利润，弱化了银行发展的市场动力；对于移植他国的信托制度，更是缺乏准确定位，其间历经五次整改，却难以在法律引导下步入正常的轨道。尤其是在混业经营日趋明朗的当下，银信合作的方向又再次迷失，现行的法律供给难以为其开辟合理的发展空间，致使我国的银信合作变成了规避监管的投机手段。

（二）制度移植的本土化复归困境

“普通法系国家在历史上所形成的分权制衡的机制使法律或法院系统倾向于更好地保护私有产权所有者而不是仅仅为政府及其代理人谋福利，从而有利于防止政府对私人产权的侵蚀。”⑤ 这种对私人产权的尊重，成功地助推了美国将民事信托向金融信托的转变，并结合美国自身独特的金融创新理念，衍生出资本运作和风险隔离的制度内涵，为银信合作的开展提供了坚实的物质基础。对于此后银信合作的开展，政府的干预也尽可能地保证金融创新的动力，只是通过相关法律的规制或诱导，杜绝银信合作出现危及金融市场安全的不当资本运作，以提高银信合作高风险运作交易成本的方式，降低其获利空间，引导其将业务的开展转移到正常的轨道上来。

---

① 拉菲·拉波塔、弗洛伦西奥·洛佩·德·西拉内斯、安德列·施莱弗、罗伯特·W. 维什尼著，张鸣飞、姿家杭、杨涛、林丽霞、侯凤坤译，焦津洪校：《法律与金融（下）》，载《经济导刊》2002 年第 2 期。

② Levine R.,"The Legal Environment, Banks, and Long - run economic growth", Journal of Money, Credit and Banking 30 (1998). pp. 688 – 726.

③ 台湾学者谢哲胜认为：英美法对信托的理解是受托人和受益人以不同的方式拥有信托财产，如果用大陆法系的理念来诠释，二者都不拥有对此财产的完全所有权，而是分别拥有法律上的财产权（legal estate）和衡平法上的利益（equitable interest）。参见谢哲胜著：《信托法总论》，13 ~ 14 页，元照出版公司，2003。

④ 台湾学者史尚宽著：《信托法论》，3 页，台湾商务印书馆，1961。

⑤ 张建伟：《“法律与金融”交叉研究漫谈（下）》，载《金融法苑》2008 年总第 77 期。

但是我国多年来的威权经济体制模式，使得我们在经济发展和效益分配上，更多地凸显了权力优位的原则，政府成为金融市场运作的重要参与者，其制定的相关规范性文件，更多地表现出一种政治对经济的强力规制和硬性约束，牵引银信合作的发展方向。另外，在金融市场上，拥有国家背景支持的银行业，相较于其他金融企业占据了更多的市场资源。大部分银信合作业务都是在“强势”银行的主导下完成，信托公司在合作业务中几乎没有任何“话语权”，在这种“银强信弱”的现实格局下，交易自然也是处于不对等的状态，在合作过程中，银行在项目选择、产品设计、交易权益安排，风险控制，客户选择等方面完全占据主导地位，成为现实中银行规避人民币理财投资政策制约的手段，扩大产品投资领域的隐形路径。长此以往，便产生关联交易泛化、银行向信托转移风险、信托机构的正常受托人职责不能履行、银信合作产品错配等诸多现实问题。

之所以出现这种情况，是因为我国作为制度移植的国家，在现实运作中势必会依据本国的国情对法律进行选择性的吸收，即便意欲通过法律的权威型构银信合作的正规发展路径，也会在经济体制断然转轨的制度摩擦中发生异变，从而使得当下的法律不能进入“根据使用者的需要自发性地进行改革的连续性演进程序”。① 尤其是“对于转型国家而言，虽然新的法律迅速颁布实施，但是执法部门对于新法的认知和理解是一个过程，不会随之迅速提高，再加上其他一些因素，比如执法官员的贪腐、寻租，造成转型期间法律执行效率差，而低的执法效率又会对金融市场产生负的影响。当投资者对执法效率缺乏信心时，要提高金融市场的投资者保护水平，改进和完善法律条文只是部分的解决办法”。② 所以，在我国金融体制“银强信弱”的现实语境中，诸多不利情形存在，将会极大影响移植制度的真正落实。

由此观之，即便我们通过政治的强力，硬性地借鉴美国成熟的银信合作模式，但是缺乏制度与本体法律体系的有效对接，加之市场诉求的缺失，使得我们也仅仅能从文本层次（law on the book）落实银信合作的业态，但在执行层面（law enforcement）上，却难以完善，将我国的银信合作及法律监管带上了与起源国家——美国完全不同的演进路径。所以，如果仅仅移植制度，而没有关注制度背后的诸多运行机制，即便对制度进行成功的移植，也难以顺利实现本土化的复归，陷入“橘生南为橘，生北则为枳”的困境。

（三）法律阻吓作用的削弱

在美国，法律层面的特异安排，使得英美法系的灵活性能够便利地契合社会变迁的快速发展，在监管层面，无论是原先的伞形金融监管模式，还是当下在《多德—弗兰克法案》下建构起来的新的监管格局，都显示出其强大的监管自由裁量权，这种让渡部分立法权力给予现实中执法者的做法，可以使监管者拥有充分的主动性解决现实中存在的问题，缓解法律与现实之间的深沉张力，迎合金融创新的监管需要。

但是，我国在很大程度上继承了大陆法系的传统，这一传统使得我们的立法设计在某种程度上存在着借助完备法律体系，形成最优法律阻吓的内在假设，这一建构在“贝克尔—斯蒂格勒模型”基础上的制度前提，希望建构完备且最优的法律，消除潜在的违法动因，实现社会利益的最大化。③ 但是金融市场的发展，使得这一假定变成可证伪的命题，尤其是在金融深化的当下，法律的阻吓作用因为法律自身的不完备而被削弱。金融市场的快速变化及其作为法律规避和风险处

① Katharina Pistor; Yoram Keinan; Jan Kleinheisterkamp; Mark D West, Evolution of corporate law and the transplant effect: Lessons from six countrie. http://www.columbia.edu/~kp2022/Articles/9)%20WBRO%202003.pdf，访问日期：2012－03－11。

② 皮天雷著：《法与金融——理论研究及中国的证据》，18～19页，中国经济出版社，2010。

③ George J. Stigler, The Optimum Enforcement of Laws. This PDF is a selection from an out－of－print volume from the National Bureau of Economic Research, Chapter pages in book: pp. 55－67.

理机制的本质特征，使得法律总是处于一种滞后的状态而存在。① 我国威权经济模式，让法律承担了更多经济运行的试错成本，但是同时要保证法律的权威性，便只得以降低规范等级的方式寻求降低变迁成本的路径，而这无疑又会进一步减损规范的权威性，削弱法律的阻吓作用。

四、我国银信合作业务监管的出路

为了能够将深涵英美法精髓的银信合作业务在本土化语境中实现顺利建构，亟须在其特有的生成语境中提炼出为我所用的制度要素加以吸收，只有这样，才能为我国银信合作的开展提供有效的法律供给。具体而言，这种法律供给需要在以下几个层面加以完善：

（一）促进制度移植的有效对接，搭建银信合作的正规路径

我国信托业的产生和发展，完全不同于西语世界中的发展路径，加之信托业自身的特殊禀赋使之运营及相应监管，又有别于一般金融监管的模式，这就要求我们必须在一般金融监管的基础之上，寻求对信托业的独特监管模式。在监管体制的设计上，努力通过制度的建设推动金融创新，通过规则的示范提供交易模式，与此同时，谨慎注视创新的进展，在出现金融创新过度倾向时，及时出台规范加以纠偏，保证创新在合理的区间范围内激发市场的活力，促进金融市场的完善。

“由于社会生活的多样性和变化性，法律的不确定性在某种程度上是不可避免的，而法律的确定性仅在有限的程度与范围内才能得到体现。”② 在瞬息万变金融市场上，更是如此。所以，对于银信合作的监管，一方面，要完善银信合作相关制度建设，通过法律的权威，以明晰的权益界定型构银信合作的正规开展路径，提升银信合作的业务档次，引导银信合作开展或完善银信合作理财、信贷资产证券化等高端业务，在时机成熟时，引促银信合作实现股权交叉，推进银信合作的金融控股集团模式，发挥银行业和信托机构的协同效应，实现混业经营的规模经济和范围经济；另一方面，则要提升相关监管制度的回应性，“在确定性与不确定性之间寻求新的平衡点，以便更好地实现法律与社会经济发展的互动”。③ 通过灵活的制度设计，及时回应银信合作的发展变化，以便提供实时的制度供给，为监管行为提供合法性支持。

（二）赋予监管者以“剩余立法权”，提高执法效率

当法律高度不完备时，如果执法者能够对损害行为进行高度标准化，则应将部分立法权赋予执法者，使之将该行为纳入法律规制的框架，提高执法效率。反之，则应保留立法的权力于立法部门，在这种框架下，法律的制定和执行才是最优的。④ 仅就金融市场而言，多元的创新路径难以被完备的法律彻底涵盖，当“最优法律阻吓”变成可证伪的命题时，赋予监管者以“剩余立法权”，应对不可预期的情势变更，才是最优的制度选择。

另外，基于我国转型经济的现状，法律的建构和监管的健全是不可逾越的阶段，但是执法的效率也是不容忽视的问题，毕竟，现实中执法的效率远比法律条文的完备对于一个国家金融市场

① 卡塔琳娜·皮斯托、许成钢：《不完备法律——一种概念性分析框架及其在金融市场监管发展中的应用》，载吴敬琏主编：《比较》（三），中信出版社，2002。

② 岳彩申、杨青贵：《论经济法不确定性的成因与功能——解释法律规范的新视角》，载《法学评论》2010 年第 2 期。

③ 岳彩申、杨青贵：《论经济法不确定性的成因与功能——解释法律规范的新视角》，载《法学评论》2010 年第 2 期。

④ 卡塔琳娜·皮斯托、许成钢：《不完备法律——一种概念性分析框架及其在金融市场监管发展中的应用》，载吴敬琏主编：《比较》（三），中信出版社，2002。

发展水平更具有影响力。① 回归到我国的银信合作的规制问题上，便是在金融混业经营逐渐加强的国际趋势中，借鉴功能性监管的思路对银行和信托的业务合作给予与时俱进的制度供给，以保障公平竞争的市场秩序，在相应金融理念缺失的现实环境中，通过规范文件的形式，来型塑良好的银行信托合作的交易机制。与此同时，努力提高监管部门的监管效率，搭建银信合作的正规化平台，杜绝监管套利的可能。

在具体的制度设计上，赋予银监会等监管机构以主动执法权，以此来弥补法律不完备对现实规制的不足，因为在我国监管体制中，银监会负责开展对于银行业和信托机构的监管工作，监管信息的高度同质化，提升了对于银信合作监管的效率，而且银监会在监管中的主动性执法可以弥补制度供给的不足，并有效缓解现实和制度之间的时滞张力，尤其是在金融混业经营逐渐加强的国际趋势中，借鉴功能性监管的思路对银行和信托的业务合作给予与时俱进的制度供给，以保障公平竞争的市场秩序，在相应监管制度高度不完备的现实环境中，通过主动性执法，来型塑良好的银行信托合作交易机制，可以在保证当下制度一体化的前提下，实现对银信合作业务有针对性的调整和监管。当然，不能否认的是，“监管者的行为决定于其自身的利益函数、社会福利函数和监管成本这三者的组合。监管者的私人利益既可能是独立的，也可能是社会福利的一部分。考虑到监管成本，监管者的行为目标不应是无成本地实现社会福利最大化，而应是在最小成本的基础上最大程度地减少利益冲突”。② 所以，在赋予银监会以“剩余立法权”的同时，亦须对其进行相应的监督，防止出现“政府失灵”的情形发生。

（三）建构引促式监管，促进银信合作的开展

在针对具体银信合作的监管设计上，应通过规范的指导提供可行的交易模式，借助制度的建设推动银信合作业务的开展。与此同时，还应谨慎注视合作业务的进展情况，在出现金融创新过度倾向时，及时出台规范加以纠偏，保证创新在合理的区间范围内激发市场的活力，促进金融市场的完善。简言之，在某种程度上，我国对于银信合作的监管更多的是倾向于一种“引促式监管”，亦即通过法律的建构促成新经济制度的产生。具体而言，便是由“监管者充当孵化器角色。根据本国本地具体情况设计具体信托产品交易模式规则，并通过推荐、指引等‘软性’监管方式推广至经营机构……”③ 在此过程中，监管主体主要通过试点式探索，制度性推进的方法，寻求可行路径，以促进银信合作业务的正常发展。

五、结语

就银行和信托业务合作的机制建构来说，银行多年的发展拥有无可匹敌的服务覆盖范围和客户资源，是开展理财业务的良好平台，而信托制度源自其独特的运作理念，具有财产独立、风险隔离的天然优势。能够良好地运用信托资金游刃于货币市场、资本市场和股权投资，是金融创新的有效保障。而二者合作真正的核心价值应当体现为信托机制，亦即秉承诚信、谨慎、专业的信托理念，以实现客户或投资者利益为终极目标，将金融的逻辑与法律的逻辑相融合，真正实现金融发展的收益惠及普通民众的诉求，实现效率与公平的对接，促使商业银行和信托公司在传统盈利模式转型过程中，提供全面且极具个性化的综合性金融服务，实现混业经营的可持续发展。

---

① Katharina Pistor and Cheng - gang Xu. Law Enforcement Under Incomplete Law: Theory and Evidence from Financial Market Regulation. The Suntory Centre Suntory and Toyota International Centres for Economics and Related Disciplines Discussion Paper No. TE/02/442. December 2002. http://wenku.baidu.com/view/9a67f62f2af90242a895e56e.html? from = rec&pos = 3&weight = 3&lastweight = 1&count = 5，访问日期：2012 - 03 - 11。

② 岳彩申、王俊：《监管理论的发展与证券监管制度完善的路径选择》，载《现代法学》2006年第2期。

③ 李勇著：《信托业监管法律问题研究》，24页，中国财政经济出版社，2008。

委托贷款合同中委托人法律地位的还原

——兼论效率价值应成为企业间借贷法律规制革新的指引

刘沛佩*

目　　次

一、委托贷款：禁止同业拆借背景下的“搭桥”之法

（一）融资渠道短板催生出的企业间同业拆借被法律禁止

伴随着改革开放的进程，我国逐渐从计划经济向市场经济转变，各类企业在经济变革中均不同程度地得到了发展。金融危机席卷全球使包括我国在内的许多国家都开始紧缩银根、控制流动性，由此带来的是因银行贷款难、利息高、授信额度低而导致的中小企业资金链断裂。在这种情况下，民间借贷异常活跃，企业间资金拆借也随之产生。然而在我国，企业之间的同业拆借是被当然禁止的。国务院早在1981年《关于切实加强信贷管理严格控制货币发行的决定》中即指出：“一切信贷活动必须由银行统一办理，任何地方和单位不许自办金融机构，不许办理存款贷款业务。”最高人民法院在《关于审理联营合同纠纷案件若干问题的解答》、《关于对企业借贷合同借款方逾期不归还借款的应如何处理问题的批复》中也都否定了企业之间借贷合同的效力。① 根据现行《贷款通则》的规定，贷款人应当是金融机构，任何企业法人之间不能互相借贷，且各级行政部门和企事业单位、供销合作社等合作经济组织、农村合作基金会和其他基金会，不得经营存贷款等金融业务。企业之间不得违反国家规定办理借贷或者变相借贷融资业务。上述在计划经济

---

* 华东政法大学博士研究生。

① 在1990年最高人民法院颁布的《关于审理联营合同纠纷案件若干问题的解答》中规定：“企业法人、事业法人作为联营一方向联营体投资，但不参加共同经营，也不承担联营的风险责任，不论盈亏均按期收回本息，或者按期收取固定利润的，是明为联营，实为借贷，违反了有关金融法规，应当确认合同无效。”1996年最高人民法院《关于对企业借贷合同借款方逾期不归还借款的应如何处理问题的批复》中又规定：“企业借贷合同违反有关金融法规，属无效合同。”

和银行为主要融资渠道背景下制定的法规，显然已经不能适应经济发展的需要。企业融资主要是通过资本市场来完成，在我国目前金融市场不完备的背景下，拓宽融资途径就成为企业融资的不二法门。在新的《贷款通则》还未出炉的情形下，委托贷款就是满足企业间融资需求的新途径之一，也成为各大商业银行的新兴中间业务。在这其中，银行可以视作为将储蓄资金从盈余部门转移到赤字部门的载体，或是将未来资源向现在转移的媒介。①

（二）委托贷款法律关系由于银行的加入而复杂化

委托贷款，是指由政府部门、企事业单位及个人等委托人提供资金，由贷款人（即受托人）根据委托人确定的贷款对象、用途、金额、期限、利率等代为发放、监督使用并协助收回的贷款。从性质上来讲，委托贷款是商业银行的中间业务，贷款人只收取手续费，不承担贷款风险，所获得的非利息收入不构成商业银行表内资产和表内负债。

在委托贷款中，委托人通过银行将贷款发放给借款人，其间存在的委托贷款协议既可以由委托人和受托人之间的《委托贷款委托协议》和受托人与借款人之间的《委托贷款借款协议》共同组成，也可以由三方共同签订《委托贷款合同》来完成。无论是双方签订还是三方签订，在委托贷款中都包含了两层基本法律关系：即委托人与受托人之间的委托代理关系，以及受托人与借款人之间的借贷关系。如果该委托贷款存在担保人，那么还存在一个借款担保法律关系。所以，在委托贷款合同中，一般有三方当事人：委托人（资金来源者，即作为委托人的企业，以下称为“企业”）、受托人（即贷款人，通常为银行等金融机构，以下称为“银行”），以及借款人。在委托贷款存在担保的情形下，还有担保人这一角色的出现。

委托贷款具有民间贷款与商业贷款的双重属性，因此“具有其特殊含义和独特要求”②。与传统的银行贷款业务不同，商业银行在委托贷款中扮演了中间人的角色。银行利用自身优势在法律规定的范围内为借贷双方牵线搭桥，活跃民间资本并服务中小企业，而不必承担任何风险。既满足了委托人通过银行寻求合适的借款者，以保障财产的安全性，并获得比同期存款利息更高的收益；也能满足银行在不承担风险的前提下，获得中间业务收入。还能使陷入资金困境的中小企业通过合法途径来获得所急需的生产经营资金，从而获得满意投资期望收益。但在实践中，我们发现了两个亟待解决的问题。一是委托贷款中银行的地位。基于委托贷款三方特殊法律关系和责任承担的描述，银行是民法上的一般委托代理人，还是商法中的行纪商，抑或是信托法项下的受托人？二是在委托贷款中，债权人和担保权人是委托贷款人还是银行？上述两个问题的答案直接关系到委托贷款的定性以及债权的实现。而在实务操作中，对上述两个问题的忽视促使笔者对本问题展开研究。

二、以“间接代理”理论审视委托贷款法律关系中银行的定位

（一）银行作为委托贷款商事中介的法律定位争论

上文中已经提及，银行是委托贷款中的中间人。但我们不禁要问，这样一个“中间人”在法律关系中的定位如何？是行纪商，还是信托关系中的受托人，抑或是民法中的委托代理人？持“行纪论”观点的学者认为，受托的银行以自己名义发放委托贷款符合我国传统行纪关系的特点——行纪人以自己名义与第三人发生民事法律行为。“信托论”者认为，委托人基于信用将自由资金委托受托人管理并发放委托贷款，受托人为了委托人利益以自己名义管理委托贷款资金的

① 陈孝兵、徐良平：《金融媒介发生学的前沿问题》，载《武汉金融》2004年第6期。

② 金剑峰、王闯、赵雅君著：《合同纠纷典型案例评析》，201页，人民法院出版社，2004。

行为，体现信托关系的法律特征。“委托代理论”者认为，受托人只是按照委托人确定的发放条件和指示代为发放贷款金，受托人不是借贷关系的实际当事人且对委托贷款不能偿还的风险并不负责，所以持该理论者认为委托贷款实质就是民法中的一般委托代理行为。

（二）对上述观点的批驳

如果能字斟句酌地对法条进行揣摩，我们会发现无论是“行纪论”、“信托论”还是“委托代理论”，其论据都是不充分的。首先，根据《中华人民共和国合同法》（以下简称《合同法》）中有关行纪合同的规定，[①] 行纪仅存在于贸易合同中，且大多是动产的买卖。行纪人有权在委托人授权范围内对交易物和交易价格进行确定，并承担在相对方不能履行义务时直接履行的责任。但在委托贷款中，当借款人不能履行还款责任时，受托人不承担代为偿还委托贷款的义务。且一般来说，借款人和贷款条件的确定在于委托人，而非受托人。所以把银行视为行纪商是不可取的。其次，从《中华人民共和国信托法》对信托的定义中可以得知，[②] 信托是一种长期、稳定的关系，是一种基于信任而产生的财产权委托，其内涵和外延都小于委托。在信托关系中，委托人不直接与第三人发生权利义务关系，受托人可以以自己的名义处理受托的财产管理事务，对于管理财产有充分的意思自由。[③] 而在委托贷款中，委托人只能按照委托人确定的条件和对象发放贷款，没有自由裁量的余地。因此，将委托贷款定性为信托行为也是不妥当的。最后，在委托贷款中，借贷的双方当事人直观上体现是银行与借款人，委托人承担法律后果的方式要通过银行过渡。这与民法通则中所提到的受托人直接以委托人名义从事委托事务并承担法律后果还是有差别的。从借贷合同相对性以及承担责任的直接性上来看，把委托贷款看作是民法中的一般委托代理似乎也不太可行。

（三）间接代理关系是委托贷款三方主体关系的应然解释

根据代理人在为受托行为时是以自己名义还是以被代理人的名义，代理可以分为直接代理和间接代理。所谓直接代理，是代理人必须以被代理人而非自己的名义与第三人进行民事法律行为；而间接代理，系代理人以自己的名义，为本人计算，而为民事行为。[④] 用这样一种始于大陆法系的对代理的划分方法来解释委托贷款三方主体关系，就可以一目了然地将上述问题的症结化解了。笔者认为，在委托贷款中，作为委托人的企业与作为受托人的银行之间是法律所特别许可的间接代理关系。受托人基于与委托人签订的委托合同取得代理权，并进而以自己的名义发放贷款；相比之下，委托人却不直接享有贷款收益和承担风险。这是一种典型的间接代理。

然而，《中华人民共和国民法通则》第63条的规定只确认了直接代理的存在，而将间接代理排除在外。[⑤] 根据民法通则的规定，委托人只承担受托人在代理权限内以委托人名义所实施的法律行为。而对于像委托贷款这种受托人在代理权限内以自己名义所实施的民事法律行为，委托人是否应该承担责任，则没有规定。但《合同法》却借鉴了英美法系的诸多规则，设专章对委托合同进行了规定。该法第402条对民法通则的代理制度做了创造性的突破，用一种异化的表述承认

① 《合同法》第414条规定：“行纪合同是行纪人以自己的名义为委托人从事贸易活动，委托人支付报酬的合同。”

② 《信托法》第2条规定：“本法所称信托，是指委托人基于对受托人的信任，将其财产权委托给受托人，由受托人按委托人的意愿以自己的名义，为受益人的利益或者特定目的，进行管理或者处分的行为。”

③ 周小明著：《信托制度比较法研究》，17页，法律出版社，1996。

④ 郭明瑞著：《合同法学》，422页，复旦大学出版社，2005。

⑤ 《民法通则》第63条规定：“公民、法人可以通过代理人实施民事法律行为……被代理人对代理人的行为，承担民事责任……”

了受托人以自己名义进行代理的间接代理和委托人自动介入制度。① 根据上述分析，在委托贷款中，受托人在委托人授权的范围内，按委托人的指示和约定的贷款条件向借款人发放贷款，贷款的收益和不能偿还的风险属于委托人，这完全符合《合同法》第402条的规定和间接代理的基本要求。所以，委托贷款中银行的角色应定性为间接代理人。既然委托贷款是一种合同法所特别许可的"间接代理"，那么凡是由银行在委托权限内实施行为的法律后果都应由委托人承担。所以，在委托贷款中，银行只承担委托代理条款所约定的受托责任，而不承担贷款不能偿还的风险，这也是《贷款通则》中有关委托贷款规定的题中之意。

三、委托人面貌的还原——委托贷款担保中的债权人和担保权人

委托贷款，特别是在有关房地产开发的委托贷款中，贷款金额通常较大。为保证债权的实现，借款人通常被要求提供一定的担保。从合同的相对性角度出发，委托合同的主体是委托人和银行，借款合同的主体是银行和借款人，担保合同的主体是担保人和担保权人。然而，目前的委托贷款协议安排大多是将委托人、受托人、借款人、担保权人糅合在一个《委托贷款合同》中，就存在了一定的困惑，即究竟谁是债权人和担保权人。上述问题的厘清，与债权的顺利实现息息相关。不仅关系到委托贷款所形成债权的转让，也涉及贷款合同纠纷中诉讼主体的认定和抵（质）押的设定和登记等问题。在笔者看来，原则上委托人应作为委托贷款中的债权人和担保权人，但委托人和受托人在委托贷款合同中通过书面方式对担保权人的确定做出另外安排的，从其约定。

（一）委托人是委托贷款合同的资金来源和风险负担者

1. 委托贷款资金从实质和会计计量上皆源于委托人

在委托贷款中，银行是贷款人，也是最高人民法院颁布的《关于如何确定委托贷款协议纠纷诉讼主体资格的批复》（法复〔1996〕6号）（以下简称《批复》）中规定的借贷合同纠纷的原告，但是单纯的以诉讼主体地位来认定债权人有失偏颇，《贷款通则》中贷款人的概念也不等同于借贷关系中的债权人。在我国，贷款人的概念打上了深刻的金融监管的烙印，专指经营贷款业务的金融机构，其表征的是对行业准入和业务资质的要求。② 贷款人既要求是取得《金融许可证》的金融机构，又要求拥有经营贷款业务资质。但是，贷款人与借款人的概念并未体现出法律上的权利义务关系，不能与债权人和债务人这一普适性法律概念相等同。委托贷款的核心是贷款关系，真正的贷款人即委托人有收回贷款的权利和按照约定通过银行发放贷款的义务；借款人享有使用贷款的权利和返还贷款、支付利息的义务。从资金所有权主体来看，委托资金仍是委托人所有，只是以金融机构的名义贷给借款人，用于放贷的资金所有权并未像信托贷款那样在法律形式上转移至受托人名下，借贷双方实质上还是委托人与借款人。委托人和银行间委托协议的客体也不是资金，而是银行以自己名义，代委托人向借款人进行发放贷款、监督使用并协助收回的行为。③ 从委托贷款的会计计量上来说，委托贷款资产计入委托人而非受托人的资产负债表。新的企业准则没有设置"委托贷款"科目，根据财政部发布的《新旧准则会计科目衔接的账务处理》规定，调账时，应将"委托贷款——本金、利息"科目的余额分别转入"持有至到期投资——投

① 《合同法》第402条规定："受托人以自己的名义，在委托人的授权范围内与第三人订立的合同，第三人在订立合同时知道受托人与委托人之间的代理关系的，该合同直接约束委托人和第三人，但有确切证据证明该合同只约束受托人和第三人的除外。"

② 江赛民、苗文：《委托贷款中债权人认定探讨》，载《金融理论与实践》2010年第11期。

③ 仇京荣：《委托贷款合同中的法律关系》，载《中国律师》1998年第4期。

资成本、应计利息”科目。已计提减值准备的，将相应减值准备的金额自有关科目转入“持有至到期投资减值准备”科目认定，[①] 将受托人视为债权人不符合企业会计准则的要求。

2. 委托人作为债权人可以实现权利、义务和风险负担的相匹配

根据民法的一般理论，享有权利、负担义务的同时也要承担相应的法律风险。但《贷款通则》中有关银行只收取手续费，不承担贷款风险的规定，就无疑确认了在委托贷款法律关系中，银行并非是真正的债权人，而只是受托人的法律地位。基于抵押权依附于债权的属性，抵押权人只能是债权人。[②] 如果将银行作为担保权人，就会产生委托人作为真正的债权人却在诉讼中被视为第三人的情形，造成法律关系的混乱。故从还原真实法律关系出发，笔者认为，在委托贷款中，为了避免委托人债权无法实际保障，只要当事人的行为不违反法律禁止性规定，就应在法律层面上还原并确认委托人为债权人和担保权人的法律定位。至于将《批复》中规定受托人可以作为原告起诉债务人作为支撑受托人是债权人的论据，笔者认为，该《批复》的颁布仅针对委托贷款协议与借款合同分别签署的情形。委托人并非借款合同当事人，依据合同相对性原理赋予受托人在借款合同纠纷中原告的地位是妥当的，也正是《批复》的法理基础。且上述法条使用了“可以”这一任意性规范措辞，而非“应当”或“必须”之类的强制性规范，这就给委托人作为原告留足了空间。从另一方面来说，上述批复也未对在委托人、受托人和借款人三方共同签署委托贷款合同情形下若发生借款纠纷该由谁作为原告作出答复。

（二）从债权人债权实现和权益保护的便宜性视角

在委托贷款中，贷款的回收是债权人的一项核心权利。委托人享有贷款收益并承担贷款不能偿还的风险，其是回收债权的主要责任者。而受托人仅承担协助委托人回收债权的义务，除收取手续费外，不享有、不承担任何贷款收益和贷款风险。根据合同相对性原理，若借款人不能按期偿还贷款，则应由受托人向借款人提起诉讼，而后受托人再基于委托合同将追偿款项返还给委托人。但在委托贷款中，经济利益较多的归属于真实贷款人即委托人，收取低廉中间业务手续费并不承担任何风险的银行很难被要求像真实贷款人那样积极主张权利，因而其诉讼积极性并不高，常常使委托人陷于尴尬境地。

因此，在利益本位和投入与产出效率的驱使下，一方面，作为受托人的银行将自身定位为仅提供“过桥”服务的委托贷款的代理人和经办人，想避免被认定为债权人进而从委托贷款法律关系中脱身出来；另一方面，委托人为了自身利益的保障，在担心法律障碍之余希望被认定为债权人。在债权人的偿债能力与担保物价值的变化上，受托人更无利益冲动去关注上述事项，其只需按合同约定履行放款、监督使用和协助收回等基本义务即可，债权回收与否并不影响其手续费的收取。而委托人则会时时关注债务人经济状况变化、偿债进程和贷款本金是否会遭受损失。认定受托人为债权人不仅与受托人不获贷款收益的事实不符，也不符合债权人权利义务相统一、相匹配的基本原则。因此，最高人民法院在《批复》中赋予了委托人在贷款人不起诉的情况下径行提起诉讼的权利。[③] 但如果直接赋予委托人以债权人和担保权人的地位，登记机关就可以直接将委托人登记为抵（质）押权人，那么委托人则有权就抵押物直接主张权利，并可以通过对委托贷款合同申请具强公证，在借款人怠于还款时申请执行证书的方式来使债权得以顺利实现。另外，恢复委托人作为债权人和担保权人的本来面目将使委托贷款中债权的转让从两步转让简化为一步到

① 赵迎春、丁际波：《委托贷款账务处理例解》，载《财会通讯》2009 年第 22 期。

② 参见马丽红：《房地产项目中的委托贷款法律问题思考》，载《中国房地产金融》2006 年第 9 期。

③ 最高人民法院在《关于如何确定委托贷款协议纠纷诉讼主体资格的批复》中规定：“在履行委托贷款协议过程中，由于借款人不按期归还贷款而发生纠纷的，贷款人（受托人）可以借款合同纠纷为由向人民法院提起诉讼；贷款人不起诉的，委托人可以委托贷款协议的受托人为被告、以借款人为第三人向人民法院提起诉讼。”

位；委托人作为原告单独起诉也可回归正途，受托人更无须受诉讼之扰。不仅可以防止在受托人作为担保权人的情况下对抵押物进行不当处置所可能造成的抵押物价值贬损的风险，也有利于委托人监督担保物价值的变化，还能避免因为权利救济时间被诉讼拉长从而造成诉讼成本提高和权利救济不经济的弊端。

（三）司法实践对于委托人应然法律定位的回应

委托贷款中受托人的代理行为在性质上属于间接代理，适用《合同法》第402条的规定，这也得到了司法实践的确认，以委托人为原告单独起诉借款人的纠纷法院也已很常见，最后的判决大多直接要求借款人向委托人偿还借款本息。在上海A实业有限公司诉上海B实业有限公司借款合同案中，法院就认为，“在委托贷款法律关系中，委托人与受托人之间是委托法律关系，委托人基于委托合同授予受托人代理权……受托银行是以自己的名义与借款人签署借款合同，但只承担代为发放、监督使用并协助收回贷款的义务，而不承担贷款风险，贷款法律后果间接归于委托人，故应属于一种间接代理关系。但作为借款人的被告是知道委托人为原告，故依据合同法规定，借款合同应直接约束委托人和借款人，故现在作为委托人的原告直接起诉主张要求借款人的被告偿还借款于法有据”。①

综上，笔者建议，在实践中，委托贷款合同由委托人、受托人、借款人、担保人共同签署。在委托贷款合同中，明确委托人债权人和担保权人的身份；在内容上，明确规定“委托人作为本合同项下实际贷款人，享有作为贷款人的全部权利，并承担作为贷款人而应当承担的全部义务、责任与风险”。这样，就能较完备的对委托人的债权人和担保权人的地位予以确认，也与实践操作相吻合，并符合立法原意。

四、尾声：企业间借贷规制的革新应坚持效率价值②

（一）法律规范价值在企业间借贷中的体现

法的价值，是标志着法律与人关系的一个范畴，这种关系就是法律对人的意义、作用或效用，以及人对这种效用的评价。③ 人类创制法律的目的，并不仅仅是为了除暴安良、弘扬正义。除此之外，它还有一系列的价值追求。进行法的价值的研究，可以使我们区分一法与他法间的立法旨趣，有助于提升在制定和实施法律时的理性认识，把握住法更深层的价值追求。“在法律史的各个经典时期，无论是在古代或近代世界里，对价值准则的论证、批判或合乎逻辑的适用，都曾是法学家的主要活动。”④ 对于企业间借贷以及委托贷款法律规范而言，和其他法律规范一样，对其价值的研究也要从现有规范对市场主体及行为的效用和人们对这种效用的评价两方面来展开。从对企业间借贷和委托贷款业务的法律规范框架来看，关于市场主体、交易行为、“游戏规则”这类基于商事交易活动而发生的社会关系，属于商法的调整范围；而关于市场监管方面的监管主体的确定、监管规则和措施的制定实施等则是经济法所要研究的问题。无论是商法还是经济

① 参见〔2010〕闵民二（商）初字第246号（载上海法院网内网）。中国法院网裁判文书一栏中其他有代表性的委托贷款纠纷案有计华投资管理公司与天津汽车工业（集团）有限公司借款合同纠纷案（北京一中院，〔2009〕一中民初字第680号）；计华投资管理公司与临朐县汽车附件厂企业借贷纠纷案（北京西城区法院，〔2009〕西民初字第11753号）；上海某企业发展有限公司诉浙江某房地产开发有限公司借款纠纷案）上海徐汇区法院，〔2009〕徐民二（商）初字第1526号）；漯河市某投资总公司漯河市某棉业有限公司借款纠纷案（河南省漯河市郾城区法院，〔2009〕郾民初字第343号）。

② 本章诸多内容参见刘沛佩：《从民商法到经济法——效率价值流变考》，载《研究生法学》2008年第6期。

③ 严存生著：《法律的价值》，28页，陕西人民出版社，1991。

④ ［美］罗斯科·庞德著：《通过法律的社会控制——法律的任务》，55页，商务印书馆，1984。

法，都讲求公平、正义、效率、安全等价值，在贯彻这些价值的背后，是为了维护商事交易的秩序和整个体制的效益。

（二）基于不同法律部门的法律价值区别化与效率价值地位的重塑

公平和正义是法的古老的价值选择，作为“二十世纪西方法哲学的重大理论热点”，对其的界定，向来有着众多的理解，以至于多少法哲学家们“绞尽脑汁”也难以明确地给公平和正义下一个定义。由于历史和社会条件的不同，以及物质条件的制约，使得“正义有着一张普洛透斯似的脸，变幻无常，随时可呈不同形状并具有极不相同的面貌。当我们仔细查看这张脸并试图解开隐藏其表面背后的秘密时，我们往往会深感为惑”。[①] 公平、正义作为人类精神上的某种态度、一种崇高的理想和追求，其真正内涵在于“使每个人获得其应得的东西的永恒不变的意志”。[②] 那么对于“应得”一词的理解，在不同国家、不同历史形态中有着不同的判断标准。但公平和正义始终是作为一个终极价值目标被所有法律所追求着。

虽然在社会发展的任何阶段我们都未曾忽视对公平正义的追求，但公平正义这个法律终极价值目标不应该成为所有法律规范的核心价值，也没有任何一部法律规范或者说任何一个部门法可以依其一己之力来达到对该价值的实现。对某一特定价值的追求，产生一部法律规范上的制度设计；对于终极价值的追求，通过多个部门法上的制度设计相互配套而完成。在这样的一种认识下，随着时代的发展，效率价值被时代和社会赋予了新的使命。在追求公平正义价值的同时，追求资源配置的体制效率成了包括商法、经济法在内的诸多法律关注的焦点。效率，是一台机器效率的衡量，看它输入了多少，输出了多少，这两者之间的比例就是效率。这一最早起源于第一次工业革命中物理这门学科上的概念，随着经济学家开始在法学领域扮演重要角色，越来越多地被关注并成为法律的目标之一。由波斯纳和卡拉布雷西推动的法律经济学运动，已经成了法律中的“显学”。[③] 于是，各个部门法均将效率价值灌输到立法、司法、执法中去。

（三）效率价值应成为企业间借贷规范体系中的核心价值

1. 业务运行中的“投入—产出”效率

亚当·斯密认为，每个个人都是理性的，每个个人追求个人利益的行为，最终会通过市场实现效益的最大化。从目前企业间借贷的变通之法——委托贷款市场的运行上来看，市场运行的效率是市场主体在追求自身利益的最大化，以及与竞争对手争取交易对象和交易机会的过程中而存在的。其关注的是个体利益的增进和实现程度，希冀通过单个经济活动参与者对其占有或可支配的生产要素的操作和运行来实现自身利益的最大化。此外，市场运行中所追求的效率是一种生产的效率，强调的是尽可能以最低生产成本进行生产，即经济效率的第一个层次——投入和产出之间的“比例”关系。为了达到这种“比例”以使经济活动可以简捷、高效、安全的进行，就需要一定的旨在节约交易时间、降低交易成本的交易程序和规则设计，对在市场运行中出现的影响效率提高的障碍进行清除。当然，也可以通过技术层面的操作，改进技术、改善经营管理来实现生产效率的提升。在上述市场运行中，也讲求社会效率，但对社会效率的追求是有条件并通过间接方式来达到的。具体来说，其要求单个市场主体在追求个体效率时不损害他人的利益和他人对效率的追求，通过间接的个体价值冲突的协调来达到社会效率和社会和谐。但这种仅协调个体与个体间的价值冲突并不能保证各个主体行为的合力对社会效率所造成的负面影响。所以，就需要在

① ［美］博登海默著，邓正来译：《法理学法律哲学与法律方法》，251页，中国政法大学出版社，1999。

② 前引，博登海默书，284页。

③ 邓峰：《经济法学漫谈：正义、效率和社会本位（下）》，http://article.chinalawinfo.com/article/user/article_display.asp?ArticleID=31186，访问日期：2012-03-13。

对企业间借贷和委托贷款的监管上从体制效率的视角施以恰当的监管措施。总而言之，委托贷款市场的运行效率一定是一片的、一类行业的效率，是存量的效率；其所讲求的效率也是从技术规范的角度和方法来提升的，所以说也是动态的效率。

2. 在监管中所贯彻的体制运行的效率

从上文的讨论中我们可以看出，市场运行中所追寻的“投入—产出”的效率价值，可能会对社会整体价值产生负的外部性影响。为了对因为强调商事行为自由、安全、迅捷的私益倾向而难以避免走向垄断、滥用权利、造成整体不平衡进行纠正，就需要对市场主体及行为进行一定的监管，而这种监管体现出的是以体制运行的效率为价值核心的制度和规制性措施的制定和执行。

进一步说，企业间借贷中银行的介入，以及国家通过银行来对企业借贷的具体情况和风险控制做一定的了解和调控，体现出了一定的国家参与性，这样一种适度参与也是以效率价值为主要指导的。与市场运行中的效率价值不同的是，监管中的效率体现了整体性和浓厚的社会本位，是在使国家或市场主体的行为增进社会整体利益这一目标下存在，并从社会整体效率视角对个体的行为进行考量。由于个体效率的价值选择可能与社会整体效率相偏离，对其产生负的外部性效应。所以基于对个体效率的整体性考量，必须对个体对于效率的追求予以调节，只有符合社会整体效率或与社会整体效率相顺应的个体效率才能被保护。其次，它又不是个体效率的简单相加，而是整体效率的复合增生，是相对于市场运行中存量效率而言的增量效率，强调的是整个社会共同体在一定体制下实现社会财富的最大化。萨缪尔森在《微观经济学》一书中写到，“效率是指最有效地使用社会资源以满足人类的愿望和需要。更确切地说，在不会使其他人的境况变坏的前提条件下，一项经济活动如果不再有可能增进任何人的经济福利，那么，该经济活动就是有效率的”。① 从中可以看出，当效率被用于描述整个经济系统的状态时，西方经济学更关注人们的经济福利。在既定的生产技术条件下，若经济再也不可能以现有的可供使用的资源使得社会成员获得更多的福利时，便称经济实现了效率。从这个意义上讲，这里的效率是以实现社会成员的经济福利最大化来展开的。

（四）企业间借贷应逐步解禁与银行业务的创新

1. 成本与效率呼唤企业间借贷规制的变革

在许多国家，企业间借贷属于私法范畴，法律并不禁止。但在我国，资本来源比较单一，主要是依赖银行贷款的外部资金融通方式。如果将企业间借贷放开，可能存在企业以银行资金谋求不当利益的风险。但从另外一方面而言，企业是为了降低交易成本而产生的一种替代组织，而在内外部资本市场的选择中，依托前者进行的资源配置无疑将较大降低交易成本。② 虽然内部资本市场由于关联交易的存在而极易受到诟病，但其作为联系企业内外资金融通的桥梁，对提升企业的对外融资能力大有帮助。现在民间借贷已经逐步放开，作为拥有独立财产权的企业在法律上被赋予了独立处置资产的权利。且对于负债率低的企业而言，其资金主要为自有资金，为了提高资金的使用效率，势必应该为这些自有资金寻找适宜的投资途径，而不应用部门规章加以禁止或通过委托贷款、信托贷款等变通方式来完成企业间借贷。

2. 法律在潜移默化中的逐步放开

早在2003年央行公布的《贷款通则修改意见》中，已经删除了计划色彩浓厚的“企业之间不得违反国家规定办理借贷或者变相借贷融资业务”的类似条款。而在2005年新《公司法》修订之前的两个月，《关于审理涉及国有土地使用权合同纠纷案件适用法律问题的解释》经最高院

---

① ［美］保罗·萨缪尔森、威廉·诺德宣斯著，萧深等译：《微观经济学》，2页，华夏出版社，1999。

② Coase, R. H. The Nature of The Firm, the Market and the Law, University of Chicago Press, 1937.

颁布实施，其中第26条无疑是在禁止企业间私自借款问题上的破冰。① 根据该条的规定，企业在房地产开发领域内不承担经营风险并收取固定回报的资金拆借合同，或者说借合作开发之名并以资金协助或借贷表现的合作开发模式被认为是合法的。而第28条通过排除2005年以前司法解释的效力来保护企业间合法的资金拆借。放开企业间借贷是市场经济发展的选择，但基于目前企业间借贷负面影响因素未完全消除的现状，放开的时间和方式，要以我国的市场化程度来确定。虽然在转型经济国家通过市场化方式推进稀缺资本的配置是一个长期过程，但笔者相信，随着市场经济的繁荣，以及《贷款通则》在企业间借贷问题上的修订，有规范的民间借贷一定会降低企业间借贷的交易成本，并促使资源的合理配置以及资金流通路径的畅通。

3. 以信托贷款方式经营委托贷款业务

2003年12月修订的《中华人民共和国商业银行法》（以下简称《商业银行法》）对旧法进行了修订，将原有第43条“商业银行在中华人民共和国境内不得从事信托投资和股票业务”的规定修订为“商业银行在中华人民共和国境内不得从事信托投资和证券经营业务，不得向非自用不动产投资或者向非银行金融机构和企业投资，但国家另有规定的除外”。从法条的修改中虽然可以看出我国依旧实行分业经营制度，但只要国家允许，商业银行是可以从事信托业务的。那么在商业银行通过国家颁发其《金融许可证》来经营委托贷款业务的背景下，若以信托业务经营方式开展委托贷款业务，笔者认为是不违反法律法规强制性规定的，也符合《商业银行法》第43条的规定。

信托贷款和委托贷款在业务主动性、创新能力以及信息优势地位的掌控上存在较大差异，这也是导致金融机构在信托贷款和委托贷款收入上获利天壤之别的原因。在信托贷款中，信托公司积极接洽借款人和寻找出资人，撮合二者交易。其分别代表二者进行价格和风控上的洽谈，主导了交易进程并利用信息不对称主导利益分配且为自身留出了较大的套利空间。与之相比，在委托贷款中，银行被动的参与交易，其仅出现在出资人和借款人达成交易之后，为上述二者提供“过桥”服务。在信息掌握上没有像信托公司一样建立信息屏障，因而难以获得满意的套利空间。委托贷款合同文本也属于格式合同，长期以来很少变动，更无创新性可言。所以，商业银行可以借鉴信托贷款的经营模式发展委托贷款业务，效仿单一信托与集合信托的分类，推行“单一委托”和“集合委托”。并按“借款人营销→风控审查→寻找委托人资金对接”的模式开展委托贷款业务，辅之以恰当的考核和激励措施，委托贷款业务必能成为商业银行的一个重要业务收入来源。

① 第26条规定：“合作开发房地产合同约定提供资金的当事人不承担经营风险，只收取固定数额货币的，应当认定为借款合同。”第28条又规定：“本解释自2005年8月1日起施行；施行后受理的第一审案件适用本解释。本解释施行前最高人民法院发布的司法解释与本解释不一致的，以本解释为准。”

强制无过失保险制度考①

——美国的经验及其对我国的启示

李天生*

目　次

强制无过失保险目前主要适用于汽车事故所致损害的赔偿责任保险。这一制度滥觞于美国，随后产生了世界性影响。在美国自身，这一法律制度的理论和实践经历了蓬勃的发展，也出现了反复的争议和变化。梳理美国强制无过失保险法律制度的源流，有助于正确认识这一制度的功能意义、发展变化及其历史背景并进行借鉴。

一、美国强制无过失保险法律制度的缘起：侵权责任体系的缺陷

美国是全世界拥有汽车最多的国家，也是机动车事故最多的国家。20 世纪的很长一段时期，美国机动车注册以每年超过 20% 的速度增加，而机动车事故的死亡人数更是以 3 倍的速度增加，超过 33000 人。② 相应地，美国的汽车保险业逐渐发展成为美国财产和意外保险中最大的险种，汽车保险业务量居世界第一。约有半个世纪，美国汽车事故损害赔偿主要采用经济赔偿责任法或强制汽车责任保险的模式来予以保障。

（一）经济赔偿责任法模式

20 世纪早期美国的许多州都制定了经济赔偿责任法。经济赔偿责任法大体可分为两种，一种

① 基金项目：国家社会科学基金青年项目“海洋油气开发污染损害赔偿原理与机制研究”（12CFX097）；中国博士后科学基金项目“海洋油气开发污染损害赔偿研究”（2012M510790）；中国法学会部级法学研究重点课题“中国航运保险业发展的法律保障研究”［CLS（2012）B17］。

* 大连海事大学副教授，法学博士。

② James K. Hammitt, Robert L. Houchens, Sandra S. Polin and John E. Rolph, Automobile Accident Compensation: State Rules (Rand Report) (Santa Monica: Rand Corporation, June 1985), p. 2.

是“斯通计划”（Stone Plan），另一种是“宾夕法尼亚计划”（Pennsylvania Plan）。

1. “斯通计划”

该方案是美国雇佣者责任保险公司经理 Edward C. Stone 提出的。该方案中，受害人提出损害赔偿诉讼时，法院须进行事先询问，并查明汽车驾驶人在事故中是否可能是单方过错。之后，法院应要求被告提供一定限额的财产性保证，确保将来判决能够得到执行。其特点是可在判决前要求提供保证。

2. “宾夕法尼亚计划”

该计划中，驾驶机动车导致人身、财产损害而被判承担责任，如果不能保证损害赔偿完全执行，则责任人所有的驾驶执照以及汽车牌照在一个指定的时期里将被中止。该计划没有对需要支付的赔偿规定总额限制。其特点是可判决后要求提供保证并辅以制裁。

3. 经济赔偿责任法的缺陷

此类法律的核心是要求汽车责任人提供对事故有赔偿能力的证明。这有利于保障受害人的损害赔偿。但是，这类法律制度存在较大缺陷：对于受害人的救济具有明显的滞后性，仅在事故发生后要求加害人证明其具有赔偿能力，不解决加害人是否事实上对受害人进行赔偿的问题。而且，实践中也很少有人愿意采用提供保证金或经济赔偿能力证明的做法（一般都更愿意采用投保责任保险的方式），经济赔偿责任法逐渐名存实亡。另外，与这类法律相对应的是任意责任保险，投保承保双向自由，有许多人并不投保，而一些有不良驾驶记录者又可能遭到拒保，难以获得保险保障。①

（二）强制汽车责任保险模式

由于经济赔偿责任法模式对受害人的保障有限，而汽车责任人又往往难以独自承担交通事故损害赔偿责任，为给受害人提供基本保障和维护社会稳定，美国开始开世界先河，立法强制实施汽车责任保险。各州一般以 20 世纪 20 年代制定的经济赔偿责任法为基础推出汽车强制保险立法，但具体做法不一，大致可分为绝对强制汽车责任保险和相对强制汽车责任保险两种类型。

1. 绝对强制汽车责任保险

1925 年，马萨诸塞州开始起草保险史上里程碑式的《强制汽车责任保险法》，该法于 1927 年正式生效，是历史上首个强制汽车责任保险法。该法规定，州内居民在取得汽车驾驶执照或车辆牌照之前，必须购买法定最低责任限额以上的保险。纽约州、北卡罗来纳州等实行的也是绝对汽车强制责任保险，规定汽车所有人和驾驶人必须投保强制责任险，否则不得申请汽车牌照。这种强制责任险的承保范围仅限于第三者的人身伤害。

2. 相对强制汽车责任保险

美国其他各州一般实行相对强制汽车责任保险，即汽车所有人、驾驶人可自行决定是否投保第三者责任险，但如果发生人身伤害或财产损失超过法定限额且负有过失责任的交通事故，就必须投保强制汽车责任保或提供保证金，否则吊销或扣押驾驶执照。在实行相对强制汽车责任保险的州，往往还辅以各种补偿基金立法或类似立法，作为对无保险赔偿的受害人的补偿机制，典型的有 1948 年北达科他州“未获判决赔偿基金”（unsatisfied judgment funds）及 1955 年纽约州“未保险驾驶人保险”立法。

3. 强制汽车责任保险的缺陷

由于汽车的普及，强制汽车责任保险具有公共性影响，这常常使得控制责任保险费率成为政

① Robert E. Keetoon and Jeffery O' Connell, “Basic Protection - A Proposal for Improving Automobile Claims Systems,” Harvard Law Review Vol. 78 (1964): 340.

治家们的一种政治压力。在这种压力下，保险公司的核保和费率必然受到干扰，使得保险公司无利可图、承保能力下降。最主要的是，这种保险依然是在传统的侵权法过失责任体系下运行，理赔的前提是加害人存在过失。在复杂的判例法下，确定侵权过失致使受害人索赔时间长、成本高且无法确保得到赔偿。事实上，还导致了诉讼的泛滥。研究成果表明，侵权诉讼与责任保险的结合不仅未能对机动车事故的受害人提供及时和公正的赔偿，也没有阻却过失驾驶行为。①

（三）强制无过失保险的缘起

从经济赔偿责任法到强制汽车责任保险法的发展，虽然对交通事故受害人的保护有了某种程度的进步，但是，由于强制汽车责任保险的缺陷，人们甚至对强制汽车责任保险模式是否优于经济责任赔偿法模式也不无怀疑。1932 年哥伦比亚呈交美国交通部的报告和 1971 年的大型研究均认为，在侵权过失责任原则和强制责任保险相结合的这种赔偿体系下，相当一部分轻微受伤者，常常得到了过度的赔偿，而那些遭受严重伤害的受害者所得赔偿却平均不足其经济损失的 30%，甚至得不到任何赔偿。并且，保险公司的赔付额还不到所收取费用的一半。另外，在交通事故中，有时加害人根本不存在任何过失，如车辆故障、天气原因、避险等，此时侵权过失责任体系下的强制汽车保险根本不提供保障。为使这一部分事故的受害者也能得到赔偿，特别是为克服侵权过失责任原则和强制责任保险相结合的赔偿体系所固有的缺陷，必须创设新的法律模式，强制无过失保险便应运而生了。总的来说，无过失保险的产生，是源于传统侵权法所特有的过失责任并因此产生了受害人赔偿制度的缺陷。②

二、美国强制无过失保险理论的产生和发展

为了克服侵权过失与责任保险相结合的赔偿体系的缺陷，一些研究机构和学者不断提出改革和替代方案。

（一）美国强制无过失保险理论的产生

早在 1925 年，Robert S. Marx 法官就提出应将汽车交通事故视为社会问题，按照不考虑过失的劳保制度解决，但这一主张并未被重视。1926 年，又有学者提出，在交通事故领域应当限制侵权法体系中过错责任的适用，只要汽车造成他人人身损害就直接给予受害人保护，而不论加害人是否存在过错。③

1932 年，哥伦比亚大学社会科学研究会成立车祸补偿委员会。该委员会提出了一个类似于劳工赔偿方案的计划，要求每一个汽车所有者必须投保第三者责任险，为加害人造成他人人身伤亡、财产损害所应承担的责任提供保险，保障交通事故受害人的医疗费用和收入损失得到赔偿，而不管加害人是否具有过错。④ 这就是举世闻名的哥伦比亚计划（Columbia Plan）。由于该计划取消或部分取消侵权法过失责任机制，遭到了保险公司和一些律师协会的强烈反对，因为他们已经习惯了普通法的侵权过失机制。这一计划方案没有被政府采纳。

尽管如此，该计划仍然对当时的国内国际社会产生了重大的影响，政府和业界都日益重视如何改革侵权过失责任与责任保险相结合的体系。不久后第二次世界大战爆发，美国参战并忙于战

① John E. Rolph, Automobile Accident Compensation: Who pays How Much How Soon? (Santa Monica: Rand Corporation, June 1985), Foreword.

② Califorllia Citizens' Commission On Tort Reform (1977), p.44.

③ P. T. Sherman, "Compulsory Insurance of Compensation for Injuries by Automobile Accidents," Pamphlet Ins. (1926): 4-7.

④ The Journal of Law & Economic vol.47 (October 2004): 357.

后势力划分，强制无过失保险立法停滞不前。①

（二）美国强制无过失保险理论的发展

1963年，哈佛大学法学院教授Keeton与伊利诺大学法学院教授O'Connell成立汽车求偿制度研究小组。两年后，其研究成果《交通事故受害人之基本保障——汽车保险改革蓝图》（Basic Protection for the Traffic Victim - A Blueprint for Reforming Automobile insurance）一书问世。研究主张，对每一汽车事故受害人，不论事故是否存在过失，均予以一定的基本保护，并于基本保护给付范围内免除被保险人的侵权责任。

其计划的要点是采取强制保险，即领取驾驶执照必须先购买基本保障保险，因使用、维护及拥有汽车而发生事故损害，不论有无过失，保险人皆应赔偿。赔偿金额中，医疗费用与工作损失以10000美元为限，精神损害以5000美元为限，在此限额内，免除被保险人对受害人的侵权责任，损害超过限额部分，由被保险人自己承担责任，被保险人可就超过基本保障部分另行投保其他任意责任保险。财产损害不包括在无过失保险中。超限额部分及财产损失被害人仍依传统侵权责任机制索赔。该计划提出以人身伤害损失保险（Personal Injury Loss Insurance）局部替代责任保险，且以两方当事人（被保险人与保险人）求偿程序替代三方当事人（被保险人、保险人与受害人）求偿程序；如受害人为驾驶人时，向自己的保险人求偿；如受害人为乘客，向车主的保险人求偿；如受害人为其他行人，则向加害汽车的保险人求偿，如肇事汽车逃逸而该行人自己有投保该保险者，则向自己的保险人求偿。②

Keeton和O'Connell教授的学说提出对交通事故案件的审理制度作有限度的改革：对于小额事故实行无过失赔偿制度，所有交通事故中无论是否存在过失，受害人都可以从自己的保险人那里（而不是肇事者的第三者责任保险人那里）得到补偿，补偿只限于医疗费用和工作损失；同时，禁止在小额事故中请求非经济损害赔偿（包括精神损害赔偿）；只有当非经济损害赔偿费超过5000美元时，受害人才能获得侵权法规定的诉因以提起诉讼；但是，无过失赔偿制度不适用于严重事故，即此时受害人根据侵权法所获得的诉讼权利完全不受影响。该理论强调的是一种“基本防护保险”计划，并对无过失制度如何融入汽车保险提出了详尽的操作建议。由于这一主张涉及律师业的利益及侵权法原则的存废，在法学界引起极大震撼和广泛争议。但是，随着汽车拥有量和汽车事故的增多，传统侵权过失责任与责任保险结合机制的缺陷迫切需要弥补，加之法律社会本位思想的勃兴，Keeton和O'Connell教授发展和完善强制无过失保险理论逐渐被接受且进入立法议程。O'Connell教授1971年在众议院听证会中针对侵权责任保险体系说道：“现在的体系可能是最糟糕的……当这种体系运行失败时，它的表现是残酷的、谬误的、拖延的、昂贵的并且是无用的。”密歇根州议员Philip A. Hart当时也提出，侵权责任保险体系是“不必要的昂贵，经常性的不公平，以及普遍的无效率”。③

① 但战后，邻国加拿大率先于1946年颁布了《机动车保险法案》（Automobile insurance Act），该法案是历史上第一个强制无过失保险立法。

② 在其他强制责任保险法中，是通过赋予受害人直接请求权解决这一问题的。

③ Florida's Motor Vehicle No - fault Law Report Number 2006 - 102, prepared for The Florida Senate, prepared by Committee on Banking and Insurance, p.9. 在传统的侵权体系下，诉讼获得的赔偿金额往往不能足额到达受害人的手中，受害人得到的赔偿大概只有其实际经济损失的1/6，原告支付的律师费大约占赔偿金额的25%～33%，同时被告也要支付可观的律师费、诉讼费。

三、美国强制无过失保险立法和判例实践

(一) 立法实践

在无过失保险理论越来越多地得到社会接受的背景下，美国各州纷纷开始着手立法。在1970年到1975年，仅6年时间里就有16个州制定了无过失汽车保险法（现已增加到20多个州）。“由于此种保险由车主或驾驶人投保，一般称为第一人保险契约（Compulsory First - Party Coverage），因其承保范围扩大，已表现出浓厚的社会保险特色。此外，美国国会统一州法委员会起草的《统一机动车事故赔偿法案（1972）》也为一系列州立法奠定了基础。”① 这一立法模式影响了美国一半以上的人口，绝大多数美国民众愿意接受这种可以立即得到赔偿但又不完全舍弃民事侵权责任体系的法律机制。其中较为典型的有马萨诸塞州、佛罗里达州和密歇根州的立法。

1. 马萨诸塞州的立法

1970年8月，马萨诸塞州州议会通过《机动车强制人身伤害保护法》（Act for Compulsory Personal Injury Protection for all Registered Motor Vehicles，简称PIP法案），并于1971年1月1日生效。这一立法使该州再次成为美国汽车保险立法的领头羊，成为第一个实施无过失汽车保险制度的州，确立了汽车无过失保险险种及无过失责任原则的适用。该法规定：汽车责任险承保范围包括被保险人本人及同居家属、乘客、驾驶人、行人；赔偿范围包括合理的医疗费用、周薪75%的薪资损失，总限额为2000美元；死亡、残疾或毁容等重伤害仍按过失责任处理；保险人还可提供保障人身伤亡和第三者财产损失等内容的增额保险，以弥补无过失部分之不足，此增额保险仍按过失责任处理。按该法规定，汽车保单必须提供：第三者责任险保障，每次事故限额20000美元，每人人身损害限额10000美元；无过失赔偿保障，限额为2000美元，仅限于人身损害。与此同时，汽车责任人在此2000美元范围之内免去侵权责任，保险人也不得在此范围内对侵权人提起代位求偿诉讼。2000美元以上的损失则仍可按传统侵权法机制索赔。对于精神损害赔偿，只有费用总和有可能超过500美元，或伤害达到特定严重程度才可通过侵权之诉索赔。

马萨诸塞州的无过失汽车保险立法施行效果并不理想，因为2000美元的无过失赔偿额和精神损害赔偿限额太低，导致稍大一点的交通事故都必须通过司法手段解决，诉累频繁。另外，由于该法以金额为门槛，刺激原告及其医生、律师产生联合动机，制造虚假医疗证明和单据，将费用抬高到2000美元以上，使三方都有机会通过诉讼获利。

2. 佛罗里达州的立法

1971年6月4日佛罗里达州通过《汽车赔偿改革法》（The Florida Automobile Reparations Reform Act，Chapter 71 - 521，L. O. F.），并于1972年1月1日开始生效。佛罗里达州是第二个采用无过失汽车保险立法模式的州。1982年，州立法机构将该法改为《佛罗里达州汽车无过失法》（The Florida Motor Vehicle No - fault Law，Chapter 82 - 242，L. O. F.）。该法规定受害人在事故中无论有无过失，都可向自己的保险人要求保险赔偿，每个驾驶人都要投保至少为5000美元的医药费用保险，保险覆盖工作损失（含收入损失和工作能力损失）的85%，每个丧葬费限额为1000美元。人身伤害或精神损害只能在达到特定严重程度等情况下才可提出侵权索赔之诉。同时，还规定保险公司须在收到赔偿主张请求之日起或受害人提供合理的医药费用证明之日起30日内做出赔偿。该法明显地体现了无过失和传统侵权体系之间妥协。

1977年，佛罗里达州州保险部门公布的报告认为，《佛罗里达州汽车无过失法》在1971年的

① Josephine Y. King, No Fault Automobile Accident Law (New York: John Wiley & Sons, Inc., June 1987), p. 2.

施行表明，立法机构承认侵权责任体系下费用的增长导致保费的猛涨是汽车保险市场出现危机的原因。这在人身伤害责任险领域表现最为集中，无论判决数量还是赔偿金额都在大幅地增长。佛罗里达州汽车保险侵权责任体系的后果是“保险公司在琐碎的主张上支付了太多的赔偿金以及太多的诉讼费用，而留给那些遭受严重伤害和实质经济损失的人的赔偿费用太少了”。[①] 所以，佛罗里达州的保险市场此前是无效率的，而无过失保险立法改变了这种状况。该法明确将伤害区分为严重和轻微两种，立法技术有所提高，保障了轻微受害人得到及时赔偿，同时，与侵权责任体系相比又减少了轻微伤害事故的诉讼。

3. 密歇根州的立法

密歇根州1973年通过了《无过失保险法》(Michigan No - fault Insurance Act)，无过失汽车保险立法的规定集中在该法的500.3101 - 500.3179条款部分。该法规定了强制无过失汽车保险制度，在无过失保险保障范围内，免除加害人的侵权责任。但蓄意肇事、造成死亡、残废和严重畸形后果者除外，且受害者可以索要精神损害赔偿。保障范围包括驾驶人的汽车损失、最长为3年的工资损失、不设上限的医疗费用、复原费用、财产损失、替代服务，甚至最长3年的服务开支(如托儿费)。受害人或其家庭只能在加害人导致受害人死亡、永久性严重毁容或严重损害身体机能且有过失的情况下，才有起诉加害人的权利。[②] 诉讼时效为事故发生之日起三年内。达到这种侵权诉讼标准时，过失加害人的保险人将承担事故所致的他人死亡赔偿金、精神损失费，以及超过州规定的经济损害赔偿限额的部分。密歇根州立法的强制性非常显著，规定每个汽车所有人必须投保无过失汽车保险才能获得驾驶执照，未投保此险而驾驶汽车或者将汽车给他人行驶均属违法，将被处500美元罚款或监禁一年，或两者并罚。汽车所有人在需要提供无过失汽车保险证明而无法提供时，还可能构成民事侵权，法院会吊销其驾驶执照30天，或者直到其能够提供该保险证明为止。

密歇根州的《无过失保险法》被认为基本上达到了无过失汽车保险制度的双重目标：使受害人得到充分赔偿和减少诉讼。其医疗费用不设限且附带的其他补偿非常充分，受害人能得到充分赔偿；由于得到充分赔偿，受害人也没有动机联合律师、医生造假及诉讼。虽然理论上认为不设赔偿费用的上限会导致保险费率大大提高，但密歇根州的实践却没有出现这种局面，不设上限的做法反而使保险公司减少了诉累，在美国这种律师费用昂贵的国家，其总体经营费用反而有所降低，保费也因此降低。

(二) 判例实践

美国是判例法国家，各州法院的判决确立了强制无过失保险法的许多规则，并在理论上对强制无过失保险法作了重要阐释，举数例如下：

1. Victum v. Martin 案[③]

本案中，原告 Victum 依据马萨诸塞州《无过失汽车保险法》获得保险公司2000美元限额的损害赔偿后，又提起身体疼痛和精神痛苦的诉讼，要求对其造成人身伤害的被告 Martin 承担超过2000美元部分的赔偿。一审以原告没有证据证明其损失超过2000美元为由驳回了原告的诉讼请求。上诉后马萨诸塞州高等法院判决认为，2000美元的门槛式金额非常重要，原告必须出示证据，证明医疗费用是由一个有能力的医生在勤勉的态度下为了减轻和改善受害人的伤痛而合理做出的，并且这种治疗不是完全无必要的。由于原告无法提供这种证据，判决驳回上诉。本案表明

① The Coming of No - Fault Insurance, The Miami Herald, June 25, 1971.

② King, supra, p. 80.

③ 67 Mass. 404; 326 N. E. 2d 12; 1975 Mass.

无过失保险下，法院高度重视提起侵权之诉的标准，并确立了门槛式金额的合理、必要等准则。

2. Lasky v. State Farm Insurance Company 案①

原告 Lasky 因交通事故向保险公司求偿时，发现其在规定限额内接受赔偿后，将丧失追诉权。为此，原告向法院起诉，认为其与被告 State Farm Insurance Company 签订的汽车保险合同中的规定侵犯了原告的权利，一审法院驳回起诉。上诉后，佛罗里达州高等法院判决认为，无过失保险法没有剥夺受害人向法院起诉的权利，它只是提供了“与传统的侵权体系相比较的一个合理的选择”，驳回上诉。该案中佛罗里达州高等法院解释了无过失汽车保险法的立法目的：无论是否存在过失，确保交通事故受害人直接从保险人处得到赔偿，避免“膨胀社会救济可能性”的严重经济后果；减少司法诉累；结束传统侵权责任体系下不公平的损害赔偿情况。

3. Francis Mckenzie v. Auto Club Insurance Association 案②

原告 Mckenzie 在一辆拖车的附随车中睡觉时，因该附随车滑动撞上卡车受伤。原告请求人身伤害赔偿，初审法院支持了原告的诉讼请求。被告上诉后原告诉讼请求被驳回，密歇根州高等法院 Taylor 法官在判决中确立了一个原则：机动车必须在用于运输目的时发生事故才能获得无过失保险赔偿。

四、美国强制无过失保险法律制度的争议

相对于侵权过失责任与责任保险结合的事故赔偿机制来说，强制无过失保险法律制度加强了对受害人权益的保护，分担了加害人的责任，减少了诉累，更好地实现了损害赔偿的社会化。因此，美国以外不少国家也先后通过了强制无过失保险立法。③ 但强制无过失保险自始至今，在各国、各地区的保险立法和实践中都存在不同意见。④ 美国不同州之间，甚至一个州内以及州立法与国家立法之间，都存在诸多的争议。⑤

（一）强制无过失保险法律制度的缺陷

任何法律制度都不是完美的，强制无过失保险法律制度也不例外，存在其自身的缺陷。第一，在保费方面，实行无过失汽车保险的州的平均汽车保险费最高，而且保费增长速度也明显快于未实行无过失保险的州，有的州废除无过失汽车保险制度后保险费用则随之下降。第二，是否超过金额门槛的诉讼、保险公司未诚实地履行赔偿的诉讼等，成为法院新的沉重负担。⑥ 高涨的法律成本和滥用人身伤害保障也使得汽车保险人难以承受。第三，公众色彩强烈的无过失保险费率也受到选举政治的高度干预，频繁控制费率迎合选民导致了混乱的“汽车保险政治”局面，严

---

① 296 So. 2d 9；1974 Fla.

② 458 Mich. 214；580 N. W. 2d 424；1998 Mich.

③ 澳大利亚于 1974 年在维多利亚州及塔斯梅尼亚州施行局部性的无过失保险；新西兰 1974 年施行全面的无过失保险；瑞典亦于 1976 年跟随着芬兰、挪威施行无过失保险；加拿大魁北克于 1978 年颁布《机动车保险法》，实行彻底的无过失保险，废除了机动车事故领域人身损害的侵权责任。

④ 典型的是新西兰，其 1973 年《事故损害赔偿法》实行的是绝对责任，赔偿范围非常广泛，致使在具体的实践中广遭诟病。因为许多事故发生后，受害人都会提出各种赔偿项目，有的甚至是难以想象的。而这却正好与法律的预期相违背，这导致了 1992 年新西兰修改了《事故损害赔偿法》，在事故救济和保险赔偿中开始大大限制精神损害的赔偿，并进一步排除了财产损害的赔偿。澳大利亚曾尝试在联邦层次将无过失予以立法，但被否决；英国设置皮尔逊委员会重新全面检讨以过失为基础的侵权行为法，但未能改革具体制度。日本也曾于 1977 年试图制定无过失法案，但未实现。

⑤ Robert H. Joost, Automobile Insurance and No－fault Law 2nd(Eagan：Clark Boardman Callaghan, 1992), p. 1. 有些州如内华达、佐治亚和康涅狄州立法禁止采取强制无过失保险的制度，还有几个州处于中间摇摆状态，例如新泽西、宾夕法尼亚和哥伦比亚特区，这几个地方不强行地实施交通事故处理的无过失机制。

⑥ Harvey Rosenfield,“Auto Insurance：Crisis and Reform,” 29 U. Mem. L. Rev. 69 (1998)：100.

重影响了保险公司的经营，典型的例子是新泽西州和马萨诸塞州，致使许多大保险公司不在该州经营。[①] 第四，无过失保险下保险公司抗辩权利十分有限，这在很大程度上使得保险公司丧失了对风险的选择权，保险公司在汽车保险领域难以盈利。第五，为被保险人提供了更多最大化其请求的机会，损害了侵权责任威胁这一重要的抑制危险驾驶的因素。

（二）与宪法和侵权法的冲突

1. 与宪法的冲突

在美国，强制无过失保险引发了许多诉讼，限制受害人提起侵权之诉问题主要涉及宪法正当程序条款（第14修正案），无过失保险的保障范围、保障对象问题主要涉及宪法的平等保护条款（第5、第14修正案）。受害人常常以违反这些条款为由主张无过失保险法的某些规定无效。这些问题颇为复杂，“无过失法的宪法问题被完全解决要么有点勉强，要么要求过度。”[②]

在密歇根州 Shavers v. Kelly 一案[③]中，法院结合保险理论和实务发展进行了详细的审理，所做出的判决对法院、保险行业以及州保险监管机构均影响深远。该判决确立的无过失保险法是否违宪的标准有：第一，如果剥夺传统的侵权诉讼权利，法院要考虑受害人是否有权享有法律提供的一种合理替代机制；第二，平等保护条款是否被违背；第三，无过失法律是否剥夺了原告通过程序正义或实体正义所保护的权利；第四，这些成文法是否违反州宪法的规定。[④]

佛罗里达州最高法院在 Kluger v. White 案[⑤]中判决佛罗里达无过失法中关于财产损害的规定（Fla. Stat. Ann. 627. 738）违宪。法院认为，立法机关如果剥夺既存的诉讼权利，必须有合理的替代机制，否则将是违宪的，除非“支配性的公共利益需要”且“没有替代机制可以满足这种需要”。[⑥]

在马萨诸塞州 Milton Pinnick v. Carl Cleary 一案[⑦]中，法院创立了“权利交换”（exchange of rights）理论。判决认为，“（无过失保险法）虽然限制了非经济损失的赔偿，但原告可以在不支付诉讼成本的情况下及时获得现金损失的赔偿，即使过失的被告也可以获得伤害的赔偿，而且局部地免除了侵权责任。这些替代权利显得至少与最高法院在 White 案[⑧]中支持工人赔偿法律的那些理由一样充分”。这一理论当时得到了广泛的认可和响应。[⑨]

另外，对交通事故中受害人群（行人、驾驶人、乘客等）进行区分对待的无过失保险法常常涉及违反宪法平等保护条款。1973年加利福尼亚州最高法院就判决对无偿同乘者进行较差保护的规定违反州宪法“平等条款”。

关于如何判断是否违反正当程序和平等保护条款，有观点认为，“在著名的 Lochner v. New York 一案[⑩]中，法院对立法规定的正当程序和平等保护都适用了合理检验标准。这一仍然有效的

---

① Marjorie M. Berte, Hit Me - I Need the Money: The Politics of Auto Insurance Reform (Sunnyvale: Ics Pr., February 1993), p. 6.

② King, supra, p. 118 - 119.

③ 402 Mich. 554; 267 N. W. 2d 72; 1978 Mich.

④ King, supra, pp. 119 - 122.

⑤ 281 So. 2d 1; 1973 Fla.

⑥ King, supra, p. 142.

⑦ 360 Mass. 1; 271 N. E. 2d 592; 1971 Mass.

⑧ Central Railroad Company v. White 一案中，雇主反对纽约劳工赔偿法案（New York's Workmen's Compensation Act）规定的义务，认为这一法律未经正当程序剥夺了雇主的财产，侵犯了雇员侵权诉讼和由陪审团审理的自由，而且剥夺了通过自己选择达成雇佣协议的自由。美国联邦最高法院认为“纽约所颁布的赔偿机制在州的立法权限范围内，而且合理地行使了这一权力。在赔偿体系下，雇主和雇员都放弃了一定的权利，但与此同时也得到了新的利益。”

⑨ King, supra, p. 139.

⑩ 198 U. S. 45; 25 S. Ct. 539; 49 L. Ed. 937; 1905 U. S.

规则只是要求守法措施与允许的目标合理相关”。[①] 实际上，强制无过失保险与上述宪法条款的冲突仍然是模糊不清的。

2. 与侵权法的冲突

Keeton 和 O'Connell 教授认为，“人们经常说，侵权法和汽车索赔的主要目的是赔偿损失。可是，更准确地说，其目的是决定是否赔偿；如果答案是肯定的，才是如何赔偿。侵权法所描述的是赔偿的消极方面，即在什么情况下不给予赔偿，当然也描述积极方面”。[②] 而无过失保险的赔偿丝毫没有抗辩等消极方面，足见其与侵权法之间的紧张冲突。一方面，在社会化大生产条件下，过错责任所体现的只是形式正义，难以合理、有效地填补损失。强制无过失保险提供了一种矫正正义，有助于克服传统侵权过错责任的缺点。

另一方面，侵权法具有填补损害和预防损害两个功能，通说认为损害的预防优先于损害的补偿。侵权责任体系虽然填补损害功能不如无过失保险，但其制裁方法可以阻吓侵害行为，具有一定的预防损害功能。相比之下，无过失汽车保险取代或部分取代侵权责任体系，虽有较好的填补损害功能，但在某种程度上却会产生削弱预防损害功能的后果，因为有不考虑过失的保险，驾驶可能变得更加轻率，并且还可能在一定程度上阻碍汽车事故预防技术的应用和推广。因此，无过失保险破坏了侵权责任体系，却缺少圆满的正当性。同时，无过失汽车保险还破坏了侵权责任法上为自己行为负责的基本理念。另外，涉及交通事故中的所有当事人，所受伤害都可得到保险人的赔偿，无须考虑加害者或彼此责任的大小。这种机制在赔偿方便、快捷的同时，也剥夺了受害人的侵权诉讼权利。

五、美国强制无过失保险法律制度的启示

由于无过失保险制度自身的缺陷及其与宪法、侵权法之间的各种冲突，加之政治过度干涉，强制无过失保险诱发了保险行业、市场、司法及理论的一系列问题，导致内华达州（1980 年）、佐治亚州（1991 年）、康涅狄格州（1993 年）、科罗拉多州（2003 年）等州废除了强制无过失保险机制，重新回到了侵权责任体系。

但是，无过失汽车保险在快速、确定地赔偿受害人，以及事故风险更大程度的社会化方面的良好效果仍然难以替代。比如，无过失汽车保险的优点使得宾夕法尼亚州虽然在 1984 年废除了无过失汽车保险法，却在 1990 年又重新制定了一部新的无过失汽车保险法。近几年来，更多的州选择了对这一制度进行改良，美国的无过失保险法变得更加因地制宜。

总的来看，当前及未来很长一段时间，保险人赔偿综合经济损失后完全取消受害人侵权诉讼，即彻底取代侵权责任的“纯无过失保险”将不会存在；“修正无过失保险制度”和“附属无过失保险制度”在美国将处在不断地讨论、修订和发展状态。“修正无过失保险制度”模式没有完全取消侵权责任，只是设置了受害人向加害人提起侵权之诉的门槛条件，具体有定量门槛条件和定性门槛条件两种，分别指受害人经济损失须达到最低金额、受伤须达到特定严重程度才能向加害人提起侵权之诉。“附属无过失保险制度”模式是侵权责任制度附加可选经济损失无过失保险保障的组合。该附属保险保障需要另行购买，用于支付受害人的特定经济损失（含一定限额的医疗费用和工作损失等）。其中，密歇根州的“修正无过失保险制度”为强制无过失保险提供了刑事责任保障，同时，在取消赔偿费用限额和控制保险公司经营成本、降低费率之间，在实施强

---

① King, supra, p.133.

② Keetoon and Jeffery O'Connell, supra, p.161.

制无过失保险和发挥侵权过失责任功能之间取得了良好平衡，被誉为美国最完善的强制无过失保险法律制度，值得借鉴。

如果说用社会保险全面取代侵权责任机制类似于大同社会的构想，在今天仍缺乏充分的经济、伦理道德基础，那么结合社会保障、基金、强制汽车责任保险、无过失汽车保险以及商业汽车保险等各种保障保险制度，综合侵权责任机制对受害人进行全面救济，对事故风险进一步社会化，则是法律社会本位时代的必然趋势。学界对《中华人民共和国道路交通安全法》第76条的理解上，关于是否属于无过失保险、是否应当实行无过失保险争议极大。对交通日益拥堵的中国来说，迫切需要在准确梳理的基础上吸收美国的经验与教训，尽快完善这项事关民生重大利益的法制建设。而且，强制无过失保险体现的社会本位和保护公共利益的干预思想，在环境责任险、海洋油气开发与船舶的油污责任险等各个方面，都值得进一步探讨和借鉴。

预算的法律效力之减损及其补正

叶　姗[*]

目　次

本文的研究素材是我国近5年的中央财政预决算文件及表格，形式上的载体包括《关于（n－1）年中央和地方预算执行情况与n年中央和地方预算草案的报告》、《（n－1）年全国预算执行情况n年全国预算（草案）》、《n年中央决算报告》和《n年中央决算草案》（n介于2008至2012之间）以及2009—2012年中央预算公开表格和2008—2011年中央决算公开表格。① 近5年的经济社会发展情势，促使中央政府决定实施结构性减税、增加民生性支出、安排预算赤字等财政政策，同时，中央财政预算公开步伐明显加快，使得本文的研究可行且具有价值。笔者从剖析预算的法律效力的来源入手，揭示导致预算的法律效力减损的几种瑕疵，主张借由提高预算编制的合理性、加强预算编制的合规性来补正预算的法律效力。

《中华人民共和国预算法》（以下简称《预算法》）颁行于分税制改革元年的1994年3月22日，随着预算管理体制改革持续推进，预算法律文本已然严重滞后于预算法律实践，然而，自2004年3月启动修法以来却一直举步维艰。② 笔者认为，预算法律领域最大的问题是预算法治化水平太低，因此，建议该法修改时应选择"中改"的思路，即保留一定数量的财政体制方面的条款，重点处理好权力分配、程序安排和责任设置等问题。③ 预算法是财税法律领域的基本法，仅仅实现形式上的"有法可依"显然是不够的，而实质上的"有法必依"不仅取决于预算法规范本身的设计是否可行，而且，还受制于财税法体系整体的安排是否合理。直言之，预算法治化水平的提高，不仅要通过修改预算法律文本来实现，还依赖于预算的合理编制和规范执行。

---

* 北京大学副教授，法学博士。

① 数据来源：财政部网站公布的中央财政预决算表格，http://www.mof.gov.cn/zhengwuxinxi/caizhengshuju/，两会授权新华网发布的中央财政预决算文件，http://news.xinhuanet.com，以及国家统计局：《中国统计年鉴（2010）》，http://www.stats.gov.cn/tjsj/ndsj/2010/indexch.htm，访问日期：2012－07－01。

② 2011年11月，国务院原则同意《预算法修正案（草案）》，2011年12月、2012年6月，全国人大常委会先后对草案进行了两次审议。

③ 参见叶姗：《前置性问题和核心规则体系——基于中改〈中华人民共和国预算法〉的思路》，载《法商研究》2010年第4期。

一、预算的法律效力源于何处

预算是本文研究的核心概念，“预算是什么”不仅决定了预算的性质，也揭示了其法律效力的来源，而且也影响着预算法律制度体系的宽泛程度。预算既是政府组织财政收入的工具，也是政府开展宏观调控的措施。“预算能确定事项的优先次序，合理配给，利于节约或者有效的控制，也更适于利用合适的政策手段解决手上的问题”，“预算作为政府干预社会的一个手段，诱导、教育或者鼓励行为和努力。预算控制是政府为了获得干预效果最大化而挑选的最合适的一个工具手段”。[①] 预算可以从两个角度来理解：从动态来说，是指在财政支出的需要和财政收入的可能之间进行权衡和评估，以决定是否和如何进行稀缺资源配置的过程；从静态来说，是指预先估计未来一个或若干个财政年度的财政收支情况的法律文件，也就是政府为了完成特定的事权而安排的财政收支计划，这是“政府在一个或多个财政年度内的全部财政收支结构的一览表或称基本财政收支计划”。[②] 简言之，这一财政收支计划在立法机关批准前称为预算案，经批准后成为预算，在预算执行过程中进行的预算调整经批准后成为预算调整方案，预算执行完毕后编制的预算执行结果称为决算案，经批准后成为决算。

经济学和法学领域有关预算的定义很多，囿于篇幅和主题，本文不作过多分析，径直将预算界定为一种由复杂的技术和精确的数据所支撑的财政收支计划，展现了政府在财政收入的可能和财政支出的需要之间进行测算和评估的过程，反映了政府打算做什么、正在做什么和做了些什么。“一个适当的预算体系意味着负责任的政府。预算通过一个单一的文件并在其中详细地界定政府的责任和功能，从而将政府整合为一个整体。”[③] 预算本质上是极其重要的政治问题，关乎民主的实质，而不是简单的数字游戏。预算看上去是一个技术问题甚至可以说是令人乏味的会计问题，实际上，其“所指涉的是一项极为庞大而复杂的社会选择过程，其中不仅具有经济性，更具有政治性之特质。预算文件本身并无法显示它在建立社会选择过程中的冲突与战斗”。[④] 预算的实质是配置稀缺资源：在可能的财政收入支持下，对潜在的财政支出目标进行取舍。编制预算是为了控制政府的财政权，预算有助于实现立法机关对政府的财政权的常规审查。“设定总量，并在总量约束下安排孰先孰后的顺序，这就是预算编制的任务。这一任务使得预算编制成为一种难以解决的本能性冲突发生的地方。”[⑤]

对于现代市场经济国家的治理而言，最重要的能力之一就是预算的能力，“无论我们如何定义国家能力，预算能力都是国家能力最基本的支撑。没有预算能力，国家能力就不可能存在，也不可能具有任何实质性的内容”。[⑥] 我国自1999年起启动预算体制改革，著名学者王绍光认为，自此，我国进入了拥有现代预算制度的预算国家时代。“遵循现代预算原则建立起来的预算国家，必须具备两个显著标志：财政上的集中统一和预算监督。”[⑦] 笔者认为，虽然我国建立起了预算体

---

① ［美］杰拉尔德·J. 米勒：《非常规预算：诠释预算和预算的诠释》，载［美］阿曼·卡恩、W. 巴特利·希尔德雷思编，韦曙林译：《公共部门预算理论》，92~93页，格致出版社、上海人民出版社，2010。

② 陈共主编：《财政学》，169页，中国人民大学出版社，1998。

③ ［美］乔纳森·卡恩著，叶娟丽等译：《预算民主：美国的国家建设和公民权（1890－1928）》，3页，格致出版社、上海人民出版社，2008。

④ Lance. T. LeLoup, Budgetary Politics, Ohio: Brunswick, King's Court Communications INC, 3rd. ed, 1986, p. 4.

⑤ ［美］阿伦·威尔达夫斯基、内奥米·凯顿著，邓淑莲、魏陆译：《预算过程中的新政治学（第4版）》，114页，上海财经大学出版社，2006。

⑥ 马骏著：《治国与理财：公共预算与国家建设》，57页，生活·读书·新知三联书店，2011。

⑦ 王绍光著：《从税收国家到预算国家》，4页，载《读书》2007年第10期。

系，还称不上是现代预算制度，更不是预算国家。预算经批准后，“从表面看，它们常常是预算过程的结果和终点，但事实上预算编制并未因为预算案成为法律而完全结束”。[①] 政府主导型预算是当今世界主流的预算模式，即使立法机关仍然保留对具体预算事项的审批权和将普遍性的规则制定为法律的立法权，政府在预算过程中事实上起着决定性作用。“在预算执行期间，预算官员和管理者分配拨款，在支出发生前核实其合法性和适用性，判定机构是否已依照预算行事，以及监控收支来维持一个平衡预算。”[②]

某种程度上说，如果不要求预算平衡，就根本没有编制预算的必要，然而，财政收支往往很难平衡，即使是略有财政盈余或略有财政赤字等基本平衡也不太容易做到。“造成联邦收入增长与支出增长相匹配的努力失败的原因，常常是由于提高收入时遇到政治困难以及联邦支出增加所造成的压力。”[③] 对单一制国家而言也是同样的，简言之，绝对的、静态的预算平衡仅仅是在理论上存在的，人为制造的预算平衡是没有意义的。笔者认为，与其掩盖财政收支失衡问题，不如对预算过程和财税收支法律制度进行实质性改良，以符合财政稳健原则的要求。“联邦议院议决的预算，只能规定联邦收入与支出的有关事项，并且只限于该财政年度。联邦议院不能通过预算决议来废除或者停止适用现行的某一法律规定。”[④] 政府编制预算不是任意进行的，而是建立在已有的财税收支法律的基础上，还会受到当时施行的财政政策的影响，特别是税收优惠政策。除了通过修改税法规范[⑤]的方式来减税外，我国还制定了大量以税收规范性文件为载体的税收优惠政策。税收优惠政策一般都设定了落日条款：明确规定生效的起讫日期或生效年限，失效时间或生效年限如何设置直接影响预算的编制。

有关预算的性质是什么的问题，有几种不同的观点：法律说、组织性法律说、措施性法律说和预算行政说。前三种观点认为预算属于法律，但法律属性各有不同；最后一种观点否认预算属于法律。这些学说都曾经在德国和日本流行过。笔者认为，预算是一种措施性法律，具有法律效力，但是，它确实不同于一般法律，适用期限仅为一年。“预算法规范说乃至特殊法律说最可能被接受。无论是就社会性、一般性还是强行性而论，预算均难谓在本质上与法律无异。”[⑥] 无可否认，预算中几乎没有规定任何可以一般适用的规则，无论如何都不能归入实质意义的预算法的范畴，但是，预算毕竟经过立法机关批准。尽管我国台湾地区“预算法”也没有规定预算的性质，但是，其“司法院”大法官解释“释字第391号”和“释字第520号”指出，“预算案除以具体数字载明国家机关维持其正常运作及执行法定职掌所需之经费外，尚包括推行各种施政计划所需之财政资源。且依现代财政经济理论，预算负有导引经济发展、影响景气循环之功能。预算案经立法院通过及公布手续为生效预算，其形式上与法律相当，因其内容、规范对象及审议方式与一般法律案不同，故称为措施性法律”。[⑦]

在法国，“预算和一般法律之间，是不承认性质上有区别的；预算也是基于用法律的形式经

① ［美］爱伦·鲁宾著，叶娟丽等译：《公共预算中的政治、收入与支出，借贷与平衡》，248页，中国人民大学出版社，2001。

② ［美］丽贝卡·亨德利克、约翰·P. 弗雷斯特：《预算执行》，载［美］罗伊·T. 梅耶斯著，苟燕楠、董静译：《公共预算经典（第一卷）——面向绩效的新发展》，480页，上海财经大学出版社，2005。

③ ［美］Merl Hackbart，James R. Ramsay：《结构失衡管理：对财政决策和财政政策的影响》，载［美］阿曼·卡恩、W. 巴特利·希尔德雷思编，孙开等译：《公共部门财政管理理论》，189页，格致出版社、上海人民出版社，2008。

④ 《德意志联邦共和国基本法》（2002年7月26日）第110条第4项，http://www.recht-harmonisch.de/GG-chinesisch.pdf，访问日期：2012-07-01。

⑤ 现代国家的财政收入90%以上来自于税，笔者用“税法规范”概称据以取得财政收入的法律规范。

⑥ 台湾学者蔡茂寅著：《预算法之原理》，2~3页，台湾元照出版有限公司，2008。

⑦ 《大法官会议解释汇编》（增订7版），470~474页，台湾三民书局，2008。

议会议决的事实，把预算和普通立法看作一样：议员既有普通立法的提案权，也有预算的提案权”。[①]《俄罗斯联邦预算法典》(1998) 第2条规定：“俄罗斯联邦预算法律由本法典、根据本法典通过的年度联邦预算法、各联邦主体的年度预算法、地方自治政府的年度预算法规，以及联邦各级政府关于调节本法典第1条所指法律关系的其他法规组成。”“上述法规不能与本法典相矛盾。在本法典与上述法规之间存在矛盾时，采用本法典。”[②] 笔者认为，预算的法律效力有多重来源：既有立法机关批准的直接来源，也有预算法以及其他财税法律法规支持的间接来源。预算不是任意编制的，它根据国家整体经济资源和国民税收负担能力进行估算，经由政治目的指导、法律程序控制的一种稀缺资源再分配的过程。“经过国家权力机关批准的预算，或称预算文件，它是具有法律约束力的，是一种广义上的预算法，但它只是在具体的特定时期内具有法律效力，因而与狭义的预算法是不同的。”[③]

预算的性质就决定了预算具有一定的法律效力，有学者指出，“不把计划与预算当作法律是不对的，它是长期以来计划执行不力，预算随意突破的原因之一，我们应当树立计划、预算就是法律的观念。”[④] 预算的技术性和专业性都很强，但是，这不妨碍其成为规范政府的财政收支行为最重要的法律依据之一。“预算统制，就是预测国家全部的行政活动，造成一个以数字表现的事前计划，作为指导，监督批评一切行政活动的有效工具。预算统制的能否得用，全视预算数字的正确与否为依归，而如何求得正确的预计数字，便是预算统制最大关心的事件。”[⑤] 想要提高预算的法治化水平，仅仅通过修改《预算法》是不够的，还要不断改进支撑预算编制和执行的整个财税法规范系统。中央预算案的内容还可能超过财税法规范所覆盖的范围，延伸到主要以税收规范性文件为载体的财政政策。需要强调的是，中央预算案不仅是将财政政策细化为财政收支计划的政府文件，而且是经过批准的法律文件。

在我国，政府预算报告与政府工作报告、国民经济和社会发展计划报告一样，属于总结加计划的连体式报告，都要提交立法机关审议。政府预算报告连同预算一起提交，包括与政府支出、收入和借贷有关的计划，以及预算草案的经济和财政情况说明、政府经济政策目标、中期宏观预测和预算内受资助的政府活动的解释等内容。[⑥] 以2012年中央预算报告为例，前半部分是对上一财政年度工作的总结，其主要内容是：通过一系列数字与再上一个年度比较、与该年度的预算比较来说明中央和地方预算执行情况，包括公共财政预算执行情况、政府性基金预算执行情况、中央国有资本经营预算执行情况、积极的财政政策实施情况、财税改革进展情况、落实全国人大预算决议有关情况等；后半部分是本财政年度的工作计划，其主要内容是：根据宏观经济政策、考虑本年度经济发展的增减因素，确定预算案的具体数字及完成预算的主要措施，包括当前我国财政经济形势、财政预算编制和财政工作总体要求、公共财政预算安排情况、政府性基金预算安排情况、国有资本经营预算安排情况等。由于预算编制得过于粗糙，人大审议的时间又有限，加上预算看上去是收支相抵的，很难发现什么问题，人大代表事实上也改动不了预算中的任何数字，

① [日] 美浓部达吉著，邹敬芳译：《议会制度论》，293页，中国政法大学出版社，2005。

② 《俄罗斯联邦预算法典》(1998年7月31日)，http://policy.mofcom.gov.cn/section/flaw!fetch.html?libcode=flaw&id=60173360-d5ea-4064-b9c5-54697a884bc5，访问日期：2012-07-01。

③ 张守文著：《财税法学》，62页，中国人民大学出版社，2007。

④ 蔡定剑著：《中国人民代表大会制度》，322页，法律出版社，1998。

⑤ 马寅初著：《财政学与中国财政——理论与现实》(上册)(初版于1948年)，25页，商务印书馆，2001。

⑥ 自2005年起，财政部部长不再在全国人民代表大会上向人大代表口头进行预算报告，而改成书面报告。这一改革最大的问题是预算审议的时间变得更短，人大代表更加提不起兴趣自行阅读一部看不懂的预算。

审议流于形式，但不满与日俱增。①

二、预算的法律效力减损的瑕疵

考察我国近5年的中央财政预决算文件及表格，不难发现预算编制和执行中都存在一些可能导致预算的法律效力减损的瑕疵。笔者认为，2008年因汶川地震抗震救灾的需要而进行预算调整，2009年因受到全球金融危机的影响而刻意安排的预算赤字，2010年初步形成相互衔接、更加完整的复式预算体系，2011年为贯彻结构性减税的积极财政政策而制定或修改了多部税法规范，还有这几年为了促进经济发展方式加快转变、保障国民收入分配趋于公平以及集中财力保障和改善民生而刻意安排更多的财政支出和特意减让更多的税收利益，都是重大的预算事件。有些事件在财政年度中间发生，而有些事件则是在下一个财政年度开始后才发生影响。由于这些事件都实质性地影响财政收支结构，甚至可能减损已经编制完毕的预算案或正在执行的预算的法律效力，对这些事件进行集中而系统的研究很有必要。

（一）预算编制违反平衡原则

中央财政预决算和预算调整方案都因为经过立法机关批准而具有法律效力。每年的中央预算报告和预算案都由受国务院委托的财政部在3月向全国人大书面报告，经其批准后，即具有法律效力，非经法定程序，不得改变；每年的中央决算报告和决算案都由受国务院委托的财政部部长在6月向全国人大常委会口头报告；② 预算调整方案草案提请全国人大常委会审查批准的程序与之类似。全国人大每年3月审议中央预算案，预算经批准后，批复到国务院、再批复到各部门和各单位执行，已到了5月。我国财政年度实行公历年度，自1月1日起至12月31日止。简言之，预算开始执行时，财政年度已过了近一半。这种时间安排已经使预算的法律效力大打折扣。“伊利诺伊州在地方上有一个法律强制平衡预算，但是它并不要求城市必须有预算。即使城市没有预算，也不影响财政运作。对城市来说，有时候在财政年度的第一季度就通过预算是常见的事情。”③ 在美国，除了通过预算来控制财政收支行为外，还会通过拨款法案的形式，即使没有预算，同样可以实现控制，与我国完全不同。

财政年度开始后，中央预算案还没有付诸审议、更遑论生效，可以说是我国预算存在的最大的合法性瑕疵。《预算法》第3、27、28条确立了“量入为出、收支平衡、不列赤字”原则：“各级预算应当做到收支平衡”，具体包括：“中央政府公共预算不列赤字。中央预算中必需的建设投资的部分资金，可以通过举借国内和国外债务等方式筹措，但是借债应当有合理的规模和结构。”“地方各级预算按照量入为出、收支平衡的原则编制，不列赤字。除法律和国务院另有规定外，地方政府不得发行地方政府债券。”在《预算法》起草阶段，关于是否要规定预算平衡原则，曾经有过广泛的讨论，最后，立法者确立了如下思路“财政收支的平衡是保持经济总量基本平衡的重要内容，也是国家实施宏观调控的重要手段。因此，中央政府公共预算和地方预算都不应列赤

① 2012年3月14日，《2011年中央和地方预算执行情况与2012年中央和地方预算的决议（草案）》以赞成2291票，反对438票，弃权131票，未按表决器12票，创下未投赞成票比例20.2%的历史新高。不赞成比例如此之高，反映了全国人大代表对预算的不满意度。参见“2012年全国两会直播”，http://www.xinhuanet.com/politics/2012lh/zhibo/20120314/wz.htm，访问日期：2012-07-01。

② 3月的中央预算案包含上一年度的中央和地方预算执行情况，其内容往往与6月的中央决算案不尽一致，由于3月的中央和地方预算执行情况以及地方预算草案都是由财政部代编的，徒具形式意义。

③ ［美］爱伦·S. 鲁宾著，林琳、郭韵译：《阶级、税收和权力——美国的城市预算》，4~5页，格致出版社、上海人民出版社，2011。

字。同时，考虑到在今后若干年内，国家要建设，人民生活要改善，改革要深化，再加上还债即将进入高峰期，中央预算中举借一定数额的债务用于必需的建设投资和还本付息支出，是必要的。”① 当前正处于《预算法》的修改阶段，是否要放开地方政府自行发债的限制，再次引起激烈的讨论。讨论这一问题的重要背景是国内外经济环境：一端是国际金融危机的影响，另一端是地方政府债务急剧上升。

2008 年的全球金融危机使大多数国家接下来几个财政年度的预算不约而同地出现创纪录的预算总额和巨额的预算赤字，由金融危机应对措施和经济刺激计划所带来的财政赤字和公债规模失控问题越发严重。在预算编制时安排预算赤字，违背了预算平衡或称财政稳健原则。然而，赤字预算往往得到了立法机关批准，形式上的合法性似乎是没有瑕疵的。“除了需要体现出对平衡预算的关心和不愿意超过先前经历过的赤字水平之外，正在作出的决策需要在赤字的成本与削减支出或提高收入的成本之间进行权衡。”② 与预算赤字广泛存在于近些年经济增长表现不佳的发达国家不尽相同，我国历年的财政赤字主要是决算赤字，决算赤字出现在预算执行完毕时，是整个预算过程的管理性失序所导致的。《预算法》原则上禁止中央政府和地方政府编制赤字预算案，尽管没有完全禁止中央政府发行公债，但是，限定了发行公债的目的——限于必须的建设投资，而不能用于公共财政支出，同时，没有任何规定允许中央政府发行公债来弥补财政赤字。现代市场经济国家的中央（联邦）政府必须承担宏观调控的经济职能，财政赤字和公债规模实际上反映了政府宏观调控的经济代价。

想要实现经济与社会的稳定发展，就必须控制好财政赤字和公债规模，最常用的标准是赤字率和公债率：分别是指财政赤字或公债余额占国内生产总值（GDP）的比例。两者可以用于衡量一个国家或地区的财政赤字和公债规模的绝对值和相对值以及财政风险的水平。国际公认的赤字率和公债率的警戒线分别是 3% 和 60%，除了个别年份外，我国过往绝大多数年份的预算或决算都存在财政赤字，但是，赤字率基本上介于 0.3% ~3% 之间，即使是预算赤字创下历史新高的 2009 年，高达 9500 亿元的预算赤字也仅占 GDP 的 2.9%，2012 年的预算赤字已回落到 1.5%。从财政赤字的类型来说，2009 年也是一个转折点，此前，我国的财政赤字以结构性赤字和管理性赤字为主，主要是事后赤字、决算赤字；此后，转向了以周期性赤字为主，兼有其他两种赤字，主要是事前赤字、预算赤字。受到全球金融危机和我国经济发展周期性波动的双重影响，中央政府推出以大规模财政投资为核心的积极财政政策，刺激经济恢复高增长水平的积极性和力度都远远超过了 1999 年。自 2009 年起，中央政府连续编制了 4 年赤字预算，但是，规模都控制在 3% 以下。为了弥补预算赤字，政府发行公债是在所难免的，这种方式优于增加发行货币或增加税收，我国公债率也始终保持在 20% 左右，远低于警戒线。然而，无论是安排预算赤字还是发行地方公债都存在合法性障碍。

近年来，不少人呼吁放开地方政府自行发债的限制，《预算法修正案》一审时的草案也曾经想废止这一限制，然而，随着这两年的急剧上升达 10 万多亿元，带来的问题和潜在的风险都很大，二审时的草案已经恢复了《预算法》的限制条款。③ 虽然地方政府为了弥补预算赤字而发行地方政府债券存在制度上的障碍，但是，《预算法》设置了“法律和国务院另有规定”的除外条

① 财政部《关于〈中华人民共和国预算法（草案）〉的说明》，1994 年 3 月 15 日，http://www.law-lib.com/fzdt/newshtml/20/20050804182522.htm，访问日期：2012-07-01。

② ［美］赫伯特·斯坦著，苟燕楠译：《美国的财政革命——应对现实的策略（第 2 版）》，524 页，上海财经大学出版社，2010。

③ 韩洁、崔清新：《预算法修正案草案二审稿拟明确地方政府不得自行发债》，http://www.npc.gov.cn/npc/xinwen/lfgz/2012-06/27/content_1726598.htm，访问日期：2012-07-01。

款。当前，实践中允许地方政府发行地方政府债券的情形包括财政部代理发债和部分地区自行发债试点，两者都限于国务院批准的额度内。经国务院批准，2009～2011年，财政部先后代理发行地方政府债券2000亿元，2012年代理发行2500亿元，全部列入省级预算管理。“地方债是指以省（市、区）和计划单列市人民政府作为债务人承担按期支付利息和归还本金责任，由财政部代理发行、代为办理还本付息和拨付发行费的可流通记账式债券。”① 自2011年10月起，经国务院批准，2011年上海市、浙江省、广东省、深圳市启动地方政府自行发债试点。“自行发债是指试点省（市）在国务院批准的发债规模限额内，自行组织发行本省（市）政府债券的发债机制。”② 与财政部代理发债不同，地方政府自行发债强调自行组织政府债券的发债机制，但同样由财政部代办还本付息。尽管暂时还不能放开地方政府自行发债的限制，但是，试点能否成功仍然可以为将来的决策提供参考。

由于经济的超高速增长和税收征管水平持续提高，我国年均税收增长率一直处在相当于同期GDP增长速度的2倍左右的水平，每个财政年度的预算执行完毕后都出现数额较大的超收收入。以往，我国对超收收入的使用和分配实行通报制，而不是国际通行的审批制。超收收入的使用和分配由政府自行决定，只需要将超收收入的使用和分配情况报告立法机关即可，因此，这部分财政资金一直处于脱离预算控制的状态。从另外一个层面来说，超收收入的自由支配权也会使得政府在编制预算时对预算收入做“保守”的预估，以确保能够掌握更多的不受预算约束的、可以自由支配的财政资金。因此，不管是基于将超收收入纳入预算管理的需要，还是解决周期性赤字问题的需要，都甚有必要建立预算稳定调节基金（以下简称调节基金）。我国2006年建立了调节基金，调入财政资金500亿元，从而为多年来备受质疑的财政收入资金的使用问题找到了合适的解决方案，同时，也有助于更加合理地编制预算，保持中央预算的稳定性和财政政策的连续性。调节基金的调入和调出都要经由预算统一安排，这样的话，补充调节基金的都显示为财政支出，调出调节基金的都成为财政收入。

“从2008年起，年度执行中如有超收，除按法律、法规和财政体制规定增加有关支出，以及用于削减财政赤字、解决历史债务、特殊的一次性支出等必要支出外，原则上不再追加具体支出，都列入中央预算稳定调节基金，转到以后年度经过预算安排使用。”③ 调节基金的设立既可以解决超收收入长期游离于预算管理之外的问题，也有助于解决经济发展的周期性波动所带来的收不抵支问题。理论上说，财政超收年份的预留财政资金是调节基金的主要来源，除非遇到财政收入严重欠缺的年份或重大突发事件时才能动用。2008年，由于建立地震灾后恢复重建基金的需要，第一次从调节基金调出600亿元。此后的几个财政年度，由于全球金融危机影响而出现了大规模的预算赤字，预算编制时都会安排从调节基金中调出财政资金，而预算执行完毕时，往往又会将超收财政收入的部分用于补充调节基金。

① 财政部《代理发行2012年地方政府债券发行兑付办法》（财库〔2012〕46号）。

② 财政部《2011年地方政府自行发债试点办法》（财库〔2011〕141号）。

③ 财政部《关于2007年中央和地方预算执行情况与2008年中央和地方预算草案的报告》，2008年3月5日。

超收超支和中央预算稳定调节基金（2008～2012）（单位：亿元）

项目		2008	2009	2010	2011	2012
超收收入		2844.35	2288.3	9171.51	12520.01	/
调出调节基金		1100	505	100	1500	2700
财政超支		1806.66	64.93	5344.16	8709.67	/
补充调节基金		192	101.13	2257.65①	2892②	/
支出大于收入的差额	预算	1800	9500	10500	9000	8000
	决算	354.31	9500	10000	8500	/

截至2011年年底，调节基金剩下2892亿元，2012年预算安排调出2700亿元，用于削减预算赤字。从调节基金这几年的运行情况来看，每年补充调节基金的财政资金仅占当年超收收入的一小部分，而且，出现超收收入的同时，超支现象也很严重。换言之，仍然有相当部分的超收收入没有进入预算过程来运行，超收收入的使用不完全受控，大大减损了预算的法律效力。另外，2011年和2012年连续两年调出1500亿元和2700亿元的理由是什么呢？官方的说法是：为了削减预算赤字。这也证明了，调节基金的设立主要是为超收收入进入预算过程来循环提供了一个途径。每年补充调节基金的数额是如何得出的？为什么不是超收收入的全部资金或者超收收入减去超支后的资金？不过，这两年有好转的迹象，“补充调节基金加上地方公共财政结转下年支出之和”越来越接近“超收收入减去超支的数额”。

（二）预算调整的标准不尽合理

预算经立法机关批准后就产生了法律约束力，《预算法》规定，在预算执行中因特殊情况而需要增加支出或减少收入而破坏收支平衡或增加举债数额时，国务院必须提请全国人大审议专门编制的预算调整方案草案，然而，迄今为止，中央财政进行预算调整的次数极少。《预算法》第53条规定，“预算调整是指经全国人民代表大会批准的中央预算和经地方各级人民代表大会批准的本级预算，在执行中因特殊情况需要增加支出或者减少收入，使原批准的收支平衡的预算的总支出超过总收入，或者使原批准的预算中举借债务的数额增加的部分变更。”可见，《预算法》将预算平衡与否作为判断是否进行预算调整的实质性标准，而没有将预算执行是否符合预算中的安排作为形式性标准。换言之，如果预算执行中的变化不破坏预算平衡，即使其违反预算中的安排，也不需要进行预算调整，这样就等于把预算架空了，预算的法律效力无从谈起。预算执行中可能出现很多变数，“经济形势的改变，对岁入和支出的预测不足，持续不断的政治斗争，领导层的变动和公众关注问题的焦点发生转移，预算案在通过后还可能改变”。③ 哪些是可以进行预算调整的特殊情况应予明确。

因汶川地震④抗震救灾的需要而进行预算调整是一个典型的正面事例：由于汶川地震的破坏过于严重，几乎毁灭了所有建筑设施和各行各业，因此，国务院向全国人大常务会提出以建立专项用于灾后恢复重建的地震灾后恢复重建基金的中央预算调整方案。⑤ 地震灾后恢复重建资金由

① 该年度地方公共财政结转下年支出为1069.7亿元。

② 该年度地方公共财政结转下年支出为1918.34亿元。

③ 前引，鲁宾书，248页。

④ 汶川地震2008年5月12日发生在四川省汶川县映秀镇，是新中国成立以来波及范围最广、破坏性最强的一次地震，受灾面积广大、受灾人口众多、自然条件复杂、基础设施损毁严重，抗震救灾的难度非常大。

⑤ 全国人大常委会《关于批准2008年中央预算调整方案的决议》，2008年6月26日。

中央和地方财政建立的、专项用于地震灾后恢复重建的地震灾后恢复重建基金，以及地方财政通过预算内安排的、专项用于支持和开展地震灾后恢复重建的资金构成。汶川地震既考验了我国政府应对特大自然灾害的综合能力，又检验了我国法律控制、减轻和消除特大自然灾害引起的社会危害的成效，这次毁灭性的重生也成为多项财税法政策措施协同适用的契机，实现了灾后恢复重建资金有效筹措和有序使用的目标。“汶川地震灾后恢复重建三年任务两年基本完成。2008～2010年，汶川地震灾后恢复重建支出累计2330.88亿元，加上中央国有资本经营预算等安排的支出655.82亿元和结转下年支出46.57亿元，合计3033.27亿元，实现三年中央财政对地震灾后恢复重建投入3000亿元的规划目标。”①

公共预算中的“预备费”科目下的财政资金，每年有几百亿，可以用于自然灾害的救灾开支。《预算法》第32条规定：“各级政府预算应当按照本级政府预算支出额的百分之一至百分之三设置预备费，用于当年预算执行中的自然灾害救灾开支及其他难以预见的特殊开支。”鉴于汶川地震抗震救灾引起财政支出大幅增加，国务院罕见地提请全国人大常委会审查批准中央预算调整方案草案，其核心内容是：“从2008年起建立地震灾后恢复重建基金，根据实际情况分年加以安排，专项用于四川及周边省份受灾地区恢复重建”。② 中央财政和四川省财政同时设置了“地震灾后恢复重建支出”的预算科目，为加强对汶川地震灾后恢复重建资金筹集、分配和使用的监督管理，提高资金效益，财政部制定了《汶川地震灾后恢复重建资金（基金）预算管理办法》（财预〔2008〕389号），专门编制了《中央财政地震灾后恢复重建基金收支决算表》。从地震灾后恢复重建支出决算表格来看，2008～2010年各为798.34亿元、969.99亿元和794.34亿元，无论与每年的超收收入还是超支资金相比，资金数量都不算多。值得肯定的是，通过预算调整来安排灾后恢复重建基金，很好地贯彻了预算法治理念。

预算执行中随意修改税法规范而没有进行预算调整是一个典型的反面事例。由于这几年实行结构性减税的积极财政政策，税法规范进入了频繁修改期，特别是2011年，这是分税制改革后，税法规范制定或修改最多的年份之一，包括《中华人民共和国车船税法》（2011年2月25日制定，自2012年1月1日起施行），《中华人民共和国个人所得税法》（2011年6月30日第6次修改，自2011年9月1日起施行），《资源税暂行条例》（2011年11月1日修改，自2011年11月1起施行）和《中华人民共和国船舶吨税暂行条例》（2011年11月23日重新发布，自2012年1月1日起施行）。另外，2009年最受瞩目的税法规范修改缘于中央决定在全国推行扩大增值税抵扣范围改革，2008年11月5日同时发布了《中华人民共和国增值税暂行条例》、《中华人民共和国营业税暂行条例》和《中华人民共和国消费税暂行条例》的修正案，均自2009年1月1日起施行。从这两年制定或修改的税法规范来看，大多数都是自翌年1月1日起生效的，但是，这种安排却并非为了和我国财政年度的起讫时间保持一致，也不是为了避免破坏已经编制完毕的预算案或执行中的预算。在我国当前的预算实践中，每一财政年度的预算案的编制通常是从前一年的6月开始启动的，只要是在下半年制定或修改的税法规范，都会影响预算编制时预测的财政收入，更不用说，某些税法规范修改后居然在当年就生效了。尽管预算在当年的3月15日左右才生效，但是，预算通常在前一年12月31日就已经编制完成。③ 理论上说，只要预算尚未生效，就应当根据制定或修改后的税法规范对预算案进行修改，否则，预算必定是违反了税法规范的。

以下以《中华人民共和国个人所得税法》第6次修改为例加以说明，该法第6次修正后自9

① 财政部《关于2010年中央和地方预算执行情况与2011年中央和地方预算草案的报告》，2011年3月5日。

② 财政部《〈关于提请审议2008年中央预算调整方案（草案）〉的议案的说明》，2008年6月24日。

③ 参见财政部《关于编制2013年中央部门预算的通知》（财预〔2012〕283号）有关预算编制时间的安排。

月1日起施行，直接导致当年的个人所得税减收550亿元，其核心内容是：将工资薪金所得减除费用标准从2000元上调到3500元；工资薪金所得的税率级次调整为7级、最低税率调低到3%。尽管这次修改减轻了纳税人的负担、优化了国民收入分配结构，但是，它导致的个人所得税减收效应发生在预算执行期间，其减收收入会直接影响公共服务供给水平。尽管预算编制时已经预见了该财政年度税法规范有可能进行修改："健全个人所得税制度，提高个人所得税工薪所得费用扣除标准，合理调整税率结构，降低中低收入者税负，强化对高收入的调节。"① 但是，《个人所得税法修正案》的内容直到6月30日通过后才得以明确。换言之，即使预算编制或审议时，立法者就已经有制定或修改税法规范的打算，仍然不能为预算案编制完毕后或预算执行中随意制定或修改税法规范提供正当性的支持。税法规范变动的因素即使未能被预算编制时加以考虑，也应当通过预算调整来体现其可能对预算产生的影响，否则，预算的法律效力必定会因此而减损。换言之，法律变动的因素理应纳入预算调整的原因。

三、预算的法律效力补正的进路

笔者认为，之所以存在上述导致预算的法律效力减损的几种瑕疵，根本原因在于预算的编制不尽合理和预算的执行不尽规范，预算的完整性、科学性和透明度有待增强。预算的法律效力补正的关键是提高预算的法治化水平，预算编制时必须协同考虑税法规范的修改和财政政策的选择，否则，预算案编制完毕后或预算执行时，不得无视预算的存在而随意决定修改税法规范或改变财政政策的，以免预算流于形式、无法执行。"预算案的内容，在预定某一期限内国家收入及支出的数额；预算案的目的，在令政府按照预算案实行征收与支付。"② 预算执行中，立法者不是完全不能根据经济社会发展情势来调整财政政策或修改税法规范，换言之，如果确有需要根据客观情况作出可能影响预算执行的重大决策，无论是调整财政政策或修改税法，都必须经由预算调整程序批准。"获得批准的预算为实际运行确立了控制标准；在预算实施过程中，针对一些偏离标准的地方，通过控制系统的运行加以纠正。"③

（一）提高预算编制的合理性

我国2007年实施了政府收支分类改革，奠定了预算合理编制的基础。改革后的政府收支分类体系包括收入分类、支出功能分类和支出经济分类三部分：（1）收入分类主要反映收入的性质和来源，分为类、款、项、目四级，包括税收收入、社会保险基金收入、非税收入、贷款转贷回收本金收入、债务收入和转移性收入6类；（2）支出功能分类主要反映政府活动的不同功能和政策目标，分为类、款、项三级，包括一般公共服务、外交、国防、公共安全、教育、科学技术、文化体育与传媒、社会保障和就业、社会保险基金支出、医疗卫生、环境保护、城乡社区事务、农林水事务、交通运输、工业商业金融等事务、其他支出和转移性支出17类；（3）支出经济分类主要反映政府支出的经济性质和具体用途，包括工资福利支出、商品和服务支出、对个人和家庭的补助、对企事业单位的补贴、转移性支出、赠与、债务利息支出、债务还本支出、基本建设支出、其他资本性支出、贷款转贷及产权参股和其他支出12类。④ 功能分类主要反映政府做了什么事，经济分类主要阐述政府如何去做事。新的政府收支分类体系可以提高预算编制的合理性，实

① 财政部《关于2010年中央和地方预算执行情况与2011年中央和地方预算草案的报告》，2011年3月5日。

② 王世杰、钱端升著：《比较宪法》（初版于1927年），255页，商务印书馆，1999。

③ ［美］约翰·L.米克塞尔著，白彦锋、马蔡琛译：《公共财政管理：分析与应用（第6版）》，161页，中国人民出版社，2005。

④ 财政部《关于印发政府收支分类改革方案的通知》（财预〔2006〕13号）。

质性地支持了预算公开。

“财政案是一切关系国帑收入与国帑支出的法案，其种类甚多，其中最关重要者，则为预算案与决算案。”① 2009 年，财政部首次公开了经批准的中央财政收入、中央财政支出、中央本级支出、中央对地方税收返还和转移支付等 4 张预算表格，但只是公开到“款”；2010～2012 年，经批准的中央财政 12 张、11 张和 11 张预算表格全部公开，内容涵盖政府公共预算、政府性基金预算、国有资本经营预算和社会保险基金预算。经批准的中央财政 2008～2011 年的 8 张、12 张、20 张和 20 张决算表格也全部公开，而且，自 2010 年起，部分决算表格公开到“项”，预算透明度大大增加。2011 年 9 月，财政部还专门公布了《财政部和人力资源与社会保障部关于 2010 年全国社会保险基金决算的报告》。我国的复式预算体系包括公共预算、政府性基金预算、国有资本经营预算、社会保障预算，它们之间既保持相对的完整性、独立性，又相互衔接。除了公共预算外，中央政府 2007 年开始试编国有资本经营预算，2010 年开始试编社会保险基金预算和编制政府性基金预算。另外，自 2009 年起，中央对地方的转移性支出简化为税收返还、一般性转移支付、专项转移支付。其中，一般性转移支付不指定专项用途，专项转移支付经国务院批准设立，用于办理特定事物。

根据新的预算收支分类科目，一部完整的预算应当包括三本账：预算收入账，预算支出功能分类账，预算支出经济分类账，分别称为 1 号、2 号和 3 号账本。2012 年中央预算报告仅仅有 20000 字多一点，② 3 号账本更是只字未提，它是按支出的经济性质和资金的具体用途设置的，用于记载公民转移给政府管理的财富究竟花在了什么地方。③“过去，预算是国家的事，但随着人们对公共福利、公共产品和服务的关注度的提高，预算逐渐演变成了公共预算。”④ 随着纳税人对预算的关注度越来越高，预算编制的质量必须得到提升。纳税人最关注的“三公经费”在 3 号账本中有所体现，都置于“302”商品和服务支出类之下：包括“30217”公务接待费、“30212”因公出国（境）费用和“30231”公务车运行维护费。有人认为，“30913”公务用车购置和“31013”公务用车购置也属于公车消费。中央财政预算审议要经过六关：全国人大常委会预算工作委员会、全国人大常委会财政经济委员会、全国人大代表、全国人大主席团、财政经济委员会再审查与全国人大代表全体表决，其中，前两关是重中之重。预算工作委员会是全国人大常委会的工作机构，负责预算审查工作，包括协助财政经济委员会承担全国人大及其常委会审查预决算方案、审查预算调整方案和监督预算执行等工作。

一般认为，除了涉及国家秘密的内容以外，经批准的预算、预算调整和决算，都应当及时向社会公开。预算公开很重要，但是，如果公开的预算看不懂，这样的公开是没有意义的。只有不断提高预算的法治化水平、合理编制预算案，才能使预算经得起全民的考察和检验。也只有这样，预算才能有效约束政府的财政收支行为。想要提高预算编制的合理性，不仅要承认预算具有法律效力，而且要提高预算编制的技术。无论是《预算法》规定的内容还是以往预算实践的经验，都集中在公共预算层面，因此，《预算法》的修订必须围绕复式预算来设计预算程序。另外，几种预算表格都是刚刚开始编制的，其各自的程序规则及其与公共预算的关系，都需要不断地实践以积累经验，同时，还要及时将行之有效的经验上升为法律。预算审查批准的程序固然重要，

---

① 前引，王世杰、钱端升书，254 页。

② 香港地区的预算案动辄上千页，任何一个市民都可以拿到书面的或从官方网站下载，每个财政年度开始前两个月，财政司司长要向立法会宣读预算案的全文，还要在接受全民对预算案的质询。

③ 吴君亮：《缺失的 3 号账本——点评 2012 年政府预算草案报告》，载《南方周末》2012 年 3 月 15 日，第 24 版。

④ 何包钢：《中国的参与式预算概览》，载［法］伊夫·辛多默、［德］鲁道夫·特劳普－梅茨、张俊华主编：《亚欧参与式预算：民主参与的核心挑战》，81 页，上海人民出版社，2012。

但是，如果不改革人大会议制度，在这么有限的时间内实现有效的预算管理几乎是不可能的任务。预算工作委员会和财政经济委员会是专门的工作机构，应当在《预算法》中明确规定其在预算过程中的作用，特别是赋予其修正权和否决权。

（二）加强预算执行的合规性

无论是改变全国人大及其全会的会期、改变财政年度的起讫时间或增设临时预算，都能够确保预算在财政年度开始前产生法律效力，进而自始约束整个财政年度的财政收支行为。预算过程还有一个突出的问题是“年底突击花钱”，与其说这是一个预算执行问题，还不如说是预算编制问题，而且，也不是我国特有的。在美国，“随着财政年度趋向结束，行政职能机构会尽力用完其预算。……在财政年度末有预算盈余的行政职能机构，可能会使其预算基数在下一财政年度遭到削减。”① 这一问题还会影响到下一财政年度预算案的编制。“由于大多数的预算都是先前决策的产物，因此决定本年度预算规模和内容的一个最为重要的因素就是上一年度的预算”，编制预算时，“只会以上一年度的预算为基础，并仅仅关注于小范围的增加或者减少”，② 基数法仍然是预算编制的通行方法。需要强调的是，预算收入的编制应当与经济和社会发展水平相适应，不得隐瞒、少列政府收入，不得将上年的非正常收入作为编制预算收入的依据。如果不能保证预算编制的合理性，就很难要求预算规范执行。

由于公开的是经批准的预算，此时，预算编制阶段已经结束了，因此，预算公开的目的，主要是为了让公众有机会监督预算的执行是否合乎预算的安排。如果公开的预算遮遮掩掩、语焉不详，这样的公开是没有价值的。长期以来，我国编制的都是不完整的预算，除了长期忽视了公共预算以外的预算表格的编制外，还存在大量预算外收入，甚至制度外收入，“费挤税”的现象无处不在，这使得预算的完整性要求备显重要。不完整的预算是无法执行的，也无法判断预算执行是否合规。预算由预算收入和预算支出组成，各级政府的全部收入和支出都应当纳入预算。各级预算是根据年度经济社会发展目标和国家宏观调控总体要求，参考上一年预算执行情况和本年度收支预测，按照规定程序征求各方面意见后，进行编制。需要强调的是，预算收入和预算支出的性质截然不同，某种程度上说，预算是为了保障预算支出的合理性而创制的法律控制措施，预算收入本质上是一种估算。理论上说，预算执行中，预算支出必须严格依据预算来执行，而预算收入则应当依据税法规范而取得。然而，为了维持所谓的“预算平衡”，减少甚至避免发生财政赤字，我国仍然习惯于通过税收计划的方式来管理预算收入，通过层层分解的方法向下级政府下达税收任务。至于预算支出的管理则会经常出现失序现象，特别是因为预算编制不当而出现的诸多具有实质正当性的支出行为。

对于现代市场经济国家的治理而言，预算法治的重要性不言而喻，预算即使不是国家政治生活的全部，也至少是政府运作机制的核心。“在公法领域，至少还应当考虑如何从预算的角度，从财政收支的角度来对公权力的行使进行限制，这才是真正的限权，也才是非常直接的约束。”③ 如果说预算收入取决于现行税法规范和税收征管水平，那么，预算支出更多的是预算编制时所选择的财政政策的反映。在这个意义上说，预算不仅仅是一个不创制法律权利和义务的财政收支计划，它既是对财政收支结构的合理性的检验，也是对税收征管和支出管理的效率度的考察，更是对政府选择的财政政策的确认和细化。鉴于此，如果能够明确预算在预算法的法律渊源中占据一

---

① ［美］小罗伯特·D. 李、罗纳德·W. 约翰逊、菲利普·G. 乔伊斯著，扶松茂译：《公共预算制度（第7版）》，219～220页，上海财经大学出版社，2010。

② ［美］阿伦·威尔达夫斯基著，布莱登·斯瓦德洛编，苟燕楠译：《预算与治理》，101页，上海财经大学出版社，2010。

③ 张守文著：《财税法疏议》，8页，北京大学出版社，2005。

席之地，税法的制定或修改以及财政政策的调整就不能影响已经编制完毕的预算案或执行中预算。退一步说，即使做不到这一点，也完全可以将因为税法规范的制定或修改以及财政政策的调整而产生的影响列入应当进行预算调整的标准。基于汶川地震灾后重建的需要而进行的预算调整，实际上已经起到了极好的示范作用。

笔者将财政赤字分为周期性赤字、结构性赤字和管理性赤字三种，分别缘于经济发展的周期性失衡、财税收支的结构性失当和预算过程的管理性失序，可以分别通过控制赤字率和公债率在法定限额内、改良财税收支法律制度体系以及促使预算合理编制和规范执行。概言之，这几种赤字有着完全不同的制度成因，也对应着各有侧重的解决方案。[①] 预算编制时任意违反预算平衡原则而安排预算赤字，既有客观必然性，又有实践正当性，还得到立法机关的批准，然而，赤字预算案的合法性仍然备受质疑。我国《预算法》的立法本意是要减少甚至避免发生管理性赤字或称决算赤字，但是，整个规范却没有明确其反对的是哪一种赤字类型。赤字预算案违背了《预算法》规定的预算平衡原则，会使得整个预算的法律效力大打折扣。《预算法》要求各级预算做到收支平衡，但没有指明究竟哪一个国家机关负有预算平衡责任，也没有规定相应的法律责任和救济措施，缺乏作为法律规范的完整的逻辑结构。简言之，周期性赤字和结构性赤字都不是预算法本身能够解决的问题，而管理性赤字则应当在提高预算编制的合理性的基础上，通过加强预算执行的合规性来解决。退一步说，即使预算编制不合理或者因情势变更而失却合理性，都应当进行预算调整，而不能任意违反预算。

四、简短的结论

本文选择研究近5年的中央财政预决算文件及表格，揭示其中存在的诸多可能影响预算的法律效力的瑕疵，继而主张通过提高预算编制的合理性、加强预算执行的合规性来补正预算的法律效力。每个财政年度的预算编制都会受到税法规范和财政政策的影响，而且，预算执行过程也很难避免税法规范的变动和财政政策的调整所造成的影响。需要重申的是，预算法治化水平的提高，不仅要通过修改预算法律文本来实现，还要依赖预算的合理编制和规范执行。预算不止是一项将财政政策细化为财政收支计划的政府文件，而应当定位为经立法机关审查批准的法律文件，是法律渊源之一。笔者将预算的性质确定为一种措施性法律，属于广义的预算法的范畴，其法律效力有多重来源：既有立法机关批准的直接来源，也有预算法以及其他财税法律法规支持的间接来源。无论是预算编制违反预算平衡原则的问题，还是预算调整的标准不尽合理的问题，都可能使预算的法律效力减损，而想要解决这些问题，确立预算法治理念和改进预算法律规范具有同等重要的意义。笔者认为，要保障预算的法律效力，最重要的措施还是要确保预算在财政年度开始前生效，才能促使预算规范执行。

① 参见叶姗：《基于财政赤字类型细分的财税法控制》，载《河南省政法管理干部学院学报》2011年第4期。

纳税人税务信息保护中的冲突及其协调[①]

张　怡[*]　魏　琼[**]

目　次

现代税收国家重视对纳税人权利的保护，相关理论研究成果颇丰，但是纳税人税务信息保护问题，是现代信息技术不断发展后催生的新问题，国外学界目前对其缺少专门的研究。我国在市场经济发展倒逼法律制度完善的情势下，也逐步开始重视对纳税人权利的伸张与保护，先后颁布的《税收征管法》、《纳税人涉税保密信息管理暂行办法》（以下简称《暂行办法》）等，为我国保护纳税人权利提供了法律依据。但是，我国法学界尚未对该问题进行深入的研究。[②]

所谓“纳税人税务信息”，指税务机关为了履行其征税的法定职责而收集、利用的关于某位特定的纳税人的相关信息。为了保护纳税人税务信息，借鉴个人对其个人信息享有个人信息权的做法，笔者将纳税人对其税务信息所享有的权利，称为纳税人的税务信息权，从而建构了保护纳税人税务信息的法理路径——纳税人税务信息权理论。[③] 本文将在以上研究的基础上，从揭示纳税人税务信息保护中的矛盾与冲突入手，为协调这些矛盾与冲突提供立法选择建议。

---

① 基金项目：国家社科基金项目“以人为本的税收法治观研究”（10BFX010）；中国法学会2011年部级法学研究重点研究课题“个人信息保护立法研究”［CLS（2011）B11］。

* 西南政法大学教授，博士生导师，经济学博士。
** 西南交通大学副教授，西南政法大学博士研究生。

② 2011年8月4日，笔者以“纳税人税务信息”为题名在中国期刊、中国博士论文与中国硕士论文三个全文数据库检索，检索结果记录为0。以“纳税人税务信息”为主题，在以上全文数据库进行模糊查询，检索出来的文章多是从收集、利用与管理税务信息技术的角度研究该问题的。

③ 参见魏琼：《论纳税人税务信息保护的法理路径》，载《税务与经济》2012年第4期。

上篇：纳税人税务信息保护中的矛盾冲突

一般情况下，个人信息保护的立法价值——正义和效益本身就存在矛盾：正义更关注他人和群体利益，而效益更倾向于追求个体利益的最大化；正义要求法律赋予个人对其个人信息拥有更多的权利，但信息主体对其个人信息所享受的权利越多，可供作为社会资源的个人信息就越少，就越不利于提高效益。具体到纳税人税务信息保护的立法价值，该矛盾表现为税收公平与效率的矛盾，纳税人税务信息权利的大小与税收公平的实现成反比例关系，与税收效率成正比例关系。纳税人税务信息保护立法价值的矛盾与冲突，表现为私权利与公权力、私权利相互之间的矛盾与冲突，这些冲突的私权利或公权力分别代表着不同的利益，因此，这些矛盾和冲突也表现为个体利益与社会公共利益的矛盾，或者个体利益之间的冲突。研究这些矛盾和冲突，是保护纳税人税务信息立法中妥善协调处理这些矛盾和冲突的前提。

一、纳税人税务信息权与公众知情权的矛盾冲突

公众的知情权（The right to know）又称为知的权利，知悉权，了解权，是指公众享有最大限度地知悉获得各种信息的自由和权利。随着1951年美国的哈罗尔德·克洛斯所著《国民知情权——进入公共记录及审议过程的法律权利》一书的出版，知情权的概念已经被广泛使用并被各民主国家的立法所采纳。具体而言，知情权可分成知政权、社会知情权和个人信息知情权三种类型，指公民依法有权知悉国家机关的活动及国家机关工作人员的活动与背景资料，有权知道其所感兴趣的各种社会现象和事务，有权了解他人或自己的信息。在民主社会中，知情权具有重要的社会价值，是实现公民政治权利的条件，是公民经济、社会、文化、人身权利的保障。

纳税人税务信息权，要求尽量减少纳税人税务信息的披露以保护自然纳税人的个人人格尊严及纳税人财产权所代表的个体利益；保护公众的知情权，要求尽量公开纳税人的税务信息以保护公众知的权利所代表的公共利益。二者显然存在此消彼长的对立关系。

政府信息公开制度是保障公众知情权的重要制度，该制度中的政府信息公开保障公众知情权所代表的整体利益，与保护个人信息所代表的个体利益之间的冲突，即典型地反映了纳税人税务信息权与公众知情权的冲突。

所谓政府信息公开，是指行政主体依照法定程序以法定形式主动或被动地公开其掌握的与社会成员利益相关的信息，并允许公众通过查询、阅览、复制、摘录、收听、观看、下载等形式充分利用政府所掌握的信息的行为与制度。[①] 依据《中华人民共和国政府信息公开条例》第2条的规定，“政府信息，就是指行政机关在履行职责过程中制作或者获取的，以一定形式记录、保存的信息”。因此，纳税人税务信息属于政府信息的范畴，政府有依法公开的义务，即依法允许公众查询、阅览、复制、摘录、收听、观看、下载等义务。

税务机关公开政府信息与保护纳税人税务信息实际上是一个问题的两个方面。税务机关公开政府信息保证了公众的知情权，维护了社会公共利益，但是如果公开得不恰当，就可能造成伤害纳税人税务信息本人的个体利益甚至第三人之个体利益的结果。因此，在制定相关立法时，如何确保税务机关在公开税务信息的同时，既能够做到税务信息的合理公开，又能够保护纳税人的税

① 参见范吉胜、景丽萍：《政府信息公开过程中的个人信息保护》，载《图书馆学研究（理论版）》2010年第11期。

务信息权就必须仔细地考量与设计。否则，就会出现税务机关借保护纳税人个体税务信息之名而不公开其应该公开的信息，或者借政府信息公开之名公开纳税人之隐私性税务信息，从损害公民的合法权利。

二、纳税人税务信息权与收集、利用信息自由权之间的矛盾冲突

收集、利用信息自由权是指为了管理、参与社会事务或实现自我价值，国家机关、企事业团体或个人所享有的自由收集、利用他人的个人信息的权利。个人信息是信息社会的基础资源，对其的收集与利用对现代信息社会的发展具有决定性的价值。现代信息社会的典型标志是信息商品的出现和发展，个人信息已经被商品化，收集、利用个人信息已经形成了专门的行业。社会契约论为公权力主体及私权利主体享有收集、利用信息自由权提供了理论依据。[①] 依据该理论，个人信息的让渡、收集和共享，是国家等联合体赖以建立、维系和发展的纽带。自由收集、利用个人信息，是国家公权力机关完成其对社会的管理职能的前提条件，是企事业团体或个人参与社会事务、实现自我价值的前提条件。

虽然自然纳税人税务信息权与个人收集、利用信息自由权的目的都在于确保主体意志与行为的自主性，皆包含了法律所追求的自由价值，二者在实现的路径上却南辕北辙：保护纳税人税务信息权，必须赋予税务信息本人对他人收集、利用其税务信息的行为进行限制的权利，而保护收集、利用信息自由权，必须减少甚至消除这种信息本人对他人收集、利用其信息的限制。现实生活中，新闻媒体为新闻报道与收集资讯等目的，越来越多地不经过本人许可而收集与利用其个人信息或者披露隐私；商业机构为了商业目的，利用先进的信息处理、传输技术，越来越多地未经信息本人的同意而收集、利用个人信息，这些现象的大量存在充分反映了这组矛盾的对立性。

纳税人税务信息权与税务机关收集、利用税务信息自由权也可以看成是同一个问题的两个方面，扩大纳税人对其税务信息的控制权能，保护了纳税人的个体利益，但是如果该控制的权能过大，就可能限制税务机关收集、利用税务信息的能力，从而损害社会公共利益；扩大税务机关收集、利用税务信息的自由度，有利于社会公共利益，但是如果超过必要的限度，不仅会造成伤害纳税人税务信息本人的个体利益甚至第三人之个体利益的结果，同时还会因此损害纳税人创造社会财富的积极性与履行纳税义务的主动性，从而降低社会的经济效率和税务机关的征税效率，从根本上损害社会公共利益。因此，在制定相关立法时，必须寻找到二者最佳的平衡点，兼顾对该两种相互冲突的权利的保护。

三、纳税人税务信息权与其他纳税人的知情权、监督权之间的矛盾冲突

依据社会契约论，纳税人基于让渡自身合法财产所有权而在整个税收活动中应当享有一系列基本的权利，具体包括知情权、对征税行为的监督权等 14 项基本权利。[②] 纳税人的知情权指纳税

① 有学者提出行政机关收集、利用个人信息的理论依据是社会契约论。参见齐爱民：《个人信息开发利用与人格权保护之衡平——论我国个人信息保护法的宗旨》，载《社会科学家》2007 年第 3 期。笔者以为，社会契约论为所有主体享有收集、利用他人信息的权利提供了理论基础，社会契约论的核心在于社会成员个人权利的让渡，但是这种权利的受让方并不局限为社会成员的集合体，社会成员只有相互让渡个人的权利给对方，连接社会成员的集合体才可能得以形成，因此，社会成员收集、利用他人信息的权利，来源于信息本人依据社会契约对其个人信息权的让渡。

② 参见王建平：《构建纳税人的权利体系》，载《税务研究》2007 年第 5 期。

人拥有在整个税收活动过程中了解、掌握税收立法、税收征收与税收使用情况的权利；纳税人对征税行为的监督权指纳税人对税务机关和税务人员在征税过程中违反法律法规的行为有进行监督的权利。我国国家税务总局于2009年11月6日发布了《关于纳税人权利与义务的公告》，明确列举了我国纳税人拥有知情权、保密权及税收监督权等14项权利。①

前述公告列举了纳税人知情权的对象，未将他人的税务信息纳入其中。但是，我们认为，从理论上讲，他人的税务信息，应当属于纳税人知情权的对象，因为纳税人的知情权，属于公众知情权的延伸，要求纳税人应享有最大限度地知悉获得各种税务信息的自由和权利。此纳税人的知情权与彼纳税人的税务信息权之间存在矛盾和冲突，因为将彼纳税人的税务信息归入此纳税人知情权的对象范围，允许知晓他人税务信息的范围越大，越限制信息主体的税务信息权，越有利于实现其他纳税人的知情权。不同纳税人的知情权与税务信息权代表着不同的个体利益，该冲突亦可视为不同的个体利益之间的矛盾。

纳税人对征税行为之监督权的行使，建立在其知情权得到充分保障的基础上，即不知情就谈不上任何的监督，如果不知晓某人纳税的具体数额，我们凭什么确定税务机关对该纳税人的征税行为是否合法？例如，如果不知晓同事的税务信息，我们凭什么确定拥有相同收入的纳税人负担了相同税收，拥有不同收入的纳税人负担了不同的税收？如果不知晓同行的税务信息，我们凭什么确认我们在纳税上没有被歧视，同行的税收减免有法律规定的有充足的理由？可见，此纳税人的税务信息权与彼纳税人对征税行为的监督权之间存在冲突，允许知晓他人税务信息的范围越大，越限制信息主体的税务信息权，越有利于实现其他纳税人的对征税行为的监督权。由于不同纳税人对征税行为的监督权与税务信息权代表着不同的个体利益，该冲突同样属于不同的个体利益之间的矛盾。

因此，在制定相关立法时，纳税人的税务信息在多大的程度上可以允许其他纳税人知晓，就是一个需要仔细考量的问题，其目标在于确保税务机关在允许第三人查询他人之税务信息的同时，既能保障查询人的知情权及对征税行为的监督权，又能够保护纳税人的税务信息权。否则，就会出现税务机关借保护纳税人个体税务信息之名而禁止第三人查询他人税务信息现象，或者借保护纳税人知情权或对征税行为的监督权之名公开纳税人之隐私性税务信息的现象，这些现象的出现，都会损害纳税人的合法权利。

下篇：纳税人税务信息保护中矛盾与冲突的协调

纳税人税务信息保护立法，在立法价值上存在税收正义与效率的矛盾和冲突，该矛盾与冲突具体体现为纳税人税务信息权与公众知情权、收集、利用信息自由权、其他纳税人的知情权与对征税行为的监督权之间的矛盾。为了协调这些冲突和矛盾，必须选择恰当的纳税人税务信息保护立法理念，始在其理念引领下作出制度安排。

一、协调纳税人税务信息保护中矛盾冲突的立法理念选择

为了协调个人信息权与收集、利用信息自由权的冲突，有学者提出了以“平衡”原则作为个

① 参见温来成：《解读纳税人权利义务公告》，载《中国税务》2010年第4期。

人信息保护法的立法理念,[①] 笔者认为，可以借鉴这种做法，用均衡原则作为纳税人税务信息保护法的立法理念，将均衡思想贯穿整个立法始终，以协调其中的矛盾和冲突。

均衡与平衡在含义上虽有许多相通之处，但是二者仍存在一定的差异。平衡通常指同一问题中存在冲突的主体只有两方，平衡是该双方之间相互制约的结果，多具有静态的意义，而均衡，主要指同一问题中存在冲突的主体有多方，均衡是该冲突的每一方都同时达到最大目标而趋于持久存在的相互作用形式,[②] 多具动态的意义。在纳税人税务信息保护立法中，纳税人税务信息权与其他多种法律所保护的多种权利发生冲突时，只有采用均衡原则，兼顾对各种权利的保护，才能协调这些权利相互之间的矛盾与冲突。纳税人对其税务信息的控制和社会对该信息的需要具有此消彼长的关系，赋予纳税人对其税务信息的权能过大，必然阻碍公众知情权、收集、利用信息自由权及其他纳税人的知情权和对征税行为的监督权的实现。均衡原则要求在立法中，尽量寻找冲突各方最佳的均衡点，在纳税人税务信息权与公众知情权、收集、利用信息自由权之间以及与其他纳税人的知情权、对征税行为的监督权之间达成一个动态的均衡，只有这样，才能兼顾对各方权利的保护。

二、协调纳税人税务信息保护中矛盾冲突的制度选择

以均衡原则为立法理念，反映在保护纳税人税务信息之具体的法律制度中，必须明确规定纳税人本人对其税务信息所享有的权利范围，税务机关对纳税人税务信息的权力及保护职责，对纳税人税务信息进行分类保护，明确规定涉密信息的范围、可披露的信息范围及受众范围、具体的查询程序等。本文以下将重点讨论涉及协调前述多种冲突问题的制度选择，至于详细、具体的制度设计，限于篇幅，本文将不予探讨。

1. 纳税人的税务信息权与税务机关对纳税人税务信息的权力及职责

纳税人的税务信息权，即纳税人对其税务信息所享有的权利。如前所述，纳税人的税务信息与个人信息在逻辑上存在交叉关系，其共同之处决定了纳税人的税务信息权与个人信息权在权能上的相同性，其不同之处决定了二者在权能上的差异性。纳税人税务信息与个人信息最本质的差异在于纳税人的税务信息与公共利益之间的密切关联性，正是基于纳税人之税务信息与公共利益之间密切的关联，法律必须赋予公权力的行使者——税务机关对纳税人税务信息享有权力及相应职责，该权力是对纳税人税务信息权权能的限制，该职责是税务机关所负有的与纳税人税务信息权利的相对应的义务。

有学者界定了个人信息权的对象及具体权能[③]：个人信息权即个体对其已经被存储的个人信息享如下权利：决定是否以及如何处理其个人信息；对个人信息被他人处理的相关情事进行查询，并对违法或不当处理行为提出异议；请求信息处理者采取合理措施，确保个人信息正确与完整状态。笔者认为，这种界定较为全面与科学，但是，个人信息权的对象不应被特殊地局限于"被（收集人）存储的个人信息"。收集他人信息，既可经过信息本人，也可经过非信息本人。在后一种情况下，若赋予信息本人以决定权，不仅会阻碍信息的自由交流，而且在事实上也不具有

① 参见齐爱民：《个人信息开发利用与人格权保护之衡平——论我国个人信息保护法的宗旨》，载《社会科学家》2007年第2期；齐爱民、李仪：《论利益平衡视野下的个人信息权制度——在人格利益与信息自由之间》，载《法学评论》2011年第3期。

② 参见［美］罗伯特·考特、托马斯·尤伦著：《法和经济学》，22页，上海三联书店，1991。

③ 参见齐爱民、李仪：《论利益平衡视野下的个人信息权制度——在人格利益与信息自由之间》，载《法学评论》2011年第3期。

可操作性。但是，在前一种情况下，个人对是否告知他人以使他人存储其个人信息同样应当能够自觉自控。例如，若某人明确不同意告知他人其电话号码，该他人就不能强迫其告知，该电话号码显然未被收集人存储，但是其主人依然有权决定是否以及如何处理该个人信息。“请求信息处理者采取合理措施，确保个人信息正确与完整状态”的界定过于宽泛，可简单地描述为信息本人的请求更正个人信息的权利。

基于以上考虑，笔者认为，个人信息权即个体对其个人信息享有如下权利：决定是否以及如何处理其个人信息；查询以知晓他人利用、存储其个人信息的相关事情，并对违法或不当利用或存储行为提出异议；请求收集人更正所利用、存储的个人信息中的错误，确保个人信息的正确与完整状态。

就具体的权能而言，纳税人税务信息权，与个人信息权既有相同的地方，又存在差异，出现差异的原因根源于税务机关对该税务信息享有公权力，该公权力是对纳税人税务信息权的限制，因此，前者的权能范围，小于后者的范围。

首先，纳税人负有依法向税务机关提供其税务信息的义务，无权决定是否以及如何处理其税务信息，税务机关有权向纳税人收集并利用其税务信息。这是由纳税人税务信息与公共利益之间的密切关联性决定的，如果纳税人有权决定是否以及如何向税务机关提供其税务信息，税务机关无权向纳税人收集并利用其税务信息，必然出现一部分纳税人不履行纳税义务，税务机关无法履行征税职责的情况，这些情况的出现，不仅会损害税收负担公平的基本原则，更会因为无法征税而危及税收国家的存在。

其次，纳税人对被税务机关处理其个人信息的相关情事有权进行查询，并对其违法或不当利用或存储行为享有异议权，税务机关负有依法利用、存储纳税人税务信息，保护纳税人税务信息不被滥用或泄露的职责。纳税人税务信息固然与公共利益相关，但是其归根结底属于个体信息，为了保护纳税人的个体利益，赋予税务机关收集该信息的权力后，必须同时使其承担依法利用该信息，不得滥用该信息的义务。一方面，赋予纳税人对其已经被税务机关收集的税务信息之利用、存储（情况）享有查询权及异议权，能够确保税务机关对前述义务的履行；另一方面，法律应当通过列举的方式，规定税务机关可以利用纳税人税务信息的具体情形，从而限制税务机关对纳税人税务信息的利用权力。只有这样，才能保护纳税人创造社会财富、履行纳税义务的积极性，提高社会的经济效益和国家的征税效率。

最后，纳税人享有请求税务机关更正所利用、存储的税务信息中的错误，确保其税务信息的正确与完整状态，税务机关对于所利用或存储的税务信息中的错误，有更正的职责，确保税务信息之正确与完整的状态。

基于以上分析，保护纳税人税务信息的立法中，应明确赋予纳税人对其税务信息享有查询权、异议权及请求更正权，并规定纳税人这些权利的行使及救济程序；应明确赋予税务机关享有依法收集纳税人税务信息的权力及应承担的保护职责，并规定税务机关利用税务信息的法定条件、情形及税务机关或税务人员滥用纳税人税务信息所应承担的法律责任。

2. 税务机关披露纳税人税务信息的程序及范围

税务机关披露①纳税人税务信息属于政府信息公开的一种，套用政府信息公开的定义，即税务机关应当依照法定程序以法定形式主动或被动地披露其掌握的纳税人税务信息，并允许公众通

① 本文之所以用“披露”而不用“公开”，原因在于“公开”虽可分为无条件地绝对公开与有条件地相对公开，但是“公开”一词更常用于指无条件地绝对公开，而“披露”，更容易使人联想到对所公开信息的范围、对受众范围的限制，能更准确地表达相对公开的含义。

过查询、阅览、复制、摘录、收听、观看、下载等形式充分利用这些信息的行为与制度。税务机关披露纳税人税务信息，会引起纳税人税务信息权与公众知情权、其他纳税人的知情权及对征税行为的监督权之间矛盾与冲突，可通过以下制度选择来协调这些矛盾和冲突。

（1）对税务信息进行分类，明确税务机关对不同种类之税务信息的保护职责。税务机关所披露的纳税人税务信息范围的大小，与纳税人税务信息权呈反比例关系，与公众知情权呈正比例关系，只有恰当地限定税务机关所披露的纳税人税务信息的范围，才能既保护纳税人的税务信息权，又保护公众的知情权。不同的税务信息的披露，对信息本人产生的影响是不同的，因此，可依税务信息之披露对信息本人之不同的影响进行分类管理。

纳税人涉密税务信息的披露将对信息本人的利益产生巨大影响，一般不能公开。《中华人民共和国政府信息公开条例》规定："行政机关不得公开涉及国家秘密、商业秘密、个人隐私的政府信息。但是，经权利人同意公开或者行政机关认为不公开可能对公共利益造成重大影响的涉及商业秘密、个人隐私的政府信息，可以予以公开。"国家税务总局的《纳税人涉税保密信息管理暂行办法》（以下简称《暂行办法》）第 2 条规定："本办法所称纳税人涉税保密信息，是指税务机关在税收征收管理工作中依法制作或者采集的，以一定形式记录、保存的涉及到纳税人商业秘密和个人隐私的信息。主要包括纳税人的技术信息、经营信息和纳税人、主要投资人以及经营者不愿公开的个人事项。纳税人的税收违法行为信息不属于保密信息范围。"因此，在一般的情形下，有关纳税人商业秘密、个人隐私的税务信息，被排除在税务机关公开的纳税人税务信息的范围之外。纳税人涉密税务信息，是立法所保护的纳税人税务信息中的核心部分，《暂行办法》规定了税务机关对涉密信息的保密义务、特殊的内部管理保护职责与外部查询之主体的资格、程序等，为保护税务信息权之核心标的提供了制度性依据。

但是，非涉密的纳税人税务信息是否又完全属于可披露的范围？《暂行办法》第 4 条规定："根据法律、法规的要求和履行职责的需要，税务机关可以披露纳税人的有关涉税信息，主要包括：根据纳税人信息汇总的行业性、区域性等综合涉税信息、税收核算分析数据、纳税信用等级以及定期定额户的定额等信息。"该条所确定的可以披露的税务信息的范围与《暂行办法》第 2 条之涉密信息的范围在逻辑上显然不是非此即彼的矛盾关系，可见，并非所有非涉密的税务信息都属于可披露的范围。这导致《暂行办法》无法应对以下问题：对于非涉密的又不属于第 4 条之可披露的税务信息，税务机关有无保密的义务？有无披露的权力？如果既无保密义务又无披露权力，公众是否可以主张知情权而要求查询？可见，既然《暂行办法》的名称限定为"纳税人涉税保密信息管理"，由它来规定什么样的税务信息可以披露，并不完全妥当。

因此，以是否涉密为标准，税务信息可以分为两类，即涉密税务信息与非涉密的信息，未来保护纳税人税务信息的立法应分别进行规定。可以将《暂行办法》作为未来相关立法一部分，专门用来保护涉密信息，此外，应另外增加保护非涉密税务信息的具体内容。

（2）恰当限定税务机关披露纳税人不同税务信息之受众的范围，明确税务机关披露不同种类之税务信息的程序。税务机关所披露税务信息的受众之范围的大小，与纳税人税务信息权同样呈反比例关系，与公众知情权、其他纳税人的知情权及对征税行为的监督权同样呈正比例关系，只有恰当地限定税务机关所披露的税务信息的受众的范围，明确税务机关披露不同种类之税务信息的程序，才能均衡保护其中的各方利益。

涉密税务信息以不披露为原则，披露为例外。《暂行办法》第 3 条规定了税务机关对涉密税务信息之保密义务与可以向外部门、社会公众或个人提供的四种情形，信息本人对其中"（一）按照法律、法规的规定应予公布的信息；（二）法定第三方依法查询的信息"无权决定是否披露，但是对"（三）纳税人自身查询的信息；（四）经纳税人同意公开的信息"却享有决定权；其第

12 条规定了可以查询涉密税务信息的主体（即例外披露涉密税务信息的受众）范围，除信息本人外，只有人民法院、人民检察院和公安机关（根据法律规定进行的办案查询）与抵押权人、质权人（对其债务人欠税有关情况的查询）。可见，在例外披露涉密税务信息的情况下，或者取决于法律的规定，或者取决于信息本人的意愿，否则，其受众就被限定在极小的范围内。

为了兼顾各方的利益，不涉密的税务信息可分为公开披露与限制披露两种。公开披露保障了公众的知情权，其受众为全体社会成员，公开的方式是采用网络或报纸等向全体公众开放的媒体，《暂行办法》第 4 条所规定的税务机关可以披露纳税人的有关涉税信息，即属于公开披露的税务信息的范围。限制披露兼顾信息本人的权利与其他纳税人的知情权及对征税行为的监督权，其受众为某些特定的社会成员（如与信息主体相关联的其他纳税人）或机构（如司法机关），披露的方式不采用向全体公众开放的媒体而采用申请查询的方式。

基于以上分析，保护纳税人税务信息的立法中，应明确涉密税务信息以不披露为原则，披露为例外，并借鉴《暂行办法》中有关查询涉密税务信息的主体范围及程序性规定的内容；划定公开披露与限制披露两种非涉密税务信息的范围，规定查询限制披露非涉密税务信息的主体范围及具体的程序等内容。至于如何划定公开披露与限制披露之非涉密税务信息的界限，如何确定查询他人非涉密之税务信息的主体的范围及具体程序的内容，则有待学界的进一步研究。

关于我国房产税制改革的若干思考

许安平*

目　次

我国正在积极推进现行房产税制度变革。起始于上海、重庆两地的房产税制改革，触碰到了各种复杂的利益关系，受到社会的高度关注，存在各种不同的主张和呼声。本文拟就房产税制改革中涉及的主要问题进行梳理，并提出自己的看法。

一、改革的缘起和必要性

（一）房产税制度改革的必要性首先表现在现行房产税制度自身所存在的诸多问题

现行房产税的最主要问题是，课税对象限于营业性房屋，不包括非营业性的个人住宅。现行房产税的主要依据是国务院1986年发布的《中华人民共和国房产税暂行条例》（以下简称《房产税暂行条例》）。当时我国的住房制度还没有进行改革，仍然沿袭计划经济时代的福利房制度，城镇居民的住房由政府或所在单位统一供给，房屋的产权属于国家或集体所有，居民对居住的房屋只享有居住权或使用权，不能转让、抵押、出租，房屋的流转受到相当限制，基本不具有商品属性，还不是居民所拥有的真正意义上的财产，居住用房还不适合作为房产税的征税对象。在这种背景下，《房产税暂行条例》将"个人所有非营业用房产"即个人住宅列入房产税的免税项目，规定房产税的征税对象限于我国境内用于生产经营的房屋，并且其征税范围限于城市、县城、建制镇和工矿区的房屋，不包括农村的房屋。用于生产经营的房屋，实际指企业或个体工商户的营业性用房，房地产开发企业建造的商品房，如果不用于经营活动，在出售前也不征收房产税。后来，我国实行住房商品化改革，国家除经适房、保障房外，原则上不再承担向城镇居民提供住房的义务，城镇居民所需住房改由市场提供。城镇居民对于通过市场购买的商品房拥有较完整的产权，可以自由转让、抵押或出租。这样，商品性的住房对其所有人而言成为真正意义上的财产，并且常常是居民所拥有的最为重要的财产，也是社会财富的重要方面。对个人住宅征税即征收房

* 西南政法大学副教授，硕士生导师，法学博士。

产税的问题也随着住房商品化改革开始浮现。将现行房产税的征税对象的范围由营业性用房，扩大到非营业性用房特别是个人住宅，既是房产税制度改革的重要内容之一，也是理所必然。

作为真正意义上的财产的商品性房屋，天然适合作为征税对象。房屋的可税性首先源自现代税法的税收公平原则。税收公平原则要求按照纳税人的税收负担能力分配税收负担，而纳税人税收负担能力的主要评价指标不外乎纳税人的所得、纳税人的财产以及纳税人的消费支出。房屋作为纳税人的主要财产和整个社会的重要财富，能够较好地表征纳税人的税收负担能力，适合作为征税的对象。按税收负担能力分配税收负担的思想体现的是一种分配正义或实质正义观念，要求适当调节收入或财富差距。我国自实行市场经济以来，居民的收入差距不断拉大，整个社会财富的分布极不均衡，对个人住宅征收房产税成为实现社会正义的可选择的方案之一。房屋属于高档消费品，拥有房屋这一事实本身表明其所有人具有一定的经济实力和税收负担能力。真正的穷人是买不起商品房的。对房屋包括个人住宅征收房产税，具有调节收入差距、实现社会正义（分配正义）的意义。因此改革现行房产税，将其征税对象由营业用房产扩大到非营业用房产特别是个人住宅，其实是在越来越多的人拥有房产这一背景下，按税收公平原则即量能课税原则重构我国税收制度的体现。以前对个人住宅不征税的事实，不意味着这一事实本身是正当的，更不意味着永远都不征税，没有理由把个人住宅免税待遇看作一种正常状态。从国际上看，对个人住宅征税已经成为一个普遍的法律现象，尽管征收的税种不一定称为房产税。

房产包括个人住宅的可税性还表现在技术性上。房产作为不动产，相对于纳税人的其他有形或无形的动产，不能移动和隐藏。征收房产税，征税机关容易查清事实，有利于节约税收成本。改革现行房产税制度，将房产税的征税对象扩大到个人住宅，不仅具有伦理上的正当性，也具有技术上的可行性。

我国现行《房产税暂行条例》的规定，房产税依照房产原值一次减除10%至30%后的余值计税，房产出租的，以房产租金收入为计税依据。这是现行房产税另一个值得检讨的地方。房产税作为财产税，本应按房屋的实际市场价值计税，才能体现量能课税原则即按纳税人税收负担能力分配税收负担的原则。可能是考虑到现行房产税出台时，房地产市场还没有建立起来，以房屋的市场价值计税不具可行性。但我国市场经济发展到今天，房地产市场早已建立，各种房产的价格大体由市场决定，此时仍按房产原值计税将带来税收负担的不公平，因为随着周边的开发，房屋的原值和房屋的实际市场价值可能相差很大，房屋原值不能反映房屋的真实价值和纳税人的实际税收负担能力。以房屋原值一次减除10%至30%后的余值计税，明显是考虑了课税房屋的折旧情况，但按法定标准而不是按实际情况减除折旧，也存在不合理问题。按房屋的租金收入计征房产税，则有混淆财产税与所得税的嫌疑。财产税对财产本身征税，所得税对财产产生的收益征税，财产税与所得税是两种不同性质的税收，其课税对象是不同的。众所周知，房产税是财产税，而房屋的租金收入是房产产生的收益，不应作为财产税的征税对象或者计税依据。事实上按我国现行税法，对房屋的租金收入，不仅征收个人所得税，而且征收营业税，如果再征收房产税，则会使本来不同性质的税收人为地表现出是对同一课税对象的重复征税。因此应当取消按房屋租金收入征收房产税的做法，一律改为按房产的市场价值计税。

（二）房产税制度改革的必要性还表现在我国税制结构性改革的需要

现代的税收公平观要求按纳税人的税收负担能力分配税收负担，而评价纳税人税收负担能力的标准主要有纳税人的所得、财产和消费支出三项，因此现代实体性税收法律制度的宏观结构主要由所得税、财产税和流转税制度构成。一般认为，以所得作为评价纳税人税收负担能力的标准相对最为理想，以所得为法定课税对象的所得税制度相对最为公平，以财产作为评价纳税人税收负担能力的标准本来也较为理想，但由于宪法对私人财产权的保护、社会对资本积累的客观需要以及调查纳税人有形和无形动产所需的巨大成本等原因，现代财产税通常不实行普遍征税原则，即不对纳税人的包括动产、不动产和财产权利在内的全部财产征税，而只对纳税人的土地、房屋等不动产和车船等个别动产征税。由于课税财产的范围受到限制，现代财产税已经边缘化，财产税的征收主要是为地方政府开辟财源。在发达国家，课于土地、房产的财产税，往往是地方政府的重要收入来源。一般认为，以消费支出作为评价纳税人的税收负担能力的标准是较差的，特别是对生活必需品的消费支出，不能体现税收负担能力的差别。间接对纳税人的消费支出课征的流转税，会出现税负累退的现象，不太符合量能课税原则的要求，其公平性往往受到质疑。总之，包括所得税和财产税在内的直接税的公平性高于普遍征收的间接税。就我国现行税收制度而言，以所得税和流转税为重心，对生活必需品在内的所有商品普遍征收的增值税成为我国最大的一个税种，增值税的基本税率高达17%，而财产税则没有受到重视。例如，由于现行房产税只对营业性用房而不对非营业性的个人住宅征税，使得财产税的收入比例很低，其作用没能有效发挥。因此，对我国现行税收制度进行结构性改革，降低间接税特别是普遍征收的增值税的比重，增加直接税如财产税的比重，就成为我国税收制度结构性改革的一项重要内容。

增加财产税的比重，其实质意义首先是扩大财产税的征税范围，比如将现行房产税的征税对象由营业性用房扩大到非营业性的个人住宅。不过，房产税改革只是整个财产税制度改革的一部分。各国财产税的具体征税范围不尽相同，日本的固定资产税的征税对象包括土、房屋和事业用的其他折旧资产，① 美国的财产税主要对房地产等不动产征收，对动产只是在很小范围内的选择性课税。② 关于我国房产税制度改革，一种设想是，不应单独改革房产税，而应当像日本、美国等一样，将对房屋征收的房产税、对土地征收的城镇土地使用税和耕地占用税及土地出让金、对车船征收的车船税，整合成统一的财产税或物业税，也可称为不动产税。所谓的物业，其范围不仅包括土地和房屋，还包括地上的其他建筑物如道路、桥梁、机场、码头等。我国的土地实行公有制，私人只拥有土地的使用权而不是所有权，无法完全仿效其他国家开征财产税的做法。统一财产税或物业税的目的之一，是要用税收取代土地出让金，以消除地方财政对土地出让金的依赖和“土地财政”的弊端，但由于可能触动地方既得利益，必然增加改革的难度。考虑到统一财产税或物业税的困难，先进行房产税制度改革就成为现实的选择。

（三）房产税制度改革也是完善我国分税财政体制的需要

我国自1994年开始实行分税制财政体制。所谓分税制，就是按税种划分各级政府财政收入来源的财政体制。分税制实质上是一种财政分权体制，使各级地方政府拥有相应的自主财源和相对独立的利益，有利于发挥地方的积极性。按照我国现行的分税办法，一些重要的税种，包括增值税、企业所得税、个人所得税，被划分为中央地方共享税，且中央的分配比例远大于地方，如增值税中央地方分配比例为75%对25%，所得税中央地方暂定分配比例为60%对40%。而一些次重要的税种如消费税、关税，则直接划归中央税。地方税税种虽多，但收入有限。这种分税结果限制了地方自主财源，削弱了分税制作为分权财政体制的积极意义。地方有四级政府、四级财政，现在的地方税很难在各级地方财政中进行合理划分。另外，地方承担的事务性职责越来越多，财权与事权极不平衡。如果没有制度性的解决办法，地方政府就可能通过非正式制度安排，比如通过地方融资平台及其他方式举债，或者通过收取土地出让金的方式筹集资金。现行分税体制下地方政府财权与事权不平衡，是导致地方政府债务规模过大和地方政府为土地出让金等而强征强拆的制度诱因。问题的解决，一方面需要中央对地方的财政转移支付，另一方面也需要完善

① ［日］金子宏著，战宪斌等译：《日本税法》，308页，法律出版社，2004。

② 财政部税收制度国际比较课题组：《美国税制》，298页，中国财政经济出版社，2000。

税收制度，为地方政府开辟稳定的财源。

在现行分税财政体制下，地方政府特别是省级以下地方政府缺乏主体性税种，缺乏稳定的自主财源。省级政府尚可依赖增值税和所得税及资源税地方分享部分，但省以下地方政府的主体性税种可能就是营业税。不过现行营业税属于传统流转税，存在重复征税的弊端。我国规划的税制改革目标之一就是发挥增值税克服重复征税的积极意义，扩大增值税的征税范围，以增值税取代营业税。作为地方税的营业税如果被作为共享税的增值税取代，必将影响地方的自主财源。因此在增值税、营业税等流转税制度改革的同时，必须寻找可以替代营业税的新的地方政府特别是省级以下地方政府稳定可期的自主财源。从各国的实践看，省以下地方政府的税源应当具有固定性，而不是那些频繁地在不同地方流动的对象。因此，直接或间接课于各种经济交易的流转税和所得（交易的财务成果）税，就不太适合充当省以下地方政府的自主财源。这样，多数国家都将对不能移动的不动产课征的财产税作为省以下地方政府的固定财源。这也是我国进行房产税制度改革的另一动因，期望通过扩大房产税的征税范围以及改革对土地征税的办法，确立省以下地方政府的主体性税种。

另有一种观点认为，房产税制度改革的目的是打压房价。不断攀升的房价超出了许多普通百姓的承受能力，为控制房价的过快上涨，国家出台了诸多调控房价的措施，其中包括了房产税改革。国家干预房地产价格，主要针对住房的投资或投机，而不是针对居民自住用房这种“刚性需求”。其方法是通过对保有住房征税，增加住房持有成本，抑制住房的投资或投机交易，以降低房价。房屋保有环节的房产税，可以一定程度上抑制房屋的投资投机需求，从而防止房价的不正常上涨。上海的房产税改革方案明显带有这一目的，此方案中的征税对象是本市居民新购第二套以上住房或非本市居民新购住房，都不是居民自住所需住房，其代表的是投资或投机性住房需求。我国现行的财产税，主要集中于房地产的流转环节，而房地产保有环节的税收很多都没有到位，这不利于控制土地价格和房价。不过理性地看，用征税的办法控制房价，虽然能在一定程度上抑制住房投资投机需求从而防止房价的过度上涨，但不能从根本上解决房价问题。房价的上涨，最根本的原因在于土地资源的稀缺性，在于土地资源供给无弹性，对此没有很好的解决办法。由于难以通过增加土地供给以适应住房需求的增长，其结果就只能是听由价格的上涨调节房地产的需求。从长期看，房价随经济的发展而不断上涨是一个必然的过程。因此，打压房价不会是房产税制度改革的首要目的，最多是次要目的。何况征税本身也会增加房屋的持有成本，并相应推高房价。

二、房产税制度改革的主要争议及回应

为促进税收制度的公平性而进行的税收制度结构性改革以及为完善现行分税财政体制都要求重构我国的税收制度。但房产税改革也引起了各界的争议，地方政府担心房产税改革会取代土地出让金并损害地方自主财源，社会担心房产税改革只是国家增加税收、加重百姓负担的借口，学界希望房产税改革应放在整个财产税改革的背景中通盘考虑。

（一）社会的反对意见及回应

一种观点认为，个人自住用房其实是一种生活必需品而不是高档消费品，因此一个家庭用于自住的首套房理应免税，只有第二套以上的房屋，才不是生活必需品而是一种投资或投机，才适合征税。这种观点认为，许多购房者因居高不下的房价而成为房奴，现在城镇居民的房屋要承担物业费、车位费、清洁费以及水电气费等较重负担，房产税改革不应当加重居民自住房的负担。上海、重庆进行的房产税制度改革试点，实际就是这种观点的体现。上海在将房产税的征税对象

由营业性用房扩大到个人住宅时，针对新增房屋，具体包括上海居民新购第二套住房以及非上海居民新购住房，并且给予人均60平方米的免税面积。重庆则针对高档商品房，具体为重庆主城九区存量或增量独栋商品住宅（别墅）、建筑面积交易单价达到上两年新建商品住房均价2倍（含）以上的新购高档住房、在重庆同时无户籍无企业无工作的个人新购的第二套（含）以上的普通住房。两地规定的房产税征收范围中，大体上都不包括本市居民的自住用房。不过，上述观点看似有理，也在相当程度上误导了舆论，但实际上经不起推敲。通常所说的生活必需品，是指如果不拥有就将严重影响生活甚至生存的物品。但不拥有住房，并不一定严重影响生活甚至生存，因为租住房屋仍能保障居民的居住需求。住有所居是应当保障的，但住有所居不意味着每个人都拥有房屋，这在西方发达国家也是做不到的。居住需求的满足，既包括拥有房屋所有权的方式，也包括取得房屋使用权（租用住房）的方式。购房及房屋使用中的负担更不能成为否认对住房征收房产税的正当理由。这种观点的实质是，已经过上更好生活（如拥有住房）的人，借口生活成本高而否认本应承担的税收负担，其暗含的逻辑是，那些生活水平低因而生活成本也低的人才应当缴税，这显然是荒谬的。国家税收总要落实到一定的纳税人和一定的征税对象上。按现代的税收公平观，税收负担的分配基准是纳税人的税收负担能力，而纳税人所拥有的住房等不动产正是纳税人税收负担能力的重要表征。拥有商品房不应缴税，那么谁应缴税？是那些收入微薄、生活在社会底层的农民、农民工、下岗工人？实际情况是，相对于无房、租住他人住房的人，拥有商品房的人，其税收负担能力往往更高，因此理应为其拥有的商品房包括自住房屋承担税负。住房所承受的税费负担，只是住房拥有者在满足更高生活（如住房）需求时必须支付的代价。这种代价对住房拥有者而言，最多只是难以承受，并非不能承受，而对买不起房的人而言，才真正是不能承受。将房产税的征税对象扩大到个人住宅，其实是税收负担公平分配的要求。自住房不应纳税的观点，实质上是我国三十年改革开放的受益者维护其既得利益的借口，其结果是要将国家的税收负担压到那些更为贫穷、没有话语权的阶层头上。这种结果，不仅不能有效调节本已严重的收入财富差距，实现社会正义和分配正义，反而进一步拉大收入财富差距。当然，根据日本北野宏久的观点，不同性质的财产具有不同的税收负担能力，在对财产课税时，要根据生存权性质的财产如一定的住宅、资本性财产以及投机性财产在宪法上的价值作不同的税负分担。因为这些财产在宪法上有不同的价值，其税负能力也不同。[①] 其中生存权性质的财产税收负担能力较低，应实行不课税或轻课税原则。[②] 一定范围的个人住宅属于维护基本生存的财产，其税负能力较低，应当不课税或轻课税。这里值得研究的问题是，满足基本居住需求的个人自住用房限于什么范围以及是不课税还是轻课税，这在理论上可能有不同的观点，但像上海方案将本市居民拥有的第一套住房、重庆方案将本市居民拥有的所有普通住房都排除在征税对象的范围之外的做法，应该是不妥当的。

房产税制度变革，并非不能增加居民的房产税负担。个人住宅以前享受的免税待遇，不意味着应该成为一种永恒的现象。实际情况是，对个人住宅征收房产税，只是加重有房者的税收负担，并不加重所有人的税收负担，并没有损害弱势群体的利益。当然，从整体税收负担考虑，房产税甚至整个财产税制度改革所增加的税收负担，可以从降低增值税这种流转税负担中得到平衡。征税范围包括生活必需品的增值税，存在税负累退的现象，不太公平，应降低增值税的税率，以提升整个税收制度的公平性。现行增值税基本税率17%，公认相对较高，应适当降低，个人认为可以考虑降低到现行低税率一档，即13%。当然，降低增值税的税率所减收的财政收入，

① ［日］北野宏久著，陈刚等译：《税法学原论》，108～109页，中国检察出版社，2001。

② 前引，北野宏久书，104页。

应该从财产税和资源税改革所增加的财政收入中得到适当弥补，以防止国家公共物品的供应水平受到影响。

（二）学界的不同看法

房产税改革并不只涉及对房产征税，由于房、地不分，必然涉及对土地征税。如果只改革房产税，将会导致房屋用地与其他土地在税收上的差别待遇。许多人倾向于整体考虑我国的财产税改革，开征统一的财产税（不动产税或物业税）或者房地产税，其课税对象不仅是房产，还包括土地等财产。统一的房地产税或财产税，不仅可以消除不同土地上的差别税负，还有望取代地方政府收取的土地出让金，消除因地方财政对土地出让金的依赖而引发的、严重损害弱势群体利益的强征强拆的制度诱因。

统一财产税可简化税制，且符合多数国家的做法。不过我国的土地公有制决定了我国并不存在对土地课征财产税的制度基础，课税对象包括了房屋和土地的统一财产税在我国也许并不可行。许多国家实行土地私有制，土地所有人向土地承租者收取租金，国家则以公权者的身份向土地所有人征收财产税，土地的承租人并不对国家承担财产税义务。我国的土地公有制意味着，土地是公共财产而非私人财产。严格地讲，我国并不存在对国家或集体土地所有人征收的财产税，习惯上所谓对地产征收的税收，其纳税人并非土地的所有人而是国有土地使用权人，其课税对象也不是土地本身而是国有土地使用权。国有土地使用权作为一种财产性权利，不同于作为权利标的的土地本身。现代财产税的课税对象通常也不从土地扩张到土地使用权。国有土地使用权人相当于土地的承租人，原本是不应当代替土地的所有人承担财产税义务的。在我国，土地出让金实质上是一次性收取的七十年国有土地使用权的地租，属于按市场原则收取的费用，而不是按法定标准征收的税收。如果对国有土地使用权征税的目的是取代土地出让金，则有混淆税费之嫌，虽不能说绝对不可行，但已经不是本来意义的财产税了。可见，在理论界给出对土地课征的财产税其纳税人不是土地所有人而是使用权人的充分理由之前，直接课于房屋所有人的房产税改革，没必要与对土地征税一并考虑。

三、房产税制度改革的一些设想

房产税改革涉及的问题较多，但主要是改革后房产税的征税对象、计税依据和税率三项，其他都是技术性或细节问题。

（一）房产税的征税对象

按照税收公平的要求重构我国的房产税制度，是房产税改革主要动因。现行房产税的征税对象限于营业性房产，不包括非营业性房产特别是个人住宅。这种制度安排不符合按税收负担能力分配税收负担的现代税收公平观，很不公平。住房是高档消费品，可以很好地表征纳税人的税收负担能力，因此应当对个人住宅征税。有观点认为，个人自住房无法变现，房产税必须以纳税人的其他收入缴纳，对个人自住房征收房产税会极大影响纳税人的生活，因此不宜征税。这实际上混淆了财产税与所得税的不同性质，不能成立。另有观点认为，个人自住房是生活必需品而非高档消费品，不适合征税。我们认为，个人自住房可能涉及生存权财产（超过一定范围的自住房也与生存权财产无关），其税收负担能力相对低于不涉及生存权保障的其他房产，但并非不能征税，几乎所有的生活必需品都被征收增值税就是明证。美国地方政府征收的财产税、日本的固定资产税、我国台湾地区的房屋税，其征税对象都包括了个人自住房，只是存在减轻其税负的相应制度，如宽免额（免征额）、以评估价值的一定比例计税（非全额计税）、适用较低税率等。

从美国、日本和我国台湾地区的相应规定看，真正免税的房产是国家（公共）所有的、非营业性用房，以及非营利性、公益目的使用的房产，其他的房产原则上都不在免税之列。这里所说的房产，作为征税的对象，应当是指私人拥有所有权的房产。租用他人的房产，不是承租人自己的财产，不应由承租人、而应由其所有人缴纳房产税。这包括各种经适房、廉租房以及计划经济福利房制度沿袭下来的福利房。除个人拥有的普通商品房外，个人购买并拥有所有权的、由国家建设的保障房，原则上不应免税，但其税率应当低于其他个人自住房，以保障弱势群体的利益。建立在农村集体土地上的农民自有房产，原则上也应当征收房产税。不过，农民自有房屋虽然在物权法上归农民个人而不是归所在集体所有，但由于涉及宅基地使用权，其流通转让受到相当限制，商品化程度极低，没有太大的市场价值。因此尽管农民自住房屋不享受免税待遇，但按统一规定的宽免额，其中的绝大部分也不用缴纳房产税。我国大量存在的、建立在农村集体土地上的“小产权房”，也没有免税的理由，理当征收房产税。小产权房，指在农村集体经济组织的土地上兴建房屋，并作为商品房出售给本集体经济组织成员以外的人。小产权房，突破了现行法律对农村集体土地转让方面的限制，将农村集体经济组织的土地转让给了外部人员，其合法性存在问题，因此购买者无法取得房产证。那么，对不具有合法地位的小产权房征收房产税，是否意味着肯定了小产权房的合法性呢？还不能得出这一结论。按照税法上的实质课税原理，只要作为征税对象的房屋存在，并且这种房屋在事实上能够表征其拥有者的税收负担能力，就应当征税，课税对象产生的原因事实即小产权房交易中存在的瑕疵不影响征税。对小产权房征收房产税并不能使其合法化。即使征税后，国家对小产权房进行清理（大体上应是交易无效、相互返还），已征的房产税也不用退还，因为房产税按年征收，在课税年度中该小产权房事实上成为纳税人的财产，最多是房产税的纳税人应当是课税房产法律上的所有者，还是事实上（经济上）的所有者的问题。

上海方案中的课税房产为本市居民新购第二套房和非本市居民新购房，且有人均60平方米的免税规定。重庆方案中的课税房屋为个人拥有的独栋商品住宅和新购高档住房以及在重庆同时无户籍、无企业、无工作的个人新购第二套以上的普通住房，其中存量独栋商品住宅和增量高档住房按家庭享有的免税面积分别为180和100平方米。两市方案都存在征税范围过小，免税面积过大且按面积免税不合理等问题，严重影响到房产税的公平性，也严重影响到将房产税塑造成省以下地方政府主体性税种的改革目标之实现。

（二）房产税的计税依据

计税依据即税基。房产税作为财产税，能够较好贯彻按纳税人税收负担能力分配税收负担的税收公平原则。这种税收公平原则，实质上属于分配正义，要求适当调节市场经济必然伴随的收入、财富分配不公的现象。因此，房产税理应按房屋的实际价值即按房屋的实际市场价值计税。我国现行房产税为了节约征税成本，按房屋的账面原值一次减除10%至30%后的余值计税，不能很好地实现房产税调节收入财富差距的作用。因为房屋自取得后，经过一段时间，其实际市场价值可能发生了很大变化。不过，房产税是房屋保有环节的财产税，课税期间内课税房屋并没有发生转让，没有实际的成交价格以供参考，用来计税的实际市场价值只能通过评估取得。这样，房产税只能按房屋的评估价格课税。

房屋的评估价格，不是实际产生的房屋交易价格，可能与房屋的实际市场价值不一致。换句话说，房价评估的准确性本身就存在疑问，表现在评估结果存在一定的不确定性。为了征税公平起见，一些国家并不按评估价格全额计税，而是按评估价格的一定比例计税，这意味着课税房屋的计税价格可能低于甚至远低于其实际市场价值。日本的固定资产税，长期以来普遍以远远低于时价的价格进行评估。由于这种做法影响了固定资产税作为财产税在实现税收负担合理分配方面的积极意义，因此自1994年起，改按公示价格的7成进行评估。[①] 也就是按评定的房屋时价的70%计税。美国地方政府征收的财产税（含对房产征税）在评估时，税务机关先算出财产的市价，然后按照一定的比例，折算成计税用的税基。应税财产的税基一般是其真实价值的30%至70%。[②] 总的来看，房产税的计税价格不超过评估确定的实际市场价格的70%。我国以前不对个人住宅征收房产税，如果将对个人住宅征收房产税的改革推行到全国，为了不因房产税改革而较大影响个人生活，又能有效抑制房屋的投资投机需求，可以考虑对不涉及生存权保障的房屋如营业性用房，按评估确定的实际市场价值的50%或者60%计税。

个人或家庭自住房涉及生存权保障，因此自住房所指示的税收负担能力要低于其他房屋，自住房的税收负担也应低于其他房屋。对自住房的税收优惠，除降低其适用税率外，可以减少其计税价格。有两种做法，在美国，家庭自用住宅可享受一定的宽免，[③] 即规定一个免征额；在日本，住宅的课税标准要减去其评估确定的计税价格的一定比例，[④] 另外对住宅用地的计税价格也远低于其评估价格。日本的做法意味着，不管住宅价值大小，都要缴税，尽管税负很轻。美国的做法则表明，价值不超过规定的免征额的自住房，不用缴税。我们认为，我国的房产税应借鉴美国的做法，规定一个免征额。免征额比上海、重庆方案中按个人或按家庭规定免税面积的做法相对公平，因为对相同的免税面积，普通住房和高档住房的市场价值相差极大，按面积免税更有利于富人。需要明确的是，一定范围内的个人自住房属于生存权财产，税收负担能力较弱，但并非不具有税收负担能力，因此免征额只是代表具有生存权保障的房产的税收优惠，并非承认具生存权保障意义的住房绝对不能征税。上海、重庆方案规定按个人或家庭规定较大免税面积的做法，被社会普遍误读为个人自住房不征税。免征额的具体数额应考虑个人最低的住房需求。最低住房需求的具体数值可以讨论，但至少低于上海方案确定的人均60平方米。很明显，由于大中小城市及乡村的住房价格不同，每个家庭的人数也不一样，按人均数规定免征额，会导致税收制度的复杂化。为简化税制，可以规定一个平均化的、全国统一的免征额。这种做法对房价较高的大中城市的居民并非不公平，因为有能力购买价格更高房屋的事实本身就证明了购买者相对更高的税收负担能力。这个免征额应当使绝大多数农村普通房屋（别墅等较高档的房屋除外）不用缴纳房产税。事实上，建立在农村集体土地上的普通自住房屋只能在集体经济组织内部转让，不能外部转让，实质上是一种集体福利，基本不具有商品性质，其市场价格相应极低，不具有或者只具有极低的税收负担能力，不适合征税。但农村较高档的房屋如别墅等，以及小产权房，超过免征额部分，还是应当缴纳房产税。另外，如果课税房屋是以按揭的方式购买的，应当准许从计税依据中扣除课税期间偿还的课税房屋的贷款。

（三）房产税的税率

房产税作为地方税，地方政府对其具体适用税率通常有一定的决定权，很多国家的房产税都没有统一的税率。在我国，上海方案中的税率为0.4%或0.6%，重庆方案中的税率为0.5%、1%和1.2%，规定的税率都较低。美国财产税的法定税率为3%至10%之间，[⑤] 看起来较高，但由于按评估确定的课税房屋市场价值的30%至70%计税，再加上法定的宽免额（免征额），其实际税负比名义税负要轻很多。日本的固定资产税，法律规定的标准税率为1%或4%。我国台湾地区“房屋税条例”规定，住家用房最低1.38%，最高2%，其中自住房不超过1.38%；非住家用

① 前引，金子宏书，312页。
② 前引，财政部税收制度国际比较课题组书，299页。
③ 前引，财政部税收制度国际比较课题组书，302页。
④ 前引，金子宏书，311页。
⑤ 前引，财政部税收制度国际比较课题组书，301页。

房屋中，营业性房屋，最低3%，最高5%，私立医院、人民团体等用房，最低1.5%，最高2.5%。其具体适用税率授权市县规定。① 台湾地区的房屋税按（公告）现值计税，现值即课税时房屋的实际价值，不同于美日按评估价的一定比例计税，且没有免征额。可见，台湾地区房屋税的税负，即使从最低税率看，也是较高的。例如，台湾地区营业性房屋最低税率3%，而中国大陆现行房产税（对营业性房产征收）的税率是1.2%，且按房屋的原值一次减除10%至30%后的余值计税，而不是按现值计税。

不同国家或地区对房屋征税的具体做法不同，其实际税负很难比较。我国改革后的房产税，可以参考台湾地区的做法，将课税房屋分为自住房、其他住房、营业性房屋和公益目的用房等种类，规定不同的税率。由于我们主张改革后的房产税不完全按评估确定的实际价值计税，而是按评估确定的实际价值的一定比例计税，且有一定的免征额，因此改革后的房产税不应照搬我国台湾地区或者美国、日本的做法，而应当根据我国的具体情况确定，考虑纳税人特别是自住房纳税人的承受能力。

四、其他相关问题

（一）房产登记与税源监控

完善的不动产物权登记制度，对税务机关监控房产税的税源当然是有利的。不动产物权登记制度的功能之一，是向社会公示登记的信息，并取得公示公信的社会效果。因此房产登记信息可以由登记机关与税务机关共享，税务机关通过准确的房屋登记资料可以监控税源，防止偷逃税。我国目前的房屋产权登记存在一定的问题，主要是除部分农村房产外，大部分农村房屋，其中包括所谓的小产权房，没有进行产权登记，也不发给房产证。即使城镇的房屋，也存在房屋的取得与房屋的登记存在时差，同一纳税人在不同的税务管辖区拥有房产等情况，都将增加税务机关通过登记资料监控税源的难度。

但房屋产权登记制度不健全，并不能成为反对房产税改革的理由。在现代税法中，征税的事实依据的制度基础，主要是纳税申报制度和征税机关的税收调查权。通过房屋登记资料监控税源，只是税务机关调查课税事实的手段之一，而不是唯一手段。理论上，房产税的征收也不能完全依赖房屋产权登记。根据实质课税原则，应当由课税房屋事实上或经济上的所有者而不是其法律上（登记）的所有者作为纳税人。房屋登记资料在特定情况下并不能直接作为课税的事实根据，如以他人名义进行登记，导致课税房屋事实上和法律上归属不一致的场合。在课税房屋没有进行登记，或者登记资料不准确的情形下，课税事实的确定都离不开纳税人的纳税申报或者税务机关的税收调查。可见，健全的房屋产权登记制度并不是课征房产税的必然前提，当然也不是房产税改革的前提。

（二）房产的价值评估

出于现代税法的税收公平原则，房产税要求按课税房屋的实际价值计税。但房产税是房屋保有环节的税收，不存在一个成交价格作为计税的依据，因此课税房屋的实际价值只能通过评估确定。有一种反对房产税改革的理由是，我国没有建立起有效的房地产评估制度，按房屋的市场价值课征房产税存在障碍。从美国、日本和我国台湾地区的做法看，决定（房产税）计税依据的评估机构由官方组建，隶属于税务机关或者地方政府。课税房产的价值评估，专业性较强，但客观性较差，我们对官方色彩的评估机构之评估结果的客观性、公平性存在疑虑是自然

① 台湾地区“房屋税条例”，http://wenku.baidu.com/view/2714aad4b9f3f90f76c61b10.html，访问日期：2012-08-05。

的，但不能成为反对改革的理由。事实上，正是考虑到评估的客观性较差，美国和日本才不按评估确定的房屋价值全额计税，而是按其一定比例计税，通过这种方式减缓评估结果客观性较差带给课税公平的冲击。任何改革都无法等到条件完全成熟时再进行。相反，我们相信，房产税改革，可以推动我国房地产评估制度的建立和发展。

现实语境中的
“税收法定原则”效力的再反思[①]

王 冬*

目 次

中国的税收法律实践呈现出以行政权力主导为偏重的现状已是一个学界不争的认识，这种现状无疑同当下更为宏大和主流的“依法治国”、“法治国家”等话语背景存在着较大的出入，这种出入最为明显也是最容易为人所发现的地方就在于现行的税收实践常常以一种事实上的“脱法”状态在不断地冲抵着“税收法治”中最为根本的“税收合法性”这根底线。这一问题及其危害已经引起了学界的关注与反思。不少学者将当下税收法律实践中所存在的问题归结为“税收法定原则”的缺失，言下之意是只要确立了税收法定原则那么现实中的许多问题都可以迎刃而解。然而，这里面有个问题似乎一直没能引起学者们的足够重视，那就是，单纯的税收法定原则是否就足够扭转当下税收法律实践的现状？

一、税收法定原则概述

（一）税收法定主义与税收法定原则

在开始全部的论述之前，首先需要澄清一个长期被学界混淆的问题，即在通常的税法学研究和讨论中不少学者习惯于将税收法定主义与税收法定原则等同起来加以使用，往往认为税收法定原则就是税收法定主义（或曰租税法律主义、捐税法律主义或税收法律主义）②，甚至直接合并称

① 基金项目：四川省教育厅重点项目“税法之‘无代议士不得征税’理念问题研究”（12SA136）。
* 西南科技大学讲师，法学博士。
② 参见：［日］金子宏著，刘多田等译：《日本税法原理》，19页，中国财政经济出版社，1989；台湾学者王建煊著：《租税法》，台北文笙书局，1994；许安平：《税收法律主义及其在当代的困惑》，载《现代法学》2005年第3期等。

为“租税法定/律主义原则”[①]，似乎在这些学者眼中税收法定主义与税收法定原则之间是没有实质性区别的同一个范畴。然而在笔者看来两者之间并非全无差异，而这种差异对于我们在准确定位税收法定原则问题上也并非无足轻重。

从严谨的学术立场加以分析，所谓法律的某种“主义”实质上是在意指着某种或某类法学思潮和理论，而“法律原则”“按照《布莱克法律词典》的定义，是指‘法律的基本真理或准则，一种构成其他规则的基础或根源的总括性原理或准则’”[②]。亦即是说，“法律原则即是规则和价值观念的汇合点”[③]。因而税收法定主义同税收法定原则之间至少在以下几个方面存在本质差别：首先，两者与制定法的关系存在不同。税收法定主义是先于相关制定法条文而存在的，其作用在于对制定法条文的确定和修改产生思想和理论上的影响，因而其本身并不以制定法的明确规定为存在前提。而税收法定原则作为一种法律原则，其必须在为制定法所承认的基础上方能现实存在着，尚未为制定法所明确规定的原理与准则断无被认可为法律原则的道理。其次，两者的规范效力存在本质区别。税收法定主义作为一种理论和思潮其本身对于税收法律实践是没有直接规范性效力的，其影响力更多体现在对相关实践进行理论上的检视、探讨和论证之上。而税收法定原则作为整个法律规范体系中的一个组成部分，其自身就带有直接的规范效力，当其以税法的基本原则面貌存在时，意味着它可以而且应该被贯穿于税收法律实践的全过程，从而对税收立法、执法和司法进行规范并保障和促进税收守法。最后，也是最为重要的是，作为一种思潮和理论，税收法定主义本身在运用时除了能推导出税收法治的内容外，还完全可以“向上”追溯出民主、宪政等思想。而税收法定原则的全部意旨则仅限于指出“依法治税”。作为一种法律原则，其只具备“向下”解释的功能而不应再“向上”追溯，否则其身为法律原则的地位便可能在无限追溯中被从根本上动摇。

（二）税收法定原则的具体内容

在对税收法定原则具体内容的理解上，学术界基本以“三要素说”为其通说，具体而言即为：

第一，课税要素法定原则。该原则要求“课税要素必须且只能由议会在法律中加以规定，即只能由狭义上的法律来规定税收的构成要件，并依此确定主体纳税义务的有无及大小”[④]。

第二，课税要素明确原则。该项原则的内容为“课税要素及与之密切相关的征税程序不仅要由法律作出专门的规定，而且还必须尽量明确，以避免出现歧义。亦即有关创设税收权利义务的规范在内容、宗旨、范围方面必须确定，从而使纳税人可以预测其税收负担”[⑤]。

第三，依法稽征原则。又称为程序合法原则。税收法定原则不仅要求税收的实体性要素必须由法律明确规定，同时还要求与纳税人权利义务密切相关的税收程序性要素也必须由法律明定。行政机关只能严格按照法律的规定进行稽核征收，而无权擅自对征收程序进行变动、更改。

（三）税收法定原则的意义

从税收法定原则的内容来看，若能将该原则在税收法律实践中加以严格贯彻，那么其至少可以满足形式意义上的“税收法治”的基本要求，亦即为税收行为的合法性提供保证。这种意义具体表现为：

---

① 参见：[日] 新井隆一著，林燧生译：《租税法之基础理论》，“财政部”财政人员训练所出版（影印本）；刘丽著：《税权的法律控制》，13页，法律出版社，2006。

② 转引自鲁篱著：《经济法的基本范畴研究》，59页，法律出版社，2008。

③ [英] 麦考密克、[奥] 魏因贝格尔著，周叶谦译：《制度法论》，90页，中国政法大学出版社，1994。

④ 张守文著：《财税法疏议》，49页，北京大学出版社，2005。

⑤ 张守文著：《财税法疏议》，49页，北京大学出版社，2005。

首先，税收法定原则通过对课税要素只能且必须经过议会制定的法律方能加以规定的内容之强调，一方面可以将税收立法权固定在立法机关的控制范围之内，最大限度的防范行政机关对其进行摄取的可能性；另一方面也可以在很大程度上杜绝因立法机关在税收立法权的行使上消极不作为而出现的概括授权和空白授权的现象；其次，税收法定原则通过对课税要素明确原则的强调，可以避免因行政机关自由裁量权过大而对税收法律文本造成的侵蚀，从而保证税收法律的权威性、稳定性和可预期性；最后，税收法定原则中的程序合法原则将税收行政机关在具体执法过程中的行为牢牢规制于事先制定和颁布的法律规范之下，从而最大程度上杜绝了行政机关通过变更税收法律程序而影响和改变税收法律后果的可能性。

二、税收法定原则的局限性

税收法定原则对于税收行为合法性的强调固然对于税收法律实践具有重要的价值和意义，但是，必须看到的是，一个完善的税收法律实践模式中税收法律文本本身的正当性可能同税收行为合法性具有同样甚至是更为重要的意义。现代税法理念告诉我们，税收在本质上是国家对于纳税人财产权利的一种“侵害”，这种“侵害”要具有正当性的条件只有一个，那就是纳税人自己事先同意这种“侵害”状况的发生，亦即税收法律规范必须建立在纳税人同意的基础和前提上。这里我们可以清楚地看到，虽然税收法定原则一再强调税收行为必须以法律为基础，然而对于要求人们遵守的税收法律本身是否必定是经过纳税人之同意而产生这一问题上它却是无法保证的。换句话说，就是税收法定原则本身无法对税收法律实践的正当性提供保证，这也就是该原则最大的局限性所在。对于此，我们可以从如下三个方面加以论证：

第一，从理论的角度而言。税收法定原则本质上属于宪法领域中“法律保留原则”在税法中的体现。“法律保留原则”的作用在于“否定了不经过立法程序径行以行政措施侵害人民权益的正当性”①，然而，在宪政理论层面，“源于法国人权宣言的法律保留制度最初扮演的是‘原则—例外’（即承认基本权利是一个‘本无限制’的自由权利，只是为了公益，才‘例外’地被立法者侵犯）的角色，而传统法律保留理论是把法律作为对人权的侵犯”② 来加以看待的。虽然“随着社会经济的发展、福利国家的出现，法律保留制度和理论也有所发展，法律不仅被用来限制人权，也用来对基本人权予以具体化，甚至用来‘形成’人权”③。然而，该原则本身固有的缺陷却并未得到解决，亦即在它当中一直缺乏关于“法律限制之限制”的应有逻辑。这无疑为法律实践埋下了一个严重的隐患。

具体到税收法定原则上，这种隐患便表现为，虽然该原则能够避免行政权力在税收过程中的“违法”但却无法保证所制定和被执行的税收法律自身不会“为恶”；它虽然可以用“法律”来规制行政机关的滥权但却对立法机关滥用权力的可能性束手无策。就此而言，单凭税收法律是由立法机关所制定和颁布的这一点，并不能当然的赋予其以正当性。

第二，就经验层面观之。回顾历史，我们可以发现“法律保留原则”对于中国的制宪史而言并不陌生，甚至可以认为其是早期中国宪法文本的一个重要特征。早在1908年《钦定宪法大纲》所附的“臣民权利义务”部分中既已采用了“在法律规范范围之内……均准其自由”以及“非依

---

① 吴庚著：《宪法的解释与适用》，转引自聂鑫：《宪法基本权利的法律限制问题——以中国近代制宪史为中心》，载《中外法学》2007年第1期。

② 聂鑫：《宪法基本权利的法律限制问题——以中国近代制宪史为中心》，载《中外法学》2007年第1期。

③ 聂鑫：《宪法基本权利的法律限制问题——以中国近代制宪史为中心》，载《中外法学》2007年第1期。

法律所定，不得……”等字样。其后从1912年《中华民国临时约法》到1914年《中华民国约法》（“袁记约法”），从作为南京国民政府基本法的1931年《训政时期约法》到1936年“五五宪草”，不同的宪法文本在内容上都对此原则进行了不同程度的保留。

然而有趣的是，在宪法中如此大范围、高强度的凸显“法律”之地位却并没在中国近代史上造就出一番宪政的格局，甚至没有能够真正确立起法治的框架，反而是使得“在中国制宪史的文本上，公民基本权利从未有份是‘神圣不可侵犯’的‘绝对权利’”①。而更具反讽意味的是，这里之所以没有“神圣不可侵犯的绝对权利”恰恰是基于在“法律保留原则”下“法律”的“神圣不可侵犯”所造成的。

“法律保留原则”在中国近代制宪史上的这段并不光彩的历史经验无疑具有重要的警示意义。我们在根源于“法律保留原则”的税收法定原则自身当中并没有发现任何可以保证其避免重蹈这段覆辙的内在机理。强调在税收领域中一切都要“依法办事”这一点本身并没有问题，但是这必须建立在一个前提之上，就是我们所依照的税收法律本身是不能为“恶”的，也就是说，税收法定原则唯有当被构筑在一个正当性基础上时方可发挥出积极的功用，而这个正当性的基础存在于税收法定原则之外而不是之内。认识到这一点后我们就会发现，当下一味对税收法定原则的重要性和意义的拔升的观点和主张就是有问题的，单纯地对税收法定原则的强调非但不能让税收行为依法行“善”，甚至还可能让政府在税收领域中有意为“恶”的行为被披上一层合法性的外衣。

第三，就现实条件来看。税收法定原则的效力层次仅仅涉及税收领域中“有法可依”和“有法必依”上，而对于所依照之“法”的正当与否的问题则在事实上交由给了现实中的立法机关来决定。然而中国当下立法机关，亦即人民代表大会自身的状况其实并不容乐观，这表现在：一方面，“人民代表大会制度在汇集人民意志方面存在制度缺陷……人大立法过程不透明、信息资料不公开、立法审议时间过短，人大代表的组成不合理等”②。由于这种缺陷的存在使得纳税人的意见和利益不能在税收立法过程中完全地被立法机关所关注和考虑，从而可能导致最终制定颁布的税收法律规范不能真正反应和体现纳税人的意志；另一方面，“中国的现实是，全国人大及其常委会并没有足够的权威”③，而行政权力则具有着强大的现实影响力，这便使得现实中在许多情况下“立法机关只是对行政机关所报送的税法草案投票通过，而没有其他方面的作为”④。这样一来，对税收法定原则的坚持看似相较于行政主导型税收法律实践而言提高了税收规范性文本的效力层次，但若就税收规范性文件背后所体现的主导性意志和意见来看，两者或许并没有实质性的区别。正如学者所言“这样的税收法定主义（亦即本文所指涉的“税收法定原则”——引者注）也的确没有太大的实际意义”⑤。

三、税收法定原则的现实有效性质疑

国内许多学者之所以一再强调税收法定原则对于当下税收法律实践的意义，大多是基于这样一种预判，即中国当下税收法律体系中缺乏对税收法定原则的肯定和确认，而这样的判断大抵是出于对现实中比比皆是地违背税收法定原则的法律实践行为的观察而得出的。这样的逻辑在学界很少引起人们的注意，但是在笔者看来，其中却是隐含着一些问题的：没有某种法律实践就是因

① 聂鑫：《宪法基本权利的法律限制问题——以中国近代制宪史为中心》，载《中外法学》2007年第1期。
② 刘剑文、熊伟著：《税法基础理论》，11页，北京大学出版社，2004。
③ 刘剑文、熊伟著：《税法基础理论》，107页，北京大学出版社，2004。
④ 刘剑文、熊伟著：《税法基础理论》，110页，北京大学出版社，2004。
⑤ 刘剑文、熊伟著：《税法基础理论》，110页，北京大学出版社，2004。

为缺乏相应的法律规范，那么言下之意，有了相应的法律规范就必定会有对应的法律实践产生？很显然，古人早就教训到“徒法不足以自行”，在法律规范与法律实践之间并不存在顺理成章的“必然”对应性。有时候没有相关法律实践的存在并不一定就是因为相应法律规范的尚付阙如，而可能是基于原因尚在“别处”。对于税收法定原则的现实效力的进一步认识就需要我们首先确定一个前提性问题：中国究竟有没有税收法定原则？如果回答是肯定的，那么下一步要追问的就是为什么有税收法定的原则却没能够有税收法定的实践。或许只有沿着这个逻辑思路才能让我们更清楚也是更准确的找到当下税收法律实践的真正症结及其改革方向。

（一）中国有没有税收法定原则

在国内不少学者看来，目前税收法律规范中最为贴近税收法定原则的法律规定莫过于《中华人民共和国税收征管法》（以下简称《税收征管法》）第3条之规定①，但是却普遍认为“由于税收征管法主要是一部税收程序法，它的内容主要是有关税收确定程序与征收程序的规定”②，因而其并不足以证明税收法定原则的存在。《中华人民共和国立法法》（以下简称《立法法》）第8条虽然将税收方面的基本制度列入只能制定法律的范围，但是很多学者却认为该法紧随其后的第9条的相关规定③“无非是为国务院争取税收立法权预设了一个缺口而已”④从而也不能证明中国当下已经确立了税收法定原则。而《中华人民共和国宪法》（以下简称《宪法》）第56条关于“公民有依照法律纳税的义务”的规定也并不意味着对税收法定原则在宪法层面的肯认，在学者看来其原因在于：一方面，《立法法》在第2条中将行政法规、地方性法规、自治条例和单行条例都包括在其适用范围之内，因而“从文义的角度不足以证明《宪法》第56条中的‘法律’就是最高立法机关所制定的法律”⑤；另一方面，“从体系的角度看，《宪法》第56条置于‘公民的基本权利和义务’一章，不是规定在总纲中，也不是规定在国家机构一章中，因此，很难说这是对税收立法权的限制，只能说是对公民纳税义务的确认”⑥。正是基于这些因素，外加上现实中确实有大量有违税收法定原则内容的实践状况存在，因而学者们普遍认为中国税法体系中并没有税收法定原则存在的身影。

然而笔者对此稍有不同的意见。依个人之见解，税收法定原则既然是税法的基本原则，那么我们最好还是将其放置于“法律原则”的位置上来加以讨论。法律原则是作为法律的一种指导性原理和准则而存在的，对其有无的判断最好在具体法律制度中来进行。需要注意的是，“法律原则并不以既有的法律明示为限”因而对于它的识别我们完全可以“透过法律条文的规定揭示出来”⑦。

在明确了这一点后，我们再回过头来看看现有的税收法律规定，或许我们就能得出不同的结论了。就《宪法》第56条来看，学者的分析固然有道理，但是如若我们将视线放宽一些，我们会发现日本宪法第30条之内容与其极为相似，它明确规定“国民依法负有纳税义务”。有意思的

① 该条文规定：“税收的开征、停征以及减税、免税、退税、补税，依照法律的规定执行；法律授权国务院规定的，依照国务院制定的行政法规的规定执行。任何机关、单位和个人不得违反法律、行政法规的规定，擅自作出税收开征、停征以及减税、免税、退税、补税和其他同税收法律、行政法规相抵触的决定”。

② 胡戎恩、刘书燃：《我国税收立法之原理与实践分析》，载《法学杂志》2007年第4期。

③《立法法》第9条规定：“本法第八条规定的事项尚未制定法律的，全国人民代表大会及其常务委员会有权作出决定，授权国务院可以根据实际需要，对其中的部分事项先制定行政法规，但是有关犯罪和刑罚、对公民政治权利的剥夺和限制人身自由的强制措施和处罚、司法制度等事项除外”。

④ 刘剑文、熊伟著：《税法基础理论》，107页，北京大学出版社，2004。

⑤ 刘剑文、熊伟著：《税法基础理论》，108页，北京大学出版社，2004。

⑥ 刘剑文、熊伟著：《税法基础理论》，108页，北京大学出版社，2004。

⑦ 刘剑文、熊伟著：《税法基础理论》，35～37页，北京大学出版社，2004。

是，在日本却并未有太多学者因为这一规定而否认其本国存有税收法定原则，相反，在学者看来"日本国宪法，就近代宪法的性格言，其内容可分为人权宣言与有关国家统治结构之原则规定，两部分。据此认识，宪法第30条所规定之积极意义，就国民权利的立场……凡法律未规定者则无负担租税的理由，此亦就是租税法律主义（税收法定原则——引者注）之内容所在"[①]。就该学者所说日本宪法性格之两部分而言，我国宪法与其并无实质性区别，因而当然也可以对第56条得出相同的推论认识。顺着这一思路看，那么《立法法》第8条就是对于税收法定思想以宪法性文件的形式进一步明确肯定，而《税收征管法》第3条则是以具体税收法律制度的面相对税收法定原则的直接承载和体现。在这里我们可以看到税收法定原则作为一个一贯的指导性原理在不同层面的关于税收的法律文本中被承认和体现出来。

（二）中国存在税收法定原则却缺乏税收法定实践的原因

有学者曾将当下税收法律实践中大量有违税收法定原则之行为存在的原因归结为未能将该原则上升到宪法原则的高度，认为"正是由于这一原则在宪法中没有得到规定和体现，所以，才造成了我国目前税法中所存在的种种问题"[②]。对此笔者不敢苟同，原因在于两个方面：一方面，我们应该看到并不是每一个确立了税收法定原则的国家都会在宪法中对该原则进行明确规定；另一方面，一如学者所言"宪法未必就是法律……宪法实施是政治行动之一"[③]。在这个意义上我们才可以理解为什么我国宪法会分别在1975年第13条和1978年第45条中两度将公民有大鸣大放、大辩论、大字报的权利写入其中。而也正是在这个意义上可以解释为什么笔者始终不相信一个"税收法定原则"的"入宪"就可以解决税收法律实践中的所有现实问题。显然，当下没有税收法定实践的原因并不在于税收法定原则没有被写入到宪法中，而是在于其自身在面对现实中一些具体情势时效力的有限性，这些情势是其所无法解决的。在笔者看来，就这些具体情势而言以以下两点最为首要：

第一，在现实层面。由于税收在客观上的经济杠杆作用满足了政府宏观经济调控的工具性价值需要，从而使得税收同政府宏观调控权之间具有了一种"后天"的紧密联系。随着我国市场经济体制的进一步纵深发展，经济的良好运行对政府的宏观调控提出了越来越高的要求，因而政府将税收运用于对宏观经济调控的频率也越来越高。此时，税收法定原则的诉求同具体的经济、社会现实间便产生了深刻的矛盾：一方面，"宏观经济的运行受制于诸多复杂因素，这些因素对宏观经济的影响难以预见，因此宏观调控只能交由宏观调控权的拥有者在对宏观经济走势（正常或过冷、过热）进行缜密判断基础上作出灵活应对"，因而在"多数情况下，宏观经济调控不得不诉诸相机抉择"[④]。而税收法定原则强调的是税法的稳定性和可预期性，它要求将政府行政权力自由行使的范围控制在最小程度，并且税收法律规则一旦确定后便不允许随意更改和变动；另一方面，宏观调控的效果涉及的是经济运行的整体趋势，它要求调控者应具有相当的专业知识。而税收法定原则主张的是将税收的控制权交由立法者掌控。且不说我国由于代表选举制度尚不完善，使得人民代表的专业素质参差不齐，就算是在代议制度完善的国家里立法机关也不可能很好完成上述工作。作为"事实上的主政者"[⑤]，在面对这种现实矛盾而又一时无法找到将其进行有效调和

---

① ［日］新井隆一著，林燧生译：《租税法之基础理论》，35～36页，台湾"财政部"财政人员训练所出版（影印本）。

② 王鸿貌：《税收法定原则之再研究》，载《法学评论》2004年第3期；持相同观点的还有：涂龙力、王鸿貌：《税收法定原则与我国税法体系的完善》，载《税务研究》1999年第12期；陈少英著：《中国税法问题研究》，11页，中国物价出版社，2000。

③ 翟小波：《代议机关至上，还是司法化?》，载《中外法学》2006年第4期。

④ 翟小波：《代议机关至上，还是司法化?》，载《中外法学》2006年第4期。

⑤ 翟小波：《代议机关至上，还是司法化?》，载《中外法学》2006年第4期。

的办法时，便只能是放缓税收法定实践的步伐以此来迁就经济持续发展的需要，而不可能是相反。在中国社会转型时期，面对经济发展的巨大压力，这几乎就是必然和唯一的选择路径。正如冯象所言“一切问题作为法律问题的‘最终’解决，只能完成于伦理或政治上的‘正确’选择”①，而经济持续、健康、稳定的发展无疑是中国当下最大的“政治”。

第二，在观念层面。如同人的动作要受到自身的意识控制一样，社会行为同样不能脱离于社会观念的影响。对于现实生活中税收领域的主导社会观念，有学者曾做过如下论述“在党的统一领导下，权力分立并没有太大的实际意义，无非都是贯彻党的意志的手段。如果将党的意志天然地视为人民利益的代表，而将国务院的行政法规视为贯彻党的意志的途径，那么即便没有税收法定主义（亦即“税收法定原则”——引者注），税收的合法性也不应受到置疑”②。的确，如果政府权力的运行被看作是对党的意志的忠实贯彻，那么政府税收行为便具有了维护人民利益的不容置疑的正当性。而税收法定原则自身又缺失着正当性的内核，因此其只能在上述现实观念中被工具价值化，被看作是政府税收权力运行之途径的一个选项而非必选项。在这种情况下，政府并不排斥税收法定原则的确立，但这种不排斥只是在顺应“依法治国”的政治倡议下的一种“响应”，即便在现实中有自觉、主动遵循税收法定原则的行为和实践那也只是出于一种姿态性的自我收敛，并不因此就意味着税收法律对于政府权力产生了实际的、权威的约束性影响。由此可见，只要这种观念继续在税收实践领域占据主导位置，那么税收法定原则就必定不可能单凭一己之力就带动起相应的税收法律实践。

四、结语

行文至此，有必要说明的是，笔者在这里对税收法定原则之效力的上述“检讨”并没有任何要贬低其意义和价值之意，税收法治的实现还必须得仰赖于税收法定原则的树立。但是必须认识到的是，税收法治的实现并不仅仅是确立一个税收法定原则那么简单，单纯的税收法定原则最多能为我们带来“税收法制”而不是“税收法治”。本文的全部内容归结为一点，即在于对当下学界普遍秉持的将税收法定原则作为解决中国税收法律实践中所出现和存在的所有问题的唯一突破口与出路的思路进行反思和批判。“税收法治”是个美好且值得追求的目标，然而这一目标的实现却远不是确立一个“税收法定原则”，或仅仅是倡导该原则“入宪”所能一劳永逸地得到解决的。这种认识更多时候只是学者们的一种“一相情愿”，而在这种“一相情愿”的背后凸显的是我们对于当下中国税收法律实践以及“税收法定原则”本身在认识和理解上的不足与欠缺。

① 冯象著：《政法笔记》，53页，江苏人民出版社，2004。

② 刘剑文、熊伟著：《税法基础理论》，109页，北京大学出版社，2004。

论国有产权转让定价的法律规制

张　英*

目　次

等价有偿是市场交易的基本法则。由于定价是交易的前提，国有产权转让的公平和效率便取决于定价或者说采取何种方式定价。受国家所有权的二重性和国有产权转让目标的多元性等因素所影响，国有产权转让合理价格的形成，不仅需要充分的市场竞争机制予以发现，更需要法律的规制。在我国经济转型时期开展的国有产权转让活动，由于法律制度缺位，政府管制乏力，市场竞争机制不完善等问题的存在，导致了大量的国有资产流失。为此，本文试图通过解析现行国有产权定价机制之缺失，探讨完善国有产权定价法律规制的路径。

一、国有产权转让定价法律规制之意义

肇端于20世纪80年代，直到今天仍然方兴未艾的国有产权转让活动，是我国盘活国有存量资产，调整经济结构，优化资源配置，全面实现经济转型的一条重要路径。统计资料显示，现今我国国有企业仍然是庞大的市场主体，在市场结构中占据着控制地位。庞大的国有企业的存在，不仅是行政垄断的主要成因，也是生产力发展水平不平衡、市场效率低下和分配不公的重要根源。有学者戏称，“国企对于国民的意义就是，它们赚钱的时候与你无关，它们亏本的时候要你输血。”① 由中国国务院发展研究中心和世界银行联合撰写并于2012年发布的研究报告《2030年的中国：建设现代、和谐、有创造力的高收入社会》中指出，中国需要根据形势对国企做出一些调整，限制国有企业扮演的角色，使国有企业适度地退出某些领域，把无关的业务出售；打破国有企业垄断，让所有制多样化，降低私营企业进入市场门槛，使私营企业更容易在所产生的新领域里竞争。可见，庞大的国有企业逐步退出竞争性领域已成为我国的必然选择。如何在国有产权退出竞争性领域过程得到合理转让，即如何使国有产权转让价格既体现公平，又兼顾效率，是经

* 西南政法大学副教授，法学博士。

① 引自《张文魁谈国企对国民意义：赚钱与你无关亏本你要输血》，http://www.cfi.net.cn/p20120408000156.html，访问日期：2012-07-20。

济乃至政治生活对国有产权定价规制的客观需求。

（一）国有产权转让复杂性对定价规制的需要

国有产权转让具有相对的复杂性，主要表现在以下三个方面：一是估价复杂，即产权交易对象通常是企业，对企业这样一个综合体的价值估算，要比对普通商品或劳务价值的估算复杂得多。二是参与交易的主体复杂，即国有产权交易是代理人与代理人之间，或代理人与所有者之间的交易，由于国有产权代理链条较长等问题的存在，在交易中容易给代理人寻租提供机会，也容易导致定价扭曲。三是权属关系变化复杂，即国有产权转让会发生产权归属关系的变化，权属的变化实际上也是参与主体利益关系的再调整，在缺乏公开透明的价格决定机制的情况下，国有产权转让容易被少数人操纵谋利，造成国有资产流失，影响社会资源再分配的公平性。

产权转让的核心问题是交易价格的确定问题，由此可以认为，定价是国有产权转让是否体现公平性与合理性的核心环节。如何使国有产权转让价格既能充分体现资产的价值，亦即使国有产权通过市场竞争完全实现资产的实际市场价值（交换价值），又能在充分体现公共性和公平性的前提下，实现国家转让国有产权的目标，必然成为国家乃至公众高度关注的问题。事实上，随着国有企业改革的深入和产权交易的日益活跃，国有产权在转让中流失事件时有发生，分析其主要原因不难发现，由国有产权转让的复杂性所决定，适用普通的交易规则，是实现不了国有产权转让定价的公平与效率的，而专门的国有产权转让定价机制尚未建立。因此，为国有产权转让建立定价规则，无疑具有十分重要的现实意义。

（二）国有产权转让目标多元性对定价规制的诉求

国有产权转让定价依附于国有产权的流动而存在。国有产权流动主要有国有企业兼并、联合、承包、租赁、股份转让、资产转让、拍卖、合并等方式。国有产权转让作为国有产权流动的一种形式，其中交织着政治、经济和社会等多种因素。从政治因素看，国家出让国有产权，主要在于调整国有经济布局，完善市场机制，提高经济效益；从经济因素看，国有产权买卖双方都以实现产权的最大经济价值为目标；从社会因素看，转让国有产权除需保障国家利益之外，还需保障公众利益，以及减少对企业职工的影响和对社会结构变化的冲击；等等。因此，国有产权转让不仅对国家所有制结构的调整和经济增长方式的转变具有重大影响，而且触及的利益也具有全局性和广泛性。

由国有产权转让的多元性目标所决定，国有产权转让价格的合理性，不仅关乎国有资本回收效益问题，更关乎社会资源再分配的公平性问题。通过有效的市场机制发现合理的转让价格，以维护所有者权益，充分体现产权价值，利于被转让企业可持续发展，实现国有产权的公共特性等，乃是国有产权转让的基本目标，也是国有产权定价的基本目标，这些目标的全面实现，无疑需要通过设计一个合理且有效的机制予以保障，此乃强化国有产权转让定价规制的现实诉求。

二、国有产权转让定价法律规制之缺失

“没有哪个经济的转轨是无痛苦的。事实上，每个国家都发现通向市场经济的路上荆棘密布。”① 实践中，我国国有产权转让暴露出了诸如产权价值评估不规范、场外交易、低价协议转让、产权交易机构管理混乱、内部人低价收购等诸多问题，造成了大量的国有资产流失。探究其原因，本文认为，在我国经济转型时期开展的国有产权转让活动，尚存在法律跟进滞后，政府管制不力，市场机制不健全等诸多问题。

① ［美］保罗·萨缪尔森，威廉·诺德豪斯著，萧琛等译：《经济学》，4～5页，华夏出版社，1999。

（一）法律跟进滞后

法律调整人的行为和社会关系是运用法律规范来实现的。梳理调整国有产权转让行为的相关法律制度后不难发现，已实施了30多年的国有产权转让活动，自始便无法律调整机制的跟随。时至今日，规范国有产权转让定价行为的法律制度实际上依然处于缺位状态。

从现行法律制度考察，2009年5月1日施行的《中华人民共和国企业国有资产法》（以下简称《企业国有资产法》），是保护国有资产的专门法律，该法设专章规定了国有资产转让制度。如该法第54条第一款、第二款规定："国有资产转让应当遵循等价有偿和公开、公平、公正的原则。除按照国家规定可以直接协议转让的以外，国有资产转让应当在依法设立的产权交易场所公开进行。转让方应当如实披露有关信息，征集受让方；征集产生的受让方为两个以上的，转让应当采取公开竞价的交易方式。"第55条规定："国有资产转让应当以依法评估的、经履行出资人职责的机构认可或者由履行出资人职责的机构报经本级人民政府核准的价格为依据，合理确定最低转让价格。"第42条第1款规定："企业改制应当按照规定进行清产核资、财务审计、资产评估，准确界定和核实资产，客观、公正地确定资产的价值。"这些规定，无疑为国有产权转让定价确立了程序性规则。但是，由于上述规定过于原则，程序性规则多而实体性规则少，在尚无司法解释和相应行政法规跟进的情况下，难以实现对国有产权转让定价行为的有力规制。

（二）政府管制不力

政府管制是以市场失灵为存在基础的一种控制制度，它是政府根据法律授权，通过制定经济政策对社会经济活动进行控制的一种手段，其目的在于矫正市场失灵，提高经济效率并实现经济公平。在我国市场经济尚不够发达，法律制度跟进滞后的基本国情下，政府对国有产权转让定价活动的管制也是乏力的。

从行政法规层面考察，2003年5月国务院颁布的《企业国有资产监督管理暂行条例》，没有涉及产权转让定价问题的规定。到目前为止，国务院对《企业国有资产法》有关产权转让定价活动的规范，也无相关的实施细则出台。可见，国有产权转让定价行为缺少行政法规的调整。

从部门规章层面考察，虽然国务院相关部委就国有资产评估和作价等问题颁布了一系列规则，但由于均是在《企业国有资产法》实施之前施行的，随着经济改革的不断推进，原有规定已不能适应规制国有产权转让行为的需要。现行的部门规章中，规范资产评估行为的主要有两个文件，一个是2001年12月由财政部颁布的《国有资产评估管理若干问题的规定》，该规定虽然明确要求国有产权转让前应当进行资产评估，并确立了资产评估结果的采用规则，但因其对参与资产评估的行为主体权利义务界定不够完整，加上仅是一个部门规章，拘束力不强，对国有产权评估规范力度不够；另一个是2005年8月25日由国务院国有资产监督管理委员会颁布的《企业国有资产评估管理暂行办法》，该办法除援用了前一个文件的主要内容外，增加了国资委在产权价值评估中的具体职能和权限规定，但由于其主要偏重于程序性规定，因而同样存在对参与资产评估的行为主体权利义务界定不完整，以及作为一个部门规章拘束力不强等问题。在如此粗糙乏力的部门规章约束下，国有产权转让定价行为也是难以得到有效规制的。

（三）市场机制不健全

市场是买者和卖者相互作用并共同决定商品或劳务的价格和交易数量的机制，它通过价格和市场体系对个人和企业的各种经济活动进行协调，在没有人去刻意加以管理的情况下，解决生产、消费、分配和定价等问题。[①] 国有产权转让需要通过市场交易来完成，因此它必然依托于市场。在理论上，通过完全的市场竞争是能够实现国有产权转让价格的合理形成的。但事实上，我

① ［美］保罗·萨缪尔森、威廉·诺德豪斯著，萧琛等译：《经济学》，21页，华夏出版社，1995。

国现今建立的不成熟的市场机制，未能完成促进国有产权合理价格形成的任务。

我国目前主要并存着两种类型的产权交易市场，一种是按照证券法规则建立起来的股票交易市场，另一种是由国有资产监督管理部门组建的产权交易市场。从现实状况看，据不完全统计，至2008年底，全国共有200余家产权交易机构，其中，省级机构接近20家，地市级机构170余家。① 从我国目前组建的国有产权交易市场看，主要存在以下两个缺陷：

一是产权交易市场被“虚置”。依照市场规律，交易市场应当是按照客观、公正和公平的原则组织交易活动的一种社会中介机构，中介机构应当是中立性机构，而非政府部门的附庸。我国现阶段承担国有产权交易任务的交易机构，多数挂靠于政府国有资产管理部门，具有较强的行政化倾向，由此可见，产权交易市场实际上是政府办的市场，而非真正意义上的中介机构。受政府控制的交易市场，在政府组织的国有产权交易活动中，不可能用“看不见的手”发现国有产权的价格，因而产权交易市场实际上是“虚置”的市场。

二是产权交易市场被“分割”。从全国各地已经成立的200余家产权交易市场的运作状况看，其不仅受制于政府的摆布，而且因国家没有制定统一的产权交易规则，交易机构的法律地位模糊不清，全国统一的产权交易大市场尚未形成，致使各地的产权交易机构各自为战，在争夺市场占有率上大做文章，甚至形成了一些产权交易“潜规则”。被“分割”了的产权交易市场，其机能实际上是十分虚弱的，依靠这样的市场充分发现国有产权的转让价格显然是不可能的。

由于我国产权交易市场存在的上述两大缺陷，市场所固有的垄断、信息不对称和外部性等问题在产权交易市场中的表现十分明显。由此可以认为，国有产权转让价格的形成未能充分遵循市场规律。

从上述对我国国有产权转让定价机制的分析可见，法律制度跟进滞后，政府监管乏力，市场不成熟等因素，是我国在经济转型时期开展的国有产权转让活动导致国有资产流失的制度性根源。因此，强化国有产权转让定价法律规制，以克服政府和市场的双重失灵，是国家实现经济转型重大战略目标，维护国家投资收益的迫切需要。

三、国有产权转让定价法律规制之路径

法律制度乃是社会理想与社会现实这二者的协调者。② 我国的法律制度框架，是以授权立法或委托立法为基本模式的，行政系统既是上位法的执法主体，也是下位法的立法主体。同时，法律需要政府制定详细的行政法规或规章，使之成为可操作和执行的制度。国有产权转让定价制度的设计，须以这种基本的立法模式为基础来架构。本文立意的重点不在研讨法律体系的完善问题，而在如何通过法律规制，使国有产权转让价格更能体现公平和效率，即通过讨论谁来定价、如何定价的问题，使国有产权转让的价格形成机制体现公开、公平、公正原则。本文认为，在我国竞争性领域尚存庞大的国有资产，国有产权转让活动还会较长时期继续活跃的基本国情下，需通过制定专门的法律或行政法规，以规制国有产权转让行为，其制度设计应当围绕产权界定、价值评估及市场交易等产权转让主要环节展开。

（一）国有产权界定规制

“产权的界定是市场交易的必要前提。”③ 清晰界定产权，方能提高交易效率。产权界定既包

① ［美］保罗·萨缪尔森、威廉·诺德豪斯著，萧琛等译：《经济学》，21页，华夏出版社，1995。

② ［美］E. 博登海默著，邓正来译：《法理学：法律哲学与法律方法》，255页，中国政法大学出版社，1998。

③ 张五常著：《关于新制度经济学》，转引自科斯等著，李风圣主译：《契约经济学》，68页，经济科学出版社，1999。

括对所有权权属关系的界定，也包括对产权范围的界定。由于产权的范围与产权的价值具有直接联系，因而也是定价的重要环节。我国目前界定国有产权，依照的是1993年由财政部国有资产管理局颁发的《国有资产产权界定和产权纠纷处理暂行办法》。该办法所确立的“谁投资、谁拥有产权”的原则已经清楚地表明，产权权属关系是依投资主体而定的。该原则对企业国有产权的界定具有现实的指导意义，可将其上升为法律原则。在遵循这一法律原则的前提下，清晰界定国有产权，尚需建立以下规则。

1. 明确国有产权界定的主体及其权利义务

从法理上解析，企业国有产权的所有权权能分别由不同的主体所行使。其中，占有和使用权由企业行使，收益权由企业和受国民委托的政府共同行使，而处分权由全国人民通过其代表机构全国人大来行使。由于政府和企业都是全体国民的委托代理人，因此，需要对国有产权界定的主体加以明确。首先，产权登记及管理主体以及相应的权利义务需要进一步明确；其次，处于国有控股或参股企业中的国有产权的界定主体及其权利义务应当明确，因为在国有产权和私人产权混同经营的状态下，如何对国有产权和私人产权的界限进行明确划分，由谁来承担国有产权的界定主体，需予以明确，以防止国有产权被他人无偿占有也无人问津的现象发生；最后，产权争议的纠纷解决参与主体以及相应的权利义务应当加以明确，尤其是国有产权因担保、抵押以及其他原因造成权属不清而发生产权纠纷时，谁是维护国有产权的主体不得含糊；等等。明确规定国有产权界定的权利和义务主体，是防止国有产权被非法侵占的需要，也是消除国有产权作为交易标的权利瑕疵的需要。

2. 界定国有产权范围

界定产权范围客观上具有相当的复杂性，因为当我们按照“谁投资，谁拥有产权”的原则对国有产权范围加以罗列后不难发现，国有产权经投资经营以后，其形态已经发生了重大变化。因此，明确国有产权的范围显得尤其重要。

首先，明确界定国有产权的构成要素。国有产权依附于各种不同形态的财产权利之上，如物权、债权、股权、知识产权以及其他财产权等。其中，物权包括不动产物权（含土地使用权）和动产物权（含担保物权）；股权包括证券、股票及其收益权；知识产权包括注册商标专用权、专利权、著作权等；其他财产权包括商号权益、专有技术权；等等。同时，在经济学理论上，企业产权制度是一系列合约的组合，这个合约是生产要素所有者就各自的权利义务以及利益分配方案进行谈判达成的契约，因此，尤其需要将产权界定与清产核资区别开来，因为产权与资产是有分别的，资产（Assets）是组成企业的个别资源，如机器、厂房、土地等；产权（Property rights）是企业作为一个整体的全部或部分权利。转让产权还是转让资产，就如卖企业还是卖一般商品一样有着重大区别。因此经济学家们在谈到企业产权与资产的区别时用了“猪与猪肉”、“人与人的器官”的形象比喻加以区分，即产权和资产是不能混为一谈的。[①] 当国有企业被当作商品转让时，应当对企业的全部产权进行界定，而不局限于企业资产负债表载明的资产，否则，极易因产权界定的完整性欠缺影响定价。

其次，确定国有产权的收益分配原则。国有产权在实现其效能的过程中产生的收益，其所有权应当依照经营者和国家建立的契约关系界定其权属。由于收益既可能形成新的投资，又可能是未分配利润等，因此，有必要对产权的增殖权属加以界定。其中，收益用于再投资的投资及其新的收益权，其权属应当直接界定为国有产权；收益形成的未分配利润等，则需要确定分配原则。

① 盛洪：《企业并购与制度变迁——〈中国企业并购经典〉前言》，http://www.unirule.org.cn/M&A/book98 - forewordl.htm，访问日期：2005-03-15。

因为在政府对企业负责人采取的身份制而非契约制的前提下，企业的税后利润从权属看依然具有全民性，当支付完企业职工的既定工薪和福利以后，剩余部分应当收归国有而不能由企业在国有产权转让前自行分配，以维护国家的投资收益。

最后，确立账外国有产权的权属界定规则。如前所述，国有产权经投资经营后，无论是数量还是形态都会发生变化。在我国，企业基于一定的目的将增殖或形态变化了的国有产权隐匿于账外的事情屡见不鲜，如果不转让国有企业，或许账外国有产权的归属不会发生变化，一旦企业被转让，账外国有产权如不加清理界定并整合进企业账内产权，必然导致国有产权流失，也会因国有产权界定的完整性欠缺影响定价的合理性。

3. 优化国有产权界定程序

程序是按照一定的顺序、方式和手续来作出决定的规则。本文所称的国有产权界定程序，即指组织国有产权界定活动的顺序规则。按照国务院国有资产监督管理委员会和财政部 2003 年 12 月颁布的《企业国有产权转让管理暂行办法》第 12 条的规定，企业国有产权转让事项经国有资产监督管理机构批准或者决定后，由转让方组织清产核资并直接委托社会中介机构审计；转让国有产权导致国家对该企业不再拥有控股地位的，清产核资由同级国有资产监督管理机构组织实施，并委托社会中介机构审计。这样的制度安排，不仅对国资委和企业在清产核资中的具体权利和义务规定不明，而且企业作为国有产权的经营管理者和转让活动的直接实施者自行负责资产清盘是不合常理的，也难以保障清产核资结果的完整性和准确性。为此，需从以下两个方面入手优化制度设计。一是明确“转让方”在组织清产核资中的权利和义务；二是规定国家审计前置程序，即规定由国家审计机构在国有产权转让前进行全面的清产核资，并规定国家审计机关的清产核资结果是开展资产评估的基础，以此保障国有产权界定的真实性、完整性和准确性，为科学合理的定价奠定基础。

（二）国有产权价值评估与定价规制

产权界定是价值评估的基础，价值评估的准确性决定定价的合理性。由于定价是产权进入市场交易环节的前置条件，因此，强化对产权价值评估和定价环节的规制显得尤为重要。可以认为，价值评估和定价是国有产权转让的核心环节，也是法律规制的重点。

1. 完善价值评估制度

对国有产权进行价值评估，就是对国有产权的现行市场价值进行客观的估算和评定，为确定产权的交易价格奠定基础。因此，价值评估结果是否客观、公正和准确，直接影响国有产权定价的科学性和合理性。目前，我国国有产权价值评估是依托资产评估来完成的。由于资产评估具有现时性、市场性和预测性等诸多特点，因此，评估结果受委托评估方评估目标定位、评估机构和评估人员的管理和技术水平、评估方法的选择、评估依据的采用等因素的影响。为了使资产评估结果能够真实、客观和完整地反映国有产权的市场价值，因此，规制资产评估行为的重要性是显而易见的。

首先，明确资产评估的范围。为了保证资产评估价值的客观性、公正性和准确性，防止因产权被隐匿造成资产评估价值减少，为国有产权低价转让埋下伏笔，委托评估方应当将经国家审计机关清产核资确认后的全部产权进行全面评估，以保障产权价值估算的准确性。

其次，明确资产评估的目标、主要依据和基准日的确定规则。资产评估目标、主要依据和基准日是评估结果的直接影响因素。资产评估目标是指委托评估方对其委托评估的资产的目标价值类型的定位。资产评估的价值类型一般包括重置成本价、现行市场价、预期收益现值价和资产清算价等，其评估价值类型的选择应当依资产的形态而定，不应该由委托方随意确定。譬如，当企业整体转让时，对企业商誉的评估，就宜采用预期收益现值的价值类型，以便对企业未来的盈利能力进行估算。评估时采纳的主要依据包括评估时采用的法律、法规及经济政策依据，以及对取价具有借鉴或佐证作用的统计资料、技术标准及市场信息等，如果采用的依据不同，评估结果也会相差甚远，因此，应当明确评估依据采用的一般规则以规范评估行为。就评估基准日的确定而言，由于资产的数量、结构、形态和价值总是处于变化之中，而其基准日的选定涉及作价的标准、采用的参数和法律或政策依据以及评估的资产范围等，因此，以清产核资最终结果形成后的一个较短期限（如一个月以内）作为评估基准日方为合理。

最后，明确资产评估机构的权利义务。委托专门机构对国有产权进行评估，旨在通过第三方评价，对国有产权的市场价值进行客观的估算，为合理定价打下基础，防止国有产权被廉价转让或因定价过高不能实现顺利转让。为了保障评估结果的客观性和公正性，对资产评估机构的规制，主要应当从以下三个方面入手：一是评估机构选择的程序应当公正，即资产评估机构获得国有产权评估权，应是由公开竞标而得；二是明确参与资产评估机构的资质条件及权利义务，如设定参与国有产权评估竞标活动的评估机构基本条件，赋予评估机构独立评估权等，以提高评估质量；三是强化从业人员监管，强制要求其具有足够的熟练程度和训练时间，遵守相关工作纪律等，以保证评估结果的合理性。

2. 优化交易底价确定程序

国有产权经资产评估以后，对其评估价值采用一定的规则予以确认，是为定价。价格是价值的货币表现，定价的合理性程度直接影响交易的顺利程度和变现价值的实现程度。

依照国资委的规定，国有产权转让的底价确定规则，按上市公司和非上市公司分别予以确定。对于非上市公司而言，主要是在资产评估结果的基础上，同时考虑供求状况、同类资产市场价格、生产技术、职工安置等因素确定交易低价；对于上市公司，则规定在“不低于每股净资产”的基础上，参考盈利能力和市场表现定价。可见，无论是“评估价”还是“净资产价”，都是一个参考价格，它并不等于最后的转让定价。实际上，国有产权转让定价还需要综合若干因素方能确定。为此，借鉴澳大利亚会计鉴定模式，同时委托至少两家中介机构分别开展资产评估，将供求状况、同类资产市场价格、生产技术、盈利能力、市场表现和职工安置等均纳入评估范围，然后由评估专家共同签署评估报告，说明评估结果、评估中的重要假设或事件、富有竞争性的讨论或达成的协议、持有争议的问题等情况，供委托评估方在定价时参考，以求资产评估结果更具合理性。

就国有产权交易底价保护规则而言，同样需要加以完善。按照市场交易规则，交易价格的形成是买卖双方在自愿的基础上达成的合意。对国有产权定价的意义，在于为国有产权交易确立一个价格底线，即是卖方对所出让的国有产权的最低预期收益。实际上，卖方预期收益的实现程度，最终还是由市场说了算。对国有产权定价行为的规制，重心应该放在产权价值评估结果的利用规则上。本文认为，国有产权交易底价的确定规则，在以下两个方面尚需加以完善：一是定价要素应当确定，即在经客观公正的国有产权价值评估结果中，取哪些内容作为价格的构成要素，如用评估得出的净资产额加上预期收益额作为价格底线，还是规定定价不得低于净资产额的一定比例等，均需根据所转让产权的形态和企业盈利能力等不同情况加以确定，方能使定价具有合理性。二是现行的交易低价保护规则需要予以修订。按照现行规定，当国有产权的交易价格低于评估结果的90%时暂停交易，需再报经批准机构同意后方能继续交易，该规定赋予了批准机构过大的自由裁量权，因为上述规定中的批准机构实际上就是政府，而政府在参与转让活动中常扮演“拉郎配”的角色，因此定价易被“内部人控制”。本文认为，国有产权交易底价保护规则应当修订为，当市场出价低于既定价格底线时，国有产权的交易应当中止，须由国有资产监督管理机构和企业共同组成的产权转让实施主体重新组织资产评估，再根据市场交易情况重新定价后，方能再行开展交易活动。

（三）产权交易市场规制

资产评估只是交易的起点，交易结果还取决于不同利益主体的博弈过程及市场竞争机制。可见，产权价格的形成，既有价格的竞争，也有非价格的竞争。国有产权进入公开的市场进行交易，是市场经济的基本要求，只有通过市场竞争，国有产权的价值才会得到一个客观的评判。从中国现行产权交易市场管理制度看，现行《中华人民共和国证券法》（2005 年修订）（以下简称《证券法》）对证券交易行为的若干规定，完全可以直接适用于已经上市的国有企业和国有流通股权转让行为。因为，即便国有产权所有人是全体国民，但当经过一系列合法程序使国有产权进入流通环节以后，就和其他任何组织或个人拥有的产权一样，其交易必须按照国家已经为市场设定好的交易规则办理，而不能搞特殊化。对非上市企业国有产权和国有非流通股的转让，《证券法》、《中华人民共和国公司法》（以下简称《公司法》）和《企业国有资产法》均无明确规定。2004 年国务院国有资产监督管理委员会颁布的《企业国有产权转让管理暂行办法》中，对国有产权市场交易活动中涉及的转让公告发布要求、信息披露的主要内容、受让方的基本条件、竞价方式以及合同价款的支付方式等都做出了规定，这些规定在一定程度规范了国有产权交易行为。但是，由于该办法仅是一个部门规章，拘束力有限，加上规定本身尚存在不完整和不合理性，因此，产权交易市场规制制度尚需完善。本文认为，产权交易市场规制，主要需要围绕利用市场优势和克服市场失灵两个方面来开展。一方面，应无一例外地强制规定国有产权必须进入产权交易市场进行交易，以利用市场优势实现国有产权转让价格的均衡和资源的优化配置；另一方面，通过设定国有产权交易规则，以克服市场因不完全竞争造成的垄断和效率减损等弊端。

1. 建立强制信息披露制度

商业活动的每一项决策都受信息的影响。获取充分信息是公平交易的前提，而信息不对称是造成市场失灵的重要因素。如果说证券市场禁止内幕交易行为是为了体现证券交易的公开、公平和公正，那么国有产权转让的公平与效率，同样需要禁止“内幕交易”行为方能实现。因为，信息公开度的不同，所能搜寻到的资产最优使用者的多少就不同，竞价得出的交易价格也不同。通过信息的公开披露广泛征集购买者，不仅是竞价的需要，也是为国有产权的有效利用寻找好的“下家”，以减少行政权力对资源配置的干预，提高资源配置效率。可见，强制的信息披露制度是防止“内幕交易”行为最有效的措施。因此，国有产权转让的信息披露规则，包括信息披露主体、主要内容、披露方式、披露时间等都应当有强制性规定。唯有如此，国有产权转让价格的市场竞争机制才能真正建立起来。

2. 完善协议转让程序

国有产权转让的方式主要有拍卖、招标和协议转让等。依照《企业国有资产法》第 54 条的规定，当公开征集到两个以上受让方时，国有产权转让应当采用公开竞价的方式。当征集的受让方不足两个或因转让标的过大或因其他原因难以征集到受让方时，现行法律回避了对此问题的解决规则。依照《企业国有产权转让管理暂行办法》第 18 条的规定，经公开征集只产生一个受让方或者按照有关规定经国有资产监督管理机构批准的，可以采取协议转让的方式。该规定不仅未明确协议转让组织实施的主体，对协议转让的具体程序要求也未涉及。按照《公司法》的规定，国有独资公司的合并、分立、解散是由国有资产监督管理机构或政府决定的，以此推定，国有产权协议转让的实施主体是国有资产监督管理机构。可见，在国有产权的协议转让中，实际上政府操办着一切，产权交易市场没有发挥作用。如何防止信息泄露、“手拉手”进场等现象，国有资产监督管理机构应采取什么程序决定并组织实施协议转让活动，需要优化制度设计完善程序，以保障国有产权协议转让价格的合理形成。

3. 确立产权交易市场的法律地位

交易平台的搭建是国有产权按照公开、公平、公正原则实现顺利转让的必要条件。产权交易市场是供产权交易双方进行产权交易的场所，具有信息积聚、价格发掘、制度规范以及中介服务等功能，且具有覆盖面广阔、交易活动丰富、专业技术性强等特点。按照市场规律，充分依靠公开、竞争的产权交易市场发现国有产权转让价格，尽可能实现国有产权转让价格的最大化，无疑是防止国有产权低价转让最有效的手段。为了克服目前我国产权交易市场被“虚置”和“分割”的弊端，本文认为，我国有必要制定专门的产权交易法，以此确立产权交易机构的法律地位，使之彻底脱离其行政属性，独立享有权利并承担相应义务，成为名副其实的具有独立法律地位的中介机构，真正扮演一个市场媒介的角色，以此发挥其发现国有产权价格的市场功能。在法律制定尚需较长周期的情况下，可先由国务院制定全国统一适用的产权市场交易规则，以此搭建一个既能体现“意思自治”，又能适当限制产权交易参与主体权力的全国交易大市场，规范产权交易机构在国有产权交易中的信息发布、交易撮合、价格发现、咨询服务等行为，保障国有产权转让价格形成的公平和效率。

工伤赔偿协议的效力分析[1]

李满奎*

目　次

在我国，由于工伤保险待遇赔付尚未完全实现社会化，部分或全部由用人单位支付，因此在许多工伤赔偿案件中，不可避免地存在某种协议作为明确用人单位和工伤职工权利义务的依据。[2]事后，劳动者又依据相关法律规定申请仲裁或者提起诉讼要求用人单位支付相应的工伤待遇，而用人单位往往以双方已达成工伤赔偿协议为由对劳动者的请求进行抗辩。工伤赔偿协议的效力状态，直接影响用人单位的抗辩是否有效，并最终将影响仲裁和诉讼的结果，具有很强的实践意义。而判断这种协议的效力，离不开对其性质的分析。

一、工伤赔偿协议的性质分析

由于工伤的“工作相关性”以及劳动关系所具有的“强资本、弱劳工”的特征，使得工伤赔偿从产生之日起就被贴上了“弱者保护”的标签。然而，工伤职工与用人单位之间可否就工伤赔偿事项进行协商并达成协议？如果可以，这一协议的性质是什么？

（一）法律并未禁止当事人就工伤赔偿进行协商

工伤的实质是一种人身伤害，是对身体权、健康权和生命权的侵害，只不过增加了“工作相关性”的要件。因此，工伤事故伤害长期以来在民法上被认为是一种民事侵权，这一点不仅可以

① 基金项目：西南政法大学校级青年课题（2010 - XZQN29）。

* 西南政法大学教师，博士研究生。

② 为了避免混淆和误解，本文的研究范围限定于《工伤保险条例》所调整的劳动关系范围内所发生的“工伤”（含职业病），即中华人民共和国境内的企业、事业单位、社会团体、民办非企业单位、基金会、律师事务所、会计师事务所等组织的职工和个体工商户的雇工所发生的符合《工伤保险条例》第14条和第15条规定情形的伤害。而在劳动关系之外“雇员在从事雇佣活动中遭受人身损害”，属于侵权行为的一种，应当适用《侵权责任法》和最高人民法院《关于审理人身损害赔偿案件若干问题的解释》（法释〔2003〕20号）（以下简称《人身损害赔偿司法解释》）的规定，不属于法律意义上的“工伤”，因此不在本文的研究范围之内。

从学界关于侵权请求权与工伤保险请求权竞合的讨论可以看出,[①] 也可以在我国法律上找到支撑。[②] 因此，我们在分析工伤赔偿的相关问题时，不能忽视工伤背后劳动者人身利益受到损害的事实，更不能忽视工伤与侵权的内在联系。

在民法上，包括生命权、健康权和身体权在内的人身权利与财产权利存在重大的差异，立法者出于人身利益保护的考虑，设计出各种特殊的规则，与财产权的自由交易与流动存在本质性的不同。但在侵权责任法上，对人身权的侵害会引起财产关系的发生，侵害人与受害人之间就形成了一种侵权之债，转换成了一种财产权益。[③] 准确地讲，双方当事人之间存在一种以金钱给付为内容的侵权之债。[④] 有时，当事人为了明确各自的权利与义务，尽快消除纠纷，会就损害赔偿的具体金额、支付方式、履行时间等达成协议。根据合同成立的要件，双方当事人的意思表示一致，合同成立，而当事人之间的侵权之债也转化成了合同之债。[⑤] 同样，在工伤情形下，由于我国工伤保险强制性方面的瑕疵，以及并未完全实现工伤保险赔付的社会化，用人单位需要依据不同情形向工伤职工支付部分或者全部工伤待遇项目，双方当事人的关系实质上也是一种金钱给付之债（与侵权之债相类似），应当允许双方当事人通过协商将其转化为合同之债。最高人民法院《关于审理劳动争议案件适用法律若干问题的解释（三）》（以下简称《劳动法司法解释（三）》）第 10 条的规定，即“劳动者与用人单位就解除或者终止劳动合同办理相关手续、支付工资报酬、加班费、经济补偿或者赔偿金等达成的协议……应当认定有效”中虽未明确“工伤赔偿”，但开放式的表达也为当事人就工伤赔偿进行协商留下了空间。

另外，从我国法律关于劳动争议解决机制的规定也能得出同样的结论。《工伤保险条例》第 54 条规定：职工与用人单位发生工伤待遇方面的争议，按照处理劳动争议的有关规定处理。《劳动争议调解仲裁法》第 2 条规定，“中华人民共和国境内的用人单位与劳动者发生的下列劳动争议，适用本法：……（四）因工作时间、休息休假、社会保险、福利、培训以及劳动保护发生的争议；（五）因劳动报酬、工伤医疗费、经济补偿或者赔偿金等发生的争议……”从《中华人民共和国劳动争议调解仲裁法》（以下简称《劳动争议调解仲裁法》）关于劳动争议范围的规定来看，工伤职工与用人单位之间就工伤待遇问题发生的争议，因工伤待遇项目的不同，可以依据“因社会保险发生的争议”，也可依据“因工伤医疗费发生的争议”的规定。《劳动争议调解仲裁法》在第 2 条单列“工伤医疗费”而未明确规定其他工伤待遇项目的做法，并非将围绕其他工伤待遇项目发生的争议排除在劳动争议之外，而是为了与该法第 16 条“因支付工伤医疗费达成调解协议可以申请支付令”的特殊规定以及第 47 条有关“追索工伤医疗费（不超过当地月最低工资标准 12 个月金额）的争议一裁终局”规定相呼应。《劳动争议调解仲裁法》第 10 条规定：发生劳动争议的，可以申请调解。因此，该法规定范围内的所有劳动争议包括围绕工伤待遇发生的争议，均可适用调解。调解的实质是劳动争议双方当事人的协商，以及在自愿基础上达成协议，第三方即调解组织的存在并没有改变这一点。所以，可以肯定地说，法律允许调解的劳动争议都是双方当事人可以协商的劳动争议。《劳动争议调解仲裁法》规定包括工伤医疗费及其他工伤赔

---

① 于欣华：《热烈与冷静——2000－2009 十年工伤保险补偿与民事侵权赔偿竞合研究综述》，载《河北法学》2011 年第 3 期。

② 《人身损害赔偿司法解释》第 11 条、第 12 条。

③ 李开国、张玉敏主编：《中国民法学》，280、501 页，法律出版社，2002。

④ 根据《中华人民共和国侵权责任法》第 16 条的规定：“侵害他人造成人身损害的，应当赔偿医疗费、护理费、交通费等为治疗和康复支出的合理费用，以及因误工减少的收入。造成残疾的，还应当赔偿残疾生活辅助具费和残疾赔偿金。造成死亡的，还应当赔偿丧葬费和死亡赔偿金。”

⑤ 许付强：《浅谈人身损害赔偿协议的效力》，http://hbzy.chinacourt.org/public/detail.php? id＝53，访问日期：2011－08－31。

偿待遇争议在内的所有劳动争议均可适用调解，说明双方当事人可以就工伤赔偿问题（包括工伤医疗费和其他工伤赔偿待遇）进行协商。

而最高人民法院《关于审理劳动争议案件适用法律若干问题的解释》的规定更加明确地肯定了当事人就工伤赔偿进行协商的可能性。其第20条第2款的规定："对于追索劳动报酬、养老金、医疗费以及工伤保险待遇、经济补偿金、培训费及其他相关费用等案件，给付数额不当的，人民法院可以予以变更。"该条款明确提及"工伤保险待遇"，表明当事人双方可以就工伤保险待遇问题进行协商并达成协议（只是在数额不当情况下，人民法院可以变更）。虽然该司法解释出台于2001年，但我们可以通过这一规定了解我国司法实践对工伤赔偿协议的一贯立场。

（二）当事人达成的工伤赔偿协议属于劳动合同

既然我国法律并未禁止当事人就工伤赔偿问题进行协商，那么接下来需要面对的问题是，当事人达成的工伤赔偿协议的性质如何。"要判定工伤赔偿协议的效力，首先要明确工伤赔偿协议的性质"，① 对这一问题的回答直接影响工伤赔偿协议的效力判断问题。

如前所述，当事人就工伤赔偿问题达成协议的实质是将侵权之债转化为合同之债，因此，毫无疑问，工伤赔偿协议属于广义上的民事协议，但其性质又不止于此。法律的相关规定和司法实践为我们回答这一问题提供了清晰的线索。

首先，从法律关于调解协议的规定来理解。如前所述，调解协议作为用人单位与劳动者之间达成的、明确权利义务关系的协议，"仅具有合同性质"。② 这一结论在法律上也有依据。《劳动争议调解仲裁法》第14条规定："调解协议书……对双方当事人具有约束力，当事人应当履行。"最高人民法院《关于审理劳动争议案件适用法律若干问题的解释（二）》（以下简称《劳动法司法解释（二）》）第17条第1款规定："当事人在劳动争议调解委员会主持下达成的具有劳动权利义务内容的调解协议，具有劳动合同的约束力，可以作为人民法院裁判的根据。"更是明确规定了调解协议作为劳动合同的性质。当事人在劳动争议调解委员会主持下围绕工伤赔偿达成的调解协议，具有劳动权利义务内容，因为劳动者享有社会保险权，用人单位是对应的义务主体，工伤赔偿则正是这一权利和义务的落实，因此应将这一调解协议认定为劳动合同。而《劳动法司法解释（二）》第17条第2款的规定则更进一步肯定了就劳动报酬争议以外的争议达成的调解协议作为劳动合同的性质。③ 同理，双方当事人围绕工伤待遇自行协商达成的工伤赔偿协议，也应当认定为劳动合同。

其次，根据上文分析，最高人民法院《劳动法司法解释（三）》第10条关于劳动者与用人单位之间"就解除或者终止劳动合同办理相关手续、支付工资报酬、加班费、经济补偿或者赔偿金等达成的协议"，包括当事人之间就工伤赔偿达成的协议。本条第1款规定，上述"不违反法律、行政法规的强制性规定，且不存在欺诈、胁迫或者乘人之危情形的，应当认定有效"，将欺诈、胁迫或者乘人之危的情形，与违反法律、行政法规的强制性规定的情形并列作为协议无效的情形；第2款仅将显失公平和重大误解两种情形作为协议可撤销的情形。司法解释确定的这种效力判断规则与《中华人民共和国合同法》第52条有关民事合同无效、第54条有关民事合同可变更可撤销的规定相去甚远；而与《中华人民共和国劳动合同法》（以下简称《劳动合同法》）第26

① 聂辉：《与李盛荣法官商榷：此协议应属于工伤赔偿协议》，载《中国劳动》2007年第12期。

② 王全兴著：《劳动法》，439页，法律出版社，2008。

③ 《劳动法司法解释（二）》第17条第2款规定："当事人在劳动争议调解委员会主持下仅就劳动报酬争议达成调解协议，用人单位不履行调解协议确定的给付义务，劳动者直接向人民法院起诉的，人民法院可以按照普通民事纠纷受理。"结合该条第1款的规定可以得出结论，除就劳动报酬争议达成的调解协议发生争议按照普通民事纠纷受理外，就其他争议达成调解协议发生争议的按照劳动争议处理，当然这些调解协议的性质就是劳动合同。

条关于劳动合同无效的情形相一致，只是又创设了劳动合同可撤销的情形而已。这也从另一个方面说明了工伤赔偿协议的性质是劳动合同，而非普通的民事协议。

在司法实践中，有关工伤赔偿协议的争议，一般产生于劳动者要求工伤待遇的纠纷中，人民法院往往是将其作为工伤保险待遇纠纷的一部分，在确定工伤职工的工伤保险待遇时一并对工伤赔偿协议的效力进行审查，即按照劳动争议而非普通民事纠纷进行处理，这也印证了工伤赔偿协议是劳动合同而非普通民事协议的判断。简单地讲，工伤赔偿协议系基于工伤而发生的赔偿协议，属于劳动法调整的范畴。①

综上，我国法律并未禁止当事人之间就工伤赔偿问题进行协商，双方协商达成的协议为劳动合同，应当按照劳动合同的效力判断规则来判断工伤赔偿协议的效力。

二、工伤赔偿协议效力判断的前提

在对工伤赔偿协议进行效力判断时，劳动关系的特点以及劳动者在劳动关系中相对于用人单位的弱势地位会发挥很大的作用。而劳动关系双方当事人在工伤赔偿问题上的选择度，又会在很大程度上影响到双方当事人的地位，以及对工伤赔偿协议的效力判断。本部分将从强制性工伤保险体制下工伤赔偿请求权与人身损害赔偿请求权的选择可能性，以及先行支付制度下劳动者就工伤赔偿来源进行选择的空间两个方面，分析双方当事人在工伤赔偿问题上的选择度，这些都是对工伤赔偿协议进行效力判断的前提。

（一）强制性工伤保险体制下劳动者在工伤赔偿与人身损害赔偿之间选择的可能性

发生工伤事故之后，是否允许工伤职工在工伤赔偿请求权与人身损害赔偿请求权之间选择？这涉及工伤情况下工伤赔偿请求权与人身损害赔偿请求权的竞合问题，以及在竞合情形下如何处理的问题。对这一问题的回答，将在很大程度上影响对工伤赔偿协议的效力判断。如果工伤职工既可以申请工伤赔偿也可以主张人身损害赔偿，那么用人单位和职工之间的地位就发生了微妙的变化：对于用人单位来讲，它就面临着双重的风险，即使工伤职工因未获得工伤认定而无法获得工伤赔偿，他仍然可以要求用人单位承担人身损害赔偿责任，职工相对于用人单位来讲就拥有更多的谈判筹码，双方的地位也更为平等，因此用人单位有压力和动力与工伤职工达成赔偿协议，这一赔偿协议往往是用人单位与工伤职工双方博弈的产物，对其效力总体上应持正面的评价。而如果工伤职工只能请求用人单位承担工伤赔偿责任而不能要求民事赔偿，那么工伤职工在与用人单位的关系上处于一种不平等的地位，因为对于用人单位来讲，只要职工的伤害不被认定为工伤，就可以不予赔偿，不存在第三种可能性。在这一关系中，工伤职工并不享有太多的谈判筹码，因此，正常情况下，用人单位并没有动力与劳动者签订（工伤）赔偿协议，除非用人单位试图利用劳动者的弱势地位、规避工伤保险法律所规定的法定义务，对这一工伤赔偿协议的效力总体上应持负面的评价。

我国许多学者都认为存在所谓的“竞合”问题，并不厌其烦地探讨了取代、选择、兼得、补充四种处理模式。② 笔者认为，对这一问题必须进行类型化分析，区分因第三人原因造成的工伤和无第三人原因造成的工伤两种情形分别探讨是否存在工伤赔偿请求权与人身损害赔偿请求权的竞合问题，否则就误读我国的工伤社会保险制度和现有法律规定。在无第三人原因造成的工伤情

① 聂辉：《与李盛荣法官商榷：此协议应属于工伤赔偿协议》，载《中国劳动》2007 年第 12 期。

② 雷鑫、谭红：《对工伤与侵权竞合案件的几点思考》，载《人民司法》2010 年第 1 期；王显勇：《工伤保险与侵权法竞合的理论与立法构想》，载《社会科学》2009 年第 5 期。

况下，最高人民法院《人身损害赔偿司法解释》第12条第1款规定：依法应当参加工伤保险统筹的用人单位的劳动者，因工伤事故遭受人身损害，劳动者或者其近亲属向人民法院起诉请求用人单位承担民事赔偿责任的，告知其按《工伤保险条例》的规定处理。由于我国实行强制性的工伤保险制度，[①] 用人单位通过缴纳工伤保险费转移了其可能承担的工伤赔偿责任，理论上工伤职工只能依工伤保险程序获得各种工伤保险待遇；[②] 只不过，根据我国《工伤保险条例》第62条的规定，应参加而未参加工伤保险的用人单位职工发生工伤的，由该用人单位按照《工伤保险条例》规定的工伤保险待遇项目和标准支付费用，并在第54条规定"职工与用人单位发生工伤待遇方面的争议，按照处理劳动争议的有关规定处理"，这表明即使对于未参加工伤保险的用人单位，工伤职工也只能向用人单位主张法定标准的工伤赔偿，而不能依侵权行为提起人身损害赔偿。最高人民法院的司法解释和《工伤保险条例》的上述规定无疑明确地否定了在无第三人侵权原因造成工伤事故的情况下工伤赔偿请求权和人身损害赔偿请求权竞合的可能性，工伤职工只能依照《工伤保险条例》申请工伤赔偿。[③] 学者论述中援引《中华人民共和国安全生产法》（以下简称《安全生产法》）第48条、《中华人民共和国职业病防治法》第52条等规定主张工伤职工既可以要求工伤保险待遇，也可要求用人单位承担人身损害赔偿的观点[④]系对法律规定的误解。[⑤]

对于因第三人侵权造成的工伤事故，最高人民法院《人身损害赔偿司法解释》第12条第2款作出了明确的规定，即"因用人单位以外的第三人侵权造成劳动者人身损害，赔偿权利人请求第三人承担民事赔偿责任的，人民法院应予支持。"这一规定肯定了在因第三人侵权造成工伤事故时，存在工伤赔偿请求权与人身损害赔偿请求权的竞合问题，并且处理这一问题的方式就是"兼得"，允许工伤职工既申请工伤赔偿（工伤医疗费除外[⑥]），又向第三人主张人身损害赔偿。[⑦] 但在申请工伤赔偿这一问题上，应当结合该条第1款的规定，按照《工伤保险条例》的规定处

① 《中华人民共和国社会保险法》（以下简称《社会保险法》）第33条规定，职工应当参加工伤保险，由用人单位缴纳工伤保险费，职工不缴纳工伤保险费。《工伤保险条例》第2条第1款规定，中华人民共和国境内的企业、事业单位、社会团体、民办非企业单位、基金会、律师事务所、会计师事务所等组织和有雇工的个体工商户（以下称用人单位）应当依照本条例规定参加工伤保险，为本单位全部职工或者雇工（以下称职工）缴纳工伤保险费。

② 林嘉著：《社会保障法的理念、实践与创新》，243页，中国人民大学出版社，2002。

③ 在学者著作中经常出现类似的论述："未参加工伤保险的工伤劳动者通过民事诉讼获得远远高于工伤保险补偿的巨额损害赔偿，造成已参加工伤保险与未参加工伤保险的劳动者在获得救济上的巨大差距，引起社会不公。"参见于欣华：《工伤保险法论》，208页，中国民主法制出版社，2011。类似的论述还可参见雷鑫、谭红：《对工伤与侵权竞合案件的几点思考》，载《人民司法》2010年第1期。这些论述无疑误读了我国《工伤保险条例》及相关法律的规定，或者混淆了"实然"与"应然"的关系。

④ 李适时主编：《中华人民共和国安全生产法释义》，120页，中国物价出版社，2002。

⑤ 以《安全生产法》为例，其第48条规定："因生产安全事故受到损害的从业人员，除依法享有工伤社会保险外，依照有关民事法律尚有获得赔偿的权利的，有权向本单位提出赔偿要求"。而"民事法律"中对这一问题作出规定的只有《人身损害赔偿司法解释》第12条第1款，即"依法应当参加工伤保险统筹的用人单位的劳动者，因工伤事故遭受人身损害，劳动者或者其近亲属向人民法院起诉请求用人单位承担民事赔偿责任的，告知其按《工伤保险条例》的规定处理"。而《工伤保险条例》规定工伤职工只能要求用人单位承担工伤保险待遇，实际上否定了用人单位承担民事赔偿责任的可能性。

⑥ 《社会保险法》并未明确规定在第三人侵权造成工伤情况下，工伤职工可否"兼得"工伤保险待遇和（针对第三人提出的）人身损害赔偿，只是在第42条明确了在第三人侵权造成工伤的情况下，工伤医疗费不得兼得，这一点为人力资源和社会保障部《社会保险基金先行支付暂行办法》第4、5、12条的规定进一步明确。结合《人身损害赔偿司法解释》的规定，在第三人侵权造成工伤的情况下，工伤职工可以主张除工伤医疗费之外的工伤保险待遇，并可向第三人主张人身损害赔偿。

⑦ 这一立场为最高人民法院《关于因第三人造成工伤的职工或其亲属在获得民事赔偿后是否还可以获得工伤保险补偿问题的答复》（〔2006〕行他字第12号）所明确；最高人民法院公布的典型案例中也支持了这一立场：如《中华人民共和国最高人民法院公报》2006年第8期（总第118期）公布的杨文伟诉上海宝钢二十冶企业开发公司一案中，一审、二审法院均判决支持原告双重赔偿的请求。

理，即要么（在用人单位参加了工伤保险的情况下）向工伤保险基金申请工伤赔偿，要么（在用人单位未依法参加工伤保险的情形下）要求用人单位按照《工伤保险条例》的标准支付工伤赔偿，不能要求用人单位承担民事赔偿责任①。

根据上述分析，对于《工伤保险条例》调整范围内的劳动关系而言，工伤职工要求用人单位承担赔偿责任的唯一途径就是按照《工伤保险条例》的规定申请工伤赔偿，而不能要求用人单位承担人身损害赔偿侵权责任，这一点不会因用人单位是否参加了工伤保险而有所差别，这是我国强制性工伤保险的逻辑推演。最高人民法院也实现了从2008年《民事案件案由规定》中将“工伤事故损害赔偿纠纷”与其他人身损害赔偿并列规定于“人格权纠纷”一级案由项下，到2011年最新修正的《民事案件案由规定》将“工伤保险待遇纠纷”与其他社会保险纠纷相并列规定于“劳动争议、人事争议”一级案由项下的转变，实现了案由分类上的拨乱反正。这也进一步印证了笔者的论断。

（二）先行支付制度下劳动者就工伤赔偿来源进行选择的空间

在我国，由于工伤保险强制性上的瑕疵以及工伤保险待遇赔付尚未完全实现社会化，因此工伤赔偿的来源可能是工伤保险基金，也可能是用人单位，这取决于用人单位是否依法缴纳工伤保险费，也取决于工伤保险待遇项目的种类。由于工伤保险基金与用人单位在承担赔偿责任能力方面的差异，用W. 杜茨教授的表述即“任何事故保险的经办主体作为请求权的义务人都是可靠的债务人”，② 因而工伤职工能否在工伤保险基金和用人单位之间选择赔偿来源，将极大地影响工伤职工的地位，以及与用人单位进行谈判的筹码。如果工伤职工不能选择赔偿来源，只能要求用人单位承担工伤赔偿，那么工伤职工因无选择空间而在与用人单位的谈判中处于劣势地位，很容易被用人单位所利用，对这种情况下达成的工伤赔偿协议的效力总体上应为负面评价。相反，如果工伤职工可以选择赔偿来源，既可以要求用人单位承担工伤赔偿，也可要求工伤保险基金承担工伤赔偿，在这种情况下工伤职工的选择空间较大并且可以选择更为有利的工伤保险基金作为赔偿来源，因此在与用人单位的谈判中就处于相对平等的地位，并享有一定的谈判筹码，在这种情况下达成的工伤赔偿协议是工伤职工仔细权衡后的选择，对其效力总体上应采正面评价。

长期以来，我国的工伤赔偿体制实行“双轨制”③：用人单位未依法缴纳工伤保险费的，所有工伤赔偿项目均由用人单位支付；用人单位依法缴纳工伤保险费的，工伤医疗费、一次性伤残补助金等项目由工伤保险基金支付，而用人单位仍然需要支付停工留薪期间的工资待遇、医疗期内的护理费、一次性伤残就业补助金等项目。④ 在这一“双轨制”下，就工伤赔偿的来源而言，特别是用人单位应当支付的工伤赔偿部分，工伤职工没有任何选择空间，只能要求用人单位支付。工伤职工与用人单位就工伤赔偿问题进行协商多少有些“无可奈何”的味道，而用人单位也往往利用工伤职工的弱势地位“恶意压低”工伤赔偿的数额，对这种工伤赔偿协议需要进行严格的效

① 在《社会保险法》和人力资源和社会保障部《社会保险基金先行支付暂行规定》出台以后，工伤保险基金的先行支付制度得以正式确立，在用人单位拒不支付工伤赔偿费用时，工伤职工可以要求工伤保险基金先行支付（工伤保险待遇项目中应当由工伤保险基金支付的项目）。这一制度增加了工伤职工的选择空间，将在一定程度上影响对工伤赔偿协议的效力判断，详见下文；但先行支付并未改变工伤职工只能要求用人单位支付工伤赔偿，而不能要求民事赔偿（人身损害赔偿）的现状。

② ［德］W. 杜茨著，张国文译：《劳动法》，104页，法律出版社，2005。

③ 李满奎：《未竟的转型：工伤赔偿的“双轨制”到“单轨制”》，载《河南政法管理干部学院学报》2011年第2期。

④ 根据《社会保险法》和《工伤保险条例》的规定，在用人单位依法缴纳了工伤保险费的情况下，工伤保险基金承担医疗费、住院伙食补助费、到统筹地区以外就医的交通、食宿费用、评残后的生活护理费、辅助器具费用、一次性伤残补助金、1－4级伤残津贴、一次性工伤医疗补助金、一次性工亡补助金、丧葬费、供养亲属抚恤金等；而用人单位则需要承担停工留薪期间的工资待遇、医疗期内的护理费用、5－6级伤残津贴、一次性伤残就业补助金等项目。

力审查。

于2011年7月1日生效的《社会保险法》在第41、42条中对特定情形下工伤保险基金的先行支付制度进行了规定，这在很大程度上改变了我国工伤赔偿的“双轨制”。尽管新修改的《工伤保险条例》对先行支付制度只字未提，但是根据上位法与下位法的关系，在先行支付问题上应当直接适用《社会保险法》的这两条规定。[①] 人力资源和社会保障部公布的《社会保险基金先行支付暂行办法》，对工伤保险基金先行支付的条件、范围、程序、追偿等问题做了较为详尽的规定，在工伤赔偿来源问题上为工伤职工提供了一定的选择空间。以《社会保险法》第41条的规定为例，如果用人单位未依法缴纳工伤保险费，发生工伤事故后，“用人单位拒绝支付全部或者部分费用的”或者“职工认为用人单位不支付的其他情形”（门槛较低），向用人单位发出书面催告通知后仍未按时足额支付的，社会保险经办机构应当先行支付工伤保险待遇项目中应当由工伤保险基金支付的项目。

因此，在先行支付制度下，就“工伤保险待遇项目中应当由工伤保险基金支付的项目”，工伤职工可以要求未依法缴纳工伤保险费的用人单位支付；如果用人单位拒不支付，则可申请工伤保险基金先行支付，而用人单位不仅面临着工伤保险基金追偿先行支付的工伤保险待遇的不利后果，追偿费用、逾期偿还部分的利息损失等也要由其承担。对于“应当由工伤保险基金支付的项目”，工伤职工可以在工伤保险基金和用人单位之间选择工伤赔偿的来源，并且如果选择工伤保险基金（先行支付），用人单位将面临更大的不利后果。在这种前提下，如果工伤职工依然选择与用人单位达成工伤赔偿协议，应当是工伤职工理性选择和双方充分博弈的结果，法律应当予以尊重，在审查标准上应采宽松标准。而对于“依法应当由用人单位支付的工伤保险待遇项目”（相对于“应当由工伤保险基金支付的项目而言”），因为不属于先行支付的范围，工伤职工只能要求用人单位支付，在工伤赔偿的来源上没有任何选择的余地。在这种情况下，工伤职工为了尽快获得赔偿往往不得不接受用人单位的各种苛刻条件，相关的工伤赔偿协议很有可能成为损害工伤职工利益的工具。因此，法律对工伤赔偿协议效力的审查，必须采取一种严格的标准，防止工伤职工的利益受到损害。

三、工伤赔偿协议效力状态的类型化分析

劳动合同虽然属于广义的民事协议的一种，但有着许多特殊之处，《劳动合同法》为劳动合同设置了一套效力判断规则，虽然与普通的民事协议在效力判断规则上存在相似之处，但也存在一些差异。[②] 将工伤赔偿协议作为劳动合同的定性，决定了我们必须按照劳动合同的效力规则对其进行效力判断。

对工伤赔偿协议的效力进行判断的实质在于寻求当事人意思自治与法律的强制性规定及倾斜保护之间的平衡。如前所述，根据《劳动合同法》的规定，劳动合同只有有效和无效两种效力状态；而最高人民法院《劳动法司法解释（三）》增加了相对无效的状态即可撤销的劳动合同的规定。具体来讲，无效劳动合同包括以欺诈、胁迫的手段或者乘人之危订立的劳动合同，用人单位通过免除自己的法定责任、排除劳动者权利订立的劳动合同，以及违反法律、行政法规强制性规定的劳动合同等三种情形；可撤销劳动合同为存在显失公平、重大误解情形的劳动合同。我们认

① 《工伤保险条例》起草人编著：《工伤保险条例解读》，195页，法律出版社，2011。

② 除了未规定相对无效、在劳动合同无效的原因上存在差异外，《劳动合同法》第38、39条中还创设了无效劳动合同的解除制度，“但这种设计与传统的合同解除原理相悖”，参见王全兴主编：《劳动法学》，159页，法律出版社，2008。

为，对工伤赔偿协议进行效力判断，需要根据协议达成的时间进行类型化分析。

（一）在工伤认定、劳动能力鉴定前达成的工伤赔偿协议无效——违反法律、行政法规的强制性规定

因为工伤职工在强制性工伤保险体系下选择空间非常有限，因此，对工伤赔偿协议的效力总体上采取严格审查标准。审查的工具就是法律、行政法规的强制性规定。

根据我国的工伤保险体系，用人单位应当参加工伤保险、缴纳工伤保险费；如果用人单位未依法参加工伤保险，那么必须按照同一标准向工伤职工支付工伤保险待遇。在这一强制性体系下，工伤职工申请工伤保险待遇的前提是按照法律规定申请并被认定为工伤。我国《社会保险法》第36条规定："职工因工作原因受到事故伤害或者患职业病，且经工伤认定的，享受工伤保险待遇……"毫无疑问，工伤认定是工伤职工享受工伤保险待遇的前置条件，这是法律作出的强制性要求。而根据我国《工伤保险条例》第17条的规定，用人单位应当在事故伤害发生之日或者被诊断、鉴定为职业病之日起30日内向劳动行政部门申请工伤认定，否则，逾期申请工伤认定的，期间所产生的工伤待遇等相关费用均由用人单位承担。这一规定的目的是通过向用人单位科以申请工伤认定的义务来保护劳动者的合法权益，这一点在用人单位未依法参加工伤保险的情况下亦不例外。同时，向劳动行政部门申请工伤认定，对于国家准确掌握工伤事故、安全生产状况，及时核定工伤职工的工伤待遇以及用人单位的工伤保险费率都具有重要意义，因此法律作出强制性规定，要求用人单位申请工伤认定。

同样，对于劳动能力鉴定，法律也作出了强制性要求。我国《社会保险法》第36条规定："职工因工作原因受到事故伤害或者患职业病……经劳动能力鉴定丧失劳动能力的，享受伤残待遇。"对于永久性伤残的工伤职工而言，劳动能力鉴定也是强制性要求，是获得工伤保险待遇中伤残待遇的前提。而根据《工伤保险条例》第21条规定，职工发生工伤，经治疗伤情相对稳定后存在残疾、影响劳动能力的，应当进行劳动能力鉴定。对于永久性伤残而言，劳动能力鉴定至关重要，否则无法得到法律的认可，更遑论工伤赔偿。因此，用人单位、工伤职工或者其近亲属必须申请劳动能力鉴定，这是工伤保险经办机构核定工伤保险待遇的基本依据。申请工伤认定和劳动能力鉴定是用人单位的法定义务，不得通过协议等方式规避或免除。在仲裁和司法实践中，工伤认定书和伤残等级鉴定结论也是仲裁机构和人民法院受理工伤保险待遇纠纷案件的前提条件。①

在实践中，在工伤认定、劳动能力鉴定前与工伤职工达成工伤赔偿协议的用人单位通常都是未按照法律规定缴纳工伤保险费的用人单位，目的是为了逃避《社会保险法》和《工伤保险条例》所规定的支付全部工伤保险待遇的义务，达到少支付甚至不支付赔偿的目的，这种情形违反了法律、行政法规关于工伤认定和劳动能力鉴定的强制性要求。但是，也有些参加了工伤保险的用人单位，在工伤认定、劳动能力鉴定前与工伤职工达成工伤赔偿协议，约定在用人单位支付赔偿后工伤职工放弃赔偿权利，并配合用人单位完成工伤认定和劳动能力鉴定工作，由后者向工伤保险基金申请工伤险待遇，有些用人单位甚至还能因此获益。这种情形具有一定的迷惑性，因为从表面上看用人单位申请了工伤认定和劳动能力鉴定，但是这种约定并未改变工伤赔偿协议是在工伤认定和劳动能力鉴定之前达成的这一事实，同时也违反了《社会保险法》和《工伤保险条例》中有关"工伤职工享受工伤保险待遇和伤残待遇"的规定。那种认为用人单位在劳动者发生工伤事故后承担工伤赔偿的义务"系工伤认定之后的法定义务，在工伤认定前双方当事人通过自

① 《江苏省劳动仲裁案件研讨会纪要》（苏劳仲委〔2007〕1号）第10条。

愿协商的方式订立的赔偿协议与法律规定并不相冲突”的观点[①]，系对法律、行政法规强制性规定的重大误读。

根据劳动合同的效力判断规则，对于在工伤认定、劳动能力鉴定前达成的工伤赔偿协议，概因违反法律、行政法规有关工伤认定和劳动能力鉴定的强制性规定而无效。当然，对于这些工伤赔偿协议，也有可能同时存在欺诈、胁迫或者乘人之危情形，用人单位免除自己的法定责任、排除劳动者权利，以及显失公平、重大误解等情形，不过这些情形均都为“违反法律、行政法规的强制性规定”的情形所吸收，依然为无效。

（二）在工伤认定、劳动能力鉴定后达成的工伤赔偿协议的效力要视情况而定

对于在工伤认定、劳动能力鉴定后达成的工伤赔偿协议，其效力问题则呈现出较为复杂的状态，不能一概而论，应当区分不同情形予以区别对待。

对于放弃工伤赔偿的协议（事后发生争议的），法律不应当认可其效力，仲裁机构或人民法院应当依“排除法定责任、免除法定权利”宣告其无效。因为工伤赔偿对于工伤职工意义重大，直接影响到其能否获得及时的救治以及生活能否恢复。劳动者所处的弱势地位，使得其放弃工伤赔偿的决定很可能是因用人单位的欺诈、胁迫或者乘人之危等原因造成的，因此，法律应当采用最严格的审查标准，对其效力进行否定。当然，这并不意味着工伤职工不能放弃工伤赔偿，我们可以借鉴现行法律关于放弃人身损害赔偿的规定，工伤职工只能在仲裁或诉讼中以放弃仲裁请求或诉讼请求的方式放弃工伤赔偿。[②] 当然，这有一系列的程序限制：首先，仲裁机构或人民法院应当将放弃仲裁请求或者诉讼请求的法律后果告诉工伤职工，并将放弃仲裁请求或诉讼请求的情况在法律文书中叙明。其次，由于“先行支付”制度的存在，工伤职工放弃对用人单位的工伤赔偿请求可能会损及第三人——工伤保险基金的利益，因此，法律应当规定，放弃主张“工伤保险待遇项目中应当由工伤保险基金支付的项目”（即先行支付的范围）的权利的，视为放弃申请先行支付的权利，不得向工伤保险基金申请先行支付。

对于其他工伤赔偿协议，则按照先行支付制度的范围区分工伤保险待遇项目中“应当由工伤保险基金支付的项目”和“应当由用人单位支付的项目”，分别进行效力判断。对于工伤保险待遇项目中“应当由工伤保险基金支付的项目”，因工伤职工可以申请先行支付而在与用人单位在有关工伤赔偿的协商中处于有利地位，基本上无用人单位欺诈、胁迫、乘人之危的余地，因此应当维护当事人的意思自治，对这部分工伤赔偿协议的效力予以维持。对于工伤保险待遇项目中“应当由用人单位支付的项目”，因工伤职工只能请求用人单位支付，用人单位有可能进行欺诈、胁迫、乘人之危迫使工伤职工接受较低数额的赔偿，或者实际达成的工伤赔偿协议有可能存在重大误解、显失公平的因素，因此应当对这一部分工伤赔偿协议的效力进行严格审查，根据《劳动合同法》和《劳动法司法解释（三）》确立的规则对上述情形的工伤赔偿协议作出无效或者撤销的处理。

四、结语

工伤赔偿协议的效力判断规则具有重大意义，因为明确的效力规则能够为当事人提供稳定的预期，指导当事人双方达成符合生效要件的工伤赔偿协议。对于不符合效力判断规则的工伤赔偿

① 聂辉、李盛荣：《工伤赔偿协议应依法确定》，载《中国劳动》2007年第10期。

② 《人身损害赔偿司法解释》第5条第2款规定，人民法院应当将放弃诉讼请求的法律后果告知赔偿权利人，并将放弃诉讼请求的情况在法律文书中叙明。

协议，应当认定为无效或者将其撤销。但切忌将工伤赔偿协议的效力一概予以否定，裁决用人单位补足原先双方协议低于工伤保险待遇的差额部分；[①] 对于符合效力判断规则和劳动合同生效要件的工伤赔偿协议，应当坚决维护其效力。这对于尊重当事人的意思自治，鼓励当事人通过合法的协商来解决双方的工伤赔偿争议，节约司法资源等有着重要的意义。同时，维持符合劳动合同生效要件的工伤赔偿协议的效力，有利于工伤职工及时获得工伤赔偿，避免因工伤造成的生活困难和救治不力，符合劳动法律对劳动者进行倾斜保护的宗旨；也能够有效地避免工伤职工先达成工伤赔偿协议而后为获得更高的赔偿又申请仲裁、提起诉讼的行为，有利于维护诚实守信的社会氛围，符合劳动法律兼顾用人单位利益的宗旨。

从总体上讲，在前述效力判断规则下，工伤赔偿协议有效的情形非常有限，因为在实践中的工伤赔偿协议通常都是在工伤认定、劳动能力鉴定之前达成的，而这些工伤赔偿协议根据本文的效力判断规则会因违反法律、行政法规的强制性规定而无效。对于被认定为无效或者被撤销的工伤赔偿协议，劳动争议仲裁机构或人民法院应当按照《社会保险法》、《工伤保险条例》等法律、行政法规重新确定工伤职工的工伤保险待遇，但是对于已经按照工伤赔偿协议支付的赔偿，应当在重新确定的工伤赔偿总额中予以扣除，防止出现工伤职工双重获利的情形。

① 《江苏省劳动仲裁案件研讨会纪要》（苏劳仲委〔2007〕1号）第10条的规定，仲裁委员会审理上述案件时，不应以撤销协议作为前提条件，而应按照工伤保险待遇，裁决用人单位补足原先双方协议低于工伤保险待遇的差额部分。

实现“第三次分配”的法律问题研究①

孟庆瑜[*] 张 倩[**]

目 次

一、第三次分配的语义解析

第三次分配是一个具有重大现实意义和广阔发展空间的词汇，也是一个极富争议性的概念。从肯定的、积极的角度看“第三次分配”，以经济学家厉以宁教授的精辟阐述为代表，他指出，市场经济条件下的收入分配包括三次分配：第一次是由市场按照效益进行分配；第二次是由政府按照兼顾效率与公平的原则，通过税收、扶贫及社会保障统筹等方式来进行第二次分配；第三次是在道德力量的作用下，通过个人收入转移和个人自愿缴纳和捐献等非强制方式再一次进行分配。② 这一主张得到学界较为普遍的接受或认同。中共中央宣传部理论局也对“第三次分配”有明确阐发，“第三次分配是指动员社会力量，建立社会救助、民间捐赠、慈善事业、志愿者行动等多种形式的制度和机制，是社会互助对于政府调控的补充”。③ 但也有学者对“第三次分配”提出质疑甚或否定，认为第三次分配并非独立存在，而是和政府主导的分配一样，应涵盖在再次分配的维度之中。例如，有学者认为，应该肯定社会捐款和慈善事业还是属于再次分配，并具有与纳税和公共福利支出同样的性质。④ 有学者进一步指出，第三次分配“就是所谓社会福利的具体体现，本质上不是针对收入发生的分配，而是在消费支出环节发生的分配，相当于是从公共消费支出划出来一部分转移给住户部门。……从经济学和国民经济核算原理看，这样的分配和政府主

① 基金项目：2012 年度重庆市教委人文社科研究重点项目“统筹城乡教育发展的法制研究——以重庆市为例”(12SKC03)。

* 河北大学教授，博士生导师，法学博士。

** 法学硕士。

② 厉以宁著：《股份制与现代市场经济》，79 页，江苏人民出版社，1994。

③ 中共中央宣传部理论局编：《七个“怎么看”——理论热点面对面》，90 页，学习出版社、人民出版社，2010。

④ 唐钧：《不应该把慈善事业当成“第三次分配”》，载《中国改革报》2005 年 3 月 10 日。

导的分配一样，都被包括在收入再分配的总标题之中，一般不做第二次、第三次分配的区别，因为，尽管有不同的运行机制，二者的目的却是一样的：实现社会分配的公平，而且似乎也不存在发生的先后顺序，比如，为鼓励捐赠，捐赠额应该从所得税计算基数中扣除，如此理解，捐赠（第三次分配）似乎是在纳税（第二次分配）之前发生的”。① 此外，还有学者提出，“所谓第三次分配就是通过自愿赠与的办法进行调节收入的一种方式，因此，它从严格意义上说，不是一种‘分配’，而是先富起来的公民、企业和地区自觉自愿献爱心、讲奉献，‘先富帮后富’，达到‘共同富裕’的一种精神境界”。②

在笔者看来，第三次分配作为一种有别于市场机制和政府机制的非强制性的收入分配，可以做出狭义和广义的界分。其中，狭义的第三次分配主要是指通过慈善方式进行的收入分配，这是通常意义上的认识，也是本文采信的主张；而广义的第三次分配，除狭义的第三次分配外，还包括行贿等不法性质的非强制性分配，因此，从参与第三次分配的动机看，并非都源于道德，应当将一切排除了市场机制和政府机制的分配形式都纳入其中。就第三次分配与相关概念的关系而言，主要关涉以下两个层面的问题：

1. 第三次分配与初次分配和再次分配的关系

根据主体和作用机制不同，社会财富的分配形式可以划分为初次分配、再次分配和第三次分配。其中，初次分配，是指企业作为分配主体，按照各生产要素对国民收入贡献的大小，将国民收入在国家、企业和个人之间进行的分配。这种分配形式主要由市场机制完成，政府通过法律法规和税收进行规范和调节，不直接干预。再次分配，是指政府作为分配主体，在初次分配的基础上对国民收入通过税收和社会保障等方式进行再次调节的分配形式。这种分配形式主要是政府机制发挥作用，其目的是排除市场障碍，纠正初次分配中市场机制的失灵，均衡社会强弱势群体之间的利益分配关系。而第三次分配，作为以社会机制进行的分配，则是均衡社会强弱势群体之间利益分配关系的有益补充。整体看来，这三种分配是平行结构，难以清晰界分发生时间的先后，但从逻辑关系来看，再次分配和第三次分配的发生均以初次分配为基础，旨在优化初次分配形成的收入结构，第三次分配则是再次分配的补充，三种分配机制的良性互动有助于一个国家完备收入分配制度体系的形成。

2. 第三次分配与慈善事业的关系

“第三次分配”概念的提出与慈善事业的关系密切。所谓“慈善”，简单地说，就是把私人财富自愿地用于公益目的的行为。慈善在不同人的脑海里呈现有不同的样态。有学者提出，“慈善是一种社会行为，是指在政府的倡导或帮助与扶持下，由民间的团体和个人自愿组织与开展活动，对社会中遇到灾难或不幸的人，不求回报地实施救助的一种高尚无私的支持与奉献行为。……慈善是从慈爱和慈意的道德层面出发，通过实际的自愿捐赠等行为和举动，对社会的物质财富进行第三次分配”。③ 有学者指出，“慈善事业是建立在社会捐献基础之上的民营社会性救助事业，是一种混合型分配方式。慈善事业以社会成员的善爱之心为道德基础，以贫富差别的存在为社会基础，以社会捐献为经济基础，以民营机构为组织基础，以捐献者的意愿为实施基础，以社会成员的普遍参与为发展基础”。④ 据此，笔者认为，慈善是第三次分配的主要方式，但两者之间不能画等号。因为从两者的行为目的来看，慈善以公益、扶贫帮困等显性积极目的为出发

① 高敏雪：《从初次分配再分配到“第三次分配”》，载《中国统计》2006 第 3 期。

② 王建社：《倡导第三次分配促进社会和谐稳定》，载《政策瞭望》2006 年第 8 期。

③ 周秋光、曾桂林著：《中国慈善简史》，6 页，人民出版社，2006。

④ 郑功成：《现代慈善事业及其在中国的发展》，载《学海》2005 年第 2 期。

点，而第三次分配则不尽然，还包括隐性的甚至非法目的在内。

从第三次分配的功能和作用来看，以慈善捐赠为主要方式的第三次分配，不仅可以弥补第一次分配和第二次分配机制的缺失，而且对于社会精神文明的建设、和谐社会的构建具有不可替代的作用。在我国，第三次分配对于缩小贫富差距、促进社会财富的公平分享，缓和社会矛盾、稳定社会财富的分配秩序，弘扬慈善文化、提高社会公众的道德水平，有效促进改革发展成果的公平分享，更是具有极其重要的意义和作用。此外，第三次分配对于捐赠者而言，也是一种价值实现。①

二、个人参与第三次分配的方式和影响因素

(一) 个人参与第三次分配的方式

1. 个人捐赠

个人捐赠（捐钱、捐物、志愿服务）是个人参与第三次分配的主要方式。捐钱是最普遍的参与方式，较之捐物更加方便快捷。捐物是群众性自发组织活动经常采取的方式，具有易操作性、参与便捷、参与门槛低和体验性强的特点。志愿服务就是志愿者自愿付出时间和精力，为需要帮助的人提供无偿帮助。传统理论认为志愿服务是无偿的，志愿服务过程中产生的一切费用由志愿者或者志愿者所在的志愿者组织承担。但实际上，志愿者或者志愿者组织可以与志愿服务的接受者约定由后者负担一部分费用，这些费用只能用于志愿者活动的开展和志愿者组织的建设，而不能直接分配给提供服务的志愿者。据统计，2009 年我国注册志愿者人数已突破 3000 万名。② 在现代社会中，志愿者志愿服务的提供往往是有志于无偿提供志愿服务的人先注册成为志愿者，然后接受志愿者组织的派遣从事服务活动，或者直接在慈善组织中从事慈善服务工作。

上述个人捐赠方式只是狭义上的个人捐赠，广义上的个人捐赠还包括一些特殊的捐赠方式，特殊之处就在于这些捐赠方式不具有普遍性和广泛性，适用于特定人群范围，往往由那些掌握更多资源的“富人们”来实施，诸如股权捐赠、设立基金会、担任爱心大使等。随着第三次分配事业的不断深入和发展，又出现了很多不同的参与项目，如慈善一日捐、爱心包裹、慈善超市、中国红行动等。与此同时，在网络时代到来的今天，互联网这个平台为第三次分配的发展插上了翱翔的翅膀，同时也催生了诸如“善客”、“微慈善”等新名词。此外，一些银行也联合慈善组织推出了多种多样的慈善活动，通过推出慈善银行卡、爱心借记卡、信用卡实现定期的捐赠，根据持卡人的意愿，每月划取一定金额到指定慈善账户。这些新的渠道与传统的普通人自己直接帮助、通过单位、慈善组织等方式共同构成了多元的参与渠道。

2. 消费慈善产品

消费慈善产品，如买彩票（体彩、福彩），被经济学家称为“第三次分配的神奇之杖”。“截至 2010 年 12 月 12 日，中国福利彩票 2010 年销量已突破 900 亿元，达 903.9 亿元，超过去年全年总销量 147 亿多元，为国家筹集福彩公益金 283 亿多元，与去年全年筹集公益金总量相比增幅达 15%。据介绍，2010 年通过发行福利彩票筹集的 283 亿多元公益金中 50% 上缴中央财政，主要用于补充全国社会保障基金和残疾人、红十字会、农村医疗救助、青少年教育基地建设、大型体育活动等专项资金，其余 50% 地方留用，纳入财政专户管理，主要用于‘扶老、助残、救孤、

① 李昌麒著：《中国改革发展成果分享法律机制研究》，136～138 页，人民出版社，2011。

② 《我国注册志愿者人数突破 3000 万名》，http://www.ccyl.org.cn/newscenter/tendency/200912/t20091207_318001.htm，访问日期：2009－12－07。

济困、赈灾’等社会福利和社会公益事业。”①

（二）个人参与第三次分配的影响因素

1. 个人的经济实力

首先需要指出的是，个人的经济实力并不能决定参与与否，而只能影响参与量的多少。这是“由于人不是单纯的‘经济人’，而是‘社会的人’，非物质利益因素在人均收入提高后发挥着越来越重要的作用，人的价值观念也将在人均收入提高过程中发生变化，按经济效益分配对国民收入增长的积极作用可能是递减的。”② 尽管如此，个人经济实力的积聚，还是为参与第三次分配提供了更为广泛的经济基础。随着第一代创业“巨富”年龄的增长，让更多的人能够分享自己的财富，成为越来越多富人的由衷选择。从收入来源上看，高收入者的收入来源更加广泛，收入结构也更加多元，具有货币资本、人力资本收益率高、增值速度快、工资外收入在总收入中的比重越来越大的特点。低收入者的收入来源则相对单一，主要是工资收入以及社会福利与补贴。高收入者与低收入者之间的收入差距是客观的。但是，我们必须认识到，不管是高收入者还是低收入者，都有自愿捐赠的行为，个人的经济实力只是量的影响因素，而不是质的决定因素。

2. 个人的慈善参与意识

第三次分配主要是基于道德信念而进行的收入分配，是个人自愿把一部分收入转让出去的行为，是人们发自内心的自觉自愿的行动。第三次分配首先体现的是善心，其次是行动，最后才是结果。个人参与第三次分配的过程，就是“经济人”和“道德人”结合的过程。德莫高于博爱人。“世界上最快乐的人或许不是那些最有钱有势的人，也不是那些为追逐潮流、对众多书籍信息趋之若鹜才能安心的人，我相信真正快乐的人慈悲为怀而且诚信可靠。”③ 不丹国师卡玛在确定国民幸福指数的指标体系时，把“在不带来直接利益的情况下主动帮助他人”④ 作为衡量幸福的重要指标。

传统贫富观和慈心善念一样，都影响着个人参与意识的形成。“传统贫富观以封建礼制作为分配标准，以求实现‘贵贱区别，贫富适宜’的均贫富状态。”“在传统贫富观深入和弥漫社会心理之后，富有或暴富的商人是没有灵魂的安顿处的，他们或者‘藏富’，或者挥霍财富，或者急于购地成为地主，或者非生产性地流失部分财富以获得礼制的认同而成为缙绅。”⑤ 而在现阶段，藏富、守富只会使财富的流动趋于停滞，加剧贫富分化。除了受贫富观、慈心善念的影响之外，行为模式也深深影响着个人参与第三次分配的广度和深度。一个日渐长大、成熟的社会，必定要让个人有更多的责任担当，特别是富人需要为社会做出更多的贡献，当然，这并不是否认社会参与的重要性和积极意义。正如巴菲特在北京接受访问时所言，“平民慈善更值得尊敬”，“每个个体对慈善的态度将推动建立一个更好的社会。当更多的人投身到一个社区的微小慈善事业中时，这个进程所蕴含的精神力量是巨大的，而且随着时间的推移，这种精神力量也将改变整个社会的行为风尚。”⑥

---

① 《中国福利彩票年销量首破900亿筹集公益金283亿》，http://www.gov.cn/jrzg/2010-12/13/content_1764653.htm，访问日期：2010-12-13。

② 朱德伟：《浅议第三次分配》，载《经济师》2000年第9期。

③ ［美］詹姆斯·P. 盖拉特著，邓国胜等译：《21世纪非营利组织管理》，208页，中国人民大学出版社，2003。

④ 转引自吴伯凡：《幸福感与软实力》，http://www.21cbh.com/HTML/2010-11-3/2NMDAwMDIwNDM2Ng.html? source=hp&position=column，访问日期：2010-11-03。

⑤ 王玉生著：《言强必先富：中国传统经济伦理思想的近代演变》，291页，中国社会科学出版社，2007。

⑥ 郭小刚：《现代慈善理念的人文解读　慈善文化逐步形成》，http://gongyi.people.com.cn/GB/13471672.htm，访问日期：2010-12-14。

3. 组织的专业化程度

组织的专业化运作，并非是来自于外的强加，而是一种从内部建立的平衡。一个目标定位模糊、机构设置简单、忽视制度建设、缺乏战略规划、决策不民主、信息不对称、监督不力的组织，与一个目标定位清晰、机构设置合理、重视制度建设、做好战略规划、决策民主、信息对称、监督到位的组织之间的差距，可想而知。很明显，后者兼具市场的灵活性和效率、政府的公平性和可预测性等多重优点，同时，还可以避免追求最大利润和政府级别等内在缺陷。我国的慈善组织总体上还处于发展初期，需要更长时间的培育发展，才能逐步走向成熟。可喜的是，“希望工程”、“母亲水窖”、“春蕾计划”等一系列耳熟能详的慈善项目，在推动个人捐赠、项目策划、实施与管理、财务管理、志愿服务和宣传动员等专业化方面已经作出了具有开拓性的探索。现今已有更多的组织和项目开始专业化建设，通过强化慈善项目的专业性带动大量慈善组织的专业化建设。

4. 政府的引导培育

毫无疑问，第三次分配离不开政府的支持、促进和监管。从一个改革普惠的年代进入一个利益分割的年代后，如果不能妥善处理好各种利益关系，不能建立起一个让全体国民合理分享改革发展成果的机制的话，社会风险将是很大的。所以，政府对于第三次分配机制的引导培育，要从权利再配置入手，重新确定、承认和尊重社会民众平等的、普遍的人权。只有这样，一个真正和谐的社会才能够建立起来。换句话说，一个真正和谐的社会，必然是一个利益分配和权利分配均衡的社会。与政府在再次分配中的主体地位不同，政府在第三次分配中的角色担当是慈善环境和政策的氛围培育和基础建设，为形成以慈善组织为主体、社会公众为基础、媒体为传播媒介、社会需求为目的的慈善体系助力。因为第三次分配的主体是慈善组织，它和政府的领域划分就在于在慈善领域弱化政府的强势地位，政府放权以为慈善组织的发展留出更大的社会空间。如果政府在慈善组织能做好的领域作为，就是“错位”，如果政府在不能由慈善组织发挥作用的政策、立法领域无所作为，就是“缺位”。政府在纠正错位，弥补缺位后，才能在合适的位置上合理合法作为。申言之，政府与慈善组织的关系划分与制度建构差异在实质上表现为政府主导的财富分配与慈善组织主导的财富分配之间的关系划分与制度建构差异。

三、第三次分配的法律调整机制

（一）确权机制

个人是社会财富的直接创造者和最终享有者，参与第三次分配不仅是公民个人的社会责任，也是公民的一项权利，第三次分配若要参与的到位，关键在于对权利的普遍尊重和承认。为了维护社会共同体的分配秩序，首先需要保护个人分配权。个人分配权是“为每一个居民个人所享有的，为了满足其自身基本生存和未来发展的需要，而分取和支配一定数量的社会产品或利益的基本权利，是一个人的基本生存权和发展权的重要组成部分。这一分配权利将会因个人所处的社会经济制度背景、所属的社会阶层以及个人实际控制的社会财富量的多寡等因素的制约和影响，而存在较大差异”。[①] 个人分配权是一个权利束，包括劳动权、结社权、知情权、参与权等。个人有权自主决定是否参与第三次分配，任何组织和个人不得强制；个人有权自主决定行为的动机、目的内容和对象，禁止对目标对象的选择予以限制；个人有权自主决定何时何地以何种形式参与第三次分配，禁止对行为方式进行限制。但是，相对于其他分配权主体，如国家和企业，个人分配

① 孟庆瑜著：《分配关系的法律调整——基于经济法的研究视野》，122页，法律出版社，2005。

权明显处于劣势。因此，各国主要通过法律、组织等形式保障个人分配权的行使。具体来说，“一是通过劳动法、社会保障法、特殊群体保护法等从法律上对个人分配权的先天不足给予了补偿；二是工会、妇联等自治组织也在法律允许的范围内为个人分配权的实现提供着多种支持”。[①]

（二）激励机制

在税收激励制度上，国际社会普遍的做法是对于慈善捐赠的个体予以减免税，我国亦不例外。但通过比较发现，“我国慈善事业税收优惠政策在‘慷慨度’上不低，但在落实细节和执行流程上还存在改进空间”。[②] 从其他激励制度来看，“英国为奖励私人募款，政府将提供3年2亿英镑的相对基金，私人捐款与政府资助的相对比例是2:1，为高等教育机构和其他非营利机构提供基金，同时，也带动募款成为常态的专业工作”。[③] 而在我国，由于慈善还没有形成一种常态性的生活方式，与国际上成熟的慈善文化相比仍显不足。但我们仍能够看到已经做出的努力，如首届“中国社会创新奖”、民政部发起设立的中国慈善奖等，这些慈善奖项的确立，激发了人们投身社会事业的热情，有利于营造支持参与慈善事业的良好氛围。此外，还应当鼓励权威独立评价和媒体机构发布慈善奖项，来多角度褒奖和宣扬慈行善举。

（三）保障机制

动态地来看慈善事业的过程呈现出这样的轨迹：充沛的慈善资源，包括物质资源和人力资源，经过透明的信息和有效的资金渠道分配到最有效率和最需要支持的慈善组织当中，再通过慈善组织最终服务于受助人群。在这一过程中，需要打通资金渠道和信息渠道，打通了这两个渠道，就是打通了慈善事业的“任督二脉”。

资金渠道包括政府采购服务、政府补贴、慈善信托、慈善投资、慈善专项基金、慈善销售、联合劝募、慈善彩票等。结合我国目前慈善事业的生态现状，应当逐步放开公募权。截至2009年年底，全国基金数量达到1843家，比2008年增加了246家，增速为15.4%，其中非公募基金会从643家增加到800家，增长24.4%；公募基金会从943家增加到1029家，增速为9.1%，远低于非公募基金会的增长速度。[④] 值得关注的是，2011年1月11日在深圳市民政局成功注册的“深圳壹基金公益基金会”正式挂牌成立，这意味着“壹基金”从此具备了独立法人资格，可以公开募款。“壹基金”由此成为中国由公募基金会下面的基金成功变身公募基金会的首例。是否拥有公募权直接影响基金会的“聚财机制”建设，同时，还应当考虑到基金会运作能力的提高，也就是“散财机制”的配套问题。“聚财机制”和“散财机制”就好比是资金渠道的两端，只有当这两个端点都连接起来之时，资金渠道才算畅通。

信息渠道包括年报、公报、信息发布会和报纸、杂志、电视、广播、网络等。公民、法人或其他组织均可向有关部门和慈善组织查询有关社会捐助的信息，有关部门和慈善组织应当予以及时答复。政府民政部门要带头做好捐赠财物接收和管理使用的公示与反馈，并协助慈善组织主动公示相关信息。在信息公示过程中要遵循实事求是、依法依规、分类公示和尊重当事人意愿的原则[⑤]，把信息公示制度打造成慈善事业的“玻璃口袋”。信息公示制度是促进慈善信息公开透明，确保慈善组织公信力的制度保障，但是该制度也存在信息公示的范围和边界，涉及对受助者人格尊严的保护问题。人格尊严的保护立基于宪政思想，以独立自主的人作为出发点，人人享有涵盖身体、精神、行为各方面的自主决定权。对于那些不能独立自主的人，国家和社会应对其进行扶

① 前引，孟庆瑜书，111页。

② 民政部政策法规司编：《中国慈善立法课题研究报告选编》，30页，中国社会出版社，2009。

③ 杨团著：《中国慈善发展报告（2010）》，29页，社会科学文献出版社，2010。

④ 前引，杨团书，11页。

⑤ 参见《民政部关于进一步加强社会捐助信息公示工作的指导意见（2009）》。

持，提供其基本的生活需求，维护其人格尊严。因此，信息公示应有一定的禁足地带，将必要公示的信息划定在一定区域内，不得跨过人格尊严和隐私权的边界。

（四）防范机制

风险防范有赖于对慈善组织的监管，有研究表明，“国际上90%的慈善组织违法行为或者更严重的犯罪问题，都不是由政府的监管机构所发现的，而主要通过内部举报（包括董事会治理和员工内部举报）、媒体报道、竞争对手揭发的”。[①] 由此可见，政府主导的监管模式已经被放入历史的垃圾堆，一个理想的监管体系应当包括政府监管、公众监管、内部治理和行业自律四个层面。与此同时，对于慈善组织的监管力度也应根据组织的规模来分配。“重点监管大型慈善组织，需要填写详尽的年检报告，并向公众定时公布年检结果，并接受指定审计机构的专业年度审计；日常监管中型慈善组织，填写较为详细的年检报告，接受具备法定资质的独立财务检查员检查；对于小型慈善组织，填写较为简单的年检报告，没有独立审计的要求。”[②]

（五）救济机制

救济机制是法律调整第三次分配的最后一道防线，它把着眼点放在了结果上，重点解决一旦发生纠纷该如何处理的问题。整体而言，慈善捐赠行为有单方法律行为、双方法律行为和共同法律行为三种情况。[③] 常见的纠纷存在于双方法律行为中，即捐赠人向个人或已经存在的慈善组织无偿捐赠财产的行为中。慈善捐赠在运行过程中主要涉及三方主体：捐赠人、慈善组织和受助人，任何一方的违法行为都有可能启动第三次分配的救济机制。具体而言，他们的法律地位是这样的：慈善组织在为第三人特定利益募捐活动中，从慈善组织发起倡议到捐赠人捐赠钱财是订立合同的过程，慈善组织向不特定社会主体发起募集活动是要约，社会各界接受要约进行捐赠是承诺，因捐赠而受益的第三人为受助人。慈善组织与捐赠人之间形成第三人（受助人）特定利益的募捐合同关系，第三人非募捐合同当事人，其基于募捐合同而取得合同利益，是募捐合同中的受益人。

从捐赠人看，捐赠人与慈善组织是慈善捐赠合同的双方缔结者，捐赠人若出现“诈捐”行为，可以按违约行为进行处罚。从慈善组织看，慈善领域内的违法行为主要集中在慈善组织募捐财物的管理和使用上，这些违法行为主要包括：（1）非法使用财产，改变募捐财产用途；（2）以营利为目的，违背慈善宗旨；（3）以慈善为名骗取财物等。原因在于慈善组织的注册登记机关一般在审核专业性较强的财务报表方面存在盲点，通常在慈善组织的运行评估上也显现出能力不足。据此，承担法律责任的主体主要有二：一是慈善组织，二是政府监督部门及其工作人员。从受助人看，尽管受助人是接受捐赠财物的受益人，但是受助人对受助财物却不享有所有权，受助人无权主张捐赠财物的所有权。对于受助人向法院主张捐赠财物所有权的，法院应不予支持；对于受助人侵犯捐赠财物所有权的，捐赠者和慈善组织可依据合同规定向受助人主张权利。

四、我国第三次分配的法律制度改进

（一）我国第三次分配法律制度的现状和问题

“中国文化传统的一个重要特征是重视非正式的社会关系和非正式的制度安排，而不重视‘理性化’的正式制度的建立与实施。这种传统有利于在某些情况下节省短期的交易成本，但从

① 前引，民政部政策法规司书，44页。

② 前引，民政部政策法规司书，45页。

③ 李芳著：《慈善性公益法人研究》，27页，法律出版社，2008。

长期来看不利于形成现代经济发展所需要的稳定的制度结构和稳定的行为预期。”① 在第三次分配领域，同样存在传统遗留下来的种种弊端，具体说来，主要有以下五个方面：

1. 慈善组织准入门槛过高

我国目前关于慈善组织的专门性法律法规主要有《社会团体登记管理条例》、《基金会管理条例》、《民办非企业单位登记管理暂行条例》等。从这些行政法规的规定看，“三重障碍”挡住了慈善组织前进的道路：“第一重障碍”是针对慈善组织我国实行的是“双层管理体制”，慈善组织在注册初始就要面对的问题或是挂靠无门，或是无法确定主管部门，甚至是即使确定了也因为主管部门为了避免“麻烦”而不予挂靠。“第二重障碍”是慈善组织注册登记标准过高。注册时须具备的人、财、物各方面条件都使得“慈心”付诸“善行”的门槛过高，致使一些无法注册的，又不愿意以企业形式存在的组织，长期以自然人的形式存在。“第三重障碍”是法规条文陈旧不合时宜。例如，根据《社会团体登记管理条例》第 13 条第 2 项的规定，我国限制在同一行政区域设立业务范围相同或相似的社会团体。这既成为主管部门拒绝挂靠的合法借口，也羁绊了慈善组织发展的脚步。门槛过高的结果只能是导致限制与放任并存。

2. 慈善组织功能定位不明

大型基金会有着政府背景、品牌和资源三方面得天独厚的优势，在我国开展了慈善理念的启蒙，对整个行业的发展产生了积极的示范和推动作用。然而，由于这些大型基金会多数是运作型基金会，他们凭借特有的公募权和税收优惠所募集的慈善资源用于自身的项目开展，而非资助其他组织做慈善项目，导致大型基金会丰富的慈善资源不能最有效地提供急需的服务。例如，汶川地震时，红十字会在一个月内就收到几十亿元的捐款，但因没有足够的人力和项目去提供相应的服务，导致很多捐款未得到有效利用。大型基金会之外的其他基金会，除了公募基金会，其他基金会为非公募基金会，不享有公募权，具有募集资金上的先天不足。“草根 NGO”由于注册难、资源不足、法律地位尴尬、公信力较弱等原因，属于慈善组织中的“游击队员”，组织纪律性较弱，在有危难时“该出手时就出手”，在运作上则具有“打一枪换一个地方”的“野战”风格。

3. 慈善税收激励制度落实难度大

许多大的慈善组织脱胎于旧的行政系统，官僚化作风严重，体制机制僵化落后，缺乏完善的激励机制，不利于鼓励和支持慈善事业的发展。慈善税制激励制度，按照优惠主体划分为三类：慈善组织自身享有的税收优惠、向慈善组织捐赠的企业享有的税收优惠和向慈善组织捐赠的个人享有的税收优惠。就个人向慈善组织捐赠而言，主要有以下两项优惠政策：第一，个人通过中国境内的社会团体、国家机关向教育及其他社会公益事业以及遭受严重自然灾害地区、贫困地区捐赠的，捐赠额未超过纳税人申报的应税所得额 30% 的部分，可以从应税所得额中扣除；第二，个人通过非营利的社会团体、国家机关向红十字事业、农村义务教育或公益性青少年活动场所（包括新建）捐赠的，缴纳个人所得税时，可以从税前的应税所得额中全额扣除。但是，由于个人只能向指定的大型基金会捐款才能得到税收优惠，这样就缩减了税收激励制度实现的范围。另外，具体税收优惠的操作细则未出台，个人捐赠抵税的程序复杂漫长，落实难度较大。

4. 慈善监督制度不科学

监管的目的是为了使行为符合慈善的本质，维护慈善组织的公信力。“被捐赠”、“慈善秀”、“慈善黑名单”、“明星诈捐门”，非公募基金会成为关联交易的工具，企业基金会通过高价购买自身或相关企业的产品来收取利益，甚至是“合理避税”，在一些地方慈善捐款沦为政府吸金的手段，这些负面现象都暴露出监管制度的漏洞。政府不应当把民间慈善捐款放入自己口袋来填补财

① 李惠斌、杨雪冬著：《社会资本与社会发展》，14 页，社会科学文献出版社，2000。

政空缺，政府更应担负的是监管的职责，支持慈善事业的发展。从慈善组织内部监管来看，慈善组织要想活下去就要依靠完善的监督制度，单纯依靠政府监管除了会导致“政府吸金”的偏差外，还会由于政府监管的高成本而流于形式。

5. 慈善法律依据缺失

慈善法的起草工作开始于2005年，但是慈善法至今尚未出台。相关法律规定主要见于《中华人民共和国公益事业捐赠法》、《中华人民共和国红十字会法》、《中华人民共和国民办教育促进法》等法律，《社会团体登记管理条例》、《基金会管理条例》、《民办非企业单位登记管理暂行条例》等行政法规，以及财政部、民政部、国家税务总局等制定的部门规章等。“理想的慈善法律体系必须具备效力等级明确、法律规范协调、配套制度到位等特征。”① 从慈善领域的法律层级看，我国还缺少一部能够统领慈善领域的全局性和基础性法律。

（二）我国第三次分配的法律制度改进

1. 降低慈善组织注册门槛，建立分类管理体系

在这方面深圳市走在了前列，2008年10月23日，深圳市政府公布了《关于进一步发展和规范深圳市社会组织的意见》，其中明确要求简化社会组织的登记程序，除法律法规规定的必须进行前置审批的社会组织外，工商经济类、社会福利类、公益慈善类的社会组织申请人均可以向登记机关申请登记。有研究表明，“目前对于中国国情来讲，最可行的方法是采取‘四级慈善组织’的分类监管和指导体系，发展备案型慈善组织、注册型慈善组织、免税型慈善组织和公募型慈善组织”。② 备案型慈善组织是处于最低级的慈善组织形式，公募型则为最高一级。这种“四级慈善组织”的分类监管和指导体系实际上是一种具有积极意义的社会创新形式，它不但明确了慈善组织不同的权利和义务，还根据不同慈善组织的现实注册需要设计了“量体裁衣”式的注册形式，从而实际上降低了合法开展慈善活动和成为慈善组织的门槛。

2. 明确慈善组织功能定位，关注慈善组织的异质性

欧美国家的实践经验表明，过多的慈善组织类型会带来监管上的不便，也不利于普通民众设立和加入慈善组织。低资金门槛、简便的设立程序、有限统一的组织类型、实实在在的免税待遇，这些都会客观上激发民众的参与热情。因此，要关注慈善组织的异质性，分工管理、区别对待，加强专业化建设，优化慈善资源的分配，切勿好大好全。为此，一要借鉴发达国家设立有专业化的母体慈善组织的经验，将中国慈善总会作为专业化母体慈善组织的发展对象，把工作重点放在专业性很强的慈善法律法规咨询、慈善调查、慈善统计与研究、慈善行业自我监督与评估、慈善组织辅导、慈善业务培训、慈善信息交流、慈善事业国际交往等工作上，使其成为我国慈善组织的一个总平台。二要区别对待基金会和慈善组织，将基金会性质定位于财团法人，回归其初始的财团法人本色，发挥资金优势，功能定位于“筹钱”；将慈善组织性质定位于能力支持型慈善组织，功能定位于“运作”。三是支持“草根NGO”组织的发展，尤其那些扎根于本地，自发成立的组织，了解当地情况，贴切当地群众的各项需求和困难，解决方案更具针对性，并可根据情势灵活调整。

3. 简化慈善税收激励程序，落实慈善税收激励制度

对于减免税的贯彻和落实，各具体执行部门应当通力协同合作，简化程序，形成简便易行的税收激励制度。简化慈善公益捐赠减免税收的相关手续，将对慈善事业参与者的税收照顾和优惠落到实处。“基于流转税在中国税收体系中的重要地位这一特定现实，中国不能像国外立法那样

① 前引，民政部政策法规司书，第114页。

② 前引，民政部政策法规司书，第47页。

仅仅关注所得税的减免，对慈善捐赠涉及的流转税减免也是不可忽视的。”① 税收刺激制度对慈善事业的鼓励和支持作用实质是通过国家让渡部分租税利益来发挥作用的。

4. 完善慈善事业监督结构，建立“四层监管”体系

完善监管体系，就要改变“重注册、轻监管”的现状，实现向“轻注册、重监管”转变，将自律与他律相结合，建立由政府监管、公众监管、内部治理、行业自律构成的“四层监管”的开放监管体系。第一，政府在“四层监管”的监管体系中应当理清自己的角色定位，抓大放小，将着力点放在慈善性质、财物、业务、法律责任四项上来。针对不同的慈善组织类型，监管力度亦应有所不同。第二，公民的监督权是公众慈善不可或缺的一部分，无论是从信息的提供和发表，还是监管的多元渠道，监督权的行使都要有一套完整的保障程序。另外，媒体的力量也要充分调动起来，发挥媒体监督作用，共同打造阳光慈善。第三，内部监管机制是慈善组织内部运行机制中的一环，慈善组织大的战略决策都由理事会（董事会）集体决策，而日常运行则由专业管理人员具体执行。第四，行业自律是慈善组织同行共同努力的结果，同行间监督能力的协同提高将会为社会善治贡献出一份力量。

5. 推动慈善法早日出台，协调与其他法律规范的关系

可喜的是，地方立法先人一步，《江苏省慈善事业促进条例》已于2010年5月1日生效实施，上海、湖南等地民政部门和法制部门也在加紧制定有关法规。总结地方立法经验，出台国家统一的慈善立法，既是我国慈善事业走上法治道路的必然要求，也是完善中国特色社会主义法律体系的必要产物。该法不但能够规范各种慈善组织和慈善行为，保护慈善活动各方的合法权益，还是国家发出的支持慈善事业的强烈信号，具有昭示性和引领性。作为慈善领域其他单行法律、法规和规章的立法依据，慈善法应以慈善权的保障为指导思想，不仅要在基本原则和具体制度上明确和细化，还要有效协调与《中华人民共和国公益事业捐赠法》、《中华人民共和国公司法》、《中华人民共和国证券法》、税法以及志愿服务相关规定等相关法律法规的关系。通过内部相关制度的完善构建和外部相关法律文件的统筹安排，最终形成以慈善法为基础，以地方《慈善事业促进条例》为支撑，以《基金会管理条例》、《民办非企业登记管理条例》等法规为补充，以政府购买慈善组织服务机制、税收激励机制等的落实到位为手段的慈善法律体系，指导规范慈善事业的发展。

（三）第三次分配的配套措施跟进

完善第三次分配是一个复杂的社会系统工程，它不仅需要第三次分配的法律制度建设，还需要相关制度的配套建设。

1. 文化建设

从社会层面看，贫富差距过大不仅容易使整个社会产生心理鸿沟，削弱社会的凝聚力和向心力，而且可能引发沟通理解障碍，滋生冷漠、不满、对立、仇视情绪，加剧社会矛盾，影响社会和谐稳定。近年来一些地方的社会仇富心理滋长、群体性事件增多等现象，与贫富差距过大是有很大关系的。社会成员身心和谐是社会稳定的重要基础，文化建设不仅要纠正社会中存在的仇富心理，还要激发社会大众亲身踊跃参与第三次分配，以自己的行动身体力行来调节资源配置。

文化建设的初级目标是形成与分配正义相适应的财富观。面对我国传统财富观，应当辩证地看待，去其糟粕，取其精华。第一，通过文化建设，用现代的财富观取代传统财富观的消极方面。“国人对财富有着不患寡而患不均和杀富济贫的传统，因此财富的拥有者一方面装穷和害怕

① 孟庆瑜、师璇：《慈善捐赠中的税收立法问题研究》，载《河北学刊》2008年第6期。

露富，另一方面就是及时行乐和即兴挥霍，”① “中国文化始终没有缔成一种真正优雅的理性态度——‘结实的拥有与从容地出让’相和谐的资产观”②。第二，针对影响我国第三次分配的思想渊源，要善于挖掘和利用包括儒家的仁义学说、佛家的慈悲观念、道家的劝善思想等传统文化的精髓。

文化建设的最终目标是形成符合中国慈善核心文化价值的科学分配观，即能够增进人类可能有的最大幸福的，或者是最大多数人的最大幸福的分配观。每个社会成员既是劳动提供者，又是资本拥有者，既是共同幸福的贡献者，又是享有者。在创造财富的同时“又能使全体人民有充分的闲暇和机会来养成优良的习惯和作风，获得最有用和最有意思的知识，培养和享受最高尚的趣味——总而言之，成为有高度才智，德行和幸福的人”③。

2. 组织建设

发展慈善事业是各级政府的重要责任，特别是民政部门。激活社会力量搞慈善，必须要信任社会组织，要给他们更大的合法生存和发展的空间。政府对社会组织应做的是监管，而不是设限，政府的介入不是慈善组织的替代，而是补充。现阶段存在的“政府包办慈善”现象，既是计划经济的思维依赖，也是大政府小社会的制度顺延，往往导致政府垄断慈善事业的后果。“经济的市场化、政府的小型化、社会的多元化，以及社会意识的觉醒和传统政治机器的过时及其时效所导致的政治腐败的泛滥，都在呼唤新的社会组织形式”④。组织建设的目标就是打破政府包办，将慈善组织打造成“小政府、大社会”格局的蓄水池。

政府在处理与组织之间的关系时，要按照彼此的亲密程度尽可能多的找到侧重点。依照慈善组织与政府的亲密程度，可以将慈善组织分为四类：一是与政府关系最亲密，政府最信任，无须登记，如红十字会等。二是与政府是半政治半经济关系，如工会、共青团、妇联主管的公募基金会等。三是与政府是社会经济关系，主要是服务类组织。四是与政府没有附属挂靠关系，草根NGO便是此类。如果把政府比作激起涟漪的石子，那这四类组织就好比是圈圈水波，越在内层，其拥有的资源优势、配置优势就越多，发展的条件也越优越。与慈善组织相比，政府拥有更多的资源，它可以通过行使立法权的方式规范慈善。而慈善组织则拥有独立的公民权，通过自由选择个人行为方式参与到慈善之中。具体来说，将政府的职责定位在：制定法规政策，依法监督管理，提供财政拨款，支持慈善组织开展的公益活动，共同开展项目活动，在决策过程中导入民间机制等。将慈善组织的职责定位在：进行合法登记，接受各种合法监督和管理，争取来自政府的支持，积极吸引政府参加项目或参加政府主持的有关项目活动，参与社会决策，监督和评估政府行为等。

总之，政府和慈善组织的关系是一种相互联动、相互补充、相互依存的合作伙伴关系。没有慈善组织的各种努力，只有政府在法规、政策、优惠措施等许多方面的支持，不会形成真正意义上的合作。同理，没有政府的各种支持，只有慈善组织的努力，也不会形成互动的合作。

① 张维：《推动第三次分配促进社会公平》，载《求实》2006年第3期。
② 转引自颜廷池、傅红：《西方人的慈善信仰和中国人的信仰问题》，载《探索》2004年第6期。
③ ［英］威廉·汤普逊著，何慕李译：《最能促进人类幸福的财富分配原理的研究》，8页，商务印书馆，1986。
④ 王名、刘国翰、何建宇著：《中国社团改革——从政府选择到社会选择》，236页，社会科学文献出版社，2001。

事业单位养老保险制度改革的法学审视

——兼评《深圳市事业单位工作人员养老保障试行办法》

熊　晖*

目　次

一、引言

《深圳市事业单位工作人员养老保障试行办法》于2012年8月25日正式实施。由于该规定被视为打破企业与事业单位养老保险“双轨制”的破冰之举，媒体关注、社会热议自不足奇。因推动养老保险制度“并轨”改革、消解民众在事业单位与企业之间流动的障碍等，该规定备受赞赏，同时也不乏质疑：一个未征求利益相关者意见、2012年4月19日经深圳市政府审议通过、5月向社会公布的政府规章，应否溯及至公布前两年的2010年7月13日开始生效？先拿事业单位开刀是否“避重就轻”、“应付民意”……

胡锦涛同志曾指出，我国目前正处于战略机遇期、矛盾凸显期、改革攻坚期。事业单位养老保险制度改革，难免会对事业单位工作人员的生活产生重大影响，国务院2008年年底确定山西、上海、浙江、广东、重庆五省市进行该项改革试点，结果多省均处于按兵不动状态，作为改革“急先锋”的广东则在2009年上演了“提前退休潮”，① 这充分说明该项改革无疑是我国深化改革时期必须面对的一个重大且复杂的问题。本文意欲从法学的视角审视这一问题，以法学理论辨析事业单位养老保险制度改革中有关争论的是与非，目前这方面的研究还较为欠缺。另外，有人曾提议，事业单位人员应当具有“士大夫”胸怀、牺牲小我而实现大同（即降低事业单位养老保险

---

* 西南政法大学副教授，硕士生导师，法学博士。

① 汪孝宗、韩文、曾娟：《事业单位养老保险改革缓慢广东掀起提前退休潮》，http://finance.sina.com.cn/roll/20091026/00566880665.shtml，访问日期：2012-07-30。

待遇以减轻国家财政负担、提升农民等群体的养老保障等)；有人质疑，社会精英们在改革改到自己利益时就原形毕露了……因此，本文还试图通过对事业单位人员养老待遇水平一定程度的维持作出正当性辩护，回应对事业单位（尤其是知识分子）的道义非难，捍卫知识界的公信力。

二、事业单位养老保险制度改革中的信赖保护

（一）信赖保护

任何一个人均不会因自己的诚信、善良而致利益受损，这是法治的基本要求。信任、信赖是人类互助合作和社会生活（包括私人生活、公共生活）的基础，也是人类进步、文明的表征。因此，信赖保护在公私法中均为一重要议题。在公法上，“信义诚实原则乃至信赖保护的原则，是将在私人间适用的法原理适用于行政法关系的情况”。[①] 由于养老保险在我国主要涉及政府为实现公共福祉而进行的众多行政行为，本文所称信赖保护即指公法上的信赖保护。

依法治国已被确认为我国的基本治国方略之一。法治国家的首要之义即是民众权利的维护、法律秩序的安定和诚实信用原则的遵守。人无信不立，国家没有公信力也就谈不上民众对国家的信心、忠诚、归属感和向心力。国家的公信力建立于民众对政府的信赖之上。当政府基于正当事由需要对原来的承诺或行为作出变更时，已产生信赖的民众应得到公平的对待和适当的保护，其因信赖而生成的利益应得到肯认和维护，这也才能使国家的法制和政策能够得到有效推行并获得最广大民众的衷心拥护，为社会安定和谐奠定坚实的基础。现代法治国家，为了稳固国家与民众之间良好的互动关系，并建立民众对政府的信赖，在法学上发展出了信赖保护原则。信赖保护原则是指“在法治行政过程中，在行政主体作出具有一定授益性和可预见性的行为之后，公民、法人或其他组织对此产生了正当合理的信赖，行政主体在变更相应的法律状态时应对这种信赖加以保护，否则即应承担相应的法律责任”。[②] 信赖保护原则是“二战”后德国率先发展出来的重要宪法原则，不但可以拘束国家的行政行为，并可以拘束立法或司法行为。[③] 所以，民众对公权行使结果所产生的合理信赖，国家或法律应予以适当保障；涉及民众切身利益的法律制度的废止、变更，除应严格遵守法定程序外，还应兼顾民众值得保护的信赖利益。对于公法上的信赖保护原则，虽然在理论基础上存在“诚信原则说”、“基本权利说”、“法安定性说（或法秩序说）”、“现代法治国说”等学说之争，但已被所有法治国家所采纳和践行。2003 年我国《行政许可法》首次肯认了信赖保护原则，[④] 正在拟定中的《行政程序法》也规定了信赖与诚信原则，这标志着我国从形式法治走向实质法治的一个重大进步。

通说认为，信赖保护的适用需具有以下三要件：存在信赖基础、具有信赖表现、信赖值得保护。存在信赖基础是构成信赖保护原则的前提：“人民信赖什么？信赖之客体为何？亦即先要有一个有效表示国家意思的‘法的外貌’。”[⑤] 信赖表现因区分具体的信赖和抽象的信赖而有所不同。“所谓具体的信赖，就是对诸如行政处理、行政承诺等就特定具体事项所作出行为的信赖。抽象

① ［日］盐野宏著，杨建顺译：《行政法》，59 页，法律出版社，1999。

② 王贵松著：《行政信赖保护论》，36～37 页，山东人民出版社，2007。

③ 参见洪家殷：《论信赖保护原则之适用——司法院大法官释字第五二五号解释评析》，载《台湾本土法学》2010 年第 27 期。

④ 《行政许可法》第 8 条规定：“……行政机关不得擅自改变已经生效的行政许可”，“……为了公共利益的需要，行政机关可以依法变更或者撤回已经生效的行政许可。由此给公民、法人或者其他组织造成财产损失的，行政机关应当依法给予补偿。”此规定虽未明确信赖保护，但已将禁反言、变更补偿等信赖保护的内容大体表述出来了。

⑤ 城仲模著：《行政法之一般法律原则（二）》，239 页，三民书局，1997。

的信赖，就是对行政立法等对普遍一般的事项所作出规定的信赖。对于具体信赖，要求行政相对人基于信赖而为一定的处分行为……对于抽象的信赖，由于信赖基础本身即属于抽象的法秩序，自然无法要求人民作出信赖的表现。事实上，人民对于抽象的现存法秩序的信赖，通常直到法律状态发生变更时，才能够察觉。对于这种抽象的信赖，自然不宜要求相对人有具体的处分行为，因此人民的信赖毋宁是拟制的或推定的。信赖保护原则旨在保护人民对抽象现存的法律秩序的信赖，只要此一信赖正当合理，有无积极的信赖表现其实并不是关键之处，更何况信赖保护原则的原始发源地德国的行政法院判决，已经逐步放宽相对人'处置行为'的概念，包含一切生活方式已经发生'深刻而持续的变更'时在内。"① 信赖值得保护即指该信赖是"正当"或"合理"的信赖，即民众对国家的行为或法律状态深信不疑，对信赖基础之成立善意且无过失。

（二）事业单位养老保险制度改革与信赖保护的关联

《深圳市事业单位工作人员养老保障试行办法》属于政府规章，而且在全国范围内，事业单位养老保险制度并无法律层级的立法，《社会保险法》也未对之作出规定，目前养老保险制度中占据主导角色的规定，如《国务院关于建立统一的企业职工基本养老保险制度的决定》（国发〔1997〕26 号）、《国务院关于完善企业职工基本养老保险制度的决定》（国发〔2005〕38 号）等，均属行政立法范畴。行政立法本为抽象的信赖保护适用情形之一。事业单位养老保险制度的改革，意味着前一个行政立法的撤销或变更，被保险人从改革前的法律状态变更为改革后的另一法律状态，此时，当然有应否适用信赖保护原则的考量。养老保险制度"近年来因经社因素，尤其人口老化现象而有调整给付条件或水准之必要，也因而引发了另一种'期待保障'之议题，亦即可否调整此等要件或水准的议题。按此等议题与其说是期待保障的议题，勿宁说是信赖保护的议题"。②

事业单位现行退休养老制度从新中国成立延续至今，③ 因此，"存在信赖基础"这一要件的满足应毋庸置疑。对于事业单位退休养老制度而言，不能要求信赖表现是相对人基于信赖基础而为的具体处分行为，如据此谋划退休生活的积极行为以及消极行为，只要相对人对该制度具有相应的遵从或适应、将之作为职业选择的一项考量因素，即已满足信赖表现的"拟制"或"推定"。事业单位现行退休养老制度存续多年，事业单位人员对此制度下的养老权益当然抱有合理、正当的期待与信赖，对该信赖善意且无过失。综上，事业单位退休养老制度符合信赖保护原则适用要件，国家对因此而生的信赖利益不应恣意对待，随意更改。

另一方面，事业单位退休养老制度的改革，直接影响的是事业单位工作人员退休后的经济生活，这不仅涉及信赖利益，还与他们现时的财产权益密切相关。此次改革是以养老保险制度来替代国家财政的定额支付，事业单位人员应当按照自己的工资和法定费率缴纳养老保险费，这将导致当期劳动报酬的减少。而且，按社会保险法的原理，养老保险基金不足时当然是由国家来承担支付之最终保证责任，表面上看似乎事业单位人员不必承担基金财务风险，但由于他们需要按法定比例缴费，基金不足时，国家可以单方面决定提高缴费率，这无形中等于事业单位人员也要共同负担基金的财务风险。此方面的议题虽与本文论述有关，但是只要我们坚持退休养老制度的社会保险化，当期报酬减少和共担基金财务风险是所有民众、各类养老保险制度所面临的共同问题，应当以养老保险制度的科学设计和对养老保险基金的完善监管来实现公正并防范风险，所以

① 前揭，王贵松书，172～173 页。

② 郭明政：我国台湾地区"行政院国家科学委员会"专题研究计划"老年给付之期待保障"的结项报告，2003 年 12 月 30 日。

③ 虽然从 1994 年开始，部分省市陆续开展了事业单位养老保险改革的试点，但改革情况并不尽如人意，试点方案五花八门，试点地区也并未建立一个成型的事业单位养老保险制度。

本文于此不赘述。

（三）存续保护或者财产保护：养老保险改革中公私益的均衡

信赖保护成立后，需要进一步解决的问题就是采用何种信赖保护方式，而保护方式的决定因素则是公益与私益的权衡。[①] 信赖基础可能因事后的情势变化而不合时宜，当任其继续存在将对社会公益造成较大伤害时，究竟应维持原有秩序的安定以保护信赖利益，还是变动原有信赖基础以实现公益，这就涉及公益和私益之间的衡量。信赖保护的具体方式主要有两种：存续保护和财产保护。存续保护，亦称维持原状，是指当某行政行为相对人的信赖利益大于否定该行政行为的公共利益时，基于信赖保护，不得撤销、废止该行政行为或者对该行政行为作出不利于相对人的变更。财产保护，亦称价值保护，是指当某行政行为相对人的信赖利益小于否定该行政行为的公共利益时，该行政行为必须撤销、废止或变更，相对人的信赖利益因此遭受损失，基于信赖保护，必须给予合理的、等同于损失价值的财产性补偿。因此，财产保护方式避免了信赖利益和公共利益零和博弈的抉择困境。信赖保护方式并不排斥程序性保护，如听证、通知、申辩等，但从大陆法系国家立法来看，其往往限于立法有明文规定的特定情形。

1. 改革中的公益和私益

事业单位养老保险制度改革，作为国家养老保险政策之一，与众多社会成员的社会福祉相关，与国家在养老方面的责任和财政负担、社会公平有关，自然具有社会公益性。

事业单位工作人员在养老保险制度改革中的私益主要体现在两方面：养老待遇的下降和因缴纳养老保险费而致的负担增加。以深圳为例予以说明：（1）养老待遇上，深圳此前虽已有一些改革，但计算养老待遇时仍然沿用计划经济体制下的按工龄和退休前的工资来计算养老待遇的办法，待遇水平维持不变，只是发放的途径由原来财政全额支付改为由社保基金和财政共付。从《深圳市事业单位工作人员养老保障试行办法》的规定来看，尚不能计算出其养老待遇水平是增高还是降低，但其对事业单位养老保险采与企业一样的制度模式，即使考虑到职业年金，但由于该模式下基础养老金等是依据物价等因素进行调整，而此前的模式是依据在职人员工资水平等因素进行调整，再加之缴费进入个人账户的比例下降（在后文养老保险费缴纳中有详细数据），最终的养老待遇水平降低的可能性更大。而从全国的情况来看，城镇企业职工基本养老保险制度下，2008 年企业职工全国平均月退休金 1000 元多一点；全国 3000 多万事业单位职工，月均收入是企业职工的 1.8 倍，离退休费支出 1400 亿元，其中一半是财政拨款，一半是自筹；机关退休人员养老金水平是企业的 2.1 倍，全国 1000 多万职工，每年约 700 亿全额拨款。[②]（2）在养老保险费缴纳上，此前深圳机关事业单位的养老保险缴费标准为投保工资的 19%，其中 13% 进入个人账户，6% 进入统筹基金；当投保工资低于城镇职工上年度的平均工资时，个人缴纳 4%，财政（单位）缴纳 15%；反之，则个人缴纳 5%，财政缴纳 14%。而深圳城镇职工基本养老保险费缴费标准为员工缴费工资的 18%，其中 8% 为个人缴纳并进入个人账户，10% 为企业缴纳；同时还建立地方补充养老保险，缴费比例为员工缴费工资的 1%，由企业缴纳。因此，缴纳的养老保险费会有所增长。

2. 改革中公私益之间的衡量

（1）事业单位工作人员个人的养老权益与政府财政负担之间的衡量。一般而言，可用替代率衡量养老金的社会妥当性。替代率是指退休时的养老金领取水平与退休前工资收入水平之间的比

① 前揭，洪家殷论文。

② 中国社会科学院"中国社会状况综合调查"课题组：《2008 年中国民生问题调查报告》，http://www.china.com.cn/aboutchina/zhuanti/09zgshxs/content_17095610.htm，访问日期：2012-08-20。

率，是衡量劳动者退休前后生活保障水平差异的基本指标之一。我国目前事业单位工作人员的养老金替代率为80%～90%，单从数字来看，这确实太高，明显高于国际劳工组织《社会保障（最低标准）公约》规定的40%的最低替代率标准，也高于西方发达国家平均60%～70%的替代率。但实际的差距并非有如此之大，毕竟在我国国情之下还有其他影响替代率的因素。例如，我国与西方发达国家恩格尔系数（家庭食品消费支出占家庭消费总支出的比重）有较大差距，2008年我国城镇居民的恩格尔系数约为37%，而西方发达国家均在30%以下，根据中国社科院课题组2007年的调研数据，“按照相关国际标准，城乡家庭生活达到富裕水平（恩格尔系数在30%以下）的住户占39.1%，达到比较富裕水平（恩格尔系数30%～39%）的占20.8%，达到宽裕水平（恩格尔系数40%～49%）的占18.0%，温饱及贫困（恩格尔系数在50%以上）家庭占22.1%”；[①] 同时，由于我国医疗保障水平较低，医疗支出中个人承担的比例仍然较大，养老金中用去医疗开支的比例也远高于西方发达国家。

据屡被媒体报道的数据，截至2005年年底，全国事业单位总计125万个，涉及教科文卫、农林水、广播电视、新闻出版等多个领域，工作人员超过3035万人，是国家公务员的4.3倍，占全国财政供养人数的近80%。而我国事业单位离退休人员养老金年支出也由1990年的不足60亿元增至如今的远超千亿。[②] 根据第六次全国人口普查数据，全国60岁及以上老年人口17765万人，占总人口的13.26%，其中65岁及以上人口11883万人，占总人口的8.9%。[③] 我国面临严重的老龄化趋势。若以国家财政对事业单位离退休人员养老金的支付水平，乘以庞大的老龄人口，其养老金总额是政府财力根本无法负担的。2012年再次对是否延迟退休年龄、企业职工养老保险是否存在巨大缺口的激烈社会讨论，实际均隐含着政府财力难以应对养老需求的担心。

因此，现行事业单位养老制度不具有可持续发展性，养老金替代率有下降空间，面对日益严重的老龄化趋势和“未富先老”的国情，事业单位养老保险制度改革在内的养老保险制度的完善势在必行，刻不容缓。

（2）事业单位退休人员群体与社会各群体之间的衡量。如前文所述，城镇企业职工基本养老保险制度下，2008年企业职工全国平均月退休金1000元多一点，事业单位职工是企业的1.8倍，机关退休人员是企业的2.1倍。还有论者认为该差距更大：“机关事业单位，用财政收入为机关事业单位的工作人员支付养老保险金，而退休后拿到的退休金却是普通人的3～5倍。”[④] 城镇企业职工在基本养老保险中，需要按自己工资的8%左右缴纳保险费，所在企业按全部职工工资总额的20%左右缴纳保险费，而机关、事业单位的工作人员根本不用自己缴费或缴费较少。权利义务明显不对等，毫无公平正义可言。

更为重要的是，占我国人数更多比例的是农民。大多数农民的养老所能依靠的依然是落后的家庭保障、土地保障，农村养老保险制度还处于初创阶段，已建立的农村养老保险的水平很低，即使如此，农民参加农村养老保险时还是需要缴纳一定的保险费。在城镇企业工作的农民工更具可比性，仅仅因为他们的户籍是农业户口，要么所在企业根本未为他们参加养老保险且工资并不

---

① 中国社会科学院“中国社会状况综合调查”课题组：《2008年中国民生问题调查报告》，http://www.china.com.cn/aboutchina/zhuanti/09zgshxs/content_17095610.htm，访问日期：2012-08-20。

② 南方周末：《事业单位人员养老金将大幅下降至企业水平》，http://www.infzm.com/content/23223，访问日期：2011-12-23。

③ 民政部门户网站：《民政部发布2010年社会服务发展统计报告》，http://www.mca.gov.cn/article/zwgk/mzyw/201106/20110600161364.shtml，访问日期：2011-06-16。

④ 贾玥：《试点省市养老保险改革4年无实效推向全国遇阻力》，http://chat.sz.net.cn/zt/2012lylbx/news12061301.html，访问日期：2012-08-20。

因此而增加，要么虽有已建立的农民工养老保险制度可供参保或可参加城镇职工基本养老保险，但也是低缴费、低待遇。当然，与城镇居民相比，农民有承包地可种，存在土地保障之适用。但是，农地使用受到严格限制，农业生产的低附加值特性决定了农地农用的收益并不高，土地保障的作用范围极为有限。有些人一提及农村社会保险制度的建立，无论是养老保险还是其他社会保险，本已作用有限的土地保障却总被屡屡惦记，土地真能“保障”农民吗？

横向比较，相对于农民、企业职工群体，机关、事业单位工作人员群体的退休金制度显得十分“奢侈”。农村社会保险制度的建立，更需要国家财政的大力扶持。打破身份歧视，实现公平正义，需要我国养老制度予以整体反思，统筹规划，未雨绸缪，改革越早越主动。

(3) 代际之间的衡量。这一代的人负担较少义务却享有较高待遇，而将其应尽义务转移至下一代的人承担；或者这一代的人负担较多义务却享有较低待遇，而让下一代的人来享受成果，都会形成代际之间的不公平。养老保险涉及人数众多，平均余命会不断延长，降低这一代人的养老保险缴费，少缴的缺口必然需要后来加入者去填补，只会构成下一代人的沉重负担，如果不妥当予以解决势必导致严重社会后果，这一问题在老龄化趋势不断严重的我国会更为显性化。机关、事业单位工作人员只享受养老待遇而不尽义务或者少尽义务的现行制度，是贻害子孙的制度，形成的历史包袱将耽误我国几代人的福祉。

3. 公私益均衡之下改革的走向：财产保护

公私益衡量的结果，无疑应当变动原有信赖基础以实现公益。如前文所述，信赖保护并非意味着养老保险制度只能一成不变，“基本上，德国的学术、立法与司法实务虽认为此等调整仍与信赖保护原则有关，因此并不能给予任意调整，但基于社会国必也与时俱进，更需适时调整的基本前提，（换句话说，社会国乃是一种程序）合理的调整并非不能”。①

改革的原因还在于，养老权利的保障包括领取养老金的请求权保障和养老的制度保障，请求权保障以养老制度完备、可持续发展为基础，否则请求权保障徒有虚名。否则，请求权行使的结果，要么得到一纸不可执行的债权凭证，要么领取的养老金对退休生活根本无济于事。就此意义而言，养老制度自身的完善和健全应置于优先考虑的地位，毕竟一小块面包也比一张大大的画饼更具有实质保障价值。同时，从国外养老制度的立法经验来看，养老制度总会因情因势而修正。以社会力量维持老年人的经济生活需要庞大的社会经济资源，如果没有完善的制度建设，在人们习以为常并过度依赖后，很容易拖垮国家财政，甚至使整个制度濒临破产，而人的认识总是不断深化的，所以养老制度需要随着经济发展及社会变化而不断修正。

但事业单位养老保险制度应当改革并不意味着可对其中的私益不闻不问，对改革中私益的适当保障既符合经济学关于社会转轨成本应由国家承担的理论，也是法学中信赖保护原则的要求。信赖保护原则在立法上的表现，并非限制立法机关不得变更既有的法律，而是要求立法机关在变更法律制度时，即便因为变更后的公益大于信赖保护的私益，国家也应有合理的过渡期间或补偿等配套措施，即通过财产保护方式让民众可以调整适应新法律的变动，以保障民众对于政府的信赖。

深圳事业单位养老保险改革试点，至少有两处是明显败笔。一是 2012 年 4 月通过、5 月公布的政府规章怎么能够溯及至公布前两年的 2010 年 7 月 13 日开始生效？对于公布日之前、溯及日之后参加工作的人员而言岂不是开了个天大的玩笑？该规章的溯及既往明显与信赖保护相悖。二是其仅仅对 2010 年 7 月 13 日后新工作的人员有效，实行“老人老办法、新人新办法”。作为对

---

① 前揭，郭明政研究报告。

照，企业职工养老保险改革时却是实行“老人老办法、中人有过渡、新人新办法”①。从信赖保护而言，对于“老人老办法”，由于改革时“老人”已退休并享有养老待遇，此时套用新制度只会徒增困扰且无实益，既然“老人”仍适用老制度，其养老待遇不会发生任何变化，信赖保护无从谈起。对于“新人新办法”，由于改革后“新人”才参加工作，此时新制度已然设立，其选择加入时应已作出了职业考量，无论新制度如何均应概括承受，信赖保护也无从谈起。如上所述，事业单位养老保险制度改革中，信赖保护的方式应当是财产保护而非存续保护，深圳试点将“中人”也仍适用老制度，这是不应当采取的存续保护。如此，必将损及改革中的公益，挤压了新制度发挥作用的时间和空间，降低了改革的必要性，这绝非信赖保护之本旨。采用财产保护方式的正道，即是“中人有过渡”中所指的种种过渡措施，如过渡性养老金、视为缴费年限等。

三、事业单位养老保险制度改革中的国家责任和穷困抗辩

（一）养老保险改革中的国家责任

国家应当尽可能地提供老年人经济安全方面的基本保障，这不仅是其生存权本质所决定，也是其社会保障权的当然内容。“只有在充分的‘社会保障’的基础上——同时有精神自由——人们的人格才能得到公平发展。”②“退休制度的建立，有利于保障公民在年老丧失劳动能力的情况下，通过国家的积极帮助，继续享受健康的生活方式，不因为客观生理发展规律而丧失有尊严的生活。因此，退休权对维护人的尊严具有至关重要的作用，是作为一个人的宪法上主体地位的体现。”③ 1948 年《世界人权宣言》首次在立法上将社会保障权明确纳入人权范畴，其第 22 条规定：“每个人，作为社会的一员，有权享受社会保障”。同时，第 25 条第 1 款还涉及社会保障的多种形式，该条规定：“人人有权享受为维持他本人和家属的健康和福利所需的生活水准，包括食物、衣着、住房、医疗和必要的社会服务；在遭到失业、疾病、残废、守寡、衰老或在其他不能控制的情况下丧失谋生能力时，有权享受保障。”1966 年《经济、社会及文化权利国际公约》第 9 条也明确：“本公约缔约各国承认人人有权享受社会保障，包括社会保险。”④《中华人民共和国宪法》第 44 条规定：“国家依照法律规定实行企业事业组织的职工和国家机关工作人员的退休制度。退休人员的生活受到国家和社会的保障。”社会保障权属于人权，关于人权的内容或范围，被频频引用的说法，是 1979 年时任联合国教科文组织人权与和平处处长的法国法学家卡雷尔？瓦萨克（Karel Vasak）提出的三代人权说。按其观点，社会保障权属于第二代人权，其追求一类或一个群体的人的权利，国家角色被定位为福利国或社会国，要求国家以积极作为促进这些权利的实现。因此，宪法对社会保障权的规定，其法学意义不仅在于使之免受公权力或第三人的侵害（防卫权或消极方面），更在于督促政府实施相应积极行为（积极方面），从而实现个人自由、发展人格及维护尊严。所以，国家在事业单位退休养老制度上具有不可推脱的国家责任。

一般而言，社会保险方面的国家责任主要包括财政支持、行政监督与公共服务，事业单位养老保险制度改革中国家责任同样如此。但需要进一步探讨的是，在这些国家责任中，事业单位养老保险制度改革尤其需要注意哪些问题？既然事业单位养老保险制度与城镇企业职工养老保险制

① “老人”是指改革时已经退休的人员，“中人”是指改革前已参加工作但改革后才退休的人员，“新人”是指改革后才参加工作的人员。

② ［德］霍尔斯特·杰格尔著，刘翠霄译：《社会保险入门——论及社会保障法的其他领域》，1 页，中国法制出版社，2000。

③ 夏正林：《论退休权的宪法保障》，载《法学》2006 年第 12 期。

④ 胡志强著：《中国国际人权公约集》，6、250、254 页，中国对外翻译出版公司，2004。

度仅仅是业务分立、内涵一致、模式相同，则后者若干年实践的经验和教训有助于厘清这一问题。当前城镇企业职工养老保险制度最大的问题就是养老金存在巨大缺口、个人账户长期“空转”。而造成这些问题的直接原因在于，让企业职工养老保险基金担负了企业职工养老的历史债务。例如，对于原来未有任何缴费但现已退休职工的养老金完全由基金支付；又如，原在机关事业单位工作的人员转到企业后，原工作年限视同缴费年限，虽实际并无相关缴费但其退休后基金仍需相应多支出等。个人账户的钱因此而被“正当”挪用。产生这些问题的根本原因在于国家财政投入不足，国家责任于此缺位。① 由于个人账户体现的是积累制保险模式的特点，而积累制模式最大缺陷在于难以避免、难以应对通货膨胀，因此其保值增值的任务尤为重要，个人账户不“做实”会使这一制度设计彻底失败。所以，事业单位养老保险制度改革中，国家财政不能让其重蹈覆辙，历史包袱应由财政补足。由此引发了另一个深层次的问题：国家能否以财力有限、国家穷困为由，暂缓拨款或只是部分拨款？这属于“甩历史包袱”。同样，国家能否仅仅借口国家穷困而降低事业单位养老保险待遇？这属于“甩现实包袱”。

（二）养老保险改革中“穷困抗辩”之省思

法学中确实存在所谓“穷困抗辩”，即法律关系主体因处于穷困境地，其全部或者部分义务可得以延缓、减少或免除，穷困者从而能以其穷困来抗辩义务履行之请求权。穷困抗辩所指穷困应为一种暂时性的状态，因为其原理在于避免穷困者因一时义务之履行而危及其生存或存续。若持续、长期处于穷困，穷困者若为法人、非法人等组织，就应当清算解散而不得继续存续，其主体资格不复存在；穷困者若为自然人，也应因而受到若干限制，包括自然人破产、禁止奢侈行为等。以穷困作为义务不履行或不完全履行的抗辩，必须具有事实性，穷困抗辩“乃系基于事实上之不得已之措施，而非法律规范所致之应然。盖因‘一时之穷困’，乃属不得已之情况；穷困亦非属人人所希望者。法律不外人情，法律既不能不顾现实，亦不能改变事实”。“此外，正因‘穷困抗辩’之事实性，其援引必须确有穷困之情况，否则，根本无由主张。”穷困抗辩属于一种例外原则与补充性原则，“国家依据‘穷困法则’所生之‘穷困抗辩’，本质上仅具有‘暂时性’或‘过渡性’。因此，主张‘穷困抗辩’者，仅能发生暂缓给付或暂缓一定给付之效果而已。换言之，‘穷困抗辩’具有法效之限制”。② 由于其法效限制，国家主张穷困抗辩时必须同时明确过渡时期以及相应的补救措施。国家在企业职工养老保险中，面对养老保险基金的巨大缺口，让基金营运机构转持若干国有企业股份，可视为补救措施。具体到事业单位养老保险制度改革中，国家若要主张穷困抗辩，必须先证明其穷困事实的真实存在。目前我国财政预算、决算状况是不足以承担此种证明责任的，时常见诸报端的公款旅游、公款吃喝等公款消费，无任何实益的政府行为的公款浪费……更是其反证。因此，国家若无财政收支信息的详细、深度公开，就不能适用穷困抗辩。养老保险基金的收缴、管理、营运依附于政府机关或受其影响巨大，故国家也应公布相关资讯，接受利益相关人的质询与监督。

所幸的是，我们似乎无须杞人忧天，人力资源和社会保障部副部长胡晓义指出：“说到事业单位养老保险制度改革，今年春天有一些误传和误解，一条认为事业单位改革是为了财政甩包袱。另一条认为事业单位养老保险制度改革是大幅度降低事业单位退休人员的退休待遇水平。关

① 制度设计有欠科学、实施不力也是一个重要原因。例如，养老保险的缴费费率看起来非常高，但缴费工资并不以被保险人的实际工资或工资总额为计算基数，而是比之低了很多的基本工资或基础工资（这已成为我国普遍存在的缴费潜规则，个别地方立法竟对此还明文肯认），如此一来养老基金的来源自然受到极大约束，难以体现高收入者和低收入者共担社会风险的原理。

② 参见蔡志方：《论时效取得公用地役关系之国家责任与穷困抗辩》，载《新世纪经济法制之建构与挑战——廖义男教授六秩华诞祝寿论文集》，元照出版公司，2002。

于这两条，我可以非常负责任地说，都是误解的。无论中央财政和地方财政，从来没有削减事业单位投入的安排，只是说根据事业单位科学分类的要求，科学调整投入的机制。所以说，为了财政用包袱，这是没有根据的。二是说要大幅度降低退休人员待遇水平，我认为也是没有根据的。”①

我们还迫切需要改变一个思想上的误区：作为发展中国家的我国，没钱或没有足够的钱花在社会保障上。我国需要花钱的地方确实很多，但是，除了马克思所描述的美好的共产主义社会之外，哪个国家、哪个社会“钱”会多得花不完?！任何国家在特定时期的财政收入总是有限的，应当竭力使有限的财政收入“用”得其所，这既是法治国的应有之义，更是每一纳税人的正当权利，也是温家宝同志屡次强调实行公共财政的用意所在。2009年，在我国举行的首届全球智库峰会上，国家统计局局长马建堂坦承：“2008年中国社会保障支出占中央政府支出比重为7.5%，低于德国的55.5%，加拿大的45.6%，美国的30.2%。”② 由此可见，国家在事业单位养老保险制度改革上并无穷困抗辩之适用条件，国家财政应消解事业单位养老保险制度历史包袱、保障单位缴费部分（含基本养老保险与职业年金）的足额拨款。

四、公务员养老保险制度的改革时机和平等原则

平等原则为人共知，其基本要义在于“等者等之，不等者不等之”。相同情况应当同等对待，差别对待只能建立在本质、内在的区别之上。因此，在对待事业单位工作人员和公务员养老保险制度时，二者是否具有实质性的内在区别是改革时必须考虑的问题。更何况二者原本适用同一制度。

按目前我国事业单位养老保险制度改革的设想，其以事业单位分类为基础，行使行政职能的事业单位参照公务员制度管理，退休养老制度按公务员执行；未担负任何行政职能和公共服务职责的事业单位实行企业化管理，退休养老按企业职工养老保险制度执行；担负公共服务职责的公益性事业单位，实行改革后的事业单位养老保险制度。根据改革设想，公益性事业单位之下还有细分，如第一类的负有义务教育职责的中小学校，第二类的高等教育机构等。疑问由此丛生：大学和中小学在社会公益上存在何种不同？社会公益难道在教育上体现了不同的层次性？恐怕只有财政拨款不同罢了！在养老保险上体现为养老保险费的来源有所不同而已。考虑到各地正在建立的新型农村社会养老保险制度、农民工养老保险制度、城镇居民社会养老保险制度等，我国养老保险制度是否类型太多，并会导致管理成本升高？等者等之，不等者不等之，除了保险费来源、每个人缴费数额不同，并因此导致养老保险待遇数额不同之外，其他大体相同，而这些不同也是能在同一制度或规则下解决的，所以建立统一的养老保险制度（即基本养老保险国民化）为大势所趋。事业单位养老保险制度独立于企业养老保险制度之外未见其妙，二者合一，分账计算，只要国家财政能消解事业单位养老保险的历史欠账，保障基本养老保险和职业年金中单位的缴费，事业单位工作人员养老保险待遇大体不会降低，运转也不成问题，自然也不会引起相关人员的反弹，这也能为将来建立全国统一的养老保险制度奠定坚实的基础。

事业单位养老保险制度改革确有必要，不管的前文所分析的公益原因，还是为了实现“单位人”向“社会人”的转轨，建立统一的人力资源市场等原因，而这些原因在公务员养老保险制度

① 中央政府门户网站：《事业单位养老改革不会大幅降低退休人员待遇》，http://www.gov.cn/zxft/ft177/content_1337558.htm，访问日期：2009-06-11。

② 肖明：《居民消费率低收入分配改革五路出击》，载《21世纪经济报道》2009年7月7日。

改革上同样存在，即二者改革的必要性、基础是相同的。若国家能够明确揭示出公务员养老保险制度改革需延迟的原因，当然可与事业单位养老保险改革分步进行，否则“等者等之”是其必然的逻辑结果。

对于养老保险制度此等涉及广大民众重大利益和整个国家资源分配的立法或改制，按国外法学所谓“议会保留”或“法律保留”原则，应由全国人大以法律的形式作出规范，由行政机构在法定规范下运行。考虑到我国社会保险立法滞后，社会保险制度处于起步阶段，《社会保险法》宜明确对国务院此方面的授权。按现行做法由国务院对养老保险予以规定，具有相对合理性。但由国务院对事业单位养老保险制度进行行政立法，无论其出发点如何，仅对原来与公务员适用同一退休养老制度的事业单位工作人员进行利益调整，而公务员退休制度却暂时按兵不动，就难免有瓜田李下之嫌。政府应当以其开诚布公来厘清民众的质疑。

五、余论

从深圳的改革试点，对于事业单位养老保险制度改革，我们或可展望如下：

第一，此次改革的目标应当是塑造事业单位养老保险的新机制，使之与现行的城镇企业职工养老保险制度内涵相合，制度模式相同，即所谓“并轨”，养老待遇水平的调整并不是此次改革的重点。

第二，从事业单位养老保险具体制度安排来看，国家或各试点地方政府将通过“基本养老金”加“过渡性养老金、职业年金”的方式来保证养老待遇大体不变。

第三，事业单位、企业职工在养老保险待遇水平上，制度性差距仍将长期存在。将来即使实现基本养老保险国民化，由统筹基金支付的基础养老金将会趋于一致。个人账户养老保险金因与缴费的多少与时间长短正相关，虽然待遇有差别却也合情合理。唯一让人忧虑的是职业年金（即单位补充保险，按法律规定其无强制性，由各单位自愿决定是否建立），财政拨款的事业单位由于有财政作支撑，人人享有职业年金应无问题，而企业多数未建立企业年金保险，在年金全民化之前，这一制度性差距不可能消除。当然，财政部分拨款和不拨款的事业单位，如公益二类事业单位、企业化的事业单位，将和企业一样面临相同的问题。

第四，国家应利用我国经济快速增长的优势，主要通过养老方面的增量投入调整养老制度中不合理的差别待遇问题。详言之，改革后事业单位工作人员养老金的金额会大体不变，但可能说不上增长，或即使增长也是“小步慢走”，将来事业单位养老金替代率或待遇水平会逐步下降，农民、企业职工则会有较大提升，不同群体人员之间的差距会不断趋小，这也是从“单位人”到“社会人”转轨的必然。

实现我国财政教育投资公平分配的财税法思考[①]

吴太轩*

目　次

我国科教兴国战略和全面建设小康社会奋斗目标的全面实施，以人为本、全面、协调、可持续科学发展观的深入贯彻落实，都以教育的发展和科技的进步为前提。《国家中长期教育改革和发展规划纲要（2010—2020年）》指出，“到2020年，基本实现教育现代化，基本形成学习型社会，进入人力资源强国行列”，“实现更高水平的普及教育、形成普及全民的公平教育、提供更加丰富的优质教育、构建体系完备的终身教育、健全充满活力的教育体制”。要实现这一宏伟目标，除要广泛动员各种社会资金投入教育外，财政资金加强对教育的投入及公平配置具有至关重要的作用。改革开放以来，我国财政教育投资[②]虽增长较快，教育事业得到长足发展，但是，我国财政教育投资在总量投入及内部分配上存在一系列问题，不仅影响《国家中长期教育改革和发展规划纲要》目标的实现，还将影响我国教育事业的健康发展和改革成果的公平分享。因此，有必要剖析我国财政教育投资存在的问题，探究其对策，实现我国经济与社会包容性增长。

一、我国财政教育投资的现状考察

通过对相关统计数字的调查和分析，可以看出我国财政教育投资存在以下问题：

（一）财政教育投资总量不足

在对我国财政教育投资的总量投入进行考察与分析时，可以选取教育投资总量及其增长率、财政教育投资总额及其增长率、教育投资总额占GDP的比重、财政教育投资占GDP的比重这几

---

① 基金项目：2012年度重庆市教委人文社科研究重点项目“统筹城乡教育发展的法制研究——以重庆市为例”（12SKC03）；重庆市社会科学规划项目“重庆市城乡收入差距问题研究——基于制度偏向的视角”（2010YBFX30）。

* 西南政法大学副教授，硕士生导师，法学博士。

② 财政教育投资是指投入教育领域的各种财政性资金的总和，包括预算内教育经费、学费和杂费及各种税费减免、各种专项资金等。

个指标作为参照，得出表1。

表1 2000—2009年我国教育投资总体投入情况

年份	教育投资总量（亿元）	教育投资总量增长率（%）	财政教育投资总额（亿元）	财政教育投资总额增长率	国内生产总值（GDP）（亿元）	教育投资总额占GDP的比重（%）	财政教育投资占GDP的比重（%）
2000	3849.08	14.93	2562.61	12.04	99214.6	3.88	2.58
2001	4637.66	20.49	3057.01	19.29	109655.2	4.23	2.79
2002	5480.03	18.16	3491.40	14.21	120332.7	4.55	2.90
2003	6208.27	13.29	3850.62	10.29	135822.8	4.57	2.84
2004	7242.60	16.66	4465.86	15.98	159878.3	4.53	2.79
2005	8418.84	16.24	5161.08	15.57	183217.4	4.60	2.82
2006	9815.30	16.59	6348.36	23.00	211923.5	4.63	3.00
2007	12148.07	23.77	8280.21	30.43	257305.6	4.72	3.22
2008	14500.74	19.37	10449.63	26.20	300670	4.82	3.33
2009	16502.71	13.80	12231.09	17.05	340507	4.85	3.59

（数据来源：教育部、国家统计局、财政部2000—2009年全国教育经费执行情况统计公告。）

由上表可以探知，进入21世纪以后，我国的财政教育投资有了较快增长，财政教育投资总额由2000年的2562.61亿元增长到2009年的12231.09亿元，财政教育投资占GDP的比重由2000年的2.58%上升到2009年的3.59%（见表1）。虽然近几年我国财政教育投资总额有了较大增长，但是迄今为止，我国仍未达到1993年《中国教育改革和发展纲要》提出的国家财政性教育经费的支出占GDP的比例应该达到4%的要求。国际上一般用财政教育经费占GDP的比重来衡量一个国家对教育事业的重视程度，进而评价该国在多大程度上提供了与该国经济和社会发展相适应的公共教育产品。我国财政教育经费占GDP的比重从未达到4%，只是在2012年的预算安排中，中央财政已按全国财政性教育经费支出占国内生产总值的4%编制预算，因此总体而言，我国的财政教育投资比例偏低，难于满足经济、社会发展对教育的需求。

我国这种财政教育投资不足的情况在与国际社会进行比较的时候表现得更为明显。从财政教育经费占GDP的比重来看，据表2所示：直到2000年，我国的该比例才达到2.58%，而早在1990年阿根廷的该比例就达到了10%，蒙古在1990年更是达到了惊人的12.3%，虽然蒙古近年该比例有些下降，但是在2004年仍然达到了5.65%，因此我国和这些国家相比，政府对财政教育投资的重视度相差甚远。即使和世界平均水平相比，我国的差距也较为明显。早在1990年，财政教育经费占GDP比重的世界平均值就达到了4.9%，到1995年，该比例更是上升到了5.2%，而我国财政教育投资占GDP的比重从未达到4%。由此可见，我国财政教育投资占GDP的比重不仅远低于发达国家，而且低于中等收入国家的平均水平和世界平均水平。通过对数据的比较，显示了我国财政教育投资与大多数国家相比是明显不充足的。

表2　主要国家财政教育投资占GDP的比重（%）

	1990	1995	2000	2001	2002	2003	2004	2006
世界	4.9	5.2		4.4		4.70		4.6
高收入国家				5.5		4.54		5.33
中等收入国家				4.3		4.50		4.51
低收入国家			3.2					
中国	2.3	2.32	2.58	2.79	2.90	2.84	2.79	3.00
印度	3.7	3.1	4.1			3.26		3.25
伊朗	4.1	4.1			4.9		4.81	5.12
蒙古	12.3	6.3			9.0		5.65	5.25
泰国	3.6	4.1	5.2				4.19	4.23
美国	5.1		5.7	5.8	5.7	5.86		5.33
阿根廷	10.0	3.6	4.6			3.54		3.78
巴西		5.0	4.3		4.15			4.01
法国	5.3	6.0			5.7	6.02		5.70
德国		4.7	4.53	4.6	4.77	4.77		4.58
意大利	3.1	4.6		5.0		4.87		4.47
荷兰	5.7	5.0		5.0		5.33		5.26
波兰		4.9		5.6		5.81		5.48
俄罗斯联邦	3.0	3.6		3.1		3.68		3.77

（资料来源：世界银行数据库。）

（二）财政教育投资的地区分配存在较大差异

改革开放后，中央逐渐放权。1986年颁布的《中华人民共和国义务教育法》把中央为主的教育管理责任和财政责任向地方政府下放，确立地方负责、分级管理的教育管理体制，教育筹资方式也由过去单一的国家财政拨付改为多元化的筹资体制。如此一来，地方政府更多地承担起教育投入的责任。由于我国区域经济发展的差距较大，各地的财政收入存在较大的差距，导致各地财政教育投资的差距也较大，主要表现为：

第一，从小学、初中、高中、大学的年生均经费来看，东、中、西部呈现出较大的区域差异。从小学生均经费来看，2005年东部地区小学生均经费为2440元，而中西部地区小学生均经费只有1400元，低于东部地区1000元以上；东部地区初中生均经费为3070元，但中西部地区初中生均经费只有1670元，比东部地区低1400元。[①] 同样，高中、大学也存在东、中、西部生均经费分布不均的现象。

第二，教育经费除了表现为东、中、西部之间的差距外，省际差距也比较明显（见表3）。从2009年各省生均预算内公用教育经费来看，普通高等学校生均教育经费支出最高的是北京，其经费为19828.66元，最低的省份是河北，其经费为1086.22元，两者相差18倍多；中等职业学校

① 数据来源于中国教育统计年鉴。

预算内公用教育经费最高的是北京，其经费为 6525. 69 元，最低的省份是湖北，其经费为 439. 98 元，二者相差 14 倍多；普通小学生均预算内公用教育经费最高的还是北京，其经费为 4722. 87 元，最少的是贵州，其经费为 439. 49 元，两者相差 10 倍多；普通初中生均预算内公用教育经费最高的是北京，其经费为 6352. 23 元，最低的是贵州，其经费为 624. 13 元，两者相差 10 倍多；普通高中生均预算内公用教育经费最高的是北京，其经费是 6994. 58 元，最低的还是贵州，其经费是 369. 67 元，两者相差近 19 倍。由此可见，我国的财政教育投资不仅在东、中、西部存在较大的差距，在省际之间的差距更加明显。

表 3　2009 年省际生均预算内公用经费对照表　　单位：元

地区	普通高等学校	中等职业学校	普通小学	普通初中	普通高中
北京	19828. 66	6525. 69	4722. 87	6352. 23	6994. 58
天津	4820. 81	1352. 36	1144. 08	1689. 62	1807. 56
河北	1086. 22	513. 64	689. 53	989. 82	701. 21
山西	1670. 54	878. 86	832. 20	1208. 41	868. 00
内蒙古	2621. 41	1330. 93	1141. 08	1669. 06	1243. 23
辽宁	1912. 14	2880. 46	998. 76	1532. 85	769. 45
吉林	2333. 22	1338. 85	1208. 72	1749. 11	1147. 62
黑龙江	1534. 85	1413. 26	813. 25	1086. 33	1171. 52
上海	10679. 17	3726. 25	3483. 12	4495. 26	4107. 46
江苏	4173. 32	616. 22	689. 08	864. 03	496. 90
浙江	3109. 79	1621. 09	792. 66	1072. 22	1073. 62
安徽	1326. 59	464. 13	609. 38	920. 06	453. 82
福建	3014. 64	872. 56	681. 58	949. 86	620. 62
江西	1544. 50	625. 72	646. 95	1099. 63	565. 28
山东	1128. 31	753. 87	573. 47	1011. 90	576. 30
河南	1625. 92	840. 09	573. 32	932. 93	558. 22
湖北	1473. 63	439. 98	652. 44	1121. 94	397. 69
湖南	1463. 52	598. 51	840. 30	1522. 89	530. 77
广东	5235. 49	2143. 74	652. 87	899. 23	1281. 70
广西	1978. 94	1319. 76	453. 28	727. 95	430. 25
海南	2294. 70	1873. 94	878. 95	1543. 84	1069. 11
重庆	2786. 35	1052. 51	853. 23	1249. 99	973. 28
四川	2386. 99	892. 39	629. 34	933. 71	401. 54
贵州	2609. 70	739. 47	439. 49	624. 13	369. 67
云南	5151. 27	1400. 26	584. 91	995. 32	876. 71
西藏	4279. 24	1052. 86	1187. 31	2200. 34	824. 76
陕西	2273. 70	1183. 51	1140. 47	1732. 43	829. 68
甘肃	1898. 26	1009. 76	781. 16	1250. 75	719. 44
青海	1700. 54	1477. 14	1235. 14	1630. 56	1278. 63
宁夏	4699. 20	1587. 47	777. 41	1763. 65	2268. 76
新疆	2973. 25	1438. 28	1122. 87	2483. 64	1923. 02

（资料来源：教育部、国家统计局、财政部《2009 年全国教育经费执行情况统计表》。）

(三) 财政教育投资的城乡分配仍不均衡

从表4城乡之间预算内生均事业费比较来看，2001—2008年间，虽然不论普通小学预算内生均事业费，还是普通中学生均事业费，城乡间预算内生均事业费的差距正在缩小，城市普通小学与农村普通小学预算内生均事业费之比从2001年的1.171下降到2008年的1.053，城市普通中学与农村普通中学预算内生均事业费之比从2001年的1.245下降到2008年的1.073，这反映了政府为缩小城乡教育差距，在财政教育经费的投入方面作了一定的努力。但是，城乡之间财政教育投资仍然存在较大差距，造成城市与农村之间无论是校舍、教学设备等硬件条件还是师资等软件条件都存在较大差距，农村地区学生接受教育的外部条件明显弱于城市地区的学生。

表4　城乡之间预算内生均事业费比较　　单位：元

年份	普通小学			普通中学		
	城市	农村	城乡比	城市	农村	城乡比
2001	645	551	1.171	817	656	1.245
2002	813	708	1.148	961	796	1.207
2003	932	810	1.150	1052	872	1.206
2004	1129	1014	1.113	1246	1074	1.160
2005	1327	1205	1.101	1498	1315	1.139
2006	1634	1506	1.084	1897	1712	1.108
2007	2207	2084	1.059	2679	2433	1.101
2008	2758	2618	1.053	3543	3303	1.073

(数据来源：《全国教育经费执行情况统计公告》2001年至2008年，中国教育经济信息网。)

(四) 小结

上文对我国财政教育投资统计数字的考察显示，尽管改革开放以来我国的教育公共投资有了显著增长，但是财政教育投资占GDP的比重与世界上大多数国家相比，仍然偏低，显示出财政教育投资的总体投入不足；而且，从有限的财政教育投资的分配来看，还呈现出明显的地区差距、城乡差距，财政教育投资的分配很不均衡和公平。财政教育投资是公共教育投资的主要来源，财政教育投资的不均衡将直接导致教育发展的不均衡。教育是影响收入分配差距的重要因素，比较教育学家诺亚和埃克斯坦的实证研究指出："教育水平发展相对高于经济发展水平，相应地这个国家人口质量就较高，对社会经济的促进作用就快；教育发展水平相对低于经济发展水平的国家，相应地这个国家人口质量就较低，对社会经济的促进作用就慢。"① 因此，教育获得的不平等将对收入分配差距产生重要的影响，教育分配的平等化将有利于收入分配的均等化。而调控收入分配差距，实现经济包容性增长和社会和谐发展一直是近年来党和政府所努力奋斗的目标。因此，研究财政教育投资的公平分配对策，就具有重要的理论和现实意义。

二、财政教育投资公平分配的经验借鉴

通过考察美国、日本、韩国等一些教育事业发展比较迅速的国家在保障财政教育投资公平分配方面的做法，可以探知这些国家的如下经验值得借鉴：

① 冯增俊著：《比较教育学》，179页，江苏教育出版社，1996。

（一）通过立法保证财政教育投资来源稳定和公平分配

鉴于法律的权威性与稳定性，保证财政教育投资稳定来源和公平分配的最有效手段就是立法。因此，许多国家通过立法对财政教育经费的投入及分配予以规定。发达国家的教育立法，大多载有提供相应经费的明确规定。比如美国发达的教育，与其健全的教育立法密切相关。美国从1776年建国伊始就十分重视教育财政投入立法，注重教育财政投入法制保障建设，并随着经济的发展、国家财政规模的扩大予以充实和修改，使之臻于完善。在美国联邦层面，颁布了许多与财政教育投资有关的法案。从1862年的《莫雷尔法案》、1958年的《国防教育法》、1963年的《职业教育法案》、1965年的《初等和中等教育法》、1965年的《中小学教育法案》、1965年的《高等教育法》、1968年的《教育总则法》、1974年的《特殊教育项目法》、到1979年的《教育部组织法》、1984年的《卡尔——帕金斯职业教育法案》、1990年的《残疾儿童教育法案》，美国联邦层面与财政教育投资有关的法律法规就有几十项。随着联邦教育法律的不断问世，联邦授权拨款也相应地增加。美国州的教育财政投入也主要通过法律形式确定。州法律可确定地方学校收税的资格并规定其收税的最高限制，这样，就确保了州教育经费的来源。① 另一个发达国家——日本对教育投资采取了国库负担制度和国库补助制度等，通过立法明确了中央政府对于教育投入的责任。战后，日本制定《教育基本法》（1947年），规定义务教育财政投入的本质问题；制定了《义务教育经费国库负担法》（1952年），保证义务教育财政的投入；制定《公立学校设施费国库负担法》（1953年），扩充国库负担补助制度；制定《地方交付税法》（1954年）将地方财政平衡交付金改为地方交付税，确保义务教育投入来源；制定《偏僻地区教育振兴法》（1954年），推行国库补助制度，② 保障偏僻地区的居民可以获得更多的教育。日本的政权是由中央、都道府县和市町村三级组成，并实行地方自治。根据相关法律的规定，义务教育由中央以下的两级政府管理，中央政府负责确立全国标准，并依法按照一定比例向地方政府提供财政补助。两级政府在教育财政支出上也有明确的职责界定。③ 日本政府为全面推进教育结构改革，已着手对《教育基本法》的修改工作，在增强各地教育财政的权限的同时，又严格规定地方政府承担更多义务教育的职责及经费。④ 美国和日本通过制定和施行这些法律、法规，从而保证财政教育投资的来源稳定和稳步增长。

（二）通过完善税收制度来解决教育财政经费问题

1. 将政府税收的一部分用于教育

美国、日本、韩国、英国、澳大利亚等国都通过税收制度来不同程度地解决教育经费问题。美国至少有28个州划定某一项税收专门用于教育支出。其中，指定总销售税用于教育的有7个州，指定解雇税用于教育的有7个州，指定烟草税用于教育的有7个州。英国从地方税中拿出一部分用于教育，并对设立教育基金的企业实行优惠税收政策，仅征15%的投资收入附加税，而通常情况则需交纳40%的所得税。

2. 征收教育特别税

比如，美国俄亥俄州、宾夕法尼亚州、爱荷华州、肯塔基州、密歇根州等为了弥补地方教育经费的不足，解决部分教育资金来源，开征了教育专门税——学区所得税（School District Income Tax）。学区是由各州立法机构所设立的一定地域居民区中的教育管理机构，具有独立征收教育税

① 刘建发：《美国教育财政投入法制保障的经验及启示》，载《统计与决策》2006年第23期。

② 刘建发：《二战后日本义务教育财政投入立法保障的经验及其启示》，载《山东社会科学》2011年第S2期。

③ 包桂容：《教育财政转移支付制度的国际比较——以日本、美国为例》，载《内蒙古财经学院学报》2011年第2期。

④ 张仿松：《财政教育投资及其绩效研究》，85～86页，暨南大学博士学位论文，2011。

的权利。学区所得税是各州为解决教育经费而征收的以所得额为税基的专门税。韩国 1980 年国会通过《教育税法》，采取多种形式向纳税者按不同比例征税。从 1982 年开始，韩国对银行和保险公司总收入征 0.5% 教育税。1986 年建立“企业教育发展基金”，规定企业必须为每月工薪低于 1000 韩元的员工向政府缴纳相当于其工薪 5% 的金额注入该项基金，而基金主要用于资助工薪低、只具有初中文化或初级技术水平的员工参加政府组织的企业教育和培训活动。尼日利亚 1993 年第 7 号《教育法》规定，所有在尼日利亚注册的企业和公司要缴纳应税利润 2% 的教育税。法国要求各企业缴纳“成人职业培训税”和“学徒税”。其中学徒税用于资助发展技术和职业初期培训，成人职业培训税规定公司设在法国的雇主在雇佣 10 名以上职工时，必须资助其职工的培训活动。新加坡 1988 年开始向所有企业征收教育补助金，金额相当于企业应付职工薪金总额的 1% 费用。①

三、我国财政教育投资公平分配的法制对策

罗尔斯指出：“正义是社会制度的首要美德”，并为社会正义问题提供一条一般的指导路线：“正义的首要主体是社会的基本结构……是主要社会制度分配基本权利和义务的方式以及分配自社会合作中产生的利益的方式。”② 而公平是正义的应有之义。为了实现教育公平，缩小收入差距，推动财政教育投资的公平分配，应该构建、完善以下法律制度：

（一）建立财政教育经费保障体制

《中华人民共和国教育法》（以下简称《教育法》）明确规定：“国家建立以财政拨款为主，其他多渠道筹措教育经费为辅的体制，逐年增加对教育的投入，保证国家举办的学校教育经费的稳定来源。”“国家财政性教育投资占国民生产总值的比例应随着国民经济的发展和财政收入的增长逐步提高。”“各级人民政府的教育经费支出，按照事权和财权统一的原则，在财政预算中单独列项。”《教育法》施行以来，不少地方政府和部门根据要求逐年增加了财政教育投资，促进了教育的持续发展。可是至今仍有一些地方政府和部门，不重视教育，没有把教育摆在应有的地位，他们宁可将财政经费用于修建楼堂馆所，买豪华轿车，却不愿增加教育投资。前两年屡屡发生的校车事故与愈来愈多的豪华公车的对比即为一些政府不重视教育投入的明证。出现此种情况的根本原因是国家未建立起具有法律效力的以政府投入为主的教育经费保障体制，对没有按国家规定将教育经费单独列项，没有随着国民经济的发展和财政收入的增长逐步增加教育经费投入的地方政府和部门，国家没有制定相应的惩处法规。③

为真正发挥政府促进教育的作用，国家必须制定相应的教育投资法律，建立起以政府投入为主的教育经费保障体制。《国务院关于〈中国教育改革和发展纲要〉的实施意见》中明确规定：“国家财政对教育的拨款，是教育经费的主渠道，必须予以保证。各级政府要树立教育投资是战略性投资的观念，合理调整投资结构，在安排财政预算时，优先保证教育的需求并切实做到《纲要》提出的‘三个增长’。”④ 该实施意见还要求国务院有关部门要制定相应的政策措施和实施步骤，认真加以落实。虽然增加财政教育投资是落实教育战略地位的根本措施，但增加财政教育投资只靠中央和国务院的文件规定还不够。比如 1993 年中共中央和国务院印发的《中国教育改革和发展纲要》中规定，到 20 世纪末，国家的教育投资，应占国民生产总值的 4%，但迄今为止，

① 席卫群：《借鉴他国经验开征我国的教育税》，载《税务研究》2005 年第 11 期。

② J. Rawls, A Theory of Justice, Harvard University Press, 1971. pp. 3, 7.

③ 吴应发：《论教育经费投入体制的建立和完善》，载《重庆工商大学学报（社会科学版）》2005 年第 2 期。

④ 所谓“三个增长”，即各级人民政府教育财政拨款的增长应高于财政经常性收入的增长，并按在校学生人数平均的教育费用逐步增长，保证教师工资和学生人均公用经费逐步增长。

我国的财政教育投资从未达到该比值要求，国家从未也无法对没达到该比值要求的地方政府和有关部门给予适当处理。因此，国家必须通过立法，比如制定财政教育投资管理条例，规定各级政府必须按照国家法律法规的规定，逐年增加对教育的经费投入。凡不按国家法律法规的规定增加或者保证教育经费投入的，必须追究有关领导的责任。只有这样，才能凭借法律的权威性、强制性与稳定性保证对教育的财政投入，教育的优先发展才有经费保障。

（二）健全财政教育经费转移支付制度

我国1994年分税制改革的结果是强化了中央和省级财权，弱化了地方政府财权。分税制改革后，县、乡财政的收入相对越来越少，中央和省级的财力相对增强，由于我国目前各级政府间的财政转移支付制度还很不健全和完善，造成全国多数县、乡的财权和事权严重不对等，县、乡级财政普遍存在以费补税趋势，其财政收入的稳定性和充足性无法得到保证，县、乡地方政府对教育投资的能力受到制约。

因此，健全我国财政教育经费转移支付制度，是完善我国财政教育投资体制，缩小地区间教育投资差距，尤其是提高落后地区的教育水平，确保教育公平的重要保障。中央财政根据各地的教师工资、学校维持正常教学以及校舍维修的经费等因素确定合理的教育经费配备标准，对于不能依靠自身财力满足这种教育经费基本标准的地区，则由中央政府通过必要的财政教育经费的转移支付给予保障。在完善纵向财政教育经费转移支付的同时，要适时建立财政教育经费横向转移支付制度，通过一些特定的教育计划和重大项目的安排，在省际间和省内各个地区之间建立起横向转移支付制度，更好地弥补地区间教育投资的不均衡。

首先，增加上级政府特别是中央政府的转移支付来提高地方政府（特别是落后地区）的教育投入水平。[①] 虽然有一些研究认为单纯增加中央政府财政转移支付而不调整事权，地方教育经费投入仍有可能得不到保障，因而认为将义务教育事权划归中央财政，才是解决问题的最佳选择。[②] 然而，义务教育投入完全由中央财政负担，将存在一系列的问题。将财权与教育事权调整为中央政府负责，必然与现行的财政分权体制框架相冲突，这不仅要涉及税收结构的重新调整，而且直接与财政分权的思想相违背，即地方政府拥有地方的各方面充分信息，由地方政府作出投资决策才是最有效率的。因此，如何保证在中央政府财政教育经费转移支付增加的同时，地方政府也能够同时努力提高教育投入，是下一步制度设计面临的一项重要课题。

其次，地方教育的筹资机制和支出体制要进行改革，保证地方的教育投入。为了给农村义务教育提供稳定的经费保障，降低农民的教育负担，国务院在2005年年底发布了“关于深化农村义务教育经费保障机制改革的通知”（以下简称“新机制”），决定西部地区在2006年、中东部地区在2007年全面实施“新机制”。“新机制”从理顺教育经费投入机制入手，其目标是提高各级政府对于义务教育的投入、促使教育资源的均衡配置以及降低农民的教育负担。与以往不同的是，“新机制”在资金的供给上，通过实行免费义务教育免除了农村家庭的缴费责任，教育经费由政府财政给予补助，并明确规定“新增教育经费主要用于农村（义务教育）”，确定了各级政府对义务教育的财政责任关系；在教育经费的分配上，明确提出定向于公平分配，努力缩小各类个体间的教育经费差异。“新机制”最突出的特征是教育经费负担结构的调整，中央与省级政府增加了教育经费的负担责任；与以往采取“项目式”的分配方式不同，转移支付的教育经费直接定

---

① 王善迈、袁连生、刘泽云：《我国公共教育财政体制改革的进展、问题及对策》，载《北京师范大学学报（社会科学版）》2003年第6期。

② 张丽华、王冲：《解决农村义务教育投入保障中的制度缺陷——对中央转移支付制度作用与事权体制调整的思考》，载《经济研究》2008年第10期。

向于学校的正常经费并与学生人数挂钩。与此同时，中央政府还出台了一些诸如对教育经费预算与支出采取更为严格的管理、推行学校预算改革等具体措施，使得财政拨款经费确实能够落实到学校，从而保障教育经费分配的合理性与公平性。据有关研究显示，义务教育经费保障机制的改革对学校可获得的财政预算内经费的增加以及差异的降低起到了一定效果。① 然而，本次改革对教育经费总量增加和差异降低的效果并不明显，而且部分研究成果也显示，本次改革对城镇学校财政经费的增量效果超过了农村学校。对这一现象可以从两方面理解：一方面是中央教育经费转移支付只是补充了减免杂费部分的资金，其结果对经费总量不会产生影响；另一方面则反映出地方政府的教育投入并没有与中央同步增加，甚至产生了“挤出效应”现象。② 因此，中央政府应该采取一些措施来监督地方政府的财政教育支出，以防止地方政府因激励不足而造成的教育支出不足。可以考虑的措施是，除了将教育经费在政府财政支出或GDP中的比重通过立法的形式加以确定外，也可以根据不同地区的经济发展水平，制定生均经费底线，差额由省级财政补足。对一些特别贫困的地区，则应采取中央政府补贴的形式保证教育经费的充足。③

（三）构建教育税制度

教育附加费作为当年“费改税”风暴中遗留下来的少数残余之一，存在以下问题：其一，教育附加费作为流转税的附加进行征收，因税制改革造成征管机构分设，较大地影响征收效果，从而使教育附加费的刚性不强。征管中的“跑、冒、滴、漏”和少征现象严重，再加上被挤占、截留、挪用、拖延拨付等，因此，教育附加费在总量上难以得到保证。其二，教育附加费实行谁征谁用政策，受地方经济发展水平差异的影响，经济相对落后的地方教育附加费的征收量比经济条件好的地方少，这直接影响教育投资在地区间的分布，进而影响各地的教育水平，地区间教育投资不平衡现象难以得到有效缓解。

因此，非常有必要将教育附加费改革为教育税。教育税作为一种税收制度，其强制性和权威性，可以保证教育经费来源的稳定性，能够解决目前各种教育附加费存在的难以控制费源，易导致征缴力度不足，使实际征收额低于法定征收额；教育附加费的管理和使用上存在挤占、截留、挪用和拖延拨付的情况；教育附加费负担不公平等问题。将教育附加费改为教育税，通过课征教育税，专款专用，既可以增加财政性教育经费，增强国家对教育的宏观调控能力，缩小各地区教育水平的差距，又可以提高人们对教育投资的参与意识以及对教育的关注程度。

在具体构建教育税时，可从以下几方面着手：

1. 课税权主体

从公平原则出发，应把教育税列为共享税，即中央和地方政府按一定比例划分、共同享有，不同地区可以根据各地不同的教育需求和供给能力确定具体的划分比例。这样既可以调动地方政府的积极性，又可以增加中央财政性教育资金，有利于完善教育经费财政转移支付制度，也可以促进教育成本补偿体制的建设，从而缩小地区间、城乡间教育水平的差距。

2. 课税对象

教育税的课税对象应确定为具有流转性质的商品销售收入和劳务经营收入，把教育税列为流转税的一个具体税目。其原因主要有：其一，目前流转税是我国的主体税种，选择商品销售收入和劳务经营收入作为课税对象，可以使教育税的征收范围大，税源充足，能够保证教育经费的来

① 孙志军、杜育红、李婷婷：《义务教育财政改革：增量效果与分配效果》，载《北京大学教育评论》2010年第1期。

② 张丽华、王冲：《解决农村义务教育投入保障中的制度缺陷——对中央转移支付制度作用与事权体制调整的思考》，载《经济研究》2008年第10期。

③ 王锋：《从公平与效率角度评析现有教育投资体制》，载《世界经济情况》2008年第3期。

源稳定；其二，在长期征管流转税的实践中，已形成征管力度大，监督机制比较健全的特点，将教育税作为流转税的一个税目，可以提高税收行政效率，能够保证教育税的足额征收；其三，以商品销售收入和劳务经营收入为课税对象，其税负可以转嫁和渗透，不会对纳税人造成过重负担，能使纳税人积极纳税，尽量减少对教育税的抵触情绪。

3. 税率

教育税的税率可以使用比例税率。其原因是：其一，累进税率追求公平的性质要求它的税基是纯收入，即利润。而教育税的税基是商品销售和劳务经营的收入额，而不是利润，由于受资金、技术和市场等因素的影响，其收入额的变化不能准确反映利润水平的变化，因此教育税的税率不宜采用累进税率。其二，定额税率只适用于某些特殊项目，它是按照课税对象的一定单位直接规定的税额，从课征教育税的目的来讲，它也不适合作为教育税的税率。因此，教育税的税率采用比例税率较好。当然，在确定具体税率时，不同地区可以根据本地区的教育供给能力和教育需求来确定。

4. 税收优惠

借鉴国外先进经验并结合我国的现实情况，我国教育税的税收优惠主要体现在以下两个方面：其一，纳税人优惠，根据鼓励单位和个人积极进行教育投资和支出的原则，合理确定税收优惠的对象，可以给予经营某些特定产品或从事特殊行业的单位和个人减免税的优惠政策，比如给予教育行业与培训机构的经营活动、国家急需发展的产业等一定的税收优惠。其二，税基优惠，对于一些捐资助学的单位和个人，可以依据其捐资额从教育税税基中进行税前扣除，或从其他纳税额中进行相应数额的税前扣除，以达到鼓励教育投资和支出的目的。①

① 陈浩：《从税收要素浅论教育税税制的构建》，载《教育与经济》2003年第3期。

论“差异性分配”中公平实现的方式[①]

段礼乐*

目　次

经济体制转轨、分配政策调整使差异性分配成为我国分配领域的重要范畴之一。印度经济学家阿马蒂亚·森认为，我国“近些年里，收入持续增长的巨大成就似乎是通过加大不平等来实现的。即使是在消除贫困方面，所取得的惊人成就也随时间有所不同，并且还存在着地区差异”。[②]以效率为导向的分配理念主导了三十多年来的收入分配进程，而差异性分配是效率导向的分配理念导致的必然结果。“差异性分配同参与分配的主体在时空、能力、权义等多方面的差异直接相关，并体现为分配机会和分配结果上的差异。……相对而言，差异性分配对效率关注更多，同时，也未必都不公平，有时更能够体现实质公平。”[③] 虽然差异性分配在一定程度上体现实质公平，但差异性分配的过程和结果主要体现为效率原则。在矫正差异性分配和收入分配改革中，需要基于公平理念矫正分配不公带来的不利后果。如何理解差异性分配中的公平是制度设计的基础因素，应当认识到差异性分配中公平问题的特殊性，提出矫正差异性分配、实现分配公平的多种制度路径。

一、差异性分配的三个维度

由于我国发展起点较低，经济发展阶段和发展模式存在较大的特殊性，导致我国改革开放以来的政策设计具有明确的导向性，收入分配问题也表现出相应的独特性。我国的收入分配体现为城乡、地区和行业差距大，企业内部差距大，不同群体间差距大，初次分配居民收入占比小，分配不公问题严峻，这与我国多方面的特殊因素有关，这些因素包括历史与现实、体制与机制、经济与社会、法律与政策、发展战略与政策取向等，尤其与城乡二元结构、转型经济中的不完全市

① 基金项目：国家社科基金重点项目“收入公平分配的财税法促进与保障研究”（11AFX005）。
* 北京大学博士研究生。
② ［印］阿马蒂亚·森：《能力、贫困和不平等：我们所面临的挑战》，载姚洋主编：《转轨中国：审视社会公正和平等》，52页，中国人民大学出版社，2004。
③ 张守文：《差异性分配及其财税法规制》，载《税务研究》2011年第2期。

场化、非法收入与灰色收入、公共产品供给等有关。在这些因素的影响下，我国的收入分配问题就表现为差异性分配。差异性分配的表现形式是多样的，如个体之间的权利和利益失衡、群体之间的城乡分裂和阶层分化等。如果将这些差异性分配予以类型化处理，可以从主体、空间、时间三个方面展开论述。

（一）主体维度的差异性分配

虽然国家、企业和个人都是参与分配的主体，但主体维度的差异性分配集中表现为个人之间的差异。从主体维度观察差异性分配，主要是指受行业分布、产业政策、资源禀赋、劳动者素质等因素的影响，不同行业、不同产业、不同所有制形式中的劳动者收入存在较大差距，从而形成主体维度的差异性分配。随着经济体制改革的深化，通过分配结果的差异带动经济效率的提高，“社会资源的弥散型分配原则正在让位于一体化的分配原则。其结果是各种资源向同一个群体集中，而另外的一些群体则在各种资源的拥有上均处于劣势”。① 从而使主体维度的差异成为我国目前差异性分配的重要表现形式。

在我国目前的收入分配体制中，由行业因素引发的差异性分配问题比较突出。受经济体制、社会结构、政策导向和不同行业在国民经济中的集中程度、发展规模、所有制状况等因素的影响，不同行业之间的劳动者收入分配存在较大差异。1978 年以来，我国各行业在收入水平排行榜中的位置发生了较大变化。在 20 世纪 90 年代以前，职工收入水平最高的行业中传统产业占的比重较大，但在 90 年代以后，新兴产业及带有垄断经营特征行业的职工位于收入水平的前列。尤其近年来，随着知识经济的兴起和科学技术的发展，信息传播、计算机服务和软件业、金融业、科学研究、技术服务和地质勘察业成为我国各行业中职工收入水平最高的几个行业，而职工收入最低的几个行业依然集中在农、林、牧、渔业，住宿和餐饮业以及建筑业。② 行业的收入差距实质上是不同劳动者的收入差距。在特定的经济发展阶段和产业背景下，不同行业劳动者的收入差距是正常的，有利于发挥比较优势，促进产业发展，提高劳动者的积极性。而对于行业垄断产生的不合理的收入差距，如电力、能源、电信等垄断性行业劳动者的收入远远高于居民一般收入水平，则必须予以制度调控，这类收入不能反映劳动者的贡献和行业的经济效益，会使劳动者产生相对的剥夺感，不利于调动劳动者的积极性和提高生产效率。

除了宏观层面的产业政策、分配体制等影响个体劳动者的收入水平，主体维度的差异性分配还与个体能力有关，劳动者素质、资源禀赋等因素也会导致收入的差异性分配，如普通劳动者与技术人员、高级管理人员之间的收入差距。大量低廉的劳动力决定了我国的比较优势，劳动密集型的制造业在我国产业结构中占较大比重，影响大多数劳动者的工资水平和收入分配状况。虽然产业升级和产业结构调整上升为国家战略，但受制于产业发展规律和资源约束，由劳动者个体决定的收入的差异性分配仍将主导我国的收入分配格局。即使在产业结构调整完成的前提下，只要存在多样化的产业需求和劳动者分层，主体维度的差异性分配将会一直存在。“整个社会如同一个巨大的劳动力市场，基于社会分工将职位、报酬和人员匹配于一体，社会不平等就是这样一种市场性配置过程的结果。随着历史的发展，社会的需要不断改变，它所提供的职位和报酬系统也不断改变，从而推动社会不平等结构和形式的不断改变。”③ 这种改变主要表现为不同类型和层次的劳动者收入的群体性差异，仍然属于主体维度的收入的差异性分配。

---

① 孙立平著：《失衡——断裂社会的运作逻辑》，88 页，社会科学文献出版社，2004。

② 龚益鸣主编：《平权论：中国收入分配制度改革的探讨》，22 页，湖北人民出版社，2011。

③ 冯仕政：《重返阶级分析——论中国社会不平等研究的范式转换》，载《社会学研究》2008 年第 5 期。

（二）空间维度的差异性分配

空间维度的差异性分配是指在国家区域发展战略影响下形成的不同地区和不同地域之间的收入的差异性分配。由于资源的有限性，我国改革开放初期采取了不均衡的地区发展战略，在地区发展上，给予沿海地区较多的政策倾斜和资源支持。“沿海地区要加快对外开放，使这个拥有两亿人口的广大地区较快地发展起来，从而带动内地更好地发展，这是一个事关大局的问题，内地要顾全这个大局。反过来，发展到一定的时候，又要求沿海拿出更多力量来帮助内地发展，这也是个大局。那时沿海也要服从这个大局。”① 在两个大局战略的主导下，中西部地区的发展远远落后于东部发达地区。东部地区较快地完成了产业集聚、经济转型和制度转轨，而中西部地区发展缓慢。受到这一发展战略的影响，中西部地区居民收入也落后于东部地区，从而形成收入分配上的地区差距。这种差距是由宏观上的政策导向造成的，并且，这种差距很难在短时间内得到消除。中国经济改革伴随着区域发展不平衡，从2000年开始，职工平均工资最高地区与最低地区的差距一直维持在2.5倍以上，并且高收入居民多集中在中东部沿海地区，中西部地区的居民收入普遍较低。

而“城乡二元结构的产生和发展，与国家的‘区别式’的治理方式（即国家对城乡所实施的不同政策和制度）有关”。② 中国城乡区域发展战略在收入分配上形成了制度性的历史遗留，造成了影响城乡发展差距的制度因素、经济因素、政策因素等。以农业税为例，由于农村的特殊性和农民收入的不连续，农业收入一直作为特殊的税种单独征收，并没有被纳入个人所得税的征收体系中。这一征收体制在相当长一段时期内可以起到筹集资金、保障供给和维护稳定的作用，却以对农民的长期剥夺为前提。随着经济发展和财政收入来源多样化，征收农业税越来越得不偿失，基于缩小城乡发展差距、加强城乡一体化和促进农民增收的考虑，农业税在2006年被取消。从这一政策的实施效果看，取消农业税确实减轻了农民负担，加上农业补贴的政策效应，农民收入有一定幅度的提高，但农业税的政策遗留仍然影响着农村地区的收入增长，对城乡收入分配格局存在不良的后续效应。除农业税外，我国的工业化道路对农业发展带来较大损害，主要表现为通过工农业产品的价格调节，使农业为工业化提供支持。据估算，1952年至1989年，国家通过工农业产品价格“剪刀差”和税收，从农村汲取资金700多亿元（同期国家支农资金约3000亿元），约占农业新创造价值的1/5，超过当时国有工业企业固定资产原值。③

随着发展阶段的变化和政策调整，中西部地区的发展纳入全国整体发展战略，在这些发展战略带动下，地区间发展差距拉大的状况有所改善，随着产业向中西部地区转移，落后地区的发展水平有所提升。但由于发展阶段的长期性，地区间收入差距过大的问题并没有得到有效解决。而城乡二元结构及其主导下的城乡发展政策对农村地区收入分配的负面影响仍在持续，并且，政策作为一个过程，它的影响并不会随着政策的取消而立即终止，空间维度的差异性分配仍将在较长时期内存在。发展战略的长期性、制度实践的惯性、户籍和土地等制度性缺失仍是影响空间维度差异性分配的主要因素。

（三）时间维度的差异性分配

时间维度的差异性分配主要包括社会保障的代际公平与社会保障制度的可持续性、“先富”政策和对利益受损群体的制度补偿、货币的时间价值等。

我国是全球唯一的老年人口过亿的国家，2010年我国60岁以上老年人已经达到1.78亿，占

① 《邓小平文选》第3卷，277～278页，人民出版社，1993。

② 张守文著：《经济法理论的重构》，39页，人民出版社，2004。

③ 前引，龚益鸣书，19页。

全球老年人口的23.6%，全球将近1/4的老龄人口集中在中国，随着人口规模、劳动力状况等因素发生变化和人口老龄化时代的到来，人口红利难以持续支撑我国的经济发展，社保资金的可持续成为我国社会保障体制中的重要问题。目前我国的社会保障资金存在较大缺口，基本养老保险个人账户处于“空账化”，中国整个养老保险体系的发展不大平衡，养老金缺口“非常大”。近十年来，中国对基本养老保险的财政补贴已经超过了1万亿元人民币。① 社会保障的代际公平问题日显突出，这一问题实质上也是分配差异性问题。社会保障是再分配的手段之一，如何改革现行的社会保障体制，保障其可持续运行，是我国解决收入分配不公的重要路径之一。针对人口老龄化和社保资金缺口问题，有学者提出了延长退休年龄的建议。② 这些问题都牵涉到社会保障体制的代际公平，对收入分配也会有比较大的影响，是时间维度的收入的差异性分配。

改革开放之初，我国采取了“先富”政策，鼓励一部分人、一部分地区先富起来。在政策执行中，“先富”政策是以损害一部分人的利益为代价的，比如对通过户籍制度将农民束缚在土地上，减少人口流动而损害农民的就业机会；通过农产品的“剪刀差”以维持城市居民生活的低成本等，“先富”政策最终形成了时间维度的差异性分配。

货币具有时间价值，货币随着时间而发生的价值变化也会形成时间维度的差异性分配。通货膨胀、经济增长等因素都会造成货币价值的变动，从而导致一系列分配差异化问题。有研究表明，“一味追求经济增长而忽视通胀问题的货币政策导向，将致使中国家庭部门蒙受巨大的财产损失，并且进一步恶化家庭间的财产分布”。③ 比如，物价变动对不同收入群体的生活带来不同的影响，当物价变动过于剧烈，应当针对低收入群体启动临时性补贴等再分配政策；劳动者的最低工资水平也应当根据经济增长速度、通货膨胀率等因素适时作出调整，以确保劳动者在分配中的正当权益。因此，“我国货币当局在制定货币政策时应充分考虑通胀问题可能带来的诸如恶化财产分布状况等一些严重的后果”。④

事实上，任何维度的差异性分配最终都会体现为主体维度的差异性分配，分配或再分配政策都是针对某些主体作出的。在目前的经济社会背景下，收入分配改革方案的制订也应当以主体标准为依据，使收入分配政策的效果最终都落实到相关主体能否获得公平的制度对待。

二、差异性分配与公平的表现方式

我国改革开放以来的经济发展带动居民收入增加，但也拉大了收入差距。在利益结构、发展阶段、阶层分化等因素发生变化的背景下，以效率为导向的经济政策越来越显示出其弊端，片面强调经济增长和鼓励先富，贫富分化严重，随着经济转轨和社会转型的进一步深化，收入分配不公问题将会更加复杂化。应当研究收入分配不公的发展趋势，通过相应的政策分析，着力解决与民众日常生活最为密切、对经济发展和社会稳定具有重要影响的收入分配不公问题。

收入分配与经济水平、社会结构等客观情势有内在关联，收入分配不公问题的解决与政府能力、财税体制、社会结构等多种因素有关。需要基于我国国情厘清分配制度变革中应当考量的经济因素、社会因素、制度因素等，在此基础上，才能对分配改革的政策导向、价值选择、制度路径、利益分享模式、公权的作用等问题有比较明确的把握。从理念上看，收入分配与公平正义、

---

① 《保监会承认中国养老金缺口巨大》，载《新京报》2012年7月2日。

② 《人社部专家建议退休年龄延至65岁》，载《京华时报》2012年7月2日。

③ 刘元春等著：《中国通货膨胀新机制研究》，246页，中国人民大学出版社，2012。

④ 前引，刘元春书，248页。

经济效率等价值取向密切相关，需要对分配制度与社会公平、效率、安全等价值之间的关联进行研究。“对各种价值之间的替换往往难以评估，因为，它们因环境而异，并且存在着如此之多的相互依赖性。”① 在对差异性分配的讨论中，公平问题贯穿整个分配理念和制度的始终，对公平的理解和把握以及在此基础上的制度实现，对收入分配改革有决定性影响。

“没有任何一种政策或制度是完全外生的：即没有任何一个组织或者政策理念的应用可以在纯技术的基础上得以实施。”② 在政策设计和实施中，需要对相应的政策背景予以考量，关注制度设计的制约因素，提高政策的执行效果。就差异性分配来讲，形成差异性分配和制约收入分配改革的制约因素包括经济转型的阶段性带来的多元分配机制并存、发展战略造成的分配差距、所有制形式的多样化导致分配模式的差异等，收入分配问题需要基于这些因素在各种价值之间权衡取舍，综合考虑公平正义、经济效率、社会安全等价值。价值取舍会影响制度的最终形态，并带来相应的经济后果和社会后果，比如公平与效率、“普惠”与“特惠”等。过于强调效率原则而忽视公平，“在政策设计的过程中，忽视追求公平带来的长期收益才是问题所在”。③ 不能认识到公平对经济增长的长远推动。我国的收入分配问题是在经济发展优先的大背景下进行的，如何处理好经济发展与收入分配问题之间的关系，兼顾公平和效率两方面的价值追求，是收入分配问题过程中需要正视的重大问题。

“从稳定增长目标看，宏观经济的四大目标都与分配相关，只有解决好分配问题，才能实现稳定增长。”④ 收入分配改革需要把握公平与效率的辩证统一。分配并不是完全独立的，财富的生产与分配密切相关，不同的分配政策会导致不同的财富产出。市场体制下，收入和财富的不平均占有既是体制运行的前提，又是体制运行的结果，但收入和财富的分配不均严重到一定程度会影响一些主体的正常生存，影响市场机制的正常运行和社会稳定，此时就需要发挥收入公平分配对社会公平、效率及社会安全的促进作用。但公平的提供也并不是无限度的，对公平度的把握是收入分配问题中重要的考量因素之一。在差异性分配和收入分配改革中，除了可以从抽象理念的角度研究公平，还应当将公平问题置于制度实践中作具体理解。

1. 需要矫正的不公平与可以容忍的不公平

“一个不犯任何错误的法律制度的运行成本将会高的无人问津，因此现实世界中最好的制度都会展示出大量法律结果的不平等。”⑤ 因此，并非所有的不公平都需要通过制度化的手段予以解决，对不具有普遍意义的个案，可以通过其他途径实现正义。在解决收入分配问题的过程中，我们必须研究什么样的不公平是需要抑制的，什么样的不公平是可以容忍的。追求公平是制度设计的终极目标，也是判断制度优劣的标准之一。在目前的收入分配领域，很多不公平是需要矫正的，如垄断行业获得的不合理的高工资。目前，转型阶段的很多不公平源于市场的不完善，在这种情况下，“权力和财富的不平等转化为机会的不平等，导致生产潜力遭到浪费，资源分配丧失效率”。⑥ 这些不公平都是亟须得到矫正的。但在我国的发展阶段和发展背景下，对公平的追求受到经济水平、社会发展等方面的诸多限制，很多不公平是由发展阶段所决定的，在当下的政策体系下具有一定的合理性。以区域发展为例，受资源约束、制度变迁等因素的影响，改革开放之初

① ［德］柯武刚、史漫飞著，韩朝华译：《制度经济学：社会秩序与公共政策》，87页，商务印书馆，2000。

② 世界银行编著，中国科学院—清华大学国情研究中心译：《2006年世界发展报告：公平与发展》，22页，清华大学出版社，2006。

③ 前引，世界银行书，22页。

④ 张守文：《重视分配问题的经济法规制》，载《法制日报》2011年8月24日。

⑤ ［美］理查德·波斯纳著，苏力译：《法理学问题》，419页，中国政法大学出版社，1994。

⑥ 前引，世界银行书，7页。

需要实施不平衡的区域发展战略，这一战略可以为制度变迁探索规律，避免整体的制度失败，为其他地区的经济发展带来示范效应，这种意义上的政策不公平具有某种程度的合理性。在经济发展和区域演化的新阶段，区域不均衡的发展战略失去正当性，而应当根据“两个大局”的战略要求，通过适当的制度手段矫正政策不公平，加快中西部地区的发展，实现同步的收入增长和经济改善。“制度不应在无确切理由的情况下对个人和情境实施差别待遇。”① 但罗尔斯关于公平的第二个原则认为，如果不平等的设计是为了改善境遇最差阶层的状况，那么这种不公平是可以容忍的。在我国重要的问题在于：基于我国的发展战略和发展阶段，对收入分配问题要在公平和效率之间找到平衡点。

2. 实现公平的资源约束

实现公平除了要有相应的制度安排，也需要资源和成本投入，或者说，制度安排能否实现取决于资源约束等客观现实条件，这些约束包括公权的制度能力、财政资源等。收入分配问题领域的制度设计要以公平为价值取向，使发展成果尽可能惠及大多数人，通过制度性的再分配确保公平的实现。但在制度设计和制度实施过程中，要考虑到实现公平的制约因素，确定合理的、可行的公平限度，既不能使公平度不足而影响收入分配问题的效果，也不能因过度追求公平而影响发展的可持续，从而使公平更具有生活意义上的可行性和制度上的执行力。

3. 公平的多种实现路径

公平的实现具有多种路径，收入再分配只是其中之一。再分配是对存量利益的调整，再分配过程牵涉到不同的利益主体，很多因素影响再分配的效果，如果不能对这些因素有准确的判断和把握，“旨在平衡财富的收入再分配法律导致了一系列负面结果，这些结果很少被制定法律的人所预见，而它们不可避免地要破坏、阻碍和影响再分配的开展”。② 因此，应当通过多种途径追求公平的实现，而避免单一的再分配的弊端。我国的经济转型尚未完成，市场体制需继续完善，并且劳动力禀赋仍然处于比较优势地位，通过完善市场体制，提供公正的竞争机会和制度环境，激发市场主体的能动性和创造力来增加财富，同样可以改善很多市场主体的经济处境，并且这种改善方式比单纯的再分配更加具有可持续性。所以，在公平的多种实现路径中，不应当忽略发挥市场机制这一基础性制度的作用，将制度导向转换与收入分配不公的政策性矫正建立在尊重市场规律和发挥市场机制作用的基础之上。

4. 对承受不公平的主体的跨时点补偿

在我国经济转轨和社会转型中，为了提高经济效率或提高制度的实施绩效，存在通过损害某些主体的利益来补偿另一些主体的情形，这种政策措施在具体的制度环境中有一定程度的正当性，但从制度的长期实施看，对社会公平和社会活力具有较大的损害。由于有悖于公平原则，这种方法在目前的政策设计中已较少采用，但在制度变迁之初，这一手段经常被采用，比如改革开放初期采取的区域不平衡的发展战略和“先富”政策。如果将这种手段作为提高效率的途径加以采用时，应当通过相应的制度设计对承受不公平的主体予以跨时点补偿。目前政策体系中比较典型的承受不公平的主体是农民。新中国成立后为了发展工业，对农民采取了不合理的政策手段，严重损害了农村地区的经济增长和农村收入增加，在目前市场一体和财政充裕的背景下，实施了减免农业税和农业补贴政策，减少了通过制度性歧视损害农民利益，并在农村建立了基本的社会保障制度，以补偿农民做出的利益让渡。即使承认特定情况下对某些主体的损害具有一定程度的

① 前引，柯武刚、史漫飞书，148 页。

② ［美］罗格·I. 鲁茨著，刘呈芸译：《法律的“乌龙”：公共政策的意外后果》，载《经济社会体制比较》2005 年第 2 期。

正当性，并不意味着不需要针对这种不公平作出相应的制度矫正。由于制度性损害给农村发展带来的后遗症比较严重，在收入分配问题的制度设计中，应当继续向农村地区和农民保持一定的利益倾斜。应当反思发展政策，通过政策时点的改变或政策的变通执行来弥合不同主体之间的收入差距。

三、收入分配改革的路径与差异性分配中的利益分享

收入分配需要公权发挥作用，“增长永远不能取代重新分配……在摆脱贫穷中的作用”。① 社会转型期收入分配改革的路径可以概括为三种：政策导向转换、权利配置和利益分享，而每种路径都与公权行为具有密不可分的联系。

（一）收入分配与公权行为

收入分配的制度设计和具体制度的实施都以公权的参与为必要，特别在我国政府主导的发展战略下，公权的作用更为明显。收入再分配不同于初次分配，很难通过市场机制而完成，所以需要公权的介入以引导再分配的实现。在收入分配问题中，公权应当恰当定位自己的角色。

1. 政府收入再分配职能的法制化

如何处理好经济增长和收入分配问题的关系是收入分配问题的首要问题，但由于缺少相应的制度安排，特别是缺少对公权的法律约束，这种关系的处理难以法治化。比如，虽然我们提出“构建和谐社会”和“以人为本”已经多年，单纯追求 GDP 的发展模式被摒弃，但在很多地方政府的行为模式中，普遍存在资本偏好，更多地关注吸引外资的数额、固定资产投资增长额等生产性指标，重视单纯的经济增长，而轻视劳动者权益和处理各类收入分配不公问题。为防止经济增长一味凌驾于分配不公问题，应当确定收入分配问题与经济发展之间的关系，并通过法制化手段保证公权在收入分配领域承担相应的职能。改革实践中，“我们在资源的分配上用于社会政策的资源太少，社会政策的力度太弱，无法形成经济政策与社会政策的平衡，无法实现经济发展与社会公平的平衡”。② 如何在制度设计中加强政府在收入再分配领域的职能，并通过法制手段保证这种职能的实现是收入分配改革需要重点考虑的初始问题。

2. 收入分配问题目标的分解对地方政府行为的约束

收入分配问题是一项系统工程，涉及民众生活的很多方面，并且，收入分配问题的政策效果是长期的，不如经济发展的指标那么明显，很难进入地方政府的决策偏好中，因此，需要在具体的制度设计中对收入分配的目标予以分解，并通过制度化设计约束公权行为。以农民工保障为例，由于对 GDP 的偏好以及地方政府之间在政绩上的激烈竞争，政府容易被资本所要挟，一些保障农民工权益的法律，在实施过程中大打折扣，严重损害弱势群体的利益。可以考虑分解农民工保护制度的各项指标，比如将当地农民工社会保险的参保率等指标同样纳入地方政绩考核，改变地方政府的行为模式。所以，在具体的收入分配问题中，通过分解制度目标使一些涉及收入分配问题的内容有效体现在具体的立法和制度设计中，提高地方政府在保障弱势群体利益、促进收入分配公平方面的积极性。

3. 降低公权机构在收入分配问题中的成本

作为再分配措施，收入分配问题不会在短期内产生明显和直接的经济效益，而需要耗费资源和财富。收入分配问题涉及利益格局的重新调整，需要考虑如何降低因公权机构而产生的分配成

① ［美］赫尔曼·E. 戴利著，诸大建等译：《超越增长——可持续发展经济学》，276 页，上海译文出版社，2001。
② 孙立平著：《失衡——断裂社会的运作逻辑》，109 页，社会科学文献出版社，2004。

本，提高资源的利用效率。应当通过制度手段约束公权行为，如完善收入分配问题财政监督和财政转移支付制度，减少财政支出的不当流失，提高财政资金的使用效率。也可以使提供某些公共服务的主体多样化，引导社会力量参与收入分配问题，如对教育、医疗、养老领域的社会资金予以适当的财政补贴或税收优惠。但需要通过完善相应的制度设计，防止公权通过民营化等措施推卸自己在收入分配问题领域的责任，防止公共品提供不足。

4. 公权能力与财政汲取

财政规模一定程度上可以增强政府能力，为政策执行留下更大的制度空间，但财政规模应当与经济发展相适应，避免对财政的不当汲取影响经济发展和居民收入水平。由于分税制改革，中央层面的财政收入大幅度增加，中央政府的调控能力有所加强。但最近几年来，财政收入的增幅快于 GDP 的增幅，过分的财政汲取会给经济带来不良影响。同时，在中央财政收入大幅度增加的同时，地方财政收入陷于困境，造成财权与事权不对等的局面，影响地方政府的能力和积极性。收入分配问题是单纯的再分配，财政收入增加是收入分配问题的前提，应当确保财政收入增长幅度的适度，即确保公权在收入分配问题中的能力不受侵损，也保证经济发展维持适当的水平，因此，应当平衡经济增长与财政收入增长的关系。

(二) 收入分配中公平实现的制度路径

收入分配问题繁多，收入分配领域庞杂，不同的收入分配问题有不同的解决路径，这些路径之间在制度起点、执行机制、制度效果等方面存在较多差异。但根据这些路径对应的收入分配问题领域、制度机理、政策手段等特征，可以将收入分配问题的制度路径予以类型化处理。目前我国在收入分配改革领域存在三种制度路径：发展政策导向转换、权利配置以及利益分享。

1. 发展政策导向转换

随着经济发展和社会建设步入新阶段，政府提出了一系列收入分配政策，这些政策对维护社会公平、弥合发展差距具有重要意义，体现出我国发展政策导向的转换，即从单纯注重经济发展到经济发展与社会发展并重的转变。虽然很多政策属于宏观层面的，但仍可以通过政策导向的转变引导社会预期，指导目前的收入分配问题，客观上推进当前的收入分配改革。因此，政策导向转换本身就是收入分配问题的重要路径之一，它通过政策供给改变目前的政策预期和制度运作，通过加强政策之间的协调和配合来实现整体发展。比如，中央提出统筹城乡发展战略，这是对传统发展政策的矫正。“按照统筹城乡发展要求，加快推进农村发展体制机制改革，增强农业农村发展活力。”在落实这一政策以改善农村地区收入分配问题状况时，并不必然需要政府投入相应的资源，可以只提出具体的政府规划以改变政策预期，尊重市场力量，形成城乡一体的市场，引导要素流动，促使良好制度的形成，从而增加农民收入。在基本公共服务均等化问题上，政府也可以提出导向型的政策要求，引导社会资源向公共服务领域流动，从而实现政策目的。但需要注意的是，这一路径只是为制度演化提供政策支持，但制度效果不会在短时期内体现出来，比如统筹城乡发展、推进城镇化、促进公共服务均等化等都是比较长期的政策措施，需要相关制度的支持和配合，也有赖于经济的进一步发展。在政策的执行中，需要注意防止政策过于粗疏化而影响制度效果，但在收入分配问题领域，可以将发展政策导向转换作为宏观层面上的路径来处理收入分配问题。

2. 权利配置

权利配置路径通过赋予弱势主体权利、限制强势主体权利或增加强势主体义务等方式改变权利配置状况，从而改进法律所欲保护的主体的福利处境。阿马蒂亚·森从能力的条件保障上，认识到能力离不开权利（entitlement)，进而强调权利上的平等。权利特别是穷人和弱者的权利，既是关注贫困的实质性问题，又是分配正义的关键问题。① 权利配置的路径又可以分为两种：权利倾斜性配置和赋予某些主体新的权利。权利倾斜性配置是在现有的权利框架内改变权利配置状况，保护弱者权利，或者限制强势主体的权利，或者增加强势主体的义务。而赋予某些新的权利则是通过创设新的权利形态改善他们的法律地位。以权利倾斜性配置为例，法律赋予企业更重的义务以保护农民工利益，虽然不涉及利益的直接给予，但同样可以达到保护弱者利益的目的。又如，在社会保障不健全与房价高企的背景下，引入社会保障权和居住权并在制度建构中予以体现可以更好地保护民众在社会保障和住房方面的利益。权利配置的保护方式对制度设计提出更高的要求，在目前的制度环境下，应当关注权利配置路径的实施效果，因为这种路径的最大问题是被规制主体可能的对策性行为减损制度绩效。任何制度的实施都会面对不确定的社会环境和制度环境，权利配置也不例外。

3. 利益分享

不同于权利配置，利益分享路径单纯表现为资源的再分配，比如对不发达地区的财政转移支付、税收减免措施、针对某些群体的补贴等方式，都属于利益分享路径。具体包括基于某种行为或地位而享受税收优惠、基于人道主义考虑给弱势群体提供补贴、根据区域发展战略实施财政转移支付等。利益分享需要遵循相应的程序，防止资源的无效分配和耗散。利益分享一般牵涉到公共财政，所以需要加强对公权的监督，防止腐败现象的发生。利益分享路径的最大优点是面对问题本身，通过利益的直接给予较为有效地解决问题，但它需要较多的资源投入，而资源不是无限的，所以利益分享路径需要以经济发展水平和财政支付能力为基础。

对不同的收入分配问题，权利配置路径和利益分享路径有不同的功能优势，应当根据不同情形配以最佳的收入分配改革路径以实现多条路径的配合和互补。

（三）利益分享与财税法的制度支持

利益分享在收入分配中可以产生直接的效果，通过资源的重新配置实现社会公平和经济安全。利益分享需要相应的财政投入，应当总结目前与收入分配改革相关的财税政策，研究财税政策与相关收入分配问题的匹配度，分析其制度效果。根据经济发展水平、财政收入规模、收入分配改革现状等因素，测算出合适的财政支出规模。根据收入分配问题的紧迫程度、对经济发展和社会稳定的影响等，确定收入分配问题财政的投向，研究财政支出在各个收入分配问题领域的投入比重。关注不同级次政府间财政关系和地方政府在收入分配改革中的责任，研究财政转移支付的制度完善方向和立法建议。

1. 利益分享主体的确定

确定合适的利益分享主体有利于提高资源的利用效率，确保弱势主体的利益得到改善。“公平原则以利益的提供为中心，而利益是一个相当主观的概念，所以公平原则存在着一系列的问题。这些问题关系到如何确定一个人是否真的受益于某种益品的提供，如果真的受益，又如何确定利益的大小。”② 在制度设计中，应当关注如何保证可分配利益真正到达目标群体中。现实生活中出现很多利益分享主体不适格的问题，严重影响公平原则和制度的实施效果，如富人申领保障房、冒领最低生活保障金等。而在税收优惠制度中，税收优惠设定不当也会影响其激励功能。所以，确定适当的利益分享主体并通过制度设计保障其利益是利益分享中的首要问题。

2. 利益分享模式

利益分享模式主要有利益给予和负担豁免两种。这两种模式各有其运作机理和特征，应当根

① 孙君恒：《阿马蒂亚·森的分配正义观》，载《伦理学研究》2004 年第 5 期。
② ［美］乔治·克洛斯科著，毛兴贵译：《公平原则与政治义务》，57 页，江苏人民出版社，2009。

据所面临的收入分配问题的领域、解决问题的紧迫程度等因素确定合适的利益分享模式。根据这两种模式，系统梳理目前收入分配问题中的财政税收制度，如专项财政转移支付、针对某些与某些收入分配问题相关的税收减免和税收优惠等。研究这些制度在收入分配问题中的作用，分析制度的实施绩效及其缺陷。

（1）利益给予。利益给予是积极的利益分享模式，它主要通过资源的再分配改善弱势群体的经济处境。利益给予主要包括财政收入的再分配、财政转移支付、财政补贴等。目前实行的农业补贴、义务教育中的补贴、对不发达地区的转移支付等都属于这种分享模式。

（2）负担豁免。负担豁免是消极的利益分享模式，它通过减轻或免除某些群体的负担来改善其福利处境。这种分享模式主要是通过税收政策实现的，比如，为了提高农村居民收入而免除农业税，为了引导某些市场主体的行为而针对某些行业或产业实施的税收减免等。

3. 利益分享中财政投入

在收入分配改革中，应当确定合理的财政支出规模和投向，既要保证收入分配问题的改善，又要确保财政支出在收入分配问题领域的覆盖面。影响财政支出规模和投向的因素很多，具体包括：

第一，收入分配改革的财政支出以总体财政收入为基础，收入分配问题财政支出规模应当综合目前的财政能力，既不能因为过于向收入分配问题领域倾斜而影响其他领域建设的财政投入，也要避免在收入分配改革领域投入不足而影响收入分配问题改善。

第二，兼顾地域发展不平衡，收入分配问题财政支出应向中西部地区倾斜。经济发展政策和区域发展战略拉大地区发展差距，根据“两个大局”的战略要求，在目前的收入分配改革中应当优先关注中西部地区，弥合地区发展之间的差距。

第三，优先解决覆盖人数较多的收入分配问题。把握“普惠式”与“特惠式”之间的关系，使更多民众享受到公共财政带来的制度效果。应当合理测算财政支出的投向和支出规模，优化收入分配改革的具体项目。比如，应当加大医疗卫生体制改革，合理分配医疗卫生资源，加大政府在医疗卫生领域的财政支出，使所有民众都能负担得起基本医疗服务。

第四，注重财政支出的城乡均衡，弥合城乡发展差距。我国收入分配问题领域的城乡差异最为明显，应当在财政支出中向农村地区倾斜，保证农村地区享有基本的公共服务。比如，建立和完善农村地区建立的社会保障制度，使占人口大多数的农村居民在收入分配改革中受益。通过财政补贴等手段，引导教育、医疗资源向农村地区流动。

第五，收入分配改革与财政支出的动态关联。随着经济发展和经济转型，收入分配问题的领域和范围也会发生变化，应当建立收入分配改革与财政支出的动态关联机制，使相关的收入分配问题及时纳入财政支出的覆盖范围。这种关联主要包括两个方面。第一，根据财政收入总量的增长，扩大收入分配问题领域的覆盖面。比如，农村社会保障体制的建立是财政收入增长的结果，虽然保障水平较低，但在农村地区的收入分配改革具有重要的意义。第二，随着财政收入总量的增长，提高收入分配问题领域的财政投入。在财政收入稳步增加的基础上，通过制度手段保证用于收入再分配领域的财政资金的年度增长不低于GDP或财政收入的年度增长。

农村法制

农村金融制度改革的路径反思与转换[①]

岳彩申[*]　刘中杰[**]

目　次

一、问题的提出

改革开放以来，农村金融制度改革基本沿着商业化、市场化的路径展开，具体措施包括：一是通过股份制改造盘活原有金融机构，提高其经营效率；二是引入新型农村金融主体，发展更加完善的农村金融体系。除各大商业银行纷纷上市外，2009 年在沈阳召开的全国农村中小金融机构监管会进一步肯定了农村信用社的股份制度改革。但实践证明，以商业化为导向的股份制改革作为我国市场经济发展的结果，虽然满足了效率目标的要求，但与农村金融服务“三农”的目标存在明显的背离，无法真正满足农村经济社会发展对金融的需求，已经暴露出明显的缺陷。

首先，四家大型商业银行在股份制改革过程中从农村大规模撤离机构，虽已完成商业化改造，但逐步丧失了促进“三农”发展的功能。2002 年 2 月召开的第二次全国金融工作会议决定，对国有独资商业银行实行股份制改造，创造条件上市。2004 年 8 月，中国银行股份有限公司挂牌成立。同年 9 月，建设银行股份有限公司成立。2005 年 10 月 28 日，中国工商银行股份有限公司正式成立。随后这几家国有商业银行又分别在香港及上海证券交易所挂牌上市。正是在 2004 年以后的三年内，我国农村金融服务市场出现了较为严重的商业银行机构撤离和服务功能降低现象。截至 2007 年末，全国县域金融机构的网点数为 12.4 万个，比 2004 年减少 9811 个。县域四家大型商业银行机构的网点数为 2.6 万个，比 2004 年减少 6743 个；金融从业人员 43.8 万人，比 2004 年减少 3.8 万人。其中农业银行县域网点数为 1.31 万个，比 2004 年减少 3784 个，占县域金融机

① 基金项目：2012 年度教育部哲学社会科学重大课题攻关招标项目“民间借贷与非法集资风险防范法律问题研究”（12JZD038）。

* 西南政法大学教授，博士生导师，法学博士。

** 西南政法大学博士研究生。

构网点数的比重为10.6%，比2004年下降了2个百分点。[①] 四家大型商业银行改制后仍属国有控股的金融机构，理应承担一定的社会责任，服务“三农”发展，但在股份制改革后的市场压力下，从农村地区撤离部分机构成为比较现实的选择。

其次，农村信用社在完成股份制改革后，同样降低了服务“三农”的功能。1996年6月，根据《国务院关于农村金融体制改革的决定》，农信社从农行脱钩，改革的核心是把农村信用社逐步改造为由农民入股、由社员民主管理、主要为入股社员服务的合作性金融组织。由于各方面的原因，改革没有取得预期效果。2003年6月国务院下发了《深化农村信用社改革试点实施方案》，从同年8月开始，改革试点工作在江苏等8省（市）正式启动。至2004年8月，试点范围扩大到北京等29个省（区、市）。这次改革坚持股权结构多样化、投资主体多元化的原则。有条件的地区可以进行股份制改造；暂不具备条件的地区可以比照股份制的原则和做法，实行股份合作制；股份制改造有困难而又适合搞合作制的，也可以进一步完善合作制。[②] 在此原则指导下，各省纷纷确立了农信社改制方案，将其纳入农村商业银行、合作银行的发展规划，合作制开始成为落后的标志和“被改革”的对象。素有农村金融主力军之称的农信社在改革的过程中，从农村撤离了大量机构。2007年年末，农村信用社县域网点数为5.2万个，分别比2004、2005和2006年减少9087、4351和487个。[③]

最后，新引入的农村金融主体包括村镇银行与小额贷款公司等同样偏离了服务“三农”的功能定位。引入新型主体是农村金融增量改革的一部分，是对多年来社会各界呼吁放开民间金融的回应。从这点上讲，一系列围绕着引入新的主体所进行的改革无疑都具有进步性。为引导资金流向农村和欠发达地区，改善农村地区金融服务，2007年1月中国银行业监督管理委员会颁发了《村镇银行管理暂行规定》，至2009年年底，全国已设立村镇银行超过148家。[④] 2008年人民银行和银监会共同出台《关于小额贷款公司试点的指导意见》，各省纷纷根据该指导意见制定小额贷款公司管理办法，明确其服务“三农”的宗旨。[⑤] 截至2010年年初，小额贷款公司数量达到1344家。村镇银行和小额贷款公司设立的初衷是解决三农融资问题，但资本具有天然逐利性，农村市场利润微薄，资金实力不够雄厚，贷款业务量受到限制，涉农贷款不良率居高不下，加之政府支持力度不足，由民间资本参与设立的新型商业金融机构盈利空间十分有限。例如，小额贷款公司因受其规模限制，加上各种税费和呆账准备金，[⑥] 盈利空间并不乐观，部分小额贷款公司的主要业务已偏离服务“三农”的功能，开始转向城市的资本商业化运作。

从上述归纳可以看出，农村金融法律制度改革的商业化方向和股份制路径完成了农村金融机构的转型，为建立现代金融企业制度奠定了基础，深化了农村金融体制改革，但也存在一个严重的缺陷，即与服务“三农”的公共目标存在冲突，偏离了金融普惠原则，无法满足社会现实的需要。这成为农村金融制度改革始终未能解决的难题。

二、为什么农村金融制度改革的路径存在偏差

股份制改革无法解决三农融资问题的根源在于股份制改革所倡导的利润最大化与服务“三

① 中国人民银行农村金融服务研究小组编：《中国农村金融服务报告》，33页，中国金融出版社，2008。

② 参见《国务院关于印发深化农村信用社改革试点方案的通知》（国发〔2003〕15号）。

③ 前引，中国人民银行农村金融服务研究小组书。

④ 前引，中国人民银行农村金融服务研究小组书，34页。

⑤ 《安徽省小额贷款公司试点管理办法（试行）》、《陕西省小额贷款公司试点管理办法（试行）》、《山东省小额贷款公司试点暂行管理办法》等地方规范性文件都强调了小额贷款公司服务“三农”的功能。

⑥ 营业税5%，企业所得税25%，城建税为营业税的25%，教育附加费为营业税的3%。

农”之间存在多重矛盾与冲突。

首先，改革的价值目标体系内部存在冲突。价值目标是法律制度的基本要素，由农村金融自身的特殊性所决定，农村金融制度改革存在多个不同的目标追求，但商业化的股份制改革与服务三农的目标存在明显价值冲突：一是经济目标与社会目标的背离。从金融企业发展的角度讲，股份制改革可以提高企业的经营效率，无疑是正确的选择，但从社会整体和谐发展及经济均衡发展的角度分析，服务“三农”是经济社会协调发展的需要，因此，股份制改革追求了经济目标而忽视了社会经济协调发展的目标，形成效率目标与社会目标间的冲突。二是局部目标与整体目标的背离。从金融业发展的角度看，农村金融机构的股份制改造并无不妥之处，符合其行业发展的目标，但从社会经济发展的整体看，这样的改革存在着金融体系与农村金融之间、金融体系与经济体系之间的目标冲突，背离了农村与城市统筹发展的整体目标。

其次，改革的价值目标与具体规则间存在冲突。农村金融法律制度改革的整体目标是促进农村经济发展，2003 年农村信用社改革试点方案强调，不论采取何种产权制度和组织形式，都应坚持服务“三农”的经营方向，都不能离开“稳定县域”的基础。[①] 但历次改革所出台的文件和规则都未能真正落实，并且最后抛弃甚至根本违背了这一基本目标。1996 年的农村金融改革方案基本将农信社确定为合作性金融机构，而 2003 年开始的新一轮农村金融改革几乎放弃了此前对农信社改革的定位，转而诉求商业化的股份制改革，但这样的改革规则与实践很难在商业化与服务“三农”之间实现目标统一，难免导致改革效果与目标的背离。另一方面，从理论意义上讲，股份制是为了满足金融机构追求利润和发展而创设的，股份制改革一旦完成，对效率和利润的追求便毫无疑问地成为金融机构的首要目标。中国地域广阔，部分地区县域经济较为发达，能够满足金融机构股份制改革后利润增长的需求，但广大中西部地区的经济仍然比较落后。股份制改革后，金融机构撤离农村以提升赢利空间，不仅具备理论的必然性，更有着现实的合理性。从性质上说，农村信用社是由农民入股、实行社员民主管理、主要为社员提供金融服务的合作性金融组织。为发挥农村信用社服务社员和本地经济的功能，国家对其服务“三农”规定了强制性约束，如确定对农贷款的比重等。但这样的强制性约束与利益最大化的目标存在明显冲突时，无论监管部门和政府的导向如何，农信社仍然会千方百计地追逐高额利润。即使监管部门和当地政府强化对农贷指标的硬性约束，在面临服务“三农”和追求利润的两难选择时，强制性约束会产生两种结果：一是出现不良贷款，部分来自政府干预，部分来自信用社自身的经营；二是出现造假问题，在拿到国家补贴的同时，涉农贷款没有实现有效增加，甚至出现冒名贷款、借新还旧等规避规则约束的行为。

最后，改革的价值目标与制度激励之间存在冲突。地方政府基于经济发展的需要，对于资金流出农村缺乏干预积极性。农村信用社的改革进程中始终存在着股份制与合作制之争，最终改革方案选择股份制作为主导方向，一般被视为适应形势需要。[②] 2003 年农信社股份制改革试点明确将农信社的管理权由人民银行转交给地方政府，其出发点在于调动地方政府参与农村金融改革的积极性。因为金融监管权限长期集中于中央政府，但农信社点多面广，资产较为分散，中央政府精力有限，需要地方政府积极参与才能顺利完成农信社改革。与此同时，地方政府则希望通过农信社改革做大地方金融业，创新的积极性源于试图更多地控制地方性资源和地方政府的租金最大

---

① 银监会：《大力培育和发展农村中小金融机构》，http://www.ce.cn/cysc/agriculture/snlt/200801/07/t20080107_14135610.shtml，访问日期：2011-06-15。

② 参见脱明忠、李煦燕著：《再造信用社：农村信用社改革报告》，41~44 页，法律出版社，2009。

化激励。故地方政府为了推动本地金融产业的发展壮大，会支持民间信用扩张。① 这表现为，北京、重庆、天津、宁夏等省（市、自治区）近年来整合当地信用社资源组建了省一级法人机构，有些地方试图取消县一级农村信用社的法人地位，以省联社为蓝本组建省级农村商业银行等，条件暂不具备的地方已经开始组建地市一级的农村商业银行；武汉、马鞍山、成都、广州、东莞、江南等地区性农村银行2009年已获准开业。农信社服务三农虽然有利于长期发展，但缺乏对地方政府的激励，因此，地方政府欠缺从根本上促进农信社服务“三农”的动力。各省制定的小额贷款公司管理办法中有关服务“三农”的要求因金融监管部门监管资源和手段的限制，难以得到有效执行。此外，省联社的介入亦使得问题进一步复杂。一方面，对信用社系统而言，部分农村信用社省联社及派出机构与县联社之间的权责关系不够明确，变成了行政性的上下级关系，县联社作为一级法人的自主经营权受到限制，股东参与决策的权利不同程度地受到侵害。另一方面，对信用社系统外部而言，省联社又确实发挥了保护县联社的功能，成为其利益代言人，利用作为准政府部门的优势尽量将农贷比指标尽压下来，通过组织社团贷款将县域资金转移出来，参与国家、省市重要基础设施项目建设、政府融资平台贷款等，为农信社进城挣钱创造条件。2009年以来，一些地区农信社已在省联社支持下开始参与房地产开发贷款。因此，无论理论上还是现实中，农信社对服务“三农”目标的偏离已经相当明显。

三、对国外农村金融制度发展路径的考察

我国以股份制为导向的农村金融制度改革虽然提高了金融机构的经营效率，但与服务“三农”的目标并不吻合，因此，在推进农村金融制度股份制改造的同时，应当发展与商业金融机构在功能上可以互补并能够真正服务“三农”的金融机构。目前来看，这种机构只能是非商业化的机构，即合作金融机构。虽然信用社在我国没有获得良好的发展，但西方发达国家和许多发展中国家在农村金融发展理论的指导下，一直注重农村金融组织的创新，信用社获得了良好发展，一定程度上满足了贫困人口对金融服务的需求。

（一）农村合作金融制度的历史与现状

世界范围内信用合作事业已走过了一百多年的发展历程，已成为世界金融体系中的重要部分。最早的信用合作社是由德国人海尔曼·舒尔茨－德里奇（Hermann Schulze - Delitzsch）于1849年建立的。农作物歉收和1846年饥荒促使他成立了合作性质的面粉厂和面包屋，以较大优惠向它的社员出售面包，经济合作社的理念使他决心建立新型合作机构以解决信贷需求问题。合作社成员坚信诚实、开放、社会责任和帮助他人的道德价值。德国人 Friedrich Wilhelm Raiffeisen 开创了农村信用社的历史，1864年建立了第一家农村信用社，以帮助德国农民购买牲畜、设备、种子和其他农业物资。由于农村较城市融资问题更为突出，因此农信社的创立似乎更为重要。海尔曼·舒尔茨－德里奇通过努力，推动全国信用社法在1871年获得通过。②

此后信用社运动在欧洲多国风起云涌，1864年，比利时成立了第一家信用社。1865年意大利成立了第一家信用社，1872年英国成立了一家零售存贷机构，该机构最终演变为今天人们所熟悉的合作银行。有趣的是，当初欧洲各地成立的信用社很多又被称作“民众的银行”。此后，信用社运动又从欧洲传到了北美。1900年加拿大魁北克省成立的称为 La Caisse Populairede Levis 的组织是北美第一个信用合作组织。由于 La Caisse Populairede Levis 运行得非常成功，1906年魁北克

① 参见王曙光著：《经济转型中的金融制度演进》，84～85页，北京大学出版社，2007。

② History of credit unions，http://en.wikipedia.org/wiki/History_of_credit_unions，访问日期：2011－05－18。

省对此专门进行立法。1907 年关于信用合作社的议案正式提交联邦立法，虽然议案没有通过，但说明当时加拿大政府对信用合作组织的发展已经非常重视。1909 年美国的第一家信用社——圣玛丽教区居民信用社成立。①

经过一百多年的发展，合作金融组织已经成为全球金融体系的重要组成部分，在多个国家或地区具有重要影响。合作金融的发展证明了两个基本结论：第一，合作经济与经济的发展程度是无关的，经济发展到一定程度后仍然需要合作，这是合作经济在发达国家长期存在的原因。② 根据世界信用社委员会的统计，截至 2006 年年底，在全球 97 个国家共有 46377 个信用社，服务 1.72 亿人，管理着 1.1 万亿美元资产。这些数据还不包括合作银行在内。③ 第二，尽管各国信用社总资产规模和单个信用社规模差异很大，但在许多国家都能为社员提供较好的帮助。根据统计数字，拥有较多信用社成员的国家包括美国（8700 万）、印度（2000 万）、加拿大（1100 万）、韩国（470 万）、日本（360 万）、墨西哥（360 万）、澳大利亚（350 万）、肯尼亚（330 万）、爱尔兰（300 万）、泰国和巴西（均为 260 万）。社员数量占经济活动人口（指在 16 岁以上，有劳动能力，参加或要求参加社会经济活动的人口）的比重较大的国家分别为多米尼加（147%，平均每人参加一个以上信用社）、爱尔兰（110%）、加拿大（48%）、美国（43%）、澳大利亚（26%）。④

（二）合作金融制度发展的美国经验

1. 制定专门的法律文件⑤

作为全球市场经济最为发达的经济体，信用社在美国金融业中扮演了关键性角色。美国信用社在法律上被确定为非营利、合作性的免税组织。⑥ 20 世纪 20 年代美国经济进一步改善，信用社运动更加流行，人们开始有更多的钱需要储蓄，也更有信心消费。但是他们缺乏廉价的信贷资源，高昂的商业信贷使他们望而却步。由于商业银行那时一般不愿意提供消费信贷，信用社乘机获得迅速发展。到 1925 年，美国 26 个州通过了信用社立法，到了 1930 年，该数字增加到 32 个，全美成立了 1100 个信用社。20 世纪 40 年代到 60 年代，美国信用社数量一直稳步增长，机构超过 10000 家，社员超过 600 万人。进入 21 世纪，信用社一直保持健康发展的趋势。⑦截至 2009 年底，美国共有 7831 个信用社，其中 4714 家是联邦牌照信用社，剩下的 3117 家是州牌照信用社；社员共计 9200 万人，资产超过 9030 亿美元；信用社存款达到 7700 亿美元，而贷款余额为 5870 亿美元。信用社总资产占联邦存款保险公司保险的储蓄机构总资产的 72%，占参加联邦存款保险的商业银行总资产的 8%。⑧ 尽管其总资产规模与商业银行相形见绌，但其特征非常明显，成为以

---

① 前引，History of credit unions，http://en.wikipedia.org/wiki/History_of_credit_unions，访问日期：2011-05-18。

② 李树生、何广文著：《中国农村金融创新研究》，102 页，中国金融出版社，2008。

③ World Council of Credit Unions: Latest Global Statistics Prove Credit Unions Are Financially Sound Expanding Credit Union Branches Reach More Members，http://www.woccu.org/newsroom/releases? id=1399，访问日期：2011-05-13。

④ Wikipedia: Credit Union Global Dispersion，http://en.wikipedia.org/wiki/Credit_union，访问日期：2011-05-16。

⑤ Credit unions in the United States，http://en.wikipedia.org/wiki/Credit_unions_in_the_United_States，访问日期：2011-06-16。

⑥ National Credit Union Administration: The Federal Credit Union Handbook，http://books.google.com.tw/books? id=CfnZL5FsSeUC&q=inauthor:%22United+States.+National+Credit+Union+Administration.+Office+of+Examination+and+Insurance%22&dq=inauthor:%22United+States.+National+Credit+Union+Administration.+Office+of+Examination+and+Insurance%22&source=bl&ots=eXYJaAz9SU&sig=-kys5OAElhc6aTy65qcxKALovdE&hl=zh-CN，访问日期：2011-09-21。

⑦ Credit Union Difference: History of Credit Unions，http://www.credituniondifference.org/history_of_credit_unions.asp#continued，访问日期：2011-06-28。

⑧ U.S. Credit Union Profile, First Quarter 2010 Summary of Credit Union Operating Results, June 2, 2010.

顾客为导向的金融服务供给者。过去几十年来信用社增速显著，而商业银行的市场份额不断下降。

2. 建立适度的法律监管体系

20 世纪 70 年代美国先后成立了联邦信用社管理局、联邦信用社保险基金，为信用社发展进一步提供保障。早在 1934 年，罗斯福总统签署了《联邦信用社法》，建立了一个注册和监管联邦信用社的全国系统，形成了美国州和联邦信用社的双重牌照体系。信用社可以自主选择在联邦注册或者在州注册，但美国有 3 个州不监管信用社，在这 3 个州只能设立联邦注册信用社。由于双重牌照体系，信用社的监管框架类似于银行和储贷机构。州牌照信用社由州级机构监管和检查，而联邦信用社由联邦信用社管理局监管。对于参加联邦保险的州牌照信用社，联邦信用社管理局也可以检查。但州牌照信用社可以自由选择参加联邦股份（存款）保险，州法也有可能强制要求其参加联邦保险。目前，所有的联邦注册信用社和 95% 的州信用社都参加了联邦股份保险（存款保险）。联邦信用社管理局除了监管全国的信用社之外，还负责监督着两个为信用社服务的组织：全国信用社股份保险基金和中央流动性便利。全国信用社股份保险基金是 1970 年根据尼克松总统签署的法令，为社员的储蓄性股份提供联邦保险而成立的机构，是一个与联邦存款保险公司平等的独立机构，目前保险的最高金额是 25 万美元，但收取的保费却比联邦存款保险公司低很多。中央流动性便利是 1978 年根据《金融机构监管与利率控制法》成立的，通过贷款向信用社提供流动性支持的机构，旨在作为信用社的中央银行和最后贷款人，其贷款资金主要来自联邦融资银行。该银行是一个帮助政府机构融通资金需求的机构，其资金可以直接贷给出现流动性危机的信用社。美国这种集监管、保险、援救为一体的独特监管体系成为保障合作金融稳健发展的重要法制条件。

3. 规定非营利机构的法律性质和地位

依据《联邦信用社法》的规定，信用社是非营利合作金融机构，仅仅为社员提供金融服务，即只向具有共同联系（common bond）的人们提供信贷。1934 年的《联邦信用社法》将会员资格限定在拥有职业联系或社团联系或限定区域、社区、农村的群体。至 2003 年，美国政府监管机构要求信用社将会员资格限定在特定人群，诸如一起居住、工作、学习的工人，在特定公司、行业的工人，特定非营利组织的雇员，专门的职业群体（教师、医生等）。信用社会通常注册为服务专门的雇员或职业群体、或服务于一个社区，社员的家庭成员也可以参加信用社。信用社通常奉行“一旦加入信用社，终生成为信用社社员”的理念，这使得自然人在不具备某信用社资格后（如改换职业或外迁）依然可以保留其社员资格。作为合作金融机构，单个信用社的资产规模也不尽相同，资产规模不足 200 万美元的信用社占全部信用社的 14%，主要向社员提供股份（存款）和贷款服务。这些信用社的平均社员数量 500 人，人均存款 2400 美元，人均贷款余额 4776 亿美元。而资产规模在 5 亿 ~10 亿美元的信用社属于相当大的金融机构，100% 提供存款支票服务，99% 提供自动取款机服务，大约 92% 此类信用社有分支机构，平均社员数目为 66774 人，社员人均存款和贷款余额分别为 9014 美元和 13412 美元。截至 2010 年 4 月，世界上最大的信用社是美国海军联邦信用社，为美国国防部雇员及其家庭成员提供广泛的金融服务，总资产 407 亿美元，社员规模超过 340 万。① 美国对信用社的法律性质、会员资格限制和规模多样化的许可，成为保障信用社健康发展的一个重要条件。

4. 明确特定的服务对象和功能

2006 年的《住房按揭贷款披露法》数据表明，美国信用社批准了他们收到的 69% 的中低收

① 前引，Wikipedia 文。

入借款人按揭贷款申请。相比之下，银行批准了47%。信用社批准了他们收到的62%的少数民族社员按揭贷款申请，银行的数字是51%。①2006年的《住房按揭贷款披露法》数据还表明，美国信用社批准的按揭贷款中低收入群体占25.2%，银行的按揭贷款只有20.6%发放给中低收入群体。② 为更好地服务那些缺乏信贷和其他金融服务的人群，低收入信用社可以获得某些国民信用社管理局项目支持以提高其服务这些社区的能力，一些州也有类似低收入认定标准。美国的《社区再投资法》要求银行向低收入社区提供信贷，由于信用社没有参与美国银行业的“划红线拒贷”，因此不受该法的限制。信用社根据其性质和“人帮助人”的理念，满足了其社员的金融需求，在社区发展中扮演了至关重要的角色。由于信用社是一个非营利性的合作互助组织，其收入均用于帮助社员提高生活水平和促进社区的协调发展，因此其收入不构成利润，也就可以免征联邦和州收入所得税。信用社虽然不以营利为目的，但这并不意味其不赢利，为支付管理费用和社员存款利息，为借款人提供能够负担的贷款，信用社享受税收优惠和政府的其他支持，具有无可争议的合理性。

此外，值得注意的是，由于信用社规模较小并且抵押贷款证券规模有限，在2008年的金融风暴中，信用社安然无恙，未出现大规模倒闭现象，足以证明其具有较好的抗风险能力。

四、农村金融制度改革路径转换的基本方向

从社会经济协调发展的角度看，农村金融法制改革的根本目的应为更好地发挥其服务“三农”的作用。农村金融法制改革的实践证明，大型商业银行在农村地区提供金融服务不具备比较优势，其业务活动往往无法适应小农经济，也无法解决因严重的信息不对称而带来的高风险和巨额成本等问题。虽然国家也尝试放开民间金融，引入村镇银行、小额贷款公司等金融组织，增加农村金融机构的数量，通过不同机构之间的竞争提高服务质量，但上述改革的基本方向是商业化的股份制改造，忽视了民间金融的合作化方向，忽视了通过法律制度催生农村内生性金融发展的路径。2007年出台的《农村资金互助社管理暂行规定》试图建立新型的合作金融机构，强调“农村资金互助社实行社员民主管理，以服务社员为宗旨，谋求社员共同利益”，但第四条明确规定“农村资金互助社是独立的企业法人”，从法律上否定了资金互助社定非营利性合作组织的性质和地位。既然实践已经表明商业化的股份制与弱势“三农”缺乏有效的结合点，而且民间资本相对宽裕，因此，应当矫正农村金融改革的商业化的股份制改造的路径，选择重点发展合作金融的路径，弥补农村金融制度改革存在的缺陷。

第一，全球范围内许多国家的实践已经表明，合作金融是解决包括“三农”在内的弱势群体融资需求的制度途径。在农村金融法制改革的框架内，合作制金融不应成为“被革去”的对象，而应成为重点发展的对象。在我国，虽然信用社几十年来的发展并不理想，甚至一度整体陷入资不抵债的边缘，但这并不意味着合作金融在我国不可行，反而证明了偏离真正合作制度精神和原则的农村信用社终将名存实亡。换言之，正规合作金融法律制度的失灵并不意味着合作制在中国的终结，严格意义上的新型合作金融组织会不断应运而生。③

第二，合作制在农业领域具有不可替代的优势。农业具有布局上的广延性、时间上的季节

① Mike Schenk, "Commercial Banks and Credit Unions: Facts, Fallacies, and Recent Trends," http://advice.cuna.org/download/combanks_cus.pdf, CUNA，访问日期：2011-04-17。

② 前引，Mike Schenk 文。

③ 前引，李树生、何广文书。

性、种植上的灵活性、对自然条件的依赖性、再生产周期长等特点，农村居住分散、信息采集成本高、抵押品不足，商业性金融制度很难适应其千差万别的自然条件。合作金融因具有灵活性和本土性，能够更好地适应农业对小规模信贷的需要，而且克服了单个家庭经营的局限性，既集聚了资金，又体现了农业领域的灵活性，在很多地区有明显的竞争优势。从农村金融体系和农村金融市场结构看，合作金融与商业金融具有互补的关系，坚持股份制改革并不排斥农村合作金融的发展。①

第三，合作金融作为合作经济的重要部分，是经济民主的重要载体，与我国的政治制度、民族传统有着天然的契合点。合作制是弱者的联合，也是劳动者的合作，满足了弱势群体的经济和社会发展的需求。合作制的股金具有均齐性和有限性，合作社社员不因股金的差别而有地位的差别，合作社一人一票，劳动者充分参与其中，一定范围内实现了劳动者当家做主，充分体现了劳动者的权利，与当代经济民主的理念契合。合作制对外追求利益最大化，对内强调共同富裕、互助合作、扶贫解困，与当代社会和谐发展的方向一致。1995 年国际合作社联盟一百周年大会再次重申了合作社的文化意义，即“自助、民主、平等、公平和团结，合作社社员信奉诚实、公开、社会责任和关心他人的道德价值观”。美国学者艾德温·诺斯认为，合作制是抑制资本中阴暗面的手段，能够抑制资本主义过分强调竞争和追逐利润，有利于实现社会正义和公平分配。因此，合作社越发展，两极分化就越小。② 从这个意义上讲，合作制比任何社会慈善救济，财政转移支付都更加有效。只要弱势群体依然存在，合作金融就有其存在的基础。③

第四，合作制在我国具有较为深厚的经济基础，与乡土社会特质也天然契合。与西方社会结构比较，中国人乡土观念更为深厚，建立在自然经济基础上的宗族、地域观念根深蒂固。合作社恰恰是以地缘、亲缘关系结合起来的组织，特别强调“共同纽带”的功能，与我国农村经济社会基础和环境具有很大程度的同构性。

第五，中国民间金融的实践表明合作金融具有自发性，典型的如合会。目前农村的各种自发的松散型资金互助组织，具有互助融资的功能，也属于合作金融的范畴。合会是最具有代表性的农村合作金融组织，在我国起源于隋唐，具有悠久的历史。就现代民间金融而言，在很大程度上体现出合作制的特点，如企业间根据信息透明度和信赖关系，形成资金余缺调剂关系，实际上也是一种自发的合作金融形式。从我国历史发展过程考察，合作制不是没有生命力，只是当前官办性质或政府管理的农村金融组织内部缺乏合作制的生存基础，④ 因此发展状况不够理想。

五、转换我国农村金融制度改革路径的法律对策

在完成农村金融的股份制改造之后，农村金融法制完善的关键应当是放开民间金融市场，通过立法提供合作金融发展的制度保障，明确民间合作金融的基本原则，通过税收优惠等制度安排区别合作制的民间金融和商业化的民间金融，引导大量民间资金进入农村，充分调动“三农”体制内的资源及其主动性，提升农村经济发展的内生动力，从根本上吸引金融资本留在农村。具体对策包括：

第一，制定农村合作金融法，从法律上明确民间金融合作化的基本思路，确定政府引导、规范

① 蒋定之：《探寻农村信用社改革发展之路》，载《中国金融》2008 年第 9 期。

② 德林编：《股份制和合作制企业有什么区别?》，http://www.jxrczpw.com/Html/Info/12911.html，访问日期：2010-12-02。

③ 前引，李树生、何广文书。

④ 汪小亚著：《农村金融体制改革研究》，99 页，中国金融出版社，2009。

和促进农村民间合作金融发展的责任，将民间合作金融的发展明确列入国家和地方社会经济发展规划，增加政府促进农村合作金融发展的激励，引导农村居民进行资金自助，降低对商业金融的依赖程度，防止利润压力下民间资本逃离“三农”。由于我国尚缺乏真正意义上的农村合作金融，先期可以在尚无农村金融机构的乡镇试点，积累经验后推广。

第二，废除《中华人民共和国商业银行法》第93条“城市信用合作社、农村信用合作社办理存款、贷款和结算等业务，适用本法有关规定”，通过制定《农村合作金融法》等有关合作金融的专门法律，构建独立的农村合作金融法律制度体系，将农村合作金融办成真正区别于商业银行并专门服务于社员的区域性或社区性合作金融组织。从世界合作金融发展的历史看，许多国家都制定了专门促进农村合作金融发展的法律，除前面提到的美国和加拿大之外，德国制定了《合作银行法》，印度、阿尔及利亚等国有《信用合作法》。①

第三，从立法上应当将农村合作金融组织的法律性质确定为公益法人而非企业法人。企业法人是营利性的经济组织，以股份公司和有限公司为典型形式。合作金融体现了“人帮人”的合作互惠理念，明显不同于以营利为目标的商业金融机构，应界定为非营利性的社会团体法人。法律上将农村合作金融机构界定为公益法人不仅增强其社区性，同时也可以减轻其运营负担，提高其运营效率。

第四，通过专门立法规定农村合作金融机构的治理机制，将合作金融的宗旨和精神体现在具体制度中。应当吸收我国合作金融长期有名无实的历史教训，在立法上将互助合作原则分为三个具体层次：首先是自愿性原则，依靠行政力量强制捏合的“合作制”必然形成制度上的悖论，难以真正发挥合作金融的优势。其次是合作原则，坚持社员地位平等并服务于社员的宗旨。同时应当注意，近年来发达国家在一、二级甚至三级合作社之间进行了组织、治理结构和经营方式的改革，出现了非互助化的趋势。② 我国的合作金融立法应当参考发达国家这种改革的趋势，适当确定互助化的程度。最后是民主管理原则。农村信用社和农村基金会在我国失败的根本原因在于政府干预过多，从而导致治理机制混乱。因此，有关合作金融的立法应当重点规范合作金融组织的治理机制，建立真正的民主管理机制，排除政府的不正当干预。在民主管理不完善的条件下，可通过相关部门的外部监督，引导合作金融实现互助融资的基本目的，但前提是不能干涉其日常经营。

第五，制定必要的优惠政策，免除其所得税。税收优惠对于农村合作金融发展具有突出的现实意义：一是可以降低合作金融机构的运营成本，提高其盈利空间，从法律上促进农村合作金融组织可持续发展；二是为降低贷款利率和让利社员提供了条件，提高民间资本进入合作金融的积极性；三是可以鼓励当地居民存款，增加可用于“三农”的资金来源，解决县域资金外流问题；四是国家免除的税收实际上全部留在了当地，用在“三农”上，矫正目前涉农贷款补贴机制存在的缺陷，真正发挥了促进“三农”发展的作用。

第六，合理设定监管边界，建立以合规监管为核心的监管模式，落实社员民主管理机制。目前，农村信用社的监管负担太重，可以说是受到监管最多的一类金融机构，包括省联社的监管、地方政府的监管、银监会、人民银行的监管，特别是地方政府和省联社介入较多，不利于其健康发展。地方政府涉及省以下各级人民政府，信用社严重缺乏自主经营权。合作金融的特点是以社员自筹资金和自我管理为主，不同于吸收公众存款的股份制银行，不存在复杂的代理关系及因代理所产生的利益冲突，监管应在落实社员民主管理的前提下，以其活动的合规性为重点，缩小监管范围和边界，减少其监管负担。

---

① 参见刘仁伍著：《新农村建设中的金融问题》，193～198页，中国金融出版社，2006。

② 徐忠、张雪春、沈明高、程恩江著：《中国贫困地区农村金融发展研究》，236页，中国金融出版社，2009。

矫正我国金融偏向城市的制度思考[①]

叶 明*

目 次

一、问题的提出

中国改革开放30多年来，经济总量和人均收入水平持续攀升。城镇居民的可支配收入从1978年的343.40元递增到2010年的18980.80元，增长了50.95倍，农村居民的人均纯收入也从1978年的133.60元增加到2010年的6543.60元，增长了38.64倍。[②] 然而，我国的城乡收入差距不仅未随着经济社会的发展而收敛，反而在不断拉大。我国的城乡收入比由20世纪80年代中期的1.8:1，扩大到2005年的3.22:1和2007年的3.33:1，2008年这一数值略有下降，回落到3.31:1，2009年又回升到3.33:1，2010年和2011年该数值有所下降，分别是3.23:1和3.13:1，但该数值与世界上其他国家和地区相比，仍然明显偏大。过大的城乡收入差距已经成为制约我国经济、社会良性发展的重要因素，也与当前统筹城乡发展、构建和谐社会的政策目标严重相悖。

由于过大城乡收入差距所带来的严重负面影响，探讨城乡收入差距的成因及其对策成为当今中国理论界和实务界的一个方兴未艾的论题。众多学者从不同的视角对我国城乡收入差距的产生原因及其解决方案进行了解读。诚然，正如众多学者所指出的那样，造就我国过大城乡收入差距的原因是多方面的，比如我国农业与农村的自身特点对于过大城乡收入差距的形成有一定的促进作用，但是，引致我国过大城乡收入差距的主要原因并不是上述原因，而是城市偏向的制度设计。其中，城市偏向的金融制度对我国城乡收入差距的形成和拉大有重要推动作用。由于目前学界从金融制度的视角专门分析城乡收入差距的成因及其对策的相对贫乏，本文拟在分析我国城市偏向金融制度的现状及其对城乡收入差距的影响之基础上，提出一些完善我国金融制度的建议，

① 基金项目：重庆市社会科学规划项目“重庆市城乡收入差距问题研究——基于制度偏向的视角”（2010YBFX30）；2012年度重庆市教委人文社科研究重点项目“统筹城乡教育发展的法制研究——以重庆市为例”（12SKC03）。

* 西南政法大学副教授，硕士生导师，法学博士。

② 胡月、刘文朝：《财政分权、金融发展与城乡收入差距》，载《新疆农垦经济》2012年第3期。

以期对缩小我国城乡收入差距、促进社会和谐发展有所裨益。

二、我国金融制度现状：城市偏向

新中国成立后，我国为了完成赶超战略，推动工业的快速发展，必须通过动员居民储蓄来促使资本的集中，在金融制度方面表现为通过聚集与控制农村金融资源，以最大限度地服务于国家的工业化发展战略。这是一种由国家自上而下设立并由国家正规金融机构主导的资金纵向配给制度，其外生于农村经济发展，[①] 导致金融资金的配给明显偏向城市和工业。改革开放后，政府为了降低经济改革的成本，需要给予经济改革中的利益相对受损集团（城市居民）以利益补偿，以减小他们对改革的抵制和反对。此时中国的金融制度安排就是政府为给国有企业和城市居民提供利益补偿的需要而内生出来的一项制度安排，其同样具有明显的城市偏好。此种城市偏好的金融制度导致金融资源的配置在城乡间存在明显差异，即金融资源的配置向城市集中。在20世纪90年代初期，中国的信贷体系开始走向一元化，信贷机构统一朝商业化方向改革，并由此形成了单一金融体制和统一的信贷管理制度，即一体化金融制度安排。在一体化金融制度安排下，资金在市场机制的调解作用下逐渐向东部和城市集中，最终导致西部和农村金融资源供求失衡。[②]

除了从我国金融制度的发展历程可以发现其具有明显的城市偏好，导致金融资源的分配上城市明显优先于农村。在制度的供应和改革方面，国家把重点也放在城市金融上。从20世纪90年代后期开始，国家制定、颁布了诸如《中华人民共和国证券法》、《中华人民共和国保险法》、《中华人民共和国商业银行法》等大量的金融法律、法规，由于这些金融法律规范所针对的目标主要是城市金融，其有效地推动了城市金融改革和城市经济的发展；而在农村金融制度的改革方面除了成立农业发展银行，农村信用社从农业银行分离、建立农信联社以外，几乎没有其他改革措施。即使国家对农村金融进行了一些改革，大部分都是以政策性文件的形式推进，没有把法律作为改革的主要依靠手段，导致各项农村金融制度的制定缺乏程序性和规范性，也缺乏相应的监督制约机制。由于对农村金融的改革手段非法律化，改革成果没有法定化，致使农村金融处于金融发展的弱势地位，其发展严重滞后于城市金融，存在着诸多亟待解决的问题，比如金融支持农业弱化，金融风险隐患较大，使农村金融陷入农民和农村企业“贷款难”和农村金融机构“难贷款”的两难境地，[③] 金融支持农村与农业的力度相当小。

三、城市偏向的金融制度对我国城乡收入差距的影响

现代金融发展理论认为，金融资源对促进区域经济增长和居民收入增长相当重要。因为在现代市场经济条件下，一切经济活动，都是货币先行；经济活动对资源进行配置，必须首先取得货币。货币资金的流动要靠健全高效的金融市场，而健全高效的金融市场要靠金融制度的设计与创造。[④] 由于我国金融制度的城市偏向，金融支持农业的力度较弱，农村金融本身也没能有效支持农业发展，使得本来就很稀缺的农村金融资源不仅未能服务于农业，反而通过各种正式或非正式

① 罗富民：《农村金融制度转型与农村经济结构转变——分工演进视角的理论与实证分析》，载《贵州财经学院学报》2012年第2期。

② 谷慎：《西部农村金融的供求与均衡——基于双重二元结构约束与一体化金融制度安排》，载《西安交通大学学报（社会科学版）》2012年第1期。

③ 魏文静：《农业现代化与农村金融制度创新》，载《改革与战略》2012年第4期。

④ 曾为群：《分配、金融制度与居民财产性收入增长》，载《湖南社会科学》2008年第2期。

途径转移到城市，导致农村金融的规模和效率远远落后于城市，阻碍了农村经济的发展和农民收入的增长，并且形成“累积性因果循环”效应，逐步拉大城乡收入差距。具体而言，我国城市偏向的金融制度对城乡收入差距的影响表现如下：

（一）城市偏向的金融制度造成农村资金大量外流

我国城市偏向的金融制度造成农村资金外流主要通过以下几个渠道进行：

1. 农村信用社非农化倾向和农村合作基金会的倒闭所造成的资金外流

首先，当前的农村信用社合作性质已经异化，为“三农”服务不足，其市场化管理体制使其发展偏离了合作制方向，逐渐趋向以利润为目标，必然将其信贷资金由比较效益低的农业领域转入比较效益高的非农产业领域。其次，20世纪90年代农村合作基金会的盲目发展和最终倒闭，加剧了农村资金的供求矛盾。据调查，对农村合作基金会的清理减少了农村信贷资金供给近3000亿元。①

2. 邮政储蓄和保险公司渠道的资金外流

首先，中国邮政储蓄从事的主要是个人储蓄业务，其将大量吸收的农村储蓄转存人民银行，其在农村的金融业务以前是只存不贷，从而导致农村资金大量外流。尽管从2003年8月开始，邮政储蓄新增存款转存人民银行的部分，按照金融机构准备金存款利率计息而且其对新增存款开始自主运作，但由于其资金全部上收总局，在对农村贷款缺少有效激励的情况下，邮政储蓄资金很难回流到农村地区。其次，各保险公司虽然可以自主投资，但由于农业相对于其他产业而言，其效益偏低，导致保险公司的投资业务主要领域不是农业，也不主要面向农村；而且保险公司的基层机构为县级机构，按照相关规定，县级保险公司的保费收入必须上交其上级公司。虽然县级保险公司有一定的投资返回，但总体而言对县域经济（主要是农业经济）的促进作用非常有限。

由于上述渠道造成农村资金大量外流，使我国农村、农业发展得不到相应的资金支持，农民收入也不可能得到较大增长。

（二）城市偏向的金融制度使农村金融需求难以得到满足

我国在工业化进程初期，依靠计划体制所形成的工农业产品价格剪刀差来支持工业发展和城市建设，以弥补资本积累的不足，使得农村经济长期缺乏资金支持和推动。20世纪90年代开始，四大国有商业银行开始对发展战略进行调整，纷纷追求集约化经营，向“大城市、大企业、大银行”的目标迈进。在此发展战略的影响下，1998年至今，农业银行、建设银行、工商银行以及中国银行共撤并超过3.1万个县以及县以下机构，上收了贷款管理权限，其在县以及县以下机构基本上只有发放5万元以下本行存单质押贷款的权限。同时，随着国有商业银行信贷业务重点转向中心城市，其对农村的贷款也仅限于大型基础设施、国债配套资金和生态建设等大型项目，对农户的农业生产和中小企业的金融服务处于萎缩状态。② 此外，由于我国主板市场的门槛很高，农村中数量众多的中小企业要进入资本市场融资，谋求获得长期的资本支持，在某种程度上可以说是奢望。因此，一方面，我国农村长期以来面对金融供给不足的困境；另一方面，一些农村金融机构受利益驱动将农村资金投向城市，这样就造成了农村金融供给匮乏的局面。随着农业生产过程的机械化、规模化等现代化程度不断提高，资本在生产函数中的比重也逐渐加大，农户和乡镇企业逐渐成为农村金融市场的需求主体。如果农业生产的资金需求难以得到满足，则农业生产函数从低级形态向高级形态的连续转化就会受到很大的制约。资本的不足将导致农村经济的发展陷

① 闫永夫著：《中国农村金融业》，26~27页，中国金融出版社，2004。

② 李勇、孙晓霞、陈景耀等：《关于完善农村金融制度加大对三农金融支持若干问题的思考》，载《金融研究》2005年第11期。

入"贫穷陷阱"，农村地区后续经济实力增长乏力，不仅使农村地区的贫困发生恶性循环，而且将使农业的产业态势逐渐弱化，城乡收入差距将不可能得到有效遏制。

（三）农村民间金融的不规范增加了农民的负担

正规金融供给不足，必然造成民间非正规金融的活跃。据统计，农村正规金融提供的贷款仅能满足农村金融需求的25%，而75%左右的农村金融需求不能得到有效满足，或者是只能通过成本较高的民间金融（非正规金融）渠道得到满足。据调查，农户借款行为的61%是以民间借贷形式实现的，而农户放款行为的94%是在亲戚、邻居和朋友之间进行的。① 农村民间金融的发展，极大地解决了农民对资金的紧迫需求。尽管其资金使用成本很高，但由于农村民间金融依靠的是相互间比较了解、不用抵押物、方便快捷的交易程序，可以使农户在较短的时间内获得所需要的资金，因此，近年来，农村民间金融发展非常迅速。但是，由于对农村民间金融缺乏有效的法律约束，造成民间非正规金融市场利率显著地高于正规金融市场上的贷款利率，往往容易造成高利贷猖獗，大大加重了农村经济组织和农民的融资成本。在此种情况下，农村民间非正规金融组织的高利率运行，将会加剧一些经济落后、自然条件较差的农村的贫困化。因为这些地区灾害较多，一旦农户遇到突发事件，在通过正规金融无法获得资金的情况下，举借高利贷成为唯一可能的选择。沉重的高利贷债务压垮的不仅仅是个别农村家庭，还有以这些家庭为基本单位的农村经济。② 因此，正规金融供给不足造成的农村民间非正规金融的不规范也是拉大城乡收入差距的重要诱因。

（四）农村信用担保发展滞后，制约了资金供给

由于农村实行土地集体所有制，在耕地、林地以及其他各种自然资源的权属方面，农民无法享受充分的产权收益，既缺乏进行信贷担保的便利条件，也不能对所占有的各种自然资源进行有效的产权流转，甚至在农民的房屋等有形资产方面也存在一些抵押、担保等方面的制度束缚。金融最为活跃的本性就是趋利避害，而有效的产权抵押、担保、赔偿等法律制度安排，是金融行为的基础性保障条件。由于我国农户承包经营的土地和宅基地不能用于贷款抵押，这样就使农村资源、农民资产从沉淀状态很难转向金融创造资本的发展格局，只能捆住农村和农民的资源与资产，而不能加速推动它们向资本的转化过程。③

四、改革我国金融制度的相关建议

农村经济的发展离不开农村金融的支持，农村金融兴，则农业兴；农村金融活，则农业活。从金融制度层面进行突破，扭转当前的资金流向，则可以迅速实现农业产业领域的资本集聚，从而解决农业和农村经济发展所急需的资金问题。

（一）鼓励兴办直接为三农服务的多种所有制的金融组织

由于农户和乡镇企业的资金规模普遍较小，其所需要的金融服务是大型金融机构很难提供的，同时，也由于信息成本和控制成本的差异，大型金融机构一般并不乐意向农户和乡镇企业提供金融服务，因此，要在严格监管、有效防范金融风险的前提下，培育新型农村金融机构，大力发展服务于广大农户和乡镇企业的农村内生型中小金融机构，如小额信贷机构、农村互助合作社

① 刘磊：《基于新农村建设的农村金融制度创新研究》，载《农村金融研究》2011年第5期。

② 田光宁、李建军：《农村非正规金融规模及对农村经济影响的调查》，载《调研世界》2005年第4期。

③ 张建君：《我国农村金融制度建设的现状、难题及改革措施》，载《甘肃理论学刊》2012年第2期。

等。① 根据银监会对新型农村金融机构的试点，目前有村镇银行、贷款公司和农村资金互助社3种新型农村金融机构。这3种新型农村金融机构对缓解农村金融服务不足的矛盾、提高农村金融服务覆盖率、改进农村金融市场竞争状况、规范农村金融市场等发挥了一定作用。但是，由于村镇银行和农村资金互助社的信誉还没有建立起来，影响了其吸储能力，只有贷款没有存款或存款很少，将严重影响其发展。因此，应该加强对新型农村金融机构的扶持和监管，立足解决“三农”问题和统筹城乡发展，提升农村新型金融机构的支农能力。

为了方便农民和乡镇企业获得便利的金融服务，应在有效监管和存款保险制度建立起来的情况下，允许各种经济实体在农村建立金融机构，并且对其注册资金的限制可以因地制宜作出规定。比如，允许农村民间金融组织合法化，发展地方性金融，培育市场化的金融行业规范。从提高金融市场资源配置效率、方便农村融资的要求出发，积极引入竞争机制，稳妥地发展民营银行，打破金融业的垄断格局，应该成为下一步我国农村金融发展的一项重要内容。发展民营银行，可以采取两种模式：一种是改组模式，即以现有农村信用社为基础，通过吸引民间资本实现民营化产权改造；另一种是新建模式，即以自然人或企业发起，通过定向募集民间资金新建民营银行。改组模式在沿海发达地区已有成功的试点经验。近年来，已有一些农村信用社成功引入了一定比例的民间资本，组建股份制银行。新建模式从公司产权结构上看，将实现民间资本对银行的控股，有助于形成灵活的经营机制和严格的内控机制。这两种模式，并不存在孰优孰劣之分，可同时进行试点。在一个地方，民营银行究竟选择什么样的模式，应该充分考虑当地的经济情况，尊重出资人意愿，政府不宜过多干预。

（二）创新政策性农村金融制度，加大对“三农”的扶持力度

进一步完善农村政策性金融，是新农村建设背景下农业和农村经济发展的客观需要。在农村政策性金融上进行制度创新可从以下两方面进行：

第一，转换、扩大中国农业发展银行（简称农发行）的经营机制和业务范围，增强其扶持“三农”的能力。具体而言包括以下内容：一是及时调整农发行的功能定位和服务领域，将信贷支持重点从流通领域向生产领域转移，改变以前业务单一的局面，重点支持农业主产区提高粮食的生产、转化和加工能力，大力支持农业开发和基础设施建设以及农村生态环境建设，改善农业生产条件，促进农业的可持续发展；二是扩大农发行融资渠道，在国家信用支持下，可以发行金融债券、大额可转让存单、大额协议存款，接受县域邮储机构的协议存款，接受县域服务对象的存款；三是建立农发行政策性业务风险补偿机制，按照中央、省级分担原则，对农发行在涉农经营中形成的风险损失进行及时补偿；四是加大对农发行的投资，恢复农发行的农业综合开发贷款和扶贫贷款业务，同时承担对新型农村金融机构（村镇银行、小额贷款公司和资金互助社）的再贷款和再贴现以及非农金融机构涉农贷款的贴息业务。

第二，实行积极的财政税收政策刺激信贷资金和社会资金更多地投向农村。国家各个涉农部门在制定政策和发展规划时要坚持这样一个方向，即坚持并探索运用政策性手段引导信贷资金和社会资金更多地投向农村，形成推动信贷资金和社会资金投向农村的长效机制。具体而言，可以从以下四方面着手：

其一，加大农村正规金融资源的供给。政府一方面要调整国有商业金融机构的改革目标和利益导向，坚持服务“三农”的发展道路，确保农村金融体系的健全与稳定；另一方面，要加强对各类金融机构在农村的网点分布、资金流向的监测与管理，形成积极有效的农村金融监管体系。农村信用社等金融机构要继续坚持服务“三农”方向不动摇，充分发挥其支农金融主力军的作

① 胡月、刘文朝：《财政分权、金融发展与城乡收入差距》，载《新疆农垦经济》2012年第3期。

用，积极扩大“三农”贷款总量，最大限度地满足“三农”贷款需要；要减轻农民的负担，通过完善现有的贷款定价机制，综合考虑贷款期限、贷款用途、贷款信用、贷款担保情况等因素，合理作出贷款风险评价，并实行不同的利率上浮档次；要简化贷款手续，减少贷款环节，为农户提供方便、快捷的金融服务；要在继续推行小额信用贷款、联户联保贷款的同时，通过研究农村经济新形势，不断创新贷款方式，开发出更加灵活、适应农村经济需要的贷款品种。

其二，遏制农村资金的流出。政府应出台一些指导性政策，对农村地区的金融资金向城市地区的转移加以适当的限制，引导社会资金更多地投向农村建设。遏制农村资金的外流，特别需要改革邮政储蓄系统，堵住资金外流的重要通道。可行的办法是邮政储蓄把从农村吸收的储蓄资金转存到人民银行，人民银行再通过定向贷款把某一县（市）邮政储蓄网点的转存款全部返还给该县（市）的信联社，由后者统一调度，在本地区使用。人民银行根据需要可在全国范围内调配使用邮政储蓄资金以调节地区间农村经济发展的不平衡，但原则是其吸储资金必须返回农村，实现对农村经济发展的金融支持。①

其三，通过贴息制度鼓励金融机构向农村发放贷款。政府应把大量低息的政策性资金通过银行的农村分支机构和农业信用合作组织注入农村，同时开展以贫困农民为目标的专项贷款，通过中央银行的再贴现窗口，财政资金以优惠利率支付给金融机构如农业发展银行或支农商业银行，然后这些组织通过其农村分支机构或者合作组织、贷款联合组等，以政府指定的利率将资金贷给目标农户或特定的团体、地区和项目，以实现对农村和农民的金融支持。

其四，完善涉农金融税收优惠的制度设计，鼓励各金融机构积极开拓涉农信贷业务。税收优惠是国外对涉农金融普遍采用的政策支持手段。我国可从以下几方面着手，完善税收优惠的制度设计，以弥补现行税收支持涉农金融政策的不足：一是降低涉农金融税收优惠门槛，实行普惠制。应将现行的按金融机构设计的税收减免政策，改为按贷款业务进行减免，对达到一定支农要求的金融机构都给予相应的所得税和营业税优惠，从而扩大税收政策的优惠面，激励和引导金融机构积极开拓涉农信贷业务。二是科学确定税收优惠的依据。对享受税收优惠的涉农贷款设计一套量化的指标体系，如以涉农贷款的比例指标或者贷款产生实际效果的绩效指标作为审核减免税负的条件。三是改变目前贷款营业税优惠的计算方法。现行计算方法是按营业税税率（5%）乘以涉农贷款占全部贷款的比例（40%）计算而来，这对中西部经济欠发达地区农信社（涉农贷款远远超出40%）显然是不公平的，建议根据金融机构涉农贷款比重的大小设置不同的营业税税率，从而发挥税收的正向激励功能。②

（三）规范民间非正规金融的发展

在当前，农村非正规金融作为正规金融的有益补充，应该允许其在农村的存在与发展，因此政府对待民间金融发展时应当发挥积极的规范、引导作用，而不是一味地干预、限制甚至禁止。政府需要建立一个规范民间融资活动的法律框架，将民间金融行为纳入明确的法定活动范围，在法律之外政府不再干涉民间金融的正常发展。但是，政府必须大力规范民间金融的运行和发展，使其所承受的风险下降，降低其利率，使利用非正规金融的农村居民的负担减轻，缓和城乡收入差距。③ 在规范农村民间非正规金融时，首先，要打破农村信用社在农村金融的垄断地位，从法律上明确民间金融的合法地位，促进农村金融机构多样化。这不仅需要加快新型农村金融组织的发展，进一步放宽农村金融市场准入条件，重点发展适合农村特点的农民合作金融组织，而且需

① 谈儒勇著：《金融发展的微观动因及效应：理论与证据》，189～190页，中国财政经济出版社，2004。

② 李景波、胡胜德：《我国财税政策支持农村金融的制度缺陷》，载《特区经济》2011年第12期。

③ 张立军、湛泳：《我国农村金融发展对城乡收入差距的影响》，载《财经科学》2006年第4期。

要通过法律明确民间金融的合法地位，给予民间金融以金融机构的组织身份，明确设立条件，加强金融监管和自律，逐步将目前存在于农村地区的合会、基金会、互助会等民间金融组织纳入合法化轨道中来，或转为小额贷款组织，或组建社区金融机构，使这股庞大的资金服务于农村经济的发展。民间非正规金融不等于非法金融，在法律禁止和正规金融已经占领市场的条件下，其仍然有广阔的空间，这充分说明其存在的合理性。因此政府应出台鼓励符合资金供求规律的正常民间金融活动的规定，并对那些具有创新性质的非正规金融市场活动（如票据交易活动、股权交易活动、私募基金及民间的各种信用担保活动等）给予支持和引导，以推动植根农村的民间金融获得自由发展与壮大的制度空间。其次，规范民间金融，将其纳入金融监管范围。在逐步放开农村民间金融的同时，要加大监管力度，严把市场准入关，将优良的民间合作金融机构吸纳为金融市场主体；同时建立市场退出机制，按照法律规定和市场原则实行破产，以保证其健康高效的运行。同时，要限制、打击非法民间借贷，打击高利贷、非法集资和金融欺诈行为，以降低农民和农村经济组织的融资成本。

（四）探索解决农村贷款担保难问题

第一，大力推广农户小额信用贷款和农户联保贷款，鼓励金融机构加强与信用协会或信用合作社等信用共同体的合作，运用联保、担保基金和风险保证金等联合增信方式，积极探索发展满足信用共同体成员金融需求的联合信用贷款方式。

第二，创新贷款担保方式，扩大有效担保品范围。依照相关法律，进一步扩大农户和农村企业申请贷款可用于担保的财产范围；探索发展大型农用生产设备、林权、水域滩涂使用权等抵押贷款，规范发展应收账款、股权、仓单、存单等权利质押贷款，推动农村资产向农村资本的转化；鼓励各类信贷担保机构通过再担保、担保与保险相结合等多种方式，加大对农村的融资担保服务。①

（五）提高农村金融制度的规范性和层次性

现行规定农村金融制度的规范性文件位阶较低，缺乏高层次的法律规范。到目前为止，我国还没有一部类似于美国的“农业信贷法”和“社区再投资法”等在权力和义务上高度匹配的农村金融大法。目前规定农村金融制度的规范多停留在领导讲话、政府文件、指导意见、通知和暂行办法等层面。虽然上述形式的规范载体也有一定程度的法律效力，但效力层次较低，实施过程常常受到各方面的因素的影响；而且作用时间比较短，制度缺乏连贯性和一致性。农村金融制度的法律位阶较低，难以提供比较稳定的政策预期，容易诱发农村金融机构的短期行为。② 因此，规定农村金融的规范性文件层次应逐步由部门规章等形式向法律、法规过渡，从而保证农村金融机构的支农行为具有长期性，保证农村经济的发展有比较稳定的资金支持。

① 邓莉、冉光和、李杰：《重庆市统筹城乡发展的问题及相应的财政金融制度举措》，载《安徽农业科学》2011 年第 14 期。

② 李景波、胡胜德：《我国财税政策支持农村金融的制度缺陷》，载《特区经济》2011 年第 12 期。

论包容性增长理念下
我国农业产业结构调整的金融法保障[①]

胡元聪* 唐 灿**

目 次

农业是国民经济的命脉，改革开放以来，我国农业取得了长足的发展，为新时期农业现代化奠定了坚实的基础。但农业产量基础性问题解决的同时，农业系统性问题仍然存在，农业产业结构的调整仍需长期进行。农业产业结构的调整由传统小农经济向专业化生产转变需要较大的投资，同时农业自身特点，使得农业产业结构调整存在一定的风险。靠农业自身的积累及农民自身的投资能力是不能完全满足结构调整对资金的需要的，必须吸引更多的资金流入农业，对农业结构调整提供财力支持。[②] 因此，农村金融法律制度的完善是农业产业结构调整的重要保障之一。同时，农业产业结构的调整意味着从纯粹追求经济增长速度向重在追求经济增长质量转变，这种转变也符合包容性增长理念的要求。因此，金融法律制度的完善是在包容性增长理念下对农业产业结构进行调整的重要推进器。

一、包容性增长理念下我国农业产业结构调整的金融法保障概述

（一）农业产业结构调整含义及其发展阶段

农业产业结构是指农业内部各部门的分类组合构状，以及在经济活动过程中，各部门内的生产门类之间的技术经济联系和比例关系。具体而言，农业产业结构可分为三个层次：一是生产结构。主要表现为不同生产部门之间的比例，如种植业、畜牧业、林业、渔业等生产部门之间的比例。二是产品结构。主要表现为同一生产部门中不同产品之间的结构，如种植业中粮食、油料、

① 基金项目：西南政法大学重点研究项目（2010－XZZD20）；经济法学院青年教师发展基金项目（XZJJF201010）；经济法学科研究生科研创新计划资助项目（2010JJFXKXM35）。

* 西南政法大学副教授，硕士生导师，法学博士。

** 西南政法大学硕士研究生。

② 陈永芝：《我国农业经济结构调整的深层矛盾与制度创新》，载《中国经贸导刊》2009年第23期。

蔬菜、水果等作物之间的比例。三是品种结构。主要表现为某一产品中不同品种之间的比例，如小麦当中的硬质小麦与普通小麦的比例，大豆当中转基因品种与非转基因品种的比例等。农业产业结构调整就是完善农业内部各部门之间以及各部门内部不同层次间的相互关系。

改革开放以来，我国农业产业结构调整大致经历了四个阶段。第一阶段是1978～1984年，此阶段农业产业结构从只重视种植业向农林牧副渔业全面发展。第二阶段是1985～1991年，此阶段更重视农产品流通体制的改革，把市场机制引入农产品价格形成中。第三阶段是1992～1997年，此阶段“农产品供给由全国短缺走向结构性相对过剩，消费者期望绿色、美味、保健、多样化和优质的农产品，供给结构与需求结构出现矛盾”。[①]现如今，我们正处在1998年以来的农业产业结构战略性调整新阶段。面对瞬息万变的国际国内形势，此阶段要求全面增强农业整体竞争力，提升农村整体素质，稳步增长农民收入。包容性增长理念为这一阶段农业产业结构调整提供了战略性的指导思想，在此理念下研究的农业产业结构调整金融法保障措施更能应对新时期的机遇和挑战。

（二）农业产业结构调整金融法保障的理论基础与现实依据

影响农业产业结构调整的因素很多，其中法律制度因素是重中之重。有学者指出，我国农业产业结构的失衡是长期制度压制的结果，必须把制度作为决定农业产业结构的内生变量，研究制约我国农业产业结构调整的制度原因，通过制度创新，解除制度约束，实现市场导向的农业产业结构优化。[②] 因此，制度创新尤其是健全农村金融法律制度就具有重要意义。

一般而言，农村金融是指农村货币资金的融通，也就是如何运用信用手段筹集、分配和管理农村货币资金的活动。农村金融法律制度保障具体可以从商业金融、政策金融、合作金融、小额信贷、民间金融、邮政储蓄和农业保险等方面进行。现阶段我国农业产业结构调整面临着贸易自由化下的农产品比较优势丧失以及战略调整所需技术不足的新问题。要发展高效农业，改善农产品需求结构，切实提高农民收入，从而实现农业现代化，需要健全的农村金融法律制度为金融机构提供充足的资金支持进行制度保障。

然而，我国当前农村金融机构现状与支持农业产业结构调整目标存在矛盾[③]，僵化的农村信贷不能满足现代农业的需要，即使是政策金融对现代农业的支持也不够。我国现有的农村金融法律制度主要集中分布在部门规章和地方规范性文件中，行政法规中涉及农村金融问题的《国务院关于农村金融体制改革的决定》（1996年）的立法效力层级低，且立法滞后的现状已经与我国农业大国地位和农业产业结构调整的新时期目标很不适应。换句话说，现行立法已不能为农业产业结构调整战略新时期提供金融法保障。因此，以包容性增长理念为指导，对农业产业结构进行调整，必须健全农村金融法律法规，构建旨在推进农业产业结构调整的包容性金融体系，从法制层面规范农村金融体系中存在的问题，使农村金融切实地为农业产业结构调整提供保障。

（三）包容性增长理念对农业产业结构调整及其金融法保障的新要求

包容性增长理念有四个基本要义：经济增长，协调发展，机会平等，成果共享。经济增长要求我们仍需重视经济的持续快速发展；协调发展要求注重经济发展速度的同时也要注重经济发展的质量，实现经济社会的协调；机会平等要求经济发展过程中给人们平等的进入市场的机会；成果共享则要求全民共享经济发展成果，使人们拥有普遍的满足感和幸福感。因此，在包容性增长理念下对农业产业结构调整进行金融法律制度保障，其目标就要符合包容性增长理念的四个基本

① Lin Justin Yi fu. Rural reforms and agriculture growth in China. American Economic Review, 1992, p5.

② 参见熊德平、冉光和：《农业产业结构调整的制度创新》，载《农业现代化研究》2002年第6期。

③ 参见赵富生、李寿林：《对金融支持农业产业结构调整的调查》，载《青海金融》2008年第3期。

要义。

1. 提高农业综合效益目标符合经济增长要义

“三农”问题的核心是农业问题，只有农业综合效益的提高才能切实保障农业收入的增加，以及农业长期稳定的发展。新时期农业产业结构调整中，提高农业综合效益将作为调整优化中的首要价值目标而长期保持不变。国家强盛要靠经济增长，农业兴旺也离不开农业综合效益的提升。因此，在包容性增长理念指导下，通过健全金融法律制度，将提高农业综合效益作为农业产业结构调整的首要的长期目标，是符合包容性理念中经济增长这一基本要义的要求。

2. 维护农村稳定发展目标符合协调发展要义

进入21世纪以来，农业受资源影响越来越小，特别是农业技术的日益创新，取而代之的是市场的供求关系，尤其是加入WTO以后国际市场供求关系与国内市场共同影响农业效益和农民的收益。因此，我国将面临前所未有且愈来愈强的挑战，如我国农村曾长期出现农民一年忙到头却不见收益的怪现象。还有农民收益负增长，政府无法为其提供保障，进而就会引发影响农村社会稳定发展的事件，如曾一度震惊全国的湖南宁乡县、衡阳县等地的减负事件①。因此新时期，在包容性增长理念指导下，通过健全金融法律制度来实现农业产业结构调整时，强调经济社会协调发展就必须将维护农村稳定发展作为农业产业结构调整的新目标。

3. 合理配置农业资源目标符合机会平等要义

农业资源既包括自然资源也包括非自然资源。其中，自然资源状况是农业发展的前提，但各地由于气候水土各方面原因，自然资源条件不可能一致，各地种植业发展情况也各异。要保障各地农民收益共享就必须合理配置资源，一方面合理配置财政金融资源，给予自然条件不好的地区补贴和贷款，以保证当地粮食的供应；另一方面各地也要合理利用当地优势条件，因地制宜地发展适合当地资源条件的农业产业，从而保证各地实现农业发展上的机会平等。因此，在包容性增长理念指导下，必须通过健全金融法律制度，在农业产业结构调整中要合理配置农业资源，从而实现包容性增长中机会平等的目标。

4. 切实增加农民收入目标符合成果共享要义

农业产业结构调整说到底就是要使农民享受到农业发展的成果，农民富裕是一切其他目标的终极价值，无论农业效益的提高还是农村的稳定繁荣都是为了农民能享受经济发展的成果，切实感受到农村发展带来的幸福感。从这一点来讲，包容性增长理念要求的成果共享与农业发展要求的农民增收的核心是一致的。因此，在包容性增长理念指导下，必须通过健全金融法律制度，实现农业产业结构的调整，切实增加农民收入，使他们能够共享发展成果。

二、包容性增长理念下我国农业产业结构调整金融法保障的问题分析

按照包容性增长理念的要求，我国农村金融法律制度并不完善，无助于农业产业结构的调整。具体存在以下问题：

（一）农村合作金融法无助于农业产业结构调整

良好的农村合作金融法律制度有助于农业产业结构的调整。然而，我国农村金融法律体系中规制农村合作金融的主要有《中华人民共和国商业银行法》（以下简称《商业银行法》）、《农村信用社管理规定》、《农村信用合作社章程》和《农村资金互助社管理暂行规定》等。这些法律法

① 参见刘建荣：《农业产业结构调整的价值选择》，载《湖南商学院学报》2005年第4期。

规都存在与农村合作金融现状不相适应的地方，无助于农业产业结构的调整。

1. 用《商业银行法》规制农村合作金融有悖于合作金融的本质，无助于农业产业结构调整

《商业银行法》第九章第93条明确规定："城市信用合作社、农村信用合作社办理存款、贷款和结算等业务，适用本法有关规定。"这种只看到农村信用合作社与商业银行在经营货币、资金融通方面的共性，而忽略二者产权组织形式是根本不同的做法，造成农村合作金融合作制的本质无法得到法律的有效保护。不仅不能发挥出合作金融的优势，反而使合作金融逐渐带上商业金融的特点，发展成既不像商业银行又不像农村合作社的矛盾现象。新时期如果仍用《商业银行法》统一规制农村合作金融，将无助于包容性增长理念下的农业产业结构调整。

2.《农村信用社管理规定》与合作金融的合作属性难契合，无助于农业产业结构调整

《农村信用社管理规定》是中国人民银行1997年颁布的部门法规，效力较低且规定不完善，它规定"农村信用社实质上是中国人民银行领导、监督管理的基层金融机构，基本任务是配合国家经济金融政策，发挥农村群众性合作金融组织的作用，帮助农户、农村合作经济组织、农村中小企业解决生产经营和生活的资金需要"。[①] 在央行此规定下，农村合作社实质走的是商业银行的道路，社员理念并未发挥出来。此问题同样存在于《农村信用合作社章程》中，作为农村合作金融法人治理结构的依据，它主要是在参照《商业银行法》制定的，必然与合作金融自身的合作属性有差别。显然，此二规定在促进和规范农村合作金融时作用甚小，继续沿用也将无助于包容性增长理念下的农业产业结构调整。

3.《农村资金互助社管理暂行规定》的适应性还很弱，无助于农业产业结构调整

多年来的中央"一号文件"以及2007年颁布的《农村资金互助社管理暂行规定》（以下简称《暂行规定》）体现了中央对农村合作金融的重视，但《暂行规定》也存在着西部地区农村合作社准入门槛较高的问题。在乡（镇）设立的，注册资本不低于30万元人民币，在行政村设立的，注册资本不低于10万元人民币。这就可能造成更需要资金的西部贫困地区农村合作社，由于不能满足最低门槛的要求而无法充分发挥合作金融的优越性。《暂行规定》与西部农村金融实际状况不符合，如不进行修改将难以实现包容性增长理念下的农业产业结构调整目标。

总之，我国合作金融法律制度中的这些问题，一方面是由于没有注意到不同地区情况不同应区别对待从而实现实质平等，另一方面现行制度不能发挥出合作制的优势提供资金供给，无法实现农村金融资源的合理配置，不能为农业产业结构调整提供帮助，也不符合包容性增长机会平等的要义。

（二）农村政策金融法无助于农业产业结构调整

农村政策金融法律制度本应该最助力于农业产业结构的调整。在我国承担农村政策金融任务的机构主要就是我国的政策性银行，而在三大政策性银行中主要承担这一重任，能为农村金融提供政策性资金支持的必然是与农业联系最密切的农业发展银行。在农业产业结构调整的新时期，资金供给自然是其中很重要的一个方面，然而目前政策性银行的资金供给出现了"瓶颈"，同时从政策银行建立将近20年的经验来看，其对农业产业结构调整的作用并不明显，原因主要在于：

1. 农村政策金融立法不成体系，无助于农业产业结构调整

与许多农业发达国家特别是与政府对农业支持较多的国家相比，我国农村政策性金融法律制度相当不健全。日本颁布了一套体系完整的政策性金融法，对各行业的政策金融支持都有相应的规定，在农业方面的主要是依靠《农业渔业金融公库法》。我国却缺乏系统的农村政策金融立法，此状况无助于包容性增长理念下的农业产业结构调整。

---

① 王文莉：《中国农村合作金融产权改革与制度创新研究》，西北农林科技大学博士学位论文，2004。

2. 农村政策金融法规层次较低，无助于农业产业结构调整

我国目前规制农村政策金融的主要还是一些法规乃至行业规范。这些法规规章在具体指导政策性金融机构时有很强的可操作性，但是效力不高、内容不全面、结构不系统。这些都是我国农村政策性金融立法需要尽快解决的问题。如能在法律或行政法规层面制定效力更高、体系更健全的农村政策金融法，将助力于包容性增长理念下的农村产业结构调整。

3. 农村政策金融没有专门立法，无助于农业产业结构调整

我国缺乏一部专门的政策性金融法来规范农村政策性金融的运行，当然无助于包容性理念下农业产业结构的调整。

总之，正视农村政策性金融法律制度的问题、制定政策金融法规范农村政策性金融问题，对包容性增长理念下进行新时期农业产业结构调整来说刻不容缓。

（三）农村商业金融法无助于农业产业结构调整

我国正规的商业金融机构主要包括中国农业银行、邮政储蓄银行、农村商业银行等，这其中，中国农业银行作为四大国有银行之一且按其特殊性质承担主要的支农业务。规范农业银行的主要法律是《商业银行法》，但由于《商业银行法》作为统一规范所有商业银行的法律法规，其中适用于所有商业银行的规定对农村金融的支持作用就不明显，甚至有些规范将农业银行往抑制农村金融方向引导。如此现状与包容性增长理念下我国农业产业结构调整的目标是不相一致的。具体存在以下问题：

第一，《商业银行法》规范下商业银行的逐利性使农业银行资金流向城镇，无助于农业产业结构调整。在《商业银行法》中农业银行被定性为自主经营、自负盈亏、自担风险、自求发展的商业银行。而农村贷款业务本身存在高成本、高风险的特征，加上资本的逐利性，[①] 农业银行为了自身利益的最大化，开始实行放弃农村进军城市的策略。于是农业银行的资金逐渐从农村流向城市。很难想象，缺乏引导资金流向农村的金融法律制度，农业结构调整如何能够实现包容性增长的目标。

第二，《商业银行法》规范下的农户融资资格认定不适应小农融资，无助于农业产业结构调整。统一适用《商业银行法》造成的一个问题就是工商业者在贷款标准的符合上比小农有优势，如此一来本应投向农村的资金就往工商业方向流去，本来就不足的农村金融资源就显得更加有限。这样一来，贯彻包容性增长的农业结构调整目标同样难以实现。

第三，《商业银行法》规范下的付息制度不符合农村耕作的周期性，无助于农业产业结构调整。现行《商业银行法》对农业信贷实行的与工商业相同按月或按季的付息方式，没有针对农作物耕作的周期性特点，不利于信贷资金的最大化利用。农业耕作春种秋收，资金在秋季可以回流至农业银行，未针对这一特点进行规定，农户在对农业资金的利用上就有了被动性。如能对此规定作针对性调整，农村商业金融法律制度将助力于包容性增长理念下的农业产业结构调整。

第四，《商业银行法》规范下难以因时制宜对贷款投入方向进行调控，无助于农业产业结构调整。在目前的农业产业结构调整下，为了增强农业增加农民收入，小农种植已不再是农村经济的重点，而农业银行的贷款仍将短期贷款资金投向小农种植领域，不能满足新型农业对资金的需求，不能引导资金流向以帮助农业产业结构进行调整。不能随着农业新情况调整的农村金融法律，也将无助于包容性增长理念下的农业产业结构调整。

总之，以上问题的存在都说明《商业银行法》规定下的农业银行在支农问题上没有表现出特殊优势，许多问题适用笼统的制度规定，甚至没有规定造成农村商业金融不符合目前阶段的农业

---

① 参见中国人民银行民和县支行课题组编：《农业产业结构调整与金融政策支持浅析》，载《青海金融》2011 年第 12 期。

结构调整状况，更不符合未来农业产业结构调整贯彻包容性增长理念的要求。

（四）农村民间金融法无助于农业产业结构调整

正是由于我国目前正规金融无法为农村贷款提供充足有效的资金支持，非正规金融应运而生并在农村日渐活跃起来。据调查，我国农民用于发展生产的资金中，农行提供5%～8%，农信社提供13%～19%，70%以上依靠民间金融[①]，可见民间金融在支持农村金融方面中扮演了重要的角色。但是，由于民间金融游离于国家货币当局和金融监督之外，对应的法律几乎为空白，政策法规也极少，完全受利益的驱动并主要由市场机制进行调节的民间金融就存在不少问题。

第一，贷款利率浮动大且普遍利率高，无助于农业产业结构调整。贷款利率浮动大且普遍利率高，本质上增大了农户的融资压力。目前我国民间借贷，利息大多数都在3%～5%，3%的月息，年息也高达36%，高于国家基准利率的四倍，属于高利贷。[②] 由于没有规范性的文件规定，民间金融的具体操作主要依据行规，再就是靠市场机制调节，因此利率波动大而且通常为高利率。农民在进行生产时如果不能从正规金融渠道获得贷款，往往选择支付高额利率从民间金融中获取资金，虽然解决了一时的燃眉之急，从长远看却是对农民纯收入的剥夺。民间金融法律制度的缺失，对包容性增长理念下的农业产业结构调整中农民收入增长是不利的。

第二，操作运行不规范容易引起金融秩序混乱，无助于农业产业结构调整。目前民间金融在运作上没有一套统一的规范，借贷双方往往不用提供资质证明也不需任何手续就能以一张借条来实现借贷。[③] 一旦发生纠纷也更多通过和解、调节等私力解决，甚至黑社会的暴力解决，[④] 容易引起金融市场的动荡，民间金融作为正规金融的补充而特有的灵活性就无法发挥出来。规范的民间金融操作规范的缺失，无助于农业产业结构调整实现包容性增长。

第三，随政策变化大导致的不稳定性，无助于农业产业结构调整。在正规金融将资金从农村撤向城市的今天，毫无疑问民间金融发挥了支持农业的主力作用，但没有法律法规将民间金融予以肯定和规范，它只能听凭政策规定，国家一旦进行严格取缔和打压，支持农业的金融资源就少了很大一部分。资金的缺乏无助于农业的增长，缺乏稳定的民间金融法律制度，无助于包容性增长下的农业产业结构调整。

总之，上述民间金融存在的问题主要是民间金融法律法规空白造成的，既然民间金融在目前农业产业结构调整中起着重要的支农作用，如果不进行相应法制的完善，其作用必然不能稳定发挥，进而不能为包容性增长理念下的农业产业结构调整提供民间金融保障。

（五）农业保险法无助于农业产业结构调整

农业产业结构新时期调整的重要目标就是农村经济要持续发展，农民收入要稳定增长，这是包容性增长理念中经济增长与成果共享的要义在农业产业结构调整中的具体体现。农业本身具有靠天吃饭的不稳定性，一味的考虑经济的增长却不进行保障，实现农民收入的稳定增加是有困难的。综观各国经验，农村保险法制都是农村金融法律制度中重要的一部分，并起着相当重要的作用。我国目前没有农村保险法，主要参照《中华人民共和国保险法》（以下简称《保险法》）来规范农村保险，这就存在以下不足之处：

第一，《保险法》规范农业保险缺乏针对性，无助于农业产业结构调整。2002年修改的《保险法》主要的适用对象是商业保险，并不符合政策性较强的农业保险的规范要求。同时，《保险

① 参见霍学喜、屈小博：《西部传统农业区域农户资金借贷需求与供给分析》，载《中国农村经济》2005年第8期。

② 参见《民间借贷月息大多数都在3%到5%》，http://cq.house.sina.com.cn/news/2011-09-19/075269416.shtml，访问日期：2011-05-12。

③ 参见吴成颂：《我国农业产业结构调整中金融支持的策略研究》，载《经济纵横》2009年第1期。

④ 参见胡元聪、莫小坤：《国家有效干预下我国农村金融消费市场的构建》，载《南方金融》2011年第7期。

法》第155条也明确规定了农业保险不适用《保险法》，然而由于没有针对性的法律规范，我国农业保险在具体的运行中仍然是参考《保险法》的规定。此状况不仅与法律的明确规定矛盾，而且对农业保险的现实指导意义也不强。没有专门的农业保险法律规定，笼统地适用《保险法》，无助于包容性增长理念下的农业产业结构调整。

第二，《中华人民共和国农业法》缺乏规范农业保险的性质及运行措施，无助于农业产业结构调整。不断修改的我国农业法针对农业保险的问题已经不断细化，但目前的提法也只是"鼓励和扶持"，对如何落实农业保险的政策扶持，发挥其在稳定农业效益保障农民收入中的作用不明显。只有鼓励没有法律措施的农村金融法律制度，是无助于农业产业结构调整实现包容性增长理念的要义的。

第三，鼓励农业保险的中央文件多法律法规少，无助于农业产业结构调整。近年来的中央"一号文件"均为农业相关的内容，其中也提到了对农业保险的鼓励与扶持，但作为走社会主义法治道路的国家，且具有多年农业保险实践经验，在鼓励和规范农业保险时不能仅仅依靠政策性文件的支持，而没有效力更高更稳定的法律法规的保障。农业保险法律效力层级太低，也无助于实现包容性增长理念下的农业产业结构调整。

总之，农业保险在实现农业产业结构调整目标中的作用不容置疑，尤其与包容性增长所指的经济增长、成果共享的要义有内在的契合，要进一步发挥我国已有相当实践经验的农业保险在农业产业结构调整中的作用，农业保险法制混乱和缺失的现状亟待改善。

三、包容性增长理念下我国农业产业结构调整金融法保障的健全路径

包容性增长理念要求农业产业结构调整以提高农业综合效益、维护农村稳定发展、合理配置农业资源以及切实增加农民收入为目标。国外农村金融法律制度为农业提供长期稳定的制度保障，合作金融法律制度、商业金融法律制度、政策金融法律制度等为农业资金问题的保障提供了法律上的依据，从而实现农业资源的合理配置，符合包容性增长机会平等的要义。农业保险法制为农业的持续增收、农业收入的稳定提供了保障，符合包容性增长理念中经济增长和成果共享的要义。民间金融法律制度等的完善则规范了农村长期存在的民间借贷问题，不仅能发挥其存在以来一直起到的保障资金的作用，而且能预防不规范运作造成的社会不和谐，进而能维护农村稳定发展，符合包容性增长中协调发展的要义。因此，需要进行以下的路径选择。

（一）制定统一的合作金融法，保障农业产业结构调整

实现农业产业结构新时期调整的战略目标，解决农村金融法律制度存在的合作金融合作制优势不明显以及地区金融资源分配不平等的问题，最有效的措施还是制定统一的合作金融法，同时需注意以下几个方面的问题：

第一，明确农村信用社的合作属性。现行法律法规存在的重要问题是农村合作金融组织合作性质不明显，导致农村信用社逐渐走上商业金融的道路。在制定统一的合作金融法时，应突出农村信用社为农户、中小企业等弱势群体提供低利资金的性质，且应规定农信社要把为农户服务作为主要目的，只能在非社员间才能提供经营性金融服务。① 突出对社员的保护，真正实现金融资源在社员间的优化配置，才是符合包容性增长理念的要义，从而推动农业产业结构的调整。

第二，明确合作金融组织的产权归属。强调农村信用社的合作属性的另一层意义在于，必须

---

① 参见吴秋实、王鸾凤、朱小梅：《农村金融服务抑制的原因及对策》，载《国家行政学院学报》2011年第4期。

明确规定农村合作金融组织的产权归全体社员集体所有。只有明确产权的归属，才能强化社员的资本财产私人所有权意识，从而增强社员之间的监督关系，以此保证农村合作金融适得其所，实现资源优化配置，符合包容性增长理念的要义，从而推动农业产业结构的调整。

第三，明确合作金融组织的治理结构。合作制是农村合作金融组织的资本组织形式，与股份制不同，它的治理结构应当更具有人合性，广泛地听取社员的建议。但同时，也要形成以社员大会为最高权力机构、理事会为最高决策机构和监事会为监督机构的治理结构，有效实现制衡。完善规定合作金融组织治理结构的法律，在包容性理念指导下，推动农业产业结构的调整。

第四，明确农村合作金融法律制度因地制宜的特征。作为农村合作金融的基本法律，规范着全国的农村合作金融组织，一定的高度性和原则性不可忽略。因此，一些具体的操作规范就可以留给规章特别是各地的法规进行规定，防止过分的全国统一标准造成需要该制度规范的地区反而因门槛过高农村合作社无法进入的困境。明确农村合作金融法律制度因地制宜的特征，实现农村金融资源配置的实质公平，符合包容性增长理念的基本要义，从而推动农业产业结构的调整。

总之，以上是在包容性增长理念的指导下，从立法效力、立法完整性、立法的针对性上对农村合作金融进行统一的规定。制定合作金融法完善新时期农业产业结构调整金融法保障，从而实现农业资源的合理配置，才能符合包容性增长机会平等的要义。

（二）制定统一的政策金融法，保障农业产业结构调整

实现农业产业结构新时期调整的战略目标，解决农村金融法律制度存在的政策金融法律不系统、效力层级太低的问题，最有效的措施也是制定统一的政策金融法，同时需注意以下几个方面的问题：

第一，确保农村政策性金融机构最后贷款人的角色定位。农村政策金融机构是与商业银行互相配合实现对农业的资金供给，而与商业银行不同的地方就在于政策银行的政策性必须优先于营利性。当需要资金的农民从商业银行、农村信用合作社等机构不能获得贷款时，政策性金融机构必须扮演“最后贷款人”的角色，为农民提供低息资金供其使用，确保农民在进行生产时能有相对平等的资金资源。制定系统的政策金融法，以法律方式明确农村政策性金融机构的角色和作用，符合包容性增长机会平等的要义，从而有效保障农业产业结构调整。

第二，确保农业发展银行多元化的投资渠道。要扮演好“最后贷款人”的角色，政策性银行没有多种渠道的资金来源是行不通的。目前，政策性银行的“资金来源于财政拨付、发行金融债券或中国人民银行再贷款，融资成本较高，市场化筹资能力差，资金运用方式不规范，很难为农业和农村经济提供真正意义上的多元化、低成本、大金额、长期性资金”。[①] 资金来源的政策性很明显，但要想真正发挥作用，政策性银行必须办成真正的银行，可以发行政策性金融证券，减少对财政拨付的依赖。多元化融资渠道拓宽资金来源，能够提供更多低息的贷款所需资金。政策金融法从多方面完善农村政策性金融机构在服务农村中的作用，能保障包容性增长理念下的农业产业结构调整。

第三，确保农业政策性业务集中于农业发展银行上。由于目前农业政策性金融业务不仅政策银行在承担，部分商业银行如农业银行、建设银行也在进行这方面业务。在统一的政策金融法中，应将政策性的农村金融业务尽量集中在农村政策金融机构中，实现集中性提高效率。商业银行应尽可能负责农村商业金融的业务，而农村政策性金融机构既然是专门的政策支农机构，也应该将贷款支农的对象范围扩宽，从现有的粮棉购销扩展到其他农产品领域，从农业流通领域扩展

① 彭红利：《金融抑制背景下农村金融体系的重构》，载《农村经济》2007年第2期。

到农业生产领略。[①] 明确农业发展银行的政策性业务，从农村法律制度上保障了政策金融在农业产业结构调整中的作用，符合包容性增长理念的新时期农业产业结构调整的措施。

总之，从上述方面完善农村政策性金融法律制度，主要目的还是增加政策支农的可能性和规范性，合理配置农村金融资源，在包容性增长理念机会平等的要义下，实现农业产业结构调整的目标。

（三）完善现行《商业银行法》，保障农业产业结构调整

实现农业产业结构新时期调整的战略目标，解决农村金融法律制度存在的农村商业金融法律制度支农效果不明显的状况，最有效的措施是完善现行《商业银行法》，同时需注意以下几个方面的问题：

第一，修改《商业银行法》，强化其支农服务的定位。针对现行《商业银行法》对农业银行的支农方面业务规定笼统和无规定的情况，在对其修改时，对四大银行的资金投放重点要有所区别，突出农业银行支持农业的作用，降低对以营利为第一目标的过分关注。[②] 同时，应注意商业银行在进行农业贷款时，要与进行工商业贷款标准有所区别，降低对农户贷款的标准。此外，应在《商业银行法》中规定灵活性条款，通过具体的法规规定资金投放的重点并进行及时更新，使农业贷款资金的使用与该农业产业结构调整发展的重点相适应。从制度上完善商业银行，尤其是农业银行适当的支农责任，有助于保障包容性增长理念下的农业产业结构调整。

第二，颁布社区再投资法，强制规定商业银行进入农村贷款的比例。完善相应的奖惩机制，以减少农村金融的"失血效应"，增加农村金融效益。[③] 例如，明确规定为支农贷款的商业银行应相应降低在农村吸收资金的比例，防止农村资金外流的困境，从而提高商业银行为农业贷款的数量。社区再投资法的颁布将为有效地将资金服务于农村提供法律支持，实现包容性增长机会平等的要义，从而保障农业产业结构调整。

第三，修改《中华人民共和国担保法》（以下简称《担保法》），降低农户进行农业贷款的标准。按照现行《担保法》的规定，贷款时必须提供担保、抵押或质押。此规定对于只有土地使用权的农民来说贷款就会困难重重。要支持农村金融为农户提供切实的金融资源，对此规定就应作出调整，加入对农业贷款的特殊规定，降低农业贷款的担保标准。从制度上实现农民贷款难度的降低，与包容性增长理念的要义相一致，将有助于保障农业产业结构调整。

总之，从上述方面完善农村商业金融法律制度，将流向城市的资金回流农村，使金融资源能切实地用于现阶段农业产业结构调整的关键环节上。由此，金融法保障才能实现对农业资源的合理配置，符合包容性增长理念的机会平等的要义。

（四）制定民间金融管理法规，保障农业产业结构调整

实现农业产业结构新时期调整的战略目标，解决民间金融活跃于农村金融市场，但存在的问题较多的现状，最有效的措施是民间金融管理法规，具体需注意以下几个方面的问题：

第一，制定民间融资法规，肯定民间金融地位。民间金融目前存在最大的问题在于"半公开"，没有"阳光化"，性质是否合法不明了。既然各种现象表明，民间金融在推动农业产业结构

---

① 李军：《中国农村金融"三元结构"制度研究》，辽宁大学博士学位论文，2008。

② 丁同民：《我国农业投资的法治保障路径初探》，载《郑州大学学报（哲学社会科学版）》2010年第3期。

③ 参见胡元聪、杨秀清：《农村金融正外部性的经济法激励——基于完善农村金融法律体系的视角》，载《农业经济问题》2010年第10期。

调整中确实起作用甚至是主力，那么将其公开化、规范化就势在必然。① 考虑到民间金融法律制度几乎完全空白的局面，暂时也没有制定法律的必要，可以先通过政策法规肯定民间金融的地位，关键是给民间金融一个宽松的环境、合法的平台，让它能充分发挥支农的作用。这也是包容性增长理念中协调发展的要义对农业产业结构调整民间金融法律制度的指导。

第二，制定民间融资管理实施办法，规范民间金融的营运。肯定了民间金融的法律地位后，还需将它纳入国家金融体系进行统一监管，对于高利率、贷款程序不规范等问题，可以通过管理实施办法进行详细规定。严格按照人民银行批准的业务范围进行金融服务，特别是资金的使用和筹集过程要接受人民银行的监管。利率在中国人民银行规定的存贷利率限额之间，自主确定。②总而言之，以民间金融制度形式防止金融秩序混乱局面的出现，从而保障包容性增长理念下的农业产业结构调整的进行。

第三，出台法规政策引导民间金融与正规金融进行竞争。在肯定了民间金融地位、规范了民间金融的操作规程以后，可以出台法规政策将民间金融引入市场，在央行的统一监管下与正规金融形成竞争，刺激正规金融发挥支农作用。从多方面保障和激励农村经济的发展，是包容性增长中协调发展要义的体现，也是新时期农业产业结构调整的战略要求。

总之，只有完善了农村民间金融的一系列法律法规，才能更充分规范地发挥民间金融在支持农村金融的作用，为目前农业产业结构调整重点提供资金支持，使农业能够持续增收、农民收入能够稳定增长，合理配置农村金融资源，符合包容性增长经济增长和机会平等的要义。同时，民间金融法律制度预防了不规范运作而造成的社会不和谐，进而能维护农村稳定发展，也符合包容性增长中协调发展的要义。

（五）制定统一的农业保险法，保障农业产业结构调整

要发挥农业保险在贯彻包容性增长理念下的农业产业结构调整的作用，农业宏观政策要高度重视农业保险问题，把农业保险制度和体系建设列入政府农业宏观政策的议事日程，③ 制定并颁布农业保险法刻不容缓。具体要注意以下几个问题：

第一，明确农业保险政策性的性质。参考美国、日本、法国对农业保险政策性质的规定，我国在制定农业保险法时也应该首先明确农业保险的政策性性质，以便于政府对农业保险的支持。④农业保险走政策性道路是由其自身特点决定的，农业具有“靠天吃饭”的不稳定性，如果完全依靠商业保险进行市场化运作，必然导致保险公司风险大且保险成本较高的困境。只有首先明确农业保险的政策性定位，才能更好地以此来制定相关的农业保险法律制度，从而保障包容性增长理念下的农业产业结构调整。

第二，明确开展农业保险的机构。定位于政策性的农业保险，应设立专门的政策农业保险组织专门开展农业保险业务，尤其对农业产业结构调整关系重大的农产品，应规定在政策农业保险组织中进行强制保险。同时，对商业保险机构的农业保险业务也要进行鼓励，对产业结构调整中高风险高收益的农业项目进行承保。只有从农村金融制度上保证农业保险有人开展，农民开展项目的风险能够降低，才能在包容性增长理念成果共享的要义下，保障农业产业结构调整。

第三，明确农业保险的政策扶持措施。将目前已有的存在于政府文件中的各项扶持农业保险

---

① 值得关注的是，2011 年 11 月 10 日，中国人民银行有关负责人就国内民间借贷的发展表示，民间借贷具有制度层面的合法性，下一步将致力于推动完善相关法律法规，引导民间资本规范从事资金借贷活动，鼓励民间借贷规范化、阳光化运作，发展多层次信贷市场，满足社会多元化融资需求。http://www.cfi.net.cn/p20111110001453.html.

② 参见王晓：《我国农村金融体系的新构想》，载《金融理论与实践》2005 年第 9 期。

③ 王宗鱼：《经济全球化视野下我国农业结构调整优化思路探析》，载《商业时代》2010 年第 9 期。

④ 周毅、叶会：《农业产业化发展的融资困境与金融支持体系建设探索》，载《中国农学通报》2010 年第 26 期。

的措施中对农业保险有益的措施进行整合，统一规定在农业保险法中。例如，对开展农业保险的保险机构进行税收优惠，对农业保险的保费进行补贴，这些措施已在实践中取得了很好的效果，将它们以法律的形式固定下来，使其在实现农业产业结构调整目标中的作用能够稳定发挥。同时，这些也是政府在农业保险中发挥作用的具体体现。

总之，农业保险法可以为农业的持续增收、农业收入的稳定提供保障，实现农业产业结构的顺利调整。只有这样，也才符合包容性增长理念中经济增长和成果共享的要义，进而保障新时期农业产业结构调整的顺利进行。

论我国农村金融监管权的法律配置①

王怀勇*　郑若瀚**

目　次

伴随农村金融体制改革的不断深入与拓展，我国农村金融市场近年来日趋活跃，关于农村金融监管的问题也越来越引发人们的广泛关注。其中，从法律视角观测和研究农村金融监管问题的一项核心任务就是要解决农村金融监管权的法律配置。然而，鉴于我国农村金融市场与城市金融市场在特征上存在诸多差异，监管主体有所不同，因此，监管主体的权力配置亦有其固有的特殊性，需要专门的研讨与探究。

一、农村金融监管权基本问题释明

农村金融监管权虽有其特殊性，但其特殊性主要体现在权力配置之中；农村金融监管与金融监管的种属关系决定了农村金融监管权的基本理论仍需在金融监管权的总体框架下构建。换言之，农村金融监管权的若干基本问题仍需借助金融监管权的基本理论予以释明，现对农村金融监管权基本问题简述如下：

（一）农村金融监管权的界定与内涵

所谓农村金融监管权，是指政府机关及其授权组织依据法律规定通过对农村金融市场主体限制权利、增设义务的方式规制其行为的权力。作为一种源生于法律意义上的定位，农村金融监管权的法律属性具有双重性，即法律既有对监管机构授权的意旨，又蕴含了对其限权的目的。具体而言，一方面，法律的形式使农村金融监管权获得了正当性依据，使农村金融监管的运行得以可能；另一方面，法律的形式又限定了权力的行使区域，约束了权力的运行方式，不致使权力脱缰无阻。

农村金融监管权内容较为丰富，主要包含如下子权力：

---

① 基金项目：教育部人文社会科学研究项目“统筹城乡发展背景下农村金融监管法律问题研究”（09XJC820011）；重庆市教委2011年度科技项目“重庆市农村微型金融发展与政策规制研究”（KJ110101）。

* 西南政法大学副教授，硕士生导师，法学博士。

** 西南政法大学硕士研究生。

1. 金融规则制定权

农村金融监管主体有权根据宪法、法律和行政法规等上位法的规定针对农村金融行业制定具有法律拘束力的规范性文件。通过制定规则，农村金融监管机构可以对其监管的农村金融市场主体的权利、义务以及自身职权作出具体规定。

2. 金融许可权

农村金融监管主体有权赋予被监管者某种特定资格，准许其从事特定行为。目前市场准入许可是其中最具代表性的一种形式。

3. 金融调查权

农村金融监管主体有权对农村金融机构的业务活动及其风险状况进行检查，以此获取必要的信息。“从一般国家的做法看，经法律授权有以下四种调查权：第一，要求受监管方制作记录，包括文件档案；第二，要求受监管方定期提出报告；第三，签发传票，要求被调查者出席作证，或提供账簿、文件和档案；第四，对当事人的营业场所及相关财产进行检查。”①

4. 金融强制权

为制止金融违法行为，控制风险扩大和确保被监管主体法律义务的履行，农村金融监管主体享有依法对被监管主体采取强制性措施的权力。在强制措施执行方面，执行权可以由法律授予特定监管主体，也可以交由人民法院。目前，我国金融监管主体拥有部分行政强制权，如《中华人民共和国银行业监督管理法》（以下简称《银行业监督管理法》）规定，在特定情形下银行业金融机构违反审慎经营规则的，国务院银行业监督管理机构或者其省一级派出机构可以采取责令暂停部分业务、停止批准开办新业务以及限制分配红利和其他收入的措施。此外，“对涉嫌转移或者隐匿违法资金的，经银行业监督管理机构负责人批准，可以申请司法机关予以冻结”。②

5. 一般事项处理权与金融突发事件处置权

农村金融监管主体就特定事件享有作出处理的权力，市场退出监管中对相关金融机构的接管即属于一般事项处理权。与金融处理权相关，但更为特殊的一项权力是金融突发事件处置权。监管主体在面对金融突发事件（如金融危机）时，为防止事件消极影响的加剧和扩散，并尽可能迅速平息事态，有权依据法律的规定进行处置。

6. 金融处罚权

农村金融监管主体对于违反农村金融法律规范者有权给予一定行政处罚，处罚种类主要包括：警告、罚款、责令停业整顿、吊销经营金融业务许可证等。

7. 协调监管权

在监管协调机制中，特定监管主体有权统筹、协调各监管主体的监管行动，如收集监管信息、召集会议、主导联合行动等。具体内容将在本文第三部分作详细探讨。

（二）农村金融监管权配置的基本原则

1. 合法原则

合法原则是农村金融监管权配置应遵循的首要原则。合法原则主要包括两方面要求：其一，农村金融监管权配置须以宪法、法律为依据，禁止在宪法、法律规定之外创制监管权，这是农村金融监管权配置合法原则的最基本要求。其二，合法原则要求监管权配置不仅应符合形式意义上的法，更要契合法的实质性要求，即监管权配置须回应法的正当性要求。农村金融监管权配置在符合宪法、法律规定的基础上应致力于限定权力配置的边界，在配置监管权时考虑如下重要因

① 盛学军等著：《全球化背景下的金融监管法律问题研究》，56～57页，法律出版社，2008。

② 整理自《中华人民共和国行政强制法》第9～10条。

素：(1) 市场失灵与监管失灵，金融市场失灵之处才存在金融监管介入的空间，农村金融监管权应谨慎创制和行使，"滥设的监管权不仅无助于市场秩序的建立，反倒扭曲市场机制、破坏游戏规则"，① 配置农村金融监管权既要矫治市场失灵，又要减少、避免监管失灵；(2) 监管成本，任何权力运行均有成本，过重的成本负担显然有悖于权力创制的初衷，限定农村金融监管权边界须妥当安排监管的范围及程度，并尽可能通过合理的制度设计节约监管成本；② (3) 行业协会或自律组织的作用，市场的缺陷并不必然推导出把全部问题交由政府处理的结论，限定农村金融监管权边界应适当考虑发挥行业协会或自律组织的作用，使其成为沟通政府与市场的桥梁，并作为有效制约权力滥用的重要手段；③ (4) 社会需要和可接受程度，任何正当的权力配置及其边界都需要考虑并回应社会的需要，需要契合社会存在本身的意义和价值，回应社会财富分配需要、市场对于行政力量可承受的限度、民众的普遍观念乃至整个社会的整体目标和价值取向。

2. 协调均衡原则

农村金融监管权的配置不仅应保障静态上的合法、正当，也应致力于确保动态上的有效运行，因此，农村金融监管权配置须遵循协调均衡原则。协调均衡原则强调农村金融监管权力之间的均衡配置以及各监管主体之间权力的协调运行，即各监管主体的监管权力之间不彼此冲突，尽量减少、避免不必要的权力和职能重复以及监管真空，避免权力之间的相互掣肘和不当牵制，且各监管权力在必要时可以通过一套协调机制实现有效合作。需要申明的是，监管权力之间的均衡配置，其要义在于实现监管权力运行中的平稳、协调，而非主张权力的平均分配，均衡配置不排斥权力主体安排上的主次之分，如果这种主次分别有助于实现上述均衡状态反而值得肯定和鼓励。此外，协调均衡原则亦要求通过农村金融监管权的配置实现监管与自治的均衡，过于放任自治，难免出现农村金融市场的失灵，并使监管形同虚设；相反，过分强调监管同样不值得肯定，"监管过于严厉，阻碍市场机制对资源配置的基础性作用，将削弱市场竞争，抑制金融创新"④。协调均衡正是要在监管与自治中寻求平衡，实现外部监管与市场约束的协同，以市场机制扩展金融监管的实现方式，提高金融监管效率；⑤ 同时，由外部监管弥补市场机制的缺陷，并保障市场机制有效运行。

二、我国农村金融监管权法律配置现状检视

(一) 农村金融监管权多头配置

目前，我国农村金融监管权配置的"多头化"特征显著，农村金融监管涉及多方主体并由此导致监管权之间的冲突和农村金融监管的低效率，已经成为我国农村金融监管权法律配置中最为突出的问题。

既有法律框架内，中国人民银行的职能是制定和执行货币政策，防范和化解金融风险，维护

① 盛学军：《市场失灵与市场监管权的重构》，载《现代法学》2006 年第 1 期。

② 这里的监管成本既包括直接成本，也包括因监管立法和执法所引起的间接损失，主要有被监管者的守法成本和违规成本，还有因监管执法所可能产生的金融消费者的福利损失以及金融市场效率的损失。此外，更广义地，农村金融监管还包括一种机会成本，即采用行政监管的手段而放弃其他途径所损失的利益。

③ 参见石柏林、彭澎：《金融监管权控制的法学之维》，载《财经理论与实践》2009 年第 5 期。

④ 参见张忠军：《金融监管权的监督问题研究》，载《首都师范大学学报（社会科学版）》2007 年第 1 期。

⑤ 参见张双梅：《金融监管权实施机制研究》，载《江西社会科学》2011 年第 5 期。

金融稳定，且有权对金融机构以及其他单位和个人的九类行为进行检查监督。① 此外，当银行业金融机构出现支付困难，可能引发金融风险时，为了维护金融稳定，中国人民银行经国务院批准，有权对银行业金融机构进行检查监督。中国人民银行根据履行职责的需要，也有权要求银行业金融机构报送必要的资产负债表、利润表以及其他财务会计、统计报表和资料。总体而言，人民银行对金融业的监管属于宏观性监管，且具有一定的宏观调控色彩。

在金融监管实践中，微观性的监管职责更多地由银监会、证监会和保监会分别承担。具体到农村金融监管，由于现阶段我国农村金融市场中证券业、保险业的发展较为滞后，证监会和保监会的介入不深，农村金融监管的职责主要由银监会担当。银监会依据《银行业监督管理法》进行监管，最主要的监管工作是对农村信用社的监管，涉及规章制定、审批、现场检查、非现场检测、审核高级管理人员资格等。② 2003 年，新一轮农村信用社监管体制改革后，农村信用社的管理交由地方政府，省级人民政府由此获得较多的监督管理权力；2008 年，银监会出台《关于小额贷款公司试点的指导意见》，并就小额贷款公司的监管事项指出："凡是省级政府能明确一个主管部门（金融办或相关机构）负责对小额贷款公司的监督管理，并愿意承担小额贷款公司风险处置责任的，方可在本省（区、市）的县域范围内开展组建小额贷款公司试点。"小额贷款公司的监管事宜也由此交由各省级政府的金融办负责，地方政府金融监管权扩张的趋势已颇为显著。

在银监会与省级政府之外，省级联社在农村金融监管中也被赋予了一定的监管权力。经省级政府授权，省联社承担对辖内农村信用社、农村合作银行的管理、指导、协调和服务职能。省级联社不仅可以结合当地农村信用社实际，制定农村信用社业务经营、财务核算、劳动用工、分配制度、风险控制等管理制度，并督促执行；而且在实践中逐渐集中了原有市级联社、县级联社的权力，掌握了对基层联社人、财、物的管理权和信贷管理权限，呈现出由"管理、指导、协调和服务"向全面管理转向的趋势。

由此，人民银行、银监会、省级政府、省级联社共同分割了农村金融监管权，形成了多头监管的局面。虽然纵横交错的监管权力彼此之间相互制约，但无法在制约中达至均衡，更无法在制约中实现监管效率。

首先，监管信息在纵向和横向上的分散性布局使得监管信息的收集无论在时间成本还是金钱成本上都十分高昂，而高昂的成本阻却了监管信息的跨部门流通。在不同监管部门及其各层级派出机构或分支机构之间建立起完善的信息共享平台成本同样巨大，这在很大程度上导致了信息共享机制始终未能建立起来，因而在许多环境下各监管部门各自为战，无法形成监管合力，实现协调监管。其次，"一行三会"之间因权力分割且缺乏有效的信息交流使得货币政策与农村金融监管易于出现目标偏差，甚至会引起货币政策与农村金融监管的彼此牵制，导致二者的双双失灵。

更为严重的是，各监管主体之间的权力紧张为农村金融监管埋下了监管失灵的巨大隐患。虽然各监管主体的权责划分在现有法律文件的框定下并不存在明显的对立，然而静态的平稳并不能决定动态的均衡，在监管权力的运行过程中，监管权力的紧张逐渐显现。虽然现有法律文件强调

---

① 包括：（一）执行有关存款准备金管理规定的行为；（二）与中国人民银行特种贷款有关的行为；（三）执行有关人民币管理规定的行为；（四）执行有关银行间同业拆借市场、银行间债券市场管理规定的行为；（五）执行有关外汇管理规定的行为；（六）执行有关黄金管理规定的行为；（七）代理中国人民银行经理国库的行为；（八）执行有关清算管理规定的行为；（九）执行有关反洗钱规定的行为。

② 《农村信用社改革试点方案内容》指出，银监会在农村信用社监管中主要有七方面职责："一是根据国家有关法律法规，制定监管的规章制度；二是审批机构的设立、变更、终止及其业务范围；三是依法组织现场检查和非现场监测，做好信息统计和风险评价，依法查处违法违规行为；四是审查高级管理人员的任职资格；五是向省级人民政府提供监管数据及有关信息，对风险类机构提出风险预警，并协助省级人民政府处置风险；六是对省级人民政府的专职管理人员进行培训；七是受国务院委托，对省级人民政府管理信用社的工作情况进行总结评价，报告国务院。"

监管与管理分离，银监会与省级政府各司其职，但是监管与管理的界限并未被精确厘定。管理与监管相互渗透，多重机构介入监管所暗含的争权夺利风险无法消弭。尤为突出的情形体现于省级联社的尴尬地位上，省级联社已成为银监会与省级政府权力运行的矛盾节点。一方面银监会负责对省级联社的监管，另一方面省级政府有权授予省级联社某些监督管理的权力。这样的安排不仅使银监会与省级政府之间隐含了权力的潜在冲突，也使得省级联社在接受银监会监管的同时也会在农村信用社的监督管理上存在一定程度的相互竞争：银监会负责农村信用社的监管，但地方政府往往也委托省联社负责农村信用社的高级管理人员的任命以及部分业务监管等事项。省级联社本身作为一级企业法人，以营利为目标，却被赋予了较多行政上的权力，这不但使其在经营目标与管理目标发生冲突时难以抉择，更为原已紊乱的监管局面添加新的混乱。省级政府金融办涉足新兴农村金融组织监管虽未直接导致原有监管权力之间的冲突，但其背后所隐藏的新一轮监管权力博弈已对现有的监管框架形成了现实的冲击，而权力博弈并不以监管权力的最优配置为目标和论点，因而在双方的妥协后所达成的平衡状态只能维系权力相对稳定地暂时性栖居，但未必能够真正释放农村金融监管的功效。

（二）中央与地方权力配置失调

就我国现有法律框架下的农村金融监管体制而言，银监会无疑是农村金融监管的主要力量，但现实中，地方政府正在成为农村金融的实际监管者。目前，我国地方一级银监会机构覆盖范围狭小，监管半径短。地方银监分局只覆盖到地市一级，然而我国绝大多数农村中小金融机构都设置在县、乡或者行政村的范围内，在这些级别的行政辖区内银监会只设立了监管办事处，每个办事处的工作人员一般只有三到五人，监管任务之重可见一斑。① 与此同时，执法过程中银监会的地方性机构在一些情况下往往无权也无力进行独立执法，而更多地需要借重地方公检系统的力量。

以此为背景，再考虑到各地金融业发展的实际情况不尽相同，而地方政府对本地金融机构的经营和风险更为熟悉，监管权力下放地方的动向正逐渐清晰。近年来，各省级政府金融办开始了扩权进程，地市级城市金融办大都改为政府直属机构，权限不断扩张，有些地方金融办在地位上开始与“一行三会”分庭抗礼。金融办在介入农村新兴金融组织监管过程中正逐渐形成其在该领域的垄断优势。与省级政府金融办监管权力在广度与深度上的高调扩进相比，银监会监管权力正在式微和退让。当地方金融办的权势超越地方“一行三会”，农村金融监管将不可避免地产生监管体制的混乱。

地方政府在监督管理农村信用社时主要依靠省级联社。省级联社虽然在法律地位上处于被监管者地位，但是凭借省级政府的授权也开始越来越多地介入农村信用社的管理，并逐渐向监管渗透，挤压着银监会的监管空间。地方政府在农村金融监管中的强势地位不可避免地会诱发过度干预的风险。从性质上讲，省级联社本是地方联社、农村合作银行出资入股的一级企业法人，但事实上已成为省级政府旗下的管理机构，地方联社、农村合作银行等的股东权利的行使得不到保障。与此同时，虽然省级政府对农村信用社的管理坚持政企分开的原则，不干预信用社的具体业务和经营活动，但信用社在党组织关系上实行着省委领导下的系统管理或者属地管理，因而信用社仍在行政权力掌控之下，加之目前尚无规制地方行政权力介入农村金融的法律规范和具体操作办法，② 农村金融难免会受到地方行政权力的不当介入，权力寻租的风险也因此被放大。更为严峻的是，地方政府、地方企业往往存在着不可言说的共同利益，当权力与资本紧密结合，中央监

① 参见中国人民银行石家庄中心支行课题组：《农村金融的外部监管研究》，载《华北金融》2009 年第 1 期。

② 参见韩俊著：《中国农村金融调查报告》，335 页，上海远东出版社，2009。

管权力又因被架空无力甚至无权介入时，农村金融监管极有可能流于形式。

此外，地方政府主导农村金融监管还存在一个潜在的困境，即监管目标与监管手段的不匹配。地方政府在金融监管中的手段相较于中央政府极为有限：其一，地方政府无权制定货币政策，对于金融市场的调控力较弱；其二，在立法权限上，地方政府仅可以制定地方政府规章，效力层级较低，可规定的事项有较多限制。

三、我国农村金融监管权法律配置的改进

（一）配置农村金融监管协调权力，协调各主体的监管权力

目前，我国虽然已初步建立起金融监管协调机制，但是主导性机构及金融监管协调权的缺位、参与主体的有限以及运行机制的不完善等诸多因素，导致现行监管协调机制难以真正发挥效用。为此，确立农村金融监管协调机制的主导机构，赋予其金融监管协调权力成为当务之急。

1. 农村金融监管协调机制的参与主体

根据《在金融监管方面分工合作的备忘录》的规定，现行监管协调机制中参与主体限于银监会、证监会和保监会，人民银行在监管协调中的缺位也造成了货币政策信息与金融监管信息的互补性大为减弱，既影响货币政策有效传导，又为金融监管带来障碍。由此看来，在金融监管协调机制中将人民银行纳入参与主体已势在必行。此外，在金融危机中，有效的财政政策也是应对金融危机的主要手段，财政参与应对金融危机也已成为各国共识。因此，农场金融监管协调机制中同样需要财政部门的介入。

除却中央层面的金融监管协调机构外，各地方也应完善相应的监管协调机制，减少地方监管权力的冲突，并提升监管协调的时效性和针对性。在地方层级，地方政府的金融办也应被纳入监管协调体系内，便于在监管协调中对地方经济发展因素的考量，以及借助地方政府力量辅助联合行动的执行。

2. 农村金融监管协调权力主体

现行体制下，各监管机构之间存在着协调与配合困难等固有缺陷，各监管机构缺乏足够的权威，各监管部门协调一致行动费时费力。① 原因在于，参与主体之间在行政级别上居于平等地位，联合行动主要出于各方自愿，监管协调中所作出的决策往往缺乏约束力；联合行动中各方的地位平等，也不易于确定主导机构，因此监管协调难以取得预期效果。虽然在农村金融领域，证券业、保险业尚不发达，银监会主要承担着金融监管职责，但这并不意味着现阶段各监管机构之间的监管界限完全清晰，也不能排除未来随着证券业、保险业的发展各监管机构监管真空、重复或冲突的可能性。此外，农村金融监管中地方政府与中央机构（银监会、央行）的地方派出机构之间事实上也存在着权力界限冲突，这些冲突同样需要协调。因此，赋予特定主体以金融监管协调权尤为必要。

在中央层面，人民银行是我国宏观金融监管的重要一环，且在危机应对中，中央银行具有在必要时提供紧急流动性援助的功能和职责，是危机应对的重要力量，近年来在英美两国金融监管改革中，中央银行的扩权动向成为有力的佐证。② 执此缘故，人民银行在农村金融监管协调机制中起主导作用应成为改革的必然趋势，确定农村金融监管协调权主体，人民银行应当是首要选择。

---

① 参见张双梅：《金融监管权比较研究——以综合经营为视角》，载《法学杂志》2011 年第 3 期。

② 参见金俐：《关于中央银行金融监管权边界的理论思考》，载《金融发展研究》2010 年第 3 期。

在地方层面，情况要相对复杂，农村金融监管主体既有地方政府，又有“一行三会”，地方政府与中央政府的部门之间（“三会”虽然在理论上讲尚属于事业单位，但实践中仍被视作行政机构）的关系并不易调合，协调权的主体也不宜一概而论。在一般性监管协调事项中，鉴于人民银行在监管上相较于地方政府所具有的专业性，仍适合将监管协调权交由人民银行，由省级人民银行主导地方农村金融监管协调事务。而对于危机处置事宜，宜交由地方政府主导，即地方政府只享有有限的农村金融监管协调权，该权力仅限于制定协调危机处置行动的规则和协调危机处置的具体行动，且协调危机处置规则和危机处置方案的制定须报国务院批准。

3. 农村金融监管协调权的内容

上文已述及地方政府有限的农村金融监管协调权，该部分重点阐述人民银行的农村金融监管协调权力，该权力主要包括四方面内容。

第一，规则制定。人民银行可以在国务院的特别授权下制定规则，对金融监管机构在监管信息上报的内容、方式、程序等事项作出具体安排，也可以对联席会议的召开、联合行动的开展等行动进行具体设计。

第二，信息收集。人民银行有权要求各金融监管机构提供各自的监管信息，监管信息不仅包括行业整体监管数据，还应包括被监管主体的个别资产负债及经营情况等各项数据。同时，人民银行有权获得地方的监管信息，地方人民银行统合地方监管机构的监管信息后定期向人民银行上报。

第三，协调行动。人民银行有权召集农村金融监管联席会议和协调开展联合行动。金融监管联席会议既包括常规会议，也包括特殊时期、特殊情势下的临时性会议。临时性会议可以由各监管机构提议召开，而是否召开由人民银行决定，具体召集工作也由人民银行负责。联合行动的开展也应由人民银行牵头，人民银行对联合行动中的职责分工予以确认，并交由各监管机构具体执行。

第四，内部争议解决。即使存在协调机制也无法避免各监管主体权力行使过程中产生冲突的可能性，而在现有协调模式下，一旦各监管主体之间对某项政策产生利益纠葛，则会缺乏一种强制力量进行调节，① 较有效的解决方式在于赋予金融监管协调权力以解决争议的内容。但考虑到在特定场合下，争议内容可能事关重大（如涉及政治体制、重大经济问题），因此对于争议解决的方案应报国务院批准。当然，赋予人民银行争议解决权力，无论在理论还是在实践中都须以提高其行政级别为前提。②

此外，值得附带说明的是，权力必然对应着职责，职责与权力可以说是一个问题的两个方面，权责均衡也是农村金融监管权配置的基本原则。金融监管协调机制构建中也需要关注责任配置。监管协调权力要求其主体规范地制定监管协调的相关规则；搭建完备的信息平台，充分收集、整理并反馈信息，监测和评估跨市场、跨行业金融风险；协调货币政策、财政政策和监管要求；按规定召集联席会议并在特殊情势下召集临时性会议；协调各方金融监管主体联合行动等。如果权力主体未能履行职责，则须承担必要的责任。

（二）明晰银监会性质，确立银监会的核心监管地位

农村金融监管必须明确监管主体的主次地位，如果没有主次之分，相互制约的监管权力配置只能引发监管体制的混乱，造成监管权力之间的相互掣肘、监管权责不清、监管低效。为此，必须尽快整合农村金融监管权力，总体的思路是：人民银行负责宏观性监管，制定和执行货币政

① 参见常健、管斌、饶常林著：《金融法学专论》，109 页，对外经济贸易大学出版社，2010。

② 参见常健、管斌、饶常林著：《金融法学专论》，115 页，对外经济贸易大学出版社，2010。

策，防范和化解金融风险，维护金融稳定，并负责总体协调工作；银监会、证监会、保监会负责微观性监管，银监会回收省级政府金融办的监管权力，并确立其在农村金融监管中的核心地位；省级政府除金融突发事件处置权和有限协调权力外，不宜享有其他监管权。

整合农村金融监管权力，确立银监会的核心监管地位，一项具体的要求就是将小额贷款公司等新兴农村金融组织统一纳入银监会监管范畴。虽然小额贷款公司业务中不包含吸收存款，运作模式也与银行业金融机构不尽相同；但小额贷款公司的日常运营与银行关系十分紧密，对银行业金融机构的影响颇为显著，在市场退出方面与银行业金融机构亦有着极大关联，符合条件的小额贷款公司可以转制为村镇银行，亦即小额贷款公司的退出在一定情形下就是村镇银行的准入。因此，银监会理应成为小额贷款公司的监管主体，至于因小额贷款公司的特殊属性，在监管上可以作特殊调整，必要时也在银监会内部设立专门的职能部门进行应对。

对于银监会基层监管力量薄弱的现实问题，只能通过扩展机构覆盖范围、充实监管队伍予以解决。但可能随之而来的问题是，监管成本会极大提升。然而，这并不否认上述解决方案的可行性。首先，确立银监会在农村金融监管中的核心地位，可以节约因监管权力多头配置引发的重复监管的成本，所节约的成本虽是难于度量的，但必定是可观的。其次，进行成本分析并不是单纯地只为找出监管成本本身，而是要结合监管收益对监管方案可行性进行评估。目前的监管乱象使得监管功效被严重抑制，厘清监管权力配置能够降低监管失灵风险，避免监管“负收益”，更为重要的是，可以大大减少危机爆发的概率，进而降低因监管失灵造成危机所产生的风险处置成本和减小危机对于金融秩序、实体经济产生巨大冲击所造成的高额损失。最后，将农村金融监管权力份额更多地配置给银监会，在一定意义上是将地方政府监管成本转移给中央，并不一定直接产生额外成本。但在这里不得不考量中央与地方监管成本重新分配的问题。为了维持中央与地方财政的相对平衡，对于回收农村金融监管权而导致的监管成本转移，应该考虑由中央政府与地方政府各承担一部分成本；由于转移成本难以度量，各地方的实际情况也不尽相同，直接支出显然不当，但可以考虑通过税收分配进行调整，在农村金融行业的税收中调整中央与地方的比例，找到一个平衡点，保障中央财政不因农村金融监管权力的重新配置而过度负重，也避免地方政府在农村金融监管权重新配置中权财两空。

在确立银监会的核心监管地位时，仍须着力解决的是如何实现对地方的针对性监管和差别性监管。银监会对于农村金融监管权力的集中可以在较大程度上破除地方保护主义，减少在监管过程中因权力与资本的结合而滋生的金融风险。但权力配置和具体制度安排上又必须顾及当地经济发展水平、金融市场整体环境等诸多因素，减少监管副作用，寻求监管与发展的平衡。具体而言，在监管立法中，对于一些标准性规范、市场准入条件、具体的监管执行方式等内容可根据地方特征做适当调整：地方政府根据本地方经济发展的水平和需要可以向地方一级银监会提出监管意见和建议，地方一级的银监会根据该意见和建议进行综合考虑和判断后形成自己的书面意见、建议，并将地方政府的意见、建议一并交由银监会，银监会汇总后在立法权限内可以独立决定，但对于法律、行政法规层级的立法仍应交由立法机关作出决定，银监会只保留建议权。

（三）明确省级政府职权，弱化省级联社管理职能

鉴于地方政府在金融监管中职权手段与管理目标的不匹配以及地方保护主义的内在倾向等诸多弊端，应当在农村金融监管权力配置中对地方政府的监管权进行必要的限制。地方政府及金融办在监管中不宜居于主导地位，而应配合、辅助银监会的监管工作。具体而言，地方政府可以主导的工作应当仅限于突发事件的处置。省级政府享有金融突发事件处置权，对于地方性金融突发事件，省级政府有权对事件的处置进行整体性安排，其他金融监管机构配合省级政府开展工作。但省级政府的处置权也应受到国务院的制约，省级政府对金融突发事件的处置方案应该及时上报

国务院，获得批准后方可执行。省级政府在金融突发事件处置过程中，如处置不当或有违法行为应被追究责任。除却农村金融突发事件处置权以及前文述及的有限的协调监管权之外，省级政府在农村金融监管中不独立享有监管权，更主要是承担配合和辅助银监会、人民银行等专门监管机构的职责。以新的监管权力配置为据，应当逐渐剥离金融办的主要监管职能，只保留服务职能和部分管理职能，以此实现职权的匹配和统一，廓清各监管权力界限，并消除因监管职责与服务职责归属同一机构而导致的目标选择困境和避免两难兼顾、只重其一的选择结果，使监管与服务在制衡中得到协调。

在省级联社方面，改革重点在于回收省级联社监管权力和转变省级联社职能。作为营利性企业法人的省级联社过多地介入农村信用社的行政性管理，使得2003年启动的农村信用社管理体制改革同“使信用社真正成为自主经营、自我约束、自我发展、自担风险的市场主体”的改革目标渐行渐远。新一轮改革必须正视这一问题，须通过回收省级联社的行政监管权力，矫正目前畸形的权力配置现状。与此同时，还须弱化省级联社的管理职能，减少行政权力介入，真正保障股东权利，实现农村信用社及各级联社的自治。回收省级联社监管权力和弱化省级联社管理职能并不是彻底否定政府干预，政府干预与农村信用社自治可以通过省级联社的股份制改造实现平衡。省级联社可以由省级政府与地方联社、农村合作银行等共同持股。政府作为股东和管理者进行内部治理，外在于省级联社的监管权内化为股东权力，这可以抑制行政权力的滥用，并实现激励方式的转变，促使省级政府积极管理、谨慎作为。此外，回收省级联社监管权力和弱化省级联社管理职能也并不否定省级联社的自律管理职能，省级联社的自律监管对于农村信用社的监管工作仍有着不可替代的作用。回收省级联社监管权力、弱化省级联社管理职能只是为矫正现有权力配置病患，扭转作为企业法人的省级联社过度行政化倾向，将省级联社畸形的行政监管权转化为行业内部的自律职能，实现其行政权力向自治权力的转轨。

完善我国粮食储备制度的路径选择[①]

肖顺武*

目　次

粮食储备制度对保障国家粮食安全起着关键性作用。《中华人民共和国农业法》第34条规定："国务院应当制定……粮食储备数量指标，……国家对粮食实行中央和地方分级储备调节制度，建设仓储运输体系。承担国家粮食储备任务的企业应当按照国家规定保证储备粮的数量和质量。"目前，中国的粮食储备制度已形成中央和地方分级储备体系，[②] 粮食储备的积极性功能也得到进一步的彰显。同时，2003年就已经颁布了《中央储备粮管理条例》，这标志着我国粮食储备管理的制度化进一步提升。但是，由于整个粮食流通体制尚未理顺，粮食储备改革市场化的进程又时有反复，此外，由于地方主义作祟等原因，地方粮食储备在实际运作中往往难以或不愿与中央粮食储备合作应对，因此，现行粮食储备制度在实际运作中存在不少问题。由此看来，完善我国粮食安全储备制度具有十分重要的意义和价值。

一、我国粮食储备制度存在的主要问题

（一）储备粮的目标定位不清晰

应该特别注意的是，笔者在此只是认为储备粮的作用不明显而非没有。储备粮的作用不明显突出表现在其微观作用——对粮食价格的平抑作用上。据《环球时报》2011年3月16日报道，虽然我国粮食储备达到惊人的40%，但是，我国的粮价却依然受到国际粮价的严重影响——上涨速度过快。究其原因，主要问题不是"有没有"粮食的问题，而是"调不动、调不顺"的问题。

① 基金项目：西南政法大学青年发展基金"统筹城乡下征地补偿长效机制研究"（XZJJF201016）；国家社科基金项目"经济发展方式转变的产业政策协同法律机制研究"（XFX021）；西南政法大学青年教师学术创新团队"统筹城乡中的农村经济法制创新研究"。

* 西南政法大学副教授，硕士生导师，重庆大学博士后，法学博士。

② 就地方粮食储备的建立而言，主要体现在1995年国务院在《关于粮食部门深化改革实行两条线运行的通知》提出的"米袋子"省长负责制。根据这一文件的基本精神，"为实现地区粮食平衡，调控地区粮食市场，粮食产区要建立3个月以上粮食销售量的地方储备，销区要建立6个月的粮食销售量的地方储备，以丰补歉，确保供应"。与此同时，一些县级地区也建立了相应的粮食储备。

此外，虽然国家加大了专粮收购力度，并且从1998年开始利用国债资金新建1000多亿斤仓容的国家粮库，并推行新库新粮的办法，但各地还是反映粮食卖不出、粮价回升不明显。究其原因，最根本的是我国粮食储备的目标定位不清晰，这种不清晰又具体表现在以下四个方面：（1）粮食储备管理权责不统一，且部门众多、难以协调。具体表现为：其一，储备粮的粮权在国务院，但具体负责储备粮行政管理的部门是国家粮食局，造成“办事的无权，有权的不办事”，由于权责不统一，储备粮的价格平抑作用自然大打折扣。其二，储备粮的吞吐涉及国务院、粮食局、国家发改委、财政部、中国农业发展银行及中国储备粮管理公司六个部门，因此，当国内粮市出现供大于求或供不应求时，往往需要迅速、及时地收购或抛售储备粮，但这很可能因为部门之间意见、认识的不统一而搁浅，或者贻误了操作的最佳时机。（2）储备粮的运作方式陈旧，仍然是计划时代的层层下计划，企业负责去完成的模式，这种运作方式的“刚性”显然难以适应市场的变化，也与市场化的运作模式背道而驰。（3）地方利益作祟。供不应求时，地方政府首先考虑扩大自己的地方储备，而供过于求时，地方政府则是千方百计地增加中央专储粮。而这又深刻源于各地“粮食自求平衡”的“米袋子”省长负责制，这一表面加强中观粮食安全的举措事实上人为地分割了市场，从而造成中央、地方及地方之间的争利格局。（4）粮食储备的运作缺乏法律的支撑。可以说，这是目前粮食储备存在诸多问题在于总根源。权责不分、部门争夺与推诿、方式陈旧、地方利益与中央利益相冲突，都是由于无统一的制度规则可循可依。既然无法可依，那各自为政、互相推诿，而地方利益至上也就不足为怪了。

（二）储备粮的运作机制不健全

储备粮运作机制不健全具体表现在以下几个方面：（1）粮食轮换周期规定不合理。按现行规定，稻谷的轮换期为2年，小麦的轮换期为3年。这种整数年的轮换制，由于储备粮的轮进大多是在收购季节，因此，轮换期与收获期同步，即在收获季节收购粮食，储存2年或3年后又在收获期（正好到期）轮出。由于在收获期间，粮源充足，因此粮价在一年中较低，造成储备粮轮换不能赚季节价差，反而会打压新粮价格，既增加了轮换成本，又影响到储备粮轮换计划的顺利完成。①（2）储备粮轮换过于依赖计划，没有与粮食批发市场和粮食期货市场衔接。这种储备粮轮换动力机制使得粮食储备的轮换十分被动，一般是仅凭粮企对粮市走势的判断进行轮换操作，这样，人为地增加了风险，并且容易造成亏损。（3）粮食内外贸易体制分离，造成国内外粮食市场脱节。以中国储备粮管理总公司为例，该公司的“粮油贸易”包括：中央储备粮的轮换、粮油购销贸易、为农民提供优质服务（主要是收购农民的粮食）、为客户提供粮油贸易便利。②由此看来，作为调节中国粮食储备最重要的企业，其本身是没有粮食进出口权利的。这意味着中储粮不能依据国内国际粮食的变化进行粮食储备的贸易。

（三）储备粮的代储制度不完善

据统计，我国目前中央直属储备库管理的储备粮只有30%左右，70%左右的储备粮都由地方粮库代储。但粮食代储存在以下三个主要问题：（1）代储关系模糊。中储粮总公司及其分支机构与地方代储库之间的关系不是完全按市场经济规则确定的，既不是以经济合同作为法律保障的契约关系，也不是行政隶属关系，因此其关系很模糊。（2）中储粮总公司及其分支机构对地方代储库管理乏力。目前，我国有关储备粮的管理规范包括《中央储备粮管理条例》和《中央储备粮代储资格认定办法》以及2011年1月1日开始生效的《中央储备粮代储资格认定办法实施细则》。应当说，我国对代储库的管理制度有了很大的进步。但是，新的代储制度一方面取消了中国储备

① 邓亦武著：《粮食宏观调控论》，176～177页，经济管理出版社，2004。

② 具体请参见中储粮网站，http://www.sinograin.com.cn/yewu_sub2.jsp，访问日期：2011-08-26。

粮管理总公司负责从取得代储资格的企业中择优选定中央储备粮代储企业的规定，而改由粮食行政管理机关行使这一职权；另一方面，从现行的代储制度可以看出，其相应的违法责任要么比较轻微，要么语焉不详。这事实上造成中储粮公司对代储库的管理乏力。(3) 地方代储库权责不统一。一方面，地方代储库享有代储库存的债权；另一方面，代储库又按国家计划指定为以中央储备粮的名义在当地农业发展银行贷款进行储备粮收购，这造成地方代储库权利和责任不统一。

（四）粮食储备成本过高

一般来说，粮食储备的成本构成如下表：①

<table>
<tr><td rowspan="9">中国粮食储备成本构成</td><td rowspan="6">政府粮食储备成本</td><td rowspan="3">中央粮食储备成本</td><td>有关粮食机关人员工资、办公经费支出等</td></tr>
<tr><td>粮食收购、保管及轮换费用</td></tr>
<tr><td>粮库建设费用、粮食价差损失</td></tr>
<tr><td rowspan="3">地方粮食储备成本</td><td>人员工资、办公经费</td></tr>
<tr><td>粮食收购、保管及轮换费用</td></tr>
<tr><td>粮库建设费用、粮食价差损失</td></tr>
<tr><td rowspan="3">农户粮食储备成本</td><td colspan="2">储粮器具的使用及购置费用</td></tr>
<tr><td colspan="2">虫害、鼠害等损失</td></tr>
<tr><td colspan="2">储备粮食管理费用</td></tr>
</table>

我们认为，我国粮食储备的成本是相当高的。主要表现如下：(1) 粮食储备机构人员的工资、福利及办公经费等开支浩大。例如，截止到 2011 年 8 月，仅中储粮总公司在全国就下设 24 个分公司、4 个子公司，有 338 个中央直属库。② 如此大的规模，其开支之浩大可见一斑。(2) 中央储备粮的收购、保管及轮换费用开支较大。一方面，由于中央直属粮库数量有限，因此，在粮食的代购、代储方面需要支出；另一方面，中央直属库进行粮食储备也需要专项的资金支出。(3) 粮库建设费用支出额度也比较大。例如，据统计，截止到 2005 年 6 月，中央财政共为粮库建设投入资金 342.05 亿元，其中三批粮库建设资金投入 322.04 亿元，2002～2004 年国债项目投入 20.01 亿元。而在 2011 年，中央财政又增加了 80 亿风险基金以保障地方粮油储备开支。③ (4) 农户粮食储备过程中损耗也是非常的大。由于农户储备粮食的条件差、管理落后等原因，农户粮食储备过程中粮食的损耗一般达到 8%～10%。以粮食流通环节为例，由于运输装卸方式落后，每年要损失粮食约 800 万吨（160 亿斤），④ 大约相当于 3000 万中国居民一年的粮食消费量。(5) 我国粮食储备规模过大也是造成粮食储备成本过高的重要原因。据统计，我国的粮食储备达到 40% 左右，而联合国粮农组织（FAO）规定的比例只有 17%～18%。

① 陈波：《中国粮食安全成本及其结构优化研究》，65 页，华中农业大学博士学位论文，2007。

② 数据来源参见中国储备粮总公司网站，http://www.sinograin.com.cn/guanyu_sub4.jsp，访问日期：2011－08－25。

③ 据财政部的信息，截至 2011 年，国粮食风险基金总规模已达 382 亿元，其中 13 个粮食主产省（区）277 亿元，占总规模的 72%，资金由中央财政全额补助。资料来源：新浪财经，http://finance.sina.com.cn/roll/20110825/222910380724.shtml，访问日期：2011－08－23。

④ 资料来源：中国新闻网，http://www.feedtrade.com.cn/yumi/yumi_china/20070906145029.html，访问日期：2011－08－25。

二、我国粮食储备制度完善的路径选择

粮食储备制度完善的基本思路是依法进行治理，同时，应注意借鉴国外粮食储备的成功经验。具体而言，我国粮食储备制度完善的路径选择如下：

（一）构建垂直管理的中央专储体系

中央储备是指国家运用中央财政建立的粮食储备，它主要用于全国范围的粮食市场调控、平抑大范围的粮食市场波动以及全国性的自然灾害救济，进而促进国家粮食安全水平的提高与实现。中央粮食储备体系的完善，应依法实行政企分开、中央和地方事权分开、储备与经营分开（如下文论述的澳大利亚的粮食储备运作）、新老挂账分开的原则，以建立能独立执行粮食市场调控政策的中央专储体系。其主要措施包括以下三个方面：

1. 完善垂直管理的粮食储备组织体系

《国家粮食安全中长期规划纲要（2008—2020 年）》指出，要“加强中央储备粮垂直管理体系建设”。[①] 中央粮食储备垂直组织管理的目标模式是：中央储备粮总公司——中央储备粮分公司——中央直属储粮库。中储粮总公司负责中央储备粮食管理，并监管按经济区划（而非行政区划）组建的若干个中央储备粮管理分公司，中储粮总公司为国家宏观调控服务和管理好各分公司，并负责监督各分公司的人、财、物。中央储备粮食分公司负责行使对所辖地区粮食储备库各方面的协调，其设立应注意以下问题：（1）要坚持国家粮食储备合理布局的原则，使粮食储备与整个宏观调控体系相协调，从而让国家更好地调控市场。（2）要与国家的粮食长期发展规划相协调，并有利于促进粮食生产。（3）要与国家粮食流通设施建设协调，使储备和流通能互为促进。基于此种考虑，笔者认为国家应采取如下具体措施：一是要在主要粮食产区建立规模储备，以便储备粮收购。二是应在主要的粮食消费型城市建立规模储备，以满足这些地区的巨大粮食消费需求。三是应在交通枢纽地建立规模储备，以增加粮食储备调节的机动性。四是应在港口城市建立规模储备，使粮食进出口能更好地结合，[②] 既做到出口迅速便捷，又能使进口有条不紊。中央直属储粮库是执行国家粮食储备政策的基层实体。应本着按经济区划合理布局的原则，依据粮食生产、需求及流通等条件与基础设施状况，建立中央直属粮库体系。

总之，中央粮食储备总公司、中央粮食储备分公司及中央直属储粮库应该实行权利义务法定、权责法定、交互关系法定的运作模式，进而构建一个强有力的中央粮食专储体系。

2. 建立垂直管理的财务体系

独立的中央粮食储备体系要求依法对中央粮食储备的有关财务实行垂直管理。中央财政应按照规定的标准拨付利息与费用补贴。要根据中储粮总公司的情况报表，由财政部会同中储粮总公司下拨，任何单位和个人不得予以挪用、截留。为了保证中央财政对国家粮储的补贴按照储粮的数量、费用及时落实到位，减少“漏桶效应”，对利息和费用要实行直拨，即由中央财政按国务院确定的储备规模，把利息和费用划拨给国家粮食储备分公司，再由分公司直接拨到直属粮库。

3. 型构垂直管理的仓储体系

中央政府在粮食流通上的主要责任是搞好全国的总量平衡，在发生特大的自然灾害及其他突发性事件、出现全国性粮价波动时对粮价进行平抑，以确保国家粮食安全。达到这一目标的物质

① 国家发展和改革委员会：《国家粮食安全中长期规划纲要（2008—2020 年）》，中央政府门户网站，http://www.gov.cn/jrzg/2008-11/13/content_1148414.htm，访问日期：2011-08-26。

② 孔祥智等：《谁来养活我们》，227 页，中国社会出版社，1999。

手段之一便是国家专项储备粮充裕。在现阶段，由于委托地方储备中央粮食，造成粮食储备关系错综复杂，并往往导致政令不畅。鉴于此，必须依法组建中央粮食储备直属库，这样才能减少利益矛盾，才能做到说调就调，不讲价钱。笔者认为，美国式的储粮于私人粮仓的做法在现实条件下在我国还不能照搬，因为中国尚无美国那种有实力的私人大农场主，并且我们的制度安排亦相对滞后。但今后可以进行这一方面的制度鼓励，以造就民间粮食储备法人或合伙企业。值得注意的是，法国的粮食储备办法可以为我们提供一定的启示作用。在法国，如果市场上粮食供过于求，法国粮食局就会以所谓的“干预价格”收购粮食。但是，法国粮食局并不直接保管这些收购过来的粮食，而是通和商业机构或者专门的仓储企业订立合同来建立“临时储备”，待到粮食市场供不应求时，再将这些粮食卖出去。同时，法国当局和欧盟农业补贴委员会对这种“临时储备”进行必要的补贴。这样，法国的粮食储备就具有很大的流动性的特点，也使得政府不必长时间的储备粮食，并且由于运作过程的市场化与透明性，从而大大节约了粮食储备的成本。就我国而言，在现实条件下，笔者认为，可以通过直属库租用周边一部分地方粮库作为存放国家专储粮的运营办法。要注意的是，直属库租用周围粮库应订立合同，依法保障合同的履行。

（二）完善储备粮的运作机制

它山之石，可以攻玉。依法完善我国的储备粮的运作机制，借鉴国外的成功做法并进行相应的制度安排是明智的。笔者通过考察马来西亚和澳大利亚的储备粮运作机制后认为，完善我国储备粮运作机制，可以分四步走：

1. 变革粮食流通体制

要根据我国的现实情况，借鉴马来西亚的成功经验，变革粮食流通体制。1971 年，马来西亚成立了国家水稻和大米局，主要职能是为大米业提供指导与规划，是大米的独家进口者，对大米价格进行调控。1994 年政府改革后，成立了国家稻米公司（BERNAS），除接管了国家水稻和大米局的政府职能（即管理国家大米储备、对农民按保护价收购粮食和稳定市场粮价）外，还从事稻谷收购、加工和进出口贸易等商业职能。1996 年 1 月，马来西亚对 BERNAS 公司进行了股份制私有化改革，以提高经济效益和减轻政府财政负担。1997 年该公司成为上市公司。马来西亚政府为了支持稻米公司更好地承担国家粮食储备和稳定粮食局市场的社会职责，从公司成立开始就赋予其 15 年内独家进口大米的权利。作为条件，稻米公司不从政府直接获取补贴，并实行企业化管理和自主化经营。这不仅弥补了公司承担社会职责的费用，还获得了可观的利润。该公司在马来西亚大米市场占有主导地位，基本实现了商业功能和社会职责的统一，有效保障了国家粮食安全。① 马来西亚对我国的借鉴意义在于：我们可以对中储粮总公司进行股份制改革，并赋予其一定时期内的独家进出口经营权，使其真正对市场调节发挥作用——既不过多“吞”从而加重国家财政负担，也不过多“吐”进而危及国家粮食安全。而是根据国际国内市场及各分公司的反馈信息，迅速、有效地统筹安排中央储备粮食的购销、轮换及进出口，真正实现国务院对中储粮公司提出的“确保中央储备粮数量真实、质量良好，确保国家需要时调得动、用得上”的要求，努力实现其“维护农民利益、维护粮食市场稳定、维护国家粮食安全”的社会目标。

2. 政府干预和藏粮食于民有机结合

要吸取日本的政府包揽粮食储备的教训，适当地“储粮于民”，做到政府干预粮食储备和藏粮于民的有机结合。日本是典型的资源短缺型的国家，其人多地少的国情与我国相似。就粮食储备的总体模式而言，日本构建的是一种以政府储备粮食为主、民间储备粮食为辅的模式。但是，

① 《世界各国粮食安全储备管理模式比较分析》，勇华网，http://news.yonghua.net.cn/htmldata/2005_05/2/12/16/29/article_478103_1.html，访问日期：2011-08-20。

由于日本政府过度地重视粮食储备，甚至到了包揽粮食储备的程度，这给其国家财政支出造成很大的负担。据统计，从1990～1995年，仅仅5年，日本政府粮食管理费支出就从33476亿日元提高到47381亿日元，增加了42%，其支出比重竟达农林水产省预算支出的74%。[①] 为保证储备的合理化，降低政府财政负担，近年来，日本政府采取控制收购数量、降低政府的粮食储备规模以及把部分粮食作为国际援助处理等。[②] 此外，据日本食粮厅提供的数字，2001年日本大米产量只有906万吨，但政府仅对大米生产、流通、储备等支出的相关财政补贴就达到51.7亿美元。正因为如此，日本的财政近年来开始不堪重负。因此，我国的粮食储备，决不能走政府包揽过度的路子，适当藏粮于民是十分必要的。

3. 走依法治理粮食储备机制的路子

由于粮食储备涉及众多的环节和程序，因此，仅靠几个具体的做法从根本上是于事无补的，特别是对我国这样一个粮食消费、生产大国而言。以澳大利亚为例，澳大利亚粮食市场发达，秩序井然，这主要得益于其健全的法律体系。一般情况下，政府不采用行政手段干预粮食市场，而主要采用法律手段。在粮食储备方面，有可操作性很强的储运基本法——《储运经营法》。从1989年开始，澳大利亚粮食市场由政府主导型转变为合作制主导型。澳大利亚实行粮食的物流与商流的分立。商流由小麦局（属政府粮食经营机构）承担，根据国家法律、政策及市场供求关系活动，具有粮食经营权。近年来，小麦局还向粮食加工化延伸和开展多元化经营方向发展。物流则由粮食储运公司承担，具体负责粮食的收购、检验、装卸、储存和运输业务，但没有粮食经营权。粮食储运公司都是按合作制组成的，为非营利性组织，其宗旨是以最低的费用为粮食生产者提供最好的粮食收购、储存和运输等服务。澳大利亚的粮食仓储体系由农村收购仓库、地区终点仓库和港口终点仓库组成，这些仓库一般由小麦局指定的机构经营。澳大利亚是产粮大国，其储粮运作机制给我们的启发是：一是依法运作；二是物流与商流分立；三是储备的专业化——组建粮食储运公司，定位为非营利组织，以合作制原则组建等。

4. 构建灵活有效的粮食储备轮换机制

这包括如下几个方面：（1）要以市场为导向，建立以比例轮换为主、计划轮换为辅的粮食储备轮换制度，具体做法就是公共储备应靠计划，而私人储备及商业储备应靠市场。[③] 其理由在于，计划轮换虽然能够从长远的角度保障粮食安全，但灵活性与适应性明显不够。在当前粮食种植技术不断提高、粮食产量比较稳定的形势下，其效益值得进一步分析。因此，要建立比例轮换制度以适应市场经济的需要。但是，笔者认为，我们也不能完全抛弃计划轮换制度——这一制度安排对粮食安全的长期保障价值是不容否认的。（2）要改变机械的粮食储备轮换操作模式。一般来说，当年的粮食是更加适合储备的，但是，适当强调宜存度也是非常必要的。由于各粮仓的储备水平存在很大的差异，因此，过分强调储备粮食必须是当年的，从实际的角度看可能是不适宜的——因为这需要看具体的粮食质量。（3）要改变轮换架空期4个月的规定，以适应粮食市场的灵活性需求。正如有学者所指出的，变架空期为实物库存比例，设定合理的空库率，允许适当比例的中央储备粮处于动态储备中，变静态轮换为动态轮换，能够使各承储企业能够根据市场行情灵活掌握轮换时机，实现宜购则购、宜销则销的目的，从而提高轮换效率和效益，进而增加轮换主动性和灵活性。[④]

---

① 参见杜彦坤：《国家储备粮管理体制的国际比较与借鉴》，载《农业经济问题》2004年第10期。

② 参见陈波：《中国粮食安全成本及其结构优化研究》，71页，华中农业大学博士学位论文，2007。

③ 参见曹晋、董明璐：《中国粮食储备体系优化的理论研究和政策安排》，载《国家行政学院学报》2010年第6期。

④ 参见高铁生：《完善国家粮食储备运营机制的途径与保障》，载《经济研究参考》2009年第66期。

（三）明确粮食代储制度中的权利与义务关系

《国家粮食安全中长期规划纲要（2008—2020年）》指出，要“积极鼓励粮食购销企业面向农民和用粮企业开展代购、代销、代储业务，提倡农户科学储粮”。中央储备粮的代储实质上相当于民法上的委托代理，即“基于被代理人的委托授权而发生代理”。但与民法上委托代理又有细微的区别：因为在委托代理中虽然“委托合同是代理授权产生的基础，但委托合同的成立和生效，并不当然产生代理权，在委托人作出委托授权的单方行为后，代理权才发生”。[①] 而粮食代储合同一旦签订成立，则必然产生代理权。因是之故，中储粮总公司与地方代储库之间事实上形成了一种契约关系。而“契约是浸透了现代精神的一个词，现代社会的优点和弊端尽在其中”。[②] 表现在代储合同上，便是代理人与被代理人的目标并不总是一致，而他们之间的信息不对称又加剧了代理人产生非协作行为的可能性。从法律的角度而论，我们必须通过合理设计代理人的权利和义务，从而给予代理人最佳的激励制度安排，使其目标最为接近委托人的目标。这就需要依法建立中央储备粮的代储制度。如何构建，我们认为可考虑进行如下制度安排：

1. 依法规范中储粮总公司与地方各代储库之间的委托代储关系

目前，选择代储的办法有二：一是由国家粮食行政管理部门依《中央储备粮管理条例》赋予的职责，通过对代储库的交通条件、仓储设施、资产状况、管理水平等进行考察，对合格者以颁发资格证书的形式作为中央储备粮代储库的选择对象，这是传统的行政性做法；二是公开投标招标以选择代储库，让条件合格、价格合理的地方储库进行中央储备粮的代储。客观而论，这两种办法各有其优劣。前者注重发挥政府的监管职能，特别是在我国目前粮食代储制度不断完善的背景下更是显示出其合理性。而后者更加注重效益，事实上也更加符合市场经济条件下的运作方式。因此，合适的办法是：将这两种办法结合起来，也就是由中储粮总公司通过对那些具有代储资格的企业进行招标，选择最好的代储机构。要注意的是，取得代储资格者（中标者）必须与中储粮总公司签订代储合同，以明确双方的权利和义务。

2. 明确中储粮总公司的地方代储库存粮所有权

中储粮总公司应根据代储库申报的代储量统一进行贷款，这样便在法律上明确了中储粮总公司对代储库存粮的所有权，而地方代储库的主要权利是收取代储费用，主要义务是保管好储备粮。未经中储粮总公司允许，不得对储备粮进行市场操作或挪作他用。一旦有此种违规行为，必须给予严厉的处罚，如吊销代储资格等。

3. 把协管好中央储备粮作为地方政府的一项职责

要把协管好中央储备粮作为地方政府的一项职责，并用法律予以明确。因为中央储备粮食选定的地方代储库，客观上将为当地粮食市场提供粮源和收储空间，并且通过轮入轮出而稳定当地粮价，增加当地就业，这客观上造成一种经济学上讲的“正的溢出效应”，因此，明确地方政府的协管责任既是政府经济职权的体现，也符合公平的法律精神。

4. 理顺中央与地方储备粮的关系

理顺中央与地方储备粮的关系主要包含两层基本的意思：一是宏观粮食安全应主要由中央储备粮来保障，而区域粮食安全则要充分发挥地方粮食储备的作用。也就是说，中央储备粮和地方储备粮既要有分工，也要有合作。二是要构建地方粮食储备的协调机制。如有论者指出的，在同一区域内，要避免不必要的储备体系内部竞争，以发挥各级政府粮食储备的最大效能，并取得市

① 参见彭万林著：《民法学（第二次修订版）》，168～169页，中国政法大学出版社，1999。

② 参见徐国栋著：《民法基本原则解释——成文法局限性之克服（增订本）》，57页，中国政法大学出版社，2001。

场调控和企业经营的最大效益。①

三、结论与思考

民以食为天，食以粮为主。要做到手中有粮心里不慌，粮食储备制度的完善是不可或缺的。所谓粮食储备制度，是指以调节全国性和地区性的粮食供求平衡、稳定粮食市场价格、应对重大自然灾害或其他突发事件为手段，以保证非农业人口的粮食消费需求为根本目的而由国家统一建立的一项物资储备制度。粮食储备制度对于粮食安全具有关键性的作用，但我国目前的粮食储备制度存在着许多的问题，突出表现为储备粮的目标定位不清晰、运作机制不健全、代储制度不完善及粮食储备成本过高四个方面。本文认为：粮食储备制度完善的基本思路以《国家粮食安全中长期规划纲要（2008—2020 年）》为指导，依法进行治理，并针对粮食储备中存在的问题，建立中央粮食储备的垂直管理体系、财务体系、仓储体系，同时，要变革粮食流通体制，将政府干预和市场调节有机结合，构建一个灵活有效的粮食储备轮换机制，并在粮食储备机制运作的制度化、法治化上下工夫。要规范中储粮总公司与地方各代储库之间的委托代储关系，并以法律的形式明确中储粮总公司的对地方代储库储备粮的所有权，同时，要从政府经济职权的角度对地方政府的协管责任作出要求和规定，从而充分发挥粮食储备制度的保障性作用。

① 参见张青、安毅：《我国粮食安全与粮食储备体制改革方向》，载《国家行政学院学报》2009 年第 5 期。

当下我国土地出让法律制度的功能定位及其矫正的思考①

——兼论“土地财政”的制度克服

秦 勇*

目 次

在一般意义上，“土地财政”是指以政府为主体、围绕土地所进行的财政收支活动和利益分配关系。但在中国的语境下，“土地财政”主要指地方政府通过出让土地获得土地出让金，以此作为其财政收入来源的经济关系。② 当前，地方政府的财政收入很大一部分来自于土地出让金，土地出让金的收取则依据土地出让的相关法律制度设计。土地出让法律制度的筹集财政收入功能为地方政府的“土地财政”行为提供了可能。

一、土地出让法律制度的功能

道格拉斯·C. 诺斯认为：制度是一个社会的博弈规则，或者更规范地说，它们是一些人为设计的、型塑人们互动关系的约束。③ 由此推之，土地出让法律制度是一种人为设计的、型塑国有土地使用权出让过程中国家与土地使用者之间关系的约束。土地出让法律制度是一种强制性社会规则，是对土地使用者有偿获取土地使用权以及土地所有者合法使用土地出让金的有关规定。土地出让法律制度具有筹集财政收入、资源配置、收入分配等方面的功能。

---

① 基金项目：中央高校基本科研业务费专项资金资助项目“土地财政的法律控制研究”（11CX04020B）。

* 中国石油大学（华东）副教授，法学博士。

② 陈国富、卿志琼：《政幻觉下的中国土地财政——一个法经济学视角》，载《南开学报（哲学社会科学版）》2009 年第 1 期。

③ ［美］道格拉斯·C. 诺斯著，杭行译：《制度、制度变迁与经济绩效》，3 页，格致出版社，2008。

（一）筹集财政收入功能

筹集财政收入的功能是土地出让法律制度的基本功能。土地作为一种自然资源，能够创造一定的经济价值，能够为拥有土地的人创造一定的财富，因而通过土地的利用可以为其权利人带来经济利益。历史上，土地带来的经济利益为国家的财政收入做出了巨大贡献。关于这一点，古典经济学家亚当·斯密曾经写道：

土地是一种比较确实和恒久的资源。所以一切越过了游牧阶段的大国的收入，都是以国有地地租为主要源泉。古代希腊及意大利各共和国就是如此。它们国家大部分必要费用的开支，在很长时间内是取给于国有地的产物或地租。而往时欧洲各国君主大部分的收入，亦在很长时间内取给于王室领地的地租。①

由此可见，在历史上，地租是国家财政收入的主要来源。目前，通过土地出让法律制度设计而收取的土地出让金的本质仍然是地租，只是这种地租的收取方式不是按年计，而是将以后若干年的地租一次性的收取。

考察土地出让法律制度的变迁可知，我国的土地出让制度产生的最初动力机制之一就是财政需要。土地出让法律制度是以"土地应有偿使用"的观念作为基础的，土地有偿使用制度初期的表现形式是向外资企业收取土地有偿使用费。为什么收费？原因之一就是城市财政需要。在当时，国家的基础设施建设缺乏稳定的资金来源，只得从别的地方筹集资金，致使城市建设欠账越来越多，财政越来越困难。为了满足城市财政资金的需要，土地出让法律制度应运而生。事实上，土地出让金确实为地方政府提供了巨额的财源。

（二）资源配置功能

土地出让法律制度的资源配置功能表现在两个方面：一方面可以促进土地资源合理配置；另一方面可以引导社会资源流向。

土地供给上的稀缺性和土地利用的外部性客观上要求按照经济社会发展的需要合理地配置和利用土地。土地利用的外部性无所不在，制度变化（如土地利用规划的改变、城市规划的改变）可以产生外部效果，土地开发过程也会产生外部效果，甚至房屋外部的粉刷也会产生影响街道景观的外部效果。而且由于土地利用外部性的普遍性、复杂性及影响的广泛性，不但使得土地资源配置本身严重偏离"帕累托最优"状态，也会严重影响其他资源的配置效率，因而如何有效矫正土地利用的外部性，从而使土地资源配置不断接近"帕累托最优"状态极具重要意义。② 对国有土地资源实行有偿使用的土地出让制度，则为政府促进资源的合理利用提供了经济手段，提供了平衡土地公共利用与私人利益的有用工具。政府可借助土地出让金这一类似于私人产品市场的货币投票机制揭示对土地的需求，引导土地的合理配置协调土地供给与需求的关系，同时可通过出租条件的设定使承租人对土地的使用遵循国家土地利用的总体规划。

土地出让制度和政策除了用于土地资源配置，还可以通过利益调节，引导社会资源的流向。由于土地是一种必备或者说不可或缺的生产要素，土地出让金的数额、土地出让条件的制定和调整可作为调节各方利益分配的手段。通过在不同地区、不同地段和不同用途确定不同的土地权益价格，从而达到引导社会资源流向，调节经济结构和实现国家产业政策的功能。

（三）收入分配功能

从全社会来看，地租的分配直接或间接制约和影响其他要素所有者的利润、工资、利息等的

① ［英］亚当·斯密著，郭大力、王亚南译：《国民财富的性质和原因的研究（下卷）》，380页，商务印书馆，1974。

② 张慧芳著：《土地征用问题研究——基于效率与公平框架下的解释与制度设计》，78页，经济科学出版社，2005。

收入规模。马克思明确指出："租来自社会，而不是来自土壤。"[①] 地租的本质是土地经济关系的体现。土地出让金作为国家土地所有权在经济上的实现，在国有土地资产分配格局中居于主导性的地位。在农用地转用的过程中，土地出让金除拆迁费、土地开发配套费和相关税费之外有两部分——征地费和土地所有者权益，这两部分是政府财政收入分配的重要手段。征地费实际上可以看作是集体土地使用权出让价。在我国由于是政府征用农地，这种集体土地使用权出让实际上是有价无市，由政府单方面确定。但无论价格怎样确定，这部分资金都是对农民失地的补偿，因此起着收入分配的功能。从理论上讲，土地出让金收入应该主要的是集体土地使用权出让价，其目的主要是用于对被征地农民的补偿，从而实现土地出让金收入的公平分配。但在实践中，我国的地方政府常常把土地出让金当作"经营城市"的资金来源，这使得土地出让制度发挥着逆向的收入分配功能。土地所有者权益作为直接的政府的财政收入，直接发挥着收入分配功能。同时，土地出让金还通过内化到住房成本中从而对劳动者的工资产生影响。劳动者名义工资不变的条件下，当地租水平上升从而住房成本提高带动房地产价格上涨时，劳动者的实际工资水平会下降。

二、地方政府对土地出让法律制度功能的定位

在我国，"土地财政"之所以广受诟病，其首要原因是地方政府更多地关注了土地出让法律制度的筹集财政收入的功能。

许多学者对地方政府依靠土地出让金筹集财政收入的情形做了一定的描述。通过对某省的调查，刘守英得出结论：预算内靠城市扩张带来的产业税收效应，预算外靠土地出让收入是发达地区政府财政的基本格局。数额巨大的土地出让金成为地方政府财政预算外收入的最主要来源。行政事业性收费、政府性基金和土地出让金三部分构成地方政府财政预算外收入。近年来，中央逐步加大力度规范政府收费。在预算外收入中行政事业性收费所占的比重逐年降低，与之相反，土地出让收入所占比重逐年上升。据调查统计，2003 年东部发达地区某县的土地出让金收入为 19.2 亿元，占预算外收入的 69.3%；某市的土地出让金收入为 20 亿元，占预算外收入的 58%。[②] 中西部地区，预算外收入的增长也主要来自于土地出让金收入的增长，如西部某省，省、市、县政府从土地收益的增长中获益。1998 年至 2004 年 11 月，全省土地出让金收入总额为 32.58755 亿元。据全国人大 2004 年《中华人民共和国土地管理法》（以下简称《土地管理法》）执法检查组的报告显示：1992—2003 年全国土地出让金收入累计达 1 万多亿元，其中 2001—2003 年累计达到 9100 多亿元，扣除成本后的纯收入约占四分之一。这些收入由于并未纳入本级财政收入从而成为一些地方盲目扩大城市建设规模和建设政绩工程、形象工程的主要资金来源。[③] 2004 年，全国土地出让金高达 5894 亿元；2005 年在国家收紧"地根"的情况下，土地出让金总额仍有 5505 亿元；2006 年则冲上 7000 多亿元的历史高峰。依据 2010 年两会财政部提交的报告：2009 年，全国的国有土地使用权出让收入总额达 1.42 万亿元（其中地方收入 1.3964 万亿元，中央收入 275 亿元），全国地方政府的财政收入为 3.258 万亿元，两者之比达到 0.4。国土资源部最新公布的国土资源公报显示，去年全国土地出让总价款为 15910.2 亿元，比 2008 年增长 63.4%。[④] 有学者统

① 《马克思恩格斯选集》第 1 卷，187 页，人民出版社，1995。

② 刘守英、蒋省三：《土地融资与财政和金融风险——来自东部一个发达地区的个案》，载《中国土地科学》2005 年第 5 期。

③ 参见《全国人大常委会关于金融支农问题的调研报告关于金融支农问题的调研报告》，http://news.sina.com.cn/c/2004-06-25/07262902071s.shtml，访问日期：2010-10-12。

④ 陈涛：《解密土地财政》，http://finance.sina.com.cn/g/20100413/09057738302.shtml，访问日期：2010-10-13。

计，即使不将无法准确计算的土地收费估算在内，土地直接税收及由城市扩张带来的间接税收就占地方预算内收入的40%，而出让金净收入占预算外收入的60%左右。几项相加，地方财政收入的一半以上来自于土地上产生的收入。①

上述数据表明，地方政府对于土地的财政收入功能利用的较为充分，对土地出让法律制度筹集财政收入的功能有较强的偏好，而其他功能则被大大地忽视了。

三、土地出让法律制度功能定位偏差引发的负效应

地方政府对土地出让法律制度功能定位上出现了偏差，即过于关注土地出让法律制度的筹资功能。事实上，这种功能定位确实为地方政府筹集到了巨大的财政资金，在一定程度上产生了一些正面效应，如缓解了地方政府财政资金短缺的困难，加快了我国城市化的发展进程，但这种定位上的偏差更多的是引发了诸多负效应，具体来说，负效应有如下几方面：

（一）农民权益严重受损

1994年的分税制改革提高了中央财政在整个财政收入中的比重，地方政府的财政收入占整个财政收入的比重降低了，很多的地方政府都存在着资金短缺的问题。因此，地方政府有增加财政收入的主观偏好。而在筹集财政收入的过程中，地方政府充分利用了我国土地所有权二元结构制度以及财政税收制度，热衷于将农民集体所有的土地“变性”为国有土地。

由于急于将农地从农民手中征用过来以尽快实现“增值”的目标，地方政府在征收农地的过程中常常采用简单粗暴的手段征用农民土地，以致造成大量农民“失地、失业、失权”，出现了所谓的“种田无地、就业无岗、低保无份”的“三无”农民，严重损害了农民的利益。

（二）财政风险急剧增大

截至2005年年底，地方政府债务累计超过3万亿元，地方财政风险急剧增大。地方政府偏好将土地出让金作为地方财政收入的重要来源，但“以地供收”可靠性不足。一方面，由于制度变迁以及市场变动的不可避免，以地养市存在着极大的风险。房地产市场不可能总是像现在这样“供不应求”，房地产市场出现大的波动的可能性并非没有，如在20世纪90年代海南房地产的泡沫就是例证。另外，由于房地产业的上游或下游产业较多，形成了较庞大的产业链，因此一旦房地产市场出现问题，地方经济将难逃厄运。② 此外，因我国高速经济而带来的迅猛发展的城市化与工业化使得土地的需求极其旺盛，所以地方政府出卖新地能够成为一种不间断的行为，地方政府的资金缺口可以用出卖新地所挣的收入去弥补；但是一旦经济发展减速，相关制度发生变迁，没有或缺少了新地需求，相关问题就会产生了。另一方面，土地资源的稀缺性也宣告了地方政府依靠土地获取巨额收入的不可持续性。地方政府取得土地出让金收入的前提是要将土地交给开发商去开发，在出让的土地中有很大一部分是通过征收而取得的农用地，农用地一旦转为建设用地则不再具有“可逆性”。土地作为一种不可再生的、稀缺的资源在我国人地矛盾十分突出、国家控制极其严格的情形下不可能无限的供应，因此地方政府将土地作为“摇钱树”不具有可持续性。从长远看，这无疑又进一步加大了地方政府的财政风险。③

① 刘守英、蒋省三：《土地融资与财政和金融风险——来自东部一个发达地区的个案》，载《中国土地科学》2005年第5期。

② 刘尚希：《财政风险：从经济总量角度的分析》，载《管理世界》2005年第7期。

③ 程瑶：《制度经济学视角下的土地财政》，载《经济体制改革》2009年第1期。

（三）耕地资源迅速缩减

从可持续发展的视角来看，土地问题日益成为制约国民经济和社会发展的重要因素。人口多、资源人均占有量少的基本国情以及人民群众日益增长的生态环境质量要求使得政府面临巨大的可持续发展压力。2007 年，我国耕地面积为 18.26 亿亩，离 18 亿亩红线还有 2600 万亩。造成耕地减少的因素主要包括非农建设占用、生态退耕、农业结构调整和灾害损毁四个方面。[①] 其中，地方政府征用农地进行非农建设是耕地减少的主要原因之一。据统计，1997 年至 2005 年，我国非农建设占用耕地 2747 万亩，占减少总量的 17.84%，年均减少 305 万亩。客观而论，工业化、城市化的发展趋势决定了非农建设占用耕地的不可避免。但就我国当下的情况来看，土地特别是耕地的占用很多情形下并非是迫不得已。地方政府为了获得土地出让金收入，热衷于征收农民的土地。在我国二元土地所有权结构之下，征收农民土地的成本大大低于将集体土地转为国有土地之后通过出让所获得的收益，因此土地征收过多过滥，失去了应有的控制。地方政府为筹集财政收入而对农村集体土地包括农地的征收直接导致了农村耕地资源的减少。

四、地方政府对土地出让法律制度功能定位偏差的原因分析

为什么地方政府对土地出让法律制度筹集财政收入功能有特别的偏好而忽视该制度的其他功能？对地方政府此种行为的解释显然不能简单地归结为地方政府缺乏对该类制度的功能的准确认知。实际上，地方政府的许多官员都是受过高等教育的精英，他们虽然不是专门的法律人才，但他们的法律知识及对法律的理解显然比一般的民众要强很多，况且许多地方政府还有自己的智囊团。实际上，地方政府对土地出让法律制度筹集财政收入功能非常看重有着更深层次的原因。

（一）地方政府财政资金短缺

1994 年我国实行了划分中央和地方财权的分税制改革。有学者认为，分税制改革的主要原因是 20 世纪 90 年代初期财政“分权让利”的政策使得中央政府的经济调控和行政管理能力大大下降，导致了“国家能力”被严重削弱，已经超过了“分权的底线”[②]。因此，有必要通过分税制改革提高两个“比重”，即财政收入在国内生产总值中的比重和中央财政收入在财政总收入中的比重。换句话说，中央财政的调控能力亟须加强。

分税制改革取得了一定的成就，但与此同时分税制也暴露出一些弊端。其最大的弊端在于分税财政体制只对中央和地方的财权进行了划分，但未对二者间的事权加以厘清。实际上，在地方政府的财政收入占整体财政收入的比重大大提高以及地方政府的预算内收入相应降低的情况下，地方政府的事权并未减少，即财力降低了但事务没减少甚至还增多了，从而造成了“中央财政喜气洋洋，地方财政哭爹叫娘”的局面。由于没有有效的财政转移支付机制，地方政府特别是基层政府几近陷入“财政危机”。但地方政府必须为相关的民众提供公共产品或者说公共服务，这是它不得不完成的“任务”。同时地方政府官员迫于下文所述的官职晋升竞赛的压力不得不“找门路”、“想办法”。在此过程中，地方政府不约而同地将目光盯在了土地上。前已述及，土地出让法律制度的功能之一是筹集财政收入，而地方政府恰恰是看到了这一点，而且更重要的是土地出让金收入几乎都是地方政府的收入，中央政府并未将此笔收入纳入自己的篮子中。对地方政府而言，土地出让金收入成为其财政收入的主要源泉。因此，地方政府更加看重土地出让法律制度的

① 林泉：《我国能保住 18 亿亩耕地红线吗——我国耕地保护工作的现状、对策与展望综述》，载《中国国土资源报》2009 年 6 月 16 日。

② 王绍光著：《分权的底线》，23 页，中国计划出版社，1997。

筹集财政收入的功能而忽略其他功能也就不难理解了。

（二）政治晋升锦标赛的压力

在包括我国在内的多级次政府结构中，因信息不对称导致上级政府控制下级政府较为困难和复杂。我国中央对地方进行控制的手段重要手段之一是中央控制省级及以下官员的人事任命权。中央可以在同级官员之间发起围绕职务晋升的政治竞争，即政治晋升锦标赛①。政治晋升锦标赛作为一种政府治理的模式，一般是指上级政府对多个下级政府部门的行政长官设计的一种晋升竞赛，竞赛优胜者将获得晋升，而竞赛标准由上级政府决定，它可以是GDP增长率，也可以是其他可度量的指标。② 中国地方官员之间的政治晋升锦标赛采取了多层级、逐级淘汰的程序。政治晋升锦标赛最大收益之一是在地方政府之间引入了竞争机制。自改革开放以来推行的以经济增长为基础的政治锦标赛，结合它在中国各级地方政府的放大机制，实际上让每一级政府都处于增长竞争格局，让每个官员的仕途升迁都与本地经济增长挂钩，调动其推动地方经济发展的积极性③。当前，地方政府官员晋升的主要指标就是任期内经济业绩的考核。经济业绩考核的主要标准是本地GDP增长水平和财政收入的上缴的额度。因此，地方政府的行政首脑为获得政治晋升锦标赛中的竞争优势必然千方百计提高地方政府的财政收入，而提高地方政府财政收入的比较快捷的办法就是利用土地出让法律制度的筹集财政收入的功能收取土地出让金。获取土地出让金的同时必然伴随着大量的土地被开发，土地的开发扩张和发展了城市的规模。反过来，城市的扩展又为地方政府获得更多的财政收入做出贡献。地方政府利用这种“良性循环”筹集了大量的财政收入。应当注意的是，由于我国存在官员的交流制度，因此地方官员在某地的任期是有期限的，怎么在任期内完成GDP和财政收入增长指标是地方官员最关注的，因为这些指标直接决定着他们是升迁还是被淘汰。而完成这些经济指标的最快的途径可能就是土地出让金的收取。按照常理，地方官员的晋升考核指标应该是多元的，如社会公平、环境污染、教育、公共医疗等。但这些指标在地方官员的有限的任期内是不太好量化的，而GDP和财政收入则是完全可以用数目来管理的。因此，虽然我国的政绩考核机制存在问题，但在目前看来不采用这些标准进行量化也是不现实的。总而言之，政治晋升锦标赛的压力使得地方政府的行政首脑更愿意将土地出让金作为实现地方政府财政收入增长的重要资源。

（三）二元土地所有权制度为地方政府快速筹集财政资金提供了条件

财政资金的短缺为地方政府筹集资金提供了动力，政治晋升锦标赛使地方政府的官员有压力去增加财政收入，但仅仅有动力和压力是不够的，必须要有筹集到资金的“可能”性我国的财政制度与现行的土地制度相结合恰恰能为地方政府快速筹集财政资金提供现实的可能性。如果没有这种现实可能性，地方政府也就不可能对土地出让制度的筹资功能那么看重。

《中华人民共和国宪法》（以下简称《宪法》）、《土地管理法》和《中华人民共和国物权法》（以下简称《物权法》）等法律对我国的土地所有权关系进行了规范和调整。根据上述法律的规定，我国的土地所有权城乡分治的二元制度，即城市市区土地的所有权主体为国家，农村和城市郊区的土地的所有权主体属于集体，可以出让的土地必须是国有土地。换句话说，农村集体所有的土地必须变为国有的土地才能出让。而农村集体土地“变性”为国有土地的唯一的途径就是征收。在世界范围内，对土地的征收征用并不奇怪，许多国家都有土地征收征用的立法和实践。根

① 周黎安：《晋升博弈中政府官员的激励与合作：兼论我国地方保护主义和重复建设长期存在的原因》，载《经济研究》2004年第6期。

② 周黎安著：《转型中的地方政府——官员激励与治理》，89页，格致出版社，2008。

③ 前引，周黎安书，95页。

据《宪法》、《土地管理法》和《物权法》的规定①，国家为了“公共利益”，可以征收集体所有的土地。高速的城市化和工业化发展对土地的需求越来越大，仅靠城市的存量国有土地显然不能满足城市和工业的扩张发展，因此征地不可避免。但征地的前提——“为了公共利益”常常不能满足，可能的原因：一方面是由于城市化的客观需要，另一方面是地方政府的主观追求，特别是后者导致了比较严重的后果，造成了土地的浪费和滥用。地方政府为何更愿意背离“公共利益”的目的去征收农村集体的土地？主要原因是地方政府将农村集体所有土地通过征收变为国有土地的过程中收益（出让给开发商获得的出让金）远远大于成本（给付农民的补偿款），频频见诸报端的“地王”就是有力的证据。总之，现行的二元土地所有权制度以及土地出让金制度等为地方政府提供了快速筹集财政资金的跳板。

五、土地出让法律制度功能定位的矫正

必须明确的是，在我国，土地出让法律制度的废除在短时期内是不可能的。因此，对于土地出让法律制度的改革只能以矫正其功能定位为唯一选择。如何矫正其功能定位？可行的路径是使地方政府对该制度的筹集收入功能不要过于关注，而将注意力转向该制度的其他功能。地方政府在何种情况下才能不再特别关注土地出让法律制度的财政收入功能呢？答案是地方政府有了足够的财政收入资金。为使地方政府有足够的财政收入资金，必须构建和完善相应的法律制度。

（一）加快财政收支关系法治化进程，合理配置中央和地方财政权限

土地出让制度的筹集财政收入的功能得以重视的主要原因就是分税制确定的收入分配机制不利于地方政府。分税制改革划分了中央和地方的财权，建立了较为明确而稳定的收入分配机制，终止了中央和地方之间的无休止的讨价还价。但分税制并非完美，有很多不足，其缺陷主要体现在财权与事权的不相适应。上级政府将事务层层下移而将财权层层上收，导致地方政府的财力难以应付越来越多的事务，其收入与支出严重不合比例。在高度集权的行政体制及上级对下级拥有绝对的人事控制权的机制下，下级政府对上级政府上收财权下放事权的做法无力改变。因此，地方政府只能自己想方设法筹集财政资金，最终选定以土地为媒介进行筹资，经过实践，这被证明是快速筹集资金的便捷通道，各地政府纷纷效仿从而使得“土地财政”问题严重。所以解决“土地财政”问题的途径以及修复土地出让法律制度的其他功能的措施之一就是给地方政府足够的财政资金以应付繁杂的事务，即消解其依靠土地筹资的激励或者说动机。当然，贸然下这样的结论——给予地方政府足够的财政资金地方政府就不会再去“以地生财”显然是不妥当的。但在当前的土地制度下，不给予地方政府足够的资金而又要求地方政府提供各种公共产品无疑会增加地方政府“土地财政”的激励，而且对地方政府而言显然也是不公平的。因此，针对我国分税制的现状与不足，解决“土地财政”问题首先要解决中央与地方的财政收支问题，其中最为关键的是实现财政收支关系的法治化。财政收支关系法治化的可行路径是制定专门的财政收支划分法。财政收支划分法的主要内容应包括：财政级次划分制度、财政支出划分制度、财政收入划分制度等。②

① 参见《宪法》第10条规定，国家为了公共利益的需要，可以依照法律规定对土地实行征收或者征用并给予补偿。《土地管理法》第2条规定，国家为了公共利益的需要，可以依法对土地实行征收或者征用并给予补偿。《物权法》第42条规定，为了公共利益的需要，依照法律规定的权限和程序可以征收集体所有的土地和单位、个人的房屋及其他不动产。

② 秦勇：《我国财政收支法律制度存在的问题及其完善》，载《理论月刊》2012年第5期。

（二）完善财政转移支付法律制度，增强地方政府的财力

财政收支划分法的制定及实施可以保证地方政府的财权，但有了稳定的财权并不等于就拥有了充足的财政资金，或者简单地说，有财权并不等于有财力。由于税源分布的不均衡，东部地区与西部地区的税源差距较大。税源较为充足的东部地区在拥有稳定的财权之后，可以筹集到足够的财政资金。但西部地区的税源有限，其行使财权所能获得的财力也是有限的。因此，就这些地区的地方政府而言仍有大肆获取土地出让金的冲动。鉴于此，解决“土地财政”问题及修复土地出让制度的其他功能的可行路径就是通过财政转移支付增强这些地区的地方政府的财力。

财政转移支付法律制度是指国家通过立法所确认和保障的调整在财政转移支付过程中所发生的经济关系的法律制度的总称。我国财政转移支付的主要规范性文件是1995年财政部颁发的《过渡期财政转移支付办法》（以下简称《办法》）。该《办法》规定的主要转移方式有：税收返还、体制补助（或体制上解）、结算补助、专项拨款。其中，税收返还占据最大的份额。财政转移支付法律制度在加强宏观经济调控、促进各地区均衡发展、维护国家稳定以及促进社会和谐等方面发挥着不可替代的作用。

但是，现行的财政转移支付法律制度还存在一些不完善之处：首先，财政转移支付立法层次低，缺乏法律权威性。世界上许多国家的财政转移支付规范都是由较高层次的法律规定的，如美国制定了《州和地方政府补助法》，以对财政转移支付进行专门规范。德国制定的《德意志联邦共和国基本法》对财政转移支付进行了原则性的规定，《联邦财政均衡法》是财政转移支付方面的基本法律。针对各种转移支付，日本进行了较为全面的立法。《日本地方财政法》具有财政转移支付基本法的性质；地方交付税的筹集和分配以《地方交付税法》作为依据；国库支出金中的各类转移支付也制定有相关的法律。[①] 中国现行政府间财政转移支付制度的依据是《办法》，其属于财政部制定的行政规章，立法层次太低。这种低层次的立法势必引发诸如法律权威性不强、稳定性不足、科学性和民主性无法保证等缺陷，进而严重制约着财政体制改革的进展以及财政立法进程的推进。[②] 其次，财政转移支付方式及测算依据不规范，财政均等化功能有限。税收返还是我国财政转移支付的主要形式，但由于税收返还额的确定明显是以承认各地方政府既得利益为特征的，实践中造成了地区间财力分配差距的扩大，导致了“富者越富、穷者越穷”的“马太效应”，转移支付的平衡功能被严重削弱。此外，中央对地方的专项拨款补助还缺乏比较规范的法律依据，没有合理的分配标准，分配的透明度也不是很高，随意性很大。我国现阶段的转移支付的数额的计算公式和测算依据也很不科学，资金的分配缺乏科学的依据，如我国税收返还采用的是基数法这种不尽合理的计算方法。虽然基数法有利于调动地方提高财政收入的积极性，但是却固化了财政包干制下所形成的财力不均问题。最后，财政转移支付缺乏法定程序的制约。程序正义是实体正义的前提。我国现行的财政转移支付法律制度对程序的规定比较少同时也很不规范，这直接影响了转移支付的实施效果。财政转移支付法定程序的缺乏表现在各个环节中，包括财政转移支付的决策程序、审批程序、支付程序、监督程序、法律救济程序和责任追究程序等。[③] 程序的缺乏容易造成转移支付的标准不固定、手续不完备，导致整个财政转移支付过程缺乏公开性和透明度，也有失公平性和严肃性。此外，中国省一级地方政府对地、市、县级地方政府的财政转移支付缺乏制度建设。在《办法》中只规定了中央对地方的财政转移支付，没有规定省以下的

① 丁文、张林：《我国财政转移支付法律制度之反思与重构》，载《武汉经济管理干部学院学报》2004年第4期。

② 刘剑文：《中国财政转移支付立法探讨》，载《法学杂志》2005年第5期。

③ 伊文嘉、李凤梅：《我国财政转移支付法律制度完善刍议》，载《特区经济》2005年第5期。

转移支付，导致实践中缺乏规范性。[①] 这也使财政转移支付制度在缩小政府间财力差距上的作用受到限制。因此，应制定《中华人民共和国财政转移支付法》，尽快将财政转移支付全程纳入法制化轨道。

（三）改革现行的土地制度和土地征收制度

如前所述，我国现行的土地所有权制度为地方政府快速筹集财政资金提供了条件。我国实行的土地所有权二元制度以及土地征收制度使得国家对城市建设用地市场实施了垄断。这种垄断表现为国家对农民集体所有土地的强制征收和集体土地买方的垄断以及国家对土地使用权出让市场卖方的垄断。[②] 根据《土地管理法》第 43 条的规定“任何单位和个人进行建设，需要使用土地的，必须依法申请使用国有土地”。而在我国城市化迅猛发展的今天，在城市存量土地对于城市建设而言供不应求的状况下，政府就将目光转向农村集体的土地。但《土地管理法》第 63 条规定：“农民集体所有的土地的使用权不得出让、转让或者出租用于非农业建设”，这就是说农村集体土地所有权只有转为国有土地才能用于城市建设。转变的唯一途径只能是根据宪法、土地管理法以及物权法等法律的规定，由国家对土地实行征收或者征用。但由于宪法、土地管理法以及物权法等法律规定只有为了公共利益才能征地，[③] 即将国家对农民集体土地的征收目的限定在公共利益目的范围，那么在公共利益目的之外，国家就不得征收农民集体所有的土地，否则就是对征收权力的滥用。显然，在实践中，政府的征地行为的目的很多都不是为了公共利益，而是将土地征收之后将之高价出让给开发商等私人。而且更应该加以注意的是，这种征收行为的频繁发生已经引发了诸多矛盾和纠纷，农民因在土地征收行为中的利益受损而常常有所抱怨和不满。显然，这种非为公共利益的土地征收在法律上不合法，在实践中存在的问题较多。但是，由于地方政府作为买方给予被征地农民低价补偿，而作为卖方将征用来的土地出让给开发商等私人，中间赚取了巨额的差价，地方政府对于征收集体土地乐此不疲。因此，必须对现行的土地制度及土地征收制度进行改革。

对现行的土地制度及土地征收制度进行改革的主要原因是：一是为保障农民的合法权益，特别是其生存权和发展权等基本人权。前已述及，地方政府为获取丰厚的财政收入往往遵循“低进高出”的原则，即从农民手中征收集体土地的成本一定要低于将土地出让给开发商的出让收益，只有这样地方政府才能有所收益。现行的土地制度及土地征收制度也恰好给地方政府提供了制度支持。而在此种土地制度及征收制度下，农民对于农地的合法权利因政府征地权的行使屡遭侵犯，农民失去了赖以为生的土地，同时也未换来应得的权益。农民的生存权与发展权等基本人权被无情践踏。二是为实现耕地保护的目标。耕地在一定程度上是不可再生资源，耕地保护涉及粮食安全，粮食安全关涉国家安全的大局。因此，为国家安全计，必须对现行土地制度及土地征收制度进行改革。三是为有效遏制和解决土地财政问题。前文中已对如何解决土地财政问题提出了一些建议，如改革土地出让金制度、土地税费制度以及建立和完善财政划分制度及财政转移支付制度等。上述改革建议的目的其实只有一个，即给予地方政府充足的财权和财力以消解地方政府土地财政的动力。但可以预见的是，即使给予地方政府再多的财权和财力，只要能够从土地制度设计的缺漏中获得财政资金，地方政府的官员为了政绩、晋升甚至腐败等目的也会毫不犹豫的继续选择土地财政。因此，土地制度和征收制度的改革必须同上述改革同步推进，只有这样才可能

① 徐孟洲著：《经济法原理与案例教程》，506 ~ 507 页，中国人民大学出版社，2006。

② 韩松：《集体建设用地市场配置的法律问题研究》，载《中国法学》2008 年第 3 期。

③ 《宪法》第 10 条规定，国家为了公共利益的需要，可以依照法律规定对土地实行征收或者征用并给予补偿。《土地管理法》第 2 条规定，国家为了公共利益的需要，可以依法对土地实行征收或者征用并给予补偿。《物权法》第 42 条规定，为了公共利益的需要，依照法律规定的权限和程序可以征收集体所有的土地和单位、个人的房屋及其他不动产。

有效解决和遏制土地财政问题。

首先必须予以申明的是，笔者对现行的土地制度及征收制度的改革是在维持现有的土地所有权主体二元制度的基础上进行的。不采取“国有化”或“私有化”方案的主要原因是两方案不符合“路径依赖”原则。新制度经济学的“路径变迁依赖”理论阐明旧制度具有极大的惯性，此惯性对制度变迁具有极强的制约作用。因此，沿着既定路径前进会比另辟蹊径更方便、更经济，风险会更小。目前来看，在现有的土地所有权主体二元制度的基础上改革的风险小，成本低，操作较为简单，容易被农民理解和接受。①

改革的思路可以设定为这样两个：一是彻底地废除土地征收制度。如果没有土地征收制度，政府也就不可能去征收本属于农村集体的土地，耕地就不会人为的减少，农民的权利就不会遭到侵犯，地方政府和开发商的暴利也就无从得到。由此可见，废除土地征收制度后的效应确实是诱人的。但现实的情况表明，彻底地废除土地征收制度是不可能的。根据经验观察，即使是一些市场经济发达的国家，如美国、英国、日本等国家仍然存在土地征收制度。当然，这些国家的土地征收一般是为了所谓的“公共利益”。因此，为“公共利益”的目的而进行的土地征收制度不能够废除，这与笔者所说的第二个思路有密切关联。改革的第二个思路是仍然保留土地征收制度，但是要限定在“为公共利益”的范围之内，即为了公共利益的目的，国家可以征收集体的土地。如果是为了经营性目的，国家不能征收农民集体的土地。那么，快速发展的城市化需要的大量的土地从何而来？仅仅靠城市存量土地的供应显然不能满足需求，将一部分农村集体的土地作为城市的建设用地是经济社会发展的必然趋势。在经验上观察，为了实现工业化、城市化的经济不得不减少一些耕地。根据我国现有的法律规定，农民集体所有的土地的使用权不得出让、转让或者出租用于非农业建设。集体建设土地使用权要进入土地一级市场，必须经国家征收变性为国有土地后方可。现行的法律规定带来了诸多弊端，前文已经详述。因此，笔者主张，为了经营性目的而需使用农村集体的土地不必再经过国家的征收，农民集体所有的建设用地使用权可以直接入市。集体建设用地使用权入市在实践中如何操作是个需要另文加以详细探讨的问题。

① 刘旺洪、李国英：《论转型社会中的中国农村集体土地权利制度变革——兼评〈物权法〉的相关规定》，载《法律科学》2007年第4期。

论户籍制度改革中的经济法思维[①]

——以重庆市的户籍制度改革为视角

金 励[*]

目 次

一、户改进程中经济法的使命与承担

户籍制度改革，是涉及领域极广、牵涉人群极众、影响维度极深的重大社会改革，为了保障改革能卓有成效，不仅需要地方各级政府在政策的制定中对各种现实问题考虑周密，还需要执政者就相关立法在时代高度上深入探进。由于目前的户籍制度改革在城乡统筹之背景下展开，因此，除了要完善直接规范户口管理工作的户籍制度立法之外，土地、社保、就业、财政支持、城市容度、农村治理等问题亦必须予以全面考量，而这些问题，主要是经济法范域所涉及的内容。基于此义，经济法在中国的户改进程中被赋予了一个重要的历史身份，即户改法律体系的核心法群。

作为户改法制体系的基本中心立法是规范公民户籍的管理性立法，目前为1958年全国人大常委会通过的《中华人民共和国户口登记条例》（以下简称《户口登记条例》），这部计划经济时期出台的立法虽未被明示废止，但从其功能上观之，在市场经济体制下户籍改革局面前，早已不适应现实的需要。对此，我国急需整合国籍法、户口登记条例、婚姻法、婚姻登记条例、收养法、继承法等法律法规的登记事项，形成《中华人民共和国户籍法》。然而，实现户籍的自由迁转，剥离附随于户籍的身份利益，这是一个渐进的目标过程，制定一部科学的户籍法无法在短时间内

① 基金项目：重庆市教委科学研究技术项目“城乡统筹下的重庆户籍制度改革重点问题研究”（KJ110108）。
* 西南政法大学副教授，法学博士。

毕其功于一役，户改制度中心立法的缺位现象将在相当一段时间内存在。[①] 因此，在现阶段该户改中心立法不敷其用的情况下，作为核心法群的经济法就极为关键。

户籍改革是祛消身份隔离边界，推动城市化和农村三化的关键性改革，经济法要承载起与户改核心立法匹配的重要历史任务，就必须直接地、毫不犹豫地深入这个时代的转户农民群体中去，倾听民声，关怀民生，将对改革的及时回应和对转户农民的保护上升为法律规范，依法而治。具言之，这种历史使命的承担，主要反映在以下两个方面：

（一）改革成果的立法确认

转户改革是关系牵涉复杂、管理环节繁多的动态式改革，不仅要审核转户资格、退出农业资源和宅基地，还要处理住房和非农建设用地、进行经济补偿，有些地方如重庆设置了改革的过渡期，在一定时间内保留了宅基地和承包地的使用权、经营权、收益权以及使用权的流转渡让等权益，户改还要涉及繁复的二级市场培育和规范问题。这些转户进程中重要的内容，正是经济法所指向的规制主题，因此，经济法要实践作用于户改制度的确切性功能，就必须针对现有户籍改革中已经取得的阶段性绩效与成果，用相应的经济法立法予以确认，以保障转户进程的顺利推进。在目前各地的户籍改革中，屡屡出现的一个瓶颈困境即是：各级政府的政策凭借灵活适应性高效地满足了现实之需而取得成效，但相应的经济立法在配合跟进上却明显乏力，尤其在一些具有突破意义的试点改革中，改革成果与现行经济法律制度间无法适配，阻碍了转户的步速。

比如河北省、广东省、湖北省、南京市、临沂市、成都市等省市在户籍制度改革中都制定了集体建设用地使用权流转的管理办法，将隐蔽的地下市场交易转变为具有正当程序外观的公开性制度，但由于《中华人民共和国土地管理法》禁止农村集体建设用地的二级流转，这种人大层级立法压制的现实，减损着地方经济立法的公信力和严肃性，而社会民众在这种矛盾的规定中产生怀疑，与改革的步伐保持质疑的距离，从而内在地破坏了地方流转规则给予户改便利的推动力结构。再以重庆的户改为例，根据《中华人民共和国农村土地承包法》（以下简称《农村土地承包法》）的规定，转为非农业户口的承包方，若全家迁入设区的市应该交回承包的耕地和草地，但重庆市的户籍制度改革却设立了过渡的缓退期，尽管《农村土地承包法》没有指明退回前述农业资源的时间点，但地方经济立法还是显现出打擦边球的不规范性。因此，改革的成果必须要得到各层级经济立法的确认，这样，才能开辟出达致户改目的可靠的法条路径。

（二）弱势群体的倾斜性保护

在户籍改革的实践中，有一个相当关键的事实我们必须面对，即转户农民是一个在经济和心理上处于弱势的群体。从就业类型上观察，转户农民聚集在城市里经商、投资兴办实业或当农民工，前者所占的人数比例不高，后者的群体队伍庞大，尽管相当多数人已有城市谋业的经历，但由于基本限囿于从事体力型工作，职业的竞争力仍然很弱，加之产业现代化的发展使得自动控制技术不断运用，适合转户农民的岗位越来越少，该群体的生存会面临巨大的挑战；从生活形态上看，初次落户城市的农民进入一个文化、地理上生疏的地区，陌生的无助感和隔离感令其背负上沉重的心理包袱，即便是在城市中居留多年的农民，要真正融入城市的市场经济和现代化生活，还必须改变思想观念，促进科学文化素质的提升，这些转型变化都要耗费相当多的成本。

弱势群体需要倾斜性的保护，全国户改政策允许小城镇落户的人员保留其承包土地的经营

① 2011年10月，全国人大内务司法委员会向十一届全国人大常委会第二十三次会议提交的有关报告中提出，我国有关部门正积极稳妥开展户籍管理制度改革，建议待条件成熟时将户籍法列入立法工作计划。对此，公安部提出，制定户籍法是必要的，但是，由于户籍管理中许多根本性问题尚未解决，出台户籍法的时机暂时还不成熟。（周英峰、崔静：《中国将待条件成熟时将户籍法列入立法工作计划》，http://www.jztlc.com/index/finance/2011/1030/199437.html，访问日期：2012-08-05。）

权，带土转户的农民家庭可以同时经营农业和其他产业，重庆的户改新政设计了退地的3年过渡期，转户农民在过渡期内能行使多项土地处分的选择权，同时还能在一定时期继续享受对农民的优惠和扶助。这些多元获益的倾斜政策创制使得立法必须深思如何将实质公平作为针对转户农民立法的价值取向，如何配置更多一些的资源给转户农民。让倾斜保护成为有普适意义的户改法律准则，对转户农民意义重大：这个群体要成为市民融入城市，无论是从事体力劳动还是资本运作，都需进行调适性磨合，土地利益暂时存留的自由权，惠农利益的延期保留，给转户农民及其家庭留出了适应的空间与时间。循此精神，经济立法可以继续研究如何增加配置其他的惠民利益，保障城乡实际收入差异能抵补城市较高的生活支出和离土离乡的心理成本，缩短其生活方式被城市居民同化的时间，实实在在地保障转户农民这个弱势群体在城市的成长。

二、重庆改革中地方经济立法的方向和任务

2010年8月15日，重庆市政府宣布全面启动统筹城乡户籍制度改革，观之改革方案，其创举之多，力度之大，为全国罕见。重庆的户籍新政策可概称为“335配套政策”，即“3年过渡”、“3项保留”、“5项纳入”。“3年过渡”是针对“农转城”原农户的相关土地退出设定3年过渡期，3年内继续保留宅基地和承包地的使用权、经营权、收益权以及使用权的流转渡让等权益，3年后农民是否退地，坚持自愿原则。“3项保留”是指保留农村林地使用权、保留原户籍计划生育政策规定范围享有的优待、保留享有农村种粮直补、购置农机具直补等同承包地相结合的各项补贴的权利。“5项纳入”是为转户农民在“就业、社保、住房、教育、医疗”五大保障方面一步到位，使之融入城镇社区，享有同等的城镇居民权益。① 户改实施后，取得了突出的成效：据2011年底的统计表明：重庆市“农转城”转户人数超过310万人，平均每天转户6299人。全市户籍人口城镇化率提高8.6个百分点，达到37.8%。②

视之重庆户改，其实行即时退补与逐步过渡制度并举、农民优惠与市民保障制度同享、财政拨支与流转增收制度互补、户籍转入与配套服务制度统合的方案，是对农民入城需求的有效满足，也是迄今为止各地户籍改革中围绕城乡统筹主题最切实的创新之一。这个具有广泛推行价值的户改方略，需要地方经济立法的支持，从法治支持的角度上看，下面两个方向的问题是服务于重庆户改的首要性经济立法任务。③

（一）落实转户中的程序操作问题

户籍政策纲领的实践，依赖于地方法制环境的完善，好的改革措施，需要可具操作性的立法文件来支撑，研读重庆市新的户籍政策，存在若干需要地方经济立法进一步细化完善的程序操作问题，这些问题是可能阻碍改革步伐的隐忧，需以最快的速度加以认知与排除。

首先，必须用法律规范性文件确定户改程序中的各种具体适用标准问题，比如重庆户改中土地的处理机制是与重庆的地票制度结合在一起的，重庆市规定：转户农民自愿退出能复垦产生地票的宅基地及其附属设施用地的，以宅基地及其附属设施用地面积预付价款，待复垦验收合格并交易后按实测面积结算地票价款。但地票交易周期长、差异大、环节烦琐，最后的结算时间并不确定，不利于转户农民的权利保障。重庆市各区县的操作中，房屋和地上构（附）着物补偿费、

① 陈谈强、陈平：《“农转城”=“三件衣服”+“五件衣服”》，载《中国老区建设》2011年第2期。

② 《重庆户籍制度改革一年310万农民转户当上城里人》，载《重庆日报》2011年12月22日。

③ 户改后新农村的建设也是地方经济立法的一个重要取向，但从立法的急迫性来看，相较于转户的程序和转户后城市承重的这两个问题，该问题可以渐次推进，因此本文未置放在第一序位的经济立法任务中加以探索。

土地使用权补偿费以及农户购房补助与同期相应标准挂钩，并未与地票交易利润产生联系，转户农民的经济利益维护没有落到实处。对此，地方经济立法必须作出细致合理的安排。其次，还需用立法手段来明确程序操作中资格证明条件的现实运用办法，比如，申请转户要审查农民入城连续工作年限，农民工如果流动性大，这种连续性证明需要多个用工单位分别出具，会导致农民工的取证困难，如果用工单位主体已不存在，对于无力举证的农民工，又该使用何种替代方案来便利其转户呢？因此，地方立法亟须找寻向农民工倾斜、降低举证难度的实施办法。最后，立法还要解决转户中集体经济组织的权利问题。依循传统所有权理论，承包土地使用权、宅基地使用权、林地使用权皆从集体经济组织的土地所有权中派生而出，虽然依照《农村土地承包法》和《中华人民共和国物权法》的精神，它们属于独立的物权，但是集体经济组织的处分权仍然制约着这些衍生的土地权利，户籍制度改革中，农民退地申请需征得集体经济组织同意，即是其独立性受限制的表现情状之一。那么，由此引发的土地使用权人订立契约之独立主体资格问题、集体经济组织不予批准农民自行处分土地财产权时的应对问题、处置承包土地使用权或宅基地使用权的获益归属问题等，都需要相关立法直面现实予以解答。

（二）解决转户入城后的社会承重问题

根据国家发改委对全国 1.3 亿农民工进入城镇时带动家属情况的调查，其带动系数为1∶1.22，重庆市经过调查测算，将转户系数为确定 1∶1.3，目前，重庆有条件转户的农村居民加上农村籍的大中专学生和农村退役士兵以及历史征地未转户，约 294.14 万人。农民在人口和计划生育问题上有优于城市居民的政策，重庆的转户人员在享受城镇居民社会保障和福利待遇后五年内，继续执行原户籍地生育政策，五年政策保留期内，所育人口的增量也要考虑。这样数量巨大的人口带来的社会承重问题，需要用地方经济立法形式予以政府干预与制度化释。

面对转户入城后的各种社会压力，立法首先要解决城市容量的扩充问题。相较于城镇、主城和区县城市的就业机会较多，公共服务水平也较高，作为理性的选择，具备条件的农民会优先考虑转户主城和区县城市，这些区域的居住密度困境与公共资源的紧张度问题如何解决，地方立法需有应对之策。其次，立法要解决社保制度转接的设计问题。重庆市创设了全国弹性最大的转户退地办法，赋予了转户农民极为宽泛的选择权，需要配套转换及衔接的制度，比如转户农民在入籍之后退地之前只能参加城镇职工养老保险，退地后才可进入农转非征地养老保险序列；转户农民可自由决定参加城镇职工基本医疗保险还是城乡居民合作医疗保险，由于城镇职工基本医疗保险，报销范围和比例都更高，因此，已经参加城乡居民合作医疗保险的转户农民会趋向于选择前者，可见，社会保险的扣接制度必须进行缜密的设计。再如为避免转户农民成为城市中的异质性人群，防止其流离失所和城市贫民窟现象的出现，符合条件的转户农民可从农村低保改为城市低保，社会救济转接的法律制度保障亦需解决。再次，立法要解决城市就业拓展的支持问题。重庆的户籍改革进速是以 2010 年过万亿的工业产值为基准，并预测未来以 20% ~30% 的速度增长，至 2020 年工业总产值将达到 4 万亿。那么是否就以后可能出现的滑落整理或低速发展有所理性准备？这涉及城市吸收转户农民的就业饱和度之主题，牵涉到失去承包地和宅基地的转户农民如何应对失业关口的重要课题，对此，地方有责任对相关的就业促进问题加以立法。最后，还要解决过渡期终的逆向选择问题。由于城市生活的经济耗费开支较多，生活形态与农村差异较大，农民变为市民后，比较成本的激增导致其无法达到期冀的生活水平，或者在身份转型中社会角色的心理调适失败，三年过渡期满后拒绝退地而要求返回农村该如何处理？农村籍大中专学生等转户新生代留城后未能择选到适当的职业，加之其无法享受土地收益作为经济的补给，最后提出放弃市民身份时怎样安排？假如不允许其逆向归复，这些转户者基于原农民身份得到的利益福祉是否应该强行剥夺？还是构设其他更为稳妥的防震机制？对此，有必要在地方经济立法中谋策户改的预后措施，建立适应变革逆转需求的社会承重机制。

三、中央层级高位阶经济立法的回应和契领

经济法以一种承担者的姿势，接受了作为核心法群身份促推户改立法良性成长的使命，这是秉持实质公平理念的经济法应有的时代担当。当我们解析重庆样本的时候，我们会发现：经济法于户改进程中的重大作用，不仅能在法学理论阐释的维度上得到解证，更为关键的是，在改革实例的剖析中，经济法中的房地产法、社会保障法、城乡规划法、劳动力市场规制法、促进就业与公平就业法等具体下位立法，以不同的规制方向走到了同一个重要的问题面前：与户改制度对接和契合的法律文本确定化。由此，经济法从整个制度体系的支撑意义上，为户改法制化进行着深具实义的揳入时代的深度开掘。

循此思路，户籍制度改革中经济立法的研究，不应只限于重庆户籍改革的地方视野，而是应从地方性问题的洞悉与总结中，获具一种全局观的立法意识，将探索的幅度，拓展至全国户籍改革的立法需求，以作为对地方经济立法的回应和契领。由于与户改配套的中央层级的高位阶经济立法是一个综合复杂的体系问题，本文囿于篇幅之限，无法详细展论，在此，拣其要者述之：

（一）完善《农村土地承包法》的规定

现行的《农村土地承包法》对于户改的进步举措并没有给予足够的正视，以至于造成了文本确认的滞后和条款间的冲突，比如2002年8月通过的《农村土地承包法》第26条第1款和第2款规定："承包期内，发包方不得收回承包地。承包期内，承包方全家迁入小城镇落户的，应当按照承包方的意愿，保留其土地承包经营权或者允许其依法进行土地承包经营权流转。"该条款虽然肯认了2001年3月国务院批转公安部《关于推进小城镇户籍管理制度改革的意见》中的关键性内容，即"对经批准在小城镇落户的人员，不再办理粮油供应关系手续；根据本人意愿，可保留其承包土地的经营权，也允许依法有偿转让。农村集体经济组织要严格执行承包合同，防止进城农民的耕地撂荒和非法改变用途。对进城农户的宅基地，要适时置换，防止闲置浪费"。但却和本法第5条"农村集体经济组织成员有权依法承包由本集体经济组织发包的农村土地"以及第15条"家庭承包的承包方是本集体经济组织的农户"的规定相抵触。同一部立法中相互抵触的条文必须进行调整和清除，同时，《农村土地承包法》也需要与户改的其他立法达成一致，其中的矛盾也必须予以修正。

（二）推进城乡一体化规划的力度

2008年1月，我国施行《中华人民共和国城乡规划法》（《中华人民共和国城市规划法》被同时废止），将城乡纳入可持续的一体性规划，这对于户籍制度改革是极为有益的助推，政府依循该法精神，根据城市、农村人口进出流量，以及土地利用状况的改变与现实需求，统筹城乡人居环境，合理规划城乡空间格局。与此同时，房地产法也应该与规划法的成长方向一致，目前适用的城市房地产法视野有限，须出台住宅法取代之。户籍制度改革中，住宅法城乡统筹的价值必须凸显，要发展城乡住宅建设的适宜方式，在农村省地节能环保地规划住宅，让迁户后的集体经济组织成员居住系统化集成化，规范城市经济适用住房、廉租房等房屋形式，保护入城农民中的弱势群体。另外，还要修正《土地管理法》，与住宅法互力，在房地产的权利造设上，赋予农村住宅更多的市场交易自由，实现城乡平等的财产权，为户籍制度改革的深度推进铺设法律轨道。

（三）解决社会保险地区续接的问题

一直以来，户改中关于社保续接问题的立法规定存在缺陷，各地为了便利改革，尝试性地作出了一些立法安排，但缺乏法律层次成熟的立法规制统领。2011年7月1日，我国开始施行《中

华人民共和国社会保险法》（以下简称《社会保险法》），该法第19、32、52条规定，个人跨统筹地区就业的，其基本养老保险关系、基本医疗保险关系、失业保险关系随本人转移，缴费年限累计计算。这三个条款的设置对于公民的迁徙自由是莫大的支持和保证，但并没有完全针对城乡社保的续接问题加以明确，户籍制度改革中农村社保转城市社保、农民工社保转一般职工社保、征地养老保险转城市养老保险等重要问题，还必须利用立法修法的方式进一步解决。以《社会保险法》为核心的社保法群要设立全国统筹的社会保险转续制度，要严格政府、用人单位等强势群体的法律责任，强化民生观念，以最快的速度，针对这个迫切的问题作出立法的答复。

（四）强化立法对转户农民就业的促进

大量的转户农民迁入城市后，城市的就业压力骤升，对此，中央立法需要设计职业自足的合理出路，从劳动力市场的宏观调控到就业促进的经济立法，都需要积极而动。在此方面，上海市的经验可值借鉴：2005年12月上海市通过了《上海市促进就业若干规定》，该规定将非正规就业劳动组织作为劳动者自主创业的一种组织形式明确下来。① 该地方立法激励和引导劳动者采取灵活的方式自愿组成非正规就业的劳动组织，从事以适应社区服务需要为主的小规模经营活动，能缓解失业、协保人员和农村富余劳动力就业不足的矛盾，不仅如此，上海市在立法中还明确给予优惠扶持政策。这种包括小商贩、家庭工厂、个体户、街头流动摊贩等各种在非正规部门的就业形式，具有安置成本和技能要求低、就业空间和增长潜力大的特点，适合于为转户农民等弱势群体谋生拓宽职业道路，上海市将非正规就业上升到地方人大立法的首次尝试，值得各城市学习，也为中央层次的立法做出了地方的尝试性探索。

户籍制度的改革，并非仅是封闭式的户口制度改革，因此，需要摆脱单维进化的思路，形成系统的配套立法体系，以实现城乡制度之间的有效衔接，保证农民转户的平稳过渡。这个体系涵盖的经济立法主题主要有：城乡土地和住宅布局的规划系统、劳动力谋职与流动的就业系统、公共服务城乡共同发展的运作系统、改善农村环境的农业产业化系统、农村社会现代化的建设系统、社会救济福利保险均质享受的社会保障系统、国家财政与金融支持的资金系统等。本文所作之探索，是这个复杂体系中的核心内容，其他应纳入法治轨道的配套经济法律规范研究，还需学者继续努力探索。

① 黄蕾：《沪非正规就业首次列入地方立法》，载《国际金融报》2006年1月13日。

论农村双层经营体制改革与完善的基本准则[①]

谭贵华*

目　次

农村双层经营体制乃我国20世纪70年代末农村改革以来所确立并至今仍在坚持实行的农村基本经营制度。在深化农村改革发展的过程中，中央始终强调必须“稳定和完善”该项制度，一方面不断重申农村双层经营体制“是党的农村政策的基石，必须毫不动摇地坚持”；另一方面则提出“推进农业经营体制机制创新，加快农业经营方式转变”，“健全符合社会主义市场经济要求的农村经济体制”。[②]“稳定”昭示着“不变”，而“完善”尤其是“创新”则意味着“变”。在农村双层经营体制所处的内外部制度环境已然发生了深刻变化的今天，为了使探索改革完善该项体制的努力不致受一些观念误区的影响而故步自封但又不失去基本方向，无疑需要对其改革完善中所应遵循的基本准则予以清晰揭示和厘定。对此，本文结合新中国成立以来农村基本经营制度的变迁与发展历程，着重阐释和指出我国农村双层经营体制的改革与完善，包括健全相应的法律制度安排，总体上需要遵循以下三项基本准则，亦即要处理好以下三大关系：其一，在尊重农民主体地位的基础上协调农民权益与国家利益的关系；其二，在坚持市场化导向改革的基础上协调市场调节与国家干预的关系；其三，在重视法治的保障作用的基础上协调法治保障与政策导向的关系。

一、在尊重农民主体地位的基础上协调农民权益与国家利益的关系

毋庸置疑，任何一项制度安排均应顾及国家的利益需要，这对于作为国家成员的个人而言亦是有益的，但是，如果过度强调国家的利益需要，则可能对国家和个人均产生极为不利的后果。正如我国农村基本经营制度的变革历程所表明的，由于过于强调国家的利益需要，着眼于实现国家重工业优先发展战略而建构的人民公社体制几近扼杀了农民的主体地位，严重损害了农民的权

① 基金项目：重庆市教委人文社科研究项目“土地适度规模经营法律制度研究”（10SKC05）；中国法学会部级法学研究课题“农村土地制度与户籍制度联动改革法律机制研究——基于成渝‘实验区’的实证分析”［CLS（2011）D41］。

* 西南政法大学教师，法学博士。

② 参见2008年中共十七届三中全会通过的《中共中央关于推进农村改革发展若干重大问题的决定》。

益，使得农民劳动积极性较为低下，最终导致农业、农村发展缓慢，这反而制约了国民经济的发展，损害了国家的利益。具体来看，新中国成立后，我国通过推行农业集体化，总体上历经农业互助组、初级农业生产合作社、高级农业生产合作社，最终在农村建立起具有高度集中管理特点的人民公社体制。这一路径的选择以及人民公社体制的建立，除了内含较强的政治意识形态因素，[①] 和可作一般意义上的马克思主义合作理论的解释外，[②] 更为重要的因素则在于国家选择了经济上以优先发展重工业为目标的发展战略。对此，林毅夫等学者已作了极为深入的分析：重工业是资本高度密集型产业，而我国当时不仅资本稀缺，而且经济剩余少，并分散在广大农村；资本稀缺必然导致由市场形成的资本价格相当高昂，经济剩余分散必然导致筹资成本高。为了解决此困境，国家不得不建立一套不同于市场调节机制的宏观环境政策，使资源的配置有利于重工业的发展，核心是要人为地降低发展重工业的成本，同时提高资源的动员能力。在此背景下，我国逐步建立起资源的计划配置制度，就农村而言，一方面建立起农产品统派购制度，以计划手段低价收购农产品来保证以低廉成本满足工业生产和城市居民生活的原料需求；另一方面为了提高农村资源的动员能力，便于执行低价收购并在低价下增加农产品收购数量，以及确保在低价统派购条件下农民仍然能把资源投入到国家工业化所需要的农产品生产中，农业集体化进程不断加速推进，并在极短时间内建立起了高度集中管理的人民公社体制。[③] 虽然在此体制下，我国的农业总产值（总产量）以及国民经济总量水平均有了较大的提升，但也付出了极其高昂的代价。仅就农村的情况来看，人民公社体制以及此前的农业生产合作社经营体制几近扼杀了农民的主体地位，[④] 加之激励机制存在缺陷，农民缺乏劳动积极性；受此制约，不仅农民难以实现人均产出的增长，更是失去了增加收入、提高生活水平的机会，从而使得农民生活水平在长达20多年的时间内改善甚微；[⑤] 而且农业增长的效率亦较为低下，以致丧失了本来可以达到的更快的增长速度和更高的产量水平，这进而又制约了国民经济的发展。

针对人民公社体制所产生的诸多弊端，虽然我国在20世纪60年代和70年代末期以前即对其进行了不断的调整，但未能从根本上解决农民主体地位缺失、劳动者激励不足等问题，直至20世纪70年代末开始，我国的农村政策以及由此形成的农村基本经营制度发生显著变革，这些问题才逐步得到解决。具体而言，在农村乃至整个国民经济濒临崩溃的20世纪70年代后期，以安徽省小岗村为典型代表，农民自发的“包产到户”又一次出现（所谓“家庭承包经营第四次抬头”），

① 政治上的因素主要体现为将农业集体化（合作化）与社会主义过度地联系乃至等同起来，并最终将农业生产关系、生产组织形态的选择上升到“社会主义”与“资本主义”两条道路之争的高度。参见薛暮桥、苏星、林子力著：《中国国民经济的社会主义改造》，58～73页，人民出版社，1959。

② 该理论的核心是：通过农业集体化（合作化）把个体农民联合起来，以集体（合作）占有代替个人占有，借以避免小农在资本主义社会经济竞争中遭受破产和失业的厄运，并进而依靠合作力量，把农业生产置于新的技术基础之上，改善自身的经济地位。参见杜润生著：《杜润生自述：中国农村体制变革重大决策纪实》，217页，人民出版社，2005。

③ 参见林毅夫、蔡昉、李周著：《中国的奇迹：发展战略与经济改革》（增订版），24～85页，上海人民出版社，2002。

④ 农民不仅没有经营自主权，而且没有“退出权”，并被城乡二元分割的户籍制度强行滞留在农业中。

⑤ 前引，林毅夫、蔡昉、李周书，79页。

并且实行面比前三次更宽。[1] 对此，国家没有像以往那样加以严厉禁止，而是在争论与妥协中，经由政策认可到立法确认逐步确立了发自农民自主创新的家庭承包经营制。于此背景下，具有强大内生生命力的"家庭承包经营"迅速在全国范围内兴起和普及，致使人民公社体制渐趋"名存实亡"；进而国家在全面反思新中国成立以来的农村经济政策的基础上，通过采取政社分设等措施逐步改革、废除了人民公社体制，并最终在农村建立起以家庭承包经营为基础、统分结合的双层经营体制。与此同时，为了稳定和完善农村双层经营体制，尤其是为了夯实家庭承包经营这一基础，国家采取了诸多措施以稳定农村土地承包关系，并逐步赋予了农民更加充分而有保障的土地承包经营权。特别是在实行社会主义市场经济体制以后，我国逐步开放农村土地承包经营权的流转，如今不仅在正式制度层面上准许农村土地承包经营权依法转包、转让、出租、互换、入股，而且国家管制不断减少，承包经营权人的自主权利，尤其是处分权日益增加。经过一系列改革，农民的微观经济主体地位得以确立和巩固，经营自主权不断扩大，物质利益不断提高并得到切实保障，这极大激发了农民的劳动积极性。正是在此前提下，我国农村30余年的改革发展才得以取得举世瞩目的成就：农民的生活不断提高，收入稳步增加；粮食生产大幅增长，农产品供给不仅摆脱了长期匮乏的状况，而且日益丰富，为今日的市场繁荣乃至经济、社会、政治稳定奠定了坚实的基础。[2]

纵观新中国成立以来的农村改革发展历程，尤其是对比前后两个30年的农村基本经营制度及其相应的经济绩效，其已然极为清晰地揭示出尊重农民主体地位、保障农民权益所具有的重要意义。对此，中央决策层亦予以了明确和充分的肯定。1979年中共十一届四中全会通过的《中共中央关于加快农业发展若干问题的决定》即把充分发挥我国八亿农民的积极性作为确定农业政策和农村经济政策的首要出发点，并且强调为了调动农民的积极性，必须切实尊重和保障农民的政治、经济等方面的权益。[3] 1998年中共十五届三中全会在科学总结我国农村改革20年的基本经验时，就尊重农民的主体地位和保障农民的权益作了极为详细的阐释，其核心内容主要包括以下三个方面：第一，重申必须把调动农民的积极性作为制定农业和农村经济政策的首要出发点；为了调动农民的积极性，必须切实尊重和充分保障农民的政治、经济等方面的权益（民主权利和物质利益）。第二，极为明确地将调动农民的积极性、尊重和保障农民的政治经济权益上升到关乎政治稳定、经济社会发展的高度。第三，旗帜鲜明地把调动农民的积极性，尊重和保障农民的政

① 1956年农业合作化基本完成以后，我国一些地方即出现农民"闹社退社"现象，安徽、四川、江苏等不少地方的农村实行了以"包产到户"为特征的农业生产责任制，即所谓的"家庭承包经营第一次抬头"。1958年下半年我国迅速实现农村人民公社化后，从1959年5月份开始，农村中的一部分地区开始自行改变人民公社初期那种"大呼隆"、"大锅饭"的经营管理办法，有的地方以不同形式实行"包产到户"，这被称为"家庭承包经营第二次抬头"。1961年初，"大跃进"和人民公社化运动兴起过程中普遍存在的"高指标"、"瞎指挥"、"浮夸风"、"共产风"等所导致的严重后果在全国农村大面积地表现出来，农民缺粮吃，生活极端困苦乃至生存受到严重威胁；在此背景下，全国不少地方再次出现农民自发实行不同形式的"包产到户"现象，即所谓的"家庭承包经营第三次抬头"。这三次农民自发的"包产到户"均很快被打压下去。参见陈锡文、赵阳、陈剑波等著：《中国农村制度变迁60年》，21～22页，人民出版社，2009。

② 前引林毅夫、蔡昉、李周书，197页。

③ 1978年中共十一届三中全会同意将《中共中央关于加快农业发展若干问题的决定（草案）》发到各省、市、自治区讨论和试行；与此同时，此次全会公报明确强调：为了把农业尽快搞上去，"必须首先调动我国几亿农民的社会主义积极性，必须在经济上充分关心他们的物质利益，在政治上切实保障他们的民主权利"。1979年中共十一届四中全会正式通过《中共中央关于加快农业发展若干问题的决定》，并重申了上述观点。

治、经济权益确立为无论何时何事都必须遵循的一项基本准则。① 在2008年我国改革开放30周年之际召开的中共十七届三中全会在阐述推进农村改革发展的重大原则时，亦进一步强调“必须切实保障农民权益，始终把实现好、维护好、发展好广大农民根本利益作为农村一切工作的出发点和落脚点”，并明确提出“充分发挥农民主体作用和首创精神”。②

综上所述，在深化改革与完善农村双层经营体制以及健全相应的法律制度的过程中，首先必须充分尊重农民的主体地位，切实保障农民的权益。例如，对于农村集体经济组织的重塑问题，其是否存续以及以何种形式存续，均应当是农民自主选择的结果，源自此种选择的才会真正具有现实的生命力，我们所要做的就是尊重他们的选择，并适时为其提供规范化的运行机制。又如，对于家庭承包经营制的完善，不仅要切实保障农民的土地承包经营权、生产自主权和经营收益权，而且应当赋予农民更加充分的土地承包经营权权能，使之成为真正独立的市场主体。当然，农村双层经营体制的改革与完善同样需要顾及国家的利益需要。实质上，就总体而言，以家庭承包经营为基础、统分结合的双层经营体制本身即是一种既兼顾国家的利益需要，又极大尊重农民权益的制度安排，因此，通过稳定和完善此种经营体制从而增进农民收益、实现农业和农村稳定健康发展本身即可谓是在为国家做贡献。就进一步而言，从保障国家利益的角度出发，在改革和完善农村双层经营体制过程中，诸如农村土地集体所有制和土地用途管制制度、耕地保护制度等必须坚持。

二、在坚持市场化导向改革的基础上协调市场调节与国家干预的关系

极具国家干预色彩的计划经济体制的弊端已为我国的历史和现实所证实。我国改革开放前实行计划经济体制虽取得了一定的成绩，但亦付出了极为高昂的代价，随后我国逐步调整转而实行社会主义市场经济体制并取得举世瞩目的成就，已经为此做了充分的注解；而这也进一步揭示出需要充分发挥市场在资源配置中的基础性作用。与此同时，基于市场调节与国家干预均存在失灵，③ 因此需要避免走向极端，而应当协调好市场调节与国家干预的关系，亦已成为普遍共识。就总体而言，我国的经济发展既需要政府依靠国家政权的力量引导、保护甚至直接创造现代化的因子，弥补市场机制缺失和民间力量不足的缺陷，为经济发展创造良好的内外部环境；与此同时，政府亦须积极培育市场机制和民间力量，充分动员广大人民和社会资源投入到现代化进程中去。但是在另一方面，一旦市场机制和民间力量已经得到发育、发展的时候，政府就应当及时改变对经济干预的程度、范围和方式，以适当的方式退出。④

具体就我国农村基本经营制度的改革来看，正如前述，农业集体化以及由此形成的人民公社体制是为计划经济体制服务的，其主要目的在于加强国家对农村资源的控制和动员能力，便于执行低价收购并在低价下增加农产品收购数量，以及确保在低价统派购条件下农民仍然能把资源投

---

① 1998年中共十五届三中全会通过的《中共中央关于农业和农村工作若干重大问题的决定》指出：“必须承认并充分保障农民的自主权，把调动广大农民的积极性作为制定农村政策的首要出发点。这是政治上正确对待农民和巩固工农联盟的重大问题，是农村经济和社会发展的根本保证。调动农民的积极性，核心是保障农民的物质利益，尊重农民的民主权利。在任何时候，任何事情上，都必须遵循这个基本准则。”

② 参见2008年中共十七届三中全会通过的《中共中央关于推进农村改革发展若干重大问题的决定》。

③ 这方面的论述很多，如可参见［美］斯蒂格利茨著，郑秉文译：《政府为什么干预经济：政府在市场经济中的角色》，69~91页，中国物资出版社，1998。

④ 参见胡书东著：《中国经济现代化透视：经验与未来》，92~93页，上海格致出版社、上海人民出版社，2010。

入到国家工业化所需要的农产品生产中，从而最大限度地汲取农业剩余以便为工业化提供原始积累。需要承认，这一体制对于我国当时的农业增长具有一定的积极意义，[①] 特别是这为我国的工业化提供了极为宝贵的原始积累，进而为我国的现代化打下了扎实的基础，正是这个时期农民为工业化提供的积累，建成了现代的工业体系，从而使我国可以在21世纪初的农村再次出现危机时取消农业税，以缓解乃至解决农村的危机。[②] 但与此同时，也不可否认，此种体制所存在的资源配置效率低下、缺乏竞争和劳动激励不足以及资源利用效率低下等弊端亦极为突出，这进而使得我国的农业乃至整个国民经济的增长丧失了本来可以达到的更快的增长速度，并且致使人民生活水平提高缓慢。而纵观改革开放后30余年的农村改革发展，其之所有取得成功，除了前面所述的通过采取实施家庭承包经营等措施，重塑农民的主体地位，切实尊重并保障其权益，从而解决了劳动者激励不足这一重大问题外，另一个重要因素在于国家及时改革了以扭曲产品和生产要素价格的宏观政策环境以及高度集中的资源计划配置制度，逐步从实行“计划经济为主、市场调节为辅”、“有计划的商品经济”，到最终实行强调市场对资源配置起基础性作用的“社会主义市场经济体制”。事实上，这两者可谓相互制约，又相辅相成。从农村经济体制的改革历程来看，我国的改革是从微观经营机制的放权让利入手，通过改进激励机制，激发劳动者的生产经营积极性，以达到提高微观效率的目的，[③] 家庭承包经营的合法地位获致认可并得以普遍施行即是其中的重要一环。在家庭承包经营实施和人民公社体制解体后，农民获得了生产经营自主权，生产积极性得到极大调动；在这种情况下，农民作为相对独立的生产经营主体分散开展家庭经营，与国家对农业生产的计划管理和对农副产品的统购统销制度便显得不相适应。[④] 为了落实放权让利的措施，改革逐渐向资源配置制度和宏观环境政策环境推进，[⑤] 如国家逐步取消了农产品统派购制度，计划经济体制不断被修正直至实行社会主义市场经济体制。在此背景下，农村双层经营体制的改革亦不断深化以契合市场经济的基本要求，其中最为突出的是，农民享有的土地承包经营权越发稳定和充分，这尤其体现在农村土地承包经营权流转逐步开放，最终在正式制度层面上准许农村土地承包经营权依法转包、转让、出租、互换、入股，且国家管制不断减少，承包经营权人的自主权利，特别是处分权日益增加；与此同时，市场化导向的农村劳动力配置制度、农产品和农业生产资料流通体制亦逐步形成和不断完善；此外，各种形式的农民自助组织（如农民专业合作经济组织）和农业产业化经营组织（如龙头企业）等社会化服务组织大量涌现，决策层亦不再仅仅强调通过重塑农村集体经济组织来为农民提供生产经营服务，而是尊重农民亦即市场的选择，对这些组织均予以积极鼓励和支持。正是在这种以市场作为配置资源基础的宏观环境下，农民的主体地位以及其所享有的经营自主权才有机会真正实现，亦可以说，正是在此条件下，我国农村改革发展30余年才得以获致今日的巨大成功。

正如2008年中共十七届三中全会通过的《中共中央关于推进农村改革发展若干重大问题的决定》所指出的，实现我国农村改革发展的基本目标任务，需要继续“充分发挥市场在资源配置中的基础性作用”，“健全符合社会主义市场经济要求的农村经济体制”。为此，在我国继续深化

① 黄宗智对此作了较为全面的概括：一是集体化组织容忍和吸纳了农业劳动力的巨大剩余，扩大了农业劳动力来源，而农业产量的扩展很大程度上是通过劳动密集化实现的；二是集体化为农村水利系统的改进和维持提供了强大的组织支持，而水利系统的改进对农业的增长无疑具有重要意义；三是集体化组织促进和保障了现代化投入，如拖拉机和电灌站的使用，没有集体化组织积累购买昂贵投入，小农农场是无法实现的。参见［美］黄宗智著：《长江三角洲小农家庭与乡村发展》，233～236页，中华书局，2006。

② 参见贺雪峰著：《什么农村，什么问题》，227～228页，法律出版社，2008。

③ 前引林毅夫、蔡昉、李周书，14页。

④ 参见张晓山、李周著：《中国农村改革30年研究》，51页，经济管理出版社，2008。

⑤ 前引林毅夫、蔡昉、李周书，增订版序：5页。

社会主义市场经济体制改革的宏观环境下，需要在稳定和完善农村双层经营体制的过程中，继续坚持市场化导向的改革，以使其与我国深化宏观经济体制的改革相结合和匹配。例如，综观我国改革开放以来的农村土地制度变革，其主旨是在保持集体所有权不变和稳定家庭承包经营权的基础上，通过深化土地产权改革（如不断赋予农民更加充分而有保障的土地承包经营权），提高土地的要素配置功能和利用效率,① 这无疑顺应了市场机制的基本要求。但不可否认的是，当前我国市场在配置土地资源中所起的作用仍不够充分，这集中体现在由于农民享有的土地承包经营权的权利内容仍不够充分，尤其是其抵押被禁止，转让受到过多限制，使得市场对土地资源的配置功能受到制约，而这亦遏制了土地对农民增收的贡献。正如美国著名经济学家约翰逊所指出的，农民的福利不仅取决于他们拥有多少资源（包括人力的、物质的和金融的），还取决于要素市场的运作状况（包括劳动、土地和资本市场）；要确保农民充分分享经济增长成果的途径只有一个，那就是改善要素市场的运作。② 此外，如何有效提高农民进入市场的组织化程度、降低农户生产成本和市场风险，一直是我国农业发展中存在的重大问题；对于该问题的解决，我们同样需要尊重乃至充分发挥市场的作用。例如，现实中不少地方放弃农村集体经济组织这一传统资源组织形式，改为发展农民专业合作社等新型农民专业合作经济组织和以龙头企业为代表的农业产业化经营组织，而且这两类组织实际上已经越来越多地承担起了为农民家庭经营提供服务的职能，并取得了较好的成效，这很大程度上即是市场选择的结果。对此，我们应当予以充分尊重，没有必要一定非得重塑并“切实加强”农村集体经济组织的服务功能。析言之，农村集体经济组织的走向应取决于市场选择，其能否在市场经济环境下生存下来以及具有何种生命力，关键在于其能否切实地为农民带来效益，能否真正帮助农民应对市场风险，以及提高农民的市场竞争能力。

当然，强调市场的作用并不意味着对国家作用的否定，亦不意味着国家的全面退出；相反，农业、农村的稳定健康发展有赖国家的适度干预和强力支持，特别是在我国农业比较效益低以及相关市场机制还不健全的情况下，亟须国家健全和完善农业宏观管理体制，从而为“三农”创造更好的发展环境。例如，允许农村土地承包经营权更为自由地流转，对于实现土地资源的优化配置和有效利用，以及助益农民福利的提高无疑具有重要意义，但与此同时，我国农村土地特别是耕地承载着极为特殊的功能，因而农村土地承包经营权流转也应当受到一定限制，需要国家施以相应的管理。又如，对于农业社会化服务组织的培育和发展，有赖国家健全和完善相关的法律制度和经济支持制度，以为其提供规范化的运行机制和必要的支持，如财政支持，税收优惠支持等；其中，对于能够较大程度带动农民“共富”，却又在市场竞争中处于弱势地位的市场主体，如农民专业合作经济组织、农村集体经济组织，国家更应当给予适当的倾斜性保护和扶持。③

---

① 参见蔡昉、王德文、都阳著：《中国农村改革与变迁：30年历程和经验分析》，63、70、74页，格致出版社、上海人民出版社，2008。

② 参见［美］约翰逊著，林毅夫等编译：《经济发展中的农业、农村、农民问题》，中译本序言（二）：Ⅷ，商务印书馆，2004。约翰逊进一步分析指出，操纵农产品价格是各国通行的做法，这种做法在短期内对农民收入的影响很有限，而在长期则根本没有影响。产出价格水平的高低只会影响投入到农业中生产资源的数量，但对那些资源的报酬并没有什么影响，只有土地除外。确保农民分享经济增长成果的途径只有一个，那就是改善要素市场的运作。这点在中国尤其重要，因为每一种主要的生产要素的市场（劳动、土地和资本）在中国都依然受到很大的约束，存在很多缺陷。中国未来要素市场表现如何，将在很大程度上影响农业生产绩效和农民收入的提高。

③ 例如，黄宗智分析指出，合作组织相较资本主义式的龙头企业对农民更有利，这是它们得以自发兴起的主要原因，但其劣势在于没有得到像龙头企业那样的政府扶持；在中国的制度环境下，政府的扶持极其关键，如果能够得到政府的积极扶持，合作组织也许真可能成为一个强有力的纵向一体化组织方式；不过，它们的未来显然取决于政府的抉择，会不会真正给予它在市场上和龙头企业一较长短的机会。参见［美］黄宗智著：《中国的隐性农业革命》，156～159页，法律出版社，2010。

三、在重视法治的保障作用的基础上协调法治保障与政策导向的关系

就总体而言，稳定和完善农村双层经营体制，无疑需要综合运用法律和政策这两种工具，只是在这二者之间，应当更加重视法治的保障作用，亦即要在重视法治的保障作用的基础上协调法治保障与政策导向的关系。

回顾新中国成立以来的农村改革（包括农村基本经营制度改革在内）历程，就法律和政策这两种工具的运用，可以发现存在以下三个基本特点：其一，农村诸项改革的启动和深化，主要是依靠党和国家的政策来推动的。不可否认，我国农村改革以来所取得的巨大成功，很大程度上得益于党和国家适时、正确的政策推动，可以说，没有这些正确的农业和农村政策也就没有今天农村经济社会的繁荣。① 但是亦须承认，在此过程中，法律制度供给严重不足，尤其是在改革开放以前，不少农村政策很大程度上是靠政治动员乃至是通过“阶级斗争”以政治运动的方式来贯彻落实，以致一些改革的推进出现“要求过急、工作过粗、改变过快、形式也过于简单划一”② 等问题。其二，不少改革往往是由农民自发创造引起，此种创造经实践检验可行后，党和国家出台相关政策予以认可和推动，最后通过立法加以确认和规范。该特点在农村双层经营体制的确立与完善过程中即体现得极为明显。其三，党治理农村乃至国家的方式渐进地发生了较为深刻的转变：在战争时期和建设初期，主要依靠政策治理；③ 改革开放后一段时期，从过去主要依靠政策治理向既依靠政策也依靠法律转变；④ 依法治国、建设社会主义法治国家的治国方略提出以后，则进一步向“主要依靠法律”治理转变。⑤ 这三项基本特点从总体上已较为清晰地反映出：一方面，我们不能完全抹杀政策的功用，尤其是在我国尚处经济社会发展转型期这一特殊背景下，由于法律的制定和修订往往具有滞后性，因此需要适当运用具有灵活性和原则性特点的政策，及时地引导和规范实践中不断涌现的制度创新；另一方面，尽管政策仍然重要，但在实行社会主义市场经济体制和依法治国、建设社会主义法治国家的治国方略的今天，更需要重视法治的保障作用，除了应当将行之有效的政策适时地上升为法律规定外，亦应根据农村经济社会发展的要求及时创制推动农村基本经营制度改革与完善的法律制度。

具体而言，之所以应当更加重视法治的保障作用，一方面，在于政策因自身所具有的一些基

---

① 参见李昌麒：《泛论农村法律制度的建立和完善》，载《云南大学学报（法学版）》2008 年第 5 期。

② 参见 1981 年中共十一届六中全会通过的《关于建国以来党的若干历史问题的决议》。值得说明的是，笔者以为，这些虽然是对改革开放以前的一些改革的评价，但也适用于改革开放以后的一些改革。

③ 正如有学者指出，新中国成立以后我国农业和农村经济的基本制度框架，主要是由中共中央以各种文件形式来逐步确立的。根据我国的法制体系，中央和政府的正式文件同样具有法律效力，而且，那个年代的领导指示和中央文件的权威远大于法律。参见温铁军著：《中国农村基本经济制度研究——“三农”问题的世纪反思》，141 页，中国经济出版社，2000。

④ 不过，在这一时期，发展农业“一靠政策，二靠投入，三靠科技”仍是人们普遍持有的观念，法治的应有作用并没有被充分认知。参见卢代富：《中国农村经济法治研究的回顾与前瞻》，载《重庆大学学报（社会科学版）》2008 年第 5 期。

⑤ 参见李昌麒：《当前推进新农村法治建设必须着力解决的几个问题》，载李昌麒、岳彩申主编：《经济法论坛》（第 7 卷），1 页，群众出版社，2010。

本特点而存在天然的缺陷，[①] 单纯甚至过多依靠政策来治理农业和农村，将导致农业和农村社会在经济活动中处于无规则或规则不力的境地；另一方面，法律作为一种极为重要的正式制度，基于具有其他社会规范所不具有或者不完全具有的特性，如普遍性、确定性（或具体性）和稳定性等，[②] 能够为行为主体提供一个明确的模式标准和合理的预期，进而可以极大地降低交易成本、减少不确定性。[③] 以土地制度为例，正如有学者分析指出：[④] 在设置和传达土地权利制度时，与正式的更为具体的法律不同，政策的使用会产生两个重要的结果，其一，政策所规定的土地权利往往不够明晰和确定，这可能导致地方政府按照自己的意愿予以执行或实施；[⑤] 其二，包括土地权利政策在内的任何一项政策的有效落实在很大程度上有赖于它们能否通过司法途径而被加以执行，正所谓“无救济即无权利”，如果农民在其土地权利受到侵害时，无法依循具有确定性和强制执行力的法律，通过司法救济的方式来维护自己的权益，那么赋予农民土地权利的政策也有没有实际意义。或许正是意识到政策措施的落实不力或者根本就没有落实，我国从 20 世纪 90 年代末期以后，较为明显地转变为由法制而不是“政策制度”来保护农民的土地权利。[⑥]

应当说，随着农村改革的深入，特别是随着建立健全符合社会主义市场经济要求的农村经济体制改革的推进和依法治国、建设社会主义法治国家的治国方略的施行，农村法治建设日益受到重视并取得了明显成效，农村双层经营体制的相关法律制度总体上亦得以有效建立。尽管如此，亦不可否认的是，我国农村双层经营体制的法制建设仍然存在不少缺陷，无法可依的情形在一定程度上还存在。

例如，我国旨在落实稳定农村土地承包关系、赋予农民更加充分而有保障的土地承包经营权的政策进而健全家庭承包经营机制的法律制度尚存在不同程度的欠缺。这集中体现在以下三个方面：（1）稳定农村土地承包关系的法律制度仍不够完善。首先，有关农村土地承包期的法律规定存在缺陷。一方面，现有立法关于农村土地承包期限的规定在立法技术上存在逻辑不严密的问题，且缺乏强有力的实施机制；另一方面，现行立法尚未就农村土地承包经营权的续期问题作出完善和明确的规定。其次，有关农村承包地调整的法律规定欠完善。例如，现有立法未对允许进行农村承包地“小调整”的特殊情形和农民怎样才能获得或失去集体经济组织成员资格及权利予

---

① 这集中体现在：其一，政策主要甚至完全是由原则性规定构成，它很大程度上只规定行为的方向而不规定行为的具体规则，这使得政策具有模糊性和缺乏可操作性；其二，除党和国家的基本政策外，大量的具体政策必须依客观情势的变化而随时调整，这虽然体现其灵活性和适应性，但亦导致政策缺乏稳定性，不能完全消除人们对“政策多变”的担忧；其三，政策主要依靠宣传、政治动员和行政手段去贯彻落实，对于仅仅违反政策的行为，只能给予党纪、政纪处分，而不能进行法律制裁。政策的这些特点，决定了其不足以为社会提供最规范、最权威和最稳定的行为规则。参见李昌麒：《泛论农村法律制度的建立和完善》，载《云南大学学报（法学版）》2008 年第 5 期；李昌麒：《当前推进新农村法治建设必须着力解决的几个问题》，载李昌麒、岳彩申主编：《经济法论坛》（第 7 卷），2 页，群众出版社，2010。

② 参见［美］博登海默著，邓正来译：《法理学：法律哲学与法律方法》，246 ~ 256 页，中国政法大学出版社，1998；［德］柯武刚、［德］史漫飞著，韩朝华译：《制度经济学：社会秩序与公共政策》，202 页，商务印书馆，2000；［奥］埃利希著，舒国滢译：《法社会学原理》，137 ~ 138 页，中国大百科全书出版社，2009。

③ 参见李昌麒：《泛论农村法律制度的建立和完善》，载《云南大学学报（法学版）》2008 年第 5 期。

④ 参见韩俊主编：《中国农村土地问题调查》，47 ~ 48 页，上海远东出版社，2009。

⑤ 该学者具体分析道：西方国家的政策往往起着提示并指引将来要颁布的法律法规的作用，与之不同的是，中国的政策通常既有价值的具体体现，又有实施机制；然而，与正式的法律相比，中国的政策通常写的不够具体，地方政府在很大程度上可以解释并改变这些政策。参见前引韩俊书，47 ~ 48 页。

⑥ 前引韩俊书，第 48 页。从我国农村土地承包经营制度的变迁亦可以发现，我国实施家庭承包经营后较长一段时间里，土地承包经营的稳定和发展一直是靠党和国家的政策来指导，土地发包方和承包方的权利义务关系也主要是靠承包合同来约定，因此侵权现象和承包纠纷常有发生。1998 年中共十五届三中全会提出要抓紧制定确保农村土地承包关系长期稳定的法律法规后，土地承包经营制度进入法制建设轨道，大量与农地权利直接或间接相关的法律法规出台。参见前引张晓山、李周书，57 ~ 58 页。

以明确规定，这对构建完备的农村承包地调整制度产生了不利影响。最后，有关农村土地承包经营权继承的法律规定欠周详。(2) 农村土地承包经营权的权利内容仍不够充分。这最为突出地体现为农村土地承包经营权抵押没有得到法律认可和农村土地承包经营权转让受到诸多严格限制。(3) 农村土地承包经营权颁证及登记法律制度仍有待健全。首先，农村土地承包经营权颁证及登记的基本立法存有不足；其次，农村土地承包经营权颁证及登记机构不统一；再次，农村土地承包经营权证及登记的效力不明确；复次，农村土地承包经营权颁证及登记程序欠规范；最后，农村土地承包经营权变更登记制度不够完善。

又以农村统一经营法律制度的供给为例，作为当前落实农村统一经营机制的三大类组织载体——农村（社区）集体经济组织、农民专业合作经济组织和农业产业化龙头企业（以下简称“龙头企业”），其相应的法律制度建设即存在诸多不足：其一，农村集体经济组织法律地位不明确，职能定位缺乏清晰合理界定，专门和基本法律尚付阙如；其二，农民专业合作经济组织形态法定化欠完整，一些为现实所需要乃至已经大量存在的农民专业合作经济组织仍处于法律地位不明确，缺少行之有效的法律规制的状态；其三，对“龙头企业”参与农业经营的形式和范围加以合理引导与规范的立法滞后；其四，针对农民专业合作经济组织和“龙头企业”等组织的扶持政策缺乏具体规范尤其是法制化的实施机制；等等。此种状况对于我国农村双层经营体制的稳定和完善无疑会产生极为不利的影响。因此，无论是从贯彻落实党的农村基本政策，还是从切实推进依法治国、建设社会主义法治国家的治国方略的角度，我们都还需要努力建立更为完备的农村双层经营体制的法律制度体系。

农村集体经济组织土地权益配置功能障碍及其克服的思考①

杨青贵*

目　次

"天下熙熙，皆为利来，天下攘攘，皆为利往。""三农"问题的根本在于"利"，核心是如何实现农民集体土地权益的可持续增长与均衡配置。农民集体土地权利与利益的有序融合是实现农民财产性收入稳步增长的基本路径，而农村集体经济组织以集体土地所有权代表者和行使者身份参与农民集体土地权益则是应对"三农"问题的核心要义。

一、法律权益与农民集体土地权益的新认知

"权利之特质在于给所有者利益"②，"权""意味着权利人可取得某种利益"，"利"则是"目的性的东西"③。法律上的"权利"往往属于应然而非实然的范畴，法律并非为了权利而创设和要求权利，根本目的是要借助权利去实现人生存发展所必需的东西，④ 即物质或精神利益。应然权利仅能作为法定权利的根本来源和正义与否的评判标准，须经法定化程式方能转化为法定权利；法定权利仍需契合外在环境且具有实现可能，方可成为实有权利，否则便仅是一种为或不为一定行为的资格。⑤ 足见，实有权利仍只是一种具备特定利益诉求实现可能性的法律资格，其"目的"实现往往受制于主体自身能力状况。主体能力是实有权利所指向之"利益"实现的基础

① 基金项目：西南政法大学研究生科研创新计划重点项目"农村集体经济组织成员权问题研究"（2011XZYJS007）。
* 西南政法大学博士研究生。
② 转引张文显著：《法哲学范畴研究》，302 页，中国政法大学出版社，2001。
③ 参见吕世伦、张学超：《权利义务关系考察》，载《法制与社会发展》2002 年第 3 期。
④ 参见蔡恒松：《权利、利益、能力与义务关系考察》，载《贵州社会科学》2009 年第 11 期。
⑤ "在实际社会生活中，人们享有权利但并不享有实际利益的情况并非罕见。"张恒山著：《法理要论》，362 页，北京大学出版社，2002。

要素。这种具备实现可能的实有权利及其所指向利益的集合体便是“法律权益”。不难发现，“权利”与“权益”是应然与实然、基础与结果的不同范畴，权益包含权利并更多地指向利益增长及其合理配置的实质结果，权利则是权益所指向的利益增长的基础以及参与该利益分配的基本依据。换言之，只有同时享有与实现环境和主体能力相适应的实有权利以及权利所指向的利益，对权利主体方产生实际价值，否则便成为毫无价值的“空权利”。

我国农民的“贫困不单纯是一种供给不足，更多的是一种权利分配不均”为主要表现形式所带来的农民集体土地权益的收入差距扩大化。① 农民集体土地权益是农民享有的以集体土地权利为基础以及行使集体土地权利而获取的各种收益的总称。农民集体土地所有权及其衍生出的农村土地承包经营权、集体建设用地使用权等用益物权及对其直接进行生产经营所产生的收益构成农民集体土地权益的首要层次；依据农民集体土地所有权、农民集体土地使用权所参与的间接受益的分配则是农民集体土地权益的第二层次，如农户在承包地上种粮所取得的种粮直补，农民通过流转承包地或其建设用地被征收而取得的收益。首要层次的农民集体土地权益既是实在的权益，也是参与第二层次农民集体土地权益配置的正当性依据。受制度惯性以及农民集体土地所有制等制度锁定影响，我国农民集体土地权益区别于法国等大陆法系国家以土地私有制为基础的用益物权制度:② （1）农民集体土地所有权是农民集体土地使用权等其他集体土地权益的权源及参与配置依据；（2）权益主体主要是农民集体经济组织成员，以成员权为主要判断依据；作为集体土地所有权主体的农民集体是农民集体土地权益的参与配置主体，具体由农村集体经济组织等集体组织代表；（3）农民集体土地权益具有保障性、法定性、发展性、有限性，其既是集体成员生存发展的物质基础，又必须依靠法治手段加以适度规制。

二、农村集体经济组织集体土地权益配置功能的理性分析

1978 年起，我国逐步开启由国家和农村集体组织主导向国家、农村集体经济组织、农民、农业企业等多元主体参与的集体土地权益配置机制改革，尤其是形成了农村集体经济组织以从农民集体土地所有权代表者和行使者身份参与集体土地权益配置的基本功能：（1）代表农民集体行使并维护农民集体土地所有权及相关权益。农村集体经济组织是农民集体及其集体土地所有权的代表，以农民集体名义维护并行使农民集体土地所有权，参与农民集体土地权益配置，如农民集体土地征收中的土地补偿金支付应给作为农民集体代表者的农村集体经济组织。（2）实现农村集体经济组织成员生存发展权。集体成员与农村集体经济组织之间存在人民公社时期延续的“成员——组织”归属关系，具有通过代表农民集体行使、管理农民集体土地所有权及农村集体财产，应为农民生存发展权的实现提供组织保障。（3）实现农村集体经济组织内部实质公平。农村集体经济组织作为农村基层社会的生产组织者和微型管理者，负有实现集体组织内部成员间利益分配的实质公平，保障弱势成员生存和发展的职责，同时这业已为长期以来的农村社会发展实践所确证。上述基本功能已具备正当性和必要性基础。

首先，农民集体土地所有权是农村集体土地权益的生成之源和参与分配依据。（1）农民集体土地所有权是农民集体土地权益产生的根源和重要组成。1958 年《中共中央关于在农村建立人民公社问题的决议》所塑造的人民公社所有制、生产大队和生产队的所有制等民集体土地所有制，成为改革开放后农村土地承包经营权、建设用地使用权等土地使用权及其产生收益的逻辑起点，

① 刘小刚：《论贫困的根源——评阿马蒂亚·森的权利观》，载《经济与社会发展》2005 年第 4 期。

② 参见高富平著：《土地使用权和用益物权·我国不动产物权体系研究》，280 页，法律出版社，2001。

具有前置性和根本性。(2) 农村集体经济组织是集体土地所有权的法定行使者，具有参与农民集体土地权益配置的正当性和合法性。以农民集体土地所有权为依据参与农民集体土地权益配置成为农村集体经济组织实现自集体化时期以来所承载的农民集体利益代表性和保障性、互组合作性等诸多功能的物质基础，同时农村集体经济组织作为集体土地所有权行使者业已写入《中华人民共和国宪法》(以下简称《宪法》)、《中华人民共和国土地管理法》(以下简称《土地管理法》)等规范性文件，是行使农民集体土地所有权参与集体土地权益配置的应然主体。

其次，应对农民集体土地权益配置失衡的优势。农村集体经济组织作为集体土地所有权以及农民权益的代表者，具有应对农民集体土地权益配置失衡的特殊优势。[①] 当前农民集体土地权益配置失衡主要表现为：(1) 土地资源纵向配置失衡。伴随农村土地承包经营权长久不变政策的推行，即使首轮土地承包实现了平均分包，但随着社会发展以及集体预留地的发包殆尽，后续新增成员往往无法获得承包地，形成“无地农民”群体，逐渐导致土地资源性纵向配置失衡。(2) 以土地资源配置为基础的后续性农民集体土地权益配置失衡。农民集体土地资源性配置所形成的承包经营权、建设用地使用权等使用权是集体土地权益的重要内容，甚至其质与量的差异必定导致以土地使用权为分配依据而获取的集体土地权益的较大差异。(3) 农民集体土地权益配置失衡的矫正机制错位。具有纠偏收益分配失衡职责的国家却在向农村输送利益过程中存在角色偏差、定位模糊等问题，未能矫正集体土地权益配置失衡问题，甚至一定程度上加剧了该问题。

最后，农村经济社会公共产品供给的主要责任担当。人民公社时期，作为农村集体经济组织雏形的人民公社、生产大队、生产队等集体组织兼具基层社会管理职责以及通过组织农业生产实现集体公共产品供给的职能。而自人民公社政社分离以后，与村民委员会并列的农村集体经济组织成为预期中承担经济职能的主体。尽管部分地区农村集体经济组织发展受阻，但江西、广东等许多地区农村集体经济组织已承担起集体经济建设、实现公共产品供给的经济职能，甚至部分社会管理职能。由于农村集体经济组织主要由乡（镇）、村、村民小组三个层次构成，而目前只在村集体经济组织层面设立了相并行的村民委员会，乡（镇）人民政府承担了该级社会管理职能，唯有村民小组层面的集体经济组织仍沿袭了人民公社时期的微型社会管理职能。足见，农村集体经济组织特别是村农村集体经济组织和村民小组已实际承载人民公社解体后农村经济社会公共产品供给的主要责任并取得了良好成效，理应继续坚守。

此外，农村集体经济组织配置集体土地权益是实现农村经济社会可持续发展的必要条件。(1) 利于弥补国家（政府）能力有限性。具备公共性、历史性、保障性、基层性和经济性的农村集体经济组织，以其直面农民的诸多优势，成为弥补国家（政府）农村公共产品供给中有限理性、道德风险等诸多局限的优势主体。(2)“成本——收益”理性分析。一方面，农村集体经济组织依据集体土地所有权参与集体土地权益配置，是农村集体资产不断萎缩背景下农村特定公共产品有效供给内在要求实现的经济支撑；另一方面，农村集体经济组织作为农民“集体”意识、乡村自治等乡村传统文明的重要组织载体以及农村社会经济建设组织者和微型社会管理者职能，具有社区性、覆盖广、组织性强等特点，可充分利用自身经营性治理结构以及具有较大关联性的村民委员会等现有基层组织所设人民调解、治安保卫、等机构，促进了“外部成本内部化”。

三、农村集体经济组织集体土地权益配置功能之实践证成

农村集体经济组织参与农民集体土地权益配置具有长期的历史，尽管在不同时期形成配置依

① 村民委员会受制于基层自治组织的法律定位而不宜承担。

据、配置内容以及配置方式等方面差异性内容，但总体上呈现出法治化发展趋势。(1) 1949 年至 1953 年，前农村集体经济组织时期实行农民土地所有制，国家、农民各自以公权力、所有权参与土地种植收益的分配。(2) 1953 年至 1958 年，合作化运动逐渐塑造了土地生产合作社等农村集体经济组织雏形，同时农民土地所有权与集体土地所有权并存。农村集体组织依据集体土地所有权以及《高级农业生产合作社示范章程》等文件所规定的收入分配规则提取用于集体再生产以及其他集体性公益项目的公共积累。(3) 1958 年至 1978 年，作为农村集体经济组织雏形的人民公社、生产队、大队享有集体土地所有权，农民土地所有权消失。农村集体经济组织依据集体土地所有权并通过高度集中的统一组织"产出"集体土地收益，并扣除国家提取后形成集体收益，再通过工资、福利供给等间接配置给农民。(4) 1978 年至 2003 年，随着人民公社解体和家庭承包经营制发展，农村集体经济组织发展严重失衡，甚至在部分地区并未按预期建立起来，而由村民委员会代行集体经济职能。同时集体土地所有权以及"三提五统"制度是集体组织参与土地、经营等集体土地权益配置的基本依据。(5) 2003 年至 2006 年，随着《中华人民共和国农村土地承包法》(以下简称《农村土地承包法》) 的颁布，农民集体土地收益的构成发生变化，农民可通过债权性或物权性流转实现并获取承包经营权流转收益，而农村集体经济组织并未能参与流转收益的配置，仅通过"三提五统"参与农民集体土地权益配置，并形成对种粮直补、农资价格综合补贴、良种补贴、购买农机补贴等财政补贴收益的直接配置权，具体安排政府补贴资金的使用。(6) 2006 年起，农村集体经济组织参与集体土地权益配置方式随着废止农业税以及取消"三提五统"制度而发生较大变化，其主要以集体土地所有权或农村集体资产代表者身份参与集体土地权益配置。

四、当前农村集体经济组织集体土地权益配置功能障碍

伴随着城乡市场统筹发展步伐推进，内生制度环境和农村市场化带来的外部压力成为农民集体土地权益配置机制的法治化面临的双重挑战。特别是社会转型期"二元立法"(即城市法与农村法) 的"城市法"倾向，为农村集体经济组织土地权益配置功能的实现留下了诸多"法律空白"和功能障碍。

一是配置权主体缺位或功能错位。农村集体经济组织参与农民集体土地权益配置肇始于建立农民集体土地所有制并由集体组织统一行使所有权的集体化运动时期。而后基于应对国家主导型配置机制的低效益问题的考虑，国家推动了"国家——集体"配置模式向"国家——集体——农民"的"三足"模式转变。但作实农民集体土地承包经营权等用益物权以及"分散经营"在集体土地经营中主导地位确立，作为"统一经营"主要载体的农村集体经济组织并未按预期发展，甚至在部分地区由作为基层自治性政治组织且缺乏经济性组织机构和法定的经济职能的村民委员会替代其职能；即使是现存的农村集体经济组织同样存在内部治理混乱等诸多问题。农村集体经济组织发展紊乱直接导致集体土地所有权权益维护和行使主体的缺位，制约其代表农民集体参与集体土地权益配置功能。

二是农村集体经济组织配置权法定性的缺失。现行立法未明确规定农村集体经济组织地位、性质、内部治理以及参与农民集体土地权益配置的权利，且相关规定较为紊乱。例如，《中华人民共和国民法通则》、《土地管理法》、《农村土地承包法》等相关法律明确规定农村集体经济组织为农村土地发包方，但《农村土地承包法》第 12 条却规定在村一级的村集体经济组织或村民委员会享有发包权。尽管将发包权授予村民委员会是基于许多地方并未建立村集体经济组织的考虑，但该立法冲突却与《宪法》有关农村集体经济组织的规定不符，同时《关于对农民集体土地

确权有关问题的答复》规定："农民集体"是乡农民集体、村农民集体和村内两个以上农业集体经济组织。足见，农村集体经济组织集体土地权益配置权存在立法缺失，并由此引发农地征收中土地补偿款分配因常受部分地方领导干预等原因而未归入集体组织等问题。

三是农村集体经济组织间土地权益增量差距扩大化问题。集体土地权益的增量是农村集体土地生产、经营的目的所在，主要受制于土地肥沃程度等自然条件、级差地租、经营能力、市场发展环境以及农村集体资产、科技等要素投入状况。基于上述要素差异，当前农村集体经济组织间的集体土地权益增量收益差距呈扩大化趋势，东部经济发达地区集体土地权益增量远大于中西部经济欠发达地区和贫困地区。例如，江阴长江村于2000年、2002年、2004年先后3次向全村村民分配花园式别墅①；武汉市青山区余家头村（现更名为湖北余家头集团股份有限公司）给全村1001名村民每人发放一根价值36000余元的100克纪念金条②；相反，处于西部偏远山区的重庆市綦江区香树村2010年集体经济收入为12万元，流动资产为83.08万元。集体土地权益增量差距的拉大又反过来制约农村集体经济组织配置集体土地收益、供给集体范围内公共产品以及实现成员间实质公平的能力。

四是配置权行使的法治环境不佳。受制于"城市法"和农村社会转型，农村集体经济组织参与集体土地权益配置实践仍缺乏良好的法治环境，限制了公平配置功能的实现。(1) 农村管理体制重政策、轻立法。政策的灵活性以及不易追责性赋予其较之于立法适用农村经济社会管理的优势，受到各级政府青睐，但这却容易破坏农村经济社会发展的内生环境，影响农村集体经济组织配置功能的有效生成。(2) 集体组织规范性不足。我国部分地区农村集体经济组织发展存在性质和法律地位模糊、与村民委员会职能混同等问题，加之立法供给不足，导致农村集体经济组织的内部治理和外部运行缺乏必要的法律规范，成为农村集体经济组织参与集体土地权益配置功能发挥的根本障碍。(3) 农民参与、监督意识普遍不高。农村集体经济组织内部治理机制问题的存在导致其与作为成员的农民间的信息失灵，加之"分散经营"发展带来的许多地区农村集体经济组织经济力弱化以及农民"小农"自私意识，成员对农村集体经济组织的"集体意识"以及参与和监督力度普遍较低，未形成农村集体经济组织运作的有效外部监督环境。

五是传统乡土文化对农村集体经济组织参与集体土地权益配置的双面影响。一方面，互助合作、乡土情节等传统乡村文明促进农村集体经济组织发展及其对农民集体土地权益配置参与的乡村意识；另一方面，伴随着家庭承包经营制度的繁荣发展，传统乡土文化中浓厚的小农意识与市场经济相结合，形成了具有"理所当然"但并不符合集体主义意识的市场经济观，从而逐步侵蚀了优秀的传统乡土文化，"塑造"以趋利避害、投机、"耍无赖"为典型的新型乡土文化。这种文化不仅削减了农村集体经济组织及其内部管理人员服务意识和维护集体利益观念，同时从农民个体有限理性角度挑战了农村集体经济组织参与集体土地权益配置的正当性，如伴随着土地使用权用益物权化，部分农民对承包地形成"私有"认识，抵制集体组织对部分土地权益分配的参与。

五、农村集体经济组织集体土地权益配置功能障碍的制度破解

秩序是长期经济增长的必要（但非充分）条件，是建立和维持构成个人自由和产权基础的各

① 参见《江阴长江村发金银发别墅》，载《金陵晚报》2012年4月3日。

② 《武汉村庄办"村庆"每名村民领百克金条》，新华网，http://news.21cn.com/hot/social/2012/08/28/12805352.shtml，访问日期：2012-08-28。

种条件的必要条件。① 农村集体经济组织集体土地权益配置障碍的破解有赖于有序的秩序体系构造，通过制度变迁解决无序问题。主要措施如下：

第一，加强农村集体经济组织法定化，实现组织和职能的法治化运作。农村集体经济组织契合了“通过共同的意识可以降低集体行动的成本”的需要，② 具有村民委员会、农民专业合作社等其他农村经济组织不可比拟的适应性和优越性，我们应通过制度发展重塑农村集体经济组织。③（1）合理界定农村集体经济组织。立法宜规定农村集体经济组织是以农民集体土地所有权为基础，代表并行使农民集体土地所有权、农村集体资产所有权等集体的经济性权利，维护和增进成员权益的基层集体经济组织。（2）明确农村集体经济组织的法律地位。鉴于农村集体经济组织以集体土地所有权为基础，并具有保障性、互助合作性、社区性、经济性等特征，不宜采民事主体说等传统学说，更宜作为与法人、自然人相并列的特殊主体，唯有从事民事行为时具备民事主体资格，同时其具体名称、组织形式、建立方式等可样化。（3）法律性质的明晰。立法应考虑农村集体经济组织的历史性和制度变迁等因素，宜将其性质界定为以农民集体土地所有制和农村集体资产为基础的具有经济性兼具社区管理性的互助合作组织。（4）农村集体经济组织发展目标的确定。农村集体经济组织区别于作为基层政治性自治组织的村民委员会，应当以集体经济主体的专门化、组织运作及人员管理的专业化、内部治理与外部监督体制的科学化以及社区性经济社会职能的明确化为发展目标。

第二，明晰农民集体土地权益公平配置职责，优化农民集体土地权益配置。农民集体土地的资源性、稀缺性和保障性意味着集体土地权益配置的涉他性和社会关联性。农民集体土地权益优化配置的核心在于如何通过配置权及其实现路径选择，在国家、集体、农民之间加以合理配置。（1）国家是农民集体土地权益优化配置的主要责任者，应当继续通过补贴等“利益输送”的主要机制适度调节农民集体土地权益配置，回应“国富民穷”、收入差距拉大等实际问题。（2）农村集体经济组织应回归集体土地权益配置的双重角色。一是作为农民集体土地所有权行使者，实现集体土地收益的保值增值，同时依据农民集体土地所有权参与集体土地权益配置；二是作为基层社会的微型管理者，践行对无地农民等弱势成员的倾斜性保护，实现成员间实质公平。为此，立法宜将农村集体经济组织对农民集体土地所有权、农村集体资产经营管理权更加具体化，并作行政、司法等层面加以配套支持。（3）适度竞争的引入。立法宜将配置权适度授予农村集体经济组织、村民委员会、农民专业合作社等具有集体组织，培育受托主体间配置参与权的适度竞争机制，以提升制度绩效。

第三，完善监督与责任追究机制，实现违法责任的确定性。“制度，要有效能，总是隐含着某种对违规的惩罚。”④ 完善的监督与责任追究机制是集体土地权益配置机制改革的应有内容。（1）建立立法监督、执法监督、司法监督、社会监督的协同联动机制，分别发挥各类监督的专业特长和合作优势，通过信息共享、有机联动降低监督成本，增加违法责任的可预期性和违法成本。（2）实现政府配置权行使行为的可追责性：一方面，有必要建立以集体土地权益差距为主要内容的“地区性农民收入差距量化指标”，作为政府及其主要官员政绩考核的重要内容；另一方面，应当将政府配置农民集体土地权益行为纳入行政诉讼受案范围，明确以是否损害农民实际权益为受案标准，推动行政行为理论的发展。（3）完善乡村多元纠纷解决机制。首先应当重视多元

① ［美］道格拉斯·诺斯著，钟正生、邢华等译：《理解经济变迁过程》，93页，中国人民大学出版社，2008。

② 参见［冰岛］思拉恩·埃格特森著，吴经邦等译：《经济行为与制度》，商务印书馆，87页，2004。

③ 这并不意味着农村集体经济组织向高度集体化下集体经济组织模式和职能的回归，而是符合农村市场化、现代化发展的新型组织模式。

④ ［德］柯武刚、史漫飞著，韩朝华译：《制度经济学（社会秩序与公共政策）》，商务印书馆，32、35页，2008。

化纠纷解决机制，而且更应注重与乡土文化的融合，完善具备便民、成本低廉等优势的可选择性纠纷解决机制。(4) 建立农村集体经济组织代表诉讼和派生诉讼制度，即尽管《中华人民共和国民事诉讼法》第55条已引入公益诉讼，但其并未将不宜作为农民个体诉讼的涉及农民集体资产、农民集体土地所有权及以其为依据参与配置的土地权益等纠纷纳入受案范围。对此，立法可借鉴《公司法》代表诉讼和派生诉讼制度，赋予农村集体经济组织、特定比例的农村集体经济组织成员为集体利益提起诉讼的资格。

四是推进法律政策与乡村文明的融合，提升集体土地权益配置机制的运作环境。农民集体土地权益配置机制的良好运行需要相匹配的制度环境。其中，法律政策与乡村文明良性融合是重要方面。随着农村家庭承包经营制度广泛开展以及市场机制引入，农民“既是天使，又是野兽”的人性本质得以释放,[①] 在很大程度上重创以互助合作为基础的传统乡村文明。殊不知，互助合作的传统乡村文化已镌刻进农村集体经济组织的制度发展变迁史，对具有路径依赖的农民集体土地权益配置机制产生了双面功效——“磨合剂”抑或“反向力”。农民集体土地权益配置机制改革必须正视农村集体经济组织成员的经济人理性,[②] 探寻植根于人类个体的不完善性并符合农民社会性特征的农村集体土地权益公平配置机制，并以最小限度的阻碍和浪费来尽可能满足各种相互冲突的利益。而农村集体化时期所形成的互助合作的乡村文化对全体农村集体经济组织成员共性需求的满足以及通过共同的意识降低集体行动成本的优势功能，成为农村集体经济组织实现集体土地权益公平配置所必须关注的内容，是提升集体土地权益配置机制运作环境的重要方面。

① 参见［法］爱弥儿·涂尔干著，汲喆、付德根、渠东译：《乱伦禁忌及其起源》，235页，上海人民出版社，2003。

② 参见［英］卡尔·波普尔著，郑一明译：《开放社会及其敌人（第一卷）》，150～151页，中国社会科学出版社，1999。

农民权益受损后寻求网络救济的途径研究

——以重庆忠县为调研对象

于 浩*

目　　次

一、引言

中国城乡二元结构的对立分化，要求法律在密切关注城市生活的同时，也不能忽视农村社会。而长久以来法律对农村社会关怀的严重不足，致使农民长期处在低于城市人的二等公民地位，农民权益难以得到法律的荫庇，因而农民眼中的法律往往是冷酷的，与现实生活脱节的，也因此对其“敬而远之”。然而，随着农村经济发展水平的提高以及农民主体意识的不断提高，其寻求权利救济的愿望日渐强烈。如何破解农民与法律之间的疏离境况，并将法律资源简便而有效地运送到农村，实现农村的法治化和现代化，成为了当务之急。而法律求助网上途径的探究，势必会开辟一条新的维护农民权益的路径，对眷顾农民权益起到举足轻重的作用。

在当下中国，无论是党和政府，还是知识分子，都对中国农村和农民“情有独钟”。从惠农富农的国家政策与汗牛充栋的学术著作便可见一斑。而此种情景的达成，多半缘于农村这一特殊的地理界域，以及农民这一特殊的社会身份。毋庸置疑，农村的发展和农民的富足关涉着和谐社会的构建以及全面小康的实现，关涉着中国市场经济的转型。“中国要建设真正的宪政和民主，农民不再依赖熟人网络和自然社区寻求帮助，实际享有国家直接赋予的权利也是很重要的一部

* 中国人民大学硕博连读生。

分。”① 然而，遗憾的是，由于法律无法顺畅地到达农村，② 难以获得农民的普遍认可，农民权益无法得到合法有效的保障，农村的发展明显受阻，和谐社会的夙愿很有可能因此落空。因此，探寻出一条“送法下乡”的理想路径，无疑是大势所趋、时代所需。而农民权益的网上途径救济，则是一次有益的尝试。为配合此次下乡调研，我们向重庆市忠县农民发放150份调查问卷，实际回收137份，回收率为91.3%。接受调查的农民中男性占63.5%，女性占36.5%，其他的基本信息如图1所示：

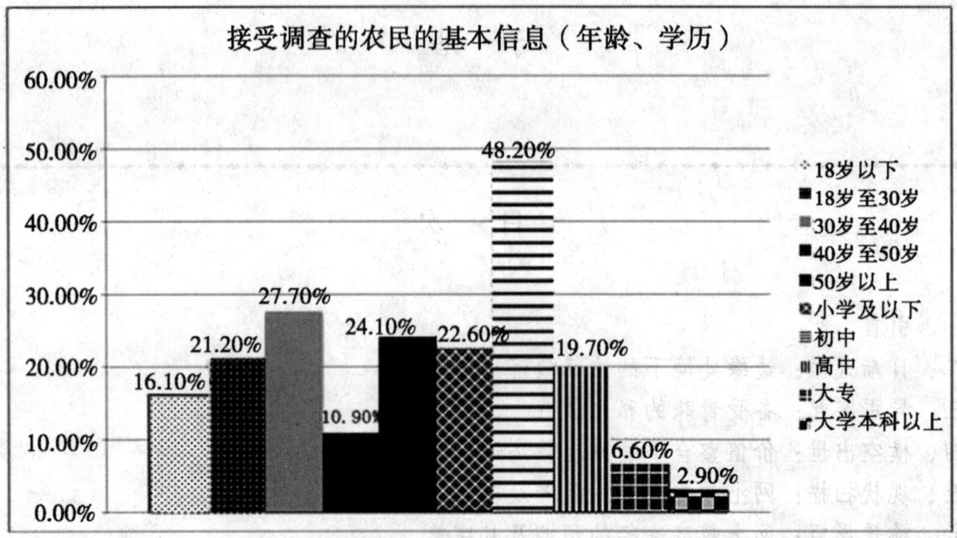

图1 接受调查的农民的基本信息（年龄、学历）

二、日渐式微：边缘处境下的法律救济

众所周知，无救济即无权利。人的权利是自始至终与救济相关联的。当人们告别愚氓抑或依附而获致权利之时，也催生了与之相当的权利救济途径。没有救济可依的权利是虚无缥缈的，犹如水中月镜中花可望而不可即。因而，“救济在本质上是一种权利，即当实体权利受到侵害时从法律上获得自行解决或请求司法机关及其他机关给予解决的权利”。③ 农民，这一占目前中国人口总数约60%的力量不可小觑的庞大群体，其权益的实现可谓意义非凡。某种意义上甚至可以说，我国最为重要的公民权利，当属农民的权利。但是，有65.7%的被调查者表示自己的权益曾受到过侵害，比例之大令人瞠目结舌。

① 苏力著：《制度是如何形成的》，256页，北京大学出版社，2007。

② 就法律史视角而言，使民不争是中国文化的理想，古代法律自然不鼓励争讼情事，这其中就包括，听断之人依据案情妥为调处，在解决一件讼事的同时，更努力根绝争讼之源。能够把握和贯彻这一种精神的，就可以称之为贤。参见梁治平著：《法意与人情》，192页，中国法制出版社，2004。这实际上也暗合了圣人之说，子曰：“听讼，吾犹人也。必也使无讼乎！”而刻下中国农村的真实状况是纠纷诉讼化，而法律也自然变得不可或缺。而古代社会的无讼思想或许是司法资源短缺而只好由话语资源来填补以求其现状正当性的无奈之举罢了。

③ 程燎原、王人博著：《权利及其救济》，358页，山东人民出版社，1998。

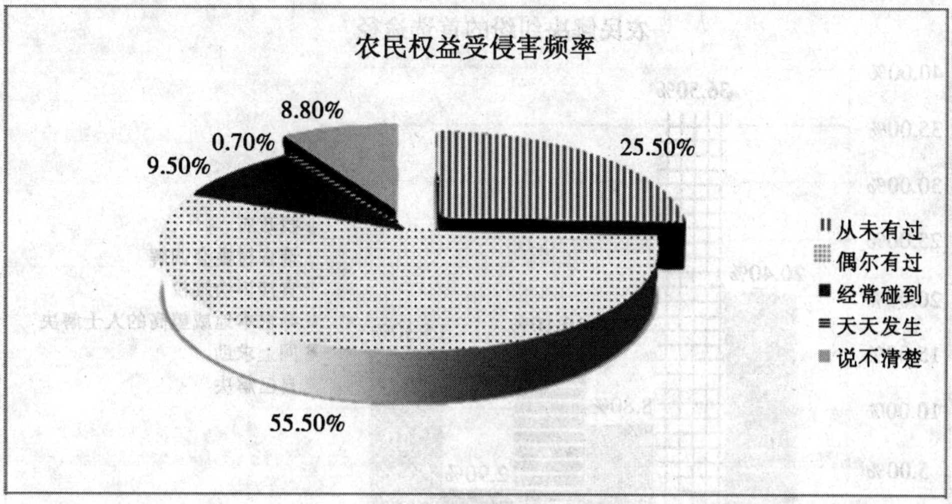

图2　农民权益受侵害频率

法律，在大多数法律人眼中，有着难以言说的魔力，它在国家强制力的掩护下，所向披靡，纵横江湖。导致法律“侵入”习惯惯例领地并取而代之的主要原因，在韦伯的理论体系中可以看到，“统治阶级正是通过不断攫取对‘导向性知识’的垄断权更大限度地掌握权力的，这一动机也是使习惯逐渐为法律所取代的原因之一”。① 此外，根据韦伯的归纳，促使习惯惯例让位给法律的社会原因主要有：“首先是传统以及‘对传统之神圣性的信仰’的解体；其次是社会阶层的日益分化以及阶级利益的逐渐多样化；第三是现代商业交易的步调要求有一套能够快速做出反应的、有助于增强人们有效预期的形式化制度；第四是市场的发展。”② 当然，这或许还与强世功先生所论述的法律的仪式化或戏剧化相关联，即涉及法院建筑风格、法官服饰、法庭纪律、法言法语等。“在这种仪式化或戏剧化的过程中，国家权力或法律权力就作为一种神圣的终极目的或集体表象而被接受了。因此，法律的仪式化和戏剧化是法律权力必不可少的一部分，它是这种权力得以展开的策略，没有这种仪式化或戏剧化的策略，法律要么变成赤裸裸的暴力而受到抵制，要么失去神秘性和神圣性而被弱化。”③ 然而，真正将目光投向农村，并进行深入细致的实证调研的法律人，得出的或许是不那么令人满意的答案。如图3所示，受调查的农民中，解决纠纷的首选途径为提起诉讼，即完全依赖法律救济的仅占8.8%。比例之小，同样令人瞠目。这无疑给我们的法律理想主义者当头一棒。法律救济的边缘化，已经成为既定的事实。而如何理解此现象，则显得必要且亟须。

① 郑戈著：《法律与现代人的命运：马克斯·韦伯法律思想研究导论》，92页，法律出版社，2006。

② 郑戈著：《法律与现代人的命运：马克斯·韦伯法律思想研究导论》，92页，法律出版社，2006。

③ 强世功著：《法制与治理——国家转型中的法律》，197页，中国政法大学出版社，2003。这也就启发我们在推进法律下乡的过程中，不能忽视对法律所含有的传统文化的挖掘。

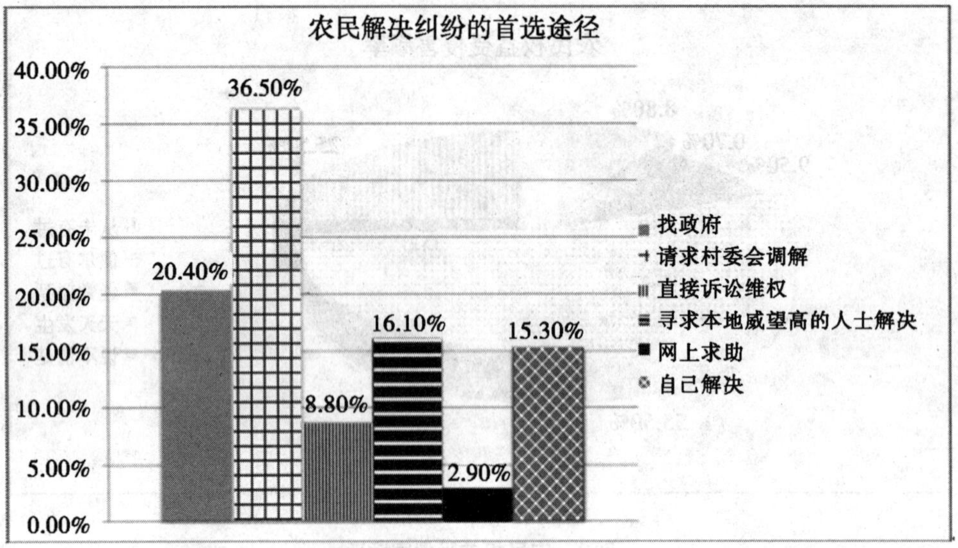

图3 农民解决纠纷的首选途径

农村，一个与城市相对应的地理概念。多少年来，城乡二元对立一直是中国传统的社会结构，也是立法者不得不面对但却经常忽视的客观存在。中国传统的农耕社会延续了几千年，传统观念根深蒂固，乡规民约层出不穷。“农村的人际关系较为紧密，基本结构还是熟人社会，普遍存在互惠性关系，社会同质性较高，社会舆论以及民间习俗成为一种强有力的社会制裁以及纠纷解决方式”①，实乃中国一大特色，因而也成为现代法律难以进入农村的症结之一。

诚然，对于立法者而言，或许考虑到经济的引擎在城市而不在农村，人员冗杂现象在城市也不在农村，所以在制定民法、刑法等部门法时，仅以或大多以城市生活为立法依据，缺乏对农村生活的现实关怀，从而导致多数法律在农村因承受的阻力过大而丧失生命力。如同费孝通在《乡土中国》所言，“一个在乡土社会里种田的老农所遇着的只是四季的转换，而不是时代的变更。一年一度，周而复始。前人所用来解决生活问题的方案，尽可抄袭来作自己生活的指南。愈是经过前代生活中证明有效的，也愈值得保守”。② 此处“前人的方案”其实指的就是各种习惯惯例。然而费孝通又进一步指出，“所应付的问题如果要由团体合作的时候，就得大家接受个同意的办法，要保证大家在规定的办法下合作应付共同问题，就得有个力量来控制各个人了。这其实就是法律”。③

法律与农村社会的脱节，以及对习惯惯例的排斥，便不可避免地造成了苏力所担忧的结果，“一方面，正式的法律制度没有或者没有能力提供村民需要的法律服务，而另一方面，又禁止那些与正式法治相违背的‘法律’实践……这岂不是要破坏人们社会生活所必需的秩序吗?”④ 这种法律显然不是民众所期望的。无独有偶，几百年前，贝卡里亚也曾鞭辟入里地指出，“法律是用一种人民所不了解的语言写成的，这就使人民处于对少数法律解释者的依赖地位，而无从掌握自己的自由，或处置自己的命运。这种语言把一部庄重的公共典籍简直变成了一本家用私书”。⑤

到农村去，又称“下乡”。苏力断言，“下乡”是一种国家权力试图在乡土社会中创立权威并

① 苏力著：《制度是如何形成的》，114页，北京大学出版社，2007。
② 费孝通著：《乡土中国》，48~49页，上海人民出版社，2007。
③ 费孝通著：《乡土中国》，50页，上海人民出版社，2007。
④ 苏力著：《法治及其本土资源》，31页，中国政法大学出版社，1996。
⑤ ［意］贝卡里亚著，黄风译：《论犯罪与刑罚》，15页，中国大百科全书出版社，1993。

使之得以真正实现的战略性选择。① 按照苏力的观点，这实际涉及法律与政治的依附关系。但也有论者认为，“法治模型的一个基本特征以及机构自治的一种保障，就是政治意志与法律裁判的分离。法律被抬到政治‘之上’；也就是说，人们认为实在法所体现的准则，是为传统或宪法程序所证实的公众认同已经消除政治论战的那些准则。因此，解释这种法律遗产的权威必须保持与权力斗争隔离和不受政治影响污染的状态”。② 而送法下乡的关键在于，“下乡是建立局部的支配性权力关系的一种可行方式，甚至可能是在既定制约下唯一可行的方式”。③ 当然，将法律输送到乡村，也并非完美无缺的。比如说，“其有可能对权力本身的行使构成威胁以及对司法本身权威性和有效性的冲击”。④ 然而，冯象先生对此处之泰然，另辟蹊径地指出，“法律下乡走样，其实是预料中事。唯有走样，才能批判；才能变批判为支配，让被批判者和批判者一样视法律为权威，使法律成为那些支配并充斥着生活现实的各种权力关系的象征”。⑤

尽管法律存有诸多不尽如人意的地方，但是不能由此全盘否定其价值。要知道法律的原意不是残酷而狰狞的，而是温婉而慈善的，在看似冰冷的法律条文下，有着温情脉脉的关怀。在接受调查的农民中，有60.6%的农民认为法律在解决纠纷中比较有帮助或十分有用，虽然他们并不经常使用法律。⑥ 这也恰如其分地与许章润的观点相暗合，“法律是一种人世规则，旨在营建合理的人间秩序，造福惬意的人世生活。生存环境的差异决定了不同时代的不同族群不可避免地遭遇不同之人生困境与人心困惑，从而宿命地决定了特定时空的个别族群积累、发展出各自的求生方式、人间秩序和人世生活，并根本地引申出对于它们的感受、判断与评价”。⑦

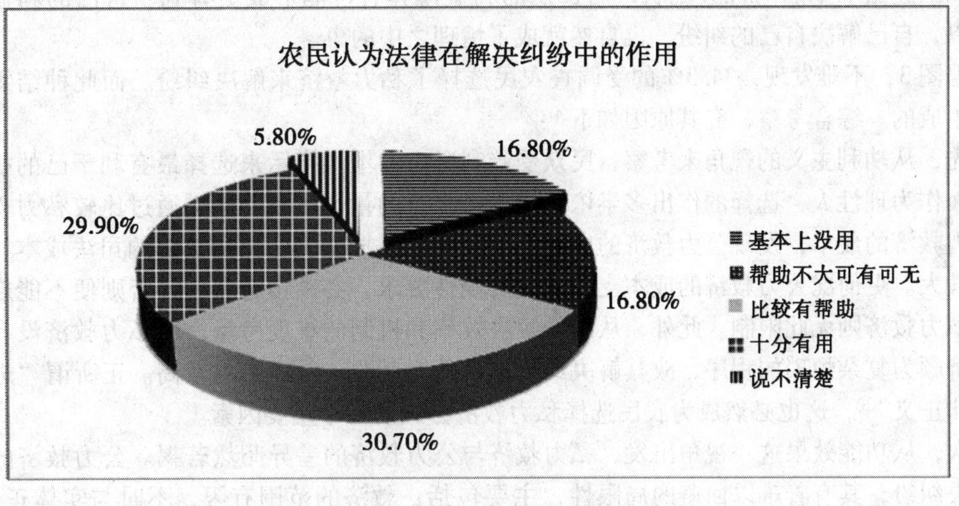

图4 农民认为法律在解决纠纷中的作用

① 苏力著：《送法下乡：中国基层司法制度研究》，40页，中国政法大学出版社，2000。

② ［美］P. 诺内特、P. 塞尔兹尼克著，张志铭译：《转变中的法律与社会：迈向回应型法》，63～64页，中国政法大学出版社，2004。

③ 苏力著：《送法下乡：中国基层司法制度研究》，41页，中国政法大学出版社，2000。

④ 苏力著：《送法下乡：中国基层司法制度研究》，41～42页，中国政法大学出版社，2000。

⑤ 冯象著：《政法笔记》，128页，江苏人民出版社，2004。

⑥ 按照法社会学的理论，法律是一个变量。它可以增减，在一种条件下比在另一种条件下要多。法律的量可以用多种方式测定。而且，法律的量是根据禁止、义务和其他人们所应遵守的标准的数目和范围，根据立法、诉讼和审判的比率而得知的。作为一个变量，法律包括了这一切，但又不仅仅是这一切。［美］唐纳德 J. 布莱克著，唐越、苏力译：《法律的运作行为》，3～4页，中国政法大学出版社，2004。

⑦ 许章润著：《说法·活法·立法》，5页，中国法制出版社，2000。

此外，虽然自上而下的政治动员所造出的“普法运动”（或曰“送法下乡”运动），在广袤的农村大地未能开出理想之花，但不可否认的是，它“却让民族心灵经历了一次现代洗礼，凝练出中国当下公民理想的重要内涵，也是中国民族精神的现代意义和中国自身的自我意识，由此催逼出关于美好人世的种种愿景”。①

三、异军突起：备受青睐的私力救济

私力救济，顾名思义，指权利受到侵害后，权利人以自己之力排除侵害，实现权利并使对方得到一定制裁与惩罚的救济方式。作为在历史上被广泛运用的纠纷解决方式，其对维护良好的社会秩序起着毋庸置疑的作用。

或许，早期社会的私力救济，随着时代的变迁渐已式微。在现代社会，私力救济的典型代表，即血亲复仇与同态复仇已成为历史。然而，它所涉及的规则与程序却成为“公力救济”不可或缺的基础，这也成为新近许多学者极力推崇私力救济的一个原因。而且，“在中国广大村民中，自己的处境、利益与困难与共同利益与困难之间，似存在一条难以超越的鸿沟。‘没人管事’与‘没有办法’之所以成为广大村民的习惯用语，是上述状况的反映”。②与此同时，国家在社会资源配置过程中的不平等，也造成了农民个人权利的残缺与被忽视。再者说，当今“乡村社会的逻辑正在解体，但熟人社会仍在”③，至少是贺雪峰先生在《新乡土中国》中持守的“半熟人社会”依然可以描述当下中国的社会现状，而长期的利益博弈有可能形成更有利于自己的利益分配模式，所以，自己解决自己的纠纷，也自然就成了情理之中的事。

根据图3，不难发现，34.3%的受调查农民选择了私力救济来解决纠纷。而此种结果也并非是自然生成的。综合考察，究其原因如下④：

首先，从功利主义的视角来考察，民众受趋利避害的本性指示来选择最有利于己的权益救济途径。而作为理性人，选择的作出多半依据成本—收益的量化比较。徐昕通过比较私力救济的成本与公力救济的成本，发现公力救济的成本不仅包括私人成本，还包括法院的司法成本，而且两者悬殊甚大。更何况公力救济的成本支付方式有硬性要求，必须预付费用，否则便不能启动此程序，而私力救济则无此限制。此外，从纠纷解决效率和机制的维度考量，因私力救济没有类似于公力救济颇为复杂烦琐的程序，故其解决纠纷耗费的时间少，效率相对较高。正所谓“迟来的正义等于非正义”⑤，这也必然成为农民选择私力救济方式的一个重要因素。

其次，从功能效果这一视角出发，私力救济与公力救济的差异昭然若揭。公力救济的首要功能是解决纠纷，其有着难以回避的局限性，主要包括：救济的范围有限，不时与实体正义抵触，功能实现的条件不易保障等。私力救济的功能主要有：形成竞争、弥补局限、替代补充，简化纠纷的复杂性，实现自治等。相比之下，私力救济的功能效果自然更易于让人接受而备受追捧。

最后，从人性、文化、社会的视角来考察，私力救济反映了人性的张扬，而公力救济则抑制

---

① 许章润：《普法运动》，载《读书》2008年第1期。

② 曹锦清著：《黄河边的中国——一个学者对乡村社会的观察与思考》，123页，上海文艺出版社，2000。

③ 贺雪峰著：《乡村社会关键词：进入21世纪的中国乡村素描》，239页，山东人民出版社，2010。

④ 下述观点是笔者在借鉴徐昕教授《论私力救济》一书相关理论的基础上，结合此次下乡调研所获取的真实数据整合而成的。具体内容参见徐昕著：《论私力救济》，137～198页，中国政法大学出版社，2005。

⑤ 事实上，没有人追求正义，正义是一种制度效果，一个好的法律制度会使法律共同体中不同的法律职业者在严格遵守自己的职业伦理的同时，实现社会正义的目标。参见强世功著：《法律人的城邦》，187页，上海三联书店，2003。因此，考虑农村实际场景，消解城乡张力的法律制度的建构无疑具有重要意义。而农民权益法律救济网上途径研究作为实现这一目标的一个方面，势必会招致学界更多的关注。

人性的冲动；私力救济顺应传统的"厌讼"法律文化，而公力救济则背道而驰，积极鼓吹诉讼的意义；私力救济在熟人社会中如鱼得水，而公力救济则显得与乡土社会格格不入。

四、横空出世：价值整合下的网上救济途径

私力救济虽有种种优点，但公力救济亦有过人之处：它把纠纷与冲突包容到法律框架下，凭靠法律促成权利救济的实现，并恢复抑或强固既在的统治秩序，建立一种基本的社会信任以及公民个人对其行为后果的合理预期。这明显突出了法律的权威与功效。此外，私力救济也绝非事事都能解决，它的触角也并非能伸到社会的各个角落，公力救济典型代表，即诉讼的生发运作便证成了此说法。顾培东还从现象和实质两个层面对此进行阐释，"现象上看，诉讼出现的根据是'私力救济'力所不及，冲突主体转而求助于公力。然而，实质上诉讼的出现根源于统治者的一种主观判断：任何冲突所危及的不仅仅是权益享有者个人，而且同时也危及统治秩序"。①

费孝通笔下的乡土中国已成过去。随着市场经济的发展，农村流动人口的数量今非昔比，公共生活与私人生活的界限也悄然移位。城市在经济上、观念上同时影响着农村，不再依附于农业的农民对土地束缚下的劳动合作日趋减少，人们间的相互依赖也就不像以前那么重要，"熟人社会"所构筑的亲密且封闭的共同体在市场经济原则的浸透和冲击下逐渐分离。此时的农村，流动性与异质性不断增强，基于密切联系的人格信任由于丧失正当性，而让位于源自制度信任的法律。而传统的民间权威在农村的纠纷解决机制中即便仍然扮演着重要角色，其作用也已是大不如前，农村公共权威出现的"真空"状态正好为法律提供了成长的土壤。农民为了解决生活中存在的纠纷，已经越来越多地诉诸法律，而法律也在防范与遏制农村黑恶势力、保证基本的秩序与公正方面起到日益重要的作用。不管怎样，公力救济的出现确实在一定程度上反映了私力救济的局限性，这是不争的事实。

在当今这个信息化时代，作为新生事物的网上救济途径，则是充分整合法律的价值与私力救济的优势而产生的。它在充分尊重法律权威性的同时，积极引介私力救济节约成本、方便快捷、因循传统文化等的优点。这不仅能够使得纠纷得以妥善解决，切实保障农民的合法权益，改善农民某种程度的"权力真空"状态。而且，从另一个角度讲，也为逐步扩大农村法律资源的分配、普法宣传（送法下乡）创造了更为有效的实施条件。可谓一举两得，何乐而不为？此外，这在一定程度上也顾及法律本身的时代变迁及自我诉求的更迭。"因为现代自治性法律系统的日益复杂化和形式化适应高度分化的现代自由社会，现代法律系统不再以不变的自然法为依据，而是成为一种功能性的过滤机制，以调节社会中个体和群体之间的政治、社会和道德冲突。也许，对现代社会的秩序来说，更重要的是完善巩固个体自由的共同体的法律规则系统。"② 而现代法律缺失了自然法神圣性的支撑，要想获得至上的权威，必然求助于整个人世（城市与农村）的适用与遵守，否则就会流于形式和立法者自说自话的尴尬局面③。因此可以说，网上救济途径正是担负了法律扩张的使命，揭开农民个人与法律之间的"神秘面纱"，这对于农民自我权利意识的树立以及选择法律救济途径，进而促成"法律帝国"的建立，改善城乡二元结构下利益分配不均的现象，维护整个社会的良好秩序有着非常重要的意义。

---

① 顾培东著：《社会冲突与诉讼机制》，39～40页，法律出版社，2004。

② 刘小枫著：《现代性社会理论绪论——现代性与现代中国》，133页，上海三联书店，1998。

③ 王佳慧著：《当代中国农民权利保护的法理》，183页，中国社会科学出版社，2009。

五、现状扫描：网上救济途径的阻滞及其原因

毫不隐晦地说，或许是万事开头难，网上救济途径的现状着实堪忧。综观图5，显而易见的是，有40.9%的被调查农民对网络一无所知，有36.5%的被调查农民表示对网络只是略知一二。在城市早已进入寻常百姓家的网络，才刚刚在农村贫瘠的大地上生根发芽。而47.5%的被调查农民表示从未使用过网络，有32.1%的农民表示偶尔使用过，这无不让人痛心疾首。

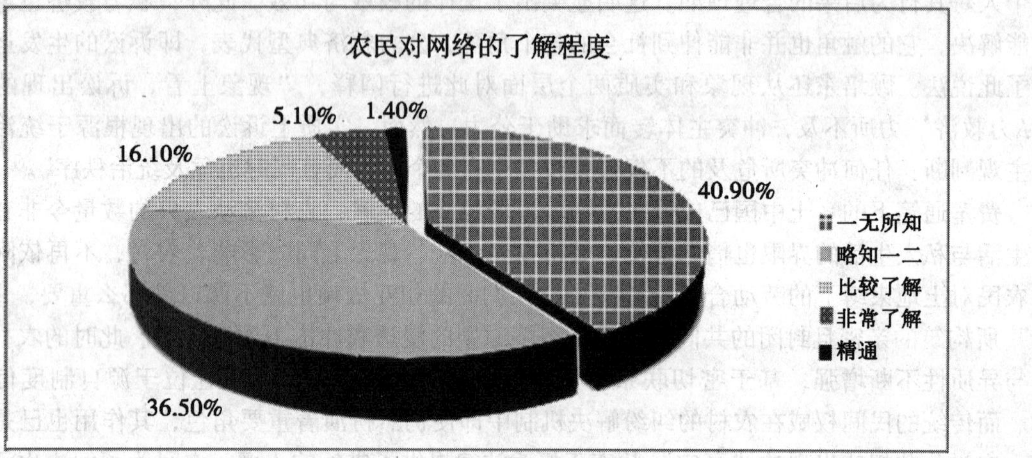

图5　农民对网络的了解程度

由此可推而得之，网上救济途径在农村不是空白就是少得可怜。图6就为此预判提供了佐证。有47.5%的被调查农民从未听说过网上求助维权的事例，有29.2%的被调查农民表示，网上求助维权的事例极少发生。当现代文明之风席卷城市的时候，却止步于农村，使得实质上的不平等已经穿透形式平等的外衣，展示得淋漓尽致，也使得农民网上救济途径的实现受到极大的挑战和阻力。

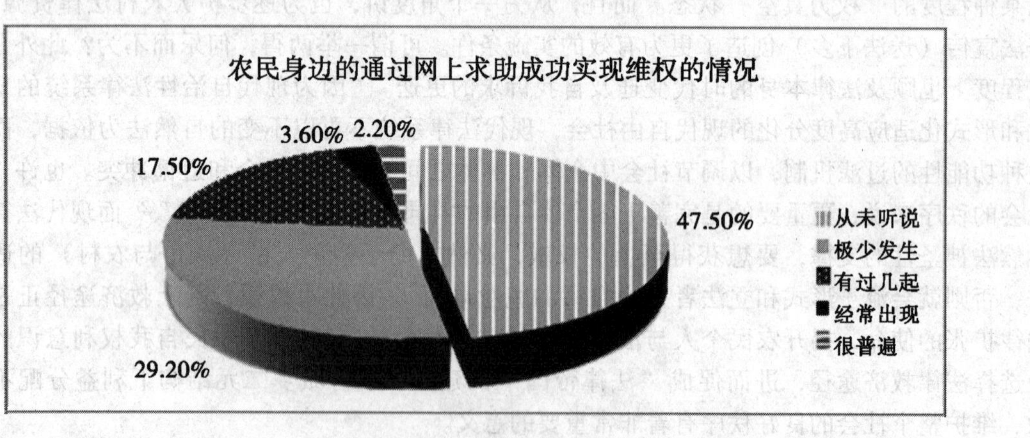

图6　农民身边的通过网上求助成功实现维权的情况

造成农民几乎与网络绝缘的原因可谓众说纷呈，如果未经实证调研，很多人会主观臆断，财力不足是制约农民使用网络的首要因素。实际上，就笔者所掌握的数据来看，39.6%的被调查农民无法使用网络是因为不会使用，而财力不足这一因素则只占到15.9%。由此看来，技术的普及

成为了棘手之事。这是国家权力对资源的（尤其是科教资源）城乡倾斜性配置导致的结果，也从另一个层面反映出“科技下乡”的紧迫性和必要性，否则农民权益的网上救济途径将会举步维艰。

事实上，中国城镇和农村的互联网发展水平差距仍旧十分明显，这从互联网的普及率中便能知一二。① 综观农村互联网建设的现状，农村网民的年龄分布较城镇网民趋于年轻化，大部分网民注重网络音乐、网络视频、网络游戏等互联网娱乐功能；同时，农村网民与城镇网民相比学历差距明显，大部分农村网民仅具有初中及以下文化程度，互联网持续渗透于低学历人口。而中国大陆法学教育面向的是高中以上文化程度的群众，网民分布与法学教育受众的不对称又为农民网络维权划下了一道天然的鸿沟。

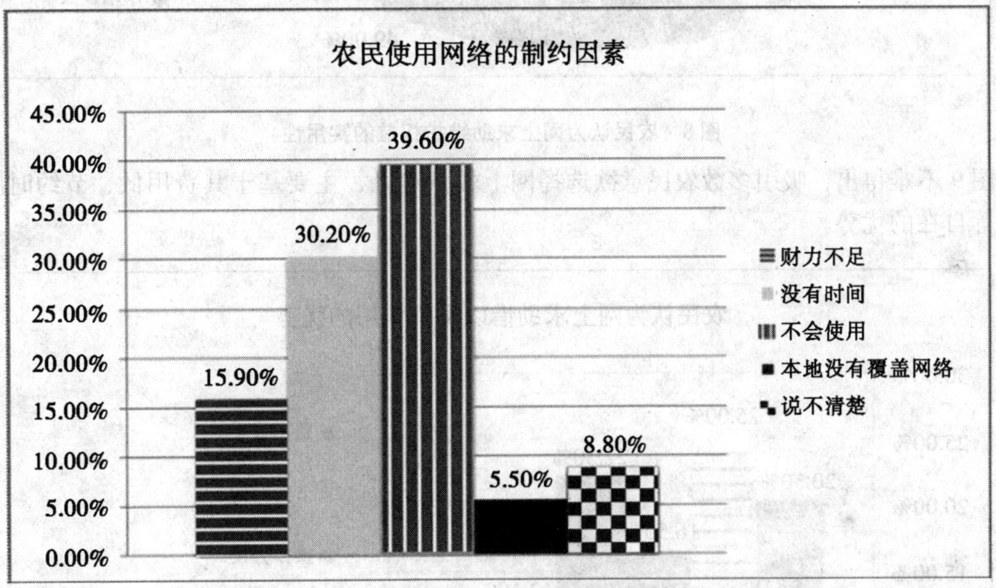

图7　农民使用网络的制约因素

六、前景展望：网上救济途径的预期及其完善

虽然网上救济途径的实现受到极大的阻滞，但其前景无疑是美好且值得期待的。对这一趋势的判断并非是凭空设想的，而是有事实可依的。迷人的图景，不仅是想象力的自由飞翔，而且也昭示了一个新时代的逼临。观察图8，有35.7%的被调查农民确信网上救济途径具有实用性，另有49%的被调查农民认为网上途径对于维权可能有用。

① 截至2010年12月底，互联网在城市的普及率为50．0%，在农村地区仅为18.5%。参见《2010中国农村互联网发展调查报告》，http://www.cnnic.net.cn/research/bgxz/ncbg/201109/t20110906_22721.html，访问日期：2012－10－15。

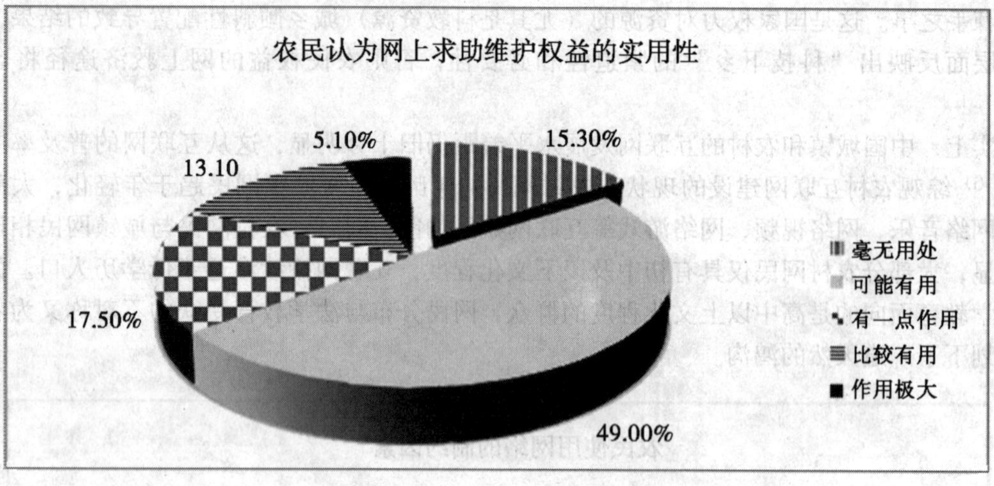

图 8　农民认为网上求助维护权益的实用性

从图 9 不难得出，吸引多数农民意欲选择网上救济途径，主要基于其费用低、节约时间、信息丰富等自在的优势。

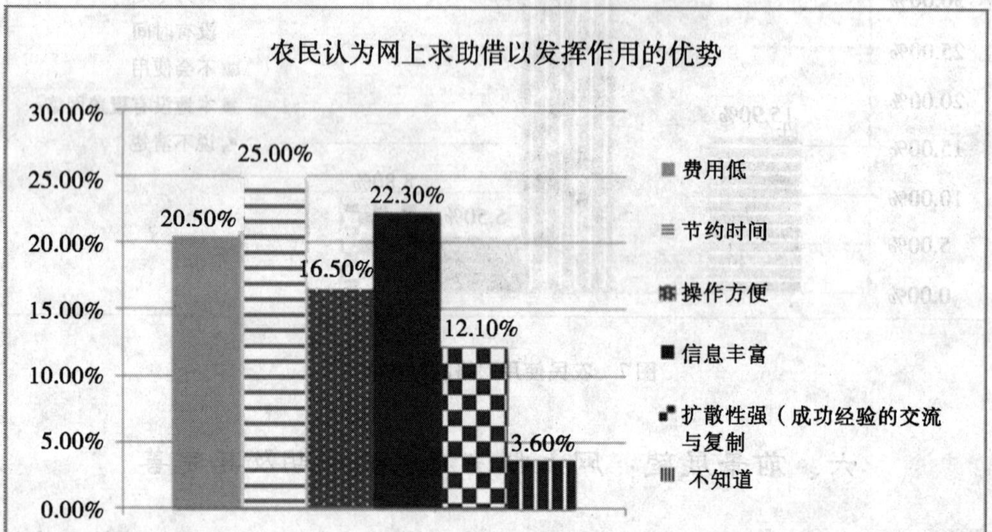

图 9　农民认为网上求助借以发挥作用的优势

而最值得称道的是，有 85.7% 的被调查农民对网络维权持有信心，这足以表现出网上救济途径的喜人前景。相对于传统媒体，网络具有即时、海量、互动、多媒体性等特点，较传统媒体的传播条件更为优越，对社会与公众都有巨大影响力。“网络技术的实时互动与异步传输并举的功能打破了信息垄断，瓦解了统一舆论从根本上打破了原有公共领域的组织界限和特征，在为公众维权打开一条全新之路的同时也增强了公众维权的力度。”① 而现代信息技术，尤其是互联网的广泛运用，极大地降低了维权活动的成本。农民维权可以利用上述途径将案件的材料通过文字、图片等形式快速传播至公共信息领域。当事者维权的意愿伴随着互联网的兴盛日益高涨，通过网络

① 李磊、陈琳：《信息化时代网络维权探析》，载《新闻知识》2011 年第 4 期。

“抱团”组织、分享经验，提高了维权的效率、影响力和有效性。网络维权作为一种新兴的方式，利用网络提供的公共话语空间通过广泛的融合形成民意，从而潜移默化地促进社会结社，对社会民主法治的进步与社会秩序的稳定有着积极作用。

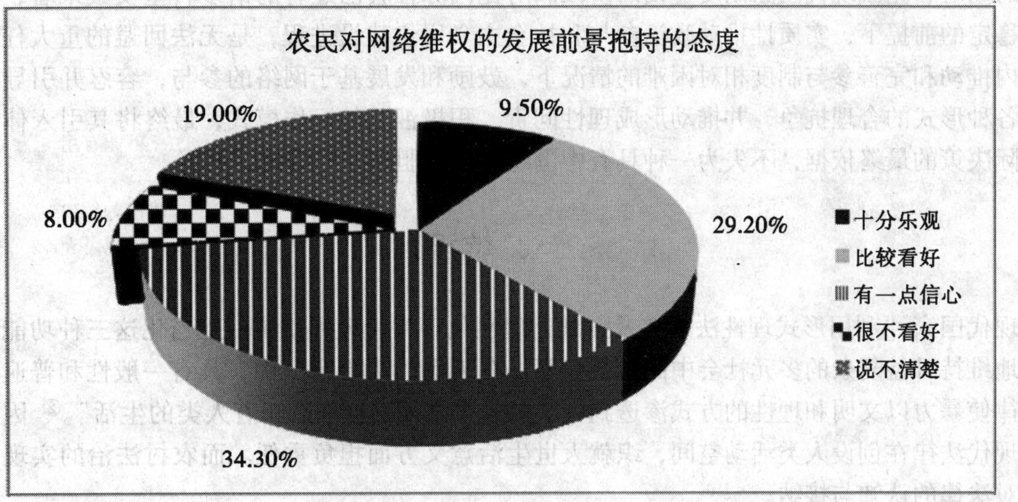

图10　农民对网络维权的发展前景抱持的态度

“法学和民族志，一如航行术、园艺、政治和诗歌，都是具有地方性意义的技艺，因为它们的运作凭靠的乃是地方性知识。”① 只有充分认识到法律的这一特性，形式的法才能与实质的法实现完美洽接。同理，也许唯有给农民带来生存、富足等实惠利益，让他们觉得有遵守的必要，法律才能正常运作。如果做不到，就意味着法律难以得到农民们的同意，果真这样，社会必将是一个与法律绝缘的社会，法律的威信与价值便会烟消云散，不复存在。因此，只有对人民足够的关怀，法律才会有生命，才会有威严，人民才会视其为法律，法治才有达成之可能。同样，在完善农民权益保障立法、执法、司法的过程中，也应当从农民的生存现状、农民对法律的认知以及接受的角度考虑，“实现农民在权利保障中的主体地位而不是作为权利保障的客体加以讨论和评价”②，才能使其权利维护的体制有一个良好的出发点，保护农民权益才不仅仅是一个口号和政治宣言。

法律完善了，③ 顺理成章的便是提升农村的硬件设施和软件素质。“当前，村庄的交往日益摆脱传统的‘血亲情谊’与‘人情面子’的束缚，走向以利益算计为旨归的共识规则体系。”④ 网络维权从技术层面强化了法律在构建这样一个体系的“钥匙”作用。因此，政府不妨增加财政投入，并建立健全各种行政监督机制，使城市司空见惯的宽带能够进驻各乡各村，扩大网络的覆盖面，为农民网上求助提供现实可能。“家电下乡”有条不紊地开展，也为农民购置电脑创造了条件。此外，信息技术在农村的推广也起着至关重要的作用。政府可以组织相关的专业技术人员

① ［美］克利福德·吉尔兹著，邓正来译：《地方性知识：事实与法律的比较透视》，载梁治平主编：《法律的文化解释》，73页，三联书店，1998。

② 王佳慧著：《当代中国农民权利保护的法理》，183页，中国社会科学出版社，2009。

③ 当然，法律也只是建筑社会秩序的一个面向，不能因此而撇开伦理道德规范在人世生活中的重要作用。根据马小红教授对“礼与法”的研究，内在的礼与外在的法（抑或制）在回答“人应该如何生活”这一终极命题上缺一不可。这尤其体现在中国传统法的发展阶段上。具体参见马小红著：《礼与法：法的历史连接》，93～187页，北京大学出版社，2004。

④ 董磊明、陈柏峰、聂良波：《结构混乱与迎法下乡——河南宋村法律实践的解读》，载《中国社会科学》2008年第5期。

（“三下乡”便是一种范例）送科技下乡，向农民传授相关的网络应用技术，确保网上救济途径的最终畅通和落实。“从更加宏观的角度来说，中国仍然处于典型的‘现代化’进程中，在完成了早期的起飞和积累之后，所谓改革开放进入深水区，也就意味着进入了如何在保持社会整体发展速度的同时、完成现代国家制度建设的阶段。对比国际社会已经有的诸多转型实践来看，在确保社会稳定的前提下，实质性推动政治参与和社会主义民主建设进程，是无法回避的重大任务。在短期内推动和完善参与制度相对困难的情况下，鼓励和发展基于网络的参与，容忍并引导数字世界的各种形式的合理抗争，并推动形成理性问责、积极汇总的运作模式，最终将其引入体制内作为实际决策的最终依据，不失为一种具有中国特色的大胆创新与尝试。”①

七、结语

现代国家“利用形式理性法来整合强制、理性化日常管理和使统治正当化这三种功能，从而有效地维持日益复杂的多元社会中的社会秩序。在现代‘法治国’中，具有一般性和普遍性特点的法律使暴力以文明和理性的方式渗透到社会的各个层面，全面影响着人类的生活”。② 因此可以说，现代法律在创设人类活动空间，织就人世生活意义方面担负重任。而农村法治的实现也端赖农民对法律的认知与接纳。

农民问题是现代化建设中的关键问题，而农民权益的保护无疑是农民问题的核心，在此基础上，国家全体公民的权益才有可能整体地得到尊重、保障和实现。“无论如何，占中国绝大多数人口的农民倘或不能获得有效的法律救济，中国的法治也就不可能真正建成。”③ 农民权益的保护是一项系统工程，需要各方面相关制度的完善，实现网上救济途径只是其中一小步，但也仍需相关制度的保障和其余各方面条件的配合。虽然现今农民权益保护还存在诸多问题，但是如果学者能继续贡献理论资源，立法者确保法律正当合理、政府有效推进网络下乡、农民积极参与法律求助，再加之司法者能够以公平公正的裁决获得农民的信赖，从畅通网上权益救济途径开始，进而不断推进各项相关制度的建设和改进，农民权益保护的旷世工程便会渐趋完善，未来的农村民主法治建设就会在农民法律维权的衬托下熠熠生辉，社会主义和谐社会的宏愿定是指日可待。

① 王菡：《基于互联网的“抗争”与中国社会转型——以网络维权为例》，30页，复旦大学硕士学位论文，2010。

② 郑戈著：《法律与现代人的命运：马克斯·韦伯法律思想研究导论》，120页，法律出版社，2006。

③ 苏力著：《制度是如何形成的》，119页，北京大学出版社，2007。

《经济法论坛》（第11卷）稿约

《经济法论坛》系西南政法大学经济法学科点为了推动经济法学的理论研究和学科建设，加强经济法学界的学术交流，编辑出版的连续性论文集刊，已先后被CNKI数据库、万方数据库全文收录。本《论坛》设置的栏目有：基本理论、制度研究、农村法制、国际视窗、人才培养等，每年推出1卷，由群众出版社出版。自第1卷于2003年出版以来，至今已经出版10卷，引起了经济法学界的广泛关注，并于2012年入选CSSCI来源集刊（2012—2013）。现就《论坛》第11卷的组稿事宜提出如下稿约，欢迎国内外专家不吝赐稿！

一、向《论坛》所投稿件，应属于经济法领域或与经济法相关的作品，且未曾公开发表或主体部分未曾公开发表。论文体裁不限，论文、译文、调研报告、学术随笔等均可。译文请自行解决版权问题。稿件篇幅一般不超过1.5万字。

二、稿件电子排版，文档存为word 97－2003格式。

三、来稿一经采用，即赠送样书2本，并适当发给稿酬。

四、来稿请另页附上作者的姓名、单位、学位、职称或职务、通信地址、邮编、电话、电子邮件信箱。

五、请勿一稿多投，自截稿之日起逾2个月未收到采用通知的，作者可对稿件另行处理。

六、《论坛》的注释，按以下要求执行：

（一）采用脚注，每页重新编号，注码放在标点之后，注码号为“○”。不在文末列参考文献。

（二）外文注释依各文种注释习惯。外文原注释中的评论性或说明性文字，请译为中文。

（三）非引用原文者，注释前加“参见”。

（四）引用资料非来自原始出处者，请注明“转引自”。

（五）数个注释引自同一资料者，自第二个注释起，可以采用简略注释。例如：前引，梅因书，28页。或者，前揭，梅因书，28页。

（六）注释体例例举：

1. 著作类

①《马克思恩格斯选集》第4卷，28页，人民出版社，1972。

②刘星著：《法律的隐喻》，60页，中山大学出版社，1999。

2. 论文类

王家福、刘海年、李步云：《论法制改革》，载《法学研究》1989年第2期。

3. 文集类

龚祥瑞：《比较宪法学的研究方法》，载《比较宪法研究文集》（一），南京大学出版社，1993。

4. 译著类

［英］梅因著，沈景一译：《古代法》，59页，商务印书馆，1984。

5. 报纸类

①王启东：《法制与法治》，载《法制日报》1989年3月2日。

②《高新技术助纳粹德国为虐 IBM 沾满犹太人鲜血》，载《北京晨报》2001 年 2 月 13 日。

6. 古籍类

《宋会要辑·食货》卷三。

7. 辞书类

《辞海》，239 页，上海辞书出版社，1979。

8. 有主编的教材和著作类

李昌麒主编：《经济法学》，19 页，中国政法大学出版社，1999。

9. 网络文献类

杜舒：《拿起法律武器》，http：//cn. biz. yahoo. com/020318/99/10gu0_ 6. html，访问日期：2005 - 06 - 08。

七、稿件可选择网络发送或邮寄。

八、“为适应我国信息化建设，扩大本书及作者知识信息交流渠道，本书被 CNKI 数据库、万方数据库收录，其作者著作权使用费与本书稿酬一次性给付。如果您不同意文章被收录请在来稿时书面说明。”

九、第 11 卷来稿截止时间：2013 年 8 月 31 日

地　　址：重庆市渝北区回兴街道宝圣大道 301 号西南政法大学经济法研究中心

邮　　编：401120

收 件 人：《经济法论坛》编辑部

收稿信箱：jingjifaluntan@163. com

电　　话：023 - 67258968；023 - 65382013

《经济法论坛》编辑部

2012 年 9 月 30 日